江西省高级人民法院民事裁判观点辑要与解析

（2016—2020 年度）

下卷

傅信平·主 编

人民法院出版社

《江西省高级人民法院民事裁判观点辑要与解析》（2016—2020年度）

主　　编　傅信平

副 主 编　柯　军

执行主编　龚雪林

执行副主编　胡　媛　吴玉萍　李振峰　魏　巍

编 写 人（以姓氏笔画排序）

马　悦　毛盈超　王　菁　李振峰　李源源　吴玉萍
吴　军　张冰华　张满洋　闵遂赓　陈　慧　宋　磊
罗　晶　骆丽玲　胡建文　胡　媛　龚雪林　蔡　静
魏　巍

凡例

1.本书中法律、行政法规名称中的“中华人民共和国”省略，其余一般不省略，例如《中华人民共和国民法典》简称《民法典》。

2.本书中下列司法解释及指导性文件使用简称：

文件名称	发文日期	发文字号	简称
《最高人民法院关于适用〈中华人民共和国合同法〉若干问题的解释（一）》	1999年12月19日	法释〔1999〕19号	《合同法司法解释（一）》
《最高人民法院关于审理票据纠纷案件若干问题的规定》	2000年11月14日	法释〔2000〕32号	《票据纠纷司法解释》
《最高人民法院关于适用〈中华人民共和国担保法〉若干问题的解释》	2000年12月8日	法释〔2000〕44号	《担保法司法解释》
《最高人民法院关于审理商品房买卖合同纠纷案件适用法律若干问题的解释》	2003年4月28日	法释〔2003〕7号	《商品房买卖合同司法解释》
《最高人民法院关于适用〈中华人民共和国婚姻法〉若干问题的解释（二）》	2003年12月25日	法释〔2003〕19号	《婚姻法司法解释（二）》
《最高人民法院关于审理人身损害赔偿案件适用法律若干问题的解释》	2003年12月26日	法释〔2003〕20号	《人身损害赔偿司法解释》
《最高人民法院关于审理涉及农村土地承包纠纷案件适用法律问题的解释》	2005年7月29日	法释〔2005〕6号	《农村土地承包纠纷司法解释》
	2020年12月29日		《农村土地承包纠纷司法解释》（2020年修正）
《最高人民法院关于适用〈中华人民共和国公司法〉若干问题的规定（二）》	2008年5月12日	法释〔2008〕6号	《公司法司法解释（二）》
	2020年12月29日		《公司法司法解释（二）》（2020年修正）
《最高人民法院关于适用〈中华人民共和国合同法〉若干问题的解释（二）》	2009年4月24日	法释〔2009〕5号	《合同法司法解释（二）》

续表

文件名称	发文日期	发文字号	简称
《最高人民法院关于适用〈中华人民共和国公司法〉若干问题的规定（三）》	2011 年 1 月 27 日	法释〔2011〕3 号	《公司法司法解释（三）》
	2020 年 12 月 29 日		《公司法司法解释（三）》（2020 年修正）
《最高人民法院关于适用〈中华人民共和国婚姻法〉若干问题的解释（三）》	2011 年 8 月 9 日	法释〔2011〕18 号	《婚姻法司法解释（三）》
《最高人民法院关于审理买卖合同纠纷案件适用法律问题的解释》	2012 年 5 月 10 日	法释〔2012〕8 号	《买卖合同司法解释》
	2020 年 12 月 29 日		《买卖合同司法解释》（2020 年修正）
《最高人民法院关于审理道路交通事故案件适用法律若干问题的解释》	2012 年 9 月 17 日	法释〔2012〕19 号	道路交通损害赔偿司法解释
《最高人民法院关于适用《中华人民共和国保险法》若干问题的解释（二）》	2013 年 5 月 31 日	法释〔2013〕14 号	《保险法司法解释（二）》
《最高人民法院关于审理融资租赁合同纠纷案件适用法律问题的解释》	2014 年 2 月 24 日	法释〔2014〕3 号	《融资租赁合同司法解释》
《最高人民法院关于适用〈中华人民共和国民事诉讼法〉的解释》	2015 年 1 月 30 日	法释〔2015〕5 号	《民事诉讼法司法解释》
	2020 年 12 月 29 日		《民事诉讼法司法解释》（2020 年修正）
	2022 年 4 月 1 日		《民事诉讼法司法解释》（2022 年修正）
《最高人民法院关于审理环境侵权责任纠纷案件适用法律若干问题的解释》	2015 年 6 月 1 日	法释〔2015〕12 号	《环境侵权责任纠纷司法解释》
《最高人民法院关于审理民间借贷案件适用法律若干问题的规定》	2015 年 8 月 6 日	法释〔2015〕18 号	《民间借贷司法解释》
	2020 年 12 月 29 日		《民间借贷司法解释》（2020 年第二次修正）
《最高人民法院关于适用《中华人民共和国物权法》若干问题的解释（一）》	2016 年 2 月 22 日	法释〔2016〕5 号	《物权法司法解释（一）》
《最高人民法院关于审理矿业权纠纷案件适用法律若干问题的解释》	2017 年 6 月 24 日	法释〔2017〕12 号	《矿业权纠纷司法解释》

续表

文件名称	发文日期	发文字号	简称
《最高人民法院关于审理医疗损害责任纠纷案件适用法律若干问题的解释》	2017年12月13日	法释2017第20号	《医疗损害责任纠纷司法解释》
《最高人民法院关于审理涉及夫妻债务纠纷案件适用法律有关问题的解释》	2018年1月16日	法释〔2018〕2号	《夫妻债务纠纷司法解释》
《最高人民法院关于适用《中华人民共和国保险法》若干问题的解释（四）》	2018年7月31日	法释〔2018〕13号	《保险法司法解释（四）》
《最高人民法院关于审理建设工程施工合同纠纷案件适用法律问题的解释（二）》	2018年12月29日	法释〔2018〕20号	《建设工程施工合同司法解释（二）》
《全国法院民商事审判工作会议纪要》	2019年11月8日	法〔2019〕254号	《民商审判会议纪要》
《最高人民法院关于审理建设工程施工合同纠纷案件适用法律问题的解释（一）》	2020年12月29日	法释〔2020〕25号	《建设工程施工合同司法解释（一）》
《最高人民法院关于适用《中华人民共和国民法典》物权编的解释（一）》	2020年12月29日	法释〔2020〕24号	《〈民法典〉物权编司法解释（一）》
《最高人民法院关于适用《中华人民共和国民法典》有关担保制度的解释》	2020年12月31日	法释〔2020〕28号	《民法典担保制度司法解释》

总目录

上　册

下　册

目录 CONTENTS

六、其他合同纠纷

七、知识产权纠纷

八、劳动争议纠纷

九、与公司等有关纠纷

十、侵权责任纠纷

十一、执行异议之诉纠纷

十二、管辖异议纠纷

六、其他合同纠纷

1. 因一方当事人的违约导致合同不能履行的，不属于事实上不能履行

——常州市某物业服务有限公司南昌分公司与南昌某置业有限公司合同纠纷二审案

裁判要旨

合同事实上不能履行，是指因客观障碍导致不能履行，如果系因一方当事人的违约行为所致，不属于事实上不能履行，不履行合同义务应当承担相应的违约责任。

案例索引

一审：江西省南昌市中级人民法院（2018）赣01民初277号

二审：江西省高级人民法院（2019）赣民终139号

基本案情

上诉人（原审原告）：常州市某物业服务有限公司南昌分公司（以下简称物业公司）。

被上诉人（原审被告）：南昌某置业有限公司（以下简称置业公司）。

物业公司向一审法院提起民事诉讼，请求判决：一、确认原、被告双方于2017年6月15日签订的《莱蒙都会商业综合体（B-12地块、B-8地块）前期物业服务合同》有效；二、被告继续履行原、被告双方于2017年6月15日签订的《莱蒙都会商业综合体（B-12地块、B-8地块）前期物业服务合同》。

2017年6月15日，物业公司与置业公司就置业公司开发的南昌市莱蒙都会商业综合体（B-12地块、B-8地块）签订一份《莱蒙都会商业综合体（B-12地块、B-8地块）前期物业服务合同》，并于2017年6月23日经南昌市红谷滩新区房产管理办公室备案。合同约定甲方（置业公司）选聘乙方（物业公司）对南昌市莱蒙都会商业综合体（B-12地块、B-8地块）提供前期物业管理服务；本合同自签订之日起生效，直至业主委员会代表全体业主与物业管理企业签订的物业服务合同生效时，本合同自动终止。业主大会决定选聘新的物业服务企业的，原物业服务企业应当在物业服务合同终止之日起十五日内退出物业管理区划。

2018年3月26日置业公司向物业公司发出一份《解除合同通知函》，以前期物业服务收费标准过高，以及出于和昌集团品牌经营统一性、和昌集团商业项目经营统一性等因素考虑为理由通知物业公司解除双方签订的《莱蒙都会商业综合体（B-12地块、

B–8 地块）前期物业服务合同》，并告知不承担违约责任。2018 年 3 月 28 日物业公司向置业公司发出《对外联系公函》，明确回复不同意解除《莱蒙都会商业综合体（B–12 地块、B–8 地块）前期物业服务合同》。

同时查明，《莱蒙都会商业综合体（B–12 地块、B–8 地块）前期物业服务合同》所涉 B–12、B–8 两个地块与 B–14 地块均为置业公司开发的商业综合体。目前，B–14 地块商品房已交付业主使用，并由物业公司提供物业服务。B–12 地块商品房基本建完但没有全部交付业主。B–8 地块还是空地没有施工。B–8、B–12、B–14 三个地块位置相邻、处于同一区域。B–12、B–14 地块商业楼通过空中天桥、地下人防设施、地下车道人行通道相互贯通。二审庭审时双方当事人均确认，B–12 地块的高压电线是从 B–14 地块接入，B–12 和 B–14 地块的用电户名都是物业公司，目前，B–12 地块物业公司将电费交给物业公司，再由物业公司统一交给供电公司。B–12 地块的网络通信线路也是从 B–14 地块接入，两地块共用网络通信设施。2018 年 5 月，置业公司与河南新合昌物业服务有限公司南昌分公司就涉案的 B–12 地块的前期物业服务另行签订了一份《莱蒙都会商业综合体（B–12 地块）前期物业服务合同》，且河南新合昌物业服务有限公司南昌分公司已经入住并部分提供物业服务。

二审期间，物业公司提出，置业公司在单方提出解除本案合同之后，仍然以本案双方当事人签订的《莱蒙都会商业综合体（B–12 地块、B–8 地块）前期物业服务合同》申请办理 B–12 地块 8# 商业楼的预售许可，并经南昌市行政审批局批准。为此，物业公司申请法院前往南昌市行政审批局核实上述情况并调取相关材料。二审庭审中，置业公司承认以本案前期物业服务合同办理了 B–12 地块 8# 商业楼的预售许可。物业公司遂撤回了调查取证申请。

裁判结果

一审判决：一、确认原告常州市某物业服务有限公司南昌分公司与被告南昌某置业有限公司 2017 年 6 月 15 日签订的《莱蒙都会商业综合体（B–12 地块、B–8 地块）前期物业服务合同》有效；二、被告南昌某置业有限公司继续履行《莱蒙都会商业综合体（B–12 地块、B–8 地块）前期物业服务合同》中涉及 B–8 地块的相关合同约定；三、驳回原告常州市某物业服务有限公司南昌分公司其他诉讼请求。

物业公司不服提出上诉。二审判决：维持一审判决第一项，撤销一审判决第二、三项，改判南昌某置业有限公司继续履行 2017 年 6 月 15 日双方签订的《莱蒙都会商业综合体（B–12 地块、B–8 地块）前期物业服务合同》。

裁判理由

二审法院认为，本案二审争议的焦点为，双方当事人签订的《莱蒙都会商业综合体（B–12 地块、B–8 地块）前期物业服务合同》中涉及 B–12 地块的相关约定应当继续履行还是应当解除。

本案双方当事人签订的《莱蒙都会商业综合体（B–12 地块、B–8 地块）前期物业服务合同》是当事人的真实意思表示，内容未违反法律、行政法规的强制性规定，合法有效。一审法院认定本案合同没有原《合同法》第九十三条、第九十四条规定的约定解除和法定解除情形，但是以置业公司另行与其他物业公司签订物业服务合同为由，判决解除本案合同中涉及 B–12 地块的相关约定。这一认定缺乏依据，处理不当，理由是：第一，一审判决认定本案合同事实上不能履行及不适于强制履行，缺乏依据。按照规定，事实上不能履行，是指因客观障碍导致不能履行，而本案是置业公司违约行为形成的障碍，不存在客观障碍。违约行为不应作为客观的障碍，如果认定违约行为也是客观障碍，则会导致合同当事人违约制造障碍从而达到不履行合同的目的。物业服务的性质决定物业服务不具有不可替代性。更换物业，新旧物业公司主要是履行物业财产和物业资料的交接手续。由置业公司更换案外物业公司消除违约后果，本案合同即可履行。第二，本案合同所涉 B–12、B–8 两个地块与 B–14 地块均为物业公司开发的商业综合体，三地块位置相邻、处于同一区域。目前，B–14 地块商品房已交付业主使用，并由物业公司提供物业服务。由于 B–12、B–14 地块楼宇通过空中天桥、地下通道贯通，故空中天桥、地下通道为两个地块楼宇的共用设施。而且，B–12、B–14 地块楼宇共用电力设施、网络通信设施，设备均位于 B–14 地块，由物业公司进行管理。B–12、B–14 地块交由同一物业管理，有利于共用设施的保养维护，符合全体业主的利益。第三，原《合同法》第八条规定："依法成立的合同，对当事人具有法律约束力。当事人应当按照约定履行自己的义务，不得擅自变更或者解除合同。"本案置业公司未按约定全面履行合同，擅自与第三人签订物业服务合同已构成违约，如以此为由解除 B–12 地块的相关合同约定，有违诚信原则。

要旨解析

根据原《合同法》第一百一十条（现为《民法典》第五百八十条）第一、二项规定，当事人一方不履行非金钱债务或者履行非金钱债务不符合约定的，对方可以要求履行，但事实上不能履行或者债务的标的不适于强制履行的除外。本案涉及的法律问题是如何理解合同事实上不能履行或不适于强制履行。一审法院认为对于涉及 B–12 地块的相关约定，因置业公司已经另行与其他物业公司就 B–12 地块的前期物业服务签订了合同，且已经开始履行，双方就合同中涉该地块的约定事实上已不能履行及不适于强制履行，故对物业公司要求置业公司继续履行涉及 B12 地块的合同约定不予支持。二审法院则认为事实上不能履行，是指因客观障碍导致不能履行，而本案是置业公司违约行为形成的障碍，不存在客观障碍，物业服务具有可替代性，且以此为由解除 B–12 地块的相关合同约定，有违诚信原则。

笔者认为，本案合同既不属于事实上不能履行，也不属于债务的标的不适于强制履行的情形。

首先，本案合同不属于事实上不能履行。"事实上不能履行"，是指基于自然规则而发生的不能履行，如作为合同标的物的特定物灭失。[①] 换言之，如果合同不能履行是因存在客观障碍（如不可抗力），而不是由于当事人的过错，则双方当事人均可解除合同；如果合同不能履行系一方当事人的违约行为造成的，则违约方应当承担损害赔偿责任。

本案中，一方面，合同并非不能履行。虽然置业公司已经另行与其他物业公司就 B-12 地块的前期物业服务签订了合同，且已经开始履行，但物业服务的性质决定物业服务不具有不可替代性。置业公司更换案外物业公司，新旧物业公司履行物业财产和物业资料的交接手续后，本案合同即可履行。另一方面，造成合同暂时无法履行的原因系一方当事人的违约行为。根据原《合同法》第八条规定："依法成立的合同，对当事人具有法律约束力。当事人应当按照约定履行自己的义务，不得擅自变更或者解除合同。"本案双方签订的合同合法有效，且不存在约定解除和法定解除情形。但在合同履行期间置业公司擅自向物业公司发出《解除合同通知函》，且在物业公司明确回复不同意解除合同的情况下，与第三人另行签订合同，存在违约行为。

其次，本案合同性质也不属于不适于强制履行。"债务标的不适于强制履行"，指债务的性质不宜直接强制履行。这类债务通常具有人身依附性，不能由其他人代替履行，或者债务标的是人身性的，强制履行与现代社会人格尊重、人身自由保护的基本价值相悖。[②] 本案物业服务合同不具有人身专属性，能够由其他主体代替履行，不属于不适于强制履行的情形。

综上，本案合同不存在继续履行的障碍，根据原《合同法》第一百零七条（现为《民法典》第五百七十七条）规定，当事人一方不履行合同义务或者履行合同义务不符合约定的，应当承担继续履行、采取补救措施或者赔偿损失等违约责任，置业公司应当继续履行与物业公司签订的《莱蒙都会商业综合体（B-12 地块、B-8 地块）前期物业服务合同》。

编写人：胡　媛

二审合议庭成员：黄　颖　周　辉　王　冬

---

① 最高人民法院民法典贯彻实施工作领导小组主编：《中华人民共和国民法典合同编理解与适用》，人民法院出版社 2020 年版，第 738 页。

② 最高人民法院民法典贯彻实施工作领导小组主编：《中华人民共和国民法典合同编理解与适用》，人民法院出版社 2020 年版，第 738 页。

2. 律师风险代理收费应遵循公平原则

——广州某数据资源有限公司与江西某律师事务所、
某投资（广州）有限公司合同纠纷二审案

裁判要旨

律师风险代理收费与其履行代理职务所付出的工作量相比，严重不对等，委托人虽胜诉，但并未因此增加收益或免除债务，若按照双方约定的标准计算，构成显失公平的，委托人以重大误解为由请求变更合同约定收费标准的，应予支持。

案例索引

一审：江西省萍乡市中级人民法院（2018）赣 03 民初 105 号

二审：江西省高级人民法院（2019）赣民终 172 号

基本案情

上诉人（原审被告）：广州某数据资源有限公司（以下简称数据公司）。

被上诉人（原审原告）：江西某律师事务所（以下简称律所）。

被上诉人（原审被告）：某投资（广州）有限公司（以下简称投资公司）。

律所向一审法院起诉：1. 判决广州某数据资源有限公司立即支付律师代理费计币 8786581 元并承担利息（利息按照同期银行贷款利率自起诉之日起至清偿日止）；2. 判决某投资（广州）有限公司对上述款项承担连带清偿责任。

2017 年 7 月 8 日，江西省鹰潭市中级人民法院就范某权诉博隆数据、投资公司借款、担保合同纠纷一案，作出（2015）鹰民一初字第 51 号民事判决：一、被告广州某数据资源有限公司于本判决生效之日起十五日内偿还原告范某全借款本金人民币 24188553.38 元及利息（以人民币 24188553.38 元为本金，按照月利率 2% 从 2014 年 9 月 15 日起计算至本息清偿之日止）；二、被告广州某数据资源有限公司于本判决生效之日起十五日内支付原告范某全为实现债权而支付的律师费人民币 200000 元；三、被告某投资（广州）有限公司对上述第一项、第二项的债务承担连带清偿责任。”

2017 年 12 月 15 日，律所与博隆数据签订书面《委托合同》，合同载明：委托人（甲方）广州某数据资源有限公司与受托方（乙方）江西某律师事务所、担保人（丙方）某投资（广州）有限公司。约定的主要内容：就博隆数据与范某全借款合同纠纷上诉一案，甲方委托乙方律师为代理人，本合同签署生效后 5 个工作日内，甲方将首期基本代理费人民币伍万元整付至乙方账户；本案二审完全胜诉后，乙方再以甲方上诉标的为基数，按照20%比例另行提取律师费。丙方某投资（广州）有限公司为甲方依据该协议付款义务提供全额不可撤销的连带责任担保，保证期间为两年。合同还约定了其他事项。该书面委托合同落款处为甲、乙、丙三方的公司签章和法定代表人的签字。签订合同后，同年12月22日，博隆数据支付了前期律师费五万元，律所依约开展相关案件的二审代理活动。2018年5月28日江西省高级人民法院作出（2018）赣民终5号民事判决：一、撤销江西省鹰潭市中级人民法院作出的（2015）鹰民一初字第51号民事判决书；二、驳回范某全的全部诉讼请求。该判决为终审判决。

裁判结果

一审判决：一、被告广州某数据资源有限公司于本判决生效之日起十五日内支付原告律师代理费计人民币8786581元并承担利息（按照同期银行贷款利率计算，自2018年7月31日起至全部清偿日止）；二、被告某投资（广州）有限公司对上述款项承担连带清偿责任。

数据公司不服提出上诉。二审判决：撤销一审判决，改判广州某数据资源有限公司于本判决生效后十日内支付江西某律师事务所1017993.17元律师代理费并承担利息（按照同期银行贷款利率计算，自2018年7月31日起至全部清偿日止）；某投资（广州）有限公司对上述款项承担连带清偿责任。

裁判理由

二审法院认为，本案的焦点问题为：1.本案合同约定的代理费收取标准应否变更？是否应按照《江西省律师服务收费指导价标准（暂行）》计算律师费，本案律师费具体金额应为多少？ 2.上诉人提出中止审理是否有合法依据？是否成立？ 3.上诉人申请延期支付律师费是否合理？

关于本案合同约定的代理费收取标准应否变更，是否应按照《江西省律师服务收费指导价标准（暂行）》计算律师费，本案律师费具体金额应为多少？本案双方于2017年12月15日签订的《委托合同》约定，数据公司委托律所律师为（2018）赣民终5号案的代理人，委托权限为一般代理。代理费在合同签署生效后5个工作日内，数据公司将首期基本代理费5万元付至律所账户，本案二审完全胜诉后，律所再以数据公司上诉标的为基数，按照20%比例另行提取律师费。上述约定属于律师风险代理收费，且属较大风险代理。对该约定是双方真实意思表示，双方均无异议，且约定的收费比例未超过国家发展改革委、司法部下发的《律师服务收费管理办法》（2006年）实行风险代理收费，最高收费金额不得高于收费合同约定标的额30%的标准，该约定合法有效。根据国家发展改革委、司法部联合下发的《律师服务收费管理办法》第九条规定，律师事务所与委托人协商律师服务收费应当考虑以下主要因素：耗费的工作时间、法律事务的难易程度、委托人的承受能力、律师可能承担的风险和责任、律师的社会信誉和工作水平等。按照《江西省律师服务收费指导价标准（暂行）》计算本案律师费，金额为1017993.17元，而按照双方合同约定的风险代理计费标准计算，则代理费高达8786581元，多出七倍多。与律所在（2018）赣民终5号民事案件中履行代理职务所付出的工作量相比，严重不对等，且数据公司虽在（2018）赣民终5号民事案件中胜诉，但并未因此增加收益或免除债务。按照双方约定的标准计算，对数据公司显失公平。数据公司之所以签订该合同，系对律所代理工作的工作量及难易程度不了解、发生重大误解所致。根据《合同法》第五十四条的规定，因重大误解订立的或在订立合同时显失公平的，当事人一方有权请求人民法院或者仲裁机构变更或者撤销。数据公司在律所提起按约定支付代理费的诉讼中，提出变更以抗辩律所的诉请，且未超出一年的期间。该变更请求符合规定，应予支持。结合律所付出的工作量，参照依《江西省律师服务收费指导价标准（暂行）》计算的律师费为1017993.17元，上诉人亦同意按照该标准支付，该院酌定数据公司尚应支付代理费金额为1017993.17元。对律所超出该金额范围外的诉请依法予以驳回。

关于上诉人提出中止审理是否有合法依据？能否成立？上诉人数据公司以（2018）赣民终5号民事案件以进入再审为由，要求本案中止审理。因本案审理涉及的代理工作已完成，是否应支付代理费和支付多少代理费，无须以（2018）赣民终5号民事案件再审结果为依据，上诉人以此提出中止审理无法律依据，不予采纳。关于上诉人申请延期支付律师费是否合理？上诉人数据公司虽有资产，但其资产的处置变现无法预算出一个确定时间，其以此为由要求延期支付律师费并无法律依据，也不具有合理性。该要求不能成立。

要旨解析

本案涉及的主要问题是风险代理中双方关于律师费的特别约定是否构成显失公平或重大误解。原审法院认为，本案双方所签合同属于风险代理性质，该合同内容及原告按胜诉标的收取20%代理费的约定，符合国家发改委、司法部颁布的《律师服务收费管理办法》关于风险代理及收费标准的相关规定。合同签订后，律所依约履行代理活动，利用自身的综合能力，积极维护委托人博隆数据的各项诉讼权利，直至受委托案件二审全面胜诉，实现了委托人博隆数据的合同目的。博隆数据未按约定支付后续的律师费用，有违诚信原则，构成根本性违约，应承担付款及违约责任。二审法院认为，该风险代理合同显失公平，数据公司之所以签订该合同，系对律所代理工作的工作量及难易程度不了解、发生重大误解所致，博隆数据提出变更请求符合法律规定。

原《合同法》第五条（现为《民法典》第六条）规定："当事人应当遵循公平原则确定各方的权利和义务。"公平原则，是指民事主体从事民事活动时，应当公正、持平、合理确定相互之间的权利和义务，如果民事行为的结果显失公平，就应当以公平为尺度，协调处理当事人间的利益关系。[①] 律师风险代理服务合同亦应遵循公平原则，本案合同约定的风险代理费显失公平。

首先，律师的风险代理费与其工作量严重不对等。一方取得的财产与其履行的义务之间，在价值上应大致相等。具体在律师诉讼代理合同中的风险代理条款中，律师所付出的工作量应当与其代理成功所能取得的高比例代理佣金相适应。根据国家发展改革委、司法部联合下发的《律师服务收费管理办法》第九条规定，律师事务所与委托人协商律师服务收费应当考虑以下主要因素：耗费的工作时间、法律事务的难易程度、委托人的承受能力、律师可能承担的风险和责任、律师的社会信誉和工作水平等。本案约定的代理费高达8786581元，多出《江西省律师服务收费指导价标准（暂行）》规定的七倍多，与律所在案件中履行代理职务所付出的工作量相比严重不对等。

其次，双方当事人的利益显著失衡。博隆数据向范某权借款的目的在于归还其向华融公司贷款的利息。2014年9月6日，范某全与数据公司、投资公司签订一份《借款/担保合同》，约定：出借人为范某全，借款人为数据公司，保证人为投资公司，借款人向出借人借款24188553.38元，用于支付华融公司贷款的第三季度利息。后数据公司未归还借款，范某全遂起诉博隆数据和投资公司。虽博隆数据在该借贷、保证合同纠纷一案中胜诉，法院判决驳回范某全的全部诉讼请求（后该案于2019年8月29日被最高法院改判，撤销二审判决，维持一审判决），但博隆数据仍然需要归还华融公司贷款的第三季度利息，并未因案件胜诉增加收益或免除债务，只是债务归还的对象不同而已。而律所将获得8786581元的高昂律师费，二者之间的利益显著失衡。

再次，基于重大误解签订的合同可以变更或撤销。根据原《合同法》第五十四条的规定，因重大误解订立的或在订立合同时显失公平的，当事人一方有权请求人民法院或者仲裁机构变更或者撤销。原《民法通则意见》第71条规定，行为人因为对行为的性质、对方当事人、标的物的品种、质量、规格和数量等的错误认识，使行为的后果与自己的意思相悖，并造成较大损失的，可以认定为重大误解。数据公司之所以签订该合同，系对律所代理工作的工作量及难易程度不了解、发生重大误解所致，可以请求变更或撤销。

编写人：胡　媛

二审合议庭成员：胡俊涛　徐快华　徐清华

---

① 最高人民法院民法典贯彻实施工作领导小组主编：《中华人民共和国民法典总则编理解与适用》（上），人民法院出版社2020年版，第59页。

3. 适用定金罚则的前提是一方构成根本违约

——江西某电子有限公司与某数控设备（深圳）有限公司、
惠州市某数控设备有限公司合同纠纷二审案

裁判要旨

1. 只有在一方不履行合同，或者不完全履行合同使守约方基于合同所产生的期待利益丧失，订立合同的目的不能实现，才可视为根本违约而运用定金罚则。

2. 当双方均存在违约行为，其中一方根本违约，另一方不构成根本违约的，只能对根本违约方适用定金罚则，对另一方可以追究相应的违约责任。当双方均构成根本违约时，不适用定金罚则。

案例索引

一审：江西省吉安市中级人民法院（2019）赣 08 民初 14 号

二审：江西省高级人民法院（2019）赣民终 404 号

基本案情

上诉人（原审原告）：江西某电子有限公司（以下简称电子公司）。

被上诉人（原审被告）：某数控设备（深圳）有限公司（以下简称甲设备公司）。

被上诉人（原审被告）：惠州市某数控设备有限公司（以下简称乙设备公司）。

电子公司向一审法院起诉并请求：一、判令解除电子公司与甲设备公司于 2017 年 12 月 20 日签订的编号为 XS-CG-1712018《采购合同》；二、判令甲设备公司、乙设备公司返还电子公司双倍定金 840.56 万元及预付款 210.14 万元，共计人民币 1050.7 万元。

2017 年 12 月 20 日，电子公司（甲方）与甲设备公司（乙方）签订编号为 XS-CG-1712014、XS-CG-1712015、XS-CG-1712016、XS-CG-1712017、XS-CG-1712018、XS-CG-1712019《采购合同》各一份，落款有电子公司、甲设备公司的盖章以及双方签订合同代表的签字。

编号为 XS-CG-1712018 的《采购合同》（以下简称 18 号合同）第一条约定电子公司向甲设备公司购买钻机（大台面）产品 38 台，单价为 55.3 万元 / 台，货款总金额为 2101.4 万元（含 17% 增值税）。第二条第 2 项约定交货时间为签订合同后 90 天内。第四条约定付款方式：合同签订后 10 天内，支付设备总款的 30% 定金（即 6304200 元），设备入厂、验收合格后，按设备验收合格之日起，余款 14709800 元平均按980653元/月整分15个月付清，合同所有款项均以半年电子承兑汇票支付。第九条约定违约责任：1.乙方在未经甲方书面同意的情况下解除合同的，乙方应按合同产品总货款的30%向甲方一次性支付违约金，并就甲方因此受到的其他损失承担赔偿责任。2.乙方延误交货的，每延误一天，按合同产品总货款的0.5%向甲方支付违约金；延误超过10天的，原告有权解除合同，并有权另行从第三方途径采购相同或同类的产品。

2018年4月13日，电子公司向甲设备公司出具三张承兑汇票，票据金额分别为200万元、200万元、230.42万元，共计630.42万元，合同交易号为XS-CG-1712018，汇票到期日为2018年10月13日。

2018年4月19日，甲设备公司开始向电子公司交付货物，截至2018年9月22日，甲设备公司向电子公司交付大台面钻机66台、小台面钻机62台，以及其他配件。2018年8月25日，电子公司向甲设备公司发出一份《外部联络单》，主旨为关于合同违约事宜。内容中载明：电子公司与甲设备公司于2017年12月20日签订《采购合同》六份，合同共约定大台面钻机155台、小台面钻机60台；合同约定交货期为合同签订后90日内；因甲设备公司违约，给电子公司造成损失，请甲设备公司交付未完成设备；电子公司保留追究甲设备公司因违约给电子公司造成经济损失的权利，甲设备公司在收到联络单3日内签字盖章回传，逾期视为默认处理。乙设备公司在回签栏盖章。电子公司以甲设备公司、乙设备公司违反14-17号合同约定，向江西省吉水县人民法院起诉。在该两起案件审理过程中，甲设备公司自认其向电子公司交付的大台面钻机66台、小台面钻机62台均是履行14-17号的合同。

另查明：1.2017年12月20日电子公司与甲设备公司签订《采购合同》共6份，合同签订后，电子公司并未按约定在签订合同10日内支付定金及支付剩余货款，甲设备公司也未按约定在90天内完成交货。电子公司共支付定金及货款4542.04万元，其中18号合同2018年4月13日三笔共630.42万元；19号合同2018年4月13日三笔、2018年6月11日一笔共1630.42万元。甲设备公司2018年4月19日开始向电子公司交付货物，截至2018年9月22日，交付大台面钻机66台、小台面钻机62台，以及其他配件，价值共计6935.8万元，其中18号合同和19号合同未交货。双方实际履行过程中，并未按合同约定时间履行，甲设备公司向电子公司出具过2份《交机计划表》，表明双方对交付设备存在时间变更。因甲设备公司216台设备仅交付128台，电子公司2018年8月25日向甲设备公司发出一份《外部联络单》。但之后甲设备公司亦未全面履行交货义务，2018年12月电子公司提起诉讼，6份合同分为4个案件：14号合同、15号合同和16号合同作为一个案件起诉，诉讼请求是判令甲设备公司、乙设备公司支付迟延交货的违约金998.08万元；17号合同诉讼请求是要求继续履行合同应交付尚未交付的12台设备并判令甲设备公司、乙设备公司支付迟延交货的违约金300万元；该2案在江西省吉水县人民法院审理（中止）。18号合同、19号合同作为两个案在一审法院起诉。2.甲设备公司与乙设备公司系关联公司。3. 电子公司与遂川天马公司于 2019 年 1 月 15 日签订《采购合同》，约定购买六轴钻机 30 台，电子公司已支付定金 664.44 万元。电子公司与广东特凯公司公司于 2019 年 3 月 6 日签订《采购合同》，约定购买六轴大台面钻机 18 台，电子公司已支付定金 335.68 万元。

裁判结果

一审判决：一、解除电子公司与甲设备公司于 2017 年 12 月 20 日签订的编号为 XS-CG-1712018《采购合同》；二、甲设备公司于本判决生效之日起 60 日内返还电子公司货款 6304200 元；三、驳回电子公司其他诉讼请求。

电子公司不服提出上诉。二审判决：维持一审判决第一项，撤销一审判决第三项，改判甲设备公司于本判决生效之日起 30 日内返还电子公司货款 2101400 元；甲设备公司于本判决生效之日起 30 日内向电子公司双倍返还定金 8405600 元。

裁判理由

二审法院认为，案涉六份《采购合同》及其补充协议，是双方当事人真实意思表示，没有违反法律、行政法规的效力性强制性规定，属于合法有效的合同，对双方当事人具有约束力。上诉人一审诉请解除 18、19 号合同，被上诉人同意解除。一审法院据此并依据原《合同法》第九十三条规定判决解除合同，并无不当，应予维持。本案二审争议的问题是：一、乙设备公司是否为本案适格被告；二、甲设备公司、乙设备公司是否应给付上诉人电子公司定金 420.28 万元；三、甲设备公司、乙设备公司是否应赔偿上诉人电子公司损失 1000 万元。

一、关于乙设备公司是否为本案适格被告的问题。上诉人电子公司认为乙设备公司在上诉人的《外部联络单》上盖章确认，且有蒋某建的证人证言相互印证，完全可以确认案涉合同的实际履行方为本案两个被上诉人。对此该院认为，上诉人该主张不能成立。首先，乙设备公司并非案涉采购合同的当事人，其在上诉人的《外部联络单》上的盖章行为系单方行为，并无承担采购合同中交付义务的意思表示。其次，蒋某建的证人证言因证人未依法出庭作证，不能采信。故该两份证据不足以证明乙设备公司系案涉合同项下履行生产和交货的义务主体，一审判决对此作出的认定及裁决正确，应予维持。

二、关于甲设备公司是否应给付上诉人电子公司定金 420.28 万元及赔偿损失 1000 万元的问题。《买卖合同司法解释》第二十八条规定，买卖合同约定的定金不足以弥补一方违约造成的损失，对方请求赔偿超过定金部分的损失的，人民法院可以并处，但定金和损失赔偿的数额总和不应高于因违约造成的损失。故在买卖合同纠纷案件中当事人可以同时主张定金及赔偿损失，但本案电子公司一审的诉讼请求是双倍返还定金及预付款，并未提出赔偿损失的请求。在一审庭审辩论阶段，电子公司特别授权的代理人也明确“本案适用定金罚则来追究因被告违约行为给原告造成的损失，合同约定的违约金的支付标准原告在另外两案（吉水县法院）中已经主张过了，本案不主张计算违约金的责任，只追究双倍返还定金以及退回原告支付的全部货款”。故电子公司二审上诉请求中要求被上诉人赔偿损失的主张，超出其一审的诉请范围，二审对此不予审理，本案二审仅围绕电子公司提出双倍返还定金的诉请是否成立进行审理。

1.关于案涉18、19号《采购合同》无法履行的原因，即甲设备公司是否应承担违约责任的问题。上诉人电子公司认为，甲设备公司在收到定金后应按约履行交货义务，即使上诉人逾期支付定金也不能构成甲设备公司不予交货的理由。由于被上诉人拒绝履行交货义务，将部分已经制造好的本应交付给上诉人的设备为了经济利益而不顾商业诚信卖给出价更高的其他买家，最终导致合同无法继续履行，该行为系是合同解除的根本原因。甲设备公司认为，六份合同应是一个大合同，履行情况应综合考量。合同解除的原因是上诉人违约，未按约定时间支付定金，应在2017年12月20日签订合同后10日内支付总价款30%的定金3300余万元，但上诉人仅在2018年1月4日支付定金954万元，在六份合同的履行过程中，被上诉人自2018年4—9月已交付了128台设备近7000万元，按照约定上诉人收到机器验收后15个月内分期付清货款，但是上诉人借故拒绝验收而拒付剩余货款2500余万元，导致我公司资金周转困难、经营陷入困境，故被上诉人甲设备公司有权以上诉人违约在先为由，迟延交付或拒绝交付其余产品，而不构成违约，上诉人无权向被上诉人主张违约责任。

因案涉六份合同分成四个案子，在江西省吉水县人民法院、一审法院分别审理，故对于江西省吉水县人民法院审理的两案，因上诉人的诉请不同、案件争议焦点不同且双方的证据材料并未在本案中全部展示，甲设备公司是否构成违约，如何承担违约及赔偿责任等，该院认为在本案中不宜作出认定及评判，应由江西省吉水县人民法院根据相关案情及法律规定自行判处。

单独就第18、19号合同来看，上诉人逾期支付定金构成违约但并非根本违约，且被上诉人对此并未提出异议，一审时亦未提起反诉。而甲设备公司收到定金后未按合同约定履行交付义务，也未按《交机计划表》履行，在上诉人2018年8月25日向其发出《外部联络单》催促后，甲设备公司一直拒绝履行18、19号合同的交货义务，导致上诉人合同目的不能实现，电子公司不得不另行采购相关设备。甲设备公司的行为违背了合同法规定的全面履行原则及商事合同中应遵循的诚信原则，属于根本违约。故导致18、19号合同最终解除，主要责任在甲设备公司，电子公司要求甲设备公司依法承担相应的违约责任，有事实及法律依据，应予支持。

2.合同解除后，违约方如何承担违约责任。原《合同法》第九十七条明确规定："合同解除后，尚未履行的，终止履行，已经履行的，根据履行情况和合同性质，当事人可以请求恢复原状、采取其他补救措施，并有权要求赔偿损失”。第18、19号合同电子公司对于解除合同后诉请是双倍支付定金及返还货款。案涉合同体现定金条款的约定是第四条“付款方式”，内容为“合同签订后10天内，支付设备总款的30%定金（即6304200元），设备入厂、验收合格后，按设备验收合格之日起，余款14709800元平均按980653元/月整分15个月付清”。从该条内容看，支付设备总款30%作为定金是明确的，之后余下货款分期支付，也明确了履行合同后，定金充抵货款。故该条约定符合《担保法》定金的性质，应认定为定金条款。定金罚则是一种违约责任的承担方式，从当事人订立合同的目的来看，是希望通过设置定金制度来保障合同的顺利履行。但并不意味在出现任何违约，特别是轻微违约的情况下也可运用定金罚则，只有在一方不履行合同，或者不完全履行合同使守约方基于合同所产生的期待利益丧失，订立合同的目的不能实现，才可视为根本违约而运用定金罚则。一般迟延履行合同的行为，若不构成根本性违约，不可适用定金罚则。本案前面已阐述第18、19号合同甲设备公司未交付一台设备，构成根本违约，故甲设备公司应承担双倍返还定金的违约责任。根据法律规定，定金数额不得超过合同价款的20%，故本案定金数额应确认为420.28万元，双倍返还定金为840.56万元。

超过定金的2101400元应为货款，由甲设备公司返还给电子公司。原《合同法》第一百一十四条第一款规定，当事人可以约定一方违约时应当根据违约情况向对方支付一定数额的违约金，也可以约定因违约产生的损失赔偿额的计算方法。第18、19号合同中定金的约定符合法律规定，是双方当事人真实意思表示，具有法律效力。

原《合同法》第一百二十条规定，当事人双方都违反合同的，应当各自承担相应的责任。因此，双方当事人均存在违约行为的事实，不应影响合同违约责任条款的法律效力。一审判决以双方对于合同的中止履行均有违约行为以及定金数额超过合同标的20%为由，认为不应适用合同中关于定金罚则的约定，属于适用法律错误，对此予以纠正。

要旨解析

本案涉及的问题是双方构成违约时是否适用定金罚则。一审判决以双方对于合同的中止履行均有违约行为以及定金数额超过合同标的20%为由，认为不应适用合同中关于定金罚则的约定。二审判决认为只有在一方不履行合同，或者不完全履行合同使守约方基于合同所产生的期待利益丧失，订立合同的目的不能实现，才可视为根本违约而运用定金罚则，本案第18、19号合同甲设备公司未交付一台设备，构成根本违约，故甲设备公司应承担双倍返还定金的违约责任。

一、适用定金罚则的条件

原《合同法》第一百一十五条（现为《民法典》第五百八十六条）规定，当事人可以依照原《担保法》约定一方向对方给付定金作为债权的担保。债务人履行债务后，定金应当抵作价款或者收回。给付定金的一方不履行约定的债务的，无权要求返还定金；收受定金的一方不履行约定的债务的，应当双倍返还定金。原《担保法司法解释》第一百二十条第一款（现为《民法典》第五百八十七条）规定："因当事人一方迟延履行或者其他违约行为，致使合同目的不能实现，可以适用定金罚则。但法律另有规定或者当事人另有约定的除外。"[①] 因此，除法律另有规定或当事人有特别约定外，只有违约行为致使合同主要的、直接目的无法实现，即构成了根本违约时，才适用定金罚则。

"不能实现合同目的"的判断标准是违约结果的客观严重性，即是否实际剥夺了债权人的履行利益，使得当事人订立合同所追求的履行利益不能实现。[②] 本案电子公司与甲设备公司签订的 18 号采购合同中，电子公司的主要义务是按约支付定金及货款，甲设备公司的主要义务是按约完成交货。电子公司虽然未依约在合同签订后 10 天内支付设备总款的 30% 定金，但在 2018 年 4 月 13 日共支付定金 630.42 万元，其迟延履行行为并不会导致对方合同目的无法实现。而甲设备公司收到定金后未按合同约定履行交付义务，也未按《交机计划表》履行，且在 2018 年 8 月 25 日电子公司向其发出《外部联络单》催促后，甲设备公司一直拒绝履行 18、19 号合同的交货义务，导致电子公司不得不另行采购相关设备。因此，甲设备公司的行为构成根本违约，可以适用定金罚则。

二、双方均有违约行为能否适用定金罚则

笔者认为，在双方违约的情况下，是否适用以及如何适用定金罚则应当视双方当事人违约的具体情况而定。

当一方违约属于法定或者约定适用定金罚则情形，另一方对其他事项违约的，则前者只能单方面适用定金罚则，后者可以追究相应的违约责任。

当双方违约均属于法定或约定的适用定金罚则情形，则不适用定金罚则。因为定金罚则的目的是促使双方当事人积极履行合同义务，如果双方当事人都构成根本违约，定金的目的就没有实现，从而失去了适用定金罚则的基础。有些国家对此问题作了明确规定，如《匈牙利民法典》规定，合同由于双方均应负责的原因而终止，定金应予返还。在双方均有违约行为的情况下，无论责任大小，收受定金的一方，都应返还所收定金。对双方不能履行合同时不适用定金罚则，其违约损失依据双方责任大小，依法适用违约金、赔偿金加以制裁，以维护法律的严肃性。[③]

如前所述，本案电子公司迟延支付定金，构成一般违约；甲设备公司未履行交

---

① 原《担保法司法解释》第一百二十条第二款规定："当事人一方不完全履行合同的，应当按照未履行部分所占合同约定内容的比例，适用定金罚则。"但《民法典》第五百八十七条作出了修改，规定："债务人履行债务的，定金应当抵作价款或者收回。给付定金的一方不履行债务或者履行债务不符合约定，致使不能实现合同目的的，无权请求返还定金；收受定金的一方不履行债务或者履行债务不符合约定，致使不能实现合同目的的，应当双倍返还定金。"因此，无论是不履行合同还是不完全履行合同，定金罚则的适用条件都是"合同目的无法实现"。

② 最高人民法院民法典贯彻实施工作领导小组主编：《中华人民共和国民法典合同编理解与适用》，人民法院出版社 2020 年版，第 639 页。

③ 张忠野：《论私法自治下定金罚则的有限适用》，载《政治与法律》2012 年第 9 期。

货义务，构成根本违约。因此，应当对甲设备公司适用定金罚则，对电子公司追究违约责任（案涉采购合同并未约定迟延支付定金的违约责任）。

三、定金超过法定数额是否适用定金罚则

原《担保法》第九十一条规定："定金的数额由当事人约定，但不得超过主合同标的额的百分之二十。"原《担保法司法解释》第一百二十一条规定："当事人约定的定金数额超过主合同标的额百分之二十的，超过的部分，人民法院不予支持。"也就是说，定金超过法定数额的，未超出部分仍然适用定金罚则；超出部分，不产生定金的效力。

那么，对于超出的部分如何处理呢？实务中，一般作为已给付的合同价款。如内蒙古乾坤金银精炼股份有限公司与中国农业银行个人业务部代销合同纠纷上诉案【最高人民法院（2006）民二终字第226号】中，法院认为行纪合同约定的定金未超过合同总价款20%的部分视为合法定金，适用定金罚则，已超出合同总价款20%的部分视为预付货款。

本案合法定金数额应为420.28万元，适用定金罚则甲设备公司应双倍返还定金为840.56万元。超过定金的210.14万元应为货款，由甲设备公司返还给电子公司。

编写人：胡　媛

二审合议庭成员：邓相红　肖玉华　周　辉

4. 因发包人原因导致承包合同解除的，发包人应按比例返还剩余期限的承包费

——刘某平与赣州市赣县区某镇人民政府等合同纠纷二审案

裁判要旨

1. 承包人在签订承包合同时一次性支付整个承包期间的以竞价利润为形式的承包费的，合同约定的"承包人上交的竞价利润和补偿款等所有款项不管任何理由一律不予退还"的条款不适用于因发包人原因解除合同的情形，承包人有权要求按比例返还终止履行后剩余期限内的竞价利润等款项。

2. 煤矿关闭，对煤矿所有权人将煤矿产能置换指标进行交易所得价款，如原有产能指标并非承包人经营期间取得的，根据其性质应归煤矿企业的所有权人，承包人不应享有煤矿产能指标转让款。

案例索引

一审：江西省赣州市中级人民法院（2019）赣07民初222号

二审：江西省高级人民法院（2020）赣民终366号

基本案情

上诉人（原审原告）：刘某平。

被上诉人（原审被告）：赣州市赣县区某镇人民政府（以下简称镇政府）。

第三人：赖某刚。

第三人：王某。

第三人：刘某平。

刘某平向一审法院起诉请求：1. 判令解除刘某平与镇政府于2011年11月18日签订的《赣县韩坊煤矿目标经营责任管理协议书》；2. 判令镇政府向刘某平、第三人支付煤矿产能指标转让款471.6万元；3. 判令镇政府按剩余目标经营责任管理期限向刘某平、第三人返还超付的竞价利润和超付的补偿原承包方款项共计1320.32万元；4. 判令镇政府向刘某平、第三人补偿承包经营期间固定资产投入损失约200万元（具体以评估报告为准）；5. 判令镇政府向刘某平、第三人返还履约保证金200万元。

2011年11月18日，刘某平与赣县韩坊乡人民政府（现为韩坊镇人民政府）签

订《赣县韩坊煤矿目标经营责任管理协议书》，约定刘某平一次性付清目标经营责任管理竞价利润人民币1310万元（一次性总额包干）和补偿原承包方款330万元后，从2011年12月1日起获得赣县韩坊煤矿目标经营责任管理人资格，目标经营责任管理期限从2011年12月1日起至2031年11月30日止，刘某平在该期限内有权充分利用赣县韩坊煤矿现有的证照、场所及设施、配套设备进行生产经营和扩界扩能改造，所有证照办理及验审换证、各种税费、安全生产责任等由刘某平负责，自主经营、自负盈亏、自行承担储量风险、政策风险和投资风险，遵守赣县韩坊乡人民政府下发的《赣县韩坊煤矿目标经营责任管理实施方案》，刘某平上交的目标经营责任管理竞价利润和补偿款等所有款项不论任何理由赣县韩坊乡人民政府一律不予退还。管理期满，刘某平无偿将一切有关证照原件、场所、厂房、设备等移交赣县韩坊乡人民政府。刘某平与赣县韩坊乡人民政府各自按照上述协议书履行合同义务。赣县韩坊煤矿采矿许可证有效期限到2015年10月24日，未再续期。

2016年9月3日，赣县人民政府办公室印发《赣县煤炭行业化解过剩产能实现脱困发展实施方案》的通知，要求2017年关闭赣县韩坊乡煤矿，2017年9月28日，赣县韩坊乡煤矿关闭完成。赣县韩坊乡煤矿将其产能置换指标进行交易，交易成交所得价款4406970.13元。刘某平因与镇政府就承包合同提前终止费用返还产生纠纷，故引发本案诉讼。第三人赖某刚、王某、刘某平主张三人系案涉合同的主要权利人，为保证权利的实现和支付安全，请求法院将被告应给付的款项直接判令支付给第三人。

裁判结果

一审判决：一、解除刘某平与镇政府于2011年11月18日签订的《赣县韩坊煤矿目标经营责任管理协议书》；二、镇政府于本判决生效之日起30日内向刘某平支付2203485.065元款项；三、驳回刘某平的其他诉讼请求。

刘某平不服，提起上诉。二审判决：一、维持一审判决第一项；二、撤销一审判决第二、三项；三、赣州市赣县区镇政府于本判决生效之日起30日内向刘华平支付1318.8333万元款项；四、驳回刘某平的其他诉讼请求。

裁判理由

二审法院认为，本案争议焦点为：1.案涉合同是否违反法律强制性规定而无效；2.双方因合同履行不能予以解除，镇政府是否应按比例返还尚未履行的承包期限所对应的竞价利润和支付补偿原承包方的款项；3.煤矿产能指标转让款应当归谁所有。

一、关于案涉合同即《赣县韩坊煤矿目标经营责任管理协议书》是否违反法律强制性规定而无效的问题。首先，本案系矿业权承包合同纠纷，协议事先经过镇政府研究制定方案，并经过公开招标，程序正当。从协议的约定及履行看，不存在违反矿产资源法关于矿业权非法转让的情形。第二，上诉人提出案涉协议违反《矿业权纠纷司法解释》第十二条第二款规定而无效系对该司法解释理解不当。该款规定“矿业权租赁、承包合同约定矿业权人仅收取租金、承包费，放弃矿山管理，不履行安全生产、生态环境修复等法定义务，不承担相应法律责任的，人民法院应依法认定合同无效”，主要目的应是将矿业权人不履行安全生产、生态环境修复等法定义务、不承担相应法律责任，作为认定矿业权人以出租、承包形式擅自转让矿业权的特征，构成实质转让的合同，才依法给予否定性法律评价。本款规定明确的是矿业权人的法律责任。从协议内容来看，双方约定镇政府负责煤矿的安全生产检查和管理，安全生产造成的经济损失由刘某平承担，上述约定可以说明镇政府没有放弃履行其作为发包人对安全生产所负的义务。刘华平作为承包经营权人，享有煤矿生产经营的相关权利，承担煤矿安全生产责任的义务，亦符合权利义务相一致的原则。镇政府二审提交的证据可以证明在协议实际履行过程中，镇政府作为一级政府机关和发包人身份具有双重性，其履行安全生产管理的行政管理职责亦是履行协议约定的安全生产义务的一种形式，从这个方面来说，两者是重合的。另外，协议没有对生态环境修复的内容进行约定，本案诉求亦未涉及生态环境损害修复问题。综上，本案协议不符合实质转让矿业权的要件，不存在原《合同法》第五十二条第五项“违反法律、行政法规的强制性规定”之情形。刘某平主张镇政府不履行安全生产、生态环境修复等法定义务导致合同无效，不能成立。

二、关于双方因合同履行不能予以解除，镇政府是否应按比例返还未履行完的承包期限所对应的竞价利润和支付补偿原承包方款项问题。镇政府与刘某平双方签订合同后，赣县人民政府根据国务院、省政府有关规定，下发关于《赣县煤炭行业化解过剩产能实现脱困发展实施方案》的通知，镇政府执行该通知要求，关闭了韩坊煤矿，由此导致双方合同无法履行，刘某平无法实现对赣县韩坊煤矿承包经营的合同目的，据此，双方签订的《赣县韩坊煤矿目标经营责任管理协议书》应予解除。本案合同无法履行的原因系镇政府执行上级政府的政策所致，因此，对于合同解除，镇政府应负有责任。根据原《合同法》第九十七条规定：“合同解除后，尚未履行的，终止履行；已经履行的，根据履行情况和合同性质，当事人可以要求恢复原状、采取其他补救措施，并有权要求赔偿损失。”据此，合同解除后，尚未履行的部分，双方应终止履行。刘某平提前一次性支付了 20 年的煤矿竞价利润 1310 万元。根据一审查明的事实，赣县韩坊煤矿采矿许可证有效期限到 2015 年 10 月 24 日，未再续期。而采矿权证到期后双方协议约定的权利义务即终止履行，刘某平不再享有经营煤矿的权利，亦不应承担支付到期后的竞价利润的义务，因此，终止履行后的剩余期限内的竞价利润镇政府应予返还。镇政府主张合同解除后适用协议中“对于刘某平上交的所有款项不管任何理由，镇政府一律不予退还”的约定，显失公平，不予支持。对于刘某平补偿原承包方 330 万元的款项，该款项系镇政府公开招标设定的签订合同的条件，镇政府将自身应承担的支付款项的义务转嫁给刘某平，该款项作为刘某平为合同签订和履行支付的成本，亦应由镇政府按支付的 330

万元分摊到未履行的剩余经营期限的数额向刘某平返还。一审法院认为“刘某平要求镇政府按其支付的款项分摊到合同未履行期限的数额向其返还竞价利润及补偿原承包方款项无合同依据、不予支持”，不符合民事活动的公平原则，应予纠正。据此，镇政府应返还剩余的竞价利润1318.8333万元（刘某平共支付款项1310万元+330万元=1640万元，从2011年12月1日经营至2015年10月24日，计3年11个月，剩余期限为16年1个月，应返还数额为1640万元/20年/12个月 ×193个月=1318.8333万元）。

三、关于煤矿产能指标转让款应当归谁所有的问题。按照江西省化解过剩产能工作领导小组办公室下发的《关于印发江西省煤炭产能置换指标交易工作实施方案的通知》要求，由煤矿企业委托交易机构进行产能指标交易，并将交易所得收益分配到煤矿企业。据此，产能指标交易转让款应归煤矿企业的所有权人。刘某平主张煤矿产能指标转让款归其所有，没有事实和法律依据，韩坊煤矿获得的煤矿产能指标转让款440.697万元应归镇政府所有。

要旨解析

本案纠纷产生的背景系国务院于2016年发布《关于煤炭行业化解过剩产能实现脱困发展的意见》，在全国范围内全面“化解煤炭行业过剩产能”“切实淘汰落后产能”。在此背景下，产能在9万吨/年及以下小煤矿陆续被关闭，一些正在合同履行期内的承包合同因此产生纠纷。本案涉及以下三个问题：

一、矿业权租赁、承包合同的性质和效力认定

合法有效的矿业权租赁、承包合同是指约定矿业权承包人将拥有的矿业权承包给他人，由他人进行开采的行为并分享利润的合同或约定出租人将矿业权租赁给他人，并向他人收取租金的合同。《矿业权纠纷司法解释》第十二条第二款规定“矿业权租赁、承包合同约定矿业权人仅收取租金、承包费，放弃矿山管理，不履行安全生产、生态环境修复等法定义务，不承担相应法律责任的，人民法院应依法认定合同无效”。该条款的立法目的是将约定矿业权人不履行安全生产、生态环境修复等法定义务、不承担相应法律责任的，作为认定矿业权人以出租、承包形式擅自转让矿业权的特征，从而构成实质转让，依法给予否定性法律评价。

本案刘某平主张协议有约定镇政府放弃矿山管理，不履行安全生产、生态环境修复等法定义务，不承担相应法律责任的内容，应认定无效。从双方签订的《赣县韩坊煤矿目标经营责任管理协议书》的内容来看，约定镇政府负责煤矿的安全生产检查和管理，安全生产造成的经济损失由刘某平承担，上述约定可以说明镇政府没有放弃履行其作为发包人对安全生产所负的义务。刘某平作为承包经营权人，享有煤矿生产经营的相关权利，承担煤矿安全生产责任的义务，亦符合权利义务相一致的原则。在协议实际履行过程中，镇政府作为一级政府机关和发包人身份具有双重性，其履行安全生产管理的行政管理职责亦是履行协议约定的安全生产义务的一种形式，从这个方面来说，两者是重合的。另外，协议没有对生态环境修复的内容进行约定，本案诉求亦未涉及生态环境损害修复问题。因此，本案协议不符合实质转让矿业权的要件，不存在《合同法》第五十二条第五项“违反法律、行政法规的强制性规定”之情形。刘某平主张镇政府不履行安全生产、生态环境修复等法定义务导致合同无效的理由，不能成立。

二、合同法定解除的法律后果

根据《民法典》第五百六十六条第一款之规定，合同解除后，尚未履行的，终止履行；已经履行的，根据履行情况和合同性质，当事人可以要求恢复原状、采取其他补救措施，并有权要求赔偿损失。第二款规定，合同因违约解除的，解除权人可以请求违约方承担违约责任，但是当事人另有约定的除外。当事人行使解除权以存在根本违约行为为前提，违约责任的承担方式主要包括继续履行、采取补救措施以及赔偿损失等。合同法定解除涉及守约方的利益保护，主要争议点在于已经履行的部分如何返还以及尚未履行部分的利益如何赔偿。司法实践中，合同解除后，恢复原状是最为主要的救济方式，而赔偿损失则要根据依据过错责任的归责原则进行认定。

本案镇政府与刘某平双方签订合同后，赣县人民政府根据国务院、省政府有关规定，下发关于《赣县煤炭行业化解过剩产能实现脱困发展实施方案》的通知，镇政府执行该通知要求，关闭了韩坊煤矿，由此导致双方合同无法履行，刘某平无法实现对赣县韩坊煤矿承包经营的合同目的，据此，本案因镇政府一方的原因导致不能实现合同目的，双方签订的《赣县韩坊煤矿目标经营责任管理协议书》应予解除，本案符合合同法定解除的情形。本案合同无法履行的原因系镇政府执行上级政府的政策所致，对于合同解除，镇政府存在过错，应对造成刘某平损失承担与其过错相当的赔偿责任。但合同解除并非镇政府主观原因所致，其过错程度较轻。因此，本案合同解除后，尚未履行的部分，双方应终止履行；已经履行的，根据本案履行情况和当事人过错程度，应由一方赔偿守约方一定的损失。刘某平提前一次性支付了 20 年的煤矿竞价利润 1310 万元，但合同终止履行后，刘某平不再享有经营煤矿的权利，亦不应承担支付到期后的竞价利润的义务，因此，终止履行后的剩余期限内的竞价利润镇政府应予返还。对于刘某平补偿原承包方 330 万元的款项，该款项作为刘某平为合同签订和履行支付的成本，属于刘华平的损失，亦应按 330 万元分摊到未履行的剩余经营期限的数额由镇政府向刘某平支付。

三、煤炭产能指标的性质及产能置换交易价款的归属

煤炭产能就是一个煤炭企业每年生产煤炭的总量。由于煤炭生产关乎能源的供给、资源的永续利用、环境保护、生产安全等国计民生的诸多方面，多年来政府对煤炭行业进行统筹管理，产能指标这个概念由此应运而生。《国务院关于进一步加强淘汰落后产能工作的通知》提出“等量置换”或“减量置换”等措施，即一个地区、企业需要新建项目或技改项目，需要通过淘汰落后产能，用淘汰落后

产能腾出的产能指标换取新建项目或技改项目新增加的产能。产能指标作为衡量产能和行业管理的指标，本不具有财产价值与财产权属性，但在国家实施“化解过剩产能”“淘汰落后产能”的特定政策背景下，使本来不具有财产属性的产能指标被赋予交易价值，具有财产属性和财产价值，由此也衍生出了产能指标置换交易这一制度。

涉案煤矿关闭，使得刘某平无法通过煤矿获得预期收益，而镇政府因在煤炭关闭中取得产能指标置换交易的收益，赣县韩坊煤矿年 4 万元吨的生产产能指标在刘某平承包前已具备，而并非在刘某平经营期间进行技术改造新获取的，4 万吨产能指标置换交易的前提、条件与刘某平经营没有必然联系。按照江西省化解过剩产能工作领导小组办公室下发的《关于印发江西省煤炭产能置换指标交易工作实施方案的通知》要求，由煤矿企业委托交易机构进行产能指标交易，并将交易所得收益分配到煤矿企业。据此，产能指标交易转让款应归煤矿企业的所有权人。刘某平主张煤矿产能指标转让款归其所有，没有事实和法律依据，韩坊煤矿获得的煤矿产能指标转让款 440.697 万元应归镇政府所有。

编写人：骆丽玲

二审合议庭成员：黄训荣　段亦枫　王慧军

5. 行为人与相对人恶意串通损害特定第三人利益时，第三人可以选择行使撤销权或主张确认合同无效

——王某声与田某杨、九江某建设有限公司确认合同无效纠纷二审案

裁判要旨

1. 行为人与相对人恶意串通损害特定第三人利益时，第三人可以选择行使撤销权或主张确认合同无效。

2. 双方当事人债权债务诉讼期间，债务人无偿转让公司资产给第三人的，亦能产生损害债权人债权的后果，债权人最后取得生效裁判文书确认的时间并不影响判断其债权是否受损。

案例索引

一审：江西省九江市中级人民法院（2017）赣04民初7号

二审：江西省高级人民法院（2018）赣民终314号

基本案情

上诉人（原审原告）：王某声。

上诉人（原审被告）：田某杨。

被上诉人（原审被告）：九江某建设有限公司（以下简称建设公司）。

建设公司于1993年3月成立。2004年6月21日变更登记为泽丰公司占股73.75%，台湾联达电信工程股份有限公司占股26.25%，法定代表人变更为周某华。同年6月初，泽丰公司分别与厦门龙腾房地产开发有限公司（以下简称龙腾公司）、厦门市利泰隆进出口有限公司（以下简称利泰隆公司）签订《股权转让合同书》，约定泽丰公司分别将其持有的建设公司73.75%股权中的22.12%转让给龙腾公司、利泰隆公司，转让价格均为1000万元。龙腾公司、利泰隆公司均支付了转让款，但未办理工商变更登记。随后，周某华任建设公司法定代表人，利泰隆公司法定代表人田某波任建设公司总经理。2004年10月12日，周某华已经持有泽丰公司100%股权。

2005年11月1日前，龙腾公司已经收购周某华持有的泽丰公司的95%股权，并指派林某术担任泽丰公司股东及董事。2005年9月2日，建设公司法定代表人

由周某华变更为林某术。2008年1月15日，建设公司变更登记为泽丰公司占股100%。2009年9月18日，田某担任泽丰公司的股东及董事。田某与林某术系夫妻关系。田某与利泰隆公司法定代表人田某波系兄弟关系。田某杨系田某与林某术的女儿。

利泰隆公司为支付上述1000万元股权转让款，于2004年6月9日与厦门泓涵利贸易有限公司（以下简称泓涵利公司）签订借款合同，向泓涵利公司借款1000万元。

2004年6月15日泓涵利公司支付了总计980万元至收购建设公司股权指定的收款人。泓涵利公司股东为王某声、陈某夫妻。借款到期后，利泰隆公司未归还借款。2005年6月13日，王某声与建设公司签订了借款合同，约定建设公司自愿将该借款转为建设公司的借款，由建设公司偿还所借款项。到期后因未还款，2006年6月13日，王某声与建设公司又签订了《协议书》，约定借款展期至2007年6月9日。

王某声因上述债权未获清偿，于2008年初起诉要求建设公司偿还借款，厦门市中级人民法院判决支持了王某声的诉请，并查封建设公司所有、坐落于江西省九江市庐山南路名湖广场沃尔玛购物中心地下一层的部分房产（商品房预售许可证号2007房预售证第42号）建筑面积以2708平方米为限。后王某声、建设公司上诉，福建省高级人民法院发回重审。厦门市中级人民法院重审后，驳回王某声诉讼请求。王某声再次上诉，福建省高级人民法院驳回上诉，维持原判。王某声申请再审，最高人民法院裁定提审，并判决建设公司返还王某声借款1000万元及利息。王某声向厦门市中级人民法院申请执行，法院于2016年5月16日受理立案，并查封了江西省九江市庐山南路名湖广场沃尔玛购物中心负一层（沃尔玛）配套专用车位（面积为6491.73平方米），因案外人田某杨提出异议，法院裁定中止执行。王某声已提起执行异议之诉。

关于田某杨与建设公司签订购房合同的事实，2010年6月28日，建设公司与田某杨签订编号为NO:801652、NO:801653、NO:801654三份《商品房买卖合同》，约定由田某杨购买建设公司开发的名湖广场沃尔玛购物中心第一层W101、第二层W201、第三层W301，每层面积分别为902.25m^2、8093.5m^2、9307.70m^2，单价为1365.9元/m^2。同日，双方还签订了一份《商品房买卖合同补充协议书》，约定：因建设公司与沃尔玛深国投百货有限公司签订租赁合同中，要求负一层为沃尔玛超市专属免费停车位，因此，建设公司将负一层101建筑面积为6491.73m^2房屋无偿登记在田某杨名下，田某杨所购房产的第一层W101、第二层W201、第三层W301，合同总价为25000682元，待负一层101买卖合同向房管部门备案后结算。2010年8月30日，建设公司又与田某杨签订编号为NO:801655《商品房买卖合同》，建设公司将名湖广场沃尔玛购物中心负一层出售给田某杨，但合同上未注明交易金额。上述W101、W201、W301房产于2013年5月办理了房产证。负一层因为属地下部分面积，未计算容积率，九江市不动产中心不给予办理房产证。

关于田某杨支付购房款的情况。2005年7月8日，建设公司与龙腾公司签订《合作开发房地产协议》，约定双方合作开发名湖广场沃尔玛购物中心项目。2008年12月30日建设公司、龙腾公司及田某签订《合作开发房地产结算协议》，约定建设公司、龙腾公司自愿解除双方签订的上述协议，截至2008年12月31日，龙腾公司实际投入的资金37999050元由建设公司返还给龙腾公司，并自龙腾公司支付第一笔资金起按年利率7%计付利息。本项目所开发的房产属建设公司所有。建设公司应支付的上述款项，龙腾公司要求直接支付给田某。双方于2013年12月31日结算，建设公司应支付田某本息合计57459165.41元。当日，田某、建设公司、林某术、田某杨、厦门市欣祥瑞贸易有限公司签订《债务清偿协议》，约定田某用57459165.41元债权清偿田某杨、田某欠付建设公司的购房款35879213.99元、林榕术欠建设公司13461453.69元、厦门市欣祥瑞贸易有限公司所欠建设公司的债务8118497.73元。建设公司与田某当日签订《债权转让协议》，约定田某对建设公司享有的57459165.41元债权在清偿上述三笔债务后，双方债权债务清偿完毕。

裁判结果

一审判决：一、确认九江某建设有限公司与田某杨签订的NO：801655号《商品房买卖合同》为无效合同；二、驳回原告王某声的其他诉讼请求。

王某声、田某杨不服提出上诉。二审判决：维持一审判决第一项，撤销一审判决第二项，改判田某杨应于本判决生效之日起三十日内向九江某建设有限公司返还因801655号《商品房买卖合同》而取得的九江市庐山南路名湖广场沃尔玛购物中心负一层建筑面积为6491.73m^2的房产。

裁判理由

二审法院认为，本案的焦点问题为：1.王某声能否依据原《合同法》第五十二条第二项的规定主张案涉合同无效；2.建设公司与田某杨签订的801652、801653、801655三份《商品房买卖合同》是否构成恶意串通、损害王某声利益，是否应确认无效。

关于焦点问题1。上诉人田某杨提出，根据相关学者的学理解释及相关法院的案例，王某声作为特定的第三人，其不能依据原《合同法》第五十二条第二项规定主张合同无效，其仅能依据该法第七十四条、第七十五条的规定行使撤销权。该院认为，相关学者对原《合同法》第五十二条第二项规定的解读并不具有法律效力，其仅具有参考作用。相关学者主张该条款中的第三人指不特定的第三人，仅系一家之言，并不具有绝对性。该种解读与最高法院公布的相关案例所采的观点并不一致。根据最高人民法院的相关案例，受损害的特定第三人可以依据该法条的规定主张合同无效。第五十二条第二项、第七十四条均是对受损害的第三人的保护，当事人可以选择行使。

关于焦点问题2。建设公司与田某杨于2010年6月28日签订编号801652、801653两份《商品房买卖合同》，于2010年8月30日签订编号801655《商品房买卖合同》时，建设公司的法定代表人为林某术，与田某杨系母女关系，此时泽丰公司持有建设公司100%股权，田某杨的父亲田某担任泽丰公司的股东及董事，龙腾公司持有泽丰公司100%股权，田某任龙腾公司的法定代表人。交易双方具有高度关联关系。建设公司与田某杨签订的801652、801653《商品房买卖合同》所出售的名湖广场沃尔玛购物中心第一层W101、第二层W201，每层面积分别为902.25m²、8093.5m²，单价为1365.9元/m²。双方所签的801655《商品房买卖合同》，约定建设公司将名湖广场沃尔玛购物中心负一层（面积为6491.73m²）出售给田某杨，合同未注明交易金额，实际履行中田某杨亦未支付负一层的转让款给建设公司。建设公司与田某杨进行上述交易时，王某声与建设公司的债务纠纷案正在厦门市中级人民法院重新审理之中，法院查封了建设公司所有的沃尔玛购物中心负一层2708m²的房产，冻结了建设公司存款1000万元。建设公司与田某杨2010年6月28日签订的《商品房买卖合同补充协议书》中，田某杨表示“理解并同意待该房产解冻后再向房产管理部门进行买卖合同备案”，说明田某杨对建设公司对王某声负有债务是知情的。因此田某杨与建设公司通过签订801655《商品房买卖合同》无偿取得名湖广场沃尔玛购物中心负一层（面积为6491.73m²）的使用权，明显损害了建设公司债权人王某声的利益，且双方侵害第三人债权的主观故意明显，一审法院认定801655《商品房买卖合同》双方构成恶意串通、损害第三人债权，从而认定合同无效，与事实和法律规定相符。上诉人田某杨上诉称，涉案合同为整体销售，不存在无偿赠送。本案查明的事实表明，田某杨与建设公司签订《商品房买卖合同》购买名湖广场沃尔玛购物中心商业房地产，系分楼层签订合同，每份合同购买的面积不同，每份合同对应的房产所有权证亦是独立颁发，该上诉理由与事实不符，不能成立。上诉人田某杨还提出，王某声合法取得债权在后，其签订《商品房买卖合同》在前，因而不存在侵害王某声债权的可能性。因王某声与建设公司之间发生债权债务关系的事实于2005年6月发生，在双方就该债权债务诉讼期间，建设公司转移公司资产的行为，亦能产生损害第三人债权的后果。王某声的债权最后取得生效裁判文书确认的时间并不影响判断其债权是否受损。田某杨的这一理由不能成立。因801652、801653《商品房买卖合同》项下的购房款均以田某杨父亲田某对建设公司享有的债权抵付，田某杨实际清偿了购房款。因801655《商品房买卖合同》已认定无效，该合同项下的房产已足以清偿王某声的债权，因此801652、801653《商品房买卖合同》即使价格偏低，但并不构成对王某声债权的损害，上诉人王某声上诉提出801652、801653《商品房买卖合同》亦应认定无效不符合法律规定，不予采纳。

综上，原审判决认定建设公司与田某杨签订的801655《商品房买卖合同》因双方构成恶意串通、损害了王某声的债权而认定无效，符合事实和法律规定，应予维持。上诉人田某杨上诉请求撤销该判项无合法理由，应予驳回。根据原《合同法》第五十八条的规定，合同无效后，因该合同取得的财产，应当予以返还。因建设公司系该合同项下财产的所有权人，且王某声一审诉讼请求第 4 项即“判决被告建设公司和被告田某杨立即到九江市房产交易中心办理撤销九江市庐山南路名湖广场沃尔玛购物中心负一层建筑面积为 6491.73m^2 房产备案登记在田某杨名下的手续，将该房产产权恢复至建设公司名下”，已包含了将财产返还给建设公司的请求，原审判决未支持该诉请不符合法律规定，应依法纠正。王某声上诉要求确认其他两份合同无效的请求，不符合法律规定，应予驳回。

要旨解析

本案主要涉及在债务人无偿处分财产损害债权人利益的情形下，债权人应当如何行使保全权利的问题。

一、恶意串通民事法律行为中“第三人”的认定

原《合同法》第五十二条第二项规定，恶意串通，损害国家、集体或第三人利益的合同无效。其中，“第三人”的性质如何界定？有学者认为，如果损害的是国家、集体利益以及不特定第三人利益（实际上损害的是公共利益）的恶意串通的合同，为绝对无效；而损害特定第三人利益的合同，为相对无效，应由利益受损害的第三人进行主张。[①] 还有学者认为，当出现债务人与第三人恶意串通放弃其到期债权、无偿转让财产或者以明显不合理的低价转让财产，并损害了债权人的利益时，债权人享有的应是撤销权，建议废除原《合同法》第五十二条第二项的规定。[②] 但从最高法院的观点来看，主张第三人是指特定第三人。与原《合同法》第五十二条第二项相比，《民法典》第一百五十四条作了基本相同的规定，只是将“国家、集体或者第三人”改为“他人”。此处的“他人”是指特定第三人，包括国家、特定集体或者特定第三人。[③] 至于恶意串通损害不特定第三人利益，无论是直接损害，还是间接损害，其效果评价均可归于损害社会公共利益的范畴（《民法典》用传统民法上的“公序良俗”代替了“社会公共利益”）。

本案田某杨在明知建设公司对王某声负有债务的情况下，仍然无偿取得名湖广场沃尔玛购物中心负一层的使用权，明显损害了建设公司债权人王某声的利益，双方构成恶意串通，合同无效。

① 参见王利明:《合同法新问题研究》，中国社会科学出版社 2003 年版，第 310 页；王利明:《合同法研究（第一卷）》，中国人民大学出版社 2002 年版，第 649 页。

② 黄忠:《论恶意串通损害第三人利益无效规范的存废——基于体系的一项检讨》，载《人大法律评论》2014 年卷第 1 辑。

③ 参见最高人民法院民法典贯彻实施工作领导小组主编:《中华人民共和国民法典总则编理解与适用》（下），人民法院出版社 2020 年版，第 775 ～ 776 页。

二、恶意串通和债权人撤销权的竞合

根据原《合同法》第七十四条（现为《民法典》第五百三十八条、五百三十九条）的规定，因债务人放弃其到期债权或者无偿转让财产，对债权人造成损害的，债权人可以请求人民法院撤销债务人的行为。债务人以明显不合理的低价转让财产，对债权人造成损害，并且受让人知道该情形的，债权人也可以请求人民法院撤销债务人的行为。因此，当债务人与相对方恶意串通，放弃其到期债权或无偿转让财产，或者以明显不合理的低价转让财产，对债权人造成损害，并且受让人知道该情形的，既符合恶意串通合同无效情形，同时债权人又享有撤销权。那么，债权人是否享有确认合同无效权？笔者认为，此时债权人可选择提起确认合同无效之诉或撤销权之诉，法院不得以合同相对性为由禁止债权人提起确认合同无效的诉讼。

首先，债权人是与合同有法律意义上直接利害关系的第三人，符合起诉条件。《民事诉讼法》第一百二十二条起诉条件规定：原告必须是与本案有直接利害关系的公民、法人和其他组织。因此，债权人如与合同没有利害关系或者仅有事实上的利害关系，则不能作为原告起诉；而与涉案合同约定事项具有法律意义上直接利害关系的债权人，则可向法院提起确认合同无效之诉。[①] 本案中，建设公司无偿转让财产给田某杨的行为，明显损害了建设公司债权人王某声的利益，且有违诚信原则，王某声与801655《商品房买卖合同》之间具有法律意义上的直接利害关系，符合提起确认合同无效之诉的条件。

其次，确认合同无效之诉与撤销权之诉各有利弊，债权人享有诉讼选择权。从举证责任来看，确认合同无效诉讼举证难度要大。确认合同无效之诉需证明债务人与第三人之间具有恶意串通的故意和行为，而债权人撤销之诉只需要证明债务人处分财产权益的诈害行为影响其债权实现即可。但是，从权利行使期限来看，债权人撤销权受到除斥期间限制。根据原《合同法》第五十五条规定，债权人撤销权受到“知道可撤销情形一年内应及时行权、事实发生五年不得撤销”的期限限制，但确认合同无效之诉属确认之诉，不适用诉讼时效。因此，债权人可在权衡利弊之后作出选择。本案债权人王某声一审诉讼过程中开始提出的诉请是撤销合同，之后变更诉请为确认合同无效，是对自身权利的处分。

三、诉讼期间债务人无偿转让财产行为亦具有诈害性

本案王某声与建设公司签订借款合同的时间是2005年6月13日，借期一年，

---

① 如（2021）最高法民申1723号（韶关市衡溢置业有限公司、郑某如确认合同无效纠纷再审审查与审判监督民事裁定书）认为，对债权人而言，原《合同法》第五十二条、第七十四条所涉两种保护债权实现的方式，各有利弊；根据《民事诉讼法》第十三条第二款的规定以及权利处分原则，债权人可以在权衡利弊后做出选择。通常情况下，合同受益的双方当事人不会提起确认合同无效的诉讼。如以合同相对性为由禁止与该合同约定事项有利害关系的第三人提起确认合同无效的诉讼，那么与合同约定事项有利害关系的合同外第三人的合法权益将得不到保障，亦有违前述法律规定的立法精神。

到期后双方又协议约定借款展期至2007年6月9日，王某声因上述债权未获清偿，于2008年初起诉。在王某声与建设公司债权债务诉讼期间，建设公司与田某杨于2010年8月30日签订编号801655《商品房买卖合同》，无偿转让公司资产给田杨杨。2016年2月12日，最高人民法院作出再审判决，判决建设公司返还王某声借款1000万元及利息，利泰隆公司承担连带清偿责任。

虽然王某声与建设公司之间的债权债务纠纷直至2016年才有最终的生效判决，但双方债权债务关系的事实于2005年6月发生，在双方就该债权债务诉讼期间，建设公司转移公司资产的行为，亦能产生损害第三人债权的后果，债权人最后取得生效裁判文书确认的时间并不影响判断其债权是否受损。

编写人：胡　媛

二审合议庭成员：胡俊涛　徐清华　吕卫红

6. 股东从公司抽回资本供个人使用，可认定为抽逃出资

——邹某战、胡某平、涂某平、铜鼓县某担保有限公司与江某平保证合同纠纷再审案

裁判要旨

1. 行为人以公司法定代表人身份从事民事活动，其加盖的公司印章是否伪造并不是判断公司应否承担保证责任的依据，因此本案审理无须以行为人涉嫌伪造公司印章犯罪审理判决为前提。

2. 因股东行为导致公司资本被股东个人从公司抽回使用，该行为符合《公司法解释（三）》第十二条第四项所规定的抽逃出资的行为。

案例索引

一审：江西省铜鼓县人民法院（2015）铜民初字第 211 号

二审：江西省宜春市中级人民法院（2015）宜中民二终字第 295 号

再审：江西省高级人民法院（2016）赣民再 137 号

基本案情

再审申请人（一审被告、二审上诉人）：铜鼓县某担保有限公司（以下简称担保公司）。

再审申请人（一审被告、二审上诉人）：邹某战，担保公司股东。

再审申请人（一审被告、二审上诉人）：胡某平，担保公司股东。

再审申请人（一审被告、二审上诉人）：涂某平，担保公司股东。

再审申请人（一审原告、二审被上诉人）：江某平。

江某平向法院起诉请求判令邹某战、胡某平、涂某平与担保公司共同偿还 100 万元本金及利息。

2014 年 8 月 22 日，卢某云向江某平借款 200 万元，并出具借条，约定 2014 年 9 月 2 日前归还，卢某云当时还以担保公司法定代表人的身份提出由担保公司为此笔借款进行担保，并由卢某云在借条上写明："担保人：卢某云"，卢某云在担保人处加盖了担保公司公章（该公章系卢某云伪造）。卢某云借款到期后，只归还了 100 万元本金，江某平于 2014 年 11 月 10 日向该院提起诉讼［案号为（2014）铜民初字第 696 号］，要求判令卢某云及担保公司归还借款 100 万元及相应利息，案件

审理过程中，担保公司提出虽然卢某云承诺担保公司为其借款进行担保，但加盖在借款合同上的担保公司公章系卢某云伪造，担保公司已向公安部门报案，故江某平提出先撤回要求担保公司承担保证责任的诉请，待公安部门查明公章真假等相关事实后再另案要求担保公司承担担保责任，保留相应诉权，江西省铜鼓县人民法院予以准许。2014 年 12 月 18 日，该院判决卢某云归还江某平借款 100 万元及以 100 万元为本金，按年利率 5.6% 的标准，从 2014 年 9 月 3 日起计至付清时止的利息，该判决已生效。2015 年 3 月 11 日，江某平在相关部门查明有关事实后向江西省铜鼓县人民法院起诉，要求担保公司承担保证责任，替卢某云归还借款 100 万元及相应利息。

担保公司为有限责任公司，卢某云为担保公司的法定代表人。邹某战、胡某平、涂某平系担保公司的股东，同时又是江西神马房地产开发有限公司、万载县君鼎实业有限公司的股东或高级管理人员。邹某战、胡某平、涂某平作为担保公司股东，从 2013 年起至 2015 年间，多次借用他人名义，虚构贷款事由，在铜鼓县信用合作联社申请贷款，并由担保公司进行担保，贷款获得的资金汇入邹某战、胡关平、涂某平等人的账户，由三股东个人使用，其中部分资金用于对江西神马房地产开发有限公司、万载县君鼎实业有限公司的投资。邹某战、胡某平、涂某平上述行为致使担保公司担保的贷款到期无法偿还，铜鼓县信用合作联社将担保公司在该信用合作联社的 1800 万元保证金抵扣用于归还所欠贷款，至本案一审判决时，担保公司都未再补充保证金。

二审法院认定事实：2011 年 11 月 4 日，担保公司修改公司章程，将公司的注册资本由 1000 万元增加到 2000 万元。担保公司现行的章程规定，担保公司的经营范围：融资性担保、履约担保、诉讼保全担保业务、与担保有关的融资性咨询、财务顾问等中介服务业务、以自有资金进行投资。章程还规定，担保公司的注册资本 2000 万元，卢某云以货币出资 1000 万元，胡某平以货币出资 400 万元，邹备战以货币出资 400 万元，涂某平以货币出资 200 万元；公司向其他企业出资或者为他人提供担保应由股东会作出决议，并经代表过半数（不含本数）以上表决权的股东通过等内容。但卢某云、胡某平、邹某战、涂某平四位股东实际只分别出资 500 万元、200 万元、200 万元和 100 万元。江西省人民政府金融工作办公室给担保公司颁发的《融资性担保机构经营许可证》批准的注册资本是 1000 万元。

2014 年 7 月 20 日，卢某云分两次向张某华借款 190 万元，卢某云在出具的两份借据上还加盖了担保公司的公章，该借款由李某林提供保证担保。借款到期后，卢某云未按时偿还，张某华便要求李某林归还，李某林在承担保证责任后，向江西省宜丰县人民法院提起诉讼，要求卢某云和担保公司向其偿还 190 万元。担保公司在该案中答辩称，卢某云在借据上加盖的公章系伪造，且该借款未经其他股东同意，是卢某云的个人借款，应由其自己承担还款责任。最终江西省宜丰县人民法院判决支持了李某林的诉讼请求，该判决现已发生法律效力。2015 年 10 月 9 日，江西省铜鼓县公安局决定对担保公司公章被伪造一案进行立案侦查。

关于一审、二审法院认定的事实，再审法院审查认为，首先，卢某云在2014年8月22日借条中加盖的印章是否属于其个人伪造并未有相关证据印证，亦未有司法机关对此事实的确认，当事人对此事实亦存在争议，现有证据仅可证实卢某云在借条加盖的印章并非担保公司备案印章，并不能证实该印章系由卢某云个人伪造，一审认定的该事实再审法院不予确认。其次，担保公司股东是否履行2011年11月7日增加注册资本1000万元的出资义务，根据担保公司再审中提供的验资报告等工商变更登记资料，担保公司股东的增资已经工商部门审核登记，二审认定担保公司股东未实际缴纳1000万元增资与证据表明的事实明显不符。再审对一审、二审认定的事实中除上述事实外的其他事实予以确认。

裁判结果

一审判决：一、担保公司承担连带保证责任，替卢某云归还江某平借款100万元及相应利息（该利息以100万元为本金，按年利率5.6%的标准，从2014年9月3日起计至付清时止）。担保公司归还上述借款及利息后，有权向卢某云进行追偿；二、邹某战、胡某平、涂某平对上述第一项判决承担连带偿还责任。

二审判决：一、维持一审判决第一项；二、撤销一审判决第二项；三、邹某战、胡某平、涂某平互负连带在1000万元的本息范围内对本判决第一项所确定的给付义务承担补充赔偿责任（其中：利息从2013年11月5日起至1000万元实际赔付到位之日止，以1000万元为基数按照中国人民银行同期同类人民币贷款基准利率计算）；邹某战承担补充赔偿责任超过200万元的本息范围的、胡某平承担补充赔偿责任超过200万元的本息范围的、涂某平承担补充赔偿责任超过100万元的本息范围的，有权向担保公司的其他股东追偿（本判决第三项所确定的与（2015）宜中民二终字第286号民事判决第三项所确定的由邹某战、胡某平、涂某平互负连带承担的补充赔偿责任之和，不能超过1000万元的本息范围）。

再审判决：一、撤销一、二审判决；二、担保公司对卢某云欠付江某平的借款本金100万元及相应利息（该利息以100万元为本金，按年利率5.6%的标准，从2014年9月3日起计至付清时止）承担连带偿还责任。担保公司承担上述还款责任后，有权向卢某云进行追偿；三、邹某战、胡某平、涂某平对上述第二项判决确定的担保公司应承担的还款金额中不能清偿的债务部分在1800万元范围内共同承担补充赔偿责任。

裁判理由

再审认为，本案的争议焦点可以归纳为：1.担保公司对卢某云借款应否承担保证责任？2.担保公司股东是否履行增加的1000万元注册资本出资义务？3.邹某战、胡某平、涂某平应否对担保公司的债务承担连带清偿责任？

一、关于担保公司应否承担保证责任的问题。关于卢某云以担保公司为其贷款提供担保是否有效，担保公司应否承担责任的问题，一审、二审均已详细阐明了担保公司应当承担保证责任的理由，再审法院除对一审法院认为卢某云行为构成表见代理不认同外，对一审、二审关于该争议焦点的其他理由基本认同。卢某云系担保公司法定代表人，其以公司名义做出的意思表示即是代表公司，不存在代理的问题。除一审、二审法院的阐明的理由外，再审法院补充两点理由:（一）公司法定代表人加盖的印章是否系其备案公章不是判断该行为效力的依据。公司是拟制法人，在民事活动中，其意思表示通常由其法定代表人或经法定代表人授权的代理人作出，形式上表现为法定代表人以公司法定代表人名义在合同等法律文件上签名或加盖公司印章。公司印章与签名一样都是行为人作出的代表公司意思表示行为的外在证据，印章是否备案不是判断行为人行为效力的依据，行为人本身是否有权代表公司作出该意思表示才是判断行为人加盖印章的行为是否合法有效的判断依据。法律并未禁止公司使用非备案印章，民事活动中实际上也存在大量使用非备案用章的情形。本案中卢某云系担保公司法定代表人，是法律上唯一有权直接代表公司作出意思表示的人，其以公司名义做出的意思表示在权限范围内具有代表公司当然效力。本案中邹某战、胡某平、涂某平、担保公司对2014年8月22日借条中的卢某云所写签名和加盖担保公司印章这一行为本身并未提出异议，卢某云签名和加盖印章的行为即是其代表担保公司做出保证的意思表示。（二）无论卢某云是否伪造公司印章，是否构成犯罪，均不影响本案审理。首先，卢某云是否伪造公司印章这一事实并未得到确认。江西省宜丰县公安局虽然对卢某云涉嫌伪造公司印章一事进行了立案侦查，但迄今并未有调查结论，未将卢某云伪造公司印章移交检察机关提起刑事诉讼。其次，卢某云是否伪造公司印章并不是解决本案所必需的前提。本案需要解决的是担保公司应否承担保证责任的民事纠纷，卢某云在本案中系以担保公司法定代表人身份从事的民事活动，卢某云加盖的担保公司印章是否伪造并不是判断担保公司应否承担保证责任的依据，因此本案的审理无须以卢某云涉嫌伪造公司印章犯罪审理判决为前提。且公司印章是否伪造对于合同相对人而言无法判断，本案中卢某云加盖的同一担保公司印章还在其他场合中使用，并已经法院确认为有效。另邹某战、胡某平、涂某平再审理由中提出的《最高人民法院关于在审理经济纠纷案件中涉及经济犯罪嫌疑若干问题的规定》第五条第一款规定是针对不具有代表单位作出意思表示权限的行为人以犯罪手段获取公司印章签订合同的情形，此种情形下单位如无过错无须为行为人犯罪行为造成的损失承担民事责任。本案并不属于该款规定的情形，卢某云系担保公司法定代表人，即使不加盖公司印章，其以法定代表人身份亦可代表公司作出意思表示。卢某云涉嫌伪造印章已经由公安机关立案侦查，对该行为的刑事侦查已经在进行，本案民事纠纷的审理不存在移送公安的问题。

二、关于担保公司股东是否履行增加的1000万元注册资本出资义务的问题。本案再审中，邹某战、胡某平、涂某平、担保公司提交的注册资本变更的工商登记资料，有验资报告及相应的银行进账凭证，可以证实担保公司增资时从股东处实际收到了 1000 万元增加的注册资本。因此，二审法院以担保公司股东增资时未履行出资义务与事实不符。江某平提出担保公司股东增资汇入担保公司的资金系先从担保公司转出再转入担保公司账户，担保公司收到实际注册资金仍然是 1000 万元。再审法院认为，担保公司股东增资的资金是否来源于此前从担保公司转出的资金，担保公司股东是否未经合法的财务手续和法定程序将公司资金转入个人名下涉及的是担保公司股东对前期注册资本是否存在抽逃的问题，并不能简单以此否认担保公司股东经工商审核登记增资的形式合法性。且一审中，江某平申请追加担保公司股东邹某战、胡某平、涂某平为被告的理由是三股东滥用公司法人独立地位、抽逃资金、逃避债务，并未主张三股东存在出资不实应承担补足注册资本的问题，二审判决以担保公司股东邹某战、胡某平、涂某平出资不实为由判令三人在 1000 万元范围内承担连带责任与江某平的诉讼主张明显不符。因此，邹某战、胡某平、涂某平、担保公司的该项再审理由可以成立，二审判令邹某战、胡某平、涂某平在未出资 1000 万元本息范围内承担补充赔偿责任依据不足。

三、关于邹某战、胡某平、涂某平应否对担保公司的债务承担连带清偿责任的问题。一审已查明，邹某战、胡某平、涂某平作为担保公司股东，从 2013 年起至 2015 年间，多次借用他人名义，虚构贷款事由，在铜鼓县信用合作联社申请贷款，并由担保公司进行担保，贷款获得的资金汇入邹某战、胡某平、涂某平等人的账户，由三股东个人使用，其中部分资金用于对江西神马房地产开发有限公司、万载县君鼎实业有限公司的投资。邹某战、胡某平、涂某平上述行为致使担保公司担保的贷款到期无法偿还，铜鼓县信用合作联社将担保公司在该信用合作联社的 1800 万元保证金抵扣用于归还所欠贷款。担保公司股东的上述行为导致的实质后果是担保公司资本被股东个人从公司抽回使用，该行为符合《公司法司法解释（三）》第十二条第四项所规定的抽逃出资的行为。该解释第十四条第二款规定，抽逃出资的股东，应当在抽逃出资本息范围内对公司债务不能清偿的部分承担补充赔偿责任。由于本案导致担保公司保证金被扣划还款系由担保公司股东共同行为所致，各股东之间应对抽逃的 1800 万元承担连带责任。因此，邹某战、胡某平、涂某平应当在抽逃的 1800 万元保证金范围内共同对担保公司不能清偿的债务共同承担补充赔偿责任。

综上，二审法院认定担保公司股东未实际缴纳增加的注册资本并以此判决邹某战、胡某平、涂某平在未出资资本范围内对担保公司债务承担补充赔偿责任没有事实依据和法律依据，二审未对江某平一审提出的担保公司股东应承担抽逃出资的事实理由和请求予以回应，导致案件处理错误，再审均予以纠正。

要旨解析

本案涉及以下几个法律问题：一是真假公章的对外效力问题；二是关于抽逃出资行为的认定问题。

一、真假公章的对外效力问题

诉讼过程中，被代理人往往会以虚假印章为由否认代理的成立，以行为人因印章问题涉嫌刑事犯罪要求中止民事案件审理或移送公安机关处理，这种情况下涉及民刑交叉问题。目前在理论和司法实践中，主流观点认为相对人对于印章的真伪无鉴别能力，亦无审查义务，即便所盖印章为虚假印章甚至经生效刑事判决认定行为人构成伪造印章的犯罪事实，也不能以此对抗善意相对人。因此，行为人即使涉嫌伪造印章刑事犯罪，也无须中止涉代理类民商事案件的正常审理。结合《民商审判会议纪要》第四十一条盖章行为的法律效力、第一百二十八条刑民案件分别审理的规定，盖章行为的法律效力取决于盖章之行为人是否有代表权或代理权，而加盖印章之真假仅是起辅助之作用，印章在证明代理行为真实性上尚属初步证据，认定代理行为成立与否需综合考虑其他证据及事实。归根结底，在司法实践中，人民法院要确立“看人不看章”的裁判思路。真实印章并不等同于代理成立，虚假印章亦不必然阻碍代理成立，还是要根据行为人行为时与被代理人之间的关系以及其他权利表象予以综合考虑印章的效力。一般情况下，行为人即使涉嫌虚假印章犯罪也不影响涉代理类民商事案件的审理。

本案中，再审法院认为公司印章与签名一样都是行为人作出的代表公司意思表示行为的外在证据，印章是否备案不是判断行为人行为效力的依据，行为人本身是否有权代表公司作出该意思表示才是判断行为人加盖印章的行为是否合法有效的判断依据。同时，卢某云是否伪造公司印章并不是解决本案所必需的前提，本案民事纠纷的审理不存在移送公安的问题。因此，再审法院认定卢某云以担保公司为其贷款提供担保有效，担保公司应当承担责任正确。

二、关于抽逃出资行为的认定。

抽逃出资，是在公司成立后，股东非经法定程序，从公司抽回相当于已经缴纳出资数额的财产，同时继续持有公司股份。实际上，股东抽逃出资是股东不履行或只履行了部分的出资义务，却仍享有投资收益权、公司管理权等股东权利，且仍受到公司制度赋予股东有限责任制度的保护的不公平现象。股东抽逃出资，不仅违反了公司资本制度，而且破坏了股东承担有限责任的公平性基础，其目的也往往是利用公司法人人格独立制度逃避债务。准确地讲，抽逃出资是一种变相违反出资义务的行为，但是与虚假出资、出资不实、迟延出资还是有所区别，这些行为都是股东在出资之始就存在问题，自始未完全地履行出资义务，而股东抽逃出资是在完成出资义务后又将出资抽回的行为。抽逃出资是严重侵蚀公司资本的行为，我国《公司法》第三十五条、第九十一条、第二百条均明确禁止股东抽逃出资。《公司法司法解释（三）》第十二条对司法实践中较为多见的公司发起人、股东在公司成立后的抽逃出资行为进行了归纳与列举，包括：将出资款项转入公司账户验资后又转出；通过虚构债权债务关系将其出资转出；制作虚假财务会计报表虚增利润进行分配；利用关联交易将出资转出等情形。同时，由于抽逃出资行为在实践中具有相对的复杂性、模糊性和隐蔽性等特点，表现形式多样，这使得对股东抽逃出资的认识也常常发生较大的分歧，认定和把握的难度较大，司法解释也不能列举穷尽，因此做了兜底的规定，即“其他未经法定程序将出资抽回的行为”。结合上述相关规定以及司法实践，可以归纳出股东抽逃出资行为的一般构成要件，主要包括以下几个方面：一是抽逃出资的主体包括公司的股东以及发起人；二是抽逃出资行为的主观上是出于故意；三是抽逃出资行为侵犯的客体是公司的合法权益和我国的公司资本制度；四是抽逃出资行为的客观方面是采取各种方法将已经缴纳的出资抽回。

《公司法司法解释（三）》第十四条对公司股东抽逃出资的法律效果和责任承担作出了具体规定。股东出资后，该出资的财产权就属于公司所有，股东抽逃出资实质上是侵犯公司财产权，非法占有已不属于自己而只属于他人的财产，其后果则是公司资本的不充实，对公司法人的财产完整性造成严重损害，对法人抵御风险的能力也造成巨大损害，就行为性质而言，属于侵权行为，公司股东抽逃出资，侵犯了公司财产权，使得公司资本处于不确定和不充实状态，进而会危害公司债权人的利益，抽逃出资股东应向公司在抽逃出资本息范围内承担侵权责任，当股东抽逃出资损害公司债权人利益时，还应当向公司债权人在抽逃出资本息范围内对公司债务不能清偿的部分承担补充赔偿责任。其他股东、董事、高级管理人员或实际控制人作出协助抽逃出资行为的，应认为其主观与抽逃出资者间成立共同过错，共同实施了损害行为，成立共同侵权，承担连带责任。

本案中，邹某战、胡某平、涂某平作为担保公司股东从公司担保取得的贷款供三股东个人使用，致使担保公司担保的贷款到期无法偿还，铜鼓县信用合作联社将担保公司在该信用合作联社的1800万元保证金抵扣用于归还所欠贷款，三股东行为的实质后果是担保公司资本被股东个人从公司抽回使用，该行为符合法律规定的抽逃出资的行为，三股东应当在抽逃出资本息范围内对公司债务不能清偿的部分承担补充赔偿责任。由于本案导致担保公司保证金被扣划还款系由担保公司股东共同行为所致，各股东之间应对抽逃的1800万元承担连带责任。因此，邹某战、胡某平、涂某平应当在抽逃的1800万元保证金范围内共同对担保公司不能清偿的债务共同承担补充赔偿责任。

编写人：吴　军

再审合议庭成员：龚雪林　张文明　吕淑瑾

7. 违约造成的可得利益损失应综合判断衡量

——江西省高安汽运集团某汽运有限公司与魏某哲、谢某翔等融资租赁合同纠纷再审案

裁判要旨

对于可得利益的计算，人民法院可以依据有约定从约定、无约定从法定、实际损失与约定计算损失差距大、损失难以确定需酌定等不同情形，根据合同实际履行情况、获利情况、当事人的过错情况及合同履行时的经济形势、行业利润等因素综合判断衡量，以守约方因违约方违约遭受的实际损失或可能遭受的实际损失为基础，依据公平原则确定具体数额。

案例索引

一审：江西省高安市人民法院（2015）高民一初字第2651号

二审：江西省宜春市中级人民法院（2017）赣09民终331号

再审：江西省高级人民法院（2019）赣民再119号

基本案情

再审申请人（一审被告、二审上诉人）：江西省高安汽运集团某汽运有限公司（以下简称汽运公司）。

被申请人（一审原告、二审上诉人）：魏某哲。

被申请人（一审原告、二审上诉人）：谢某翔。

二审被上诉人（一审被告）：陈某辉。

一审第三人：江西瑞州汽运集团某物流有限公司（以下简称物流公司）。

魏某哲、谢某翔向法院起诉请求：1. 判令汽运公司、陈某辉赔偿因用虚假证明、凭证办理赣C ×××××号和赣C ×××××号转移登记错误，造成魏某哲、谢某翔融资租赁车辆停驶590天的营运损失385978元，停运损失鉴定3000元，两车共计777956元以及该款项从2015年5月28日至给付之日止的每月1.2%的利息损失；2. 判令汽运公司、陈某辉赔偿因用虚假材料办理转移登记错误，造成魏某哲、谢某翔赔付物流公司为实现融资租赁租金（及取回涉嫌盗抢被扣本案两承租车辆）的诉讼调查、协调差旅费7000元和诉讼费5042元。

2013年9月25日，魏某哲、谢某翔从汽运公司购得赣C ×××××号，价格为211000元和赣C ×××××号东风牌重型自卸货车，价格为210800元。魏某

哲、谢某翔为从事个体运输，向物流公司融资租赁该二辆货车。魏某哲、谢某翔与汽运公司的员工陈某辉签订了《车辆交易协议书》，协议书约定车辆交易下户（过户、落户）的手续和相关费用由陈某辉负责办理，并确保交易车辆的各项下户手续齐全（包括行驶证、附加费证、营运证）。物流公司根据陈某辉和魏某哲、谢某翔的要求在取得两交易车辆转移登记证书后，为交易转移的车辆安装了GPS车辆行车在线监控仪，随后向汽运公司支付了魏某哲、谢某翔与陈某辉双方约定的购车价款。为此三方共同签订了《汽车融资购销合同》附件二，该合同约定出卖方向购买方提供的车辆必须是国家有关部门检验合格的车辆，并且是承租人要求的车型，同时签订了《汽车融资租赁合同》及附件。魏某哲、谢某翔将租得的赣C ×××××号、赣C ×××××号车辆开至广州市萝岗区地铁维修站建设工程项目施工工地，承接了该工地的土石转运业务。2013年10月15日，魏某哲、谢某翔聘请的驾驶员在驾驶该两辆车承运沙土时，被广州市公安局交通警察支队萝岗大队以这二车涉嫌盗抢查扣，2013年11月12日广州市公安局交通警察支队萝岗大队以二车涉嫌盗抢嫌疑为由向魏某哲、谢某翔聘请的司机下发公安交通管理行政处罚决定书，2014年3月7日广州市公安局萝岗区分局交警大队将二辆货车送往广州市萝岗区公安司法鉴定中心进行了痕迹检验报告，检验意见为：送检车辆的车架号码及发动机号码均有改动，2014年9月15日江西省宜春市交通警察大队车辆管理所对上述车辆进行协查，结果为与档案不一致。2014年5月26日物流公司以本案的魏某哲、谢某翔为被告向江西省高安市人民法院提起融资租赁合同纠纷的诉讼，江西省高安市人民法院作出（2014）高民二初字第361、362号民事判决书，判决魏某哲、谢某翔支付租金及差旅费7000元和诉讼费5042元。2015年5月28日案涉车辆通过江西省高安市人民法院扣押回来，上述车辆停运时间为590天。2015年8月18日魏某哲、谢某翔委托江西民信和成司法鉴定中心对两部货车停运的损失进行司法鉴定，鉴定案涉两部货车的停运损失各为385978元，停运损失鉴定费为6000元。为此魏某哲、谢某翔多次与汽运公司、陈某辉进行协商未达成一致意见，魏某哲、谢某翔向法院提起诉讼。陈某辉系汽运公司的员工。

二审法院对陈某辉是否是汽运公司的职工，双方是否为挂靠关系均不予确认。

裁判结果

一审判决：一、汽运公司向魏某哲、谢某翔赔偿损失789998元（385978×2+7000+5042）的70%即552998.6元；二、驳回魏某哲、谢某翔的其他诉讼请求。

二审判决：一、维持一审判决第二项；二、撤销一审判决第一项；三、汽运公司、陈某辉向魏某哲、谢某翔赔偿损失789998元（385978*2+7000+5042）的70%即552998.6元。

汽运公司不服二审判决，申请再审。再审判决：一、撤销一、二审判决；二、汽运公司、陈某辉向魏某哲赔偿损失211000元；三、汽运公司、陈某辉向谢某翔赔偿损失210800元；四、驳回魏某哲的其他诉讼请求；五、驳回谢某翔的其他诉讼请求。

裁判理由

再审认为，本案的争议焦点是:（1）汽运公司提供的车辆是否符合约定。（2）魏某哲、谢某翔的损失应如何确定。（3）对于魏某哲、谢某翔的损失，汽运公司应否及如何承担责任。

1. 关于汽运公司提供的车辆是否符合约定的问题。原审法院查明的事实显示，本案中，汽运公司为出卖方、物流公司为购买方、魏某哲和谢某翔为承租人。根据案涉《汽车融资购销合同》附件二，出卖方向购买方提供的车辆，必须是经国家有关部门检验合格的车辆，并且是承租人要求的车型。汽运公司出卖的案涉赣C ×××××、赣C ×××××号车辆，车架号码及发动机号码均有改动，并与车辆登记档案不一致。汽运公司所提供的车辆，存在重大瑕疵，明显与《汽车融资购销合同》附件二约定的要求不符。原审法院认定汽运公司提供的车辆不符合约定，并无不当。

2. 关于魏某哲、谢某翔的损失应如何确定的问题。原审法院采信魏某哲、谢某翔委托江西民信和成司法鉴定中心作出的《司法鉴定意见书》，认定案涉赣C ×××××、赣C ×××××号车辆自2013年10月15日至2015年5月28日共停运590天，总停运损失均为385978元，并将该《司法鉴定意见书》作为认定魏某哲、谢某翔损失的依据。再审认为，原审法院上述认定和处理存在不当，理由有以下四点:（1）该《司法鉴定意见书》鉴定结论明显依据不足。经查，《司法鉴定意见书》中“事实查证情况”部分载明：参照高安市汽运产业领导小组办公室《关于我市中、重型货车停驶损失赔偿执行惯例标准的函》以及市场行情，推定赣C ×××××、赣C ×××××号车辆月均收入约为80000元，月均支出费用（含正副班司机工资、保险费、修理费、汽油费、路桥费等）约为60375元，二车月均收入为19625元，日均收入（以30天计）为654.20元。上述“事实查证情况”，并未考虑赣C ×××××、赣C ×××××号车辆从事土石方挖运工程的实际情况，且有关表述过于粗略，作出的相关结论建立在“参照”“推定”基础之上，鉴定结论依据并不充分。（2）该《司法鉴定意见书》认定案涉车辆总停运时间为590天，停运损失为日均收入乘以总停运时间。此种计算方式，建立在案涉车辆每天均投入营运的基础之上，而并未考虑案涉车辆因维修、业务量不足等原因导致停运的情况，明显不符合货车营运的实际情况。（3）按照该《司法鉴定意见书》，案涉车辆一年的停运损失就将超过该车辆的购车总价款。这与魏某哲、谢某翔在再审庭审时所称的一般一年半到两年就能够将车款赚回的陈述，存在很大的差距。（4）若按照原审法院对于车辆停运时间的认定及各方当事人责任比例的划分，会导致广州市公安局交通警察支队萝岗大队扣留案涉车辆时间越长，魏某哲、谢某翔的损失越大，汽运公司需要承担的责任越重的情形，这对于汽运公司有失公平。

再审认为，综合考虑以下六方面因素，即：（1）汽运公司提供的案涉车辆并不符合约定；（2）魏某哲、谢某翔已经实际支付了案涉车辆大部分租金；（3）物流公司认可魏某哲、谢某翔欠付案涉车辆租金，可由案涉车辆抵偿；（4）魏某哲、谢某翔承租案涉车辆后，本拟投入土石方挖运工程从事运输，遇停工超过 3 天时，每台车每天可获得补偿 500 元，同时魏某哲、谢某翔则需承担司机工资等费用；（5）案涉车辆停运，存在广州市公安局交通警察支队萝岗大队介入的因素。魏某哲、谢某翔在与物流公司融资租赁合同纠纷案诉讼中，亦曾主张不能如期偿还租金是因广州市公安局交通警察支队萝岗大队非法滞留车辆造成。在该案对广州市公安局交通警察支队萝岗大队的行为未作处理的情况下，魏某哲、谢某翔本应及时行使相关权利。对于未及时行使相关权利而扩大的损失，应当减轻汽运公司的责任；（6）案涉车辆停运后，魏某哲、谢某翔未再使用。本案中，可酌定以案涉车辆总价款为限，确定魏某哲、谢某翔的损失。据此，魏某哲的损失为 211000 元，谢某翔的损失为 210800 元。

《融资租赁合同司法解释》第六条规定："承租人对出卖人行使索赔权，不影响其履行融资租赁合同项下支付租金的义务，但承租人以依赖出租人的技能确定租赁物或者出租人干预选择租赁物为由，主张减轻或者免除相应租金支付义务的除外。"魏某哲、谢某翔向出卖人行使索赔权，与魏某哲、谢某翔向物流公司履行支付租金义务，二者属于不同的权利义务关系。对于魏某哲、谢某翔因未及时支付租金，物流公司起诉魏某哲、谢某翔后，法院判决魏某哲、谢某翔承担的物流公司支出的差旅费用及案件受理费，原审法院判决由汽运公司承担，缺乏法律依据，应予纠正。

3. 关于魏某哲、谢某翔的损失，汽运公司应否及如何承担责任的问题。根据本案查明的事实，汽运公司、物流公司、魏某哲、谢某翔之间，构成融资租赁合同关系。原审法院将本案定性为买卖合同纠纷，存在错误，应予纠正，本案案由应为融资租赁合同纠纷。《融资租赁合同司法解释》第二十四条第三款规定："承租人基于买卖合同和融资租赁合同直接向出卖人主张受领租赁物、索赔等买卖合同权利的，人民法院应通知出租人作为第三人参加诉讼。"本案中，承租人魏铭哲、谢某翔以租赁物不符合约定为由，向出卖人汽运公司主张损害赔偿，并无不当。汽运公司关于依据合同的相对性，应驳回魏某哲、谢某翔的起诉的主张，缺乏事实和法律依据，不予支持。

原《合同法》第一百一十三条第一款规定："当事人一方不履行合同义务或者履行合同义务不符合约定，给对方造成损失的，损失赔偿额应当相当于因违约所造成的损失，包括合同履行后可以获得的利益，但不得超过违反合同一方订立合同时预见到或者应当预见到的因违反合同可能造成的损失。"前述确定魏某哲的损失为 211000 元，谢某翔的损失为 210800 元，已经综合考虑了本案的各种因素，并未超出汽运公司交付不符合约定车辆所造成后果的预见范围，对于上述损失，汽运公司应承担赔偿责任。原审判决陈某辉与汽运公司对魏某哲、谢某翔的损失共同承担赔偿责任，陈某辉并未提出异议。对于魏某哲、谢某翔的损失，仍由陈某辉与汽运公司共同承担赔偿责任。

因魏某哲、谢某翔二人在再审庭审时当庭确认，原审中以二人名义进行的诉讼行为，确为其二人亲自所为，相关法律后果由其二人承担，故对汽运公司关于本案存在冒名诉讼的主张，不予支持。因汽运公司并未提供梁某华不能在本案中担任魏某哲、谢某翔委托诉讼代理人的法律依据，对其关于梁某华为违法代理的主张，不予支持。

本案中，魏某哲和谢某翔分别和物流公司、汽运公司之间发生融资租赁合同关系，魏某哲和谢某翔的诉讼请求各自独立。本案应为普通的共同诉讼。原审法院一并审理，将魏某哲和谢某翔各自的诉讼请求合并判决，存在不当，应予纠正。

本案审理中，魏某哲、谢某翔以汽运公司将案涉车辆以新车出售给物流公司为由，申请调取相关证据。魏某哲、谢某翔的上述主张，明显与案涉《车辆交易协议书》不符。对其申请，不予支持。

综上所述，再审认为，原审法院在认定魏某哲、谢某翔的损失及汽运公司承担责任范围上存在不当，应予纠正。

要旨解析

本案涉及以下几个法律问题：一是买卖合同与融资租赁合同的区别；二是关于违约造成的损失认定问题。

一、融资租赁合同与买卖合同的区别

融资租赁合同是出租人根据承租人对出卖人、租赁物的选择，向出卖人购买租赁物，提供给承租人使用，承租人支付租金的合同。在融资租赁合同中，虽然缔约方是出租人和承租人，但合同的履行却涉及三方主体，即出租人、承租人和出卖人。其中，出租人的主要义务是根据承租人对出卖人、租赁物的选择，向出卖人购买租赁物，提供给承租人使用；承租人的义务是支付租金。由此，融资租赁合同具有以下法律特征：[①] 一是涉及三方主体即出租人、承租人和出卖人，涉及两个合同即出租人与承租人之间的融资租赁合同，以及出租人和出卖人之间的买卖合同。出卖人虽然不是融资租赁合同的缔约方，但融资租赁合同的履行却有赖于出卖人基于买卖合同的交货义务的履行。二是出租人根据承租人对出卖人、租赁物的选择购买租赁物，先购买后出租，为租而买。三是承租人以支付租金的方式，取得对租赁物的占有和使用。从性质上来看，租金不仅是租赁物占用、使用的对价，而且是租赁物购买价格分期负担的对价；从数量上看，租金的价值不仅包括了租赁物的购买价格，还包括了购买价款的利息以及出租人的合理利润。四是租赁物具有非典型担保功能，即租赁物所有权归出租人，是出租人收取租赁物的物权保障，但出租人不得

① 最高人民法院民法典贯彻实施工作领导小组主编：《中华人民共和国民法典合同编理解与适用》，人民法院出版社2020年版，第1611页。

任意收回或者转让租赁物。五是合同期满后可约定租赁物归属，可约定租赁物由出租人收回、所有权自动转移以及承租人以支付象征性价款留购等方式。

买卖合同是出卖人转移标的物的所有权于买受人，买受人支付价款的合同。买卖关系的主体是出卖人和买受人，转移买卖标的物的一方为出卖人，也就是卖方；受领买卖标的物、支付价款的一方是买受人，也就是买方。由此，买卖合同具有以下法律特征：一是有名合同。二是双务合同，即出卖人与买受人互为给付，双方都享有一定的权利，又都负有相应的义务。三是有偿合同，即买卖合同的任何一方从对方取得物质利益，都需要向对方付出相应的物质利益。四是诺成合同，即一般双方就买卖达成合意，买卖合同即成立，而不以标的物或者价款的现实交付为成立要件。当然，双方也可约定标的物或者价款交付时买卖合同成立。五是要式或者不要式合同，即需采用书面形式的是要式合同，对合同形式不作要求的为不要式合同。六是标的物所有权需转移合同。

因此，融资租赁合同与买卖合同关系密切，既有类似之处，也有各自特点。两者的区别在于：（一）买卖合同是出卖人让渡所有权，买受人支付价款，本质上是所有权的交易。而融资租赁合同中，出租人对租赁物的所有权是名义上的所有权，出租人自始至终可能都无须占有、使用、支配租赁物，租赁物对出租人而言主要承担担保租金债权实现的功能。承租人支付的租金形式上是租赁物使用的对价，实质上不仅包括租赁物本身的购买价格，还包括出租人提供资金融通作用所支出的必要费用及其正常利润。（二）买卖合同完成后，买受人即取得所有权；但在融资租赁合同中，租赁物的归属因对承租人的选择权的约定而有所不同，可以直接归承租人、出租人收回租赁物或者承租人以象征性价款购买三种形式。

司法实践中，对一些标的物较为特殊的合同以及租金与租赁物价值差距过大的合同是否属于融资租赁合同，存有争议。根据《融资租赁合同司法解释》第一条第一款规定："人民法院应当根据《民法典》第七百三十五条的规定，结合标的物的性质、价值、租金的构成以及当事人的合同权利和义务，对是否构成融资租赁法律关系作出认定。"人民法院在认定是否构成融资租赁合同关系时，不仅应当审查合同中双方当事人的权利义务关系，还要综合考虑标的物的性质、价值及租金构成等相关因素，以此作为区别融资租赁合同关系与借款合同关系、一般租赁合同关系、分期付款买卖合同等类似合同关系的审查要点。

本案中，根据查明的事实，汽运公司、物流公司、魏某哲、谢某翔之间，构成融资租赁合同关系。原审法院将本案定性为买卖合同纠纷，存在错误，应予纠正，本案案由应为融资租赁合同纠纷，再审法院认定正确。

二、关于违约造成的损失认定问题

《民法典》第五百八十四条关于损害赔偿范围的规定明确"当事人一方不履行合同义务或者履行合同义务不符合约定，造成对方损失的，损失赔偿额应当相当于因违约所造成的损失，包括合同履行后可以获得的利益；但是，不得超过违约一方订立合同时预见到或者应当预见到的因违约可能造成的损失”，该条是对原《合同法》第一百一十三条第一款的继续沿用，只是进行了部分文字修改。该条规定的赔偿损失仅指违约赔偿损失，是指一方当事人违反合同给另一方当事人造成财产等损失的赔偿。其损失赔偿范围相当于因违约所造成的损失，包括直接损失和间接损失，直接损失指财产上的直接减少，间接损失是指失去的可以预期取得的利益。这里“合同履行后可以获得的利益”，也就是间接损失，属可得利益范畴，一般仅限于未来可以得到的利益，不包括履行本身获得的利益。可得利益具有如下特点：一是属于未来利益，在违约行为发生时并没有为合同当事人所实际享有，而必须通过合同的实际履行才能得以实现。二是具有一定确定性，在合同法中，任何需要补救的损害都必须具有一定程度的确定性，否则是不能要求赔偿的。比如，由于一方违约，受害人不能取得合同规定应交付的财产，造成其生产经营活动中断或从事该活动的基础和条件丧失，从而导致利润损失，这就是一种可得利益损失。

关于可得利益损失数额的确认。首先，合理分配可得利益损失赔偿的举证责任。如《民商事合同指导意见》第11条规定：“人民法院认定可得利益损失时应当合理分配举证责任。违约方一般应当承担非违约方没有采取合理减损措施而导致损失扩大、非违约方因违约而获得利益以及非违约方亦有过失的举证责任；非违约方应当承担其遭受的可得利益损失总额、必要的交易成本的举证责任。对于可预见的损失，既可以由非违约方举证，也可以由人民法院根据具体情况予以裁量。”其次，合理确定可得利益损失的数额。根据《买卖合同司法解释》（2020年修正）第二十二条规定：“买卖合同当事人一方违约造成对方损失，对方主张赔偿可得利益损失的，人民法院在确定违约责任范围时，应当根据当事人的主张，依据《民法典》第五百八十四条、第五百九十一条、第五百九十二条、本解释第二十三条等规定进行认定。”也就是说，当事人关于赔偿可得利益损失的主张并不必然获得支持，个案中在确定具体损失数额时，还应受到可预见性规则、减轻损失规则、过失相抵规则以及损益相抵规则等的限制，斟酌合同约定、违约原因、时间长短等综合因素，不能简单地以价格之差确定损失数额。同时，对于可得利益的计算，人民法院可以依据有约定从约定、无约定从法定、实际损失与约定计算损失差距大、损失难以确定需酌定等不同情形，根据合同实际履行情况、获利情况、当事人的过错情况及合同履行时的经济形势、行业利润等因素综合判断衡量，以守约方因违约方违约遭受的实际损失或可能遭受的实际损失为基础，依据公平原则确定具体数额。

本案中，再审法院并未采信鉴定结论，而是依据双方过错程度、合同履行情况、案涉车辆停运介入因素、案涉车辆价值等方面因素，酌定以案涉车辆总价款为限，确定魏某哲、谢某翔的损失。该案对于违约造成的损失认定，具有一定的指导价值。

编写人：吴　军

再审合议庭成员：龚雪林　刘晓雯　李振峰

8. 给付定金的一方未全面履行合同义务不得主张定金抵扣货款

——江西某钢结构净化工程有限公司与陈某星承揽合同纠纷再审案

裁判要旨

1. 定金具有担保债权履行的特定价值功能，在当事人明确约定预付款项为定金时，该款项不得与预付款混同，不得作为已履行给付货款义务的抗辩事由。

2. 合同双方约定定金作为尾款抵扣的，只有当给付定金的一方全面履行合同义务时，定金抵扣货款的条件才能成就，否则不得主张定金抵扣货款。

案例索引

一审：江西省永修县人民法院（2012）永民一初字第55号

再审：江西省九江市中级人民法院（2013）九中民再终字第9号

抗诉再审：江西省高级人民法院（2018）赣民再37号

基本案情

申诉人（一审原告、被申请人）：江西某钢结构净化工程有限公司（以下简称工程公司）。

被申诉人（一审被告、再审申请人）：陈某星。

工程公司向一审法院起诉，请求：判令陈某星支付货款188618.28元，承担日万分之二的逾期付款的利息、逾期提货的违约金及本案诉讼费。

2011年8月14日，工程公司与陈某星签订了《钢结构加工协议》，该协议主要约定由工程公司根据陈某星提供的图纸制作钢结构，总价款为954018.28元。由陈某星付定金20万元，余款在提货时一次性付清，提货时间为2011年8月29日，逾期不提货按总价的万分之二计算违约金。合同签订后，工程公司即按期为陈某星加工了合同约定的全部钢结构。但至2011年9月4日止，陈某星仅提走价值623618.28元的货物，支付货款44万元，尚欠货款143618.28元（未提货部分除外）。

裁判结果

一审判决：陈某星在判决生效后五日内支付工程公司货款143618.28元，该款从2011年9月14日起按同期人民银行贷款利率承担利息至还款之日止，并承担逾期提货的违约金14802元（违约金计算至2012年4月14日）。

陈某星不服一审判决申请再审。九江中院再审判决：撤销江西省永修县人民法院（2012）永民一初字第55号民事判决；驳回原审原告江西某钢结构净化工程有限公司的诉讼请求。

工程公司不服向检察机关申请监督，检察机关提出抗诉，再审判决：撤销江西省九江市中级人民法院（2013）九中民再终字第9号、江西省永修县人民法院（2012）永民一初字第55号民事判决；陈某星在判决生效后五日内支付工程公司货款143618.28元，该款从2011年9月14日起按同期人民银行贷款利率承担利息至还清款之日止，并承担逾期提货的违约金14802元（违约金计算至2012年4月14日）。

裁判理由

再审认为，本案的争议焦点是20万元定金的性质及陈某星是否存在违约行为。关于20万元定金的性质问题。定金因当事人在合同中的约定不同而具有不同的性质，分为立约定金、成约定金、违约定金和解约定金。成约定金是指作为主合同成立要件而约定的定金，即合同是否成立，是否发生法律效力，取决于定金是否交付，把定金的交付作为构成合同的成立或生效要件的，该定金具有成约定金的性质。而本案中当事人并没有在合同中约定以定金的交付作为合同成立或生效的要件，而只是在合同付款方式中约定"先付定金20万元，余款在提货时一次性付清"。本案系承揽合同纠纷，承揽合同中承揽人通常需要垫付资金完成定作物，为了规避风险，一般都需要定作人预付定金以作为债的担保履行。从合同的条文以及双方实际的履行情况来分析，本案定金是为了担保合同的全面履行，具有违约定金的性质。认定本案定金为成约定金与事实不符。关于陈某星是否存在违约行为的问题。经查，2011年8月14日，工程公司与陈某星签订了一份《钢结构加工协议》，该协议是双方当事人在平等自愿的基础上签订，意思表示真实，内容合法有效，双方当事人均应按照协议约定各自履行自己的义务。至2011年9月4日，陈某星从工程公司出提货物金额为623618.28元，支付货款48万元，尚欠货款143618.28元（未提货部分除外）。陈某星在履行合同中仅提取了部分加工产品，没按合同的约定提取全部定作货物并支付货款，其行为已构成违约，应依据协议的约定承担违约责任。

要旨解析

本案涉及以下两个法律问题：一是定金的性质；二是约定定金抵扣货款的成就条件。

一、关于定金性质的问题

定金，是指当事人约定的，为保证债权的实现，由一方在履行前预先向对方给付的一定数量的货币或其他代替物。定金是担保的一种，由于定金是预先交付的，定金的数额在事先也是明确的。因此通过定金罚则的运用可以督促双方自觉履行，起到担保作用。实践中，定金根据约定目的的不同可分为违约定金、立约定金、成约定金和违约定金四类。违约定金，即在接受定金以后，一方当事人不履行债务或者履行债务不符合约定，致使不能实现合同目的的，应按照定金罚则予以处理；立约定金，是当事人约定以交付定金作为订立合同的担保，给付定金的一方拒绝订立主合同的，无权要求返还定金，收受定金的一方拒绝订立合同的，应当双倍返还定金；成约定金，即约定以交付定金作为主合同成立或者生效的要件，该给付定金的一方虽然未支付定金，但主合同已经履行或者已经履行主要部分的，不影响主合同成立或者生效；证约定金，是以定金作为订立合同的证据；解约定金，是定金交付后，交付定金的一方可以按照合同的约定以丧失定金为代价而解除主合同，收受定金的一方可以双倍返还定金为代价而解除主合同。简而言之，成约定金可被认为是附生效条件的合同；立约定金可以被认为是预约的违约定金；证约定金仅仅是证明合同成立的方式之一；解约定金可以被认为是一种约定解除权。根据以上分类可知，本案中当事人并没有在合同中约定以定金的交付作为合同成立或生效的要件，而只是在合同付款方式中约定“先付定金 20 万元，余款在提货时一次性付清”。本案系承揽合同纠纷，承揽合同中承揽人通常需要垫付资金完成定作物，为了规避风险，一般都需要定作人预付定金以作为债的担保履行。从合同的条文以及双方实际的履行情况来分析，本案定金是为了担保合同的全面履行，具有违约定金的性质。

二、关于约定定金抵扣货款成就条件的问题

根据《民法典》第五百八十七条“定金罚则”之规定，债务人履行债务的，定金应当抵作价款或者收回。给付定金的一方不履行债务或者履行债务不符合约定，致使不能实现合同目的的，无权请求返还定金。本案工程公司与陈某星签订的《钢结构加工协议》意思表示真实，内容合法有效，双方当事人均应按照协议约定各自履行自己的义务。至 2011 年 9 月 4 日，陈某星从工程公司处提货物金额为 623618.28 元，支付货款 48 万元，尚欠货款 143618.28 元（未提货部分除外）。陈某星在履行合同中仅提取了部分加工产品，没按合同的约定提取全部定作货物并支付货款，其行为已构成违约，应依据协议的约定承担违约责任。陈某星只有在按合同约定提取了全部订作货物后，才可以主张定金作尾款抵扣，即“余款在提货时一次性付清”。在提货义务未全面履行前，给付定金不得作为已履行给付货款义务的抗辩事由，只有当给付定金的一方全面履行合同义务时，定金抵扣货款的条件才能成就，否则不得主张定金抵扣货款。

编写人：王　菁

再审合议庭成员：黄建文　胡爱菊　闵遂赓

9. 承揽人交付的工作成果不符合质量要求，应承担违约责任

——溧阳某干燥设备有限公司与江西某油茶科技有限公司承揽合同纠纷再审案

裁判要旨

1. 承揽人交付的工作成果不符合质量要求的，定作人可以合理选择请求承揽人承担修理、重作、减少报酬、赔偿损失等违约责任。

2. 因承揽人交付的涉案设备不符合承揽合同约定标准，定作人无法正常使用涉案设备，承揽人亦无法对存在的问题进行有效的修理，承揽人应向定作人承担退货、退还已支付合同款及赔偿违约金的责任。

3. 当事人一方违约后，对方应当采取适当措施防止损失的扩大；没有采取适当措施致使损失扩大的，不得就扩大的损失要求赔偿。

案例索引

一审：赣州市经济技术开发区人民法院（2017）赣0791民初1162号

二审：江西省赣州市中级人民法院（2018）赣07民终2484号

再审：江西省高级人民法院（2019）赣民再137号

基本案情

再审申请人（一审被告、反诉原告、二审上诉人）：溧阳某干燥设备有限公司（以下简称设备公司）。

被申请人（一审原告、反诉被告、二审上诉人）：江西某油茶科技有限公司（以下简称科技公司）。

科技公司起诉请求：1. 要求设备公司按合同约定退货，退还科技公司设备款242.25万元，拆除全部设备；2. 要求设备公司按合同约定承担违约金710.6万元；3. 本案诉讼费用由设备公司承担。

设备公司反诉请求：1. 要求科技公司支付工程款484500元；2. 由科技公司承担本案诉讼费用。

科技公司因需400T/D茶籽烘干生产线成套设备，委托设备公司完成该工程的工艺设计、施工设计、设备选型、制造、运输、安装调试、员工培训和后续服务等交钥匙工程（土建除外），双方于2011年9月17日签订了一份《科技公司400T/D茶籽

预处理烘干生产线成套设备承揽合同》(以下简称承揽合同)，科技公司为定制单位，设备公司为承揽单位。在工程安装结束之前，科技公司按照承揽合同约定，于2011年9月19日向设备公司支付了323000元、2011年10月6日支付了646000元、2012年7月16日支付了969000元、2012年10月29日支付了484500元，合计2422500元。2012年年底，工程安装结束后进入调试阶段。2013年1月25日，设备公司承揽的400T/D茶籽烘干生产线成套设备在组织负载调试过程中发生钢板仓锥斗整体脱落，造成钢板仓变形报废的事故，对此，科技公司与设备公司于2013年1月30日双方达成了协议书。2014年10月28日至2016年8月20日期间双方一直对设备调试问题，进行函件往来，2016年8月20日，设备公司最后一次向科技公司出具工作联系函，最后一次提到了就如何进一步降低破碎率问题提出了整改方案。后因设备调试整改后，茶籽破碎率依旧未达到承揽合同约定的标准，故科技公司起诉至一审法院，设备公司因科技公司未按约定支付货款，提起反诉。

裁判结果

一审判决：一、由科技公司向设备公司退货，设备公司向科技公司退款2422500元；二、设备公司应向科技公司支付违约金，违约金的支付标准：即以323000元为基数从2011年9月19日至实际清偿之日止按中国人民银行规定的同期同类贷款基准利率计付；以646000元为基数自2011年10月6日至实际清偿之日止按中国人民银行规定的同期同类贷款基准利率计付；以969000元为基数自2012年7月16日至实际清偿之日止按中国人民银行规定的同期同类贷款基准利率计付；以484500元为基数自2012年10月29日至实际清偿之日止按中国人民银行规定的同期同类贷款基准利率计付；三、上述给付义务，限于判决书生效后六十日内履行完毕；四、驳回科技公司的其他诉讼请求；五、驳回设备公司的诉讼请求。

双方均不服提出上诉。二审驳回上诉，维持原判。

设备公司不服二审判决，申请再审。再审判决：一、撤销二审判决和一审判决；二、设备公司在判决生效之日起十五日内向科技公司退款2422500元及该款项的利息(从2017年8月15日起至实际给付之日止，按中国人民银行同期同类贷款基准利率计息)；三、设备公司在支付判决第二项确定的款项后十五日内，自行从科技公司将400T/D茶籽预处理烘干生产线成套设备拆除并运走，科技公司应予以配合；四、驳回科技公司的其他诉讼请求；五、驳回设备公司的反诉请求。

裁判理由

再审认为，(一)关于设备公司交付的涉案设备是否存在破损率指标不符合承揽合同约定标准，该问题是否影响油茶籽的加工和储存的问题。对于破损率指标不符合承揽合同约定是否影响油茶籽加工的问题。科技公司均请求通过带料试机、实地加工的方式来予以明确。对此，设备公司以设备存在维修保养、不能确定是否能够正常运行为由予以拒绝。在科技公司提出由设备公司自身或设备公司与科技公司认可的第三方机构对设备是否能够正常运行进行检测，并愿意承担相关的维修、更换费用后，设备公司仍然拒绝带料试机、实地加工。再审法院认为，综合考虑涉案设备在运行中存在破损率指标在 30% 以上，根据承揽合同约定，烘干机的使用寿命在 20 年以上，涉案设备远未达到其使用寿命，科技公司愿意将涉案设备维修至正常运行状态的情况下，设备公司仍然拒绝带料试机，应认定并无合理的理由。对于设备公司关于破损率指标不会影响后续加工的主张，应不予支持。庭后，科技公司提交了《关于请求到设备现场试机运行调查的申请书》。因设备公司已明确拒绝科技公司关于带料试机的请求，而现有证据足以作出破损率指标不符合承揽合同约定，影响油茶籽加工的认定，到设备现场试机运行，既无基础，亦无必要。

（二）关于设备公司应否及如何承担违约责任的问题。承揽合同约定：承揽方调试 20 天（因定制方原因除外）内若达不到设计指标，每拖延一个月按合同价的 5% 赔偿定制方损失，2 个月以内达不到要求，承揽方负责退货并承担相关责任。本案中，设备公司交付的涉案设备存在破损率指标不符合承揽合同约定的问题，影响了油茶籽加工和储存，导致科技公司无法正常使用涉案设备，设备公司亦没有对涉案设备进行有效修理，使其达到承揽合同约定的标准。据此，设备公司应当按照承揽合同约定，承担退货和退还科技公司已支付合同款的违约责任。

再审审理中，科技公司提交了低温储存库现场照片及其不动产权证书复印件、土建工艺确认函、除杂车间、除杂烘干设备基础、除杂车间电控室、沉降室（积尘室）的建设工程承揽合同、预算、发票、付款银行回单等证据，用以证明科技公司为建设涉案设备配套工程设施造成了 1474382.04 元损失。设备公司认可科技公司所主张的部分土建项目属于配套工程，但认为具体多少无法确定，也不能证明相关设施处于报废状态。考虑到涉案设备为科技公司所定制的非标设备，科技公司为建设相关配套设施支出的有关费用，可作为确定当事人承担违约责任的参考因素。

至于设备公司具体应如何承担违约金赔偿责任的问题。再审认为，原审法院以科技公司已支付合同款为基数，按照中国人民银行同期同类贷款基准利率计算设备公司应承担的违约金，并无不当。但本案中，设备公司所交付的涉案设备不符合承揽合同约定，科技公司在 2013 年 1 月 6 日即以书面形式向设备公司反馈，设备公司在 2014 年 10 月 28 日即以书面形式向科技公司明确其无法将涉案设备存在的问题整改至合同标准。在此情况下，科技公司理应尽快要求设备公司承担退货和退还已支付合同款及赔偿违约金的责任。而科技公司直至 2017 年 8 月 15 日才以诉讼的方式向设备公司提出上述主张，客观上导致了损失的扩大。原《合同法》第一百一十九条第一款规定："当事人一方违约后，对方应当采取适当措施防止损失的扩大；没有采取适当措施致使损失扩大的，不得就扩大的损失要求赔偿。”综合考虑涉案设备的贬值、设备公司在是否能够进行有效整改中的摇摆态度、科技公司为涉案设备进行了配套工程建设等情况，可确定以2017年8月15日为计算违约金的起算点，计算至实际给付之日止。原审法院以款项支付之日起为违约金计算起点，未考虑科技公司在导致本案损失扩大中的责任等因素，应予纠正。

要旨解析

一、承揽合同的含义及特点。承揽合同是指承揽人按照定作人的要求完成工作，交付工作成果，定作人给付报酬的合同。承揽合同以完成一定的工作并交付工作成果为标的。

在承揽合同中，承揽人必须按照定作人的要求、以自己的设备、技术、劳力等独立完成工作任务并对工作成果的完成承担风险。也就是说，定作人通过签订承揽合同所欲得到的并非承揽人单纯的劳务或商品，而是实现特定合同目的工作成果相结合（修理、加工合同），或承揽人提供的产品、设备与工作成果相结合（定作合同），才能满足定作人要求。这一特征也决定了其与服务等单纯提供劳务的合同或单纯提供商品的买卖合同区别开来。承揽合同的标的物具有特定性。承揽合同的标的是承揽人完成并交付的工作成果，该工作成果在合同订立时是不存在的，而必须通过承揽人的承揽行为来完成。无论定作物的最终成果以何种形式体现，它都是为了满足定作人的特殊要求而订立的，满足定作人在合同订立之时的合同目的。承揽合同是诺成、双务、有偿、不要式合同。承揽人与定作人的意思表示一致，承揽合同即可成立生效，无须交付定作物或加工物，因此为诺成合同、不要式合同。承揽合同一旦成立，当事人双方均需承担一定的义务，且双方的义务是相对应，一方的义务就是他方的权利，反之亦然，定作人的义务是依约提供材料，协助承揽人完成工作，受领承揽人完成的工作成果和支付报酬；承揽人的义务是接受定作人的监督、检验，完成工作成果并交付。

承揽合同是日常生活中除买卖合同外常见和普遍的合同，签订承揽合同后，承揽合同纠纷比较多，如报酬支付纠纷、工作成果质量纠纷、延期交货或不受领纠纷、原材料损耗纠纷、商业秘密纠纷、定作人任意解除合同纠纷、承揽人保管纠纷、违约纠纷等。关于承揽合同纠纷的管辖，根据《民事诉讼法》（2023年修正）第二十四条规定：“因合同提起的诉讼，由被告住所地或者合同履行地人民法院管辖”，《最高人民法院关于适用〈中华人民共和国民事诉讼法〉若干问题的意见》第二十条规定：“加工承揽合同，以加工行为地为合同履行地，但合同中对履行地有约定的除外。”依据上述两项法律规定，加工承揽合同纠纷应由合同约定的履行地（比如约定安装地）或实际履行地（加工定作所在地）法院所在地管辖。在没有约定的情况下也可适用原告就被告的规定。

二、承揽人交付工作成果存在问题，定作人可以对违约方式进行选择，如修理、减少报酬等承揽人交付的工作成果质量是否符合委托人的要求，是合同的主要内容。其中导致质量纠纷的原因有以下情形：（1）承揽人技术水平与设备条件达不到合同的要求，引起工作成果有瑕疵。（2）承揽人擅自将主要的工作交给第三者完成引起纠纷，根据《民法典》第七百七十二条规定，“承揽人将其承揽的主要工作交由第三人完成的，应当就该第三人完成的工作成果向定作人负责，未经定作人同意的，定作人也可以解除合同。”所以，不单纯是承担工作成果的质量责任，其行为也是违约的表现。（3）承揽人提供或定作人提供的原材料不符合合同要求，而导致质量问题，根据《民法典》第七百七十四条规定，“承揽人提供材料的，承揽人应当按照约定选用材料，并接受定作人的检查。”如果定作人检查后认为承揽人提供的材料不符合合同的要求，可以要求承揽人调换并提供合格的材料。如果承揽人使用不符合合同要求的材料导致工作成果质量缺陷的，承揽人应当承担违约责任。根据《民法典》第七百七十五条：“定作人提供材料的，定作人应当按照约定提供材料，承揽人对定作人提供的材料，应当及时检验，发现不符合约定时，应当及时通知定作人更换，补齐或者采取其他补救措施。承揽人不得擅自更换定作人提供的材料，不得更换不需要修理的零部件。”否则，造成工作成果的质量缺陷，承揽人应当承担相应的违约责任。（4）承揽人不接受定作人检验、监督义务。根据《民法典》第七百七十九条规定，“承揽人在工作期间，应当接受定作人必要的监督检验”并按照定作人提出的合理意见和建议及时修正自己的工作，否则，造成工作成果瑕疵的，承揽人应该承担违约责任。如果定作人中途变更承揽工作而导致质量问题的，或造成承揽人损失的，应该由定作人承担违约责任。

承揽人交付的工作成果不符合质量要求的，定作人可以合理选择请求承揽人承担修理、重作、减少报酬、赔偿损失等违约责任。上述规定明确了承揽人交付的工作成果不符合质量要求的，定作人可以请求承揽人承担违约责任。

三、如果交付的工作成果经过修理等仍然无法使用，承揽人应当承担退货、退还已支付合同款及赔偿违约金的责任承揽人交付的涉案设备等工作成果存在质量问题，经过修理等仍然达不到定作人正常使用、生产生活的标准，那么定作人的合同目的无法实现，承揽人应当根据合同承担最终退货的责任，并返还合同款、承担违约金。该规定也是保护定作人的合法权益，同时要求承揽人认真履行合同，严把工作成果的质量，以保证承揽合同的正常履行。同时，当事人一方违约后，另一方应当采取适当措施防止损失的扩大，没有采取适当措施造成损失扩大的，不得就扩大的损失要求赔偿。

具体到本案，设备公司交付的涉案设备存在破损率指标不符合承揽合同约定标准的问题，该问题影响油茶籽的储存和加工。综合考虑涉案设备在运行中存在破损率指标在30%以上，根据承揽合同约定，烘干机的使用寿命在20年以上，涉案设备远未达到其使用寿命，科技公司愿意将涉案设备维修至正常运行状态的情况下，设备公司仍然拒绝带料试机，应认定并无合理的理由。因设备公司已明确拒绝科技公司关于带料试机的请求，而现有证据足以作出破损率指标不符合承揽合同约定，影响了油茶籽加工和储存，导致科技公司无法正常使用涉案设备，设备公司亦没有对涉案设备进行有效修理，使其达到承揽合同约定的标准。据此，设备公司应当按照承揽合同约定，承担退货和退还科技公司已支付合同款的违约责任。

编写人：马　悦

再审合议庭成员：龚雪林　邓名兴　李振峰

10. 股东从公司随意支取现金不还，系滥用公司法人独立地位和股东有限责任，应对公司债务承担连带赔偿责任

——南昌某工艺进出口有限公司与南昌某制衣有限公司等代理合同纠纷再审案

裁判要旨

公司股东随意支取公司大量现金，虽写了借条，但无证据证明取款用于公司，属公司股东滥用公司法人独立地位和股东有限责任的行为，对公司的赔偿责任应当承担连带责任。

案例索引

一审：南昌市西湖区人民法院（2013）西桃民初字第 336 号

二审：江西省南昌市中级人民法院（2014）洪民四终字第 345 号

再审：江西省高级人民法院（2016）赣民再 74 号

基本案情

再审申请人（一审原告、二审被上诉人）：南昌某工艺进出口有限公司（以下简称进出口公司）。

被申请人（一审被告、二审上诉人）：南昌某制衣有限公司（以下简称制衣公司）。

被申请人（一审被告、二审上诉人）：朱某华。

被申请人（一审被告、二审上诉人）：陈某。

进出口公司向法院起诉请求：一、判决制衣公司承担因违约造成进出口公司的实际损失 133940.84 元；二、判决制衣公司承担因违约造成进出口公司的可得利益损失 519458.78 元；三、判决朱某华、陈某承担连带责任。

2007 年 9 月 7 日，进出口公司与制衣公司签订代理出口协议一份，约定：为更好地履行制衣公司与南昌怡和制衣有限公司签订的资产租赁合同，进出口公司接受制衣公司委托，代理商品出口；代理期限五年，自 2007 年 9 月 7 日至 2012 年 9 月 6 日止；制衣公司每年委托进出口公司出口商品价值不少于 1000000 美元，每年结算一次，如未达到即算违约；制衣公司负责将出口商品运抵国内交货地点，进出口公司负责提供办理出口报关手续，制衣公司承担所需支付的国内外一切费用；制衣公司按每一美元向进出口公司支付人民币 1 角 3 分钱代理费，由进出口公司在外

汇到账后直接收取，余款转往制衣公司；任何一方违反协议规定，应当赔偿对方损失。合同签订后，制衣公司分别于 2008 年出口 432811 美元，2009 年出口 125037 美元，2010 年出口 24622 美元，2011 年出口 338780 美元，2012 年 1 月至 9 月 16 日出口 155362 美元。

2012 年 6 月 2 日，制衣公司以遭遇金融风暴、本人经营问题以及制衣公司已无法维持正常运作并歇业为由向进出口公司出具书面函件一份，请求进出口公司免除制衣公司的违约责任，按实际每年在公司的出口代理量结算代理费，但双方未就此达成一致意见。2012 年 2 月，进出口公司以制衣公司未完成出口代理量以及尚欠借款为由诉至法院，要求制衣公司归还借款及代理合同违约赔偿，因借款与代理合同系两个不同的法律关系，2012 年 12 月 10 日，进出口公司撤回对进出口代理合同纠纷案的起诉，并于 2013 年 5 月，再次诉至法院。

制衣公司因 2013 年 8 月未到南昌市青山湖区税务局申报，经该局到南昌民营科技园贤湖实业区内 B2 栋核实，该公司已关门无法联系，于 2013 年 8 月 28 日被南昌市青山湖区税务局认定为非正常户。朱某华、陈某在诉讼期间即 2013 年 9 月 24 日办理离婚登记。

再审查明：朱某华在与陈某在夫妻关系存续期间，有多次随意支取制衣公司大量现金的行为，虽写了借条，但无证据证明取款用于公司。有 2016 年 11 月 25 日再审对账笔录为证。

裁判结果

一审判决：一、制衣公司赔偿进出口公司损失 122716.84 元；二、制衣公司赔偿进出口公司可得利益损失 510000 元；三、朱某华、陈某对上述款项承担连带清偿责任；四、驳回进出口公司其他诉讼请求。

二审判决：一、维持一审判决第二项；二、撤销一审判决第一、三项。

再审判决：一、撤销二审判决；二、维持一审判决第二、三、四项；三、撤销一审判决第一项。

裁判理由

再审认为，进出口公司与制衣公司对于违约责任已在《代理出口协议》中约定“任何一方违反本协议给对方造成损失的，应当赔偿对方的损失”，故应按照该约定履行。双方当事人约定制衣公司每年委托进出口公司出口商品价值不少于 1000000 美元及制衣公司按一美元向进出口公司支付 0.13 元人民币代理费，故原审判决以双方约定的每年 1000000 美元减去制衣公司当年实际完成出口商品价值的余额作为进出口公司损失的基数，按一美元向进出口公司支付 0.13 元人民币计算，累计赔偿损失 510000 元，足以弥补制衣公司违约给进出口公司造成的损失。进出口公司向制衣公司收取的代理费中包含了其未履行本案代理合同的成本和可得利益，进出口公司请求制衣公司另行赔偿员工工资支出 122716.84 元，属履行本案代理合同的成本，已包含在上述 510000 元损失中，故对 122716.84 元员工工资支出损失，不予支持。朱某华在与陈某夫妻关系存续期间，随意支取制衣公司大量现金，虽写了借条，但无证据证明取款用于公司，属公司股东滥用公司法人独立地位和股东有限责任的行为。根据《公司法》第二十条第三款规定："公司股东滥用公司法人独立地位和股东有限责任，逃避债务，严重损害公司债权人利益的，应当对公司债务承担连带责任"，朱某华、陈某作为公司股东，对制衣公司的赔偿责任应当承担连带责任。对进出口公司提出的朱某华、陈某应当承担连带责任的请求，予以支持。综上，二审判决制衣公司赔偿进出口公司 510000 元，处理并无不妥。但二审未判决朱某华、陈某承担连带责任不当，应予改判。

要旨解析

本案涉及的法律问题主要是公司股东滥用公司法人独立地位和股东有限责任行为的认定问题。

现代公司以有限责任为公司的责任形式，即公司以全部资产对外承担责任，股东则以出资额或者股份为限对公司债务承担责任[①]。股东作为投资者按照投入公司的资本额享有所有者的资产收益、重大决策和选择管理者等权利，以其出资额和所持股份为限对公司承担有限责任。如果公司股东一方面享有股东有限责任的保护，将自己的风险或者责任锁定在出资范围之内，同时获取公司盈利的好处；另一方面，股东又无视公司的独立人格，未在财产、业务、人事等方面与公司完全分离，将公司作为自己获取非法利益的工具，这就是对公司独立人格制度的滥用，必将对公司债权人产生极大的不公平。

《公司法》第二十条规定："公司股东应当遵守法律、行政法规和公司章程，依法行使股东权利，不得滥用股东权利损害公司或者其他股东的利益；不得滥用公司法人独立地位和股东有限责任损害公司债权人的利益。公司股东滥用股东权利给公司或者其他股东造成损失的，应当依法承担赔偿责任。公司股东滥用公司法人独立地位和股东有限责任，逃避债务，严重损害公司债权人利益的，应当对公司债务承担连带责任。"其中，"公司法人独立地位"和"股东有限责任"实际上是一体两面，也就是说，公司股东滥用公司法人独立地位的同时就滥用了股东有限责任，其滥用了股东有限责任也就等于滥用了公司法人独立地位。同时，法律对股东滥用公司法人独立地位和股东有限责任损害公司债权人的利益规定了承担连带责任的法律后果。但是，公司股东滥用公司人格、利用有限责任侵犯公司及其债权人利益的形式五花八门，包括转移财产、逃避债务并以其财产成立新公司，或者公司成立后抽逃资本，或者将公司财产与股东财产混同，或者股东任意干预公司的事务使公司的

---

① 郑云端：《公司法学》，北京大学出版社 2016 年版，第 63 页。

经营自主权名存实亡等等。最常见的形式就是股东与公司之间人格的高度混同现象，也就是“一套人马，两块牌子”。具体来说，一是财产混同，指公司的财产不能与该公司的股东或者其他公司的财产作清楚区分。此时公司缺乏独立的财产，也就缺乏了作为独立法人格存在的基础，可以表现为公司与股东财产的同一或不分、利益的一体化。二是业务混同，股东与公司从事同一业务活动，有时以自己名义有时又以公司名义实施交易行为，以至于与之进行交易的第三人无法分清是与公司还是与其股东进行交易活动，其目的就在于逃避公司债务或者个人债务，或者规避法律义务。三是人事混同，公司与股东之间的组织机构上存在严重的交叉、重叠，即使公司与股东或者其他组织之间登记为不同的法人，也仅是形式上的各自独立，但在实质上却是互为一体，难以区分，最终将使公司失去独立的意思机构，也就丧失了公司的独立性。

对于公司股东滥用公司法人独立地位和股东有限责任的诉讼中双方当事人的举证责任分配问题，目前法律并没有明确的规定，只有与之相类似的一人有限责任公司法人人格否认举证分配规定，即《公司法》第六十三条对一人有限责任公司中股东与公司财产独立方面设置了举证责任倒置规定，但不能由此推而广之，也认为所有公司法人人格否认的诉讼中均可以采用举证责任倒置规则，而应当根据民事诉讼中“谁主张谁举证”的一般举证规则，由公司的债权人承担以下初步举证责任：一是公司股东实施了滥用公司法人独立地位和股东有限责任的行为，并构成逃避债务的行为；二是公司债权人的利益受到严重损害，达到公司不能及时足额清偿全部或者大部分债务程度；三是公司股东的滥用行为与公司债权人的利益损失之间存在合理的因果关系。公司债权人提供的证据应当达到令人产生合理怀疑的程度，即使法官相信公司股东存在滥用公司法人独立地位和股东有限责任的较大可能。

本案中，再审认为朱某华在与陈某夫妻关系存续期间，随意支取制衣公司大量现金，虽写了借条，但无证据证明取款用于公司，属公司股东滥用公司法人独立地位和股东有限责任的行为。据此认定朱某华、陈某作为公司股东，应对制衣公司的赔偿责任承担连带责任，并无不当。

编写人：吴　军

再审合议庭成员：田甘霖　刘晓雯　李　彬

11. 公司工作人员行为不符合职务行为条件的，应当认定为个人行为，公司对该行为不承担法律责任

——深圳某商业策划有限公司、李某峰与共青城某房地产开发有限公司委托合同纠纷再审案

裁判要旨

公司工作人员的行为是否构成职务行为可以从以下四个方面判断：一是行为是否有经营者的授权，是否是有雇佣关系的工作人员所为；二是行为是否发生在工作时间、工作场所；三是行为是否以经营者的名义或身份实施；四是行为与职务是否有内在联系，是否符合雇主雇用的目的，行为是否具有为法人谋利的意思。

案例索引

一审：江西省共青城市人民法院（2015）共民二初字第296号

二审：江西省九江市中级人民法院（2016）赣04民终53号

再审：江西省高级人民法院（2017）赣民再76号

基本案情

再审申请人（一审被告、二审被上诉人）：深圳某商业策划有限公司（以下简称策划公司）。

再审申请人:（一审被告、二审被上诉人）：李某峰。

被申请人（一审原告、二审上诉人）：共青城某房地产开发有限公司（以下简称房地产公司）。

房地产公司向法院起诉请求：1. 确认解除房地产公司与策划公司之间的合同关系；2. 策划公司向房地产公司返还先行支付的月费625000元及代收的租金88185.9元（已扣除策划公司应得的佣金）；3. 李某峰对上述款项承担连带偿还责任。

2014年年初，房地产公司与李某峰达成协议，双方约定由李某峰设立公司替房地产公司进行招商。2014年3月20日，李某峰一人独资注册成立深圳中康地产顾问有限公司。2014年6月25日，房地产公司与策划公司补签了一份《代理合同》，双方约定（主要条款）：房地产公司委托策划公司进行商业策划、招商代理；自合同生效之日起30日为招商策划定位期。修改策划招商方案后和主力店开业前12个

月为项目招商筹备期；商业策划费为100000元，房地产公司在合同签订后3日内向策划公司支付10000元，余款待超市主力店超市签订变更合同后支付；策划公司招商启动后6个月为招商筹备期（2014年7月至2014年12月），房地产公司每月3日前向策划公司支付25000元的招商启动月费；商场开业前5个月（2015年1月至5月）为全面招商期，房地产公司每月3日前向策划公司支付50000元的招商启动月费，共计400000元，该笔费用在佣金中返还；招商佣金按照商铺计租期内标准月租金的1.9倍计算；房地产公司在策划公司成功招商面积达到委托面积的50%开始按比例与策划公司结算佣金。上述合同签订前后，策划公司及其法定代表人组织招商，房地产公司则先后向其支付启动月费500000元、策划费100000元。招商过程中，房地产公司工作人员未经策划公司许可将收取租金一事委托给策划公司的招商副总监黎某建，而黎某建先后挪用租金239107元未向房地产公司交付。后房地产公司、策划公司因合同履行和挪用租金事宜发生争议，双方协商未果。2015年7月，策划公司撤走工作人员，房地产公司也未再向其支付费用，后房地产公司诉至法院。

案涉合同签订前后，房地产公司先后向策划公司支付招商筹备期启动月费175000元、全面招商期启动月费350000元共计525000元。黎某建先后挪用租金239107元未向房地产公司交付，后李某峰于2015年6月叫房地产公司的出纳王某英到黎某建处拿走了客户交的租金10000元。策划公司于2015年9月15日将公司名称变更为深圳某商业策划有限公司，该公司的其他事项均未变更。

裁判结果

一审判决：一、房地产公司与策划公司签订的《“共青·新天地”新方案商业策划招商代理合同》解除；二、驳回房地产公司的其他诉讼请求。

二审判决：一、维持一审判决第一项；二、撤销一审判决第二项；三、策划公司向房地产公司支付人民币433185.9元；四、李某峰对策划公司的上述债务承担连带责任；五、驳回房地产公司的其他上诉请求。

再审判决：一、维持二审判决第一项、第二项、第五项；二、变更二审判决第三项为：策划公司向房地产公司支付人民币204078.9元（625000元-145921.1元-175000元-100000元）；三、变更二审判决第四项为：李某峰对策划公司的上述债务204078.9元承担连带责任。

裁判理由

再审认为，一、二审认定房地产公司、策划公司以实际行动解除《代理合同》，判令支持房地产公司要求确认《代理合同》解除的诉请主张，并无不当，在《代理合同》被依法解除后，二审判决策划公司返还房地产公司在全面招商期内支付的350000元启动月费，应予维持。

关于黎某建代收租金的行为是否为职务行为、能否构成表见代理还是其个人受托行为的问题。再审认为，黎某建代收租金是其个人受托于房地产公司的行为，不属于其作为策划公司招商副总监的职务行为，亦不构成表见代理。职务行为，通常是指工作人员行使职务的行为，是履行职责的活动，与工作人员的个人行为相对应。根据职务行为的概念和原《民法通则》第四十三条之规定，职务行为的构成要件包括以下四个方面：一是行为是否有经营者的授权，是否是有雇佣关系的工作人员所为；二是行为是否发生在工作时间、工作场所；三是行为是否以经营者的名义或身份实施；四是行为与职务是否有内在联系，如行为的内容是否是工作需要，是否符合雇主雇用的目的，行为是否具有为法人谋利的意思。本案中，策划公司雇用黎某建的目的是让其到共青新天地项目进行商铺招租。虽然黎某建被策划公司聘为招商副总监，但其工作职责并不包括代收客户租金等款项，黎某建代收租金等款项的行为不符合雇主雇用的目的。关于代收客户租金等款项，现有证据显示房地产公司未对策划公司授权，黎某建亦未得到策划公司及其法定代表人李某峰的授权和追认。黎某建以房地产公司盖章的空白收据代收款项表明，该行为是以房地产公司名义而非以策划公司名义实施。上述事实表明，黎某建代收租金的行为不符合职务行为的法定构成要件，对房地产公司主张该行为是黎某建的职务行为，不予支持。因房地产公司财务人员王某英关于"2015 年 6 月十几号的时候，李某峰打电话给我，叫我到黎某建那里去拿客户交的 1 万元。后来我到黎某建那里去拿到了这 1 万元钱"的陈述，仅是其在公安机关所作的单方陈述，其在一审、二审、再审期间均未出庭作证，在策划公司对此陈述不予认可，且房地产公司未提供其它充分证据予以印证的情况下，二审判决以此为由，作出"李某峰作为策划公司的法定代表人对黎某建代收租金的行为已经知晓，故黎某建代收租金的行为应属职务行为"的事实认定错误，再审法院对二审法院据此判决策划公司承担黎某建代收租金款的返还义务，予以纠正。

关于黎某建代收租金是否构成表见代理的问题。民事代理是指平等民事主体之间发生的一种民事法律关系，代理人以被代理人（又称本人）的名义在代理权限内与第三人（又称相对人）实施民事行为，其法律后果直接由被代理人承受的民事法律制度。表见代理，是指行为人虽无代理权，但由于本人的行为造成了足以使善意第三人相信其有代理权的表象，而与善意第三人进行的、由本人承担法律后果的代理行为。根据民事代理、表见代理的概念和原《民法通则》第六十三条、原《合同法》第四十九条的规定，表见代理人须以被代理人的名义实施，其构成要件包括以下几个方面：一是须行为人无代理权；二是须有使相对人相信行为人具有代理权的事实和理由；三是须相对人为善意且无过失；四是须行为人与相对人之间的民事行为具有民事行为的有效要件。本案中，黎某建以其持有的盖有房地产公司公章的空白收据代收客户租金等款项，表明其是以房地产公司的名义而非以策划公司的名义从事代收款项的行为。该行为不具备为策划公司从事代理行为的基本要素。同时，相对人房地产公司在策划公司无代收客户租金等款项的书面合同义务或口头约定义务的情况下，仍委托黎某建代收款项，本身存在过失。据此，黎某建代收租金等款项的行为对房地产公司而言并不构成表见代理，对房地产公司的该诉讼主张不予以支持。

综上，黎某建持房地产公司的空白收据代收租金的行为不是其作为策划公司招商副总监的职务行为，对房地产公司而言亦不构成表见代理。黎某建并非策划公司的法定代表人，其接受代收款项的委托，系房地产公司与黎某建个人之间基于委托与受托而形成的另一法律关系，房地产公司可另行向黎某建主张权利。

关于李某峰作为策划公司法定代表人在本案中是否应当承担责任的问题。根据房地产公司提交的15张收款凭证显示，该公司将62.5万元打入了策划公司的法定代表人李某峰个人账户。因李某峰仅凭策划公司开具的28份发票并不能证明其已将该款转入了策划公司账户，又因虽然策划公司是李某峰个人独资公司，但李某峰并未提供证据证明其个人财产独立于策划公司，故根据《公司法》第六十三条之规定，二审判决认定李某峰对策划公司所欠债务应承担连带责任并无不当，但连带责任的范围不包括二审判决第三项中关于策划公司应承担的黎某建代收款229107元的返还义务。

要旨解析

本案涉及的法律问题主要是关于公司工作人员职务行为与个人行为的认定问题。

从我国相关规定演变来看，原《民法通则》第四十三条规定："企业法人对它的法定代表人和其他工作人员的经营活动，承担民事责任。"该法第一百二十一条规定："国家机关或者国家机关的工作人员在执行职务中，侵犯公民、法人的合法权益造成损害的，应当承担民事责任。"原《民法通则意见》第58条规定："企业法人的法定代表人和其他工作人员，以法人名义从事的经营活动，给他人造成经济损失的，企业法人应当承担民事责任。"原《民法总则》第一百七十条规定："执行法人或者非法人组织工作任务的人员，就其职权范围内的事项，以法人或者非法人组织的名义实施民事法律行为，对法人或者非法人组织发生效力。法人或者非法人组织对执行其工作任务的人员职权范围的限制，不得对抗善意相对人。"《民法典》第一百七十条规定："执行法人或者非法人组织工作任务的人员，就其职权范围内的事项，以法人或者非法人组织的名义实施的民事法律行为，对法人或者非法人组织发生效力。法人或者非法人组织对执行其工作任务的人员职权范围的限制，不得对抗善意相对人。"从上述规定可以看出，企业法人或者用人单位是否承担其工作人员执行工作任务时引发的责任，在不同时期审查的侧重点有所不同，如早期的经营活动也就是职务行为，到原《民法总则》后的职务代理行为，逐步完善相关法律规定，将职务代理行为归类为代理的一种，也是民事法律行为，其法律后果都是由用人单位承担，即其代理实施的民事法律行为对该法人或者非法人组织发生效力。需要注意的是，个体工商户经营活动中的工作人员实施的行为，其本质也是依据其职务或者职权而以被代理人名义实施民事法律行为，因此对于个体工商户作为被代理人的情形可以类推适用职务代理及有关法律后果。

所谓职务行为，通常是指工作人员行使职务的行为，是履行职责的活动，与工作人员的个人行为相对应，其中这里的工作人员一般指除法定代表人以外能够代表法人对外从事经营活动的法人机关的成员，如公司制企业法人中的董事、经理等；还有非法人机关成员的工作人员也就是一般工作人员，但是他们因法人机关授予了职务或者职权或者委托，以法人的代理人的身份从事经营活动。职务行为的构成要件包括以下四个方面：一是行为是否有经营者的授权，是否是有雇佣关系的工作人员所为；二是行为是否发生在工作时间、工作场所；三是行为是否以经营者的名义或身份实施；四是行为与职务是否有内在联系，如行为的内容是否是工作需要，是否符合雇主雇用的目的，行为是否具有为法人谋利的意思。而职务代理行为，是指代理人根据其在法人或者非法人组织中所担任的职务，依据其职权对外实施民事法律行为的代理行为。职务代理的构成要件包括：一是代理人是法人或者非法人组织的工作人员；二是代理人实施的必须是其职权范围内的事项；三是必须以该法人或者非法人组织的名义实施民事法律行为。如何认定法人或者其他组织的成员之行为是职务行为、职务代理行为还是个人行为，可以结合以上构成要件进行评判，如果不符合上述几个要件，那么在一般情况下即可以认定行为人的行为属于个人行为。

本案中，房地产公司主张策划公司应当返还黎某建代收的租金，缺乏证据证明。虽然黎某建被策划公司聘为招商副总监，但其工作职责并不包括代收客户租金等款项；现有证据显示房地产公司未对策划公司授权代收客户租金等款项，黎某建亦未得到策划公司及其法定代表人李某峰的授权和追认；黎某建以房地产公司盖章的空白收据代收款项表明，该行为是以房地产公司名义而非以策划公司名义实施。上述事实表明，黎某建代收租金的行为不符合职务行为的法定构成要件，黎某建代收租金是其个人受托于房地产公司的行为，不属于其作为策划公司招商副总监的职务行为，亦不构成代理行为。

编写人：吴　军

再审合议庭成员：蔡世军　陈银发　黄声敏

12. 受托人在委托授权范围内处理委托事务取得的财产，应当转交给委托人

——余某新与上海某科技股份有限公司委托合同纠纷再审案

裁判要旨

1. 委托合同关系中，受托人在委托代理的权限内，以委托人名义实施的民事法律行为，对委托人发生效力。受托人向委托人负有交付财产的义务，但其交付财产的范围，系在委托授权范围内代理委托人收取的财产。

2. 在合同相对人未向受托人付款的情况下，受托人并不负有向委托人支付货款的义务，委托人要求受托人支付货款的，人民法院不予支持。

案例索引

一审：南昌高新技术产业开发区人民法院（2016）赣0191民初1332号

二审：江西省南昌市中级人民法院（2018）赣01民终1066号

再审：江西省高级人民法院（2019）赣民再102号

基本案情

再审申请人（一审被告、二审上诉人）：余某新。

被申请人（一审原告、二审被上诉人）：上海某科技股份有限公司（原江西某电器股份有限公司）（以下简称科技公司）。

科技公司向一审法院起诉请求判令余某新归还科技公司货款620504.30元。

2015年4月12日，余某新与科技公司签订《2015安徽地区代理协议》，约定科技公司授权余某新为安徽地区的代理商，并全面负责该地区的销售。关于授权销售模式，双方约定为：1. 余某新代理销售科技公司的产品，最低基本销售任务为4000000元，目标任务为7000000元，由科技公司提供给余某新当年铺底1200000元（即由科技公司先发货、余某新在特别约定的时间前一次性付款的最低货量）的货物，该铺底款于2015年11月30日对账期减少400000元，其余铺底款余某新于2015年12月31日前付清，当年累计欠款最多不得超过当年销售总额的5%。若双方不合作，则余某新需一次性付清铺底以及上年度结转的全部款项。2. 关于订货和付款，双方约定余某新购货须凭科技公司统一的订货单按要求并传真至科技公司，回款时间为对账单结算期间的次月5日之前结清上月所有货款。3. 关于售后服务，

双方约定科技公司对售出的产品一年内免费维修，如余某新需退货，则需承担该产品10%的服务费。4.关于返利说明，双方做特别约定为：因余某新在2014年的销售业绩达到了返利条件，返利金额为77700元，该返利金额可冲抵余某新的应收账款。双方还就合同履行中的其他事项作出了相关约定，科技公司在合同尾部加盖了公章，余某新签字。合同签订后，余某新使用科技公司的名义与案外人合肥祈明公司、安徽新盾公司、安徽省泰鑫防火门有限公司分别签订《产品销售合作协议》，余某新作为科技公司的合同代表订立合同，且合同上均加盖科技公司的公章。诉讼中科技公司对该公章的真实性质疑，但经法院释明后未申请鉴定。余某新为《产品销售合作协议》的合同相对方提供的增值税发票中，销货单位均显示为科技公司，并加盖了科技公司的发票章。2015年4月30日，科技公司向余某新发送《截至2015年4月29日余某新对账单》，提示余某新货款总计为991474元，其中按协议余某新在2015年5月5日前应回款191474元，余某新遂于2015年5月31日回款200000元。2016年8月31日，科技公司出具《统计余某新退货金额》，计算余某新退货合计93269.7元。2016年8月5日，余某新以科技公司的名义向案外人合肥祈明公司发送《对账单》，催告其支付货款83470元，该公司以科技公司无故停止供货及停发卷帘门和控制器造成公司损失62400元为由，要求赔偿损失62400元。

再审法院查明，余某新在本案一、二审及再审中自认应当返还科技公司的剩余货款为124045.3元（其中包括退货10%数额9326.9元+余某新上诉已认可的应支付剩余货款93648.4元+2017年1月11日收到合肥祈明公司支付货款21070元）

裁判结果

一审判决：一、余某新向科技公司支付剩余货款614734.3元；二、驳回科技公司的其他诉讼请求。

二审判决：一、变更一审判决第一项为余某新向科技公司支付剩余货款537034.3元；二、撤销一审判决的第二项；三、驳回余某新的其他诉讼请求。

再审判决：一、撤销一、二审判决；二、余某新支付科技公司剩余货款124045.3元；三、驳回科技公司的其他诉讼请求。

裁判理由

再审认为，本案再审的争议焦点是：未能收回的货款包括安徽新盾公司50880元与合肥永泰公司383179元是否应由余某新承担。

（一）关于本案余某新与科技公司之间法律关系的性质问题。2015年4月12日，余某新与科技公司签订《2015安徽地区代理协议》，约定科技公司授权余某新为安徽地区的代理商，并全面负责该地区的销售。首先，从双方协议的名称看，系代理协议。民事法律关系中的代理，其基本特征就是“代理人在代理权限内，以被代理人的名义实施民事法律行为。被代理人对代理人的代理行为，承担民事责任。”

被代理人可以通过签订委托合同的形式确定双方的代理关系。其次，从合同双方的履约情况看，余某新先后作为科技公司的代表，以科技公司的名义与案外人合肥祈明公司、安徽省泰鑫防火门有限公司、安徽新盾公司等客户签订销售协议，进行消防设备的销售，在签订合同时使用科技公司的公章，开具发票时提供科技公司的发票。原判决据此认定双方系委托合同关系，余某新为科技公司在安徽地区的产品销售代理人，并确定本案案由为委托合同纠纷，有相应的事实和法律依据。双方代理协议中约定的代理人的销售单价与代理人和客户签订的销售合同的单价存在价差，及余某新关于一次性付清全货款的承诺，还不足以推翻双方协议及履约过程中所体现的双方之间委托代理关系的性质，也不足以证明余某新与科技公司之间系买卖合同关系。综上，科技公司关于余某新与科技公司之间系买卖合同关系的再审请求不能成立。

（二）关于余某新是否应承担归还未能收回剩余货款（包括安徽新盾公司 50880 元与合肥永泰公司 383179 元）责任的问题。原《合同法》第四百零四条规定："受托人处理委托事务取得的财产，应当转交给委托人。"在委托合同关系中，受托人在委托代理的权限内，以委托人名义实施的民事法律行为，对委托人发生效力。受托人向委托人负有交付财产的义务，但其交付财产的范围，系在委托授权范围内代理委托人收取的财产。受托人并不负有在合同相对人未付款的情况下，向委托人支付货款的义务。本案中，科技公司仅凭《截至 2015 年 4 月 29 日余某新对账单》并不能证明余某新已经全部收回买卖合同相对人所欠货款。并且余某新提交的与合肥永泰公司对账单及合肥永泰公司 2017 年 2 月 16 日向科技公司出具的《情况说明》，可以证明截至 2015 年 6 月 5 日合肥永泰公司尚欠货款 409949 元，且合肥永泰公司系因供货质量不合格等原因而拒绝支付剩余货款。余某新还提交了与安徽新盾公司桂某林的《对账单》及桂某林向科技公司致函一份，证明安徽新盾公司尚欠科技公司货款 50880 元，且因产品质量问题而拒绝支付剩余货款。这些证据已可以初步证明余某新尚未从买卖合同相对人合肥永泰公司、安徽新盾公司处收取剩余货款，且非因受托人余某新的原因造成剩余货款未收回。科技公司主张余某新承担剩余货款的归还责任，就应当举证证明余某新作为受托人已经取得了委托事务中所取得的财产，或者因余某新的过错造成剩余货款未收回。科技公司未能提供充分的证据证明受托人余某新已取得并占有未收回的安徽新盾公司 50880 元与合肥永泰公司 383179 元货款，并且也未提供充分证据证明系因余某新原因造成上述剩余货款未收回，其应当承担举证不能的法律后果。原判决认定余某新承担归还未收回货款责任，认定事实和适用法律均有不当，再审予以纠正。

综上所述，余某新关于将未收回安徽新盾公司 50880 元，合肥永泰公司 383179 元在应支付的剩余货款中予以扣除的再审请求成立。

要旨解析

本案涉及的法律问题主要是受托人在委托授权范围内处理委托事务后应转交给委托人的财产范围问题。

委托合同是委托人和受托人约定，由受托人处理委托人事务的协议。《民法典》第九百二十七条规定："受托人处理委托事务取得的财产，应当转交给委托人。"受托人因处理委托事务而取得的财产，应归属于委托人，受托人有义务转交。受托人转移利益的义务，不仅适用于受托人，还适用于转委托的第三人。受托人违反此项义务的，委托人可以追究其违约责任。同时，这里规定的"取得的财产"是一个广义的概念，既包括取得的金钱、实物及金钱与实物所生的孳息，也包括其他方面的财产性权利，至于委托人在受托人处理事务过程中，交给受托人的财产，也应当交还给委托人。关于移交财产的期限、方式等事项，《民法典》没有明文规定，如果当事人之间有约定的，应当从其约定，如果没有约定的，应当认定其为无确定期限的债务，即受托人应及时将因处理委托事务所取得的各种财产返还给委托人，如受托人不及时返还该项财产时，委托人有权催告受托人，催告期满，受托人开始负迟延履行责任。需要注意的是，需要区分受托人是否以自己的名义取得财产或者收益，如果以受托人自己名义所取得的财产或者收益，则受托人获得对该财产的所有权，其在向委托人交付的过程中，将要发生所有权的转移；如果是以委托人的名义获得的财产或者收益，则应当由委托人获得所有权，受托人在转交财产时仅仅发生占有的移转。这是因为，受托人享有代理权，其代理行为的效力直接及于委托人，事务处理过程中取得的有关权利直接由委托人取得，不存在受托人移转权利于委托人的问题。至于受托人就其已经以自己名义取得的权利，因可归责于自己的事由而怠于移转给委托人或不能移转给委托人的，应承担违约责任。

本案中，余某新与科技公司签订了《2015 安徽地区代理协议》，约定科技公司授权余某新为安徽地区的代理商，并全面负责该地区的销售。余某新先后作为科技公司的代表，以科技公司的名义与案外人合肥祈明公司、安徽省泰鑫防火门有限公司、安徽新盾公司等客户签订销售协议。再审法院据此认定双方系委托合同关系，有相应的事实和法律依据。同时，查明的事实可以初步证明余某新尚未从买卖合同相对人合肥永泰公司、安徽新盾公司处收取剩余货款，且非因受托人余某新的原因造成剩余货款未收回，据此，再审法院认为余某新不应承担归还未收回货款的责任，认定事实和适用法律正确。

编写人：吴　军

再审合议庭成员：蔡世军　张丽敏　胡爱菊

13. 一方当事人控制证据无正当理由拒不提交，有违诉讼诚信构成证明妨害，应当承担不利诉讼后果

——龚某泉与江西省某置业发展集团有限公司委托合同纠纷二审案

裁判要旨

公司控制查明案涉项目利润的所有证据，经法院释明仍然无正当理由拒不提供，构成证明妨害，有违诉讼诚信，依法应当承担不利诉讼后果。

案例索引

一审：江西省南昌市中级人民法院（2019）赣01民初378号

二审：江西省高级人民法院（2020）赣民终426号

基本案情

上诉人（原审原告）：龚某泉。

上诉人（原审被告）：江西省某置业发展集团有限公司（以下简称置业公司）。

龚某泉向法院起诉请求判令置业公司支付项目利润3000万元及利息427.5万元（暂计算至2019年3月，实际计算至付清之日止）。

龚某泉、置业公司于2005年9月30日签订了《项目合作合同书》，其中约定："第一条：项目概况。土地由甲方（置业公司）单独出资购买，并投入建设该项目的资金，该项目为甲方所有，乙方（龚某泉）为置业公司九江分公司经理，并担任该项目总指挥；第二条：甲乙双方的分工。1. 甲方负责投入建造该项目的资金，并管理好资金运作。2. 乙方负责该项目的立项、规划、设计等一切有关手续，协同甲方具体实施及管理好该项目，一切以公司利益为重，确保该项目顺利进行及工程质量，并按公司要求最快速度竣工。第三条：项目利润的分配。在该项目的销售过程中，所有售房款全部存入到九江开立的账户上，该项目销售达到九成时，除去甲方投入该项目的所有资金后，甲方按88%的比例分配该项目利润，乙方按照12%的比例分配该项目利润，剩余一成未销售完的房屋，经有资质的评估公司按市场价进行评估后，甲方按评估价值利润的12%比例，经协商后分期支付给乙方，同时终止甲乙双方的合同。本合同正本一式六份，甲、乙双方各执3份，双方代表签字及盖章后即生效。"该合同由双方签字及盖章。置业公司对该《项目合作合同书》中甲

方代表“高某快”签名真实性提出异议，并提交鉴定申请。经鉴定，甲方代表签字处“高某快”签名不是高某快所写。

根据置业公司九江分公司企业信息报告书，置业公司九江分公司于2005年9月28日成立，龚某泉自成立起至2016年8月5日任负责人，并于2005年12月至2008年12月在该公司每月领取2000元工资。龚某泉在该工程项目中未出资。本案建设工程项目于2012年开始销售，2016年项目销售完成。另，龚某泉提交了本案所涉房地产项目利润审计申请，因置业公司拒绝提供审计所需要的项目工程资料和财务凭证，一审法院未组织该项鉴定。

龚某泉陈述其得知九江出让地块的信息后告知置业公司法定代表人高某快，高某快同意进行开发，并承诺给龚某泉12%的利润。签订案涉合同后，以置业公司九江分公司的名义拍下地块，并协调相关部门办理了案涉项目“鹤问湖一号”住宅小区的立项、规划、设计等手续。对具体事务的办理，主要是在招拍挂程序中竞得案涉项目地块，协调办理立项、规划、设计等手续，协调有关部门清理、移除案涉项目地块上的管线、电线立杆。

龚某泉陈述在案涉合同签订后1—2年的时期内，置业公司每个月支付一万元给其胞兄或其侄子，办理案涉项目事务过程中没有在置业公司支取费用，自己也没有支出费用。置业公司也认可除固定的工资外，龚某泉没有在置业公司支取办理事务费用。

置业公司确认，案涉项目可售建筑面积127582.45平方米，尚有住宅面积约550平方米、商铺及幼儿园面积4886.12平方米、农贸市场1427.94平方米共计6864.06平方米未售。据此统计，案涉项目销售率达94.6%。

在一审诉讼中，龚某泉提出两项申请，一是因为审计过程中发现案涉项目资料反映工程造价虚高，要求对案涉项目的工程造价进行鉴定；二是对项目利润进行会计审计，要求置业公司提供全部的项目资料和财务会计凭证。置业公司明确拒绝配合提供相关的资料。一审法院向置业公司说明，如果不提供相关资料，可能要承担败诉的后果，有关利润的事实可能采取其他方式进行确认。置业公司明确了解一审法院告知内容，但没有提供项目资料与财务会计凭证。在二审庭审中，对举证责任承担，龚某泉主张因置业公司一审不提供审计的材料，应当承担不利诉讼后果，在二审明确不需要置业公司再提供审计材料；置业公司主张其财务以及项目利润本身不管盈亏与龚某泉没有任何关联，法院强制以推定方式确认案涉项目利润，对方应当提供合理、正当的证据支持其主张。

裁判结果

一审判决：一、置业公司向龚某泉支付项目合作利润600万元；二、驳回龚某泉的其他诉讼请求。

二审判决：一、撤销一审判决；二、置业公司向龚某泉支付“鹤问湖一号”住宅小区项目利润款3000万元；三、驳回龚某泉的其他诉讼请求。

裁判理由

二审认为，本案的争议焦点为：一、双方因《项目合作合同书》形成了何种法律关系？效力如何？二、龚某泉是否具有分配案涉项目利润的请求权？三、如何确定本案的民事责任？

《项目合作合同书》虽名为合作合同，但实质为置业公司委托龚某泉处理事务并给予报酬的有偿委托合同，双方之间的法律关系为委托合同关系。置业公司上诉提出龚某泉没有任何投入仅收取固定利润不能定性为合作开发房地产合同关系的主张正确，予以采纳；一审判决认定双方构成合作开发房地产合同关系适用法律错误，予以纠正，本案案由应当为委托合同纠纷。在委托合同关系中，置业公司与龚某泉地位完全平等，处理委托事务由龚某泉依其自主意思完成，不具有置业公司支配、命令、针对龚某泉提供具体劳务的性质，置业公司主张其与龚某泉形成雇佣关系，没有事实与法律依据，不予采纳。就案涉项目建设外部关系协调事务形成的委托合同，置业公司与龚某泉意思表示真实，委托事务内容、方式合法，不违反法律行政法规的强制性规定，合法有效。

根据《项目合作合同书》约定，龚某泉的合同义务是"负责该项目的立项、规划、设计等一切有关手续，协同甲方具体实施及管理好该项目，一切以公司利益为重，确保该项目顺利进行及工程质量，并按公司要求最快速度竣工"，现该项目销售基本完成，置业公司不否认该项目立项、规划、设计等手续的及时办理，也没有提供证据证明龚某泉具有违约行为，应当认定龚某泉履行了合同义务。根据《项目合作合同书》约定，该项目销售达九成时，除去置业公司投入后，龚某泉按12%分配该项目利润。对于未销售的房屋，经有资质的评估公司评估后，由置业公司按评估价值利润12%的比例，双方协商分期支付。现项目销售已经超过九成，对已销售房产，龚某泉分配利润的条件已经成熟，龚某泉具有分配案涉项目利润的请求权。

确定已销售房产的利润并按约定比例分配，是处理本案的关键。依照举证责任规则，龚某泉主张分配案涉项目存在利润，应当提供证据证明其主张。但是，在案涉项目开发与建设过程中，相关财务以及工程建设资料不由龚某泉而由置业公司控制，由此龚某泉向一审法院申请审计、鉴定，并要求置业公司提供案涉项目所有的财务以及工程建设资料，而置业公司拒绝提供，造成龚某泉客观上陷于难以证明其主张的境地。一审法院明确告知置业公司拒绝提供控制证据将承担不利诉讼后果，但置业公司仍然拒绝提供，其行为构成证明妨害。在二审中，二审法院试图促成双方当事人通过审计、鉴定查明案涉项目的利润，但龚某泉不同意进行审计、鉴定，认为本案应当适用证据规则查明事实；置业公司也拒绝提供案涉项目财务以及工程建设资料，认为可以通过无纸化方式（即不需要案涉项目的财务以及工程建设资料）审计查明，二审审计、鉴定无法进行。龚某泉主张案涉项目利润2.5亿元，置业公司一方面主张案涉项目亏损，另一方面故意不提供其所控制的证据，依照《最高人民法院关于民事诉讼证据的若干规定》第九十五条“一方当事人控制证据无正当理由拒不提交，对待证事实负有举证责任的当事人主张该证据的内容不利于控制人的，人民法院可以认定该主张成立”的规定，推定龚某泉案涉项目利润2.5亿元的主张成立。一审法院适用证明妨害的规定认定案涉项目利润为2.5亿元，并无错误，二审予以确认。置业公司上诉提出一审法院错误分配举证责任，随意推断案涉项目利润的主张，与本案事实以及相关法律规定相悖，不予采纳。置业公司主张即使不提交财务资料，一审法院也可以依职权通过专业的审计部门核算案涉项目的实际利润，二审认为，案涉项目系房地产项目，涉及项目筹建、开发、建设、销售等多个环节，周期长达14年，且其利润与投资方的财务成本、建设成本、管理水平等个性化因素紧密相关，不存在利润核算的通用标准，无纸化审计无法查明案涉项目利润的事实，置业公司该主张不予采纳。

综上，置业公司与龚某泉因《项目合作合同书》形成的委托合同合法有效，龚某泉依约履行了合同义务，且分配案涉项目利润的条件成就，龚某泉具有分配案涉项目利润请求权。置业公司控制查明案涉项目利润的所有证据，经法院释明仍然无正当理由拒不提供，构成证明妨碍，有违诉讼诚信，依法应当承担不利诉讼后果。案涉项目利润推定为2.5亿元，龚某泉依约可分配案涉项目利润的12%即3000万元。

案涉项目利润经本案诉讼确认，置业公司不构成义务履行迟延，案涉合同也没有支付利息的约定，龚某泉要求支付利息的请求没有事实、法律依据。龚某泉部分上诉请求成立，予以支持；置业公司上诉请求不能成立，不予支持；一审法院认定龚某泉只履行部分合同义务错误，二审予以纠正。

要旨解析

本案涉及的主要法律问题是举证责任中有关证明妨害规定的适用规则。

“谁主张、谁举证”是民事举证责任的一般分配规则，当事人对其提出的诉讼请求所依据的事实负有举证证明的基本义务和绝对自由。然而，在司法实践中，鉴于有关事实及证据材料分布的不均衡，时常出现事实和证据材料不掌握在举证人一方或者不在其支配的范围，并由此导致掌握事实和证据材料的一方当事人往往采取不当措施妨碍举证人的举证，这种行为不仅损害了举证一方当事人的诉讼权利，还对人民法院查明相关事实，解决当事人纷争带来了不利影响。这种行为就是证明妨害，也可称为证明妨碍，从广义上理解，就是阻碍证明人证明的意思。从狭义上理解，指不负有证明责任的一方当事人通过作为或不作为阻碍负有证明责任的一方当事人对其事实主张的证明。在当事人主义诉讼模式下，一方当事人为证明其诉讼请求的成立，必定穷尽一切办法提供证据。与此同时，为对抗原告的诉讼请求，另一方当事人必将想方设法否定对方当事人的诉讼请求和事实，为此，一方当事人阻碍对方当事人收集证据的情况时常发生。如果不负证明责任的一方当事人，通过诸如隐藏、更改、过失地疏于保管等种种故意或过失行为的方法毁损证据，那么就会使负有证明责任的当事人陷于难以证明的境地，进而使案件事实处于真伪不明。在这种情形下，如果法院通过适用证明责任原则作出判决而使负有证明责任的当事人败诉，那么不免会产生不当且不公平之感。为此，《民事诉讼证据规定》第九十五条规定："一方当事人控制证据无正当理由拒不提交，对待证事实负有举证责任的当事人主张该证据的内容不利于控制人的，人民法院可以认定该主张成立"，就是为了解决在双方当事人控制证据不平衡的特殊情形下，基于公平原则，减轻对负有证明责任的当事人之举证责任，把证明妨害规则作为一般证明责任的补充，从而避免机械适用证明责任规则作出裁判带来的不公平。从该条规定来看，是采取推定主张成立之法律后果。推定可以避免待证事实因证据缺乏而产生程序上的僵局，缓解某些事实证明上的困难，公平地分配举证责任，实现诉讼经济的目的。需要注意的是：一是在诉讼中启动推定程序的话，当事人应就推定适用依据的基础事实及其与待证事实之间的联系进行举证质证，并将有证据证明一方当事人持有证据无正当理由拒不提供的认定及其后果向当事人进行释明，赋予当事人对适用推定的知情权；二是在对方当事人主张该证据的内容不利于证据持有人的情况下，应根据该证据的形式、名称、性质、形成时间等因素，综合判断当事人主张该证据的内容是否存在。

本案中，置业公司与龚某泉因《项目合作合同书》形成的委托合同合法有效，龚某泉依约履行了合同义务，且分配案涉项目利润的条件成就，龚某泉具有分配案涉项目利润请求权。而确定已销售房产的利润并按约定比例分配，是处理本案的关键。依照举证责任规则，龚某泉主张分配案涉项目存在利润，应当提供证据证明其主张。但是，在案涉项目开发与建设过程中，相关财务以及工程建设资料不由龚某泉而由置业公司控制，由此龚某泉向一审法院申请审计、鉴定，并要求置业公司提供案涉项目所有的财务以及工程建设资料，而置业公司拒绝提供，造成龚某泉客观上陷于难以证明其主张的境地。一审法院明确告知置业公司拒绝提供控制证据将承担不利诉讼后果，但置业公司仍然拒绝提供，其行为构成证明妨害。因此，二审法院认为置业公司控制查明案涉项目利润的所有证据，经法院释明仍然无正当理由拒不提供，构成证明妨碍，有违诉讼诚信，依法应当承担不利诉讼后果。案涉项目利润推定为2.5亿元，龚某泉依约可分配案涉项目利润的12%即3000万元。

编写人：吴　军

再审合议庭成员：周　辉　王　冬　魏　巍

14. 公司清算注销后的诉讼主体资格由债权债务承受人承继

——山东某路桥工程有限公司与九江某贸易有限公司居间合同纠纷再审案

裁判要旨

公司办理清算注销后，涉公司的诉讼主体资格由公司债权债务承受人承继。

案例索引

一审：江西省九江市中级人民法院（2012）九中民二初字第 43 号

二审：江西省高级人民法院（2013）赣民二终字第 40 号

再审：江西省高级人民法院（2015）赣民再字第 5 号

基本案情

再审申请人（一审被告，二审上诉人）：山东某路桥工程有限公司。

被申请人：任某莉、叶某青，原九江某贸易有限公司股东。

九江某贸易有限公司（以下简称贸易公司）诉山东某路桥工程有限公司（以下简称工程公司）居间合同纠纷一案，工程公司不服一审提出上诉。二审驳回上诉，维持原判后，工程公司申请再审。再审法院查明，贸易公司已于 2014 年 8 月 11 日向工商局出具清算报告，并承诺注销后的债权债务承受人是股东任某莉和叶某青，清算后如有债权债务由原股东按出资比例承担。清算报告上有任某莉和叶某青的签名。同日工商局核准并办理注销。

裁判结果

一审判决：一、工程公司于判决生效后七日内支付贸易公司居间报酬 1930937.5 元及违约金 193093.75 元，合计 2124031.25 元；二、驳回贸易公司的其他诉讼请求。案件受理费 33990 元，财产保全费 5000 元，合计 38990 元，由工程公司负担 27293 元，贸易公司负担 11697 元。工程公司不服，提起上诉。

二审判决：驳回上诉，维持原判。

再审裁定：本案被申请人由原贸易公司变更为任某莉、叶某青。

再审判决：维持本院（2013）赣民二终字第 40 号民事判决。

裁判理由

再审认为，贸易公司于2014年8月11日办理注销，在公司向工商局出具的清算报告中，已承诺注销后的债权债务承受人是股东任某莉、叶某青，清算后如有债权债务由原股东按出资比例承担。2015年10月14日，再审法院找任某莉谈话，其认可公司已注销，公司权利义务由其和叶某青承受等事实，并表示同意参加诉讼。再审法院作出（2015）赣民再字第5号民事裁定，将被申请人贸易公司变更为任某莉、叶某青。开庭审理后作出再审维持判决。

要旨解析

本案主要涉及公司主体资格的承继问题。民事主体作为民事关系的参与者，具有多重身份职能，不仅是民事权利的享有者，还是民事义务的履行者，也是民事责任的承担者。确定适格的民事主体是厘清民事权利义务关系的前提。《民法典》第二条规定民法调整平等主体的自然人、法人和非法人组织之间的人身关系和财产关系。以法律条文形式确认其认可的民事主体有三种，分别是自然人、法人和非法人组织。本案贸易公司是典型的法人主体。但是司法实践中，民事主体的身份认定并不像民事主体类别划分那般清晰明了，各类民事主体都存在特殊性。例如自然人主体资格认定主要以出生和死亡的客观事实为基础，但同时存在胎儿利益保护、死亡推定、以及其他证据足以推翻出生死亡时间等复杂情形。法人和非法人组织是法律拟制主体，需要甄别的情形更加复杂多变，本案公司注销登记后的诉讼主体资格确认就是例证。笔者认同再审裁判观点。

一、关于公司注销登记后的诉讼主体资格认定问题

依据民事诉讼法关于当事人的基本理论，要成为民事诉讼的当事人，需具备民事诉讼权利能力，即诉讼上的当事人能力或资格。民事诉讼法与民事实体法规定的民事权利能力相对应，具备民事权利能力，当然具备民事诉讼权利能力。《民事诉讼法》（2023年修正）第三条规定，人民法院受理公民之间、法人之间、其他组织之间以及他们相互之间因财产关系和人身关系提起的民事诉讼。《民事诉讼法》（2023年修正）第五十一条规定，公民、法人和其他组织可以作为民事诉讼的当事人。《公司法》第二条规定，本法所称公司是指依照本法在中国境内设立的有限责任公司和股份有限公司。第三条规定公司是企业法人，有独立的法人财产，享有法人财产权。第六条规定，设立公司，应当依法向公司登记机关申请设立登记。《公司法》第一百八十八条规定，公司清算结束后，清算组应当制作清算报告，报股东会、股东大会或者人民法院确认，并报送公司登记机关，申请注销公司登记，公告公司终止。从上述规定可知，公司可以成为民事诉讼主体，其主体资格始于设立登记，终于注销登记。本案贸易公司于2014年8月11日办理注销。依法清算并办理注销登记的公司，不再具备民事权利能力，亦无法取得诉讼主体资格。因此2015年再审时其已无民事主体资格。

二、关于诉讼中的当事人变更问题

诉讼当事人变更可在一审、二审、再审和执行全流程中发生。现行法律法规对当事人变更的规定较为全面，例如《民事诉讼法》（2023年修正）第二百四十三条规定，作为被执行人的公民死亡的，以其遗产偿还债务。作为被执行人的法人或者其他组织终止的，由其权利义务承受人履行义务。《民事诉讼法司法解释》（2022年修正）第五十五条明确，在诉讼中，一方当事人死亡，需要等待继承人表明是否参加诉讼的，裁定中止诉讼。人民法院应当及时通知继承人作为当事人承担诉讼，被继承人已经进行的诉讼行为对承担诉讼的继承人有效。《最高人民法院关于民事执行中变更、追加当事人若干问题的规定》更是以全部篇幅规范执行实践中的当事人变更难题。值得注意的是，仅是纠正当事人姓名或名称错误而当事人本人并未改变的，不属于当事人变更。因诉争实体权利义务转移，当事人死亡或消灭，原来合格的当事人变为不合格，需要依法定程序更换不合格当事人时，才属于当事人变更。本案贸易公司的法人民事主体资格于2014年8月11日终止，属于当事人资格消灭情形，2015年再审时只能依法裁定由其实体权利义务继受人承担诉讼主体资格，参与再审诉讼。

编写人：张冰华

再审合议庭成员：刘晓雯　李振峰　江都颖

15. 合同责任的确定应以合同效力评价为前提

——江西某典当有限公司与刘某兰、江西省某陶瓷有限公司等
典当纠纷再审案

裁判要旨

1. 典当行在未实际占有当物的情形下出借款项已超出经营范围，所涉典当合同系无效合同。

2. 独立担保颠覆担保从属规则，由此产生异常严厉担保责任时，不宜认定独立担保效力。

3. 因主合同无效导致担保合同无效，担保人无过错的不承担民事责任。担保人有过错应承担债务人不能清偿部分的三分之一责任。

案例索引

一审：萍乡市湘东区人民法院（2017）赣 0313 民初 286 号

二审：江西省萍乡市中级人民法院（2017）赣 03 民终 469 号

再审：江西省高级人民法院（2018）赣民再 211 号

基本案情

再审申请人（一审原告、二审被上诉人）：江西某典当有限公司。

被申请人（一审被告、二审上诉人）：刘某兰、江西省某陶瓷有限公司。

被申请人（一审被告、二审被上诉人）：江西某瓷业有限公司、于某松、陈某洪、郑某。

江西某典当有限公司（以下简称典当公司）向一审法院起诉请求：判令刘某兰、江西省某陶瓷有限公司（以下简称陶瓷公司）、江西某瓷业有限公司（以下简称瓷业公司）、于某松、陈某洪、郑某连带偿还典当公司本金 1500000 元，并支付按月利率 2% 计算的利息和典当综合费，以及从 2017 年 4 月 1 日开始按每日千分之一计算至还清款日止的违约金，同时承担主张债权的律师费 16000 元。

当事各方于 2016 年签订《典当合同》，约定刘某兰将自有宝马越野车作为典当物，典当金额 150 万元，期限 90 日。月综合服务费 1.65%，月利率 0.35%，合计 2%。典当逾期或形成绝当后，典当公司按 2% 收取综合费用和利息，并自逾期之日起按当金 1‰每日加收违约金，直至全部款项付清之日止。陶瓷公司、瓷业公司、于某松、陈某洪、郑某自愿对刘某兰在本合同项下的全部义务提供连带保证责任，保证

期间为借款期限届满之日起2年，且典当公司无须先向乙方追偿或起诉或处置当物，即有权直接要求担保方承担连带保证责任。合同签订当日，刘某兰将粤×××××号宝马越野车交给典当公司。2017年，典当公司与刘某兰、瓷业公司签订《典当合同补充协议（二）》，以瓷业公司的部分机械设备为本案借款设定抵押担保并办理了抵押登记。刘某兰自2017年4月1日起未还款，典当公司诉请偿还。庭审过程中，典当公司陈述在当期内已将当物粤×××××号宝马越野车借给刘某兰丈夫于某松使用至今，该车的所有权人为于某松。

裁判结果

一审判决：一、刘某兰在判决生效之日起十日内偿还典当公司本金150万元及利息（自2017年4月1日起按年利率24%计算至付清之日止），并支付律师费1.6万元；二、陶瓷公司、瓷业公司、于某松、陈某洪、郑某对上述第一项款项承担连带清偿责任；三、驳回典当公司的其他诉讼请求。一审案件受理费18444元，财产保全费5000元，合计23444元，由刘某兰、陶瓷公司、瓷业公司、于某松、陈某洪、郑某连带负担。刘某兰、陶瓷公司不服一审判决，提出上诉。

二审判决：一、维持一审判决第三项；二、撤销一审判决第一项、第二项；三、刘某兰在本判决生效之日起十日内偿还典当公司本金150万元及利息（自2017年4月1日起按年利率18%计算至付清之日止），并支付律师费1.6万元。

再审判决：一、撤销二审判决和一审判决；二、刘某兰在本判决生效之日起十五日内偿还典当公司本金150万元及利息（自2017年4月1日起按年利率18%计算至付清之日止），并支付律师费1.6万元；三、陶瓷公司、瓷业公司、于某松、陈某洪、郑某对刘某兰不能清偿上述第二项债务部分的三分之一承担赔偿责任，在其承担保证责任后，有权向债务人刘某兰追偿；四、驳回典当公司的其他诉讼请求。

裁判理由

再审认为，典当行业在我国实行特许经营，其经营行为主要受《典当管理办法》规制，典当公司在未实际占有当物的情形下出借款项已超出经营范围。故典当公司与刘某兰之间的典当关系不成立，本案《典当合同》系无效合同。本案《典当合同》《典当合同补充协议（二）》中均明确载明，保证担保的效力独立于主合同，主合同无效，保证人仍须承担连带保证责任。该约定属于独立担保，其与从属性担保相对应，表现为放弃对主债权合同的存在性、有效性和可强制性的抗辩权的特殊担保。鉴于独立担保彻底颠覆了经典担保权从属性规则并由此产生异常严厉的担保责任，故对本案当事人约定独立担保的效力不宜认定。按照原《担保法》第五条“担保合同是主合同的从合同，主合同无效，担保合同无效。担保合同另有约定的，按照约定。担保合同被确认无效后，债务人、担保人、债权人有过错的，应当根据其过错各自承担相应的民事责任”和原《担保法司法解释》第八条“主合同无效而导致担保合同无效，担保人无过错的，担保人不承担民事责任；担保人有过错的，担保人承担民事责任的部分，不应超过债务人不能清偿部分的三分之一”的规定，认定保证人应承担刘某兰不能清偿部分的三分之一责任。

要旨解析

本案主要涉及典当合同的效力及独立担保的责任认定问题。《民法典》第四百六十四条规定，合同是民事主体之间设立、变更、终止民事法律关系的协议。第四百六十五条规定依法成立的合同，受法律保护。第五百零二条规定，依法成立的合同，自成立时生效。但是法律另有规定或者当事人另有约定的除外。案涉典当合同的效力及独立担保的责任认定需要全面考察当事人约定及法律规定情况。

一、关于典当合同的效力评价问题

《典当管理办法》第三条规定，本办法所称典当，是指当户将其动产、财产权利作为当物质押或者将其房地产作为当物抵押给典当行，交付一定比例费用，取得当金，并在约定期限内支付当金利息、偿还当金、赎回当物的行为。本办法所称典当行，是指依照本办法设立的专门从事典当活动的企业法人。第二十七条规定：“典当行不得收当下列财物：……（七）当户没有所有权或者未能依法取得处分权的财产……”第四十二条第二款规定：“典当行经营机动车质押典当业务，应当到车辆管理部门办理质押登记手续”。

学界及司法实务中普遍将因当户的出当、典当行的收当并将当票交付给当户等行为，在当户与典当行之间成立的法律关系，称为典当法律关系。典当法律关系是复合法律关系，即借贷关系与担保关系混合在一起，彼此之间发生有机结合，没有主次之分。典当合同还是典型的无名合同，《民法典》第四百六十七条规定，本法或者其他法律没有明文规定的合同，适用本编通则的规定，并可以参照适用本编或者其他法律最相类似合同的规定。

本案典当公司与刘某兰在典当合同中约定，刘某兰以粤 ××××× 号宝马越野车质押获取当金 150 万元。该车实际登记于刘某兰丈夫于某松名下，双方并未办理质押登记，且签订合同第二日典当行即将车辆借给于某松使用。典当公司作为依法成立的典当行，属于职业放贷人，与刘某兰约定经营非质押机动车贷款业务明显超越法定经营范围，扰乱国家金融秩序。因实际执行中未完成汽车质押，双方所订典当合同与法律规定相悖，因此该典当合同应认定无效。

二、关于独立担保的责任认定问题

本案中，陶瓷公司、瓷业公司、于某松、陈某洪、郑某自愿对刘某兰在本合同项下的全部义务提供连带保证责任，保证期间为借款期限届满之日起 2 年，且典当公司无须先向乙方追偿或起诉或处置当物，即有权直接要求担保方承担连带保证责任。该约定属于独立担保，突破了担保的从属规则。在主合同无效的前提下，该独立担保的效力及责任认定亦需全面考察当事人约定及法律规定情况。

《民法典》第三百八十八条规定，设立担保物权，应当依照本法和其他法律的规定订立担保合同。担保合同包括抵押合同、质押合同和其他具有担保功能的合同。担保合同是主债权债务合同的从合同。主债权债务合同无效的，担保合同无效，但是法律另有规定的除外。担保合同被确认无效后，债务人、担保人、债权人有过错的，应当根据其过错各自承担相应的民事责任。第六百八十二条规定，保证合同是主债权债务合同的从合同。主债权债务合同无效的，保证合同无效，但是法律另有规定的除外。从上述规定可知，从属性是担保的基本属性，除法律另有规定外，不存在当事人可约定进行独立担保的意思自治空间。关于法律另有规定的除外情形，《民商审判会议纪要》第 54 点予以了明确，该纪要表明从属性是担保的基本属性，但由银行或者非银行金融机构开立的独立保函除外。银行或者非银行金融机构之外的当事人开立的独立保函，以及当事人有关排除担保从属性的约定，应当认定无效。但是，根据“无效法律行为的转换”原理，在否定其独立担保效力的同时，应当将其认定为从属性担保。此时，如果主合同有效，则担保合同有效，担保人与主债务人承担连带保证责任。主合同无效，则该所谓的独立担保也随之无效，担保人无过错的，不承担责任；担保人有过错的，其承担民事责任的部分，不应超过债务人不能清偿部分的三分之一。因此，综合考量案涉典当及担保关系发生的事实以及各方关系，担保人陶瓷公司、瓷业公司、于某松、陈某洪、郑某在典当公司与刘某兰无效典当合同中，应当承担刘某兰不能清偿部分的三分之一责任。

编写人：张冰华

再审合议庭成员：熊　伟　黄勇平　胡爱菊

16. 合同解除权的行使应符合诚实信用与鼓励交易原则

——江西某汽车修理有限责任公司与江西某实业发展有限公司、江西某商业运营管理有限公司合同纠纷再审案

裁判要旨

1. 守约方以合同约定的解除条件成就请求解除合同时，人民法院应当根据诚信原则确定合同应否解除。违约程度显著轻微，不影响合同目的实现的不予支持。

2. 在认定约定解除条件是否成就时，应根据诚信原则以及鼓励交易原则对合同文本进行解释，从过错程度、主观恶性、违约后果、缔约目的等方面综合考量，适当限制合同解除权的行使。

案例索引

一审：江西省南昌市青云谱区人民法院（2018）赣 0104 民初 1122 号

二审：江西省南昌市中级人民法院（2019）赣 01 民终 530 号

再审：江西省高级人民法院（2019）赣民再 193 号

基本案情

再审申请人（一审被告、二审被上诉人）：江西某实业发展有限公司。

被申请人（一审原告、二审上诉人）：江西某汽车修理有限责任公司。

一审第三人：江西某商业运营管理有限公司。

江西某汽车修理有限责任公司（以下简称汽车修理公司）向一审法院起诉请求：一、判令被告江西某实业发展有限公司（以下简称实业发展公司）返还原告汽车修理公司厂区临建报建审批的资料、手续、设计图纸、施工监理等资料；二、判令被告实业发展公司向原告汽车修理公司支付人民币 3634260 元（其中合作收益款及逾期利息 2884260 元、履约保证金 750000 元，该款项暂计算至 2018 年 6 月 12 日，最终计算至返还全部物业时止），同时第三人江西某商业运营管理有限公司（以下简称运营管理公司）承担连带付款义务；三、判令解除原被告于 2013 年 10 月 19 日签订的《合作协议》及 2015 年 10 月 30 日签订的《补充协议》，被告向原告返还物业。

2013 年汽车修理公司与实业发展公司签订合作协议，约定共同对汽车修理公司场地、房屋进行升级改造，合作期限 20 年。双方共同设立运营管理公司，由实业发展公司按公司章程独立管理，自负盈亏。汽车修理公司获取固定回报：在

2014年5月1日至2016年4月30日的建设期内，实业发展公司每年支付汽车修理公司企业生产维护费用145万元。2015年10月30日双方签订补充协议，约定2016年1月1日至2016年8月31日，实业发展公司支付汽车修理公司一期及二期企业生产维护费用每月17.25万元。2016年9月1日至2021年8月31日，支付一期和二期每年回报249万元。如实业发展公司未按约及时足额支付收益，逾期一个月，汽车修理公司有权按双倍银行贷款利息加收利息。逾期三个月，汽车修理公司有权按双倍银行贷款利息加收利息，并没收一期和二期履约保证金。逾期6个月，汽车修理公司有权解除《合作协议》及《补充协议》，实业发展公司在汽车修理公司土地上投资建设的建筑及配套设施全部收归汽车修理公司，损失由实业发展公司承担。实业发展公司自2017年10月起出现逾期且未足额支付合作收益款行为，汽车修理公司诉请解除《合作协议》及《补充协议》，收回涉案物业。再审中实业发展公司已向汽车修理公司支付完毕所有拖欠费用。

裁判结果

一审判决：一、实业发展公司于本判决生效之日起七日内支付给汽车修理公司合作收益款共计人民币103.75万元并按银行贷款利息双倍支付逾期利息（利息计算期间为2017年10月1日至合作收益款还清之日止）；二、汽车修理公司于本判决生效之日起有权没收实业发展公司给付一期及二期的履约保证金共计人民币75万元；三、驳回汽车修理公司的其他诉讼请求。

汽车修理公司不服，提出上诉。二审判决：一、维持一审判决第二项；二、撤销一审判决第一项、第三项；三、汽车修理公司和实业发展公司2013年10月19日签订的《合作协议》、2015年10月30日签订的《补充协议》均于本判决生效之日起解除，实业发展公司于本判决生效之日起十日内向汽车修理公司返还上述《合作协议》第一条、《补充协议》第一条所涉物业；四、实业发展公司于本判决生效之日起十日内向汽车修理公司支付合作收益款（回报款）1982493元；五、实业发展公司于本判决生效之日起十日内向汽车修理公司支付逾期利息（以1037500元为基数，自2017年10月1日起按中国人民银行同期贷款基准利率的两倍计算至实际付清之日）；六、驳回汽车修理公司的其他诉讼请求。

再审判决：一、撤销二审判决和一审判决；二、汽车修理公司于本判决生效之日起有权没收实业发展公司支付的一期及二期履约保证金共计人民币750000元；三、实业发展公司于本判决生效之日起十日内向汽车修理公司支付逾期利息（以1037500元为基数，自2017年10月1日起按中国人民银行同期贷款基准利率的两倍计算至实际付清之日）；四、驳回汽车修理公司的其他诉讼请求。

裁判理由

再审认为，两份协议的核心意思表示即：汽车修理公司出地，实业发展公司出钱，双方共同开发现有土地，实业发展公司负责经营管理，汽车修理公司不参与经营管理，每年获取固定收益。依据合同法及相关规定，合同约定的解除条件成就时，守约方以此为由请求解除合同的，人民法院应当审查违约方的违约程度是否显著轻微，是否影响守约方合同目的实现，根据诚信原则，确定合同应否解除。违约方的违约程度显著轻微，不影响守约方合同目的的实现，守约方请求解除合同的，人民法院不予支持。本案汽车修理公司主要合同目的是收取固定收益款，合同履行过程中实业发展公司虽有拖欠行为，但是一直在积极履行合同义务，截至本案再审辩论终结时实业发展公司已经基本付清了全部收益款，故汽车修理公司合同目的能够实现。根据双方的协议，实业发展公司的合同义务包括多项内容，除了按时支付收益款外，还需投入大量资金兴建市场、招商引资等，实业发展公司已经投入了大量资金将市场初步建成的行为，亦是实业发展公司一直在积极履行合同义务的表现，故实业发展公司拖欠部分收益款的行为不构成根本性违约。汽车修理公司请求解除涉案《合作协议》及《补充协议》并无偿收回物业的诉讼请求，缺乏事实法律依据，不予支持。

要旨解析

本案主要涉及合同解除权的成立与行使问题。《民法典》第五百五十七条规定，合同解除的，该合同的权利义务关系终止。第五百六十六条规定合同解除后，尚未履行的，终止履行；已经履行的，根据履行情况和合同性质，当事人可以请求恢复原状或者采取其他补救措施，并有权请求赔偿损失。早在罗马法，债即被形象地称为“法锁”，其本意是强调合同必须严守[①]。但是实际履行过程中合同僵局在所难免。实践中，合同僵局主要有以下几种原因：一是由于客观情况变化，合同内容已经事实上无法履行，如国家或本地出台新的房地产限购政策；二是由于当事人一方自身的客观情况的变化，特别是履行能力的下降，导致合同无法继续履行；三是合同履行成本过高，已经远远超出了当事人订立合同时的预期。[②]

为了妥善应对合同僵局，合同解除成为合同法的一项重要法律制度。当合同陷入困境时，合同当事人可以通过行使解除权打破“法锁”，尽快从失败的合同束缚中解脱，重获交易自由。可见与当事人订立合同目的在于实现预期利益相比，合同解除明显与订立合同的初衷背道而驰。司法是衡平的艺术，为了调和“法锁”与“打破法锁”的冲突，法律不仅明确要求在特定的解除条件成就时，才可产生合同解除权，还对合同解除权的具体行使设置了诸多限制。

一、关于合同解除权的成立问题

合同解除是指合同有效成立后，因双方或者一方的意思表示而使合同关系自

① 王利明:《民法总则研究（第三版）》，中国人民大学出版社 2018 年版，第 450 页。

② 最高人民法院中国应用法学研究所编:《人民法院案例》（2020 年第 10 辑），人民法院出版社 2021 年版，第 6 页。

始消灭或者向将来消灭的一种行为。《民法典》规定为约定解除与法定解除。第五百六十二条规定，当事人协商一致，可以解除合同。当事人可以约定一方解除合同的事由。解除合同的事由发生时，解除权人可以解除合同。第五百六十三条规定，有下列情形之一的，当事人可以解除合同：（一）因不可抗力致使不能实现合同目的；（二）在履行期限届满前，当事人一方明确表示或者以自己的行为表明不履行主要债务；（三）当事人一方迟延履行主要债务，经催告后在合理期限内仍未履行；（四）当事人一方迟延履行债务或者有其他违约行为致使不能实现合同目的；（五）法律规定的其他情形。本案中，汽车修理公司与实业发展公司签订合作协议，明确约定逾期6个月，汽车修理公司有权解除《合作协议》及《补充协议》，实业发展公司在汽车修理公司土地上投资建设的建筑及配套设施全部收归汽车修理公司，损失由实业发展公司承担。汽车修理公司依据逾期事实诉至法院，主张行使的是合同约定解除权。从权利外观判断，汽车修理公司的约定解除权依法成立。

二、关于合同解除权的行使限制问题

由于合同解除权的行使会导致合同权利义务的终止，对合同关系的确定和稳定产生较大影响，因此法律规定了较为严格的行使条件。一是行使期限，《民法典》第五百六十四条明确，法律规定或者当事人约定解除权行使期限，期限届满当事人不行使的，该权利消灭。法律没有规定或者当事人没有约定解除权行使期限，自解除权人知道或者应当知道解除事由之日起一年内不行使，或者经对方催告后在合理期限内不行使的，该权利消灭。二是解除程序。《民法典》第五百六十五条规定，当事人一方依法主张解除合同的，应当通知对方。三是解除效果。《民法典》第六条规定民事主体从事民事活动，应当遵循公平原则，合理确定各方的权利和义务。第七条规定民事主体从事民事活动，应当遵循诚信原则，秉持诚实，恪守承诺。第八条规定民事主体从事民事活动，不得违反法律，不得违背公序良俗。从上述法律规定可知，法律赋予了人民法院或者仲裁机构确认解除行为效力的职责。职能机构判定解除行为效力时，不仅要确认解除权行使条件是否成就，还要充分衡量解除权行使对当事人利益的影响。最大程度实现当事人订立合同时的期待利益，实现相关主体之间的利益平衡。本案中，实业发展公司履行了合同的大部分义务，如完全按照《补充协议》的约定，由汽车修理公司解除合同并无偿收回涉案物业，将导致双方权利义务严重失衡。此外实业发展公司已在再审期间基本付清了拖欠的收益款，汽车修理公司合同目的能够实现，涉案合同继续履行有利于双方利益的最大化实现。

编写人：张冰华

再审合议庭成员：闵遂赓　黄勇平　黄伟武

17. 用工主体因违法转包可能承担劳动者的工伤和社会保险连带责任，但该连带责任不宜扩大适用于劳务工资给付

——田某智与武宁县某煤矿，张某文、杨某前、余某江劳务合同纠纷再审案

裁判要旨

矿山企业将经营权发包给不具备用工主体资格的承包经营者，该承包经营者应独立支付招用劳动者的劳务工资，不能混同支付劳务报酬责任与劳动者因工作受到人身损害时矿山企业承担的工伤和社会保险连带责任。

案例索引

一审：江西省武宁县人民法院（2018）赣 0423 民初 1841 号

二审：江西省九江市中级人民法院（2019）赣 04 民终 947 号

再审：江西省高级人民法院（2020）赣民再 121 号

基本案情

再审申请人（一审被告、二审被上诉人）：武宁县某煤矿。

被申请人（一审原告、二审上诉人）：田某智。

一审被告：张某文、杨某前、余某江。

田某智起诉武宁县某煤矿、张某文、杨某前、余某江，要求连带支付劳务款 41437 元。

张某文、杨某前和余某江自 2010 年上半年起承包武宁县某煤矿前进井作业。杨某前和余某江以 1850 元 / 米的价格雇用聂某惠、田某智等七人施工。田某智等七人劳务工资款总额为 1202500 元。张某文、杨某前和余某江陆续支付部分劳务工资款后，拒付余款。聂某惠制作武宁县某煤矿前进井一线欠掘进工资单据一份，确认尚欠田某智劳务工资款 41437 元，张某文、杨某前和余某江于 2015 年 7 月 10 日在该单据上签字确认。

裁判结果

一审判决：一、张某文、杨某前、余某江于本判决生效之日起十日内连带支付田某智劳务工资款 41437 元。二、驳回田某智的其他诉讼请求。案件受理费 836

元，减半收取 418 元，由张某文、杨某前、余某江承担。田某智不服一审判决，提出上诉。

二审判决：一、撤销一审判决；二、限武宁县某煤矿于本判决生效之日起十日内向田某智支付劳务工资款人民币 41437 元；三、张某文、杨某前、余某江共同对上述款项承担连带付款责任。

再审判决：一、撤销二审判决；二、维持一审判决。二审案件受理费 836 元，由田某智负担。

裁判理由

再审认为，案涉煤矿由张某文、杨某前和余某江承包。本案诉讼中，田某智多次陈述其受张某文、杨某前、余某江、聂某惠雇用从事掘进工作，劳务工资款由张某文、杨某前和余某江支付。田某智与武宁县某煤矿不存在劳务关系。田某智依据聂某惠制作，张某文、杨某前和余某江签字确认的武宁县某煤矿前进井一线欠掘进工资单据，向武宁县某煤矿主张劳务工资款，缺乏事实和法律依据。《劳动合同法》第九十四条关于“个人承包经营违反本法规定招用劳动者，给劳动者造成损害的，发包的组织与个人承包经营者承担连带赔偿责任”的规定，系针对劳动雇佣关系中劳动者因工作受到人身损害的情形。《劳动和社会保障部关于确立劳动关系有关事项的通知》第四条关于“建筑施工、矿山企业等用人单位将工程（业务）或经营权发包给不具备用工主体资格的组织或自然人，对该组织或自然人招用的劳动者，由具备用工主体资格的发包方承担用工主体责任”的规定，主要针对无用工主体资格主体招用劳动者后未缴纳工伤保险、社会保险等导致劳动者无法享受工伤保险、社会保险时应由建筑施工、矿山企业等用人单位承担相应用工主体责任。本案中，田某智的诉讼请求为主张劳务工资款，不属于上述法律规定调整范畴。

要旨解析

本案主要涉及非法转包情形下的劳动者保护问题。在具备已提供劳动或劳务服务这一基本事实前提下，需要准确判断田某智所涉关系是与武宁县某煤矿的劳动关系，还是与承包人的劳务关系。在法律关系确定基础上明确劳动报酬给付责任，厘清劳动报酬保障与工伤、社会保险待遇的差异。

一、关于劳动关系与劳务关系的判断问题

劳动关系与劳务关系具有很大相似性。从表面看都是一方提供劳动力，另一方支付劳动报酬；从目的看都是劳动或劳务提供者依约向雇主提供劳务，雇用人的预期利益是否实现可忽略不计；从时间看受雇人不是一次性给付劳务，必须在合同存续期内持续地实施给付行为。但是从实质构成要件看，劳动关系与劳务关系还是存在较大区别。一是主体范围不同。《劳动合同法》第七条规定，用人单位自用工之日起即与劳动者建立劳动关系。关于“用人单位”的界定，《劳动合同法》第二

条已明确，中华人民共和国境内的企业、个体经济组织、民办非企业单位、国家机关、事业单位、社会团体等组织为用人单位。二是主体性质及关系不同。劳动合同的双方主体间不仅存在财产关系，还存在行政隶属等人身关系。劳动者除提供劳动外，还要接受用人单位的管理，服从其安排，遵守其规章制度等，成为用人单位的成员。劳务合同的双方主体之间只存在财产关系，彼此之间无从属性，劳动者提供劳务服务，用人主体支付劳务报酬，各自独立，地位平等。三是合同内容的任意性和受国家干预程度不同。劳动合同的许多重要条款由法律明确规定，不能由当事人协商，例如用人单位要为劳动者提供符合国家规定的劳动条件和劳动保护用品等，国家干预程度强。而劳务合同的内容可由合同双方在不违背法律规定情况下自由协商，受国家干预程度低。最高人民法院在2014年发布的《对最高人民法院〈全国民事审判工作会议纪要〉第59条作出进一步释明的答复》中强调，实际施工人的前一手具有用工主体资格的承包人、分包人或转包人与劳动者之间既不存在雇佣关系，也不存在劳动关系。本案中田某智多次陈述其受张某文、杨某前、余某江、聂某惠雇用从事掘进工作，劳务工资款由张某文、杨某前和余某江支付。综合上述特征判断，田某智可能构建的只能是与不具备用工主体承包经营者之间的劳务关系，而不是与武宁县某煤矿之间的劳动关系。

二、关于劳动者保护相关法律的适用问题

在劳动关系自始不存在，但田某智已经提供了事实上的掘进劳务后，武宁县某煤矿是否应当承担支付劳动报酬的责任方面，主要应审查有无明确法律规定，从具体的法律适用上寻找依据。《关于执行〈工伤保险条例〉若干问题的意见》第七条规定，具备用工主体资格的承包单位违反法律、法规规定，将承包业务转包、分包给不具备用工主体资格的组织或者自然人，该组织或者自然人招用的劳动者从事承包业务时因工伤亡的，由该具备用工主体资格的承包单位承担用人单位依法应承担的工伤保险责任。《最高人民法院关于审理工伤保险行政案件若干问题的规定》第3条规定，社会保险行政部门认定下列单位为承担工伤保险责任单位的，人民法院应予支持：……（四）用工单位违反法律、法规规定将承包业务转包给不具备用工主体资格的组织或者自然人，该组织或者自然人聘用的职工从事承包业务时因工伤亡的，用工单位为承担工伤保险责任的单位。上述规定已明确不存在劳动关系的前提下，具备用工主体资格的企业承担的是工伤保险责任。一方面体现了国家对企业出借资质、违法转分包的惩戒，另一方面也体现了对劳动者进行及时救治和经济补偿的核心价值。本案中田某智主张武宁县某煤矿支付劳务工资款的诉讼请求，既无劳动合意支撑，亦无法律强制规定，武宁县某煤矿不应对其承担支付报酬的用工主体责任。

编写人：张冰华

再审合议庭成员：李振峰　邓名兴　江都颖

18. 没有协助抽逃出资的股东之间不承担抽逃出资连带责任

——江西某实业股份有限公司与洪某凯等人追偿权纠纷二审案

裁判要旨

没有证据证明抽逃出资的股东相互实施了协助行为，不能要求抽逃出资的股东相互承担连带责任。

案例索引

一审：江西省萍乡市中级人民法院（2015）萍民二初字第 43 号

二审：江西省高级人民法院（2017）赣民终 581 号

基本案情

上诉人（原审原告）江西某实业股份有限公司（以下简称实业公司）。

上诉人（原审被告）：洪某凯、杨某平、洪某昆、江某付、唐某南。

原审被告：南昌市某商贸有限公司（以下简称商贸公司）。

原审第三人：中国光大银行股份有限公司某分行（以下简称光大银行某分行）。

实业公司向一审法院起诉请求：一、南昌市某商贸有限公司（以下简称商贸公司）支付实业公司款项 17674919.39 元并承担本案诉讼费用；二、商贸公司支付实业公司利息 210740 元（按银行同期贷款利率暂计算至 2015 年 4 月 20 日，应计算至全部款项清偿之日止）；三、洪某昆、杨某平、洪某凯、江某付、唐某南对上述诉讼请求承担连带清偿责任。

商贸公司于 2009 年登记成立，发起股东为尹某、杨某平。2010 年增加注册资本至 100 万元，出资股东为杨某平 41.5 万元，尹某 13.5 万元，洪某凯 15 万元，江某付 10 万元，汤某 10 万元。2012 年杨某平、尹某、洪某凯、江某付、汤某 5 人将身份证交给中介机构办理增资业务，将公司注册资本增资至 1000 万元。其中，杨某平增资 450 万元，尹某增资 135 万元，洪某凯增资 135 万元，江某付增资 90 万元，汤某增资 90 万元。该 900 万元款项由中介机构转入农行验资账户，办理验资手续后全部转回中介机构。5 股东一直未补足认缴增资。此后，5 人股份发生调整和转让，尹某、汤某转让全部股份，洪某昆、唐某南进入股东名册。2012 年 5 月，商贸公司向光大银行某分行借款，约定实业公司为商贸公司借款提供连带责任保证，最高授信额度为3000万元。因商贸公司借款后没有如期偿还，实业公司于2013年履行担保义务，代替商贸公司支付款项26374919.39元。截至2015年，商贸公司欠实业公司担保款项17674919.39元。实业公司遂诉至法院要求商贸公司偿还欠款及利息，洪某昆、杨某平、洪某凯、江某付、唐某南承担连带清偿责任。

裁判结果

一审判决：一、商贸公司在本判决生效之日起十五日内偿还实业公司欠款本金17674919.39元以及利息损失（2015年4月20日之前的利息为210740元，2015年4月21日之后的利息以17674919.39元为基数，按照中国人民银行一至三年期贷款利率计算至还清之日止）；二、杨某平在抽逃出资的450万元本金和利息（利息从2012年4月24日起按照中国人民银行同期贷款利率计算）范围内，对商贸公司上述不能清偿的部分承担连带清偿责任；三、洪某凯在抽逃出资的135万元本金和利息（利息从2012年4月24日起按照中国人民银行同期贷款利率计算）范围内，对商贸公司上述不能清偿的部分承担连带清偿责任；四、江某付在抽逃出资的90万元本金和利息（利息从2012年4月24日起按照中国人民银行同期贷款利率计算）范围内，对商贸公司上述不能清偿的部分承担连带清偿责任；五、驳回实业公司对洪某昆、唐某南的诉讼请求。实业公司、洪某凯不服一审判决，提出上诉。

二审判决：一、维持一审判决第一项、第三项、第四项；二、撤销一审判决第五项；三、变更一审判决第二项为：杨某平在抽逃出资的450万元本金和利息（利息从2012年4月24日起按照中国人民银行同期贷款利率计算）范围内，对商贸公司不能清偿实业公司欠款本息的部分承担连带清偿责任；唐某南、洪某凯、洪某昆、江某付四人分别在45万元、45万元、90万元、90万元的份额内对上述杨某平的清偿责任承担连带责任，承担连带责任后，可以向杨某平追偿；四、洪某凯、洪某昆在1000万元范围内对商贸公司所欠实业公司的本息承担连带清偿责任；五、驳回实业公司的其他诉讼请求。

裁判理由

二审认为，关于抽逃出资的股东应否相互承担连带责任问题。《公司法司法解释（三）》第十四条第二款规定："公司债权人请求抽逃出资的股东在抽逃出资本息范围内对公司债务不能清偿的部分承担补充赔偿责任、协助抽逃出资的其他股东、董事、高级管理人员或者实际控制人对此承担连带责任的，人民法院应予支持；抽逃出资的股东已经承担上述责任，其他债权人提出相同请求的，人民法院不予支持。"根据上述规定可知，其他股东对抽逃出资承担连带责任的要件是"协助抽逃出资"。本案中，2012年4月23日，杨某平、尹某、洪某凯、江某付、汤某5人将身份证交给中介机构办理增资业务，将公司注册资本增资至1000万元，共计增加注册资本900万元。其中，杨某平增资450万元，尹某增资135万元，洪某凯增资135万元，江某付增资90万元，汤某增资90万元。该900万元款项由中介机构转入农行6404验资账户，待办理验资手续之后，900万元增资款即于2012年4月24日全部转回中介机构，该增资和抽逃出资过程系杨某平、尹某、洪某凯、江某付、汤某5人将身份证交给中介机构后，由中介机构操作和办理，没有证据证明抽逃出资的股东之间相互实施了协助抽逃出资的行为，故实业公司要求抽逃出资的股东相互承担连带责任的上诉请求没有法律依据。

要旨解析

本案主要涉及抽逃出资的行为成立及责任认定问题。《公司法》第二十八条规定，股东应当按期足额缴纳公司章程中规定的各自所认缴的出资额。股东不按照前款规定缴纳出资的，除应当向公司足额缴纳外，还应当向已按期足额缴纳出资的股东承担违约责任。第三十五条规定，公司成立后，股东不得抽逃出资。

一、关于抽逃出资的行为成立问题

抽逃出资是股东向公司账户内转入了约定的出资，但均于当日或短时间内转出的行为。本案中，杨某平、尹某、洪某凯、江某付、汤某5人将身份证交给中介机构办理增资业务，将公司注册资本增资至1000万元，共计增加注册资本900万元。其中，杨某平增资450万元，尹某增资135万元，洪某凯增资135万元，江某付增资90万元，汤某增资90万元。该900万元款项由中介机构转入农行验资账户，待办完验资手续后，900万元增资款即于2012年4月24日全部转回中介机构。5人为了应付验资，委托中介机构将出资款项转入验资账户，次日即转出，公司实际未占有使用该款项进行经营，依据公司法相关规定5人的行为构成抽逃出资。

二、关于抽逃出资的责任认定问题

股东抽逃出资后应当对公司债务不能清偿部分承担补充赔偿责任的法律依据比较明确，《公司法司法解释（三）》第十三条第二款规定，公司债权人可以请求未履行或未全面履行出资义务的股东在未出资本息范围内对公司债务不能清偿的部分承担补充赔偿责任。第十四条和第十七条第一款具体明确了抽逃出资的民事责任范围。一是股东抽逃出资的，应承担向公司返还出资本息的责任，而协助抽逃出资的其他股东、董事、高级管理人员或者实际控制人对此承担连带责任。二是抽逃出资的股东应当在抽逃出资本息范围内对公司债务不能清偿的部分承担补充赔偿责任，协助抽逃出资的其他股东、董事、高级管理人员或者实际控制人对此承担连带责任。三是有限责任公司的股东抽逃全部出资，经公司催告缴纳或者返还，其在合理期间内仍未缴纳或者返还出资，公司有权以股东会决议解除该股东的股东资格。本案中，法院已查明5人存在抽逃出资行为，但是在抽逃出资责任范围的具体认定上，因该增资和抽逃出资过程系5人将身份证交给中介机构，由中介机构独立操作办理完成的，没有证据证明抽逃出资的股东之间相互实施了协助抽逃出资的行为，故实业公司要求抽逃出资的股东相互承担连带责任的上诉请求没有法律依据，未获支持。

编写人：张冰华

二审合议庭成员：黄训荣　段亦枫　王慧军

19. 担保人履行清偿责任后分别起诉被担保人及反担保人的不违反一事不再理原则

——某生物科技股份有限公司与江西某江药业有限公司、
江西新某江药业有限公司追偿权纠纷二审案

裁判要旨

担保人承担保证责任后，以债务人为被告提起追偿权诉讼，并根据生效判决在债务人破产案件中申报破产债权，在尚未得到清偿前，继续向反担保人提起追偿权诉讼，不违反一事不再理原则。

案例索引

一审：江西省九江市中级人民法院（2015）九中民二初字第 94 号

二审：江西省高级人民法院（2018）赣民终 1 号

基本案情

上诉人（一审被告）：江西某江药业有限公司（以下简称某江公司）。

上诉人（一审被告）：江西新某江药业有限公司（以下简称新某江公司）。

被上诉人（一审原告）：某生物科技股份有限公司（以下简称生物公司）。

生物公司向一审法院起诉请求：1. 某江公司赔偿生物公司经济损失 26813624.3 元和利息损失（以 26813624.3 元为基数，按月息 2 分从各笔贷款支付之日起计算至实际付清之日止，暂计算至 2016 年 7 月 31 日为 14051515.49 元）；2. 新某江公司对上述债务承担连带清偿责任；3. 生物公司对某江公司名下位于九瑞大道 99 号，权证为九城国用［2006］第 250 号的国有土地使用权变现或作价赔偿后的所得享有优先受偿权。

案涉纠纷涉及多次诉讼与执行，具体情况为：

另案一：江西省九江市中级人民法院（2012）九中民二初字第 3 号民事诉讼案件情况。2011 年，融和公司与康达公司签订《借款合同》，约定借款 2000 万元，生物公司为上述借款提供保证担保，并签订《保证合同》。借款到期后，康达公司未能清偿上述借款本息。融和公司诉至九江中院，该案经调解达成如下协议：1. 融和公司在康达公司一次性还清所欠利息 83.23 万元和展期后所产生的利息 139.9 万元共计 223.13 万元的前提下，同意将本案所涉借款期限展期四个月，即新的借款到期日为

2012年3月26日（以借款借据日期为准）；2. 生物公司同意为展期后的借款继续提供连带责任保证，并签订展期协议。某江公司同意为此借款承担连带担保责任并签订保证合同。3. 某江公司同意生物公司如因康达公司不能按时偿还该借款而被追究担保责任遭受经济损失，则由康达公司和某江公司共同赔偿生物公司的全部经济损失，某江公司并以其位于九瑞大道99号，土地使用权证号为九城国用［2006］第250号的国有土地使用权为生物公司的全部经济损失提供担保。如该土地变现或作价赔偿后的所得，优先偿还该借款及生物公司的经济损失。4. 某江公司同意对其位于九瑞大道99号，土地使用权证号为九城国用［2006］第250号的国有土地使用权采取诉讼保全措施并全力配合诉讼保全措施的实施。5. 如康达公司在借款展期届满后仍未归还融和公司借款本金及利息，融和公司有权依据本调解书申请人民法院对康达公司、生物公司、某江公司强制执行。2011年12月26日，九江中院以（2012）九中民二初字第3号民事调解书确认上述协议。

另案二：江西省九江市中级人民法院（2012）九中执字第43号民事执行案件情况。2012年4月1日，九江中院向康达公司、生物公司、某江公司送达（2012）九中执字第43号执行通知书，通知内容如下："本院受理融和公司诉康达公司、生物公司、某江公司企业借贷纠纷一案，本院（2012）九中民二初字第3号民事调解书已发生法律效力。鉴于你们不自动按期履行，向本院申请执行。限你们单位在2012年4月6日前履行本院（2012）九中民二初字第3号民事调解书的全部义务。如逾期仍不履行，本院将依法强制执行。附：现应执行标的为本金2000万元，利息65.13万元（计至2012年3月26日），执行费88051元，逾期利息暂未计"。2015年4月14日，融和公司出具明细表1份，载明"生物公司因履行对康达公司从本公司借款2000万元担保责任，至2015年4月14日止，生物公司等已向本公司支付16781400元"。2015年9月2日，九江中院向生物公司送达（2012）九中执字第43-1号执行通知书，通知内容如下："你单位与融和公司借款合同纠纷一案，本院（2012）九中民二初字第3号民事调解书已发生法律效力。鉴于你单位不自动履行，现权利人融和公司在法定期限内，向本院申请执行，后你单位陆续归还借款本息21868389元，诉讼费150962元，尚应支付4794025.8元。限你单位在收到本执行通知书之日起立即支付4794025.8元。如逾期不履行，本院将依法强制执行"。2015年11月11日，九江中院作出（2012）九中执字第43-10号执行裁定：被执行人生物公司代被执行人康达公司偿还借款本息、诉讼费、执行费合计26813624.3元，本案已执行完毕。融和公司向九江中院提出异议，九江中院作出（2015）九中执异字第22号裁定书，裁定：驳回融和公司的异议申请。融和公司不服九江中院（2015）九中执异字第22号裁定，向江西省高级人民法院申请复议。经复议，江西省高级人民法院作出（2015）赣执复字38号裁定书，裁定：驳回融和公司的复议申请。

另案三：江西省九江市中级人民法院（2014）九中民二初字第146号民事诉讼案件情况。2014年8月14日，生物公司起诉某江公司、新某江公司、康达公司行使追偿权，请求九江中院判令：1.某江公司、新某江公司、康达公司共同偿还生物公司向融和公司代偿还的借款本息人民币15062633元，某江公司、新某江公司、康达公司承担连带偿还责任；2.某江公司、新某江公司、康达公司共同赔偿生物公司因被追究担保责任而遭受的经济损失（为筹借该15062633元而遭受的利息损失，从各笔款代偿还之日起按月息2分计算至实际还清之日止，暂计算至2014年8月5日为5033200.15元），某江公司、新某江公司、康达公司承担连带赔偿责任；3.生物公司对某江公司位于九瑞大道99号，土地使用证号为九城国用［2006］第250号的国有土地使用权，变现或作价赔偿后的所得享有优先受偿权；4.本案的诉讼费由某江公司、新某江公司、康达公司承担。2014年10月10日，生物公司申请撤回对某江公司、新某江公司的起诉，九江中院裁定准许对某江公司、新某江公司撤回起诉。该案在审理过程中，生物公司与康达公司共同确认如下事实：2011年5月24日，康达公司与融和公司签订《借款合同》，约定融和公司借给康达公司2000万元，利息为月息19.5‰，借款期限为2011年5月24日至2011年11月23日。生物公司与融和公司签订协议同意对该2000万元借款本息承担连带保证责任。借款到期后，因康达公司未偿还借款本息，融和公司要求生物公司承担保证责任偿还该笔借款本息，生物公司只有本着诚信履行保证责任，从2011年11月20日起至2014年5月20日止（计36次）向融和公司代偿借款本息14911671元。另因融和公司向九江中院起诉要求康达公司偿还该笔借款本息及要求生物公司承担保证责任一案［见（2012）九中民二初字第3号民事调解书］中，生物公司为康达公司垫付诉讼费150962元，合计生物公司共已支付了15062633元。该15062633元是生物公司按2分以上月息从他人处借来的，按月息2分计算至2014年10月20日止，生物公司为此遭受了5786331.8元利息损失。根据已发生法律效力的（2012）九中民二初字第3号民事调解书的约定，康达公司应将上述共计20848964.80元偿还给生物公司。因康达公司未及时偿还，生物公司向九江中院起诉追偿该20848964.8元［（2014）九中民二初字第146号］，现经双方协商，自愿达成如下协议：1.康达公司同意在2014年10月22日前还清20848964.80元（其中本金15062633元，利息损失5786331.80元）给生物公司。2.本案诉讼费142279减半收取71139元、保全费5000元，合计76139元，由康达公司负担。2014年10月22日，九江中院以（2014）九中民二初字第146号民事调解书确认上述协议。

某江公司企业信息显示，住所地江西省九江市九瑞大道99号，法定代表人梅某，注册资本金2152.9万元，经营范围生产经营医药制剂，医药酒精和消毒剂分装（限分支机构）销售。截至2014年9月10日，该企业变更信息显示，江西省医药集团公司认缴出资322.935万元，占15%；九江清源实业集团有限公司，出资1829.965万元，占85%。主要人员：梅某，董事长兼总经理；卢某薇、郑某林、罗某辉，董事；唐某跃，监事。2013年4月8日，修水（九江）工业园管理委员会向九江市工商局出具《证明》1份，载明“为了响应市委、市政府退城进园号召，某江公司于

2010 年 7 月 6 日由九江市九瑞大道 99 号搬迁至修水（九江）工业园爱民路 99 号”。2013 年 12 月 10 日，新某江公司取得位于修水（九江）工业园爱民路 99 号国有工业用地使用权一宗。

新某江公司的设立、变更情况。新某江公司企业信息显示，住所地江西省九江市爱民路 99 号，法定代表人梅某 1，注册资本金 2000 万元，经营范围医药原辅料、成品、医疗器械销售（以上项目仅限筹建、未取得的相关许可不得经营）。截至 2014 年 9 月 10 日，该企业变更信息显示，2008 年 7 月 14 日，梅某、江某发起设立九江和聚源医药有限公司，经营范围为医药原辅料、成品、医疗器械销售（仅限筹建）。2008 年 7 月 15 日，某江公司向九江市工商行政管理局出具《证明》，载明“经我公司研究决定，将我公司拥有位于九江市九瑞大道 99 号的办公楼无偿提供给九江和聚源医药有限公司作为办公场所，使用至 2013 年 12 月 31 日”。同日，九江和聚源医药有限公司核准登记，并领取营业执照，载明的住所地为九江市九瑞大道 99 号。2013 年 7 月 4 日，公司名称变更为新某江公司。2014 年 1 月 3 日，住所变更为江西省九江市经济技术开发区爱民路 99 号。2013 年 7 月 2 日主要人员变更为，董事长梅某，董事江某、卢某薇、梅某、郑某林，监事梅某。2014 年 7 月 22 日，投资人（股权）变更为：某江公司认缴出资 9000 万元、占 45%；梅某认缴出资 5000 万元、占 25%；卢某薇认缴出资 6000 万元、占 30%。

二审查明，2014 年 11 月 27 日，江西省湖口县人民法院受理中国水电建设集团租赁控股有限公司对康达公司的破产清算申请，因康达公司的财产尚未进行处置变现，未对生物公司进行债务清偿。某江公司于 2010 年 7 月 6 日由九江市九瑞大道 99 号搬迁至修水（九江）工业园爱民路 99 号，而新某江公司从 2008 年 7 月 15 日成立之日起至 2013 年 12 月 31 日期间无偿租用某江公司所有的九江市九瑞大道 99 号的办公楼作为办公场所，之后又于 2014 年 1 月 3 日将住所变更为爱民路 99 号，两公司先后住所均为同一地址。

裁判结果

一审判决：一、某江公司于本判决生效之日起十日内向生物公司赔偿 26813624.3 元及截至 2016 年 7 月 31 日的利息 14051515.49 元，并从 2016 年 8 月 1 日起，以 26813624.30 元为基数，按月利率 2% 支付利息至本息实际还清之日止；二、新某江公司对上述债务承担连带清偿责任；三、驳回生物公司的其他诉讼请求。一审案件受理费 278567 元，保全费 5000 元，由某江公司负担。某江公司、新某江公司不服一审判决，提出上诉。

二审判决：驳回上诉，维持原判。

裁判理由

二审认为，生物公司起诉向康达公司主张追偿权系基于法律规定的保证人对主债务人享有的追偿权，现生物公司基于法律规定的担保人对反担保人某江公司、新某江公司就代偿债权享有的追偿权主张权利，生物公司基于不同的法律关系提出诉请，符合担保法相关规定及（2012）九中民二初字第 3 号民事调解书的约定。康达公司现处于破产清算的阶段，该笔债权因康达公司的财产尚未进行处置变现，目前仍未得到清偿。因此，本案生物公司向某江公司主张权利并不会导致同一债权得到重复清偿，破产债权的申报和清偿不影响生物公司本案享有的追偿权。某江公司认为本案违反一事不再理原则的主张不能成立。

要旨解析

本案主要涉及重复起诉的判断、反担保权的实现、先诉抗辩等问题。

一、关于重复起诉的认定问题

禁止重复起诉主要有两层含义，一是当事人不得就已经向法院起诉的案件，再重新起诉。二是判决生效即产生既判力，当事人不得就双方争议的法律关系再行起诉。禁止重复起诉既维护了法律秩序的稳定和司法权威与公信，也有效限制了当事人诉权的滥用，有利于节约司法资源。司法实践中判断是否构成重复起诉的依据主要有：后诉与前诉的当事人是否相同；后诉与前诉的诉讼标的是否相同；后诉与前诉的诉讼请求是否相同。本案中，生物公司起诉康达公司主张追偿权系基于法律规定的保证人对主债务人享有的追偿权，生物公司起诉某江公司主张追偿权系基于法律规定的担保人对反担保人就代偿债权享有的追偿权，两诉并不符合构成重复起诉的要件要求。因此某江公司认为本案违反一事不再理原则的主张不能成立。

二、关于反担保权的实现问题

《民法典》第三百八十七条规定，债权人在借贷、买卖等民事活动中，为保障实现其债权，需要担保的，可以依照本法和其他法律的规定设立担保物权。第三人为债务人向债权人提供担保的，可以要求债务人提供反担保。从上述规定可知，保证人为了保证自己在承担保证责任之后，为确保针对主债务人的追偿权能够确实地实现，可以要求主债务人为该追偿权提供担保。此种主债务人为实现保证人追偿权而提供的担保，就属于反担保。反担保合同与担保合同之间的联系主要表现在，反担保关系相对于担保关系而言，均是一般意义上的担保，反担保权仍然具有价值权、变价权等特征，也完全符合一般担保所具有的不可分性和物上代位性等性质。故反担保与担保并没有本质差异，只是当担保人为债务人提供担保时，为保证其追偿权的实现，要求债务人为其提供反担保。从这个意义上说，担保合同是反担保合同产生的原因和条件。如果是债务人自己提供的物的担保，则债务人和反担保人同为一人。而在反担保为第三人提供的保证或者物的担保时，提供反担保的第三人和担保人之间的关系为担保合同关系，反担保人和债务人之间构成委托合同或者无因管理关系。此时，反担保合同担保的是担保人因委托关系或者无因管理而产生的追偿权，担保人是否具有清偿能力，担保合同是否有效对反担保合同亦不产生影响，反担保人仅在担保人实际承担担保责任或者赔偿责任范围内承担责任。本案中生物公司已经代康达公司偿还借款本息、诉讼费、执行费合计26813624.3元，履行了对主债务人的担保责任，基于此，生物公司具备了对某江公司主张反担保权的法定要件。

三、关于反担保权是否适用先诉抗辩问题

《民法典》第六百八十七条规定，当事人在保证合同中约定，债务人不能履行债务时，由保证人承担保证责任的，为一般保证。一般保证的保证人在主合同纠纷未经审判或者仲裁，并就债务人财产依法强制执行仍不能履行债务前，有权拒绝向债权人承担保证责任。本案中，各方约定如生物公司因康达公司不能按时偿还借款而被追究担保责任遭受经济损失，康达公司和某江公司将共同赔偿全部经济损失。因无一般保证意思表示，某江公司不享有先诉抗辩权。本案康达公司处于破产清算阶段，该笔债权因康达公司的财产尚未进行处置变现，目前仍未得到清偿。生物公司向某江公司主张反担保权利并不会导致同一债权得到重复清偿，破产债权的申报和清偿不影响生物公司本案享有的追偿权。

编写人：张冰华

二审合议庭成员：杜玉东　邹征优　丁保华

20. 夫妻一方在婚姻关系存续期间以个人名义对外经营背负数额巨大债务，是否属于夫妻共同债务应由债权人举证

——高某与江西省某地质工程（集团）公司、尹某松、黄某奇追偿权纠纷二审案

裁判要旨

债务人在婚姻关系存续期间以个人名义对外经营所负的数额巨大债务，超出家庭日常生活需要，且债权人不能证明债务人取得的经营收益实际用于夫妻共同生活或共同生产经营活动的，不应认定为夫妻共同债务。

案例索引

一审：江西省南昌市中级人民法院（2017）赣01民初187号

二审：江西省高级人民法院（2018）赣民终400号

基本案情

上诉人（原审被告）：高某。

被上诉人（原审原告）：江西省某地质工程（集团）公司（以下简称地质公司）。

被上诉人（原审被告）：尹某松、黄某奇。

地质公司向一审法院提出诉讼请求：1. 判令尹某松、黄某奇共同赔偿地质公司21053000元和利息（暂计算至2017年4月24日的利息为2320812元，2017年4月25日至实际付清之日的利息按中国人民银行同期贷款利率的四倍计算）；2. 判令高某在第1项诉讼请求中与尹某松向地质公司承担共同赔偿责任；3. 本案诉讼费、保全费等由尹某松、黄某奇、高某负担。

2013年1月，黄某奇、尹某松向地质公司承包合肥幸福花园拆迁恢复点项目二期施工项目工程。因黄某奇、尹某松在施工中未按约向相关单位履行付款义务，地质公司在2016年5月23日前先后三次被扣划2105.3万元。尹某松与高某于1994年11月登记结婚，2016年5月23日办理离婚登记。地质公司因追偿未果，诉请尹某松、黄某奇共同赔偿2105.3万元和利息；高某与尹某松承担共同赔偿责任。庭审查明诉争工程项目尚未办理结算。

裁判结果

一审判决：一、尹某松、黄某奇于本判决生效之日起十日内偿还地质公司2105.3万元及利息（截至2017年4月24日的利息为2320812元；自2017年4月25日起至付清之日止的利息，以2105.3万元为基数，按中国人民银行同期同类贷款利率四倍计算，以年利率24%为限）；二、高某对上述第一项还款义务与尹某松承担共同清偿责任。如果未按该判决指定的期间履行给付金钱义务，应当依照《民事诉讼法》（2017年修正）第二百五十三条之规定，加倍支付迟延履行期间的债务利息。案件受理费158669元，诉讼保全费5000元，共计163669元，由尹某松、黄某奇、高某共同负担。高某不服一审判决，提出上诉。

二审判决：一、维持一审判决第一项；二、撤销一审判决第二项。

裁判理由

二审认为，《夫妻债务纠纷司法解释》第二条规定："夫妻一方在婚姻关系存续期间以个人名义为家庭日常生活需要所负的债务，债权人以属于夫妻共同债务为由主张权利的，人民法院应予支持。"第三条规定："夫妻一方在婚姻关系存续期间以个人名义超出家庭日常生活需要所负的债务，债权人以属于夫妻共同债务为由主张权利的，人民法院不予支持，但债权人能够证明该债务用于夫妻共同生活、共同生产经营或者基于夫妻共同意思表示的除外。"第四条规定："本解释自2018年1月18日起施行。本解释施行后，最高人民法院此前作出的相关司法解释与本解释相抵触的，以本解释为准。"该司法解释与原《婚姻法司法解释（二）》第二十四条的规定存在抵触之处，因在该司法解释实施后本案尚未审结，故本案应适用《夫妻债务纠纷司法解释》。本案中尹某松所负债务为其与高某在婚姻关系存续期间其以个人名义对外经营所欠债务，数额巨大，超出家庭日常生活需要。地质公司主张尹某松所负债务为高某与尹某松的夫妻共同债务，应举证证明尹某松在本案诉争工程项目中取得的经营收益实际用于其与高某的夫妻共同生活或共同生产经营活动。因双方在二审庭审中均认可诉争工程项目尚未办理结算，故尹某松对案涉工程项目是否存在经营收益尚不确定。且地质公司提供的证据不能证明尹某松在诉争工程项目中取得了经营收益，即使尹某松取得了经营收益，也不能证明尹某松取得的经营收益实际用于尹某松与高某的夫妻共同生活或共同生产经营活动。综上认定高某不负连带偿还责任。

要旨解析

本案尹某松在与高某婚姻关系存续期间，以个人名义对外经营背负巨额债务，数额明显超出家庭日常生活需要，地质公司诉请夫妻双方承担连带偿还责任，主要涉及夫妻共同债务的认定及举证分配问题。为正确审理涉及夫妻债务纠纷案件，平等保护各方当事人合法权益，相关法律法规及司法解释不断结合实际需求予以优化。本案审理期间正好历经司法解释变迁。原《婚姻法司法解释（二）》第二十四条规定，债权人就婚姻关系存续期间夫妻一方以个人名义所负债务主张权利的，应当按夫妻共同债务处理。但夫妻一方能够证明债权人与债务人明确约定为个人债务，或者能够证明属于原《婚姻法》第十九条第三款规定情形的除外。2018年1月8日最高人民法院审判委员会第1731次会议通过，并自2018年1月18日起施行的《夫妻债务纠纷司法解释》第二条规定，夫妻一方在婚姻关系存续期间以个人名义为家庭日常生活需要所负的债务，债权人以属于夫妻共同债务为由主张权利的，人民法院应予支持。第三条规定夫妻一方在婚姻关系存续期间以个人名义超出家庭日常生活需要所负的债务，债权人以属于夫妻共同债务为由主张权利的，人民法院不予支持，但债权人能够证明该债务用于夫妻共同生活、共同生产经营或者基于夫妻双方共同意思表示的除外。从上述解释变迁可知，夫妻一方在婚姻关系存续期间以个人名义所负的债务，能够被认定为共同债务的范围由全部限缩为家庭日常生活所需，对于是否属于共同债务的举证责任，由夫妻一方转变为债权人。

一、关于夫妻关系存续期间共同债务的认定问题

《夫妻债务纠纷司法解释》提出夫妻共同债务主要有“夫妻合意”“日常家事代理”“共同生活、共同生产经营”三种认定标准。《民法典》进一步做出了细化规定，第一千零六十条明确日常家事代理权是夫妻一方因家庭日常生活需要而实施的民事法律行为，除夫妻一方与相对人另有约定外对夫妻双方发生效力。第一千零六十四条明确夫妻共同债务包括夫妻双方共同签名或者夫妻一方事后追认等共同意思表示所负的债务，以及夫妻一方在婚姻关系存续期间以个人名义为家庭日常生活需要所负的债务。结合法律要求，司法实务中确认婚姻关系存续期间的债务属于夫妻个人债务还是夫妻共同债务，一般可以从两方面判断。一是夫妻有无共同举债合意。这是从夫妻双方的意思表示来认定夫妻共同债务，通常夫妻双方共同签字或者夫妻一方有事后追认意思表示的，可以认定为有共同举债的合意。婚姻关系存续期间，只要夫妻双方有共同举债的合意，不论该债务的用途如何，也不论该债务所带来的利益是否为夫妻共享，均应认定为夫妻共同债务。二是夫妻是否分享了债务利益。尽管夫妻事先或者事后均没有举债的合意，但该债务发生后，夫妻双方共同分享了该债务所带来的利益，如用于夫妻共同生活，或者用于夫妻共同生产经营，同样应当视其为夫妻共同债务。

二、关于夫妻共同债务认定的举证责任分配问题

《民法典》在延续《夫妻债务纠纷司法解释》基础上，对举证责任分配做了调整。第一千零六十四条规定，夫妻一方在婚姻关系存续期间以个人名义超出家庭日常生活需要所负的债务，不属于夫妻共同债务；但是，债权人能够证明该债务用于夫妻共同生活、共同生产经营或者基于夫妻双方共同意思表示的除外。此项举证调整既保护债权人利益、维护交易安全，又保护未举债配偶一方合法权益、维护婚姻

家庭稳定。结合上述要求，结合谁主张、谁举证原则，债权人主张夫妻共同债务的三种情形下，对应的举证责任分别是：债权人以夫妻合意为由主张夫妻共同债务的，应由债权人举证证明该债务系夫妻共同意思表示。债权人以日常家事代理为由主张夫妻共同债务的，应由债权人举证证明债权债务关系存在，且债务符合当地一般认为的家庭日常生活范围，需要明确的是家庭日常生活需要的支出是指通常情况下必要的家庭日常消费，主要包括正常的衣食消费、日用品购买、子女抚养教育、老人赡养等各项费用，是维系一个家庭正常生活所必需的开支，立足点在于“必要”。不需要举证证明该债务用于债务人家庭日常生活。夫妻一方以个人名义对外所负的超出家庭日常生活所需范围的债务，债权人负有证明债务用于夫妻共同生活或者共同生产经营的义务。如无法完成上述证明责任，不能认定为夫妻共同债务。本案中尹某松以个人名义对外经营背负数额巨大债务，已超出家庭日常生活需要。地质公司主张尹某松所负债务为高某与尹某松的夫妻共同债务，应负证明责任并承担举证不能后果。

编写人：张冰华

二审合议庭成员：汪少华　廖志坚　吴玉萍

21. 多个保证人在调解协议中约定为同一债务承担连带清偿责任，为连带共同保证，保证人之间享有追偿权

——南昌市某建筑工程集团有限公司与江西省某建设工程集团有限公司、陈某平、殷某香追偿权纠纷二审案

裁判要旨

1. 多个保证人为同一债务分别签订担保合同，虽然在签订保证合同时没有连带共同担保的意思表示，但在签订调解协议时为同一债务承担连带清偿责任，因调解协议具有合同的性质，应认定多个保证人在签订调解协议时具有连带共同担保的意思表示，其提供的保证为连带共同保证。

2. 连带共同保证的保证人承担保证责任后对其向债务人不能追偿的部分有权要求承担连带责任的其他保证人在其应承担的份额内清偿。

案例索引

一审：江西省南昌市中级人民法院（2019）赣 01 民初 516 号

二审：江西省高级人民法院（2020）赣民终 264 号

基本案情

上诉人（原审原告）：南昌市某建筑工程集团有限公司（以下简称甲建工公司）。

被上诉人（原审被告）：江西省某建设工程集团有限公司（以下简称乙建工公司）。

被上诉人（原审被告）：陈某平。

被上诉人（原审被告）：殷某香。

甲建工公司向一审法院起诉请求：1. 依法判决乙建工公司、陈某平、殷某香共同偿还甲建工公司代乙建工公司偿付的各项费用共计 1500 万元及利息（从 2018 年 12 月 14 日起计算至还本付息之日止，利率按同期银行贷款利率计算），暂计算至起诉之日为 377000 元；2. 依法判决本案所有诉讼费用及实现债权相关费用全部由乙建工公司、陈某平、殷某香共同承担。

2016 年 9 月 5 日，出卖人赣铁公司与买受人乙建工公司签订《代理采购合同》，陈某平、殷某香作为乙建工公司的担保人在该协议上签字、摁手印。同日，赣铁公司与乙建工公司、甲建工公司签订《担保合同》，约定甲建工公司对主合同项下

的全部债务承担连带责任保证担保。在赣铁公司诉乙建工公司、陈某平、殷某香、甲建工公司合同纠纷一案中，各方经过调解后达成协议。一审法院 2018 年 10 月 23 日作出（2018）赣 01 民初 272 号民事调解书，载明各方自愿达成以下协议：一、乙建工公司于 2018 年 10 月 31 日前归还赣铁公司欠款本金 2000000 元，2018 年 11 月 30 日前归还欠款本金 11642073.33 元，违约金 682103.67 元和 2018 年 6 月 27 日之前拖欠的利息 395620.13 元（2018 年 6 月 28 日起的利息按月利率 1.5% 计算至本金还清之日止）；二、赣铁公司实现债权的费用包括案件受理费 110118.78 元减半收取的 55059.39 元、诉讼保全费 5000 元、诉讼保全责任保险费 15000 元、律师代理费 70000 元均由乙建工公司负担，并于 2018 年 11 月 30 日前一次性支付给赣铁公司；三、陈某平、殷某香、甲建工公司对乙建工公司上述第一、二项全部债务向赣铁公司承担连带清偿责任。2018 年 12 月 14 日，一审法院根据（2018）赣 01 民初 272 号民事调解书，对甲建工公司账户上的 1500 万元进行了扣划。2018 年 12 月 18 日，对陈某平账户存款 1106697.6 元进行扣划，扣除执行费用后，赣铁公司债权已全部实现。甲建工公司代偿之后，向乙建工公司追偿未果。甲建工公司认为其有权向债务人及其他担保人追偿，遂提起本案诉讼。2019 年 11 月 7 日，甲建工公司向一审法院出具一份《情况说明》，内容为：2018 年 9 月 3 日，乙建工公司转入甲建工公司基本账户 2000000 元，且一直在甲建工公司账上。

裁判结果

一审判决：一、乙建工公司于本判决生效后十日内支付甲建工公司代偿款 1300 万元并支付利息（利息起止日期自 2018 年 12 月 14 日起至代偿款付清之日，2019 年 8 月 20 日前的利率按照中国人民银行同期贷款利率计算，2019 年 8 月 20 日之后的利率按照全国银行间同业拆借中心公布的贷款市场报价利率计算）；二、驳回甲建工公司的其他诉讼请求。甲建工公司不服，提起上诉。

二审判决：维持一审判决第一项，撤销一审判决第二项，改判陈某平、殷某香对江西省南昌市中级人民法院（2019）赣 01 民初 516 号民事判决第一项乙建工公司不能清偿部分各承担三分之一的责任。

裁判理由

二审认为，本案二审的争议焦点为：甲建工公司对陈某平、殷某香是否享有追偿权，陈某平、殷某香应否各承担乙建工公司不能清偿部分三分之一的责任。首先，陈某平、殷某香在本案中提供的担保为保证而非物的担保。在二审庭审中，陈某平陈述其提供了担保物房产，但又称其与债权人没有签订过抵押合同也没有办理过抵押登记。本案中没有证据证明陈某平、殷某香为赣铁公司对乙建工公司的债权提供了物的担保。原《物权法》第一百七十六条适用于被担保的债权既有物的担保又有人的担保的情形，本案中甲建工公司与陈某平、殷某香均提供的是人的担保，因此，原审判决适用原《物权法》第一百七十六条，适用法律错误，应予纠正。其次，关于甲建工公司对陈某平、殷某香是否享有追偿权的问题。原《担保法司法解释》第十九条第一款规定："两个以上保证人对同一债务同时或者分别提供保证时，各保证人与债权人没有约定保证份额的，应当认定为连带共同保证。"本案中陈某平、殷某香与甲建工公司对同一债务分别提供保证且均未与债权人约定保证份额，三者提供的保证为连带共同保证。另外，根据一审法院（2018）赣 01 民初 272 号民事调解书确认的调解协议，调解协议第一条、第二条确定了赣铁公司对乙建工公司所享有的债权，调解协议第三条明确载明陈某平、殷某香和甲建工公司对调解协议第一条、第二条确定的乙建工公司的全部债务向赣铁公司承担连带清偿责任。调解协议具有合同的性质，即使陈某平、殷某香与甲建工公司在签订担保合同时没有共同担保的意思表示，在调解协议签订之时，三者也有了为同一债务共同担保的意思表示。因此，陈某平、殷某香与甲建工公司提供的保证为连带共同保证。关于连带共同保证人之间是否可以相互追偿的问题。原《担保法》第十二条规定："已经承担保证责任的保证人，有权向债务人追偿，或者要求承担连带责任的其他保证人清偿其应当承担的份额。"原《担保法司法解释》第二十条第二款规定："连带共同保证的保证人承担保证责任后，向债务人不能追偿的部分，由各连带保证人按其内部约定的比例分担。没有约定的，平均分担。"因此，按照担保法及其司法解释的规定，连带共同保证的保证人承担保证责任后对其向债务人不能追偿的部分有权要求承担连带责任的其他保证人在其应承担的份额内清偿。此外，原《民法总则》第一百七十八条第二款规定："连带责任人的责任份额根据各自责任大小确定；难以确定责任大小的，平均承担责任。实际承担责任超过自己责任份额的连带责任人，有权向其他连带责任人追偿。"退一步说，即使陈某平、殷某香与甲建工公司不构成连带共同保证，根据一审法院（2018）赣 01 民初 272 号民事调解书，三者为连带责任人，依照原《民法总则》第一百七十八条第二款规定，实际承担责任超过自己责任份额的连带责任人，也有权向其他连带责任人追偿。因此，甲建工公司承担了保证责任后向主债务人不能追偿且超出其责任份额的部分，有权向陈某平、殷某香追偿。因连带责任人陈某平、殷某香与甲建工公司没有约定责任份额，故三者应平均分担，即各承担三分之一的份额。甲建工公司上诉请求改判陈某平、殷某香对原审判决第一项乙建工公司未能清偿部分各承担三分之一的责任，有事实和法律依据，予以支持。

要旨解析

本案涉及的问题是为同一债务提供担保的数个保证人之间能否相互追偿。该问题争议较大。肯定说认为，共同担保人之间无论有无共同担保的意思联络，都可以相互追偿。这种观点的主要理由是共同担保人之间存在连带债务关系，可以直接推导出担保人之间的追偿权。各担保人之间是平等的，赋予担保人之间的相互追偿权是平等原则的体现。否定说认为，共同担保人之间的相互追偿以担保人之间存在约定为前提，没有约定时，担保人相互之间不能追偿。这种观点以担保人的预期、真实意思和公平原则为基础，认为法律应尽可能地尊重、满足担保人有无追偿权的预期。[①]

从法律、司法解释的规定来看，我国原《担保法》及其司法解释采取了肯定说。原《担保法》第十二条规定:“已经承担保证责任的保证人，有权向债务人追偿，或者要求承担连带责任的其他保证人清偿其应当承担的份额。”原《担保法司法解释》第二十条第二款规定:“连带共同保证的保证人承担保证责任后，向债务人不能追偿的部分，由各连带保证人按其内部约定的比例分担。没有约定的，平均分担。”物权法对保证人之间能否行使追偿权没有规定，对于混合担保规定提供担保的第三人承担担保责任后有权向债务人追偿，但未规定是否有权向其他担保人追偿。原《物权法》第一百七十六条（现为《民法典》第三百九十二条）规定:“被担保的债权既有物的担保又有人的担保的，债务人不履行到期债务或者发生当事人约定的实现担保物权的情形，债权人应当按照约定实现债权；没有约定或者约定不明确，债务人自己提供物的担保的，债权人应当先就该物的担保实现债权；第三人提供物的担保的，债权人可以就物的担保实现债权，也可以要求保证人承担保证责任。提供担保的第三人承担担保责任后，有权向债务人追偿。”《民商审判会议纪要》第五十六条规定:“被担保的债权既有保证又有第三人提供的物的担保的，原《担保法司法解释》第三十八条明确规定，承担了担保责任的担保人可以要求其他担保人清偿其应当分担的份额。但原《物权法》第一百七十六条并未作出类似规定，根据原《物权法》第一百七十八条（现《民法典》已删除）关于“担保法与本法的规定不一致的，适用本法”的规定，承担了担保责任的担保人向其他担保人追偿的，人民法院不予支持，但担保人在担保合同中约定可以相互追偿的除外。”由此可见,《民商审判会议纪要》对混合担保中当事人无追偿约定时担保人相互之间的追偿权持否定态度。关于该条规定的理由，最高人民法院民二庭编著的《〈全国法院民商事审判工作会议纪要〉理解与适用》在对第五十六条进行解释时，认为立法机关曾经在《物权法释义》一书中认为担保人之间相互不能追偿，虽然这只属于学理解释，但反映了立法机关的一贯意图，而且担保人承担了担保责任，意味着债权人的债权已经实现，债权债务关系消灭，其上的担保也跟之消灭，承担了担保责任的担保人再向其他担保人求偿也缺乏逻辑依据，故该纪要采取了担保人之间不能相互追偿的做法。同时，如果多个担保人在缔约时就知道要为同一个债务提供担保，并明确约定担保人之间可以相互求偿，由于这种约定不违反法律规定，故担保人之间可以相互求偿。[②]《民法典》第七百条虽规定“保证人承担保证责任后，除

① 程啸、高圣平、谢鸿飞:《最高人民法院新担保司法解释理解与适用》，法律出版社2021年版，第85～86页。

② 最高人民法院民事审判第二庭编:《〈全国法院民商事审判工作会议纪要〉理解与适用》，人民法院出版社2019年版，第353页。

当事人另有约定外，有权在其承担保证责任的范围内向债务人追偿，享有债权人对债务人的权利”，但对于保证人之间能否相互追偿未作出明确规定。《民法典》颁布后，理论和实践中对该问题的争议仍然非常大，直至《民法典》有关担保制度的司法解释公布，该问题才得以明确。《民法典有关担保制度的解释》第十三条规定：“同一债务有两个以上第三人提供担保，担保人之间约定相互追偿及分担份额，承担了担保责任的担保人请求其他担保人按照约定分担份额的，人民法院应予支持；担保人之间约定承担连带共同担保，或者约定相互追偿但是未约定分担份额的，各担保人按照比例分担向债务人不能追偿的部分。同一债务有两个以上第三人提供担保，担保人之间未对相互追偿作出约定且未约定承担连带共同担保，但是各担保人在同一份合同书上签字、盖章或者按指印，承担了担保责任的担保人请求其他担保人按照比例分担向债务人不能追偿部分的，人民法院应予支持。除前两款规定的情形外，承担了担保责任的担保人请求其他担保人分担向债务人不能追偿部分的，人民法院不予支持。”根据该规定，两个以上第三人为同一债务提供担保的情形下，担保人原则上不享有相互追偿权，但在以下三种情形下担保人负有相互追偿的权利，一是担保人之间约定可相互追偿，二是担保人之间约定承担连带共同担保，三是各担保人在同一份合同书上签字、盖章或按指印。第三种情形表明担保人之间具有共同担保的合意，相应也就享有相互追偿权。

本案法律事实发生于《民法典》施行之前，应适用原《担保法》及其司法解释的规定。虽然陈某平、殷某香与甲建工公司没有在同一份担保合同中签字或盖章，但是，在经法院生效民事调解书确认的调解协议中明确载明陈某平、殷某香和甲建工公司对乙建工公司的全部债务向赣铁公司承担连带清偿责任。调解协议具有合同的性质，即使陈某平、殷某香与甲建工公司在签订担保合同时没有共同担保的意思表示，在调解协议签订之时，三者也有了为同一债务共同担保的意思表示。因此，陈某平、殷某香与甲建工公司提供的保证为连带共同保证。根据担保法及其司法解释，连带共同保证人之间均可以相互追偿。这也符合《民法典》有关担保制度第十三条中各担保人在同一份合同书上签字、盖章或者按指印时相互享有追偿权的规定。另外，实际承担债务超过自己份额的连带债务人有权就超出部分在其他连带债务人未履行的份额范围内向其追偿。原《民法总则》第一百七十八条第二款规定：“连带责任人的责任份额根据各自责任大小确定；难以确定责任大小的，平均承担责任。实际承担责任超过自己责任份额的连带责任人，有权向其他连带责任人追偿。”《民法典》第五百一十九条规定：“连带债务人之间的份额难以确定的，视为份额相同。实际承担债务超过自己份额的连带债务人，有权就超出部分在其他连带债务人未履行的份额范围内向其追偿，并相应地享有债权人的权利，但是不得损害债权人的利益。其他连带债务人对债权人的抗辩，可以向该债务人主张。被追偿的连带债务人不能履行其应分担份额的，其他连带债务人应当在相应范围内按比例分担。”可见，《民法典》的规定与原《民法总则》的前述规定一致。根据一审法院

（2018）赣 01 民初 272 号民事调解书，陈某平、殷某香、甲建工公司为连带债务人，实际承担了清偿责任的连带债务人甲建工公司对于其向主债务人不能追偿且超出其责任份额的部分，有权向陈某平、殷某香追偿。因陈某平、殷某香与甲建工公司没有约定责任份额，故三者应平均分担，即各承担三分之一的份额。

编写人：吴玉萍

二审合议庭成员：胡国运　吴玉萍　刘伟伟

22. 保险代位求偿的损害应以第三者与损害之间存在直接因果关系为前提

——中国人民财产保险股份有限公司某分公司与江西省某安装工程有限公司保险人代位求偿权纠纷二审案

裁判要旨

1. 第三者对保险标的损害的情形，既包括第三者对保险标的实施的侵权损害，也包括违约等损害。

2. 保险公司代位取得损害赔偿的前提是第三者的行为和保险标的损害之间存在直接因果关系。

案例索引

一审：江西省吉安市中级人民法院（2015）吉中民一初字第 1 号

二审：江西省高级人民法院（2016）赣民终 639 号

基本案情

上诉人（原审原告）：中国人民财产保险股份有限公司某分公司（以下简称人保某分公司）。

被上诉人（原审被告）：江西省某安装工程有限公司（以下简称安装公司）。

2012 年新琪安公司在人保某分公司投保财产综合险，与安装公司签订《建筑安装工程承包合同》《安全协议书》。安装公司劳务分包工程承包人雇请廖某胜负责管道安装。2012 年 9 月 10 日，新琪安公司酯化车间发生重大爆炸火灾事故，导致廖某胜等人受伤、厂房、机器设备等严重损毁。公安消防认定：可以排除放火、雷击、吸烟、电焊、静电、电气设备故障等原因引起火灾，不能排除手机电火花或机械撞击火花引发甲液（DMF）蒸汽与空气的混合气体爆燃引起火灾。2013 年 2 月，新琪安公司和人保某分公司达成赔付协议并出具权益转让书，在人保某分公司赔付 9260754.97 元后，新琪安公司授权人保某分公司向责任方追偿。2013 年 7 月，火灾事故伤者廖某胜诉请赔偿人身损害损失。法院结合该案实际情况和当事人过错程度，确定新琪安公司、安装公司、廖某胜各承担 50%、30%、20%的责任。上述民事判决生效后，人保某分公司诉请安装公司按照该判决确定的安装公司及员工廖某胜责任比例，承担新琪安公司保险理赔款 50% 的责任，共计 4630377.48 元。

裁判结果

一审判决：驳回人保某分公司的诉讼请求。人保某分公司不服一审判决，提出上诉。

二审判决：驳回上诉，维持原判。

裁判理由

二审认为，“第三者对保险标的的损害”的情形，包括第三者对保险标的实施的侵权损害，也包括违约损害。人保某分公司赔付之后获得了代位求偿权，对造成保险标的损害的第三人享有损害赔偿请求权。根据火灾事故认定书，安装公司对保险标的并不存在侵权行为，对于火灾的发生无过错，故人保某分公司无权主张侵权损害赔偿。在是否具备违约损害责任方面，依据双方《安全协议书》，在施工操作中，新琪安公司未移除易燃、易爆危险源，安装公司未对工人进行安全教育，均有违约行为。但保险法中第三者存在违约行为，并非保险公司取得代位权的唯一前提，第三者的违约行为还必须是造成保险标的损害的直接原因。《火灾事故认定书》中未认定安装公司的违约行为与保险标的受损有因果关系，故安装公司不应承担火灾损失赔偿责任。

要旨解析

保险代位求偿是保险人在赔偿被保险人损失后，取得的向负有责任的第三方请求赔偿的权利。本案2015年一审立案，《保险法》（2015年修正）第六十条规定，因第三者对保险标的的损害而造成保险事故的，保险人自向被保险人赔偿保险金之日起，取得代位求偿权。关于法条表述的“损害”，审判实务中存在两种理解。一是第三者对保险标的的损害，专指第三者对保险标的以侵权方式造成的损害。二是第三者对保险标的的损害，既包括侵权损害，也包括因违反合同约定等其他法律关系造成的损害。本案采用第二种观点，笔者亦赞同。《保险法司法解释（四）》第七条规定，保险人依照《保险法》第六十条的规定，主张代位行使被保险人因第三者侵权或者违约等享有的请求赔偿的权利的，人民法院应予支持。随着司法解释的明确界定，保险代位求偿权的适用范围不再限于侵权已无争议。但是从近年来全省法院保险人代位求偿权纠纷数量统计可知，在全省法院主推诉源治理与多元化解，民事一审收案增幅整体趋降背景下，保险人代位求偿权纠纷数量却持续增多，从2018年1月的9件，上升为2022年5月的186件。其根源还在于保险纠纷自带行业与专业属性，为稳妥起见倾向于立案审理。所以立足审判剖析保险代位求偿权成立的形式与实质要件，仍然具有较大实践意义，有助于统一法律适用理解，规范自由裁量范围，加大以判促调力度，推动保险人代位求偿权纠纷在诉前诉中的实质化解。

一、保险代位求偿的形式要件及“侵权或者违约等”范围确定

设立保险代位求偿权的法理基础是禁止双重受偿，避免产生不当得利，只要保险事故的发生使被保险人享有对第三者的赔偿请求权，保险人就可向第三者行使代位求偿权。所以保险代位求偿的形式要件有三个：一是保险事故由第三者对保险标的损害造成，被保险人对第三者享有赔偿请求权。二是保险人已经向被保险人支付了保险赔偿金。三是保险人代位求偿的金额在实际赔付限额内。

《保险法司法解释（四）》出台后明确了保险代位求偿适用于“侵权或者违约等”情形。“侵权或者违约等”表述涵盖了两个值得我们注意的情形。一是“等”字的存在提示我们，保险代位求偿权的适用范围不仅包括侵权损害赔偿请求权、违约赔偿请求权，还可能是不当得利返还请求权、所有物返还请求权、占有物返还请求权、连带责任的内部追偿权等。二是在如此宽泛的请求权状态下，可能存在请求权竞合。也就是被保险人因同一法律事实，依据不同法律规定，可以向同一第三者主张两个以上请求权，而这些不同的请求权又不能同时得到满足。竞合情形下保险人在承担保险赔偿责任后提起保险代位求偿权诉讼的，法院应予释明，要求保险人在禁止双重受偿，避免产生不当得利法理基础上自主选择。释明后保险人未作选择的，法院亦可根据最有利于纠纷解决的原则依职权确定。

二、保险代位求偿的实质要件是第三人过错且属直接因果关系

不同请求权对应不同归责原则，例如侵权责任有过错，过错推定，无过错，违约责任有约定与法定等。《保险法司法解释（四）》出台后明确了保险代位求偿适用于“侵权或者违约等”情形。笔者认为保险代位求偿可因不同请求权产生，但是在归责原则上应当统一适用第三者过错原则，且该过错与保险事故损害发生之间具有直接因果关系。因为从保险的功能和目的看，第三者的范围应当受到限制。保险作为商业模式下的互助行为，它赋予被保险人以最小的代价获得分散风险于其他投保人的机会，并保证被保险人在遭遇风险时能够得到充分补偿。而保险人则是将投保人风险和收益作优化组合，从而获取风险最小化的收益。保险的目的是分散风险，风险通过交纳保险费的形式由众多的被保险人承担，而发生风险的毕竟是少数被保险人，因此，保险人所支付的保险金并不是其真正的损失，赋予保险人以保险代位权实际并不合理，违背了保险分散风险的目的，特别是对于没有过错的保险事故而言，要求第三者承担最终责任，相对于具有强大风险防范能力的保险人而言，更不公平。作为一个与保险立法理念格格不入的制度，保险代位权的价值在于满足特定条件下的公平需求，是对保险制度缺陷的矫正，如果盲目扩大它的适用范围，势必导致保险功能的异化。所以，保险人之所以可以对第三者行使代位权，是因为第三者与保险事故或被保险人存在某种关系。即第三者行为与损害后果之间有因果关系，能够以因果关系为依据，确定引起损害后果发生的真正原因，准确划定损害赔偿范围。如果行为与损害之间的因果关系过于遥远，则因果关系不成立。在多重原因的保险事故中，也只有引起损害后果发生的真正原因，也就是直接原因才具有可

归责性。

综上，本案保险公司具备提起保险人代位求偿权纠纷的形式要件，但是在实质要件的判断中，因《火灾事故认定书》未认定安装公司的违约行为与保险标的受损之间有因果关系。安装公司未对廖某胜进行岗前培训，廖某胜无动火证等行为，虽违反《安全协议书》约定，但该违约行为并非造成火灾事故的直接原因，故安装公司对于火灾损失不承担赔偿责任，保险公司的代位赔偿请求权不能成立。

编写人：张冰华

二审合议庭成员：黄　颖　吴爱民　颜凌云

七、知识产权纠纷

1. 特许人披露虚假信息或隐瞒真实信息，足以影响特许经营合同签订的，可以解除特许经营合同

——余某与上海某品牌投资管理有限公司、朱某婵、韩某哲特许经营合同纠纷二审案

裁判要旨

特许经营合同中，特许人未履行信息披露义务，是否会影响合同效力，需综合考虑涉及的信息是否与核心经营资源有关、是否影响合同目的实现、与真实情况的背离程度等因素。若特许人所披露的虚假信息或所隐瞒的真实信息，足以影响被特许人决定是否与其签订特许经营合同的，被特许人可以解除特许经营合同。

案例索引

一审：江西省南昌市中级人民法院（2014）洪民三初字第 21 号

二审：江西省高级人民法院（2016）赣民终 104 号

基本案情

上诉人（原审原告）：余某。

上诉人（原审被告）：上海某品牌投资管理有限公司（以下简称上海管理公司）。

上诉人（原审被告）：朱某婵。

被上诉人（原审被告）：韩某哲。

余某向一审法院起诉请求：1. 解除《品牌授权使用合同》；2. 判令上海管理公司、朱某婵返还 250 万元，赔偿经济损失 70 万元，韩某哲承担连带责任。

上海管理公司于 2013 年 6 月 13 日成立，注册资本 50 万元，股东为朱某婵、张某珍，其中朱某婵占 51%，张某珍占 49%，法定代表人于 2015 年 8 月 18 日由朱某婵变更为蔡某喜。

2013 年 12 月 3 日，上海管理公司与余某签订《瑞可爷爷 Rikuro 备忘录》，备忘录约定在余某支付开业启动金费用后三十个工作日内双方依据此备忘录签订正式品牌联营合同，经双方协商，达成《品牌授权使用合同》。《品牌授权使用合同》主要约定：上海管理公司保证其对授权余某使用的授权品牌体系拥有完整的知识产权及所有权，或已取得有关知识产权人的许可得以授权余某按本合同使用。上海管理

公司授权余某使用的与授权经营体系相关的，包括但不限于授权商标、招牌（店铺标志）等。品牌授权内容为上海管理公司同意授权余某在江西省区域内使用上海管理公司指定的瑞可爷爷图案商标、英文文字商标和中文文字商标，合同授权期限为 2 年，从 2013 年 12 月 3 日起至 2015 年 12 月 2 日止合同还约定余某在上海管理公司授权区域内，如发生任何第三方仿冒上海管理公司的注册商标、许可标识时，应及时向上海管理公司举报，并有义务协助、配合上海管理公司进行的诉讼、仲裁等维权行动。《品牌联营备忘录》中约定，上海管理公司授权余某于江西省区域内开设经营店，此授权为排他性授权。

合同签订后，余某按合同约定共向朱某婵转款 3004772 元。2013 年 12 月 13 日、2013 年 12 月 16 日，上海管理公司分别向余某出具授权书，授权余某为江西省区域唯一代理商，授权余某使用瑞可爷爷商标在南昌万达广场开设一间授权店。后余某根据《品牌授权使用合同》约定创建了南昌市晟邦餐饮企业管理有限公司，并依约在南昌市天虹商场有限公司、南昌红谷滩万达广场、南昌大士商场开设三家直营店。2014 年 7 月余某开设的瑞可爷爷天虹店于 2014 年 7 月停止经营退出天虹商场。

2014 年 1 月 1 日瑞可爷爷大士院店开张，2014 年 2 月底 3 月初停止经营。2014 年 6 月 28 日，余某将瑞可爷爷万达店转给刘某。

2014 年 1 月中旬，余某发现南昌市八一广场旁万达广场一楼有与上海管理公司授权其使用的“瑞可爷爷 RIKURO”商标近似的蛋糕店，告知上海管理公司后，上海管理公司和韩某哲向南昌市工商行政管理局进行投诉，认为南昌市八一广场万达广场（八一大道店）一楼名为瑞可爺爺の店蛋糕店构成不正当竞争，要求南昌市工商行政管理局责令被投诉人立即停止在其经营场所装潢等上使用投诉人知名商品特有名称“瑞可爷爷 RIKURO”字样及图案的包装和装潢、请求对被请求人及其相关人员的收银系统或者账册进行检查，并根据检查结果，视侵权的持续时间、违法收入所得进行相应的行政处罚。

2014 年 4 月 9 日，南昌市晟邦餐饮企业管理有限公司的委托代理人吴某与江西省南昌市洪城公证处公证人员来到南昌市北京东路 428 号南昌百盛（恒茂店）负一楼“瑞可爺爺的店”，吴某以普通消费者的身份在该店购买了蛋糕一件，该店向吴某出具了小票和优惠券两张，公证人员对该店店铺及所购蛋糕进行了拍照。上述事实，江西省南昌市洪城公证处出具（2014）赣洪城证内字第 1786 号公证书予以公证。

韩某哲出具的授权书载明：本人韩某哲所持有之中国注册商标“Rikuro”“瑞可爺爺”及卡通图形标识，限授权上海管理公司使用该商标。韩某哲作为申请人分别于 2013 年 5 月 23 日、6 月 9 日向商标局申请注册“瑞可爷爷”相关文字和图形商标，至今仍未获得授权。上海管理公司和韩某哲作为共同投诉人向工商部门投诉的行政投诉书显示，投诉人韩某哲，系台湾人，于 2013 年 5 月向国家商标局在第 30 类，就商标“Rikuro”“瑞可爷爷”及卡通图形标识，提交商标注册申请，并与投诉人上海管理公司共同运营瑞可爷爷起司蛋糕品牌。

裁判结果

一审判决：一、解除上海管理公司与余某签订的《品牌授权使用合同》；二、上海管理公司在判决生效之日起十日内返还余某150万元；三、朱某婵对上海管理公司返还余某150万元承担连带清偿责任；四、驳回余某其他诉讼请求。

余某、上海管理公司、朱某婵提出上诉。二审判决：一、维持一审判决第一项、第四项，即：解除涉案合同、驳回余某其他诉讼请求；二、变更一审判决第二项为：上海管理公司在判决生效之日起返还余某220万元；三、变更原审判决第三项为：朱某婵对上海管理公司应返还的上述款项承担连带清偿责任。

裁判理由

二审法院认为，本案的争议焦点为：1. 双方合同性质应定为特许经营合同还是商标使用权合同；2. 双方合同是否应解除；3. 如解除合同，上海管理公司应如何承担责任；4. 朱某婵、韩某哲是否应承担连带责任。

一、关于双方合同的性质。从《瑞可爷爷 Rikuro 备忘录》约定的内容来看，符合特许经营的法律特征。《特许经营管理条例》规定“两店一年”的条件，系行政管理性规范，不影响双方合同的性质和效力，一审认定为特许经营许可合同正确。

二、关于双方合同是否应解除。特许人信息披露制度目的是解决特许经营合同中双方当事人信息不对称的问题，避免特许人利用其优势地位损害被特许人的利益。特许人未履行信息披露义务，是否会影响合同效力，须根据每个案件的具体情况确定，综合考虑涉及的信息是否与核心经营资源有关、是否影响合同目的的实现、与真实情况的背离程度等因素。若特许人所披露的虚假信息或所隐瞒的真实信息，足以影响被特许人决定是否与其签订特许经营合同的，根据《商业特许经营管理条例》第二十三条第三款的规定，被特许人可以解除特许经营合同。根据《备忘录》的约定，上海管理公司将“Rikuro”“瑞可爷爷”及卡通图形商标许可给余某使用，但上海管理公司所使用的上述商标尚未获得商标局的核准注册。与注册商标相比，法律对未注册商标的保护力度较弱，且未注册商标存在最终无法获得注册的可能，故以未注册商标作为经营资源开展特许经营存在较大的商业风险。上海管理公司上述商标申请3年之久未获注册的原因亦在于他人提出商标异议，而上述商标最终能否获得注册存在很大的不确定性。商标作为涉案特许经营的核心经营资源，注册情况足以影响余某决定是否与上海管理公司签订特许经营合同，上海管理公司有义务在签订合同前向余某如实披露涉案商标的注册情况。从双方特许经营合同的履行情况来看，上海管理公司因市场上存在未经授权的瑞可爷爷门店向南昌市工商局进行投诉未得到处理，南昌百盛（恒茂店）负一楼也出现未经授权的“瑞可爺爺的店”，事实上证明由于上海管理公司对商标不享有受法律保护的权益，上海管理公司对合同授权余某为江西省区域唯一代理商无法保证得到履行，余某的特许经营权益无法得到保障，其签订《备忘录》的合同目的无法实现，依据合同约定和法律规定，余某有权解除合同。

三、关于上海管理公司应如何承担责任。《备忘录》系因上海管理公司合同签订之前未履行信息披露义务而解除，应承担合同解除后的主要责任；余某作为市场经营主体，在合同签订时对商标注册情况未尽到审慎的审查义务，在合同签订后知晓瑞可爷爷商标仍处于申请过程中，也未在合理期限内提出异议、要求解除合同，仍决定自行投入资金开设门店，应承担合同解除的次要责任。对于余某要求返还支付给上海管理公司全部款项的请求，二审法院根据款项性质及合同的履行情况等因素予以处理。对余某支付给上海管理公司货物采购保证金和履约保证金共50万元，上海管理公司应当予以返还。对余某向上海管理公司支付的20家门店的开业启动金，因余某只开了3家，故上海管理公司应返还余某预付的未开业门店的开业启动金170万元。已开业的3家门店的开业启动金30万元，因余某已实际使用了上海管理公司的经营资源，上海管理公司不予返还。对余某支付给上海管理公司的其余504772元，主要包含原料销售款、设备器具款等，对该部分款项，设备、原料已用于经营，因设备器具折旧后的残值仍归余某所有、处置，上海管理公司不予返还，由余某自行承担。余某要求赔偿房屋装修款、租金、广告置换费等损失，该部分系余某自行为经营支出的费用，应由余某负担，对其要求上海管理公司赔偿的请求，二审法院不予支持。综上，上海管理公司应返还余某的款项共计220万元。

四、关于朱某婵和韩某哲是否需承担连带责任的问题。朱某婵作为法定代表人和控股股东在代表公司收取余某300余万元经营款项，未提供证据证明将该笔款项转交公司，或用于公司经营。据此，一审认定朱某婵对上述款项承担连带责任并无不当，朱某婵认为其不应承担连带责任的上诉理由不能成立，不予支持。对余某要求韩某哲应承担本案连带责任的主张，没有事实和法律依据，二审法院不予支持。

要旨解析

本案系因特许人披露虚假信息或隐瞒真实信息情况导致特许经营合同被解除的案例。《商业特许经营管理条例》第二十三条规定，特许人向被特许人提供的信息应当真实、准确、完整，不得隐瞒有关信息，或者提供虚假信息。特许人向被特许人提供的信息发生重大变更的，应当及时通知被特许人。特许人隐瞒有关信息或者提供虚假信息的，被特许人可以解除特许经营合同。准确理解特许人信息披露义务及未履行后果，需要掌握以下相关内容：

一、特许经营合同中特许人负有信息披露义务。在特许经营合同中，信息披露义务是特许人负有的重要义务。在特许经营合同订立前，基于防止特许人利用其信息优势进行欺诈，便于被特许人了解特许人的经营状况及其享有的知识产权、技术秘密、运营方法信息内容，降低被特许人的投资风险及有利于监管机关对其的监督和审查等考虑因素，法律通常规定特许人负有信息披露义务，这是特许人承担的先合同义务。通常情况下，特许人所披露的信息内容只要达到能够使被特许人对特许经营活动形成初步了解即可，不包括被特许人应当掌握的市场信息，但有关信息属于特许经营合同重要信息时，特许人应当进行披露。在合同订立后，有关信息发生重大变更的，特许人亦应进行信息披露。

二、特许人未履行信息披露义务并不必然导致合同解除。在目前的审判实践中，涉及特许人未履行信息披露义务的案件有很多，但通常情况下，法院并未仅仅因特许人未履行信息披露义务就当然判决解除特许经营合同，故并非特许人未履行信息披露义务就必然导致合同解除。《商业特许经营管理条例》虽在第二十三条第三款规定，特许人隐瞒有关信息或者提供虚假信息的，被特许人可以解除特许经营合同。我国《民法典》在合同编以诚实信用为基本原则，并规定了合同解除的法定条件。签订合同的主体应当依法依约履行合同义务，但为了维护交易的稳定性及社会经济的良好发展，合同并不能被随意解除，只有在合同目的不能实现或没有必要继续履行合同的情况下，合同才能够被提前解除。履行特许经营合同也应当遵循《民法典》合同编中确立的基本准则，在保护被特许人利益的同时，应当考虑到对交易稳定的维护及特许经营在我国实践时间不长、公众熟悉度不高、相关商业意识不强等实际情况，不应轻易以特许人未履行信息披露义务为由解除合同。

三、解除特许经营合同需考虑的因素。《民法典》第五百六十三条规定了当事人可以解除合同的法定条件，特许经营合同的解除是该条关于合同解除情形规则的具体适用，是否解除合同需结合该条规定考虑如下因素：一是特许人未披露的信息或者所提供的虚假信息是否为重要信息，即有关信息是否影响到特许经营合同的订立，与真实信息是否相去甚远；二是特许人未履行信息披露义务是否导致合同目的无法实现，这需要结合特许人未披露信息或者所提供的虚假信息与合同目的的相关性等综合进行判断；三是被特许人是否已经知道或应当知道特许人未披露信息或者所提供的虚假信息，如果能够认定被特许人知道或应当知道有关信息，则不应解除合同。如在本案的特许经营合同中，如果特许人未履行核心经营资源有关的信息披露义务，导致他人签订合同目的不能实现、与真实情况相去甚远等情况的，合同可以被解除。

编写人：宋　磊

二审合议庭成员：杜玉东　曾　光　骆丽玲

2. 被诉侵权产品上标注的生产商厂名、地址等与工商登记信息一致的，可初步确定为被诉侵权产品的实际生产者

——中山市阜沙镇某电器厂与珠海某电器股份有限公司等侵害商标权纠纷二审案

裁判要旨

被诉侵权产品的来源可以综合以下因素进行认定，被诉侵权产品外包装和使用说明书印制的厂名、厂址等基本信息，与工商登记机关记载的信息是否一致；电话号码是否为被诉侵权方所有；被诉侵权方是否生产类似被诉侵权产品等。

案例索引

一审：江西省宜春市中级人民法院（2018）赣 09 民初 78 号

二审：江西省高级人民法院（2019）赣民终 19 号

基本案情

上诉人（原审被告）：中山市阜沙镇某电器厂（以下简称阜沙电器厂）。

被上诉人（原审原告）：珠海某电器股份有限公司（以下简称珠海电器公司）。

原审被告：孙某彬。

原审被告：高安市兰坊镇某购物广场（以下简称兰坊购物广场）。

珠海电器公司向一审法院起诉请求：1. 判令阜沙电器厂、孙某彬、兰坊购物广场立即停止侵权行为，停止生产、销售侵犯珠海电器公司第 7673318 号、第 3565400 号、第 1688798 号、第 167108 号、第 7792898 号注册商标专用权的产品；2. 依法判令阜沙电器厂赔偿珠海电器公司经济损失及为制止侵权所支出的合理费用共计 20 万元，兰坊购物广场在前述范围内承担 2 万元的补充赔偿责任；3. 判令阜沙电器厂、孙某彬、兰坊购物广场承担本案的诉讼费用。

珠海电器公司经国家工商行政管理总局商标局核准，注册有第 167108 号“”图文商标、第 1688798 号“”文字商标、第 7673318 号“”图文商标、第 3565400 号“**双喜**”文字商标的专用权。其中第 167108 号商标的核定使用商品为第 11 类的电饭锅（截至），注册有效期自 1982 年 12 月 15 日至 2023 年 2 月 28 日；第 1688798 号商标核定商品为第 21 类的压力锅（截至），注册有效期限从 2001 年 12 月 28 日至 2021 年 12 月 27 日；第 3565400 号商标核定使用商品为第 21 类的

非电力压力锅（高压锅）、玻璃碗、陶制平底锅、水桶、盆碟擦洗刷（截至），注册有效期限为 2006 年 6 月 21 日至 2026 年 6 月 20 日；第 7673318 号商标核定使用商品为第 11 类的电平底高压锅、高压锅（电加压炊具）、太阳灶、太阳能集热器、电热壶、微波炉（厨房用具）、烤面包机、烤箱、电炊具、电力煮咖啡机、电炉（截至），注册有效期限为 2011 年 6 月 14 日至 2021 年 6 月 13 日。

珠海电器公司享有的第 1688798 号“”注册商标 2003 年 11 月至 2006 年 11 月被评定为辽宁省著名商标、2010 年 12 月至 2017 年 4 月被评定为广东省著名商标。

“双喜”牌压力锅 2004 年 9 月至 2010 年 9 月被评定为中国名牌产品、1995 年 12 月至 1997 年 12 月被评定为辽宁名牌产品、2010 年 12 月至 2016 年 12 月被评定为广东省名牌产品。“双喜”牌电压力锅 2009 年 12 月至 2012 年 12 月被评定为广东省名牌产品。“双喜”牌电饭锅 2008 年 10 月至 2011 年 9 月、2014 年 12 月至 2017 年 12 月被评定为广东省名牌产品。

2018 年 4 月 3 日，珠海电器公司的委托代理人朱某明向江西省南昌市洪城公证处申请保全证据公证。2018 年 4 月 4 日，珠海电器公司的委托代理人朱某明与公证人员到位于高安市高丰路兰坊镇的，“新世纪大市场”斜对面“兰坊购物广场”字样的店铺，珠海电器公司的委托代理人朱某明以普通消费者的身份在该店购买了一个标注有“”字样的“电压力锅”商品，价格为 228 元，该店出具了袋子一个和“收据”一张。公证机关对该购买过程进行了公证，并出具了（2018）赣洪城证内字第 2837 号公证书。

一审庭审中，法庭当庭对公证封存的实物予以拆封，内有电压力锅一个。产品的外包装标示有：“制造商：中山市阜沙镇阜沙电器厂、地址：中山市阜沙镇牛角村东阜公路侧 28 号之一、电话：0760–89765628、传真：0760–89765629、网址：www.aimisi.cn、Email：cls268@163.com。”盒的正面及侧面有“”标识，外包装正面有“”字样；电压力锅的显著位置有“”标识，生产厂家为“中山市阜沙镇阜沙电器厂”。

兰坊购物广场成立于 2015 年 8 月 10 日，经营场所位于高安市兰坊镇，经营者何平安，经营范围为预包装食品、散装食品、百货、日用品、化妆品批发、零售等。阜沙电器厂成立于 2012 年 12 月 25 日，经营场所位于中山市阜沙镇牛角村东阜公路侧，类型为个人独资企业，投资人孙某彬，经营范围为生产、加工、销售：家用电器、五金配件（不含电镀工序）、塑料制品。

裁判结果

一审判决：一、阜沙电器厂立即停止生产、销售侵犯珠海电器公司涉案注册商标专用权的电压力锅；二、阜沙电器厂赔偿珠海电器公司经济损失和合理开支共计 12 万元；三、兰坊购物广场立即停止销售侵犯珠海电器公司涉案注册商标专用权的电压力锅；四、兰坊购物广场赔偿珠海电器公司经济损失和合理开支共计 1000 元；

五、驳回珠海电器公司的其他诉讼请求。

阜沙电器厂提出上诉。二审判决：一、维持一审判决的第一、三、四项；二、撤销一审判决的第五项；三、变更一审判决的第二项为：阜沙电器厂赔偿珠海电器公司经济损失和合理开支共计3万元。

裁判理由

二审法院认为，本案的争议焦点为：1. 被诉侵权产品能否认定为阜沙电器厂生产；2. 被诉侵权产品使用的商标是否侵犯珠海电器公司的注册商标专用权；3. 如认定被诉侵权产品为阜沙电器厂生产，如何承担赔偿责任。

一、关于被诉侵权产品能否认定为阜沙电器厂生产的问题。被诉侵权产品外包装和《使用说明书》均印制有阜沙电器厂厂址、电话等相关信息，且与阜沙电器厂在工商登记机关记载的信息基本一致。二审期间，阜沙电器厂提交的中国电信股份有限公司中山分公司业务登记单，更进一步证明了被诉侵权产品外包装上的电话号码0760-89765628的申请人为阜沙电器厂。二审期间，阜沙电器厂提交了其厂房于2015年5月20日转让给中山市多利多电器有限公司的协议，但该公司法定代表人孙某才系本案原审被告孙某彬之子，也是阜沙电器厂、孙某彬的委托诉讼代理人，阜沙电器厂与中山市多利多电器有限公司一定程度上具有关联关系，现有证据无法证明阜沙电器厂的厂房已实际转让。即使阜沙电器厂厂房于2015年5月转让，同样也无法否定阜沙电器厂不是被诉侵权产品的生产者。二审期间，阜沙电器厂还提交了其生产的电压力锅实物，以此否认其为涉案侵权产品的生产者，二审法院认为，该两者之间不具有关联性，且阜沙电器厂未按照二审法院的要求提交相关质量监督机构检验及备案信息。综上，对阜沙电器厂认为其不是涉案侵权产品生产者的主张，不予支持。

二、关于被诉侵权产品使用的商标是否侵犯珠海电器公司的注册商标专用权的问题。珠海电器公司的第7673318号、第167108号、第3565400号、第1688798号注册商标具有较高的知名度，被诉侵权产品的标识“”与珠海电器公司的四个涉案商标均构成近似，且两者均在同一种商品上使用。根据《商标法》第五十七条第二项、第三项的规定，阜沙电器厂生产、销售被诉侵权产品、兰坊购物广场销售被诉侵权产品的行为侵犯了珠海电器公司的注册商标专用权。

三、关于如何承担赔偿责任的问题。根据原《侵权责任法》第二条、第十五条规定，阜沙电器厂生产、销售，兰坊购物广场销售被诉侵权产品的行为侵犯珠海电器公司的注册商标专用权，应承担停止侵权、赔偿损失等侵权责任。但一审法院酌情确定阜沙电器厂赔偿珠海电器公司经济损失及合理开支共计12万元偏高。根据《商标法》第六十三条规定，侵犯商标专用权的赔偿数额，首先应按照权利人因被侵权所受到的实际损失确定；实际损失难以确定的，再按照侵权人因侵权所获得的利益确定；权利人的实际损失或侵权人获得的利益均难以确定的，参照该商标许可使用费的倍数合理确定。以上三者均难以确定的，才适用法定赔偿。本案中，涉案侵权产品的售价为228元、截至二审庭审时，珠海电器公司在江西市场上也未发现有其他类似的涉案侵权产品。二审法院认为，综合考虑涉案侵权产品的售价、数量、公证费等，酌情调低权利人的经济损失及权利人为制止侵权行为所支付的合理开支为3万元。

要旨解析

本案主要涉及的法律问题为如何确定被诉侵权产品的生产者。侵害注册商标专用权的民事案件中，由于取证能力和取证手段的限制，注册商标权利人往往只能从终端销售商销售的被诉侵权产品中确定侵权人。此时，终端销售商无疑是销售被诉侵权产品的侵权人；但对于权利人而言，追究被诉侵权产品生产商的责任才能达到从根本上制止侵权、获得足够赔偿等目的。现实情况中，终端销售商销售的被诉侵权产品有些是无生产日期、无生产厂家、无合格证的“三无产品”，无法确定被诉侵权产品的生产商；有些被诉侵权产品标注了生产商，但生产商提出被诉侵权产品不是其生产，从而否定其侵权的事实。本案的裁判针对的是第二种情形，如何确定被诉侵权产品的生产商。

首先，被诉侵权产品标注的生产商可以作为证明生产商的初步证据。一般而言，正规厂家生产的被诉侵权产品在产品的外包装、产品说明书、保修卡中会标注生产商厂名、厂址、联系电话等基本信息。本案中，被诉侵权产品外包装上打印了阜沙电器厂的名称；侵权电压力锅的锅体、保修证书、说明书均有阜沙电器厂的厂名、地址，且均与阜沙电器厂工商登记的厂名和地址相符。根据《民事诉讼法司法解释》（2022年修正）第一百零八条第一款“对负有举证证明责任的当事人提供的证据，人民法院经审查并结合相关事实，确信待证事实的存在具有高度可能性的，应当认定该事实存在”的规定，在生产商未提供相反证据的情况下，可以认定被诉侵权产品上标注的生产商为该产品的实际生产商。

其次，被诉侵权产品上标注的生产商的电话号码、原来生产过类似产品可以作为判断实际生产商的补强证据。被诉侵权产品上标注的生产商往往以其已将工厂转让、提交其实际生产的产品等理由否认其为被诉侵权产品的生产商。本案中，阜沙电器厂提交了案发前其厂房转让给他人经营的协议，但经审查，转让方和受让方为父子关系，双方存在一定程度上的关联关系，无法证明阜沙电器厂的厂房已实际转让。阜沙电器厂还提交了其生产的与被诉侵权产品不同的电压力锅实物，经审查，涉案产品为电压力锅，是需要进行3C强制性认证的产品，但阜沙电器厂未提交相关质量监督机构检验及备案信息，无法确定阜沙电器厂生产了哪些产品。经审查，被诉侵权产品上标注的电话号码的申请安装人为阜沙电器厂，阜沙电器厂也生产被诉侵权产品相同种类的产品，可以进一步确定被诉侵权产品的生产商为阜沙电器厂。

综上，确定被诉侵权产品的生产商可以从被诉侵权产品上标注的生产商厂名、厂址与工商登记信息是否匹配，电话号码是否为被诉侵权产品上标注的生产商所有，被诉侵权产品上标注的生产商是否具有被诉侵权产品生产能力等方面进行综合判断。

编写人：胡建文

二审合议庭成员：胡建文　丁保华　邹征优

3. 网络公司通过员工上传文章至自己网站的，不享有网络技术服务提供者“通知 – 删除”的间接侵权免责权

——九江市某网络传媒有限公司与杨某明著作权侵权纠纷二审案

裁判要旨

网络公司通过员工上传文章在其自己经营的网站上，系网络服务内容提供商，不享有网络技术服务提供者“通知 – 删除”的间接侵权免责权。

案例索引

一审：江西省九江市中级人民法院（2014）九中民三初字第 128 号

二审：江西省高级人民法院（2016）赣民终 170 号

基本案情

上诉人（一审被告）：九江市某网络传媒有限公司（以下简称九江公司）。

被上诉人（一审原告）：杨某明。

杨某明请求一审法院判令：1. 九江公司立即停止侵权，删除其网站上的《求职可请老板吃免费的午餐》一文（以下简称涉案作品）；2. 九江公司在《中国知识产权报》上向杨某明公开致歉，消除影响；3. 九江公司赔偿杨某明经济损失 18000 元；4. 九江公司承担本案的公证费 800 元、差旅费 1200 元共计 2000 元。

2011 年 8 月 15 日，《广州日报》“职场周刊”版刊登了涉案作品，全文共约 1300 字，注明“文 / 杨某明”。该作品于 2013 年 7 月 18 日在国家版权局进行了著作权作品登记，名称为《求职，不妨先请老板吃顿“免费的午餐”》，著作权人为杨某明，登记号为国作登字 –2013–a–00097012，首次发表时间为 2011 年 8 月 15 日。

杨某明发现九江公司经营的“九江人力资源网”于 2011 年 8 月 17 日将前述文章发布在其网站上，且未指明杨某明为作品作者，涉案作品点击次数为 42 次，页面标注来源处为空白，网站备案许可证号为赣 icp 备 10202005 号 –4。登录 http://blog.tianya.cn/post–33692013–47805991.shtml 后即进入天涯博客，该页面显示：2011 年 8 月 16 日，名为“0510 点 job1001”的用户发布了《求职经历：成功求职可请老板吃免费的午餐》一文，未注明作者姓名及文章来源。

裁判结果

一审判决：一、九江公司赔偿杨某明损失 1000 元、公证费 800 元，交通费 93 元，住宿费 270 元，共计 2163 元；二、驳回杨某明其他诉讼请求。

九江公司不服一审判决，提出上诉。二审判决：驳回上诉，维持原判。

裁判理由

二审法院认为，本案争议焦点：1. 九江公司是否侵害杨某明著作权；2. 若构成侵权，一审法院确定的赔偿是否合理。

一、关于九江公司是否侵害杨某明著作权。杨某明提供的证据可以证明其系涉案文章的作者，且九江公司对此不持异议，杨某明享有的著作权应受法律保护。九江公司在其经营的网站上转载涉案作品，与杨某明创作的《求职可请老板吃“免费的午餐”》基本一致，系同一作品。九江公司认为，根据《侵权责任法》第三十六条第二款和《关于审理利用信息网络侵害人身权益民事纠纷案件适用法律若干问题的规定》第五条规定，被侵权人应当以书面形式履行告知义务，九江公司收到传票后已删除涉案作品，应免责。对此，九江公司通过员工上传文章在其自己经营的网站上，系网络服务内容提供商，不享有网络技术服务提供者“通知－删除”的间接侵权免责权。根据著作权法第十条第（二）、（十二）项及《最高人民法院关于审理侵害信息网络传播权民事纠纷案件适用法律若干问题的规定》第三条第一款规定，九江公司未经杨某明许可，通过信息网络提供了涉案文章，未指明作者姓名，侵害了杨某明的署名权和信息网络传播权，应承担相应的民事侵权责任。

九江公司主张涉案作品系转载自天涯博客，且该博客与杨某明本人均未注明禁止转载，根据《著作权法》第三十三条的规定，应当免责。根据本案已查明事实，九江公司网站上登载的涉案文章虽与“0510 点 job1001”用户在天涯博客上发表的文章，内容基本一致，但是文章标题并不完全相同；且其在九江人力资源网上刊载的文章标题下并未注明来源于天涯博客或由“0510 点 job1001”用户发布，不足以证明其转载的文章来自天涯博客。九江公司所援引的《著作权法》第三十三条第二款规定，其提及的转载仅适用于报纸杂志等传统媒体的行为，不适用作品使用人通过信息网络方式向公众提供作品的行为，故九江公司在网站上使用涉案作品的行为不属于前述法律的适用情形。

九江公司还主张杨某明在全国展开大规模起诉属于恶意诉讼，但并未提供任何事实或法律作为依据，二审法院不予支持。

二、关于一审法院确定赔偿是否合理。一审法院综合考虑涉案作品类型和篇幅、权利人知名度、文章点击量、侵权时间、过错程度、网站性质及杨某明为制止侵权行为所产生的合理开支，结合《使用文字作品支付报酬办法》中确定的稿酬支付标准，以赔偿损失作为民事责任承担方式，酌情确定赔偿数额为 2163 元并无不当。

要旨解析

本案系认定著作权侵权案件中网络内容提供者不适用网络服务提供者“通知+删除”规则的间接侵权免责权的案例。本案主要涉及以下问题：

一、“避风港”规则及其责任限制。“避风港”规则来自美国《数字千年版权法案》，是网络服务提供商的免责条款。我国《民法典》第一千一百九十五条及《信息网络传播权保护条例》等规定了网络服务提供者“避风港”规则和责任限制，“通知+删除”是“避风港”规则的核心内容之一，其基本是，对于网络服务提供者使用信息定位工具，包括目录、索引、超文本链接、在线存储网站，在其链接、存储的相关内容涉嫌侵权时，如果其能够证明自己并无恶意，并且在接到权利人的侵权通知后及时删除侵权链接或者内容，则其不承担赔偿责任。《信息网络传播权保护条例》第二十二条规定，网络服务提供者为服务对象提供信息存储空间，供服务对象通过信息网络向公众提供作品、表演、录音录像制品，并具备下列条件的，不承担赔偿责任：（一）明确标示该信息存储空间是为服务对象所提供，并公开网络服务提供者的名称、联系人、网络地址；（二）未改变服务对象所提供的作品、表演、录音录像制品；（三）不知道也没有合理的理由应当知道服务对象提供的作品、表演、录音录像制品侵权；（四）未从服务对象提供作品、表演、录音录像制品中直接获得经济利益；（五）在接到权利人的通知书后，根据本条例规定删除权利人认为侵权的作品、表演、录音录像制品。

二、“避风港”规则责任限制的例外。“避风港”规则的设立本意在于通过限定网络服务提供者的责任，来保障网络信息快捷而又自由地传播，从而促进互联网产业的发展。此外，技术中立原则亦成为网络服务提供者免责的抗辩事由。但为了防止对“避风港”规则的滥用，对于明显的网络侵权行为，就像一面在飘扬的“红旗”，网络服务提供者就不能装作视而不见来推脱法律责任，此时，即便权利人没有发出侵权通知，网络服务提供者也需要承担侵权责任。这就是所谓的“红旗”规则。“红旗”规则散见于在我国法律法规中，《信息网络传播权保护条例》第二十三条即规定，网络服务提供者为服务对象提供搜索或者链接服务，在接到权利人的通知书后，根据本条例规定断开与侵权的作品、表演、录音录像制品的链接的，不承担赔偿责任；但是，明知或者应知所链接的作品、表演、录音录像制品侵权的，应当承担共同侵权责任。此外，一如本案，对于提供内容或者产品服务的网络服务提供者亦不适用本条规定的避风港规则和责任限制。需要注意的是，如果某个网络服务提供者可能既实施了提供网络内容服务的行为，又实施了提供信息通道或者信息平台服务的行为，则需要区分不同的行为类型分别适用本条的不同规定。

三、“避风港”规则最新实践。互联网技术日新月异，“避风港”规则在我国的司法实践中也不断发展，在2022年初北京市海淀区人民法院判决的爱奇艺诉字节跳动侵害《延禧攻略》信息网络传播权案中，法院区分了网络服务提供者的信息存储空间服务与信息流推荐服务，将平台基于算法推荐进行侵权内容传播的行为认定为帮助侵权行为，判决字节跳动赔偿爱奇艺经济损失及合理开支共计 200 万元。该案标志着网络服务提供商已经不能再仅基于技术中立原则免责，推荐算法的广泛应用的客观状况，使得提高网络服务提供者的注意义务势在必行。注意义务的边界及标准，有待司法界和立法界在实践中不断摸索。

编写人：宋　磊

二审合议庭成员：刘建玲　曾　光　骆丽玲

4. 在图文驰名商标作为主要识别部分的汉字前面增加修饰词，容易产生误认的，属于商标侵权行为

——景德镇某陶瓷有限公司与景德镇市某陶瓷文化传播有限公司侵害商标权纠纷二审案

裁判要旨

1. 驰名商标系图文商标的，按照中国人对汉字、英文及图片的注意点和关注度的不同，汉字为该驰名商标的主要识别部分，在图文驰名商标汉字前面增加修饰词，使用在同一类商品上的行为，构成商品侵权。

2. 高端陶瓷产品的品牌价值贡献率和利润率要比一般的工业品品牌价值贡献率和利润率高，侵犯高端陶瓷产品商标权的，要承担更高金额的赔偿。

案例索引

一审：江西省景德镇市中级人民法院（2017）赣 02 民初 73 号

二审：江西省高级人民法院（2019）赣民终 565 号

基本案情

上诉人（原审原告）：景德镇某陶瓷有限公司（以下简称陶瓷有限公司）。

被上诉人（原审被告）：景德镇市某陶瓷文化传播有限公司（以下简称陶瓷文化公司）。

陶瓷有限公司向一审法院起诉请求：1. 陶瓷文化公司立即停止侵害商标权的行为和不正当竞争行为；2. 陶瓷文化公司赔偿因其在三家实体店实施商标侵权行为及不正当竞争行为给陶瓷有限公司造成的经济损失及合理费用为 3356023.2 元；3. 陶瓷文化公司在《瓷都晚报》等媒体上刊登声明，赔礼道歉，消除影响；4. 本案的全部诉讼费用由陶瓷文化公司承担。

江西省陶瓷进出口公司于 2004 年 11 月 7 日获得“昌南 ChangNan 及图”商标，核准使用商品第 21 类“日用瓷器；日用陶器；瓷器装饰品；瓷、赤陶或玻璃塑像；瓷、赤陶或玻璃艺术品；瓷、赤陶或玻璃半身雕像；陶瓷、赤陶或者玻璃小雕像；酒具；非贵重金属茶具；非贵重金属咖啡具。”商标注册号为第 2018733 号，有效期至 2014 年 11 月 6 日，后续展注册有效期至 2024 年 11 月 6 日。2015 年 6 月 5 日，

“昌南 ChangNan 及图”商标被国家工商总局商标局认定为驰名商标。2016 年 11 月 4 日，江西省陶瓷进出口公司在《瓷都晚报》等媒体刊登声明，“昌南 ChangNan 及图”商标已被评为驰名商标，任何企业和个人未经授权或许可，不得复制、模仿该商标，亦不得用于企业名称。2017 年 1 月 6 日，该商标转让给陶瓷有限公司。2017 年 5 月 4 日陶瓷有限公司向江西省景德镇市珠山区市场和质量监督管理局投诉陶瓷文化公司侵犯其商标权及不正当竞争。2017 年 9 月 5 日，陶瓷有限公司向陶瓷文化公司寄送律师函，要求对方停止商标侵权及不正当竞争行为。陶瓷文化公司成立于 2012 年 5 月 22 日，于 2014 年 5 月 7 日获准注册“绣昌南”商标，商标注册号为第 11806728 号，核准使用商品第 21 类“瓷器；陶器；日用瓷器；日用陶器；瓷、赤陶或玻璃艺术品；瓷器装饰品；饮用器皿；花盆；香炉；水晶（玻璃制品）。”其开设的实体店中，装潢、店招、标价牌及陶瓷产品底款、产品包装盒均使用“秀昌南”字样。在天猫商城开设有“绣昌南旗舰店”，淘宝网开设有“绣昌南家具生活馆”。微信公众号为“景德镇秀昌南陶瓷”。

另查明，2017 年 8 月 2 日，国家工商行政管理总局商标评审委员会作出《关于第 11806728 号“绣昌南”商标无效宣告请求裁定书》（商评字［2017］第 0000095335 号），“绣昌南”商标在花盆、香炉、水晶（玻璃制品）商品上予以维持，其余第 21 类商品上予以无效宣告。陶瓷文化公司对上述裁定不服，提起行政诉讼，北京知识产权法院作出（2017）京 73 行初 9126 号行政判决，驳回了陶瓷文化公司的诉讼请求。陶瓷文化公司不服该判决，提起上诉，北京市高级人民法院作出（2019）京行终 2017 号行政判决，驳回上诉、维持原判。

裁判结果

一审判决：一、陶瓷文化公司立即停止对“昌南 ChangNan 及图”商标的侵权行为及不正当竞争行为（包括但不限于不得在其生产销售的商品、店招、装潢、宣传中突出使用“秀昌南”“绣昌南”标识）；二、陶瓷文化公司赔偿陶瓷有限公司经济损失 50000 元；三、驳回陶瓷有限公司其他诉讼请求。

陶瓷有限公司提出上诉。二审判决：一、维持一审判决的第一项；二、撤销一审判决的第三项；三、变更一审判决的第二项为：陶瓷文化公司赔偿陶瓷有限公司经济损失和合理开支合计 100000 元。

裁判理由

二审法院认为，本案的争议焦点为：1. 陶瓷文化公司的行为是否构成商标侵权；2. 陶瓷文化公司的行为是否构成不正当竞争；3. 如构成侵权，陶瓷文化公司应承担何种民事责任。

一、关于陶瓷文化公司的涉案行为是否构成商标侵权。陶瓷有限公司所拥有的“昌南 ChangNan 及图”注册商标，其汉字部分属于该商标显著识别部分，能够为消费者更易识别、记忆和呼叫。陶瓷文化公司在其生产、销售的商品上使用“绣昌南”及“秀昌南”标识，该标识完整包含了陶瓷有限公司商标的汉字部分“昌南”，二者由文字构成、读音上均易使普通公众对该商品来源产生混淆误认。且双方均位于景德镇，同属于陶瓷生产销售企业，其产品均属于第21类商品中的“瓷器；陶瓷；日用瓷器（包括盆、碗、盘、壶、餐具、缸、坛、罐）；日用陶器（包括盆、碗、盘、缸、坛、罐、砂锅、壶、炻器餐具）；瓷、赤陶或玻璃艺术品；瓷器装饰品；饮用器皿”。陶瓷文化公司使用的“绣昌南”“秀昌南”标识与陶瓷有限公司拥有的“昌南ChangNan及图”注册商标属于在同一种商品或近似商品上使用近似的商标。陶瓷文化公司主张其拥有的“绣昌南”商标是经合法注册的，并未侵犯陶瓷有限公司的商标权。根据商评字［2017］第0000095335裁定、（2017）京73行初9126号行政判决、（2019）京行终2017号行政判决可知，陶瓷文化公司注册的“绣昌南”商标在第21类商品上除花盆、香炉、水晶（玻璃制品）商品外，其余均被予以无效宣告。依据《商标法》第四十七条规定可知，注册商标被宣告无效后，该注册商标专用权视为自始即不存在。故，在第21类商品除花盆、香炉、水晶（玻璃制品）商品外的商品中，陶瓷文化公司自始不拥有“绣昌南”商标，其使用该商标与陶瓷有限公司的“昌南ChangNan及图”注册商标构成近似，侵犯了陶瓷有限公司的“昌南ChangNan及图”注册商标专用权。陶瓷有限公司要求陶瓷文化公司停止侵权行为的诉求，应予以支持。

二、关于陶瓷文化公司的涉案行为是否构成不正当竞争。陶瓷文化公司将其公司名称简称为“秀昌南”，并在公司装潢、标牌及宣传中突出使用。“秀昌南”标识完整包含了“昌南”商标，且读音相似，易引起普通消费者误以为两者之间具有特定联系，认知上存在混淆。陶瓷文化公司在装潢、店招、宣传等突出使用“秀昌南”标识，构成对陶瓷有限公司的不正当竞争。陶瓷有限公司要求陶瓷文化公司停止不正当竞争行为的诉求，应予以支持。

三、关于本案民事责任承担。陶瓷有限公司未提供有效证据证明其因被侵权所受损失、陶瓷文化公司因侵权所获得的收益以及涉案商标的许可费。鉴于陶瓷有限公司的“昌南ChangNan及图”注册商标系驰名商标，陶瓷文化公司的法定代表人二审庭审时称一审宣判后才将部分“秀昌南”“绣昌南”的标识更改，综合考虑陶瓷文化公司侵权行为的性质、持续时间、后果及主观过错程度等因素，酌定陶瓷文化公司赔偿陶瓷有限公司经济损失和合理维权开支合计100000元。因陶瓷有限公司未提供充分证据证明陶瓷文化公司的侵权行为损害了其品牌形象或对其商誉造成了损失，且陶瓷文化公司原使用的“绣昌南”商标系经过国家工商总局商标局核准注册，主观上并无攀附之故意，故对陶瓷有限公司的该项请求，不予支持。

要旨解析

本案主要涉及的法律问题为，如何认定在图文驰名商标主要识别文字前增加修饰词是否构成商标侵权以及如何确定民事责任承担。

一、关于如何认定在图文驰名商标主要识别文字前增加修饰词是否构成商标侵权。首先，准确界定图文商标的主要识别部分。根据商标法的规定，以文字、图形、字母、数字、三维标志、颜色组合、声音等，以及上述要素的组合，均可以作为商标申请注册。以汉字、汉语拼音以及图形三种要素组合的图文商标是商标的一种，其显著性要强于单个要素的商标。根据我国公民使用汉字的习惯和以汉字作为主要区分不同事物的思维方式，图文商标中的汉字一般是该商标的主要识别部分，除非图文商标中的汉字特别难认或者在整个商标中所占比例太少。其次，准确认定被诉侵权标识与涉案商标是否为近似商标。驰名商标是基于该商标广泛知晓性而给予其更宽范围更强保护，图文驰名商标中的文字是其主要识别部分，文字商标是否构成相似可以从文字的字形、读音和含义等方面进行判断，被诉侵权标识与图文驰名商标中的文字相类似，即可认定为相似商标。本案中，图文驰名商标的主要识别部分为“昌南”，被诉侵权标识为“秀昌南”，“昌南”二字完全相同，字形排列一致，“秀”字用于名词前面一般为形容词，有秀丽、秀美之意，修饰后面的“昌南”，“秀昌南”的意蕴为秀美的“昌南”，重点仍为“昌南”，即被诉侵权标识“秀昌南”与涉案图文驰名商标的主要识别部分“昌南”相类似，被诉侵权标识与涉案图文商标为近似商标。最后，判断是否会产生混淆。《商标法》第五十七条规定：未经商标注册人的许可，在同一种商品上使用与其注册商标近似的商标，或者在类似商品上使用与其注册商标相同或者近似的商标，容易导致混淆的。被诉侵权标识“秀昌南”与涉案图文商标均使用在陶瓷商品上，属于同一种商品；在陶瓷商品上使用“秀昌南”标识，容易使相关公众对陶瓷商品的来源产生误认或者认为其来源与涉案图文商标的商品有特定的联系，促使消费者产生错误的认识或者作出错误的决定，故陶瓷文化公司使用“秀昌南”的行为构成商标侵权。

二、关于如何合理确定民事责任的承担。侵害他人商标权，除承担停止侵权民事责任外，还需要承担赔偿损失等民事责任。《商标法》规定了四种赔偿方式，一为商标权利人因侵权所受到的损失，二为侵权人因侵权所获得的利益，三为参考涉案商标的许可费，四为法定赔偿。实践中，前面三种赔偿方式的举证比较困难，98% 以上的案件均适用法定赔偿。法定赔偿也需要参考涉案商标的知名度，侵权人的主观过错程度，侵权的方式，涉案商标的类型、售价、销量等因素，以及权利人的维权合理费用等，作出相对合理的赔偿数额。本案中，涉案商标为驰名商标，涉案商品为高端陶瓷，高端陶瓷中品牌价值附加值高，商标在高端陶瓷商品的利润贡献度较高，应给予相对较高的赔偿数额，因此二审增加了赔偿数额。

编写人：胡建文

二审合议庭成员：胡建文　丁保华　邹征优

5. 虽然外观、价格等与正品相差较大，只要商品标识与正品注册商标相近似，即构成商标侵权

——某乐体育有限公司与抚州市临川区某红鞋店侵害商标权纠纷二审案

裁判要旨

1. 是否侵害注册商标专用权的比对对象为注册商标与被诉侵权标识，而不是注册商标权利人生产的商品与被诉侵权产品。

2. 即使被诉侵权产品系没有生产厂家、生产时间和生产地址的三无产品，价格低廉，销售场所位置、销售环境与注册商标权利人生产的产品具有很大差别，只要被诉侵权产品上的标识与注册商标相近似、系同类产品，销售商也构成商标侵权，需要承担停止侵权、赔偿损失等民事责任。

案例索引

一审：江西省抚州市中级人民法院（2019）赣10民初183号民事判决

二审：江西省高级人民法院（2020）赣民终235号

基本案情

上诉人（原审原告）：某乐体育有限公司（以下简称某乐公司）。

被上诉人（原审被告）：抚州市临川区某红鞋店（以下简称某红鞋店）。

经营者：陈某磊。

某乐公司向一审法院提出诉讼请求：1. 判令某红鞋店立即停止侵权行为；2. 判令某红鞋店向某乐公司赔偿经济损失、商誉损失及为制止侵权行为所支出的合理费用5万元。

1982年10月15日，经原国家工商行政管理总局商标局核准，涉案第163333号“FILA”商标获准注册，核定使用在第53类“衣服、鞋、帽、手套、围巾、短筒袜、长筒袜”商品上，注册有效期限至1992年10月14日。此后，该商标获准续展注册有效期限至2022年10月14日。2008年3月7日，满景（IP）有限公司经受让取得该商标专用权。2019年3月20日，国家知识产权局商标局作出《关于第163332号“图形”及第163333号“FILA”商标案件请示的批复》，同意福建省市场监督管理局对满景（IP）有限公司注册、某乐公司使用在衣服、鞋、

短筒袜商品上的第163332号“图形”、第163333号“FILA”注册商标予以驰名商标扩大保护。

2016年6月10日，满景（IP）有限公司出具《商标授权许可书》，确认授权许可某乐公司自2008年起，在中国大陆的经营活动中以独占方式使用其拥有的“FILA”、“F”、“斐乐”系列商标，其中包括本案涉案的第163333号“FILA”商标。该授权许可书确认“独占”是指仅某乐公司有权在中国大陆使用被许可商标，包括满景（IP）有限公司在内的他人未经某乐公司许可均不得使用该被许可商标；某乐公司有权在中国大陆将上述商标转许可他人使用。同时，满景（IP）有限公司授权某乐公司有权以自己的名义单独对侵犯上述商标专用权的行为采取法律行动，包括但不限于进行诉讼、仲裁、行政查处、提起商标异议、参与商标评审，以自己的名义或转为委托他人委托适格的公证机关对某些证据及证据保全过程进行公证，同时确认某乐公司以自己名义采取前述行动时，由某乐公司独立享有因此所获的全部赔偿。

领逸（厦门）知识产权服务有限公司泉州分公司（以下简称领逸公司）向福建省泉州市海峡公证处申请证据保全公证。2018年11月1日，领逸公司的委托代理人陈某在公证处公证员及工作人员的监督下，至江西省抚州市临川区五皇殿路的“季季红时尚鞋城”（门店名称）商店，在对该商店门面及周围进行拍摄后，进入店内以普通消费者的身份购买了运动鞋一双，用微信支付了85元，并对上述商品、手机微信支付账单详情进行了拍摄，上述过程共拍摄照片12张。公证员及工作人员对购买的商品拍照后进行封存并交由领逸公司的委托代理人陈某自行保管。2019年2月22日，福建省泉州市海峡公证处于当日就上述证据保全事项出具了（2019）闽泉海证内字第1304号公证书，并将拍摄的照片作为附件。裴乐公司在开庭时提交了封存的实物。

一审法院在确认封存完好的情况下，对公证封存的实物进行了拆封，封存物品为标注有“SPORT”的鞋盒一个，打开鞋盒，内有黑色运动鞋一双、标注为SPORT的包装袋一个，与（2018）闽泉海证内字第1304号公证书载明的封存物品一致。其中黑色运动鞋为本案被诉侵权产品。抚州市临川区某红鞋店（以下简称某红鞋店）销售的鞋子上的图案为“FILA”。

另查明，某红鞋店位于江西省抚州市临川区五皇殿康达二期自东向西37号，经营类型是个体工商户，经营者是陈某磊，于2018年1月23日登记注册，经营范围为鞋零售，店铺的店招为“季季红时尚鞋城”。

裁判结果

一审判决：驳回某乐公司的诉讼请求。

某乐公司不服，提出上诉。二审判决：1.某红鞋店立即停止销售含有“FILA”标识的鞋子；2.某红鞋店于本判决生效后十日内赔偿某乐公司经济损失和为制止侵权行为所支付的合理开支共计 3500 元。

裁判理由

二审法院认为，本案的争议焦点为：1. 某红鞋店的行为是否侵害了某乐公司涉案注册商标专用权；2. 如构成侵权，某红鞋店应承担什么民事责任。

一、关于某红鞋店的行为是否侵害了某乐公司涉案注册商标专用权的问题。《商标法》第五十七条第二项规定，“未经商标注册人的许可，在同一种商品上使用与其注册商标近似的商标，或者在类似商品上使用与其注册商标相同或者近似的商标，容易导致混淆的”，属侵害注册商标专用权行为。本案中，季季红公司销售的被诉侵权产品与某乐公司注册商标核定使用的商品相同，均为鞋类；被诉侵权鞋子上使用的“FILA”标识与某乐公司的第 163333 号“FILA”注册商标，英文字母组合、字形、读音相同，区别仅在于被诉标识增加了方框形的背景色，鉴于“FILA”商标的显著性及知名度，被诉标识易使相关公众误认为被诉侵权商品来源于某乐公司，应认定二者构成近似，被诉标识构成对涉案注册商标专用权的侵害。某红鞋店以营利为目的销售被诉侵权产品，根据《商标法》第五十七条第三项“销售侵犯注册商标专用权的商品的”，属侵害注册商标专用权的行为规定，某红鞋店销售被诉侵权产品的行为，构成对某乐公司享有的商标独占使用许可权的侵害，应承担停止侵权民事责任。某红鞋店以被诉鞋子销售价格低不会导致误认不构成侵权的理由不能成立。

二、关于某红鞋店需要承担的民事责任。《商标法》第六十三条第一款规定，“侵犯商标专用权的赔偿数额，按照权利人因被侵权所受到的实际损失确定；实际损失难以确定的，可以按照侵权人因侵权所获得的利益确定；权利人的损失或者侵权人获得的利益难以确定的，参照该商标许可使用费的倍数合理确定”；第三款规定，“权利人因被侵权所受到的实际损失、侵权人因侵权所获得的利益、注册商标许可使用费难以确定的，由人民法院根据侵权行为的情节判决给予三百万元以下的赔偿”。本案中，双方当事人均未举证证明某乐公司因被侵权所受损失及某红鞋店因侵权所得利益，二审法院综合考虑某乐公司涉案注册商标的知名度，某红鞋店的侵权性质，侵权产品价格以及经营规模，酌情考虑某乐公司为制止侵权行为支付相关费用等因素，酌定某红鞋店赔偿某乐公司经济损失及维权合理费用。

要旨解析

本案主要涉及的法律问题有两个，第一个是商标侵权案件中，如何确定被诉侵权行为的对比对象；第二个是如何认定在与正品外观和价格相差较大的商品上使用与正品注册商标相近似的标识是否构成商标侵权行为。

一、关于如何确定被诉侵权行为的对比对象。人们平时看到的商标或者其他商业标识，一般是附着于商品或者服务上的，与商品或者服务密切相关，单独作为标识出现在广大人民群众之前的比较少见。比如鞋子上的标识一般与鞋子一起出现，该标识单独出现的情形比较少。因此，无论是商标权人的商标，还是被诉侵权标识都很少单独出现，一般都是与商品或者服务一并出现。实践中，对于被诉侵权标识是否与注册商标属于相同或者近似，普通群众习惯于把被诉侵权产品与含有注册商标的商标权人的产品进行整体比较，重点比较两款产品中的标识，甚至在审判实践中也存在这种比较方法。《商标法》第五十七条规定的七种侵犯商标权行为中，强调的是被诉侵权标识与注册商标本身是否相同或者近似，即被诉侵权行为的对比对象是独立的被诉侵权标识和商标证书中被核准的商标，而不是含有商标或者标识的产品作为比对对象。现实中，即便是商标权人制造的产品中的标识有时也会与注册商标存在些许的不同，商标法保护的是核准的注册商标本身，而不是使用在商品的商业标识。

二、如何认定在与正品外观和价格相差较大的商品上使用与正品注册商标相近似的标识是否构成商标侵权行为。一般而言，商标权人为了提升和维护具有较高知名度的商标价值，对于商标相对应产品的质量、外观、形象、销售场所等方面均有较高的标准和规范，相较于同类产品，价格也会提高。人们对于具有较高知名度商标对应的品牌形象、价值会形成固有的良好的印象。而一些低端的仿冒具有较高知名度商标的产品在低档的场所以较为低廉的价格出售，与商标权人出售的商品以及相应的场所、价格、形象有较大的差别，对于非常熟悉该商标品牌的人群而言，可能可以区分开。但对于普通消费者而言，对于商标知识以及该商标的品牌不甚了解，是很难进行区分的。即使能够区分，该仿冒行为也会让普通消费者对注册商标的形象产生不好的印象。因此，对于在与正品外观和价格相差较大的商品上使用与正品注册商标相近似的标识是否构成商标侵权，应回归商标法的侵权认定。根据《商标法》第五十七条第二项规定，“未经商标注册人的许可，在同一种商品上使用与其注册商标近似的商标，或者在类似商品上使用与其注册商标相同或者近似的商标，容易导致混淆的”，属侵害注册商标专用权行为。首先，比较被诉侵权标识与注册商标是否构成相同或者近似。本案中，被诉侵权鞋子上使用的“FILA”标识与某乐公司的第163333号“FILA”注册商标，英文字母组合、字形、读音相同，区别仅在于被诉标识增加了方框形的背景色，鉴于“FILA”商标的显著性及知名度，被诉标识易使相关公众误认为被诉侵权商品来源于某乐公司，应认定二者构成近似。其次，比较被诉侵权产品与注册商标核准的类别是否一致或者类似。根据《商标法》第五十七条第二项规定，只要被诉侵权产品上的标识与注册商标相近似、系同类产品，销售商也构成商标侵权。经营者主张的被诉侵权产品没有生产厂家、生产时间和生产地址，价格低廉，销售场所位置、销售环境与注册商标权利人生产的产品具有很大差别等因素不能成为抗辩理由。本案中，季季红公司销售的被诉侵权产品与某乐公司注册商标核定使用的商品相同，均为鞋类；尽管某红鞋店销售的鞋子是三无产品，价格低廉，销售环境偏远，但该鞋子上使用了与“FILA”注册商标相类似的标识“FILA”，容易引起普通消费者的混淆，经营者的行为构成对涉案注册商标专用权的侵害。

编写人：胡建文

二审合议庭成员：罗　伟　丁保华　胡建文

6. 被许可人按照交易习惯交纳商标许可费用后在另一门店使用商标，商标权人向该门店供货可推定其同意将商标普通许可给该门店使用

——广州某邦涂料有限公司与南昌市某建材有限公司侵害商标权纠纷二审案

裁判要旨

经许可在某门店使用他人注册商标的，按照交易习惯交纳费用，商标权人未拒绝被许可人在另一门店使用其商标，且向该门店供货的，可推定商标权人同意将商标普通许可给该门店使用。

案例索引

一审：江西省南昌市中级人民法院（2016）赣01民初46号

二审：江西省高级人民法院（2017）赣民终171号

基本案情

上诉人（一审被告）：南昌市某建材有限公司（以下简称建材公司）。

被上诉人（一审原告）：广州某邦涂料有限公司（以下简称涂料公司）。

涂料公司向一审法院起诉请求：一、建材公司立即停止侵害第3485390号注册商标的侵权行为，拆除印有“立邦”标识的装饰、店面招牌、广告牌等；停止侵害第665336号、第1692156号注册商标的侵权行为，拆除印有“立邦”标识的装饰、店招、广告牌等；二、建材公司赔偿涂料公司经济损失150万元，为制止侵权行为所支付的合理开支5万元。

第665336号“n”注册商标和第1692156号“立邦”注册商标的商标注册人均为立邦乳胶漆（香港）有限公司；2015年11月2日，立邦乳胶漆（香港）有限公司授权涂料公司在内地持有上述商标并可以涂料公司的名义提起商标侵权诉讼。涂料公司的第3485390号注册商标为“n与NIPPONPAINT的组合”。上述商标核定使用商品均为第2类。

涂料公司的委托代理人及公证员于2015年12月11日到南昌市××路××建材家居广场A 1-88-3“立邦”店，以普通消费者身份购买了一桶乳胶漆，现场

取得一张盖有“南昌市某建材有限公司”印章的票据、一张印有“南昌市某建材有限公司立邦漆代理商柯于良”的名片，并对店面外观进行了拍照；于2015年12月11日到南昌市××路××建材家居广场××号“立邦漆”店，以普通消费者身份购买了一桶乳胶漆，现场取得一张盖有“南昌市某建材有限公司”印章的票据、一张印有“南昌市某建材有限公司立邦漆代理商柯**”的名片，并对店面外观进行了拍照。

建材公司的南昌市建材市场鄱阳湖广场3栋18-19店系2015年立邦形象专柜店，有效期2015年1月1日至2015年12月31日。2015年6月，鄱阳湖建材市场被政府征收，建材公司将18-19号店搬迁至A1-88-3号店，但未变更2015年立邦形象专柜店证书的店址；A-59-2号店亦为建材公司经营。上述两个店招均使用了“n”“立邦”字样，至2016年6月6日仍在使用。建材公司的A-59-2及A1-88-3店面销售的乳胶漆均是涂料公司生产的正品。

裁判结果

一审判决：一、建材公司停止侵害涉案商标权，拆除B店及C店店招、广告牌、装饰中的“n”“立邦”标识；二、建材公司赔偿涂料公司经济损失及维权合理开支3万元；三、驳回涂料公司的其他诉讼请求。

建材公司不服一审判决，提出上诉。二审判决：一、维持一审判决第一项、第三项；二、变更一审判决第二项为：建材公司赔偿涂料公司经济损失和维权合理开支1万元。

裁判理由

二审法院认为，本案的争议焦点为：1.建材公司是否侵害涂料公司“n”“立邦”注册商标专用权；2.建材公司应否赔偿涂料公司经济损失及为制止侵权行为所支付的合理开支3万元。

一、关于建材公司是否侵害涂料公司“n”“立邦”注册商标专用权问题。应从建材公司店招使用“n”“立邦”标识是否获得授权进行判定。建材公司取得立邦形象专柜店的授权，双方并未专门签订授权协议或者办理其他确认事项，因此立邦形象专柜店证书可成为商标授权的依据，即涂料公司将“n”“立邦”注册商标普通许可予建材公司使用，每个店招建材公司只需交保证金2000元，无需交商标使用许可费。因政府征收行为，建材公司将已获涂料公司授权的南昌市建材市场鄱阳湖广场3栋18-19号店迁至A1-88-3号店铺并在授权期内继续使用“n”“立邦”标识并不侵害涂料公司商标权。但2016年1月1日以后，建材公司未经涂料公司授权继续使用“n”“立邦”注册商标，侵害了涂料公司注册商标专用权。

2015年4月28日，建材公司向涂料公司汇款2000元，并主张是为A-59-2号店铺申请形象店缴纳的保证金，涂料公司否认该汇款与申请形象店有关。对建材公司申请A-59-2号店为形象店是否获得涂料公司授权？二审法院认为，原《合同法司法解释（二）》第一条规定："当事人对合同是否成立存在争议，人民法院能够确定当事人名称或者姓名、标的和数量的，一般应当认定合同成立"。本案中，建材公司已有申请A1-88-3号形象店的经历，其2015年4月28日向涂料公司汇款2000元后，涂料公司未拒绝建材公司使用"n""立邦"标识，且向建材公司A-59-2号店供货。因此可推动涂料公司同意将"n""立邦"注册商标普通许可与建材公司在A-59-2号店招商使用，故2016年4月27日之前建材公司在A-59-2号店招使用"n""立邦"标识，未侵害涂料公司注册商标专用权。逾期则侵害涂料公司注册商标专用权。

二、关于建材公司应否赔偿涂料公司经济损失及为制止侵权行为所支付的合理开支3万元。商标法所称商标的使用，是指将商标用于商品、商品包装或者容器以及商品交易文书上，或者将商标用于广告宣传、展览以及其他商业活动中，用于识别商品来源的行为。由于建材公司在A1-88-3和A-59-2店销售的乳胶漆是涂料公司生产的正品。因此，无论是建材公司使用"n""立邦"店招的向消费者传达的要约邀请，还是消费者在A1-88-3和A-59-2店内购买产品的行为，均实现了标有"n""立邦"商标产品来源于涂料公司的功能，未损害涂料公司产品的市场份额，不违背商标法立法目的，故建材公司A1-88-3和A-59-2店招超期使用"n""立邦"损害后果轻微。一审判决综合考虑涂料公司的实际损失及建材公司的获利皆无法确定，涂料公司注册商标的权利价值、建材公司的侵权行为以及涂料公司为维权所支出的合理费用等因素，酌定建材公司赔偿金额为3万元欠妥；二审法院综合考虑建材公司合法使用商标期间无须向涂料公司支付商标许可使用费，及建材公司超期使用商标时间较短等情形，酌减建材公司赔偿涂料公司经济损失和为制止侵权所支付的合理开支。

要旨解析

本案涉及的法律问题主要为商标权人未明确授权的情况下，能否根据交易习惯推定商标权人商标普通许可。

所谓习惯，是指特定地域、特定行业或者特定族群约定俗成的通行做法。《民法典》第十条规定，处理民事纠纷，应当依照法律；法律没有规定的，可以适用习惯，但是不得违背公序良俗。将习惯作为法律渊源，意味着人民法院在法律及司法解释没有规定的情况下，通过漏洞填补的方法来解决规则缺失的问题。习惯包括地域习惯、民族习惯、行业习惯。适用习惯的前提是法律没有规定，且要与国家法律的基本原则相一致，不能损害其他合法权益，不能违背公序良俗。将习惯明确为处理民事纠纷的法律渊源，有利于交易的稳定。我国并未明确规定知识产权默示许可制度，但知识产权默示许可在实践中多样态存在，如何在纷繁多姿的司法实践中判断知识产权纠纷主体的真实意思表示，平衡各方利益，确定是否构成默示许可，应当根据个案的不同特点，全面调动多种考量因素进行综合判定。

本案主要问题为是否应认定建材公司在 B、C 店铺使用“n”“立邦”标识侵害了涂料公司的“n”“立邦”注册商标专用权，这需要考虑建材公司在 B、C 店铺店招使用“n”“立邦”标识是否获得了权利人的授权，如果获得授权，则不应认定为侵权，若并未获得授权或授权过期，则应认定建材公司侵害了涉案注册商标专用权。对此二审法院认为建材公司取得立邦形象专柜店的授权，双方并未专门签订授权协议或者办理其他确认事项，因此立邦形象专柜店证书可成为商标授权的依据，即涂料公司将“n”“立邦”注册商标普通许可给建材公司使用，每个店招建材公司只需交保证金 2000 元，无须交商标使用许可费。因政府征收行为，建材公司将已获涂料公司授权的 A 店迁至 B 店铺并在授权期内继续使用“n”“立邦”标识并不侵害涂料公司商标权。但 2016 年 1 月 1 日以后，建材公司未经涂料公司授权继续使用“n”“立邦”注册商标，侵害了涂料公司注册商标专用权。

从以上内容可知，二审法院查明虽然 C 店使用涉案商标没有明确经过商标权的授权，但建材公司原来开设的 A 店铺得到了涂料公司的授权，从而认定双方当事人形成了一定的交易习惯，建材公司开设 C 店后按照原来的交易习惯交纳保证金，涂料公司并未拒绝，且向 C 店进行发货等。据此，二审法院推定涂料公司的行为构成对建材公司开设的 C 店的涉案商标的普通许可。该案的判决，充分尊重了双方当事人的交易习惯，有利于平衡商标权人与被诉侵权人的利益，有利于稳定商业活动的预期，有利于维护商品交易的安全及合同的稳定，从而取得了较好的效果。

编写人：宋　磊

二审合议庭成员：刘建玲　丁保华　邹征优

7. 场地出租方同意承租经营户使用他人商标进行宣传、销售的，应对侵权行为承担连带责任

——广东某国际家具博览中心有限公司与九江某家居广场有限公司、丁某侵害商标权纠纷二审案

裁判要旨

场地出租方对市场内承租经营户所销售的商品应承担一般注意义务，未尽合理审查义务，同意承租经营户使用他人商标进行宣传、销售的，应对承租经营户的商标侵权行为承担连带责任。

案例索引

一审：江西省九江市中级人民法院（2016）赣04民初184号

二审：江西省高级人民法院（2017）赣民终212号

基本案情

上诉人（一审被告）：九江某家居广场有限公司（以下简称家居广场公司）。

被上诉人（一审原告）：广东某国际家具博览中心有限公司（以下简称家具博览公司）。

被上诉人（一审第三人）：丁某。

家具博览公司向一审法院起诉请求判决：1. 世纪家居广场使用“罗浮宫”等商业标识的行为构成商标侵权；家居广场公司立即停止使用上述商业标识，具体包括销毁、清除任何含有上述商业标识的墙体、地面店招、宣传旗、名片、价格标签等；2. 世纪家居广场在《九江日报》连续两次，间隔时间不少于15天刊登篇幅不小于四分之一版面的《致广东某国际家具博览中心有限公司的道歉声明》，消除侵权行为带给家具博览公司的不良影响，如家居广场公司逾期不履行，则由罗浮宫家具代为刊登，家居广场公司承担相关费用；3. 世纪家居广场赔偿家具博览公司经济损失和因本案支出的合理费用合计100万元。

家具博览公司是经营国内商业、物资供销业、自有物业租赁、物业管理服务等综合业务的企业，依法享有第3387748号中文注册商标、第6265861号图形注册商标、第6266366号英文注册商标、第9356017号中文注册商标。上述系

列商标最早于2002年注册使用，该系列商标及品牌获得多项重大荣誉。2010年1月，第3387748号中文注册商标被国家工商行政管理总局认定为“中国驰名商标”；2015年1月，第3387748号中文注册商标、第6265861号图形注册商标、第6266366号英文注册商标被评为广东省著名商标；罗浮宫国际家具博览中心景区被评定为AAAA级国家旅游景区。

世纪家居广场于2009年11月注册成立，经营范围包括家具销售、场地租赁等，世纪家居广场投资开发、经营管理的“21世纪家居中心”是家具建材购物中心。丁某从2014年起租赁世纪家居广场“二十一世纪家居中心”的场地进行经营活动，世纪家居广场除向丁某收取场地租金外，还另按租赁面积向丁某收取了品牌推广费。因发现“二十一世纪家居中心”有涉嫌侵权行为，家具博览公司的委托代理人谭某彬、朱某发向江西省九江市匡庐公证处申请证据保全。2016年5月30日上午，公证员李某、吴某与谭某彬、朱某发一同来到二十一世纪家居中心F馆，朱某发以普通消费者的身份在“罗浮宫·第一夫人”店领取了销售顾问卢某某的名片一张，购买了饰品一对，支付现金200元，取得收款《收据》一张。谭某彬对二十一世纪家居中心F馆、D馆内的宣传旗、“罗浮宫家具”系列商铺的铺面招牌、价格标签及销售过程进行了拍摄，九江市匡庐公证处对购物行为及拍摄行为全程进行了公证。一审法院经审查，销售顾问卢某某的名片上印有涉案图形商标，并印有“罗浮宫家具”字样。销售馆的墙体上使用了涉案商标，馆内陈列的价格标签上也使用了“罗浮宫家具”字样和涉案商标。在二十一世纪家居销售中心的销售大厅，还挂有巨幅宣传吊旗，上面印有“对不起！！！罗浮宫家具来晚了”的字样，并使用了涉案图形商标。

裁判结果

一审判决：一、丁某停止侵害涉案商标专用权的行为；二、丁某赔偿家具博览公司经济损失（包括维权合理开支）10万元，家居广场公司承担连带清偿责任；三、驳回家具博览公司的其他诉讼请求。

家居广场公司不服一审判决，提出上诉。二审判决：驳回上诉，维持原判。

裁判理由

二审法院认为，本案二审的争议焦点为：世纪家居广场是否应承担10万元的连带赔偿责任。

家居广场公司作为提供场地并有部分管理权的出租者，对市场内承租经营户所销售的商品应承担一般注意义务。“罗浮宫”系列商标曾被评为中国驰名商标、广东省著名商标，家居广场公司同为家具类卖场，应当知晓所争系列商标在行业内已有较高知名度的事实。在此情形下，家居广场公司仍将含有涉案文字商标等标识的条幅悬挂在卖场中，家居广场公司对丁某的侵权行为负有过错，一审判决其对丁某的10万元赔偿义务承担连带责任并无不当。

要旨解析

本案系认定市场管理方对市场内经营者商标间接侵权行为承担连带责任的典型案例。《民法典》第一千一百六十八条规定，二人以上共同实施侵权行为，造成他人损害的，应当承担连带责任。第一千一百六十九条规定，教唆、帮助他人实施侵权行为的，应当与行为人承担连带责任。《商标法》第五十七条第六项规定，故意为侵犯他人商标专用权行为提供便利条件，帮助他人实施侵犯商标专用权行为的，属侵犯注册商标专用权。《商标法实施条例》第七十五条规定，为侵犯他人商标专用权提供仓储、运输、邮寄、印制、隐匿、经营场所、网络商品交易平台等，属于《商标法》第五十七条第六项规定的提供便利条件。

一、教唆、帮助侵权为间接侵权。不同法系对教唆、帮助侵权是作为共同侵权人，还是视为共同侵权人存在不同看法。大陆法系国家多将教唆、帮助侵权视为共同侵权人。虽然教唆、帮助侵权行为人并未直接实施加害行为，本不应承担侵权责任，但是，如若不令这些教唆、帮助侵权人承担侵权责任，有违公正，不利于有效遏制侵权行为，故认为应将教唆、帮助侵权人视为共同侵权行为人，并令之承担连带侵权责任。

二、商标侵权案件中，帮助侵权应以主观故意为要件。根据《商标法》第五十七条第六项规定，构成帮助他人实施商标侵权行为，需以故意为要件，这与专利法和著作权法中有所区别。笔者认为，在帮助商标侵权中的故意，不应该局限理解为直接故意，而应理解为主观上存在过错，包括应该认识到而未认识到的情形，本案中即涵盖了这一情形。

三、市场管理方在商标侵权案件中的管理义务。在商标侵权案件中，如若市场管理方负有管理义务，而其并未履行管理义务，且其主观上存在过错，则将会构成侵权。市场管理方一般负有的管理义务主要为：1. 对经营者的经营行为事先审查的义务，包括对经营者的资质、经营范围、获得的权利情况的核查；2. 对经营者的经营行为的日常监管义务，包括定期或不定期地巡查或抽查、排查；3. 对经营者的经营行为事后处理的义务，包括在发现侵害商标权行为后及时处理，包括按照协议进行处罚，制止其不法行为，及时向相关政府部门进行举报等。如市场管理方未履行前述义务，则一般应当对经营者的侵害商标权行为承担相应的责任。

四、市场管理方构成帮助商标侵权的举证责任。商标侵权案件中，要依法认定市场管理者的责任。根据谁主张、谁举证原则，权利人首先需要证明市场管理方对市场内经营者的商标侵权行为属于知道或者应当知道的情形，不能赋予市场管理方过重的管理义务，避免增加市场管理方的运营成本而导致消费成本增加，从而不利于社会主义市场经济的繁荣和发展。

编写人：宋　磊

二审合议庭成员：杜玉东　丁保华　邹征优

8. 使用预先核准的企业名称与他人在先注册的商标相同时，构成商标侵权及不正当竞争

——南昌某商厦女人城有限公司与江西某女人街商业管理有限公司侵害商标权及不正当竞争纠纷二审案

裁判要旨

即便企业名称获得预先核准，也仅表明经所属行政区划的工商行政管理部门初步审核，在相同行政区划、相同行业内不存在在先的相同或近似的企业字号，并不能认为该获得预先核准的企业字号必然不侵害他人的合法在先权益。

案例索引

一审：江西省南昌市中级人民法院（2017）赣01民初309号

二审：江西省高级人民法院（2018）赣民终362号

基本案情

上诉人（原审原告）：南昌某商厦女人城有限公司（以下简称南昌女人城公司）。

上诉人（原审原告）：黄某水。

上诉人（原审被告）：江西某女人街商业管理有限公司（以下简称江西女人街公司）。

南昌女人城公司、黄某水向一审法院起诉请求：1. 江西女人街公司立即停止侵害“金童 JINTONG 及图”注册商标专用权的行为；2. 江西女人街公司立即停止对南昌女人城公司、黄某水的不正当竞争行为，立即变更企业名称，变更后名称中不得含有“金童”字样；3. 江西女人街公司在人民法院报、江西日报、南昌都市报及新浪、腾讯网络媒体上刊登声明以消除其侵权及不正当竞争行为给南昌女人城公司、黄某水造成的不良影响；4. 江西女人街公司赔偿南昌女人城公司、黄某水经济损失200万元。

黄某水系第4316668号“金童 JINTONG 及图”注册商标的所有权人，该商标于2004年10月19日提出注册申请，于2008年3月28日核定使用于第35类“推销（替他人）、组织商业或广告交易会、广告代理、室外广告”等服务项目上。

2000年1月26日，南昌女人城公司成立，法定代表人为黄某水，住所位于江西省南昌市东湖区中山路217号，经营范围包括物业管理、纺织服装鞋帽市场管理等。

2008年4月3日，黄某水向南昌女人城公司出具了《商标使用许可授权书》，

授权南昌女人城公司在全国范围内、在被核定的全部服务项目上使用涉案商标，许可方式为排他使用许可，许可期限为10年（自2008年4月3日至2018年4月2日），南昌女人城公司于许可期间可以以自身名义单独对他人的侵权行为提起诉讼并获得赔偿。南昌女人城公司自2000年3月至2016年10月期间，分别在南昌市人民立体声电影院、南昌市图书馆、江西省南昌交电批发公司处租赁了位于南昌市东湖区中山路215号一至二层、南昌市东湖区中山路217号一至三层的全部场地用于公司经营，并将该场地命名为“金童商厦”。

2016年11月30日，南昌市东湖区市场和质量监督管理局作出（赣）内名预核字【2016】10837383号《企业名称预先核准通知书》，对江西女人街公司名称预先核准，指定行业及行业代码为租赁和商务服务业其他未列明商务服务业。2016年12月27日，南昌市东湖区市场和质量监督管理局为江西女人街公司颁发营业执照，其中载明公司住址为江西省南昌市东湖区中山路223号1–2层，经营范围包括企业管理咨询；企业形象策划；市场调研（社会调查除外）；设计、制作、发布、代理国内各类广告；国内贸易。

2017年3月24日，江西省南昌市西湖公证处公证员在黄某水的委托代理人黄某的陪同下来到南昌市被诉侵权地临街大楼。一楼临街上方为铜色广告店招，该店招上有一徽标，徽标上印有“金童”白色大字，“金”字的下方有较小的红色“女人街”字样，该铜色广告店招左上角印有“江西某女人街商业管理有限公司，全球免费服务热线4000–300–286”字样，右下方印有“精品服装鞋包美甲美食”字样。2017年3月31日，江西省南昌市西湖公证处公证员在黄某水的委托代理人黄某的陪同下再次来到上述地址，一楼临街上方的铜色广告店招上的徽标“金童”仍在，该徽标下方为一电子屏幕，电子屏幕上正滚动“欢迎光临金童女人街，2017年3月31日新装开业！”字幕。该栋临街外墙面悬挂有八条红色挂幅，挂幅上印有“南昌市吉安商会贺金童女人街开业大吉”“市交电大楼贺金童女人街开业大吉”“江西地产协会贺金童女人街开业大吉”等字样。江西女人街公司还在临街店面悬挂载有“‘金童’升级改造再创‘金童’神话”文字的横幅。

裁判结果

一审判决：一、江西女人街公司停止商标侵权行为；二、江西女人街公司变更企业名称，变更后名称中不得含有“金童”字样；三、江西女人街公司赔偿黄某水、南昌女人城公司经济损失8万元；四、驳回黄某水、南昌女人城公司的其他诉讼请求。

江西女人街公司、黄某水、南昌女人城公司均不服一审判决，提出上诉。二审判决：驳回上诉，维持原判。

裁判理由

二审法院认为，本案争议焦点为：1.南昌女人城公司是否具有原告的诉讼主体资格；2.江西女人街公司是否构成对涉案注册商标专用权的侵权及是否构成对南昌女人城公司、黄某水不正当竞争；3.如果构成侵权，江西女人街公司应如何承担责任。

一、关于南昌女人城公司是否具有原告的诉讼主体资格问题。根据查明的事实，黄某水系涉案商标的专用权人，亦是南昌女人城公司成立时的法定代表人，南昌女人城公司自2001年后，在金童商厦的经营活动及宣传推广中使用了涉案商标，应认定黄某水事实上许可南昌女人城公司使用涉案商标。南昌女人城公司作为涉案商标的被许可人，有权与黄河水共同提起本案诉讼，南昌女人城公司系本案的适格原告。

二、关于江西女人街公司是否构成对涉案注册商标专用权的侵权问题。南昌女人城公司位于南昌市中山路商业街的繁华路段，金童商厦在此经营16年，获得多项荣誉，金童品牌具有了较强的知名度。涉案商标由上方菱形框中抽象的儿童图案与中间的“金童”文字及下方的“JINTONG”拼音构成，对相关公众而言，“金童”文字相较于图形及拼音更易被识别，“金童”文字为涉案商标的主要部分；被诉侵权标志亦由图形、文字、Kintoon字母组成，经过卡通装饰的大号“金童”文字居于标志中心，特小号“女人街”文字居于“金”字下方，特小号Kintoon字母居于“童”字上方，文字、字母外部为圆形呈星月状图案，识别的重点亦为“金童”文字，以相关公众的一般注意力关注的重点，结合金童品牌的知名度，应认定被诉侵权标志与涉案注册商标构成近似。江西女人街公司从事的服务与涉案商标核定的服务项目相同，应认定江西女人街公司构成对南昌女人城公司、黄河水商标使用权及商标专用权的侵权。

三、关于江西女人街公司是否构成对南昌女人城公司、黄河水不正当竞争问题。涉案商标于2008年3月获核准注册，并经多年使用、宣传，已经具有一定的知名度；南昌女人城公司亦屡获殊荣，为相关公众所熟知。江西女人街公司登记含“金童”文字的企业名称并选择与南昌女人城公司相邻近的经营地址为其住址及实际经营场所，张贴“金童”升级改造再创“金童”神话巨幅广告，重点突出强调“金童”二字，容易使相关消费者误认为是南昌女人城公司重新开业，江西女人街公司的前述行为违反了《商标法》第五十八条、反不正当竞争法第二条、第六条第二项的规定，具有明显攀附涉案商标知名度、南昌女人城公司有一定影响“金童”字号的主观故意，违反诚信原则，混淆了市场经营主体，扰乱了公平竞争的市场秩序，损害了南昌女人城公司、黄河水的合法权益，构成不正当竞争。

四、关于侵权责任的承担。江西女人街公司构成商标侵权及不正当竞争，应停止使用被诉侵权标志并变更企业字号，企业名称中不得含有“金童”字样；鉴于上述责任方式已不致再引起混淆发生，故无须再行公开消除影响。关于赔偿数额，因南昌女人城公司提交的2008—2011年纳税情况距离江西女人街公司侵权时间已久，对其2017—2018年所受损失不具有证明力，南昌女人城公司、黄某水亦无其他直接证据证明其损失；对江西女人街公司的侵权获利本案无相应证据；黄某水许可南昌女人城公司使用涉案商标的许可使用费亦无法查实，综合考虑江西女人街公司侵权主观恶意、持续时间等情节，一审法院判决江西女人街公司赔偿南昌女人城公司、黄某水经济损失8万元并无不当。

要旨解析

本案系认定使用获得预先核准的企业名称构成商标侵权及不正当竞争行为的典型案例，涉及知识产权的权利冲突问题。

一、知识产权权利冲突。知识产权的权利冲突一般可分为内部权利冲突和外部权利冲突。内部权利冲突是指知识产权之间发生权利冲突，既包括同类知识产权之间的权利冲突，诸如商标权与商标权的冲突、专利权与专利权的冲突等，也包括不同类知识产权之间的权利冲突，诸如商标权与著作权的摩擦、商标权与企业名称权的碰撞等。外部权利冲突是指知识产权与非知识产权的其他权利之间发生权利冲突，本文主要阐述知识产权内部冲突问题。从本质上来讲，知识产权权利冲突是利益冲突。解决权利冲突问题，需要清晰厘定权利边界，并合理确定权利发生冲突时的解决原则。一般来讲，知识产权权利冲突的解决原则包括保护在先权利原则、利益平衡原则和诚信原则。保护在先权利原则，顾名思义，是指不同主体之间存在多个相互冲突的知识产权时，应遵循尊重历史发展顺序，按照权利获取的先后保护在先取得的知识产权。《专利法》第二十三条第三款、《商标法》第三十二条的规定，均体现了保护在先权利原则。本案中，即为不同主体同时享有“金童”相关的企业名称权及商标权等，法院亦是基于商标权取得在先等考虑因素认定涉案企业名称权侵害涉案商标权。利益平衡原则，则是知识产权制度设计的基石，是对权利人和社会公众利益的取舍抉择，意味着在解决知识产权冲突时，不仅要考虑知识产权独立价值，还要进行公共利益的考量，要实现各种权利的平衡，促进社会效益最大化。诚信原则，要求知识产权纠纷主体从事涉及知识产权活动时应诚实、善意，该原则是保护在先权利原则和利益平衡原则的有益补充。

二、使用预先核准的企业名称可能构成侵害商标权或者不正当竞争。《最高人民法院关于审理注册商标、企业名称与在先权利冲突的民事纠纷案件若干问题的规定》第四条规定，被诉企业名称侵犯注册商标专用权或者构成不正当竞争的，人民法院可以根据原告的诉讼请求和案件具体情况，确定被告承担停止使用、规范使用等民事责任。故可知，知识产权发生内部权利冲突时，即使有关权利系合法取得，亦有可能被认定构成侵权。一如本案，即便江西女人街公司的企业名称获得预先核准，也仅表明经所属行政区划的工商行政管理部门初步审核，在相同行政区划、相同行业内不存在在先的相同或近似的企业字号，并不能认为该获得预先核准的企业字号必然不侵害他人在先取得的商标权等合法权益。同样，基于维护公平竞争原则，使用了预先核准的企业名称亦有可能构成不正当竞争。

编写人：宋　磊

二审合议庭成员：杜玉东　丁保华　邹征优

9. 在驰名商标中增加区别意义不大的修饰词用在类似的商品装潢上，属于商标侵权和不正当竞争行为

——河北某智汇饮品股份有限公司与泰和县螺溪镇某平价超市侵害商标权及不正当竞争纠纷二审案

裁判要旨

1. 在驰名商标中增加修饰词，但在比对对象隔离的情况下，该修饰词不会成为公众的关注焦点，则该商标与驰名商标构成近似，将该商标使用在同一种类的商品上，构成商标侵权。

2. 当商品的包装是惯常设计时，不能对其进行专有保护。当商品包装的配色、图案与注册商标主要识别部分的文字设计近似时，可以认定是商品装潢近似，构成不正当竞争行为。

案例索引

一审：江西省吉安市中级人民法院（2019）赣08民初59号

二审：江西省高级人民法院（2019）赣民终532号

基本案情

上诉人（原审原告）：河北某智汇饮品股份有限公司（以下简称饮品公司）。

被上诉人（原审被告）：泰和县螺溪镇某平价超市（以下简称平价超市）。

饮品公司向一审法院提出诉讼请求：1. 判令平价超市立即停止使用饮品公司商品包装、装潢的不正当竞争行为；2. 判令平价超市立即停止侵犯饮品公司注册商标专用权的行为；3. 判令平价超市赔偿饮品公司经济损失10万元；4. 判令平价超市承担饮品公司为制止侵权行为所支付的合理开支6960元。

饮品公司于1997年9月24日成立，经营范围为生产饮料（蛋白饮料类）、罐头（其他罐头）；核桃仁、机械设备的进出口；核桃仁预处理等。饮品公司系“六个核桃”系列商标的注册人。其中，第13777350号、第5127315号、第10833322号、第10833342号“六个核桃”注册商标的核定使用商品为第32类无酒精饮料、植物饮料等；第16130851号、第16130852号“六个核桃”注册商标为立体商标；第15440904号注册商标为“养生智汇”文字＋图形商标，核定使用商品为第32类

中的啤酒、无酒精果汁、花生乳（无酒精饮料）、杏仁乳等。饮品公司六个核桃商品手提袋为纸质扁长方体包装，主视面红、蓝色为主色调，红色位于上部且占据主视面大部分面积，红色中间有竖排蓝底白色大号“六个核桃”文字，该文字左侧有小号“经常用脑多喝六个核桃”文字；主视面左上部有饮品公司“养元”商标；主视面近底部为蓝色飘带设计；飘带近右侧有开口核桃淌出乳白色汁液图案。包装箱亦为纸质扁长方体；主视面白蓝为主色调，蓝色飘带设计自右上方向左下方伸展后向右下方折回；图中间为易拉罐斜向设计，所占面积近主视面二分之一，罐体中间为竖排蓝底白色大号“六个核桃”文字；主视图左上角为“养元”商标；主视图右侧边缘有小号“经常用脑多喝六个核桃”文字等。圆柱形易拉罐主视面为上白下蓝设计；白色区域中间为竖排蓝底白色大号“六个核桃”文字，该文字左侧上部为“养元”商标，商标下部为小号“经常用脑多喝六个核桃”文字，与六个核桃文字平行；其下为核桃开口淌出白色汁液飞溅的设计；其余区域印有配料表、执行标准、条形码等信息。

2012 年 10 月，河北省工商行政管理局认定饮品公司生产的“六个核桃”核桃乳饮品为河北省知名商品。中国饮料工业协会于 2014 年 12 月 12 日和 2015 年 7 月 24 日出具的证明中载明:“2013 年‘六个核桃’品牌系列核桃乳产品在植物蛋白饮料行业中产销量排名前三位”“2014 年‘六个核桃’植物蛋白饮料产销量在全国同行业中排名居第一位”。2015 年 6 月 5 日，国家工商行政管理总局商标局认定，饮品公司使用了第 32 类无酒精饮料、植物饮料商品上的“六个核桃”注册商标第 5127315 号为驰名商标。2016 年 10 月，饮品公司获得农业农村部颁发的“农业产业化国家重点龙头企业”证书。2011 年以来，饮品公司对其生产的“六个核桃”核桃乳产品在中央电视台的综合、综艺、电视剧、新闻等频道陆续投放广告。

2018 年 5 月 5 日，饮品公司的委托代理人在平价超市购买了“六个石磨核桃”核桃乳一箱，支付 45 元。湖北省武汉市琴台公证处对该购买行为进行了现场监督，并出具了（2018）鄂琴台内证字第 9229 号公证书。经当庭拆封公证封存物核对，饮品公司所购“六个石磨核桃”核桃乳一箱，由手提袋、包装箱、饮料罐三部分组成，共 16 罐，每罐 240ml，生产日期为 2018 年 1 月 8 日。包装箱和饮料罐体上均载明：出品漯河市多利多食品有限公司，包装箱和饮料罐还载明:“六个石磨”注册商标由持有人授权，注册商标仿冒必究。

平价超市销售的“六个石磨核桃”核桃乳手提袋为纸质扁长方体包装，主视面红、蓝色为主色调，红色位于上部且占据主视面大部分面积，红色中间有竖排蓝底白色大号“六个石磨核桃”文字，该文字左侧有更小号“古法石磨工艺”文字，右侧有大号“核桃乳”文字；主视面左上部有横排较小号“六个石磨”商标；主视面底部为蓝色，红蓝交界处为飘带设计；“核桃乳”文字下方有开口核桃淌出乳白色汁液图案。包装箱亦为纸质扁长方体；主视面上白下蓝为主色调，白色为主，白蓝过渡为黄色飘带设计；上部左上角为横排蓝底白色“六个石磨核桃”文字，其下有“核桃乳”文字和磨盘图案设计；文字磨盘图案右侧为圆柱形易拉罐图案，易拉罐表面正中为竖排蓝底白色大号“六个石磨核桃”文字，罐体下方为飞溅乳白色汁液设计，罐体跨越白黄蓝三色，占据约三分之一画面。圆柱形易拉罐主视面为上白下蓝设计，颜色过渡为黄色飘带；白色区域中间为竖排蓝底白色大号“六个石磨核桃”文字，该文字左侧上部有横排蓝色小号“六个石磨”商标；其余区域印有配料表、执行标准等信息。“六个石磨核桃”文字中的“六个”“核桃”文字在字形、笔画走向上与饮品公司“六个核桃”第10833342、10833322号商标文字完全相同。

另查明，平价超市系2017年12月25日注册的个体工商户，经营者为周某小，经营范围为：预包装食品、散装食品、小家电、玩具、文体用品、日用杂货、卷烟零售。石家庄葫芦娃食品有限公司2016年3月7日取得第16028560号“六个石磨”商标注册证，核定使用商品第32类植物饮料；无酒精饮料等。

裁判结果

一审判决：驳回饮品公司的诉讼请求。

饮品公司不服一审判决，提出上诉。二审判决：一、撤销一审判决；二、平价超市于本判决生效之日起立即停止销售涉案“六个石磨核桃”核桃乳；三、平价超市于本判决生效之日起三日内，赔偿饮品公司经济损失及维权合理支出2000元；四、驳回饮品公司的其他诉讼请求。

裁判理由

二审法院认为，本案的争议焦点为：1. 平价超市销售的被诉侵权“六个石磨核桃”核桃乳是否侵犯饮品公司注册商标专用权；2. 被诉侵权“六个石磨核桃”核桃乳所使用的手提袋、包装箱及易拉罐体的包装、装潢是否构成对饮品公司“六个核桃”商品包装、装潢的不正当竞争；3. 如构成侵权，平价超市应否赔偿饮品公司10万元经济损失及维权合理支出。

一、关于平价超市销售的被诉侵权“六个石磨核桃”核桃乳是否侵犯饮品公司注册商标专用权的问题。根据查明的事实，被诉侵权“六个石磨核桃”核桃乳在其手提袋、包装箱及易拉罐体上以蓝底白字或纵向或横向醒目地使用了大号“六个石磨核桃”文字，其中的“六个”“核桃”文字字形、笔画走向与饮品公司第10833342、10833322号“六个核桃”商标文字字形、笔画走向完全相同；虽然“六个石磨核桃”相较饮品公司“六个核桃”注册商标增加了“石磨”文字，但考虑饮品公司“六个核桃”商标的较强显著性和较大知名度，以相关公众的一般注意力，在比对对象隔离的状态下，“石磨”文字不会成为关注焦点，应认定二者构成近似；又因双方商品属于相同种类，依据《商标法》第五十七条第二项“未经商标注册人的许可，在同一种商品上使用与其注册商标近似的商标，或者在类似商品上使用与其注册商标相同或者近似的商标，容易导致混淆的”规定，应认定被诉侵权“六个石磨核桃”核桃乳构成对饮品公司第10833342、10833322号注册商标专用权的侵权。平价超市销售该被诉侵权产品，亦构成商标侵权。平价超市提出被诉侵权“六个石磨核桃”核桃乳系合法使用“六个石磨”注册商标，但其使用商标的方式系采用“六个石磨核桃”文字连贯且大小一致的形式，根据相关公众的一般注意力，不会认为“六个石磨核桃”的前四个字系另外的商标，据此，平价超市提出被诉侵权商品系合法使用商标不构成商标侵权的理由不能成立。饮品公司还提出被诉侵权“六个石磨核桃”核桃乳对其第5127315号商标构成侵权，因被诉侵权“六个石磨核桃”文字与该商标字形差异较大，不易导致混淆，不应认定构成商标侵权。

二、关于被诉侵权“六个石磨核桃”核桃乳所使用的手提袋、包装箱及易拉罐体的包装、装潢是否构成对饮品公司“六个核桃”商品包装、装潢的不正当竞争问题。因双方商品手提袋、包装箱均为纸质扁长方体，易拉罐为圆柱体，均为惯常设计，不构成包装体的特别设计，饮品公司提出要求保护其包装的理由不能成立，对其该项诉求不予支持。本案仅就被诉侵权商品包装上装潢是否构成近似造成混淆进行审理。经比对，饮品公司的手提袋与被诉侵权商品手提袋装潢设计均以红蓝为主色调，红色居多，红色居中为竖排蓝底白色大号“六个核桃”或“六个石磨核桃”文字，文字右下角有开口核桃淌出乳白色汁液图案，此为吸引注意力的要部，特别是居中的大号“六个核桃”或“六个石磨核桃”文字，为识别的焦点。鉴于被诉侵权装潢中“六个”“核桃”文字字形、笔画走向与饮品公司“六个核桃”完全相同，考虑到饮品公司“六个核桃”商品的知名度，应认定被诉侵权手提袋装潢设计与饮品公司手提袋装潢设计构成近似，容易引人误认为被诉侵权商品系饮品公司商品或者与饮品公司存在特定联系，该混淆行为应认定构成对饮品公司“六个核桃”商品手提袋装潢的不正当竞争。包装箱及易拉罐体的装潢亦如此，均以白蓝色调为主，主视图要部均为易拉罐体上竖排蓝底白色大号“六个核桃”或“六个石磨核桃”文字，同理，亦应认定被诉侵权包装箱及易拉罐装潢构成近似，被诉侵权核桃乳的该种使用，对饮品公司“六个核桃”包装箱及易拉罐体装潢构成不正当竞争。

三、关于平价超市应否赔偿饮品公司10万元经济损失及维权合理支出问题。饮品公司提出该项诉求，并未对其所受到的实际损失和平价超市侵权获利进行举证，二审法院根据平价超市作为地处乡镇的零售商，被诉侵权商品的附加值较低，侵权获利有限等情节，并考虑饮品公司的维权方式及适当合理支出，对赔偿数额进行酌定。平价超市提出所售被诉侵权商品来源于漯河市多利多食品有限公司，但其未提交相应采购凭证，不能证明该商品系合法取得，不能依据《商标法》第六十四条第二款规定免除其赔偿责任。

要旨解析

本案主要涉及的法律问题为，如何认定在驰名商标中增加修饰词是否构成商标侵权以及在不正当竞争纠纷中如何认定商品包装、装潢是否相似。

一、关于如何认定在驰名商标中增加修饰词是否构成商标侵权问题。其主要判断点在于该修饰词是否能对公众注意力起到明显的区分提醒作用，对此需要注意的是在比较驰名商标和增加了修饰词的标识时，应当将注册商标和被诉侵权标识进行隔离比较，即不能简单地将两者放在一起进行类似于“找不同”游戏的比较，而应该将这种对比放置于日常生活中，根据消费者的消费习惯按照其印象中的一般认知进行比较。如在本案中，当消费者购物时，看到“六个石磨核桃”名称以及经典的红蓝配色的罐装或箱装饮料包装时，基于“六个核桃”的驰名度，其很容易想到的是“六个核桃”，而会误认为“六个石磨核桃”与“六个核桃”有特定关联，甚至粗心的消费者会直接忽略“石磨”两个字，将其误以为是“六个核桃”从而购买。因此当修饰词在比对对象隔离的状态下，如果不能起到明显的区分提醒作用，则添加了修饰词的标识仍然会与驰名商标近似，且两者的商品相同或者类似，容易使消费者对商品的来源产生混淆的，构成商标侵权。

二、关于如何认定商品特有包装、装潢是否构成不正当竞争问题。首先，需要对商品的包装和装潢分开判断，而不能一体判断。其次，如果商品的包装是该类商品普遍的设计习惯，则不能受到专有保护，他人使用这种包装时不构成不正当竞争行为。在本案中，双方商品手提袋、包装箱均为纸质扁长方体，易拉罐为圆柱体，均为惯常设计，不构成包装体的特别设计，饮品公司提出要求保护其包装的理由不能成立。而对于商品的装潢，则要综合包装的配色、图案、文字的设计、排版等各方面进行比较。本案中，饮品公司的手提袋与被诉侵权商品手提袋装潢设计均以红蓝为主色调，红色居多，红色居中为竖排蓝底白色大号“六个核桃”或“六个石磨核桃”文字，文字右下角有开口核桃淌出乳白色汁液图案，此为吸引注意力的要部，特别是居中的大号“六个核桃”或“六个石磨核桃”文字，为识别的焦点。被诉侵权装潢中“六个”“核桃”文字字形、笔画走向与饮品公司“六个核桃”完全相同，考虑到饮品公司“六个核桃”商品的知名度，因此被诉侵权手提袋装潢设计与饮品公司手提袋装潢设计构成近似，容易引人误认为被诉侵权商品系饮品公司商品或者与饮品公司存在特定联系，该混淆行为构成对饮品公司“六个核桃”商品手提袋装潢的不正当竞争。其包装箱及易拉罐体的装潢亦如此，均以白蓝色调为主，主视图要部均为易拉罐体上竖排蓝底白色大号“六个核桃”或“六个石磨核桃”文字，同理，也应认定被诉侵权包装箱及易拉罐装潢构成近似，被诉侵权核桃乳的该种使用，对饮品公司“六个核桃”包装箱及易拉罐体装潢构成不正当竞争。

编写人：胡建文

二审合议庭成员：胡建文　丁保华　邹征优

10. 在知名商标前添加比较性词汇容易导致相关公众产生误认的，构成商标侵权

——广州某建材有限公司与深圳市金装某建材有限公司、九江经济技术开发区某建材店侵害商标权纠纷二审案

裁判要旨

1. 知名商标的显著性和知名度较高，受到保护的范围更宽更广。擅自在知名商标的前部或者后部添加表示质量更好、价格更优等比较性词汇，容易使相关消费者产生误认或者混淆的，构成商标侵权。

2. 电子证据的审查要从证据的完整性、不可篡改性、可回溯性、唯一性等方面进行，并要当庭查验电子证据的内容，并进行质证。

3. 被诉侵权产品生产商的认定不仅需要考查该产品外包装上的生产厂家、厂址、联系方式，还可结合生产商在互联网上展示、宣传、销售的产品上的生产厂家、厂址、联系方式进行比较综合确定。

案例索引

一审：江西省九江市中级人民法院（2019）赣04知民初158号

二审：江西省高级人民法院（2020）赣民终193号

基本案情

上诉人（一审原告）：广州某建材有限公司（以下简称建材公司）。

被上诉人（一审被告）：深圳市金装某建材有限公司（以下简称金装公司）。

被上诉人（一审被告）：九江经济技术开发区某建材店（以下简称建材店）。

建材公司向一审法院提出诉讼请求：1. 判令建材店立即停止销售侵害建材公司第1524749号注册商标专用权的商品；2. 判令金装公司立即停止生产、销售侵害建材公司第1524749号注册商标专用权的商品，销毁库存侵权产品；3. 判令建材店赔偿建材公司经济损失及为制止侵权行为所支付的合理开支人民币50000元；4. 判令金装公司赔偿建材公司经济损失及为制止侵权行为所支付的合理开支人民币100000元。

建材公司获得了第1524749号“Davco德高及图”商标注册，核定使用商品为第19类：建筑灰浆等。该商标具有较高的知名度和美誉度，先后荣获“广东省著名商标”“防水材料十大品牌”“绿色技术产品”等荣誉。2019年8月23日，建材

公司在建材店购买被控侵权产品——金装德高瓷砖胶 TTB 型（超强力）一包，包装袋上多处印有“金装德高”字样，同时印有“深圳市金装某建材有限公司”“佛山市金装德高建材有限公司”“金装德高建材有限公司”字样。二审期间，深圳市金装某建材有限公司（以下简称金装公司）在 B2B 电商平台慧聪网上展示的产品外包装与被控侵权产品外包装一致。金装公司的原住所地为深圳市宝安区石岩街道料坑村第一工业区 2 号，2017 年变更为深圳市宝安区石岩街道河滨花园 7 巷 3 号。

裁判结果

一审判决：一、建材店立即停止销售侵犯建材公司第 1524749 号注册商标专用权的商品；二、建材店于本判决生效之日起五日内赔偿建材公司各项经济损失（含为制止侵权支付的合理开支）6000 元；三、驳回建材公司的其他诉讼请求。

建材公司不服一审判决，提出上诉。二审判决：一、维持一审判决第一项、第二项；二、金装公司立即停止生产、销售侵犯建材公司第 1524749 号注册商标专用权的商品；三、金装公司于本判决生效之日起五日内赔偿建材公司各项经济损失（含为制止侵权支付的合理开支）60000 元；四、驳回建材公司的其他诉讼请求。

裁判理由

二审法院认为，本案的争议焦点为：1. 金装公司是否为被控侵权产品的生产者；2. 金装公司的行为是否侵犯建材公司涉案商标注册专用权。

一、关于金装公司是否为被控侵权产品的生产者的问题。建材公司提交的证据证明金装公司在慧聪网商铺展示产品的外包装，与被控侵权产品外包装完全一致；金装公司在慧聪网显示的地址为深圳市宝安区石岩街道料坑村第一工业区 2 号，与金装公司 2017 年变更前的地址一致；且被控侵权产品外包装的批号也为 2017 年。本案中被控侵权产品外包装上生产厂家信息显示为“深圳市金装某建材有限公司”，在金装公司没有提交相反证据的情况下，可以认定金装公司系被控侵权产品的生产者。

二、金装公司的行为是否侵犯建材公司涉案商标注册专用权的问题。建材公司的第 1524749 号“Davco 德高及图”商标荣获“广东省著名商标”等荣誉，具有较高的知名度和美誉度。被控侵权产品上单独使用的文字“金装德高”中的“金装”系用于修饰“德高”，主要识别部分亦为“德高”二字，与建材公司第 1524749 号商标的主要识别部分“德高”完全相同。被控侵权产品外包装上的图形、中英文组合、人物形象及它们之间的排列组合，均与建材公司第 1524749 号商标类似。且被控侵权产品与建材公司第 1524749 号注册商标核定使用的商品属于同种或类似商品。综上，金装公司使用的标识与建材公司商标构成近似，易导致相关公众的混淆或误认，故金装公司的行为侵害了建材公司第 1524749 号“Davco 及图”注册商标专用权，需要承担高额的经济赔偿等民事责任。

要旨解析

本案主要涉及的法律问题有两个，一个是擅自在知名商标的前部或者后部添加比较性词汇是否构成商标侵权，另一个是如何认定被诉侵权产品的生产商。

一、关于擅自在知名商标的前部或者后部添加比较性词汇是否构成商标侵权。知名商标一般指在注册商标核准的种类内，该商标对应的商品具有较高的质量、形象和较强的竞争力，该商标的知名度和显著性较高。商标的保护强度与该商标的知名度和显著性呈正相关，商标的显著性和知名度越高，其受到保护的范围就越宽越广。他人未经商标权人允许，为攀附知名商标的商誉，擅自在知名商标的前部或者后部添加表示质量更好、价格更优等比较性词汇，如“王”“强”“优”等比较性用词，容易使相关消费者认为被诉侵权商品或者服务来源于知名商标的权利人或者相关联企业，从而产生误认或者混淆，该行为构成商标侵权。本案中，涉案商标为知名商标，而被诉侵权产品上单独使用的文字“金装德高”中的“金装”系用于修饰“德高”，主要识别部分亦为“德高”二字，与注册商标的主要识别部分“德高”完全相同，金装公司使用的标识与建材公司商标构成近似，且被诉侵权产品与涉案产品属于同种或类似商品，容易导致相关公众认为被诉侵权产品是建材公司或者其关联公司生产的产品，且被诉侵权产品的质量、包装优于建材公司生产的产品，造成事实上的混淆或误认，金装公司的该行为构成商标侵权。

二、关于如何认定被诉侵权产品的生产商。根据产品质量法等相关法律法规规定，产品的外包装上应当标注生产商名称、厂址等信息。但涉及被诉侵权产品的案件中，该产品外包装标注的生产商往往会否认被诉侵权产品系其生产。被诉侵权产品生产商的认定不能单看该产品外包装上的生产厂家、厂址、联系方式，可结合当事人在互联网上展示、宣传、销售的产品上的生产厂家、厂址、联系方式进行比较综合确定。本案中，首先，建材公司提交证据证明其产品与被诉侵权产品外包装完全一致。其次，二审期间，建材公司提交的证据证明，金装公司在慧聪网显示的地址为深圳市宝安区石岩街道料坑村第一工业区2号，与金装公司2017年变更前的地址一致，因建材公司提交的证据为网页电子证据，且二审开庭时该网页已经打不开了，鉴于电子证据的不稳定性、易篡改性等特点，二审开庭时要求建材公司当庭展示电子证据，并对该电子证据的形成时间、来源、是否唯一性等进行充分质证和辩论。再次，被控侵权产品外包装的批号也为2017年，与前述证据能够对应。因此，结合金装公司在互联网上展示、宣传、销售的产品上的生产厂家、厂址、联系方式等与被诉侵权产品生产商的信息相一致，在当事人没有提出相反证据的情况下，可以认定金装公司系被控侵权产品的生产者。

编写人：胡建文

二审合议庭成员：罗　伟　邹征优　胡建文

11. 依法核准登记的企业名称与商标权等其他在先合法权利产生实质冲突时，可判令变更企业名称

——某装饰股份有限公司与鄱阳县某装饰设计工程有限公司侵害商标权及不正当竞争纠纷二审案

裁判要旨

已经登记注册的企业名称，仅表明形式上合法，在涉及与商标权等其他权利相冲突时，还应审查其实质上是否合法。在使用企业名称过程中违反其他法律规范对公众造成欺骗或者误解的，或者损害他人合法权益的，该企业名称的使用人应当予以纠正。

案例索引

一审：江西省上饶市中级人民法院（2015）饶中民三初字第80号

二审：江西省高级人民法院（2016）赣民终197号

基本案情

上诉人（一审被告）：鄱阳县某装饰设计工程有限公司（以下简称鄱阳设计公司）。

被上诉人（一审原告）：某装饰股份有限公司（以下简称装饰公司）。

装饰公司向一审法院诉讼请求：1. 判令鄱阳设计公司立即停止侵害装饰公司商标专用权及不正当竞争的行为；2. 变更企业名称，变更后的企业名称不得含有“九鼎”字样；3. 在《法治日报》及《江西日报》刊登声明，赔礼道歉、消除影响；4. 赔偿经济损失及维权合理支出20万元。

2001年6月7日，杭州九鼎装饰工程有限公司经国家工商行政管理总局商标局核准注册第1583789号“九鼎 + 图形”商标，核定服务项目为第37类：室内装潢、室内外油漆、室内装潢修理等。2003年4月30日，杭州九鼎装饰工程有限公司名称变更为浙江九鼎装饰工程有限公司，2003年10月30日，第1583789号注册商标持有人变更为浙江九鼎建筑装饰工程有限公司。2006年7月21日，浙江九鼎建筑装饰工程有限公司分别在第42类和第37类服务项目上经核准注册第3789158号“九鼎”和第3770840号“九鼎”商标。装饰公司于2009年8月18日注册成立，经营范围为装饰

装潢、室内外装饰装潢设计。2013年10月6日，装饰公司受让第1583789、3789158、3770840号注册商标。2015年3月14日，装饰公司经核准注册第13858089号“九鼎装饰”商标，核定服务项目为第42类：工程学、工程绘图、材料测试，质量控制、室内装饰设计、建筑学等。

经过装饰公司等九鼎企业的持续使用、品牌推广，第1583789、3789158、3770840、13858089号注册商标已具有较高的市场知名度和良好的声誉。2003年和2006年，第1583789号注册商标被杭州市工商局评为杭州市著名商标；2010年和2014年，第1583789号注册商标被浙江省工商局确认为浙江省著名商标；2011年11月，第1583789号注册商标被国家工商行政管理总局认定为驰名商标。2011年12月28日，装饰公司所打造的枫华府第15幢2301被评为全国住宅装饰装修行业示范工程；2012年11月8日，装饰公司被评为全国住宅装饰装修行业百强企业。另查明，鄱阳设计公司于2010年3月18日注册成立，经营范围：室内外装饰装修、图纸设计服务、普通管道安装、室内水电安装等。

2015年4月21日，装饰公司向江西省鄱阳县公证处提出证据保全公证申请，江西省鄱阳县公证处公证员、拍照人员及装饰公司的委托代理人张某一同来到鄱阳设计公司住所地看到鄱阳设计公司外墙上有“九鼎装饰”标识和“九鼎装饰设计工程有限公司”字样，并由拍照人员对外墙上带有“九鼎”标识和字样进行拍照，共拍得照片七张。装饰公司支付证据保全费1000元，现场拍照费100元。

裁判结果

一审判决：一、鄱阳设计公司立即停止对装饰公司注册商标专用权的侵权行为和不正当竞争行为；二、鄱阳设计公司变更企业名称，变更后的企业名称中不得含有“九鼎”字样；三、鄱阳设计公司赔偿装饰公司维权合理支出1万元；四、鄱阳设计公司赔偿装饰公司经济损失1万元；五、驳回装饰公司的其他诉讼请求。

鄱阳设计公司不服一审判决，提出上诉。二审判决：驳回上诉，维持原判。

裁判理由

二审法院认为，本案的争议焦点为：1.能否认定鄱阳设计公司存在将装饰公司的注册商标作为字号突出使用的商标侵权行为；2.鄱阳设计公司注册含有“九鼎”字样的企业名称是否构成不正当竞争；3.如构成上述侵权行为，鄱阳设计公司应如何承担民事责任。

一、关于能否认定鄱阳设计公司存在将装饰公司的注册商标作为字号突出使用的商标侵权行为的问题。鄱阳设计公司在‘其店铺外墙广告牌、工程单项验收单、工程增加项目表、水杯上将其企业名称简化为“九鼎装饰”字样进行使用，其中“九鼎”系字号，“装饰”属于行业分类。虽然鄱阳设计公司辩称其没有突出使用“九鼎”两字，而是结合公司设计的LOGO一起使用，但“九鼎”文字系注册商标中识别服务来源的具有显著特征的部分，即使鄱阳设计公司与其他LOGO一起使用，产生显著识别作用的还是“九鼎”两字，故应当认定鄱阳设计公司简化使用“九鼎装饰”的行为系将他人注册商标中的文字作为字号突出使用的行为，构成商标侵权。

二、关于鄱阳设计公司注册含有“九鼎”字样的企业名称是否构成不正当竞争的问题。虽然鄱阳设计公司的企业名称是经工商部门依法核准登记的，仅表明其在形式上是合法的，在涉及与商标权等其他权利的冲突时，还应审查其在实质上是否合法。根据《商标法》有关规定，将他人注册商标作为企业名称中的字号使用，误导公众，构成不正当竞争行为的，依照《反不正当竞争法》处理。本案中，“九鼎+图形”商标、“九鼎”商标分别于2001年和2006年获得注册，在持续的使用过程中，“九鼎+图形”商标于2003年和2006年被杭州市工商局评为杭州市著名商标，于2010年和2014年，被浙江省工商局确认为浙江省著名商标，于2011年11月，被国家工商行政管理总局认定为驰名商标，证明至鄱阳设计公司注册成立的2010年，“九鼎+图形”商标已获得了较高的知名度和美誉度。作为同行业竞争者，鄱阳设计公司应当知道使用该企业名称可能引起相关公众误认为该商标与装饰公司存在某种特定联系，且其对为何将“九鼎”作为企业字号未能作出合理的解释。据此，可以认定鄱阳设计公司具有“搭便车”的主观故意，客观上也使普通消费者对提供“九鼎”装饰服务的市场主体及提供服务的来源产生混淆或者混淆的可能，其行为构成对装饰公司的不正当竞争。

三、关于鄱阳设计公司应如何承担民事责任的问题。首先，鄱阳设计公司应停止对装饰公司的不正当竞争行为，变更企业名称，变更的企业名称中不得含有“九鼎”字样，停止商标侵权行为，不得继续在公司经营中突出使用“九鼎”文字。其次，对于赔偿数额和合理费用，本案装饰公司没有提交相关证据证明其因侵权所遭受的损失，也没有举证证明鄱阳设计公司因侵权所获得的利益，因此，结合装饰公司“九鼎”商标具有的市场知名度、鄱阳设计公司商标侵权和不正当竞争行为的持续时间、情节和后果等因素，一审法院酌情确定赔偿损失1万元及合理开支1万元并无不当。

要旨解析

本案系依法核准登记的企业名称与商标权等其他在先合法权利实质冲突时，判令变更企业名称的案例，涉及知识产权的权利冲突解决问题。

一、知识产权权利冲突。知识产权的权利冲突一般可分为内部权利冲突和外部权利冲突。内部权利冲突是指知识产权之间发生权利冲突，既包括同类知识产权之间的权利冲突，诸如商标权与商标权的冲突、专利权与专利权的冲突等，也包括不同类知识产权之间的权利冲突，诸如商标权与著作权的摩擦、商标权与企业名称权的碰撞等。外部权利冲突是指知识产权与非知识产权的其他权利之间发生权利冲突，本文主要阐述知识产权内部冲突问题。从本质上来讲，知识产权权利冲突是利益冲突，解决权利冲突问题，需要清晰厘定权利边界，并合理确定权利发生冲突时的解决原则。一般来讲，知识产权权利冲突的解决原则包括保护在先权利原则、利益平衡原则和诚信原则。保护在先权利原则，顾名思义，是指不同主体之间存在多个相互冲突的知识产权时，应遵循尊重历史发展顺序，按照权利获取的先后保护在先取得的知识产权。《专利法》第二十三条第三款、《商标法》第三十二条的规定，均体现了保护在先权利原则。本案中，即为不同主体同时享有“九鼎”相关的企业名称权及商标权等，法院亦是基于商标权取得在先等考虑因素认定涉案企业名称权侵害涉案商标权。利益平衡原则，则是知识产权制度设计的基石，是对权利人和社会公众利益的取舍抉择，意味着在解决知识产权冲突时，不仅要考虑知识产权独立价值，还要进行公共利益的考量，要实现各种权利的平衡，促进社会效益最大化。诚信原则，要求知识产权纠纷主体从事涉及知识产权活动时应诚实、善意，该原则是保护在先权利原则和利益平衡原则的有益补充。

二、使用预先核准的企业名称可能构成侵害商标权或者不正当竞争，可判令变更企业名称。《最高人民法院关于审理注册商标、企业名称与在先权利冲突的民事纠纷案件若干问题的规定》（以下简称权利冲突规定）第四条规定，被诉企业名称侵犯注册商标专用权或者构成不正当竞争的，人民法院可以根据原告的诉讼请求和案件具体情况，确定被告承担停止使用、规范使用等民事责任。故可知，知识产权发生内部权利冲突时，即使有关权利系合法取得，亦有可能被认定构成侵权。一如本案，即便鄱阳设计公司的企业名称依法核准登记，也并不能认为该获得核准的企业字号必然不侵害他人的在先取得的合法权益。同样，基于维护公平竞争原则，使用了预先核准的企业名称亦有可能构成不正当竞争。根据上述权利冲突规定，法院可判令侵权主体变更企业名称，以达到停止侵权的目的。

编写人：宋　磊

二审合议庭成员：杜玉东　曾　光　骆丽玲

12. 专利权被宣告无效，已经履行的专利实施许可合同和专利权转让合同仍构成对他人注册商标专用权的侵害及不正当竞争

——江西某甲药业股份有限公司与江西某乙药业股份有限公司、福建莆田某药房连锁有限公司侵害商标权及不正当竞争纠纷二审案

裁判要旨

宣告专利权无效的决定，对已经履行的专利实施许可合同和专利权转让合同不具有追溯力，但并不妨碍法院认定其行为构成对他人注册商标专用权的侵害及不正当竞争。

案例索引

一审：江西省上饶市中级人民法院（2018）赣11民初57号

二审：江西省高级人民法院（2018）赣民终671号

基本案情

上诉人（原审被告）：江西某乙药业股份有限公司（以下简称乙药业公司）。

被上诉人（原审原告）：江西某甲药业股份有限公司（以下简称甲药业公司）。

原审被告：福建莆田某药房连锁有限公司（以下简称药房公司）。

甲药业公司向一审法院起诉请求：1.判令乙药业公司、药房公司立即停止对甲药业公司享有的第1425456号、第11800770号“汇仁”商标专用权的侵害；2.判令乙药业公司、药房公司立即停止不正当竞争行为，即停止生产、销售，并召回已投放市场的与“汇仁”牌肾宝片包装装潢近似的“汇仁金匠”牌肾宝糖浆产品；3.判令乙药业公司、药房公司赔偿甲药业公司经济损失30万元；4.判令乙药业公司、药房公司承担甲药业公司为维权而支付的合理费用，包括公证费、律师费等费用暂计为2万元；5.判令乙药业公司在江西省具有影响力的报纸杂志上停止对“汇仁”商标的使用以及进行公开道歉。

汇仁制药有限公司2000年7月28日经申请获准注册了第1425456号“汇仁”商标，核定使用商品为第5类，包括医药制剂、药用胶囊、药物胶囊、胶丸（蜜丸）、口服液，后变更注册人为甲药业公司。甲药业公司还取得了第11800770号“汇仁”红色不规则封闭性云状商标、第8241394号“汇仁”不规则封闭式云状商

标，均核定使用商品第5类。2002年在中成药商品上的“汇仁”商标被认定为中国驰名商标。中药“肾宝片”的发明专利属于国家863科技计划研究成果，2009年起至今连续九年被认定为江西省著名商标。甲药业公司还取得了包装盒（肾宝片）的外观设计专利证书。为了培育“汇仁”品牌及提高企业知名度，2014年起甲药业公司投入大量资金在中央六套、浙江卫视、江苏卫视、湖南卫视等多家电视媒体的黄金时段进行宣传。

乙药业公司生产的“汇仁金匠”牌肾宝糖浆，通过药房公司在淘宝开设的大同行大药房旗舰店进行销售，“汇仁金匠”牌肾宝糖浆外包装中在显著位置突出使用的红色不规则封闭图案的白色“汇仁金匠”标识，仅仅比“汇仁”商标多了“金匠”二字。

“汇仁金匠”牌肾宝糖浆的外包装与“汇仁”牌肾宝片的外包装装潢相似。“汇仁”牌肾宝片外包装已经获得国家外观设计专利，该外观设计专利用于药品包装盒，设计要点在于色彩与图案的结合。包装盒的颜色为黑色；正面中上部为红色不规则封闭性云状图案封闭的白色“汇仁”标识；正面右边为白色字体的药品名、主治与功能，并用黄色实线予以分开；右边上部为“OTC”标识。“汇仁金匠”牌肾宝糖浆外包装的装潢是横向设计，但是设计风格、正面的排版与“汇仁”牌肾宝片的装潢基本一致。

2015年7月21日，案外人王某艳经申请获准注册了第14559730号“汇仁金匠”商标专用权，核定使用商品为第5类，包括补药、人用药、原料药、中药成药等。2017年4月14日，案外人王某艳、宋某广经申请获准注册了第19240075号“汇仁金匠”商标，核定使用商品为第5类，包括人用药、消毒剂、中药成药、医用营养品等。2016年7月29日案外人王某艳申请汇仁金匠加不规则封闭图案商标（申请号为20821080）被国家工商总局商标局驳回。2016年9月21日，案外人宋某广取得了药品包装盒（六味地黄胶囊）的外观设计专利证书。2017年11月23日宋某广的药品包装盒（六味地黄胶囊）被国家知识产权局专利复审委员会宣告无效。

甲药业公司支付律师代理费15000元，公证费1500元。

2018年7月12日，国家工商行政管理总局商标评审委员会宣告第14559730号“汇仁金匠”商标无效。同日，国家工商行政管理总局商标评审委员会宣告第19240075号“汇仁金匠 HuirenGoldsmith”商标无效。

裁判结果

一审判决：一、乙药业公司停止对涉案商标权的侵害；二、乙药业公司停止不正当竞争行为；三、乙药业公司赔偿甲药业公司经济损失12万元；四、乙药业公司承担维权的合理开支16500元；五、乙药业公司在江西省具有影响力的报刊上刊登声明，消除影响；六、药房公司立即停止销售并清理、销毁侵权产品；七、驳回甲药业公司的其他诉讼请求。

乙药业公司不服一审判决，提出上诉。二审判决：驳回上诉，维持原判。

裁判理由

二审法院认为，本案的争议焦点为：1. 本案以侵害注册商标专用权及不正当竞争纠纷案由审理是否准确；2. 乙药业公司的行为是否构成侵害注册商标专用权及不正当竞争；3. 如构成侵权，一审各项判决是否妥当。

一、关于本案以侵害注册商标专用权及不正当竞争纠纷案由审理是否准确的问题。本案中，甲药业公司向一审法院提出的事实与理由中，除认为乙药业公司可能构成侵害其商标专用权之外，还认为乙药业公司生产的肾宝糖浆的外包装与“汇仁”牌肾宝片的外包装装潢相似，涉嫌构成对其外观设计专利权的侵犯。即乙药业公司的违法行为无法完全由商标法调整的范围所覆盖，乙药业公司的商标违法行为由商标法调整，而以商标为载体、以外观为表现却未列入商标法调整范围的违法行为由反不正当竞争法予以补充调整，同案处理有利于案件事实的查明和纠纷的解决；同案处理也有利于减少当事人的讼累。且乙药业公司在接受本院询问时明确认可其对一审法院查明的事实并无异议，故本案以侵害注册商标专用权及不正当竞争纠纷案由审理并无不当。

二、关于乙药业公司的行为是否构成侵害注册商标专用权问题。乙药业公司生产的肾宝糖浆与甲药业公司生产的肾宝片属同类产品，均为OTC药品，主治功能亦相近。肾宝糖浆外包装在显著位置突出使用红色不规则封闭图案的白色“汇仁金匠”标识，与甲药业公司所享有的第11800770号“汇仁”商标在文字构成、称呼方面相同，含义亦无明显区分。该“汇仁”注册商标包括图案、文字、色彩三部分，其中白色楷体“汇仁”两字与红色不规则封闭性云状图案具有独特性及显著性，易使普通消费者产生混淆。因此，乙药业公司在肾宝糖浆外包装中使用“汇仁金匠”标识构成侵害注册专用权的侵权行为。关于其辩称“汇仁金匠”商标已由王洪艳于2017年4月14日取得注册进而主张自身经过王洪艳授权合法使用的问题。二审已经查明，国家工商行政管理总局商标评审委员会已裁定该商标无效，对乙药业公司认为不构成商标侵权的主张不予支持。

三、关于是否构成不正当竞争问题。甲药业公司提交的多项荣誉证书、广告宣传合同及销售额的专项审计报告，足以证明“汇仁”牌肾宝片属于“有一定影响”的商品。2015年1月14日，甲药业公司取得了肾宝片包装盒的外观设计专利证书。将涉案肾宝糖浆的包装与外观设计专利进行比对可以发现，肾宝片和肾宝糖浆的外包装都是黑底，正面中上部分为红色不规则封闭性云状图案封闭的白色“汇仁”或“汇仁金匠”；正面中上部为红色不规则封闭性云状图案封闭的白色“汇仁”标识；正面右边为白色字体的药品名、主治与功能，并用黄色实线予以分开；右边上部为“OTC”标识。以普通消费者的一般标准来看，其包装整体视觉效果与甲药业公司具有外观设计专利的包产品装近似，足以让相关公众认为二者之间存在特定关系，构成不正当竞争。关于乙药业公司所称其包装系正当使用宋文广的外观设计专利而来，不构成不正当竞争的问题。本案的案由系侵害注册商标专用权及不正当竞争纠纷，一审判决是对乙药业公司使用与甲药业公司享有外观设计专利权相近似的外包装是否构成侵害注册商标专用权及不正当竞争纠纷进行违法性评价，而非对其外包装是否侵害了甲药业公司外观设计专利权进行违法性评价，因此，尽管《专利法》第四十七条规定了“宣告专利权无效的决定，对……已经履行的专利实施许可合同和专利权转让合同不具有追溯力”，但并不妨碍一审法院认定其行为构成对他人注册商标专用权的侵害及不正当竞争。综上，对乙药业公司该上诉主张不予采信。

四、关于一审判项是否妥当的问题。一审中，甲药业公司并未举证证明其实际损失及乙药业公司侵权获益情况。因此，一审法院在认定乙药业公司构成侵害注册商标专用权及不正当竞争行为的基础上，综合考虑涉案商标的知名度情况、乙药业公司侵权行为持续的时间，侵权范围及情节等因素酌定乙药业公司承担12万元的赔偿并无明显不当。

要旨解析

本案系认定商标侵权及外观设计侵权构成不正当竞争行为的案例。被诉侵权人使用被诉侵权产品外包装构成商标权侵权、外观设计侵权，同时构成不正当竞争行为时，基于实质解决纠纷及减少当事人的讼累等因素的考虑，可以以侵害商标权及不正当竞争纠纷为案由受理案件。并且，虽然本案被诉侵权人经授权使用的专利权被宣告无效，但这对已经履行的专利实施许可合同和专利权转让合同不具有追溯力，亦不妨碍被诉侵权行为构成对他人注册商标专用权的侵害及不正当竞争。本案涉及以下问题：

一、宣告专利权无效的决定，对已经履行的专利实施许可合同和专利权转让合同不具有追溯力。《专利法》第四十七条第二款规定，宣告专利权无效的决定，对在宣告专利权无效前人民法院作出并已执行的专利侵权的判决、调解书，已经履行或者强制执行的专利侵权纠纷处理决定，以及已经履行的专利实施许可合同和专利权转让合同，不具有追溯力。但是因专利权人的恶意给他人造成的损失，应当给予赔偿。该条规定系基于社会经济秩序的稳定及维护交易安全性等考虑。本案中，对已经履行或者强制执行的专利权转让合同不具有追溯力，一般来讲是指，除显失公平、恶意等原因外，已支付的专利许可费用等不因专利权被宣告无效而返还。这一规定并非意味着，有第三人的许可授权，就构成当然不侵害他人专利权。

二、专利权即使合法有效，亦不影响被认定为侵害他人专利权。《最高人民法院关于审理侵犯专利权纠纷案件应用法律若干问题的解释（二）》第二十三条规定，被诉侵权技术方案或者外观设计落入在先的涉案专利权的保护范围，被诉侵权人以其技术方案或者外观设计被授予专利权为由抗辩不侵犯涉案专利权的，人民法院不予支持。根据该规定，被诉侵权产品技术方案或外观设计只要纳入在先的涉案专利权的保护范围，无论是否被授予专利权，都应被认定侵害涉案专利权。知识产权制度以保护在先权利、保护创新为目的，对本不应授予专利权的权利不应予以不当的保护，本案中，被诉侵权人被许可使用的专利权申请日在甲药业公司外观设计专利权申请日后，在先使用意指先于专利权申请日实施专利的行为，故专利被诉侵权人以专利权被无效对许可合同不具有溯及力及其属在先使用为由抗辩的主张并不能成立。

三、曾获专利授权不影响对被诉侵权人是否构成不正当竞争的评价。本案的案由为侵害商标权纠纷及不正当竞争，不正当竞争与侵害外观设计专利权的比对和评价方式不同，本案是对乙药业公司使用与甲药业公司享有外观设计专利权相近似的外包装是否构成侵害注册商标专用权及不正当竞争纠纷进行违法性评价，而非对其外包装是否侵害了甲药业公司外观设计专利权进行违法性评价，本案并不妨碍认定其行为构成对他人注册商标专用权的侵害及不正当竞争，被诉侵权人以专利权被无效对许可合同不具有溯及力为由抗辩亦不能成立。

编写人：宋　磊

二审合议庭成员：胡建文　丁保华　邹征优

13. 在知名度较高的商标中添加地理词汇并用于相同商品服务和企业字号，容易使公众产生误认的，构成商标侵权和不正当竞争行为

——某购物广场股份有限公司与江西某商贸有限公司侵害商标权、不正当竞争纠纷二审案

裁判要旨

1. 商标获准注册后，商标权人可以在全国范围内排除他人使用相同或近似的商标，不局限于商标权人已经从事商业活动领域。因此在知名度较高的商标中，添加地理词汇并用于相同或类似的商品服务上，容易使公众产生误认的，构成商标侵权。

2. 在他人已经积累知名度的注册商标上添加地理词汇，并将该文字组合作为企业名称中的字号使用，引人误认为两者存在特定联系，构成不正当竞争。

3. 侵权人的赔偿数额需要考虑其经营时间、经营规模、盈利情况、主观故意等因素综合确定。

案例索引

一审：江西省鹰潭市中级人民法院（2018）赣 06 民初 26 号民事判决

二审：江西省高级人民法院（2019）赣民终 21 号民事判决

基本案情

上诉人（一审原告）：某购物广场股份有限公司（以下简称购物股份公司）。

上诉人（一审被告）：江西某商贸有限公司（以下简称江西商贸公司）。

购物股份公司向一审法院提出诉讼请求：1. 江西商贸公司停止侵犯第 1715529 号“新华都”注册商标专用权，删除侵权宣传信息并拆除所有侵权标识；2. 江西商贸公司立即停止不正当竞争行为，删除企业名称中“新华都”字样；3. 江西商贸公司赔偿购物股份公司经济损失及为制止侵权行为所支付的合理开支共计 30 万元。

2002 年 2 月 14 日，新华都实业集团股份有限公司注册获得第 1715529 号“新华都”商标，核定服务项目（第 35 类）推销（替他人）。2015 年 8 月 20 日，第 1715529 号“新华都”注册商标注册人变更为购物股份公司，该商标注册有效期限续展至 2022 年 2 月 13 日。购物股份公司先后获得“中国改革开放三十年卓越企业”“福建省连锁经营协会副会长单位”“福建省餐饮文化促进会理事单位”“福建

省纳税人服务研究会优秀会员单位”等称号，分别获得“2015年全国诚信兴商创优示范单位”“2012年至2015年福建省著名商标”称号，在2014—2016年获得“全国商业连锁企业排名前百强”。2008年，购物股份公司在深交所成功上市（股票简称“新华都”）。购物股份公司在福建、江西、广东、江苏、上海、贵州等地设立冠以“新华都”商标的公司；在江西设立了“江西新华都购物广场有限公司”“赣州新华都购物广场有限公司”及6家门店。

2017年5月22日，贵溪市市场和质量监督管理局预先核准“江西新华都商贸有限公司”的企业名称。2017年6月5日，贵溪市市场和质量监督管理局向江西商贸公司发出《登记受理通知书》《准予设立登记通知书》，之后向江西商贸公司颁发营业执照。

2018年3月7日，购物股份公司的人员在江西商贸公司购买蒙牛未来星儿童有机奶2件，付款144元；同月9日，购物股份公司的人员在江西商贸公司购买香蕉、苗条装特仑苏1箱，付款72.1元。江西省贵溪市公证处（2018）赣鹰贵证内字第96号公证书载明“……于2018年3月9日上午来到贵溪市挂榜小区东100米城南象山集留市场门口，门口处上方写有‘江西新华都购物广场’、右侧挂有‘江西某商贸有限公司’牌子。在公证员的监督下，摄像人员对江西某商贸有限公司店面招牌及现状进行拍照，拍摄照片共8张。兹证明本公证书所附照片8张系现场拍照所得，与现实情况相符”。购物股份公司花费公证费1000元。该照片显示江西商贸公司店招为江西新华都购物广场。

另查明，江西商贸公司成立之前，其股东知悉福建有以“新华都”为字号的批发零售企业；江西商贸公司的营业面积为3200余平方米、月营业额约130万元。

裁判结果

一审判决：一、江西商贸公司立即停止侵害购物股份公司商标专用权的行为，于本判决生效后十五日内删除侵权宣传信息并拆除侵权标识；二、江西商贸公司立即停止不正当竞争行为，于本判决生效后十五日内变更含有“新华都”中文名字的企业名称；三、江西商贸公司于本判决生效后十五日内赔偿购物股份公司经济损失及合理支出共计2000元；四、驳回购物股份公司其他诉讼请求。

购物股份公司和江西商贸公司均不服一审判决，提出上诉。二审判决：一、维持一审判决第一项；二、撤销一审判决第四项；三、变更一审判决第二项为：江西商贸公司立即停止不正当竞争行为，于本判决生效后十五日内变更含有“新华都”文字的企业名称，变更后的企业名称不得含有“新华都”文字；四、变更一审判决第三项为：江西商贸公司于本判决生效后十五日内赔偿购物股份公司经济损失和为制止侵权行为所支付的合理开支共计8万元；五、驳回购物股份公司的其他诉讼请求。

裁判理由

二审法院认为，本案的争议焦点为：1. 江西商贸公司的被诉侵权行为是否侵害购物股份公司第1715529号“新华都”注册商标专用权；2. 江西商贸公司使用“新华都”企业字号是否构成不正当竞争；3. 如构成侵权，如何承担民事责任。

一、关于江西商贸公司的被诉侵权行为是否侵害购物股份公司第1715529号“新华都”注册商标专用权的问题。《商标法》第五十七条规定，未经商标注册人的许可，在同一种商品上使用与其注册商标近似的商标，或者在类似商品上使用与其注册商标相同或者近似的商标，容易导致混淆的行为，均属于侵犯注册商标专用权的行为。购物股份公司第1715529号“新华都”注册商标核定服务项目（第35类）推销（替他人），江西商贸公司在销售服务中突出使用“新华都”字样，容易导致购物股份公司的销售服务与江西商贸公司的销售服务发生混淆。因此，江西商贸公司的被诉侵权行为侵害了购物股份公司第1715529号“新华都”注册商标专用权。江西商贸公司有关其企业名称经市场和质量监督管理局审核、未侵害第1715529号“新华都”注册商标专用权的辩解，不属于《商标法》规定不侵害商标专用权的法定事由。

二、关于江西商贸公司使用“新华都”企业字号是否构成不正当竞争的问题。根据《反不正当竞争法》第六条之规定，江西商贸公司成立之前，其股东知悉福建有以“新华都”为字号的批发零售企业，其在申请企业字号中仍使用“新华都”字样，并经营与购物股份公司相同的零售批发百货业务，有攀附购物股份公司商誉的故意，扰乱市场竞争秩序，该行为构成不正当竞争。

三、关于如何承担民事责任的问题。原《侵权责任法》第十五条规定承担侵权责任的方式主要有停止侵害、赔偿损失等。因此，一审法院判令江西新华都商贸有限公司立即停止侵害新华都购物广场股份有限公司商标专用权的行为、立即停止不正当竞争行为，删除侵权宣传信息并拆除侵权标识、变更含有“新华都”中文名字的企业名称正确。就江西商贸公司赔偿购物股份公司经济损失和为制止侵权行为所支付的合理开支的确定。二审法院认为，2017年6月5日，江西商贸公司成立，营业面积为3200余平方米；2018年3月9日，购物股份公司实施证据保全；二审法院参考江西商贸公司卖场规模、侵权时间等情节，综合判定江西商贸公司赔偿购物股份公司经济损失和为制止侵权行为所支付的合理开支共计8万元。

要旨解析

本案主要涉及的主要法律问题为：在知名度较高的商标中添加地理词汇并用于相同的商品服务和企业字号是否构成商标侵权和不正当竞争行为以及如何确定侵权行为的赔偿数额。

一、关于在知名度较高的商标中添加地理词汇并用于相同的商品服务是否构成商标侵权行为的问题。商标获准注册后，商标权人可以在全国范围内排除他人使用相同或近似的商标，以避免消费者混淆的可能性。这种排除，并不局限于商标权人已经从事商业活动领域，只要在该注册商标核准使用的商品或者服务范围内均可排除他人使用。因此，即使注册商标只在部分地域享有较高知名度，在该注册商标上添加地理词汇并用于相同或近似的商品或者服务中，依然属于商标侵权行为。本案中，“新华都”在福建地区积累了较高知名度，而“江西新华都”与“新华都”在文字组合、读音上近似，容易使相关公众认为江西商贸公司系购物股份公司的子公司或者关联公司，从而产生误认，故江西商贸公司的被诉侵权行为侵害了购物股份公司第1715529号“新华都”注册商标专用权。

二、关于在他人已经积累知名度的注册商标上添加地理词汇，并将该文字组合作为企业名称中的字号使用是否构成不正当竞争行为的问题。我国商标注册与企业名称登记分属不同的部门管理，其程序、要求、审查采用不同的标准，往往存在将他人的注册商标登记为企业名称的情形，造成权利冲突。针对此种情形，我国《商标法》第五十八条规定，将他人注册商标作为企业名称中的字号使用，误导公众，构成不正当竞争行为的，依照《反不正当竞争法》处理。本案中，江西和福建为相邻省份，江西商贸公司的股东知悉福建有以“新华都”为商业标识的企业，其在申请企业字号中仍使用“新华都”字样，主观上江西商贸公司存在攀附购物股份公司商誉的故意，两者从事的均为零售批发百货业务，容易误导相关公众认为两者存在特定的联系，扰乱市场竞争秩序，江西商贸公司的行为构成不正当竞争。江西商贸公司不仅需要承担更改企业名称的民事责任，而且更改后的企业名称不得包含“新华都”字样。

三、关于如何确定侵权行为的赔偿数额的问题。江西商贸公司的行为构成商标侵权和不正当竞争，即江西商贸公司存在这种侵权行为，其需要承担两种侵权行为的赔偿损失责任。商标法和反不正当竞争法分别规定了赔偿损失的计算方法，因购物股份公司均无法举证江西商贸公司因侵犯所获得的利益，购物股份公司因侵犯所造成的损失，本案只能适用法定赔偿。法定赔偿需要考虑江西商贸公司存在的主观过错、成立的时间、经营面积、营业额，以及二种侵权行为等情节，二审法院酌定江西商贸公司赔偿购物股份公司经济损失和为制止侵权行为所支付的合理开支共计8万元，相较一审判决赔偿数额2000元予以大幅提升，有利于加大权利人的保护力度、大力打击不诚信的侵权行为。

编写人：胡建文

二审合议庭成员：邹征优　丁保华　胡建文

14. 注册的新公司名称中含原公司商标，容易使相关公众误认为新公司与原公司存在某种关联关系，属于不正当竞争

——深圳市某防水工程有限公司与江西某防水工程有限公司、万某侵害作品复制权、侵害商标权及不正当竞争纠纷二审案

裁判要旨

公司员工注册的新公司名称中含原公司的商标，容易使相关公众误认为新公司与原公司存在某种关联，构成不正当竞争。该公司员工的行为主观恶意明显，应与新公司承担连带赔偿责任。

案例索引

一审：江西省南昌市中级人民法院（2014）洪民三初字第40号

二审：江西省高级人民法院（2019）赣民终168号

基本案情

上诉人（原审原告）：深圳市某防水工程有限公司（以下简称深圳防水公司）。

上诉人（原审被告）：江西某防水工程有限公司（以下简称江西防水公司）。

被上诉人（原审被告）：万某。

深圳防水公司向一审法院起诉请求：1. 江西防水公司立即停止使用“蓝盾”字号，变更企业名称；2. 江西防水公司、万某立即停止在防水材料商品、店招、广告宣传中使用“”“蓝盾”“”或与之相近似的字样或标识的行为；3. 江西防水公司、万某连带赔偿深圳防水公司经济损失300万元，为制止侵权支出的合理费用5万元；4. 江西防水公司、万某在《江南都市报》上刊登声明以消除影响。

深圳防水公司依法取得美术作品著作权、美术作品著作权，第10152165号、第7540110号、第1704745号注册商标专用权。第10152165号商标核定使用商品（第2类）天然树脂；注册有效期自2013年9月7日至2023年9月6日。第7540110号“+蓝盾”核定使用商品（第19类）沥青、建筑用沥青产品、屋顶用沥青涂层、防水卷材、非金属耐火建筑材料、防火水泥涂料、石料黏合剂、防火用水泥涂盖层；注册有效期自2010年12月28日至2020年12月27日。第1704745号“+蓝盾+LANDUN”商标核定使用商品（第19类）

沥青、非金属建筑物、涂层（建筑材料）、石料黏合剂、防火水泥涂料、混凝土建筑构件、水泥、建筑石料。注册有效期自2002年1月15日至2022年1月27日。

2003年4月1日，深圳防水公司成立了深圳市某防水工程有限公司南昌分公司，经营范围是建筑防水工程。2010年公司名称变更为深圳市某防水工程有限公司江西分公司，公司负责人变更为万某。2011年2月8日、2012年3月2日，万某与深圳防水公司签订了《分公司承包经营合同》。2011年江西防水公司成立，万某任法定代表人，公司经营范围是建筑防水工程、防腐工程、保温工程；建筑防水材料，防腐材料、保温材料的销售。

2011年3月9日，万某向国家工商总局申请蓝盾之星及图商标，2012年3月14日注册公告，注册号9188996，核定使用商品（第19类）沥青、防水卷材等商品，专用期限自2012年3月14日至2022年3月13日。2011年7月27日，万某向国家工商总局申请蓝盾之星及图商标，申请号11264401，至今未获注册。2011年9月16日，万某向国家工商总局申请图形商标，2012年11月21日注册公告，注册号9969649，核定使用商品（第19类）地板、建筑灰浆、石膏、水泥、混凝土建筑构件、建筑用非金属砖瓦、防水卷材、非金属建筑材料、非金属建筑涂面材料、涂层（建筑材料）。2012年3月26日，万某向国家工商总局申请蓝盾之星及图商标，申请号10675093，至今未获注册。2012年3月30日，江西防水公司向国家工商总局申请蓝盾之星LANDUNSTAR DAL及图商标，2013年4月27日初审公告，2015年9月14日注册公告，注册号10707177，专用权期限为2013年7月28日至2023年7月27日，2017年5月13日该商标被宣告无效。

万某申请注册的9188996号“蓝盾之星及图商标”获注册公告后，深圳防水公司向国家工商总局商标局提出异议，经国家工商总局商标局审理，2013年5月31日裁定：“异议人（深圳防水公司）所提异议理由不成立，第9188996号（蓝盾之星及图商标）予以核准注册”。深圳防水公司对该裁定申请复审，经国家工商总局商标评审委员会审理，2015年3月12日裁定：被异议商标不予核准注册。万某对上述裁定（国家工商行政管理总局商标评审委员会商评字［2015］第23948号关于第9188996号“蓝盾之星及图”商标异议复审裁定）向北京知识产权法院提起诉讼，请求撤销被诉裁定，责令商标评审委员会重新作出裁定。北京知识产权法院于2015年4月28日受理后，经审理认为被诉裁定审查程序合法，认定事实清楚，适用法律正确，万某的诉讼请求缺乏事实和法律依据，不予支持。据此，于2017年4月17日作出（2015）京知行初字第2419号行政判决：“驳回万某的诉讼请求”。深圳防水公司和万某对该一审行政判决均未提起上诉。

2014年10月13日，深圳防水公司的委托代理人张某清向江西省南昌市洪城公证处申请对位于江西省南昌市青云谱区解放东路的“蓝盾之星 蓝盾防水”店的经营行为进行保全证据公证；同日，江西省南昌市洪城公证处公证员随同张某清来到江西省南昌市青云谱区解放东路的“蓝盾之星 蓝盾防水”店，由张某清对“蓝盾之

星 蓝盾防水”店的店面及店内进行拍照，并在店内索取了名片三张和宣传册七本，并对名片及宣传册进行拍照，江西省南昌市洪城公证处对上述证据保全行为出具了（2014）赣洪城证内字第 6880 号公证书。根据公证保全证的证据，江西防水公司在其经营场所及经营活动中，实施了下列行为：1. 在店面招牌、店面前台背景墙上使用“蓝盾之星及图商标”及“蓝盾之星”文字标识；2. 在门面玻璃上使用蓝盾之星文字及图形；3. 店内摆设的样品安全帽上印有蓝盾之星及图商标；4. 在公司七种产品宣传册上使用了与深圳防水公司的蓝盾 logo 相似的圆形图形标识；5. 在公司职员名片上使用与深圳防水公司的蓝盾 logo 相似的圆形图形标识和蓝盾文字标识和蓝盾之星文字标识。

裁判结果

一审判决：一、江西防水公司在南昌市工商行政管理局变更企业名称；二、江西防水公司立即停止侵犯深圳防水公司享有的美术作品著作权，美术作品著作权的使用权，第 10152165 号、第 7540110 号注册商标权的行为；三、江西防水公司赔偿深圳防水公司经济损失 8 万元；四、驳回深圳防水公司的其他诉讼请求。

深圳防水公司和江西防水公司均不服一审判决，提出上诉。二审判决：一、维持一审判决的第一项、第二项；二、撤销一审判决的第四项；三、变更一审判决的第三项为：江西防水公司、万某自本判决生效之日起十日内连带赔偿深圳防水公司经济损失 35 万元。

裁判理由

二审法院认为，本案争议焦点为：1. 江西防水公司、万某的行为是否侵害涉案作品著作权，是否侵害涉案注册商标权；2. 江西防水公司使用“蓝盾”为企业字号，是否构成不正当竞争；3. 如构成侵权，江西防水公司、万某应否连带赔偿深圳防水公司经济损失 50 万元。

一、关于江西防水公司、万某的行为是否侵害粤作登字 -2013-F00003094、粤作登字 -2014-F000033316 美术作品著作权，是否侵害第 10152165 号和第 7540110 号注册商标专用权的问题。依据日常生活经验，是以线条、色彩或者其他方式构成的有审美意义的绘画，属于著作权法规定的美术作品。粤作登字 -2013-F00003094《作品登记证书》记载的作者是深圳防水公司，首次制作时间是 2000 年 1 月 8 日；深圳防水公司成立日期为 2000 年 6 月 16 日。但本案中，深圳防水公司提交的粤作登字 -2014-F000033316《作品登记证书》记载的作者是深圳防水公司，首次制作时间是 2009 年 12 月 1 日，该含，可证明深圳防水公司在 2009 年 12 月 1 日之后享有美术作品著作权。因此，在江西防水公司、万某没有提供反证证明上述作品著作权不属于深圳防水公司的情形下，一审判决认定深圳防水公司享有美术作品著作权，应受我国《著作权法》保护正确。湖北蓝盾之星公司与万某分别于 2011 年 3 月 17 日、2012 年 3 月 2 日签订了《授权经销合同》，根据《授权经销合同》第九条（二）第 4 项的约定，万某有权使用湖北蓝盾之星公司产品的商标和标识。因此，在 2012 年 12 月 12 月 31 日之前，万某在合同约定的范围内使用美术作品不侵害深圳防水公司著作权。江西防水公司的成立日期为 2011 年 10 月 21 日，法定代表人万某，股东邓佳、万某。众所周知，立有江西防水公司牌匾之处即为其办事机构所在地。因此，公证保全的证据可以证实是江西防水公司在其店招和前台背景墙上使用被诉侵权标识，将被诉侵权标识与美术作品比对，两者区别在于江西防水公司的图形与文字标识没有中的文字下的下画线与英文“LANDUNSTAR”，因此江西防水公司使用与近似的标识，侵害了美术作品著作权。江西防水公司在其门面玻璃上、七种产品宣传册、公司职员名片上使用了一种图形标识，该标识与深圳防水公司的美术作品在整体构图上的区别只在于江西防水公司使用的图形为圆形，而深圳防水公司的美术作品是方形，因此应认定江西防水公司在门面玻璃、产品宣传册、职员名片上使用的圆形图形标识与深圳防水公司的美术作品近似，侵害了美术作品著作权。

深圳防水公司为第 10152165 号、第 7540110 号、第 1704745 号注册商标注册人，其享有的注册商标专用权受法律保护。2011 年 3 月 9 日，万某以江西防水公司店招和前台背景墙上使用的标识申请注册第 9188996 号商标。经深圳防水公司异议，国家工商总局商标评审委员会审查认为第 9188996 号商标中的文字“蓝盾之星”与深圳防水公司拥有的第 1704745 号、第 7540110 号商标在呼叫、文字构成等方面近似，第 9188996 号商标中的图形上在表现手法、设计风格、构图特点等方面均较为近似，整体上难以区分，因此该商标与深圳防水公司拥有的上述商标构成近似。2015 年 3 月 9 日，国家工商总局商标评审委员会裁定第 9188996 号商标不予核准注册。万某申请的第 9188996 号商标核定使用的沥青、防水卷材等商品与深圳防水公司的第 7540110 号、第 1704745 号注册商标核定使用的沥青、防火水泥涂料、防水卷材等商品在功能、用途、销售对象、销售场所、销售渠道等方面相近，属于同一种或类似商品，万某申请第 9188996 号商标与深圳防水公司的上述两商标共存于市场易导致相关公众对商品来源产生混淆和误认。因此万某申请的第 9188996 号商标与深圳防水公司的第 7540110 号、第 1704745 号商标构成使用在同一种或类似商品上的近似商标。2012 年 3 月 30 日，江西防水公司申请第 10707177 号商标；2017 年 5 月 13 日，国家工商总局宣告第 10707177 号商标无效。第 10707177 号商标与深圳防水公司的第 10152165 号商标在表现手法、设计风格、构图特点等方面均相似，整体上难以区分。《商标法》第五十七条规定，未经商标注册人的许可，在同一种商品上使用与其注册商标近似的商标，或者在类似商品上使用与其注册商标相同或者近似的商标，容易导致混淆的行为，均属于侵犯注册商标专用权的行为。万某以其承包的深圳防水公司江西分公司与湖北蓝盾之星公司授权销售蓝盾防水产品的店面处于同一经营场所，在江西防水公司成立前，店招已经在使用，与江西防水公司无关；万某与深圳防水公司、湖北蓝盾之星公司合作关系终止后，深圳防水公司未要求万某或江西防水公司拆除店招和背景墙上的相关标识，未要求江西防水公司变更字号，不存在侵权的主观恶意。对此，本院认为，万某与深圳防水公司、湖北蓝盾之星公司的合作关系终止，万某即无权以任何方式使用“蓝盾”文字和标识，万某和江西防水公司以曾经的合作关系及合作方未要求拆除相关标识抗辩不构成侵权的理由不能成立。在商标使用许可期限内，万某注册成立江西防水公司，江西防水公司、万某并且申请注册与深圳防水公司注册商标近似的商标；在商标使用许可期满后，江西防水公司与万某在江西防水公司的店招、前台背景墙等处使用“蓝盾之星蓝盾之星及图”等行为，容易导致江西防水公司与深圳防水公司的产品发生混淆，侵害了深圳防水公司第10152165号和第7540110号注册商标专用权。

二、关于江西防水公司使用“蓝盾”为企业字号，是否构成不正当竞争的问题。《商标法》第五十八条规定将他人注册商标作为企业名称中的字号使用，误导公众，构成不正当竞争行为的，依照《反不正当竞争法》处理。《反不正当竞争法》第二条规定，经营者在市场交易中，应当遵循自愿、平等、公平、诚信的原则，遵守公认的商业道德。万某在其担任深圳市某防水工程有限公司江西分公司负责人期间，使用蓝盾字号成立江西防水公司，江西防水公司的经营范围与深圳防水公司江西分公司的经营范围都是建筑防水工程；江西防水公司、万某申请注册商标，使用相关标识易导致相关公众对江西防水公司与深圳防水公司的产品来源产生混淆和误认，或者足以引人误认为江西防水公司与深圳防水公司存在特定联系。江西防水公司和万某的上述行为构成不正当竞争。

三、关于江西防水公司、万某应否连带赔偿深圳防水公司经济损失50万元的问题。原《侵权责任法》第十五条规定承担侵权责任的方式主要有停止侵害、赔偿损失等。因此，一审法院判令江西防水公司立即停止侵害深圳防水公司著作权、商标专用权行为，变更含有“蓝盾”文字的企业名称正确。万某注册成立江西防水公司，江西防水公司、万某并且申请注册与深圳防水公司注册商标近似的商标等行为，江西防水公司、万某具有共同侵权的故意，原《侵权责任法》第八条规定二人以上共同实施侵权行为，造成他人损害的，应当承担连带责任。就江西防水公司赔偿深圳防水公司经济损失的确定，二审法院认为，江西防水公司、万某既侵害深圳防水公司著作权、商标权，又成立江西防水公司进行不正当竞争，其侵权情节较为严重，故一审法院判赔数额偏低，二审法院综合侵权行为的性质、期间、情节及主观因素等，调整为江西防水公司、万某连带赔偿深圳防水公司经济损失35万元。

要旨解析

本案主要涉及的法律问题为，如何认定公司员工注册的新公司名称含原公司商标是否构成不正当竞争以及如何确定民事责任承担。

一、关于认定公司员工注册的新公司名称含原公司商标是否构成不正当竞争的问题。实践中，存在公司员工利用授权经销关系，在获得公司产品的商标和标识后，在授权使用期间，公司员工在原公司所在地的其他地方恶意注册含有原公司商标的新公司的现象。公司员工明知原公司的商标，却在注册新公司的名称中含有原公司的商标，明显具有攀附原公司商标商誉的故意，误导公众认为新公司与原公司存在特定联系，违背了基本的诚信原则，扰乱了正常的市场秩序，属于不正当竞争行为。本案中，万某在其担任深圳防水公司江西分公司负责人期间，成立的江西防水公司中含有“蓝盾”字样，而“蓝盾”是深圳防水公司系列注册商标的主要识别部分，且江西防水公司的经营范围与深圳防水公司的经营范围相同，容易使相关公众误认为江西防水公司与深圳防水公司存在关联关系，引起误认，江西防水公司的行为构成不正当竞争。

二、关于公司股东是否需要连带承担民事责任的问题。侵权人的侵权行为的分类存在单独侵权与共同侵权的区分。共同侵权是指，加害人为二人或二人以上共同侵害他人合法民事权益造成损害，加害人应当承担连带责任和侵权行为。共同侵权行为须有两个或两个以上主体，包括两个或两个以上的自然人和法人或者非法人单位构成的情形。知识产权案件侵权责任的承担，除停止侵权外，还需要承担赔偿损失等民事责任。关于赔偿数额的确定，应综合考虑侵权人的主观过错程度、侵权的方式、侵权持续时间、侵权公司经营规模以及权利人的维权合理费用等。多个侵权行为的，应当一并计算赔偿金额。公司股东对于公司的侵权行为具有明显的主观恶意，侵权情节严重的，应当与公司一并承担连带赔偿责任。本案中，万某注册成立江西防水公司，江西防水公司、万某申请注册与深圳防水公司注册商标近似的商标等行为，具有共同的主观恶意，根据《民法典》第一千一百六十八条，二人以上共同实施侵权行为，造成他人损害的，应当承担连带责任。江西防水公司、万某构成共同侵权，根据《民法典》的相关规定应当承担连带责任。江西防水公司、万某既侵害深圳防水公司著作权、商标权，又成立江西防水公司进行不正当竞争，应当对多个侵权行为承担赔偿责任。且江西防水公司、万某的侵权情节较为严重，综合侵权行为的性质、期间、情节及主观因素等，应给予相对较高的赔偿数额，因此二审法院赔偿数额从 8 万元增加到 35 万元。特别是，让公司股东万某承担连带赔偿责任，让侵权者付出高昂的代价，有利于遏制严重的恶意侵权行为。

编写人：胡建文

二审合议庭成员：刘建玲　丁保华　邹征优

15. 在驰名商标中添加修饰词，并用于相同或类似产品，容易使相关公众产生误认的，构成商标侵权

——某厨卫股份有限公司与赣州市章贡区某洁具经销部侵害商标权及不正当竞争纠纷二审案

裁判要旨

1. 在驰名商标中添加修饰词，但修改前后两商标的主要构成、读音都近似或相同，并将添加修饰词后的商标使用在同一类或类似的商品上的行为，构成商标侵权；但若未和具体商品联系，或联系的商品与驰名商标附着的商品有显著差异，则不属于商标侵权行为。

2. 在驰名商标中添加字词，但新形成的文字组合和驰名商标区分不大，且新形成的文字组合作为企业名称的字号使用，考虑到驰名商标具有广泛知晓性，应当给予更广更强的保护，因此该类混淆行为构成不正当竞争。

3. 对于驰名商标的侵权责任承担与赔偿金额，应当考虑侵权人主观恶意程度、侵权方式、侵权行为持续时间、侵权人经营规模、商标的知名度以及权利人合理维权开支等多种因素。

案例索引

一审：江西省赣州市中级人民法院（2019）赣 07 知民初 68 号

二审：江西省高级人民法院（2020）赣民终 368 号

基本案情

上诉人（原审原告）：某厨卫股份有限公司（以下简称厨卫公司）。

上诉人（原审被告）：赣州市章贡区某洁具经销部（以下简称洁具经销部）。

厨卫公司向一审法院起诉请求：1. 洁具经销部在门店招牌、店内装潢及相关经营水暖卫浴、洁具及商品上停止使用“九牧王”标识；2. 洁具经销部立即停止使用“赣州市章贡区某洁具经销部”个体工商户名称的不正当竞争行为；3. 洁具经销部赔偿厨卫公司经济损失及为制止侵权行为所支出的合理费用共计 5 万元。

经国家市场监督管理总局核准，1997 年 10 月 7 日，福建省南安市丰富轻工机械厂注册了第 1117525 号“九”商标，核定使用商品类别（第 11 类）：卫生用水管

设备、喷水器、水管龙头、配水龙头、沐浴用设备等，续展注册有效期至2027年10月6日。2010年12月30日，厨卫公司成立。经营范围为研发、生产及销售卫浴洁具配套产品（水龙头、电子洁具、卫生陶瓷、钢盆、管件、淋浴房、淋浴屏、阀门、花洒、软管、橱柜、五金及配件、五金制品、家具、塑料制品、日用器具），销售金属制品、非金属矿物制品（不含煤炭）、橡胶制品、陶瓷制品、智能电子产品等。2004年11月14日，九牧集团有限公司注册了第3489226号“九牧”商标，核定使用商品（第11类）：水龙头、喷水器、水管调制开关、洗室（抽水马桶）、洗盆（卫生设备部件）、浴室装置、卫生器械和设备、小便池等，续展注册有效期至2024年9月13日。2006年5月28日，九牧集团有限公司注册了第4044548号“JOMOO九牧”商标，核定使用商品类别为第11类，续展注册有效期至2026年5月27日。经核准，2014年9月13日，厨卫公司受让第1117525号、第3489226号和第4044548号商标。商标评审委员会在商评字［2011］第31150号裁定中认定在龙头、浴室装置商品上的“JOMOO九牧”商标为驰名商标。北京市高级人民法院（2017）京民终51号民事判决书认定“JOMOO九牧”商标构成驰名商标。因此，经过十余年生产销售和广告宣传，厨卫公司的“”“九牧”“JOMOO九牧”三个商标在市场上有一定影响力，其中“JOMOO九牧”商标是福建省知名商标，曾被认定为驰名商标，在国内卫浴洁具市场享有较高知名度。

2000年5月21日，泉州市兴达轻工（集团）有限公司注册了第1400267号“”商标，核定使用商品（第6类）：金属插销、金属门闩、金属窗钩、金属门把手、五金器具等。经核准，2014年10月27日，香港九兴达卫浴洁具公司受让了该商标，续展注册有效期至2020年5月20日。2016年1月1日，香港九兴达卫浴洁具公司将第1400267号注册商标“”授权给兴达公司使用，使用期限自2016年1月1日至2020年5月20日。2005年12月28日，泉州市兴达轻工（集团）有限公司注册了第3921014号“”商标，核定使用商品（第11类）。2014年10月27日，香港九兴达卫浴洁具有限公司受让了第3921014号“”商标，续展注册有效期至2025年12月27日。2017年1月10日，香港九兴达卫浴洁具公司将该商标授权给兴达公司使用，使用期限自2017年1月10日至2025年12月27日。

洁具经销部为个体工商户，注册成立于2002年6月6日，经营范围为：水暖器材、电器、日用百货批发、零售等。其门店招牌为两个商标“”“”拆分、组合而成的两行图形文字，其中，两个图形排列在招牌的左端（上下各一个），第一行另有“九牧王”三个文字，如图：，第二行还有“JOXOD卫浴赣州总代理”的文字。洁具经销部店内墙壁上装饰有“”“”商标图形。洁具经销部制作的销售单（格式）第一行以粗体字注明了“卫浴洁具总代理”的图形文字。

2018年11月6日，厨卫公司的委托代理人陈某在福建省泉州市海峡公证处公证员、公证员助理的监督下来到江西省赣州市章贡区龙都云山路、门店名称为“九牧王卫浴赣州总代理”的商店，对该商店门面及周围进行了拍照，然后进入该店，对店内的部分场景进行拍照，并在该店购买了一个水龙头，陈某以刷卡方式支付货款250元。回到公证处，陈某对上述商品、“九牧王卫浴洁具总代理”单据、中国工商银行刷卡单据进行了拍照，共拍得照片十五张，拍照过程均由公证员和公证员助理现场监督。上述商品拍照后由公证员和公证员助理进行封存。2019年2月22日，福建省泉州市海峡公证处出具了（2019）闽泉海证内字第1287号公证书。

裁判结果

一审判决：一、洁具经销部在未标注“”商标核定使用商品是第6类即“五金”类的情形下，停止使用将“”商标、“”商标、“卫浴”和“赣州总代理”拆分、组合的图形文字作为其门店招牌，限于判决生效之日起十日内执行；二、洁具经销部在未标注“”商标核定使用商品是第6类即“五金”类的情形下，停止将“”商标悬挂在其店内墙壁上，限于判决生效之日起十日内执行；三、洁具经销部于判决生效之日起十日内停止使用标注了“卫浴洁具总代理”图形文字的销售单（格式）；四、洁具经销部于判决生效之日起十日内赔偿厨卫公司经济损失及为制止侵权行为所支付的合理开支共计10000元；五、驳回厨卫公司的其他诉讼请求。

厨卫公司，洁具经销部均不服一审判决，提出上诉。二审判决：一、撤销一审判决；二、洁具经销部于本判决生效之日起立即停止在龙头包装盒及龙头产品销售单使用“”标识、立即停止在龙头产品包装袋上使用“”标识；三、洁具经销部于本判决生效之日起不得使用同时含“九牧”“卫浴”文字的门店招牌；四、洁具经销部于本判决生效之日起不得使用同时含“‘九牧’+‘洁具’”文字的企业名称；五、洁具经销部于本判决生效之日起十日内赔偿厨卫公司经济损失及为制止侵权行为所支付的合理开支共计25000元；六、驳回厨卫公司的其他诉讼请求；七、驳回洁具经销部的上诉请求。

裁判理由

二审法院认为，本案的争议焦点为：1.洁具经销部在经营活动中使用第1400267号“”标识是否侵害厨卫公司注册商标专用权；2.洁具经销部将厨卫公司的“九牧”系列商标中的文字“九牧”注册为企业字号并使用的行为是否构成不正当竞争；3.如构成侵权，如何确定赔偿责任。

一、关于洁具经销部在经营活动中使用第1400267号“”标识是否侵害厨卫公司注册商标专用权的问题。本案证据证明，洁具经销部的经营范围为水暖器材、电器、日用百货批发、零售，其实际经营产品主要为龙头、软管、卫生纸架、马桶刷等商品。第1400267号“”商标核定使用商品（第6类）金属插销、金属门闩、金属窗钩、金属安全链、金属门把手、家具用金属附件、金属工具柄、五金器具、挂锁、钥匙。洁具经销部销售的龙头属于《类似商品和服务区分表》第11类，与厨卫公司第1117525号“”、第3489226号“九牧”、第4044548号“JOMOO九牧”注册商标（以下简称该三个商标为“九牧”系列商标）核定使用商品相同，被诉侵权龙头的显著位置标注“”的行为应当视为商标法意义上的使用。该“九牧王”标识和厨卫公司的“九牧”系列注册商标相比，两者主要文字读音相同、构成近似，容易使消费者误认标注“九牧王”的龙头是厨卫公司生产的龙头系列中的高端产品，从而产生混淆，故洁具经销部销售龙头的包装盒显著位置标注“”的行为，侵害了厨卫公司的注册商标专用权。同理，洁具经销部销售龙头使用的包装袋标识“”、龙头销售单标识“”的行为，亦侵害了厨卫公司的注册商标专用权。

洁具经销部的门店招牌为，相关公众以一般注意力往往将其判断为洁具经销部销售标识“九牧王”“JOXOD”的卫浴产品，厨卫公司的“九牧”系列商标核定使用商品（第11类）主要是卫浴产品，很明显洁具经销部的门店招牌凸显“九牧王”字样，包含广告宣传“九牧王”卫浴产品的行为，容易使消费者误认洁具经销部销售的产品来源厨卫公司，洁具经销部使用的行为侵害了厨卫公司的注册商标专用权。

二、关于洁具经销部将厨卫公司的“九牧”系列商标中的文字“九牧”注册为企业字号并使用的行为是否构成不正当竞争的问题。《商标法》第五十八条规定：“将他人注册商标、未注册的驰名商标作为企业名称中的字号使用，误导公众，构成不正当竞争行为的，依照《反不正当竞争法》处理。”本案中，洁具经销部的全称为“赣州市章贡区某洁具经销部”，“九牧王”是字号、“洁具”是行业。洁具经销部自认从2000年起即与兴达公司建立经销关系，洁具经销部用于抗辩的注册商标变更证明证实兴达公司与厨卫公司同处于福建省南安市，兴达公司及其销售商应知晓厨卫公司的注册商标及其在卫浴洁具行业的知名度，故洁具经销部在选择企业名称时应更加谨慎，以避免消费者混淆误认。洁具经销部跨类使用“‘九牧王’字号+‘洁具’行业”作为企业名称，有攀附厨卫公司卫浴产品声誉的主观故意，故洁具经销部登记注册企业名称并以“赣州市章贡区九牧王洁具经销部”销售卫浴产品的行为极易使相关公众与厨卫公司经营卫浴产品的行为产生混淆，违反了《反不正当竞争法》第六条，构成不正当竞争。同理，洁具经销部使用门店招牌的行为，亦构成不正当竞争。洁具经销部店内装潢使用“”标识，其下方主要产品是毛巾架、晾衣架、卫生纸架、马桶刷。现实生活中毛巾架、晾衣架按照功能或用途可能使用于浴室、卧室、办公室，甚至晾晒于室外，距厨卫公司请求保护的卫浴产品存在模糊地带，因实体经济受经营场所限制，不宜将洁具经销部店内装潢使用“”标识评判为商标侵权或者不正当竞争。同理，洁具经销部店内前台装潢使用“”标识，未与具体的商品来源相关联，亦不宜将洁具经销部店前台装潢使用“”评判为商标侵权或者不正当竞争。

三、关于洁具经销部的赔偿责任如何确定的问题。由于洁具经销部的行为既构成商标侵权，又构成不正当竞争。根据《商标法》第六十三条第三款，权利人因被侵权所受到的实际损失、侵权人因侵权所获得的利益、注册商标许可使用费难以确定的，由人民法院根据侵权行为的情节判决给予五百万元以下的赔偿。根据《最高人民法院关于审理商标民事纠纷案件适用法律若干问题的解释》第十六条第二款，在确定赔偿数额时，应当考虑侵权行为的性质、期间、后果，商标的声誉，商标使用许可费的数额，商标使用许可的种类、时间、范围及制止侵权行为的合理开支等因素综合确定。根据《最高人民法院关于审理不正当竞争民事案件应用法律若干问题的解释》第十七条第一款，确定不正当竞争行为的损害赔偿额，可以参照确定侵犯注册商标专用权的损害赔偿额的方法进行。洁具经销部故意使用“九牧王”销售卫浴洁具，其虽如实陈述产品来源于兴达公司，但不符合《商标法》第六十四条不承担赔偿责任的情形。本案中，因双方当事人均未提交证据证明厨卫公司的实际损失以及洁具经销部所获利益，本院综合考虑洁具经销部的侵权主观恶意、商标侵权和不正当竞争两种侵权行为、侵权持续时间、经营规模、厨卫公司“九牧”系列商标的知名度以及厨卫公司的合理维权开支等因素，一审法院酌定的赔偿数额可适当调高。

要旨解析

本案主要涉及的法律问题为：一、如何认定在驰名商标中添加修饰词是否构成商标侵权；二、如何认定将驰名商标添加修饰词后的文字组合用于企业字号是否构成不正当竞争；三、如何认定侵权责任承担。

一、如何认定在驰名商标中添加修饰词是否构成商标侵权。其主要判断点在添加修饰词后的商标与驰名商标是否能够在文字构成、发音等方面表现明显的区别。如在本案中，该“九牧王”标识和厨卫公司的“九牧”系列注册商标相比，两者主要文字读音相同、构成近似，容易使消费者误认标注“九牧王”的龙头是厨卫公司生产的龙头系列中的高端产品，从而产生混淆，故洁具经销部销售龙头的包装盒显著位置标注“”的行为，侵害了厨卫公司的注册商标专用权。同理，洁具经销部销售龙头使用的包装袋标识“”、龙头销售单标识“”的行为，亦侵害了厨卫公司的注册商标专用权。洁具经销部的门店招牌为，相关公众以一般注意力往往将其判断为洁具经销部销售标识“九牧王”“JOXOD”的卫浴产品，厨卫公司的“九牧”系列商标核定使用商品（第11类）主要是卫浴产品，很明显洁具经销部的门店招牌凸显“九牧王”字样，包含广告宣传“九牧王”卫浴产品的行为，容易使消费者误认洁具经销部销售的产品来源厨卫公司，洁具经销部使用为门店招牌的经营行为侵害了厨卫公司的注册商标专用权。但若商标仅作店内装潢使用，未与具体商品联系，或所联系的商品与驰名商标的附着商品仍有显著差异，则不构成商标侵权。因此本案中，洁具经销部店内装潢使用“”“”标识不构成商标侵权。

二、如何认定将驰名商标添加修饰词后的文字组合用于企业字号是否构成不正当竞争。其主要判断点依旧在添加修饰词后的文字组合能否和驰名商标区分开。在本案中，“九牧”和“九牧王”仅一字之差，其主要构成和驰名商标的文字显然是“九牧”二字。而“九牧”作为驰名商标，应当受到更宽泛和更强劲的保护。洁具经销部的全称为“赣州市章贡区某洁具经销部”，“九牧王”是字号、“洁具”是行业。洁具经销部自认从2000年起即与兴达公司建立经销关系，洁具经销部用于抗辩的注册商标变更证明证实兴达公司与厨卫公司同处于福建省南安市，兴达公司及其销售商应知晓厨卫公司的注册商标及其在卫浴洁具行业具有较高的知名度，故洁具经销部在选择企业名称时应更加谨慎，以避免消费者混淆误认。洁具经销部跨类使用“‘九牧王’字号+‘洁具’行业”作为企业名称，有攀附厨卫公司卫浴产品声誉的主观故意，故洁具经销部登记注册企业名称并以“赣州市章贡区九牧王洁具经销部”销售卫浴产品的行为极易使相关公众与厨卫公司经营卫浴产品的行为产生混淆，构成不正当竞争。同理，洁具经销部使用门店招牌的行为，亦构成不正当竞争。

三、如何认定侵权责任承担。侵害他人商标权，除承担停止侵权等民事责任外，还需要承担赔偿损失，商标法规定了四种赔偿方式，一为商标权利人因侵权所获得的损失，二为侵权人因侵权所获得的利益，三为参考涉案商标的许可费，四为法定赔偿。实践中，前面三种赔偿方式的举证比较困难，98%以上的案件均适用法定赔偿。法定赔偿也需要参考涉案商标的知名度，侵权人的主观过错程度，侵权的方式，侵权行为的持续时间、侵权公司经营规模、受侵害商标的知名度以及权利人的维权合理费用等，作出相对合理的赔偿数额。本案中，涉案商标为驰名商标，且侵权公司规模较大，侵权行为时间较长，应给予相对较高的赔偿数额，因此二审增加了赔偿数额。

编写人：胡建文

二审合议庭成员：罗　伟　邹征优　胡建文

16. 外观设计专利侵权案件中产品设计空间小的，一般认定被诉侵权设计不纳入涉案专利权的保护范围

——鹤山市某家具有限公司与吴某文、萍乡经济技术开发区某家具行侵害外观设计专利权纠纷二审案

裁判要旨

认定一般消费者对于外观设计所具有的知识水平和认知能力时，一般应考虑被诉侵权行为发生时授权外观设计所属相同或者相近种类产品的设计空间。设计空间较大的，可以认定一般消费者通常不容易注意到不同设计之间的较小区别；设计空间较小的，可以认定一般消费者通常更容易注意到不同设计之间的较小区别。

案例索引

一审：江西省南昌市中级人民法院（2015）洪民三初字第47号

二审：江西省高级人民法院（2016）赣民终165号

基本案情

上诉人（一审被告）：鹤山市某家具有限公司（以下简称家具公司）。

被上诉人（一审原告）：吴某文。

被上诉人（一审被告）：萍乡经济技术开发区顺昌家具行（以下简称萍乡家具行）。

吴某文向一审法院起诉请求：1. 判令家具公司立即停止制造、销售、许诺销售侵害吴某文外观设计专利权的行为；2. 判令萍乡家具行立即停止销售、许诺销售侵害吴某文外观设计专利权的行为；3. 判令两被告销毁现存的全部侵权产品；4. 判令家具公司、萍乡家具行赔偿因侵权行为给吴某文造成的经济损失及吴某文因处理本案支付的调查等相关费用总计15万元。

吴某文于2013年4月11日申请了一种名为"沙发（3SF01）"的外观设计专利，授权公告日为2013年9月4日。该专利的设计要点为：产品由椅面板、靠背板和左右两个扶手框构成，椅面板与背靠板之间基本垂直，扶手框与上述两板垂直，整体造型方正。椅面板镂空呈栅栏状，底部四个角各有一长方形垫块；背靠板呈框形正中支一竖板，该竖板两端及中部略窄；左右扶手框对称，从左视图看，扶手左上角圆润分两层，内层角略向左上侧扬起，外层角呈一四分之一圆弧并光滑过渡到内层

扶手，扶手前段下有一上粗下细的支柱，扶手上表面外轮廓近似长方形，表面契合手臂弧线略有起伏，另有若干浮雕图案。

2014 年 9 月 24 日，赣州市文华佳瑞家具实业有限公司委托钟某康向江西省南康市公证处申请对购买仿冒其外观设计专利的行为进行证据保全。2014 年 9 月 29 日，公证员周某祥与公证工作人员刘某燕与钟某康、郑某利、杨某一同来到江西省萍乡市经济技术开发区博昌国际家具建材广场三楼“盛世东方”店内，由钟某康、郑某利对店内相关家具进行了选购，并对选购产品进行了拍照。周某祥对部分购买过程进行了录音，并对店内产品进行了摄像，取得盛世东方尊尚金胡桃系列画册一本、顺利精品家私专用订货合约一份（包括被诉产品 2801# 床，定金 3 万元）、机打发票一张（金额 13000 元）、银行 POS 刷卡存根一张（金额 3 万元）。江西省南康市公证处出具了（2014）赣虔康证内字第 782 号公证书。

被诉侵权产品反映在画册图片（P9–P10）中的设计要点为：产品由椅面板、靠背板和左右两个扶手框构成，椅面板与背靠板之间基本垂直，扶手框与上述两板垂直，整体造型方正。背靠板呈框形正中支两竖板；左右扶手框对称，从左视图看，扶手左上角圆润分两层，内层角略向左上侧扬起，外层角呈一四分之一圆弧并光滑过渡到内层扶手，扶手前段下有一上粗下细的支柱，扶手上表面外轮廓近似长方形，表面契合手臂弧线略有起伏，另有若干浮雕图案。

此外，家具公司亦有外观设计“沙发（2803）”专利，设计人系家具公司原法定代表人葛某表，专利申请日 2013 年 6 月 19 日，授权公告日 2013 年 11 月 20 日。被诉侵权产品系其专利产品。

裁判结果

一审判决：一、家具公司立即停止制造、销售、许诺销售侵害涉案专利权的产品；二、萍乡家具行立即停止销售、许诺销售侵害涉案专利权的产品；三、家具公司、萍乡家具行连带赔偿吴某文经济损失 5 万元；四、驳回吴某文的其他诉讼请求。

家具公司不服一审判决，提出上诉。二审判决：一、撤销一审判决；二、驳回吴某文的诉讼请求。

裁判理由

二审法院认为，本案的争议焦点为：家具公司的行为是否对涉案专利构成侵权。

关于根据吴某文提交的证据材料能否判断家具公司构成专利侵权。一审中，吴某文提交的江西省南康市公证处出具的（2014）赣虔康证内字第 782 号公证书载明，在“盛世东方”店面取得了一本盛世东方尊尚金胡桃系列画册，该画册即为家具公司印制，可以认定被诉侵权沙发为家具公司生产销售。作为同为木质种类沙发的被诉侵权产品设计方案与吴某文专利图片相比，其整体结构都有扶手、靠背、底座，设计要点集中于沙发扶手及其外部造型。从左视图看，二者扶手左上角圆润分两层，内层角略向左上侧扬起，外层角呈弧形并光滑过渡到内层扶手，扶手前段下有一上粗下细的支柱，扶手上表面外轮廓近似长方形，表面契合手臂弧线略有起伏，另有若干浮雕图案。但二者区别在于被诉侵权产品扶手厚度明显较厚，且扶手外层角明显呈一椭圆的四分之一弧。该种设计给人以大气、厚重、结实的美感。《最高人民法院关于审理侵犯专利权纠纷案件应用法律若干问题的解释（二）》第十四条的规定："人民法院在认定一般消费者对于外观设计所具有的知识水平和认知能力时，一般应当考虑被诉侵权行为发生时授权外观设计所属相同或者相近种类产品的设计空间。设计空间较大的，人民法院可以认定一般消费者通常不容易注意到不同设计之间的较小区别；设计空间较小的，人民法院可以认定一般消费者通常更容易注意到不同设计之间的较小区别"。针对本案情况，沙发的造型设计空间较小，应当认定一般消费者通常更容易注意到设计空间已很小的涉案沙发扶手及其外部造型之间的细小区别。家具公司被诉侵权沙发扶手及其外部造型的设计有别于吴某文专利，应当认定二者不构成近似，且家具公司系按其专利生产沙发，本案被诉侵权产品未纳入吴某文专利保护范围，不构成对吴某文名为"沙发（3SF01）"的外观设计专利的侵犯。吴某文认为二者近似，家具公司构成对其专利权的侵犯的主张不能成立。原判认定构成专利侵权不当，应予改判。

要旨解析

本案反映了在外观设计专利侵权判定中对产品设计空间大小因素的考量。《最高人民法院关于审理侵犯专利权纠纷案件应用法律若干问题的解释（二）》第十四条规定，人民法院在认定一般消费者对于外观设计所具有的知识水平和认知能力时，一般应当考虑被诉侵权行为发生时授权外观设计所属相同或者相近种类产品的设计空间。设计空间较大的，人民法院可以认定一般消费者通常不容易注意到不同设计之间的较小区别；设计空间较小的，人民法院可以认定一般消费者通常更容易注意到不同设计之间的较小区别。

一、设计空间。我国专利法及其司法解释中并未明确设计空间的概念。一般认为，设计空间，是指设计者在创作某种产品外观设计时的自由度，故设计空间又可被称为设计自由度，反映的是产品设计的差异范围。设计空间的大小是一个相对的概念，也会随着技术的发展而变化，设计空间大小的认定影响着外观设计的整体视觉效果，是外观设计专利权侵权判断的重要考虑因素。

二、设计空间对外观设计专利权侵权判断的影响。《最高人民法院关于审理侵犯专利权纠纷案件应用法律若干问题的解释》第八条规定，在与外观设计专利产品相同或者相近种类产品上，采用与授权外观设计相同或者近似的外观设计的，人民法院应当认定被诉侵权设计落入专利法规定的外观设计专利权的保护范围。一般来讲，设计空间大，产品的外观设计则形式多样、风格迥异，一般消费者就更不容易注意到比较细小的设计差别，则一般认为构成近似设计，落入涉案专利权的保护范围，可能被认定为外观设计专利侵权。相反，设计空间小，则产品设计必然存在较多的相同或者相似之处，一般消费者通常会注意到不同设计之间的较小区别，一般认为不构成近似，不落入涉案专利权的保护范围，不构成外观设计专利侵权。

三、设计空间大小的判定。特定产品设计空间大小的考虑因素主要有产品功能、现有设计、技术发展、认识观念、设计标准等，某些情况下突破产品功能限制的改变会导致设计空间的变化。对于现有设计密集的产品，一般认定设计空间较小。不同技术发展阶段，设计空间的认定标准亦不相同。此外，特别需要说明的是，设计空间的大小与认定该外观设计产品的一般消费者对同类或者相近类产品外观设计的知识水平和认知能力具有密切关联。如，在现有技术发展情况下，一般消费者认为，汽车轮胎的功能为保护车轮，便于汽车良好移动等，故一般设计为圆形，其设计自由度主要体现在轮胎大小、薄厚及花纹设计等处，可认定轮胎的设计空间较小。

编写人：宋　磊

二审合议庭成员：刘建玲　丁保华　骆丽玲

17. 专利侵权案件中即使查明存在制造者，销售者合法来源抗辩亦不当然成立

——吴某发等与邓某明等侵害发明专利权纠纷二审案

裁判要旨

1. 合法来源抗辩需要同时满足两个成立要件：一是侵权产品使用者、销售者不知道其使用、许诺销售或销售的是未经专利权人许可而制造并售出的专利侵权产品；二是侵权产品有合法来源。前一要件一般由权利人举证侵权者知道或者应当知道其所使用、许诺销售或者销售的是未经许可的侵权产品；后一要件由侵权产品的使用者或销售者承担举证责任。

2. 合法来源是指通过合法的销售渠道、通常的买卖合同等正常商业方式取得产品。代卖商品，未通过公开销售渠道、未支付对价，不符合合法来源抗辩适用条件。

案例索引

一审：江西省景德镇市中级人民法院（2017）赣02民初43号

二审：江西省高级人民法院（2018）赣民终78号

基本案情

上诉人（原审被告）：邓某明。

上诉人（原审被告）：李某，邓某明之妻。

上诉人（原审原告）：吴某发。

上诉人（原审原告）：余某1。

上诉人（原审原告）：余某2。

吴某发等3人向一审法院起诉请求：1. 判令邓某明、李某立即停止侵害吴某发等3人专利权的行为，停止生产制造、销售并销毁专利侵权产品；2. 判令邓某明、李某赔偿吴某发等3人损失以及吴某发等3人为调查、制止侵权行为所支付的合理费用共计326715元。

吴某发等3人于2012年7月26日向国家知识产权局申请了名称为“一种刻瓷的制作方法以及用该方法制作的金丝珐琅彩刻瓷”的发明专利，该专利申请于2014年12月10日被授权公告，专利权人吴某发等3人按规定缴纳了年费，该专利权至今有效。

2016年8月4日，江西省景德镇市景德公证处出具了（2016）赣景德证内字第5268号公证书，吴某发等3人于2016年8月1日申请对其购买金丝珐琅彩刻瓷过程进行现场保全公证，并向该处提供了身份证、专利证书等文件，其中记载：2016年8月3日上午，公证员沈某与公证工作人员杨某、申请人余某来到景德镇市樊家井古玩城一排御瓷苑店内，由余某以消费者身份在该店内购买了瓷瓶二只（瓷瓶名称详见销货凭证复印件）。购买人余某向销售人员支付了2100元后，该店销售人员当场开具了销货凭证一张（编号001890），同时余某还向销售人员索取了名片一张。余某购物过程由本公证员和公证人员杨某现场监督进行，上述整个购买过程均进行了现场拍照。购买结束后，公证员对所购物品进行了封签。后附销货凭证的内容为，货号名称：金丝珐琅彩刻瓷，单价：1050，数量：2，金额：2100，备注收到金丝珐琅彩刻瓷2100元，该凭证上盖有邓某明印章，联系电话后面备注了李某。名片上也印有邓某明和李某的联系方式。

2016年8月31日，江西省景德镇市景德公证处出具了（2016）赣景德证内字第6028号公证书，吴某发等3人的委托代理人余某于2016年8月24日来到该处，申请对其微信聊天过程进行现场保全公证，并向该处提供了身份证、专利证书等文件。根据该份公证书中的内容，邓某明表示其供货量可达200个每月，生产方制造涉案产品时间为2年多，涉案产品销售价格为1050元。微信名为“御瓷苑”的真实身份为邓某明。

根据2016年12月2日在邓某明、李某经营场所所作谈话笔录，邓某明表示销售杨某行生产瓷器的数量不清楚，并且与杨某行的合作没有账本记录。在第一次庭审时邓某明自认涉案陶瓷由杨某行供货，数量记不清，双方之间没有书面协议，都是口头约定，销售没有账本记录。

另查明，吴某发等3人主张为案件支付律师费20000元，公证费、打印费、图片费等共计5235元。吴某发等3人的专利许可费每年为20万元。邓某明、李某为夫妻关系，实际共同经营店铺。邓某明、李某经营的店铺为个体工商户，经营者为邓某明，经营范围为陶瓷零售，成立核准日期为2008年9月4日，经营期限为2008年9月6日至2012年9月5日。

邓某明、李某销售的被诉侵权金丝珐琅彩刻瓷系二审法院（2018）赣民终33号侵害发明专利权案中当事人杨某行、郑某供货，上述判决已确认杨某行、郑某采用的刻瓷制作方法构成对吴某发等3人的“一种刻瓷的制作方法以及用该方法制作的金丝珐琅彩刻瓷”发明专利权的侵权。

裁判结果

一审判决：一、邓某明、李某立即停止侵害涉案专利权的行为，停止销售并销毁专利侵权产品；二、邓某明、李某赔偿吴某发、余某1、余某2经济损失及维权合理开支共计3万元；三、驳回吴某发、余某1、余某2的其他诉讼请求。

邓某明、李某、吴某发、余某1、余某2均不服一审判决，提出上诉。二审判决：驳回上诉，维持原判。

裁判理由

二审法院认为，本案争议焦点为：1.邓某明、李某销售被诉侵权金丝珐琅彩刻瓷是否构成对吴某发等3人专利权的侵权；2.如果构成侵权，赔偿数额如何确定。

一、关于邓某明、李某销售被诉侵权金丝珐琅彩刻瓷是否构成对吴某发等3人专利权侵权的问题。根据查明的事实，邓某明、李某销售的被诉侵权金丝珐琅彩刻瓷系案外人杨某行、郑某供货，该被诉侵权产品已被江西省高级人民法院（2018）赣民终33号民事判决认定为侵权产品，依据专利法第十一条第一款规定，邓某明、李某销售、许诺销售的行为构成对吴某发等3人专利权的侵权。

二、关于民事责任如何承担的问题。本案邓某明、李某称其与杨某行系货架租赁关系、代卖关系，提交租赁合同、银行转账记录证明，但租赁合同仅提供了复印件，无法与原件进行核对，一审法院结合其庭审中的自认，对租赁关系不予认定并无不当；邓某明、李某主张代卖关系，说明其自杨某行处进货未通过公开销售渠道、未支付对价，不符合《专利法》第七十条的适用条件，其不应承担赔偿责任的理由不能成立，对其该项上诉主张不予支持。关于赔偿数额，一审法院适用法定赔偿，参考诸因素后确定邓某明、李某赔偿吴某发等3人经济损失及维权合理开支3万元并无不当。

要旨解析

本案系在专利侵权案件中可能查明存在制造者情形下，如何认定销售者合法来源抗辩是否成立的案例。《专利法》第七十七条规定，为生产经营目的使用、许诺销售或者销售不知道是未经专利权人许可而制造并售出的专利侵权产品，能证明该产品合法来源的，不承担赔偿责任。《最高人民法院关于审理侵犯专利权纠纷案件应用法律若干问题的解释（二）》第二十五条规定，为生产经营目的销售不知道是未经专利权人许可而制造并售出的专利侵权产品，且举证证明该产品合法来源的，对于权利人请求停止销售行为的主张，人民法院应予支持。

从上述规定可知，销售者合法来源抗辩的成立，需要同时满足被诉侵权产品具有合法来源这一客观要件和销售者无主观过错这一主观要件。关于客观要件，被诉侵权产品具有合法来源是指销售者通过合法的进货渠道、通常的买卖合同等正常商业方式取得所售产品，销售者应当提供符合交易习惯的相关证据。关于主观要件，销售者应证明其实际不知道且不应当知道其所售产品系制造者未经专利权人许可而制造并售出。其中，“不知道”是指销售者实际没有认识到所售产品是未经专利权人许可而制造并售出，表明销售者为善意。“不应当知道”是指销售者已经尽到合理注意义务，对于实际不知道所售产品是未经专利权人许可而制造并售出的事实主观上没有过失。故专利侵权纠纷中销售者合法来源抗辩的主观要件可归纳为善意且无过失。

关于销售者是否具有过失的证明责任分配，司法实践中已达成共识，一般而言，如果销售者能够证明其遵从合法、正常的市场交易规则，取得所售产品的来源清晰、渠道合法、价格合理，其销售行为符合诚信原则、合乎交易惯例，则销售者已经恪尽作为诚信经营者应负的合理注意义务，可推定其主观上无过失。此时，应由专利权人提供相反证据。在此基础上，如果专利权人提供的证据能够初步证明销售者知道或应当知道所售产品系未经专利权人许可而制造并售出这一事实具有较高可能性的，则销售者应当进一步举证，此时销售者除应证明其遵循合法、正常的市场交易规则之外，还应证明其已经对所售产品是否为经专利权人许可而制造并售出给予必要注意，否则应认定其主观上具有过失，未能满足合法来源抗辩之"善意无过失"的主观要件。

本案中，邓某明、李某主张合法来源抗辩，称其指出了被诉侵权产品的来源，不应承担赔偿责任。邓某明、李某应证明被诉侵权产品系通过正常商业方式取得，且邓某明、李某销售行为为善意且无过失。但本案邓某明、李某提供的证据不能证明租赁关系确实存在，不能证明其系通过公开销售渠道、支付了合理对价取得被诉侵权产品，即使杨某某承认货物系自己生产，因本案不符合合法来源抗辩的适用条件，合法来源抗辩亦不成立。综上，即使查明了被诉侵权产品的制造者，亦有可能因销售者不满足合法来源抗辩的主观或者客观要件，而导致合法来源抗辩不成立。

编写人：宋　磊

二审合议庭成员：杜玉东　丁保华　邹征优

18. 专利侵权案件中购买产品制造另一产品的，可认定为销售者，购买“三无”产品的，该销售者主张的合法来源抗辩不成立

——某厨卫股份有限公司与泉州某卫浴有限公司、青山湖区某水暖经营部侵害外观设计专利权纠纷二审案

裁判要旨

1. 将侵犯外观设计专利权的产品作为零部件，制造另一产品并销售的，应当认定属于专利法规定的销售行为，但侵犯外观设计专利权的产品在该另一产品中仅具有技术功能的除外。

2. 被诉侵权产品销售者虽然通过正常商业渠道、以合理对价购买了被诉侵权产品，但如购买的是“三无”产品，主观上存在过失，之后在产品上标注其自身商标进行销售的，不符合合法来源抗辩条件。

案例索引

一审：南昌铁路运输中级法院（2018）赣 71 民初 102 号

二审：江西省高级人民法院（2018）赣民终 633 号

基本案情

上诉人（一审原告）：某厨卫股份有限公司（以下简称厨卫公司）。

被上诉人（一审被告）：泉州某卫浴有限公司（以下简称卫浴公司）。

被上诉人（一审被告）：青山湖区某水暖经营部（以下简称水暖经营部）。

九牧厨卫向一审法院起诉请求：1. 判令卫浴公司立即停止生产、销售、许诺销售侵犯其“花洒（67）”外观设计专利权（以下简称涉案专利权）产品的侵权行为；2. 判令水暖经营部立即停止销售、许诺销售侵犯涉案专利产品的侵权行为；3. 判令卫浴公司、水暖经营部赔偿厨卫公司经济损失及为制止侵权行为所支出的合理费用 3.5 万元。

福建西河卫浴科技有限公司于 2015 年 1 月 14 日申请“花洒（67）”外观设计专利，2015 年 6 月 10 日获得授权。2015 年 11 月 10 日，厨卫公司依法取得该外观设计专利的排他使用许可，且有权以自己名义维权。

2016 年 11 月 1 日，厦门领逸商务咨询有限公司受厨卫公司委托向厦门市公证

处申请证据保全公证。2016 年 12 月 4 日，厨卫公司的委托代理人李某财来到江西省香江建材城广场标示为“迪欧达卫浴”的商铺，以普通消费者身份现金购买了组合式淋浴器一套，并取得收款收据一张，李某财同时从该商铺取得名片一张。购买行为结束后，李某财对该场所门面外观进行了拍照，共取得照片一张。2017 年 1 月 21 日，厦门市公证处出具了（2017）厦证内字第 3471 号公证书。

另查明，南安仑苍中国水暖城存在商户销售无商标花洒的情况。涉案 5 套花洒系卫浴公司于 2016 年 8 月 12 日从水暖城周协定水暖配件店采购，单价 24.6 元。周协定水暖配件店出具了一张编号为 0005288 的《宁波洁利洁具有限公司销售清单》，该清单上记载销售“9 寸带清洗 5 套，单价 24.6 元，合计 123 元”，清单底部为周协定的经营地址“福建省南安仑苍镇中国水暖城二期 16 幢 1 号”及银行账号。卫浴公司采购之后，再在花洒上喷印其公司的商标“DOUDA”进行销售。2016 年 9 月 28 日，卫浴公司向水暖经营部销售涉案花洒 5 套，单价 275 元。为印证之前到周协定水暖配件店采购花洒的行为，2018 年 8 月 3 日，卫浴公司法定代表人游华勇的委托代理人俞某才到南安公证处，申请前往福建省南安仑苍镇中国水暖城二期 16 幢 1 号店名为“洁利洁具”的经营店购买花洒的过程进行保全证据公证。2018 年 8 月 6 日 9 时 34 分，南安公证处公证员苏某、陈某与俞某才来到“洁利洁具”经营店，俞某才购买花洒 5 套，并当场取得该店出具的 0000260 号《宁波洁利洁具有限公司销售清单》一张及中国工商银行福建省分行《总行消费通知》一张。该销售清单载明，“9 寸带清洗 5 套，单价 23.4 元，合计 123 元”，该店销售人员当场交付了上述花洒。南安公证处为此出具（2018）闽南证民字第 1132 号公证书。

再查明，卫浴公司成立于 2015 年 11 月 26 日，企业类型为有限责任公司，经营范围为：浴洁具、五金配件等。卫浴公司系“DOUDA”商标的申请人，该商标国际分类为第 11 类，专用权期限自 2013 年 8 月 21 日至 2023 年 8 月 20 日。

厨卫公司在一审庭审中提交了公证处封存的被诉侵权产品“花洒”。被诉侵权产品与涉案专利进行比对，可以确认两者的相同特征如下：从主视图看，上半部分为一圆台面，中间为一圆，其外分布 4 圈圆孔，以中轴线对称分布，最上部由内向外呈“2-3-5-5”，其余由内向外呈“2-3-4-4”扇形分布，后盖为光滑弧面；在向握柄端方向为一凸起的活动开关，形状为部分椭圆；下半部分为握柄，握柄与出水面处为一下凹面与一斜切面，呈倾斜的“L”过渡面；握柄与出水面呈一定角度倾斜。厨卫公司主张被诉侵权产品设计与涉案专利设计相同。

裁判结果

一审判决：一、卫浴公司、水暖经营部停止销售、许诺销售侵害涉案专利权的产品；二、卫浴公司、水暖经营部连带赔偿厨卫公司维权合理开支 1000 元；三、驳回厨卫公司的其他诉讼请求。

厨卫公司不服一审判决，提出上诉。二审判决：一、维持一审判决第一项；二、撤销一审判决第三项；三、变更一审判决第二项为卫浴公司、水暖经营部连带赔偿厨卫公司经济损失及维权合理开支3000元；四、驳回厨卫公司的其他诉讼请求。

裁判理由

二审法院认为，本案争议焦点为：1. 卫浴公司、水暖经营部的行为是否构成对涉案外观设计专利权的侵犯；2. 如构成侵权，本案合法来源能否成立。

一、关于卫浴公司、水暖经营部的行为是否构成对涉案外观设计专利权侵犯的问题。《最高人民法院关于审理侵犯专利权纠纷案件应用法律若干问题的解释》第十二条的规定，将侵犯外观设计专利权的产品作为零部件，制造另一产品并销售的，人民法院应当认定属于《专利法》第十一条规定的销售行为，但侵犯外观设计专利权的产品在该另一产品中仅具有技术功能的除外。本案卫浴公司并非将花洒单独销售，而是将其作为组合式淋浴器的一部分，搭配水龙头、不锈钢硬管和软管以及装配零件一并销售，其行为仍属于销售。根据查明的事实，被诉侵权产品与案涉专利整体外观相近似，故卫浴公司、水暖经营部的行为侵犯了涉案外观专利权。

二、关于合法来源抗辩能否成立的问题。卫浴公司自周协定水暖店购买“三无”被诉侵权产品花洒，主观上存在过失，之后在花洒上标注其商标DOUDA进行销售，不符合《专利法》第七十条规定的免除赔偿责任的条件，其合法来源抗辩不能成立。水暖经营部仅提供2016年9月28日《迪欧达卫浴有限公司销售单》，其合法来源抗辩依据不足。

要旨解析

本案系认定专利侵权案件中购买产品制造另一产品的主体为销售者及购买“三无”产品的销售者主张的合法来源抗辩不成立的典型案例。实践中销售者购买他人生产的产品用于制造自己生产的产品并销售的情形十分常见，而如果其购买的他人生产的产品是侵权产品，该制造销售行为则可能构成侵权行为。销售者通常会以合法来源进行抗辩以避免承担赔偿责任，但该抗辩理由能否成立需要考量多个因素。

首先，关于将他人生产的侵权产品用于制造自己生产的产品并销售的行为是否构成侵权的问题。根据《最高人民法院关于审理侵犯专利权纠纷案件应用法律若干问题的解释》第十二条的规定，将侵犯外观设计专利权的产品作为零部件，制造另一产品并销售的，人民法院应当认定属于《专利法》第十一条规定的销售行为，但侵犯外观设计专利权的产品在该另一产品中仅具有技术功能的除外。另外，当该产品仅是在另一产品的内部予以使用，或者即使被使用在外部，也仅仅是被“组装”或“镶嵌”到另一产品上，从外观上很难看到或者仅看到部分面，也不能认定为“销售行为”。本案中，卫浴公司从案外人水暖配件店采购花洒后，喷印自己公司的商标，将其作为组合式淋浴器的一部分，与水龙头、不锈钢硬管和软管以及装配零件对外组合销售，并非将花洒单独销售，因此其行为仍属于销售行为，符合《最高人民法院关于审理侵犯专利权纠纷案件应用法律若干问题的解释》第十二条的规定，构成侵权行为。

其次，关于专利侵权案件中销售者的合法来源抗辩是否成立问题。对于合法来源抗辩需要考量多个因素，第一，在专利侵权案件中，对制造者的责任及对销售者的责任的判定是有区别的，合法来源抗辩制度的设立初衷在于打击侵权源头，通常对制造者责任的判定较销售者而言更重，制造者无资格提出合法来源抗辩。对于发明或者实用新型专利权而言，将专利产品作为零部件制造另一产品后并销售该另一产品的行为属于《专利法》第十一条规定的销售行为；而对于外观设计专利来说，将外观设计专利产品作为零部件制造另一产品后并销售的行为通常也会被认定为销售行为，可主张合法来源抗辩。第二，合法来源抗辩成立需要满足产品购自正常商业渠道等客观要件和销售者等善意且无过失的主观条件，二者缺一不可。“三无”产品属于违法销售的产品，购买“三无”产品至少可以认定购买产品时主观上存在过失，故一般应认定不符合善意且无过失这一主观条件，合法来源抗辩不成立。本案中，迪欧达自周协定水暖店购买“三无”被诉侵权产品花洒，主观上存在过失，之后在花洒上标注其商标 DOUDA 进行销售，不符合《专利法》第七十七条规定的免除赔偿责任的条件，其合法来源抗辩不能成立。另外，水暖经营部仅提供 2016 年 9 月 28 日《迪欧达卫浴有限公司销售单》，其合法来源抗辩依据不足。

编写人：宋　磊

二审合议庭成员：丁保华　邹征优　胡建文

19. 为了从源头上防止侵害外观设计专利权行为的再次发生，侵权人需要销毁制造被控侵权产品模具

——宁波某环境科技有限公司与江西省某塑料制品有限公司侵害外观设计专利权纠纷二审案

裁判要旨

1. 侵犯他人外观设计专利权的，不仅要承担停止制造、销售涉案外观设计专利权产品的行为以及赔偿专利权人的合理损失，而且要销毁生产被诉侵权产品的生产模具，防止侵权人再次生产被诉侵权产品，从源头上阻止侵权行为的发生。

2. 侵犯外观设计专利权案件中，权利人的损失、侵权人获得的利益和专利许可使用费均难以确定的，应从外观设计专利的市场价值、侵权行为的性质、情节以及为制止侵权的合理支出等方面综合确定侵权赔偿数额。

案例索引

一审：江西省南昌市中级人民法院（2019）赣 01 民初 249 号

二审：江西省高级人民法院（2019）赣民终 726 号

基本案情

上诉人（原审原告）：宁波某环境科技有限公司（以下简称环境科技公司）。

被上诉人（原审被告）：江西省某塑料制品有限公司（以下简称塑料制品公司）。

环境科技公司向一审法院起诉请求：1. 塑料制品公司停止侵犯 ZL201830334971.9 号专利权的行为；2. 塑料制品公司销毁所有侵权产品及模具；3. 塑料制品公司赔偿环境科技公司经济损失 44.59 万元，维权合理费用 5.41 万元，合计 50 万元。

2018 年 6 月 27 日，吴某斌向国家知识产权局申请名称为“新风分支箱”的外观设计专利，专利号为 ZL201830334971.9，授权公告日为 2018 年 11 月 09 日。2018 年 10 月 8 日环境科技公司缴纳了涉案专利的第一年年费，涉案专利至今有效。2019 年 2 月 18 日，吴某斌与环境科技公司签订独占许可协议，授权环境科技公司自专利授权公告之日起享有涉案专利技术使用权。且有权以自己的名义追究包括授权书签署之日前的侵权行为，并获得相应赔偿。

2019 年 3 月 4 日，环境科技公司的委托代理人刘某遥到浙江省杭州市西湖区公

证处（以下简称西湖公证处），申请对收取快递、浏览手机聊天记录等行为进行证据保全；委托代理人与公证员一起到杭州市莫干山路 231 号大厦一楼，在西湖公证处公证员鲁某佳的现场监督下，收取了编号为 294843991××× 的顺丰快递 1 件，并使用手机扫码支付了快递费 30 元，公证员对取件过程进行拍照。随后，由委托代理人拆封该快递、查验并拍照，之后由前述公证员对该快递物品进行封装并拍照。上述拍照行为均使用西湖公证处提供的拍照设备，共取得照片 21 张。同日，在前述公证员、西湖公证员王某的监督下环境科技公司的委托代理人使用自备手机（品牌：iPhone）查看微信号“jia13433789×××”与微信号“wangmeihong20080×××”的微信聊天记录，并使用 iPhone 手机自带录屏功能对浏览过程进行了录屏，得录屏资料一段，由公证员鲁某佳将前述录屏资料导出至计算机后刻录至空白光盘并密封。封装物品交由环境科技公司的委托代理人保管。2019 年 3 月 15 日浙江省杭州市西湖公证处出具（2019）浙杭西证民字第 1688 号公证书。

另查明，塑料制品公司成立于 2018 年 9 月 3 日，企业类型为有限责任公司，经营范围为日用塑料制品、五金工具、电动工具、户外休闲用品（不含木竹制品）的制造、加工、销售；家用电器制造、销售。

一审庭审中，环境科技公司明确塑料制品公司是被控侵权产品的制造商、销售商，塑料制品公司也认可被控侵权产品由其生产、销售的。将被控侵权产品与环境科技公司专利产品进行比对。环境科技公司主张被控侵权产品设计与环境科技公司专利设计构成相同：1. 二者整体形状相同，均包括中间的分支部分和顶面的 1 个进风接头、左右和下面的 7 个出风接头，其中出风接头左右两面各 2 个，下面 3 个。2. 二者分支部分均为对称结构，左右两侧的分支向下略弯曲，下侧的分支为 3 条独立管状。3. 二者分支部分四角均有“口”字型凸起结构。4. 二者进风接头均为直径最大的接头，7 个出风接头结构完全相同，出风接头底端一侧有凸起呈“一”字型的旋钮，顶端两侧均有“一”字型卡扣，出风接头内均有圆形风量调节板。环境科技公司认为被控侵权产品与涉案专利属于相同产品，整体外观相同，落入涉案专利保护范围，构成侵权。塑料制品公司认为两者颜色不同，其他相同。

裁判结果

一审判决：一、塑料制品公司自本判决生效之日起立即停止制造、销售侵犯专利号为 ZL201830334971.9 外观设计专利权产品的行为；二、塑料制品公司自本判决生效之日起 10 日内赔偿环境科技公司经济损失及合理费用 20000 元；三、驳回环境科技公司的其他诉讼请求。

环境科技公司不服一审判决，提出上诉。二审判决：一、维持一审判决第一项；二、撤销一审判决第三项民事判决；三、变更一审判决第二项为：塑料制品公司自本判决生效之日起 10 日内赔偿环境科技公司经济损失及为制止侵权行为所支付的合理开支合计 60000 元；四、塑料制品公司自本判决生效之日起 10 日内销毁被控侵权产品生产模具。

裁判理由

二审法院认为，本案的争议焦点为：1. 塑料制品公司是否需要销毁制造被控侵权产品模具；2. 塑料制品公司赔偿环境科技公司的经济损失及合理维权开支数额如何确定。

环境科技公司是 ZL201830334971.9 号外观设计专利的独占实施许可人。涉案专利处于有效状态，应予以保护。经过一审法院比对，被控侵权产品设计、涉案专利设计在整体视觉效果上无差异，被控侵权产品侵犯了涉案专利的专利权。涉案专利 2018 年 6 月 27 日提出申请，授权公告日为 2018 年 11 月 9 日；2019 年 2 月 18 日，环境科技公司与专利权人签订独占许可协议，自专利授权公告之日起享有涉案专利技术使用权，且有权以自己的名义追究包括授权书签署之日前的侵权行为，并获得相应赔偿。塑料制品公司提出新疆启明环保陈总 2019 年 2 月 1 日向其订购被控侵权产品，具有在先使用权的理由不能成立。

一、关于塑料制品公司是否需要销毁制造被控侵权产品模具的问题。塑料制品公司生产的被控侵权产品侵犯了环境科技公司的涉案外观设计专利，应承担停止销售、排除妨碍、赔偿损失等民事责任。二审询问时，塑料制品公司认可其具有制造被控侵权产品的模具，环境科技公司也提出了销毁制造被控侵权产品模具的请求。二审法院认为，为严格知识产权保护，防止利用现有模具再次侵权，有必要销毁制造被控侵权产品的模具。对环境科技公司提出销毁制造被控侵权产品模具的上诉请求予以采纳。

二、关于塑料制品公司赔偿环境科技公司的经济损失及合理维权开支数额如何确定的问题。根据《专利法》第六十五条“侵犯专利权的赔偿数额按照权利人因被侵权所受到的实际损失确定；实际损失难以确定的，可以按照侵权人因侵权所获得的利益确定。权利人的损失或者侵权人获得的利益难以确定的，参照该专利许可使用费的倍数合理确定。赔偿数额还应当包括权利人为制止侵权行为所支付的合理开支。权利人的损失、侵权人获得的利益和专利许可使用费均难以确定的，人民法院可以根据专利权的类型、侵权行为的性质和情节等因素，确定给予一万元以上一百万元以下的赔偿。”规定，二审法院综合考虑以下因素：1. 塑料制品公司不仅是被控侵权产品的销售者，而且是被控侵权产品的生产者；2. 二审期间环境科技公司提供的两份证据证明，截至 2019 年 12 月 20 日，塑料制品公司在 1688 网站进行许诺销售被控侵权产品，但不能证明塑料制品公司销售被控侵权产品数量巨大；3. 被控侵权产品售价 100 元左右；4. 环境科技公司为本案支付律师费 5.26 万元、公证费 0.15 万元等合理支出，以及涉案专利类型、塑料制品公司侵权行为的性质、情节等，酌定塑料制品公司赔偿环境科技公司经济损失及为制止侵权行为所支付的合理开支合计 6 万元。对环境科技公司提出一审判赔过低的上诉请求部分采纳。

要旨解析

本案主要涉及的法律问题主要有两个，一个为如何确定是否需要判决销毁制造被控侵权产品的模具；另一个为如何确定外观设计专利案件的赔偿数额。

一、关于如何确定是否需要判决销毁制造被控侵权产品的模具。随着机械化工业化水平的提升，很多工业产品通过模具制造，这有助于工业产品产量的大幅提高和成本的降低。在专利侵权案件中，为了预防侵权的再次发生，专利权人往往请求法院判决销毁制造被控侵权产品的模具。模具的造价往往较高，工业产品的单价相对于模具而言较低，人民法院在确定是否需要销毁制造被控侵权产品的模具时应持审慎态度。《最高人民法院关于当前经济形势下知识产权审判服务大局若干问题的意见》第15条针对是否需要销毁制造侵权产品的模具进行了原则性规定，即根据当事人的诉讼请求、案件的具体情况和停止侵害的实际需要，可以明确责令当事人销毁制造侵权产品的专用材料、工具等，但采取销毁措施应当以确有必要为前提，与侵权行为的严重程度相当，且不能造成不必要的损失。首先，需要明确的是，模具是制造侵权产品的工具之一，属于民事责任承担中停止侵害的一种方式。其次，需要权利人提出销毁制造被控侵权产品模具的诉讼请求，并举证证明侵权人是被控侵权产品的制造者，侵权人有制造被控侵权产品的模具。再次，需要根据侵权人侵权的主观过错、侵权行为的严重程度、制造被控侵权产品模具的作用等具体情况综合判断是否需要销毁模具。本案中，环境科技公司提出了销毁制造被控侵权产品的诉讼请求，塑料制品公司自认被控侵权产品由其制造且有相应的模具。鉴于塑料制品公司不仅是被控侵权产品的销售商，还是制造商；一审判决停止侵权后，塑料制品公司继续销售被控侵权产品等严重情节，二审法院判决塑料制品公司销毁制造被控侵权产品的模具。这体现了人民法院严格知识产权保护的鲜明态度，有助于支持鼓励企业创新创造。

二、关于如何确定外观设计专利案件的赔偿数额。外观设计专利相较于发明专利、实用新型专利而言，其创新程度相对较低，但工业设计的价值有时不一定与创新程度相匹配，有些外观设计专利的市场价值比发明专利、实用新型专利还高。根据《专利法》第七十一条“侵犯专利权的赔偿数额按照权利人因被侵权所受到的实际损失或者侵权人因侵权所获得的利益确定；权利人的损失或者侵权人获得的利益难以确定的，参照该专利许可使用费的倍数合理确定。对故意侵犯专利权，情节严重的，可以在按照上述方法确定数额的一倍以上五倍以下确定赔偿数额。权利人的损失、侵权人获得的利益和专利许可使用费均难以确定的，人民法院可以根据专利权的类型、侵权行为的性质和情节等因素，确定给予三万元以上五百万元以下的赔偿。赔偿数额还应当包括权利人为制止侵权行为所支付的合理开支。”的规定，确定赔偿数额有四种计算方式，即权利人的实际损失、侵权人的获利、专利许可使用费、法定赔偿。由于举证能力等问题，多数案件适用法定赔偿。赔偿数额包括经济损失与为制止侵权行为所支付的合理开支。故在确定外观设计专利案件的赔偿数额时要综合考虑该外观设计专利的市场价值、侵权人的侵权行为、维权费用等方面。本案中，塑料制品公司既是被控侵权产品的销售者，又是被控侵权产品的生产者；一审宣判后塑料制品公司仍然许诺销售被控侵权产品；环境科技公司为制止侵权行为花费了公证费、律师费等必要的维权支出。故二审法院将一审法院判赔金额2万元改判为6万元，大幅提高了赔偿数额。这充分表明人民法院打击侵权源头的决心，有助于遏制侵犯外观设计专利的发生。

编写人：胡建文

二审合议庭成员：胡建文　丁保华　邹征优

八、劳动争议纠纷

1. 工伤保险待遇纠纷案件不能适用人身损害司法解释进行审理

——邓某梅、邓某婷与樟树市某混凝土有限公司工伤保险待遇纠纷再审案

裁判要旨

《工伤保险条例》涉及的工伤保险待遇纠纷案件是劳动争议案件，不是人身损害赔偿案件，工伤保险待遇纠纷案件不能适用《人身损害赔偿司法解释》进行审理。

案例索引

一审：江西省樟树市人民法院（2012）樟民初字第1号

二审：江西省宜春市中级人民法院（2012）宜中民四终字第113号

再审：江西省高级人民法院（2016）赣民再29号

基本案情

抗诉机关：江西省人民检察院。

申诉人（一审原告、二审上诉人、再审申请人）：邓某梅。

申诉人（一审原告、二审上诉人、再审申请人）：邓某婷（邓某梅之女）。

被申诉人（一审被告、二审上诉人、被申请人）：樟树市某混凝土有限公司（以下简称混凝土公司）。

邓某梅、邓某婷向法院起诉请求判决混凝土公司赔偿邓某梅、邓某婷工亡丧葬补助金及一次性工亡补助金共计394276元。

2010年11月26日，廖某鹏与混凝土公司签订了劳动合同，成为其职工。2010年12月27日19时40分许，廖某鹏骑自行车下班回家途中，行至樟宜线4KM+600M处被陈某仔驾驶的赣CG38××号货车撞倒死亡，陈某仔负事故全部责任。陈某仔及中国人民财产保险股份有限公司樟树支公司共赔偿了邓某梅、邓某婷33万元。2011年10月20日，樟树市人力资源和社会保障局认定廖某鹏为工亡。但至廖某鹏工亡之日止，混凝土公司尚未为其办理工伤保险。2011年11月，邓某梅、邓某婷向樟树市劳动争议仲裁委员会申请仲裁，要求混凝土公司支付廖某鹏工亡丧葬补助金及一次性工亡补助金共计人民币394276元。樟树市劳动争议仲裁委员会认为，交通事故第三人赔偿部分应从工伤赔偿中扣除，并于同年12月19日作出裁决：混凝土公司支付邓某梅、邓某婷工亡赔偿金64276元。邓某梅、邓某婷于2012年1月5日收

到仲裁裁决后，不服裁决，于同月 10 日向法院提起民事诉讼，要求混凝土公司依据 2010 年度的相关数据标准，全额支付廖某鹏的工亡丧葬补助金及一次性工亡补助金 394276 元。

裁判结果

一审判决：混凝土公司支付廖某鹏的工亡保险赔偿金计 123227.5 元给邓某梅、邓某婷。

二审判决：变更一审判决，即混凝土公司支付廖某鹏的工亡保险补偿金 64276 元给邓某梅、邓某婷。

再审判决：维持二审判决。

裁判理由

再审认为，本案争议焦点为：1. 本案因第三人侵权构成工亡的，受害方近亲属可在获得人身损害赔偿的同时，又获得全额工伤保险赔偿？ 2. 本案是适用 2011 年度，还是适用 2010 年度统计数据确定赔偿数额？对上述争议焦点分别评述如下：

一、关于本案因第三人侵权构成工亡的，受害方近亲属可否在获得人身损害赔偿的同时，又获得全额工伤保险赔偿的问题。自《工伤保险条例》颁布以来，工伤保险赔偿与第三人侵权责任之间到底是何关系，是择一模式、兼得模式还是补充模式，因一直没有明确规定，司法实践中对此也没有统一标准。2006 年《最高人民法院关于因第三人造成工伤的职工或其亲属在获得民事赔偿后是否还可以获得工伤保险补偿问题的答复》，仅确认因第三人造成工伤的，从第三人处获得民事赔偿后，可申请工伤保险待遇补偿。即排除了择一模式，但最终是以兼得模式还是补充模式赔偿仍未明确。2014 年 9 月 1 日施行的《最高人民法院关于审理工伤保险行政案件若干问题的规定》第八条第三款的规定，明确了职工或其近亲属可同时提起工伤保险赔偿与第三人侵权责任赔偿，并规定除第三人已经支付的医疗费用外，其他工伤保险待遇应予支持，即为有条件的兼得模式。本案受害人是 2010 年 11 月 26 日工亡，2011 年 10 月 20 日樟树市人力资源和社会保障局认定为工亡，樟树市劳动争议仲裁委员会于同年 12 月 19 日作出裁决。

本案经一、二审两级法院审理，江西省宜春市中级人民法院于 2012 年 12 月 4 日作出（2012）宜中民四终字第 113 号民事终审判决。由此可见：本案是在《最高人民法院关于审理工伤保险行政案件若干问题的规定》实施前已终审的案件。而民事法律并无溯及既往适用法律的规定，即本案不能以其已审结之后才施行的法律法规、司法解释，来认定已审结案件适用原法律法规错误。故而，二审判决以补充形式认定本案工伤保险待遇赔偿数额，适用法律并无不当。

二、关于本案是适用 2011 年度，还是适用 2010 年度统计数据确定赔偿数额的问题。邓某梅、邓某婷在再审庭审中提出新的诉讼请求：要求混凝土公司依据 2016

年度的相关标准，支付廖某鹏的工亡保险赔偿金623900元。该诉讼请求超出了其原审诉讼请求，依据《民事诉讼法司法解释》第四百零五条第一款的规定，对邓某梅、邓某婷新的诉讼请求不予审理，本案再审审理范围仍为原审审理范围，即认定本案应适用2011年度还是适用2010年度统计数据计算工亡保险赔偿金。本案一审庭审笔录记载了邓某梅的陈述，其认可诉讼请求的工亡丧葬补助金是按2010年统计数据计算的。邓某梅、邓某婷起诉状的诉讼请求也是要求支付适用2010年度的统计数据计算工亡丧葬补助金及一次性工亡补助金共计394276元。

邓某梅、邓某婷申请仲裁的请求亦是与诉讼请求相同的要求支付适用2010年度统计数据计算的工亡保险赔偿金。樟树市劳动争议仲裁委员会认可并以该标准，作出了相应的补偿裁决。

《工伤保险条例》第三十九条规定："职工因工死亡，其近亲属按照下列规定从工伤保险基金领取丧葬补助金、供养亲属抚恤金和一次性工亡补助金：（一）丧葬补助金为6个月的统筹地区上年度职工月平均工资；（二）供养亲属抚恤金按照职工本人工资的一定比例发给由因工死亡职工生前提供主要生活来源、无劳动能力的亲属。标准为：配偶每月40%，其他亲属每人每月30%，孤寡老人或者孤儿每人每月在上述标准的基础上增加10%。核定的各供养亲属的抚恤金之和不应高于因工死亡职工生前的工资。供养亲属的具体范围由国务院社会保险行政部门规定；（三）一次性工亡补助金标准为上一年度全国城镇居民人均可支配收入的20倍。"2012年2月6日发布并施行的《工伤保险经办规程》第六十九条规定："职工因工死亡或停工留薪期内因工伤导致死亡的，业务部门根据工亡时间上年度全国城镇居民人均可支配收入和统筹地区上年度职工月平均工资，核定一次性工亡补助金和丧葬补助金。"2012年6月15日发布之日起施行的《江西省工伤保险经办规程》第六十九条："职工因工死亡或停工留薪期内因工伤导致死亡的，业务部门根据工亡时间上年度全国城镇居民人均可支配收入和统筹地区上年度职工月平均工资，核定一次性工亡补助金和丧葬补助金。"本案受害人是2010年11月26日工亡，可见本案一审判决适用2011年度统计数据核定一次性工亡补助金和丧葬补助金是错误的。另外，《工伤保险条例》涉及的工伤保险待遇纠纷案件是劳动争议案件，而不是人身损害赔偿案件，故在对《工伤保险条例》有相关规章、法规的情况下，工伤保险待遇纠纷案件不能适用《最高人民法院关于审理人身损害赔偿案件适用法律若干问题的解释》进行审理。

要旨解析

本案主要涉及的法律问题：一是关于工伤保险待遇赔偿标准能否适用《人身损害赔偿司法解释》的问题；二是关于因第三人侵权导致工伤的，劳动者如何保障自身权益，人身损害侵权赔偿与工伤保险待遇赔偿能否兼得的问题。

一、关于工伤保险待遇赔偿标准能否适用《人身损害赔偿司法解释》的问题

劳动法律属于社会法范畴，有其特有理念和规则，民法则属于私法范畴，民法与劳动法律对同一问题有不同规定时，应当适用劳动法律有关规定。当劳动者发生工伤事故时，劳动者或其近亲属可以基于劳动者的劳动关系请求工伤保险待遇，也就是基于劳动法律有关规定主张权利，这里的工伤保险是着眼于社会整体利益，不需要考虑受害人的过错。而侵权赔偿是指行为人侵害他人财产或对他人人身造成损害，依法应当承担的法律后果。侵权损害赔偿属于私法范畴，以分配正义为原则，基本思想在于填补损害，使受害人能恢复到损害发生之前的状况。所以，工伤保险待遇赔偿与侵权损害赔偿适用的法律规定不尽相同。本案中，邓某梅、邓某婷向法院起诉请求判决混凝土公司赔偿工亡丧葬补助金及一次性工亡补助金，主张的是工伤保险待遇赔偿，自然应当适用《工伤保险条例》《工伤保险经办规程》《江西省工伤保险经办规程》等劳动法律范畴的相关规定，而不能适用《人身损害赔偿司法解释》中有关人身损害赔偿的规定。

二、关于因第三人侵权导致工伤的，劳动者如何保障自身权益，人身损害侵权赔偿与工伤保险待遇赔偿能否兼得的问题

如上所述，人身损害侵权赔偿与工伤保险待遇赔偿分属于不同的法律关系，由不同的法律规范进行调整。鉴于因第三人侵权导致劳动者工伤的工伤事故责任兼具“民事侵权法律关系”性质和“社会保险关系”性质，劳动者可以向侵权的第三人要求民事侵权赔偿，也可以向工伤保险基金要求享受工伤保险待遇，此时就会出现侵权损害赔偿与工伤保险待遇给付竞合的问题。这个问题曾是司法实践中的热点、难点问题，如何处理有不同意见：一是择一赔偿模式，即根据民事侵权赔偿的“填平原则”，认为受伤害的劳动者只能在民事侵权赔偿和工伤保险待遇中选择一项，如果享受了工伤保险待遇，工伤保险基金就取得了对第三人的代位追偿权；如果劳动者追究第三人民事赔偿责任的，不能再享受工伤保险待遇。二是补充赔偿模式，实行工伤保险与第三人侵权赔偿相结合，劳动者在获得其中一种赔偿后，还可以就其与另一种赔偿之间的差额另行主张，但其最终获得的赔偿不得超过其实际遭受的损失。三是兼得赔偿模式，劳动者可以分别按照侵权责任法和社会保险法要求同时享有侵权赔偿和享受工伤待遇。直到2014年9月1日施行的《最高人民法院关于审理工伤保险行政案件若干问题的规定》第八条第三款规定“职工因第三人的原因导致工伤，社会保险经办机构以职工或者其近亲属已经对第三人提起民事诉讼为由，拒绝支付工伤保险待遇的，人民法院不予支持，但第三人已经支付的医疗费用除外。”明确了上述问题的处理方式，既除工伤医疗费用外，劳动者可以同时享受工伤保险待遇和民事侵权赔偿，在程序上理顺了有关民事程序与行政诉讼的关系，允许劳动者自行选择救济程序的顺序（包括同时寻求民事和行政救济），从而解决了长期困扰因第三人造成工伤的劳动者寻求救济的程序障碍。而本案的工亡事故、工亡认定、仲裁裁决、法院二审判决均发生在《最高人民法院关于审理工伤保险行政案件若干问题的规定》颁布实施之前，而民事法律并无溯及既往适用法律的规定，即本案不能以其已审结之后才施行的法律法规、司法解释，来认定已审结案件适用原法律法规错误。故而，再审法院认为原审以补充模式认定本案工伤保险待遇赔偿数额，适用法律并无不当。

编写人：吴　军

再审合议庭成员：龚雪林　徐　苹　吕淑瑾

2. 劳动者不能同时与多个用人单位建立全日制劳动关系

——江西某食品有限公司与周某华劳动争议纠纷再审案

裁判要旨

1. 劳动者已经与一个用人单位建立全日制劳动人事关系后，不能同时又与另一个用人单位形成全日制劳动关系，此时劳动者无法同时向两个用人单位提供劳动义务，故用人单位无须向劳动者支付赔偿金。

2. 用人单位虽可根据自身效益、员工表现等因素决定是否发放年终奖，但应当依法建立和完善相关规章制度，明确具体内容和标准，严格变更程序。

案例索引

一审：江西省南昌高新技术产业开发区人民法院（2014）高新民初字第837号

二审：江西省南昌市中级人民法院（2015）洪民一终字第154号

再审：江西省高级人民法院（2016）赣民再83号

基本案情

再审申请人（一审被告、二审被上诉人）：周某华。

被申请人（一审原告、二审上诉人）：江西某食品有限公司（以下简称食品公司）。

食品公司向法院起诉请求判决：1. 按照相同或相近岗位的工资标准向周某华支付工资；2. 无须向周某华支付赔偿金25000元；3. 无须向周某华支付绩效工资29167元。

2013年8月26日周某华与食品公司签订劳动合同，职务为该公司副总经理，工资为12500元/月，合同期自2013年8月16日至2018年8月16日止。合同第二十五条第4款约定，如周某华同时与其他用人单位建立劳动关系，对完成食品公司的工作造成严重影响，或者经提出拒不改正的，食品公司可以随时解除劳动合同。合同第三十六条约定，双方增补约定：年终奖五万元，按月考核。2013年9月30日食品公司发文聘任周某华为副总经理，分管综合办公室、市场部、人力资源部。2014年6月19日食品公司调整周某华负责公司行政、总务、人力资源、公共关系方面的工作（分管综合办公室、人力资源部）。7月31日食品公司向周某华发送《通知》："周某华同志：公司正式决定辞退你已经接近一周，但你却一直占用办公室，请你明天中午 12：00 前离开公司。”食品公司每月通过中信银行的账户给周某华发放两笔工资，一笔 3500 元，一笔 9000 元，共计 12500 元。食品公司共发放 10 个月工资，尚有两个月工资未发放。周某华在食品公司就职期间，为江西科技师范大学在编在岗职工。乔家栅的高级管理人员冯龙其在公司会议上曾谈及周某华为学校教职员工相关事宜。

裁判结果

一审判决：一、食品公司向周某华支付工资 25000 元；二、食品公司向周某华支付赔偿金 25000 元；三、食品公司向周某华支付绩效工资 29167 元；四、驳回食品公司诉讼请求。

二审判决：一、维持一审判决第一项；二、撤销一审判决第二、三项。

再审判决：一、撤销二审判决；二、撤销一审判决第二、四项；三、维持一审判决第一、三项。

裁判理由

再审认为，根据当事人的诉辩意见，本案有两个争议焦点，分别评述如下：

1. 食品公司是否应支付周某华 25000 元赔偿金？周某华主张食品公司支付 25000 元赔偿金是基于《劳动合同法》的相关规定，用人单位违法解除劳动合同，依法应当依照一个月工资的经济补偿标准的二倍向劳动者支付赔偿金。双倍赔偿金制度是由我国劳动合同法专门设置的，其适用前提是劳动关系而非劳务关系或其他民事法律关系。本案的关键在于周某华能否同时与江西科技师范大学、食品公司成立劳动关系。《劳动合同法》第六十九条第二款规定，从事非全日制用工的劳动者可以与一个或者一个以上用人单位订立劳动合同；但是，后订立的劳动合同不得影响先订立的劳动合同的履行。最高人民法院《关于审理劳动争议案件适用法律若干问题的解释（三）》第七条规定，用人单位与其招用的已经依法享受养老保险待遇或领取退休金的人员发生用工争议，向人民法院提起诉讼的，人民法院应当按劳务关系处理。第八条规定，企业停薪留职人员、未达到法定退休年龄的内退人员、下岗待岗人员以及企业经营性停产放长假人员，因与新的用人单位发生用工争议，依法向人民法院提起诉讼的，人民法院应当按劳动关系处理。从上述法律规定可见，如原二审判决所述，同一时期一个人原则上只能与一个用人单位建立劳动关系，除非劳动者属于企业停薪留职人员、未达到退休年龄的内退人员、下岗待岗人员和企业经营性停产放长假人员或不定时工作制、非全日制用工、业余时间兼职等情况所形成的双重劳动人事关系。食品公司认为其与周某华之间形成的只是普通民事合同关系而非劳动关系，理由一是周某华到食品公司应聘时，故意隐瞒其江西科技师范大学的职工身份；二是周某华在食品公司工作期间经常请假、旷工，影响单位正常工作，与其本职工作时间存在不可调和的冲突。乔家栅的上述理由一，因与法院已经查明的双方当事人无争议事实不相符，不能成立；乔家栅的上述理由二，因双方劳动合同书中关于工作时间的第七条约定按标准工时制确定周某华的工作时间，而非综合计算工时工作制和不定时工作制，经庭审询问周某华答复实际是弹性工作制，不存在冲突，但周某华未能提供证据证明双方变更了合同约定，食品公司亦不予认可，即周某华在江西科技师范大学是 8 小时工作制，与食品公司是同一时间段内的劳动，在完全重叠的时间中，周某华无法同时向两个用人单位提供劳动义务。此外，本案双方劳动合同书中关于社会保险的第十四条亦被双方当事人选择划除，而依据我国《劳动合同法》第十七条的规定，社会保险属于劳动合同应当具备的条款。综合上述情况，周某华已经与江西科技师范大学建立全日制劳动人事关系，不能同时又与食品公司形成全日制劳动关系，周某华与食品公司所签订的劳动合同书因违法而无效。故周某华不能依据劳动合同法主张双倍赔偿金，原二审判决食品公司无须支付周某华双倍赔偿金 25000 元并无不当。

2. 食品公司是否应支付周某华 29167 元的年终奖或绩效工资？周某华与食品公司所签订的劳动合同书虽无效，但《劳动合同法》第二十八条规定，劳动合同被确认无效，劳动者已付出劳动的，用人单位应当向劳动者支付劳动报酬。劳动报酬的数额，参照本单位相同或者相近岗位劳动者的劳动报酬确定。《最高人民法院关于审理劳动争议案件适用法律若干问题的解释》第十四条规定，劳动合同被确认为无效后，用人单位对劳动者付出的劳动，一般可参照本单位同期、同工种、同岗位的工资标准支付劳动报酬。根据《劳动法》第九十七条之规定，由于用人单位的原因订立的无效合同，给劳动者造成损害的，应当比照违反和解除劳动合同经济补偿金的支付标准，赔偿劳动者因合同无效所造成的经济损失。根据上述法律规定，周某华对于之前履行该合同所付出的劳务，有权依据合同约定取得相应的报酬。本案双方当事人合同第三十六条约定了“年终奖 5 万元、按月考核”。食品公司认为合同中虽有年终奖的约定，但公司可根据自身效益、员工表现等因素决定是否发放。再审法院认为，用人单位虽可根据自身效益、员工表现等因素决定是否发放年终奖，但应当依法建立和完善相关规章制度，明确具体内容和标准，严格变更程序。本案中，食品公司在与周某华通过合同明确约定了年终奖的情况下，食品公司未能提供证据证明其年终奖发放标准，亦未提供证据证明周某华不符合 2014 年年终奖发放条件，因此，依法应承担举证不能的法律后果。原一审判决食品公司向周某华支付 29167 元的年终绩效工资并无不当。

要旨解析

本案涉及的主要法律问题是关于在双重劳动关系中，劳动者与后一个用人单位劳动关系的认定问题。

所谓双重劳动关系，主要是指同一个劳动者同时与两个以上的用人单位建立劳动关系，该双重劳动关系或表现为两个劳动关系都是法定的劳动合同关系，或表现为一个是法定的劳动合同关系，另一个却是事实劳动关系。根据《劳动合同法》第六十九条第二款，“从事非全日制用工的劳动者可以与一个或者一个以上用人单位订立劳动合同；但是，后订立的劳动合同不得影响先订立的劳动合同的履行。”和《劳动争议司法解释（一）》第三十二条，“用人单位与其招用的已经依法享受养老保险待遇或者领取退休金的人员发生用工争议而提起诉讼的，人民法院应当按劳务关系处理。企业停薪留职人员、未达到法定退休年龄的内退人员、下岗待岗人员以及企业经营性停产放长假人员，因与新的用人单位发生用工争议而提起诉讼的，人民法院应当按劳动关系处理。”双重劳动关系的产生有很多种原因，比如由于停薪留职人员、提前退休的内退人员、下岗人员以及因企业经营性停产放长假的人员，与其他用人单位建立劳动关系所形成的双重劳动关系，又如不定时工作制、非全日制用工的劳动者，甚至全日制用工的劳动者利用工作时间之外的时间与其他用人单位建立劳动关系所形成的双重劳动关系。符合上述法律规定的劳动者如果又与其他用人单位建立用工关系的，应当认定后一用工关系仍为劳动关系。在承认双重劳动关系的前提下，相应地，劳动者与新的用人单位之间因劳动关系产生的争议应当适用劳动法律法规，包括《劳动法》《劳动合同法》以及其他行政法规、司法解释的相关规定，比如社会保险的缴纳义务、发生工伤事故时的赔偿、新的劳动合同解除或终止等。

在双重劳动关系中，如何明确先后用人单位和劳动者的权利和责任。《中华人民共和国劳动法》第九十九条和《劳动合同法》第九十一条都规定，用人单位招用与其他用人单位尚未解除或者终止劳动合同的劳动者，给其他用人单位造成损失的，应当承担连带赔偿责任。《劳动合同法》第三十九条第四项规定的用人单位对劳动者因建立双重劳动关系而严重影响本单位工作任务的完成时，用人单位拥有解除劳动合同的权利。由此不能看出，我国法律并不排斥双重劳动关系，但是劳动者在双重劳动关系中应具备履行条件，在不同工时向不同用人单位提供劳动，不能影响每个用人单位工作任务的完成。为此，法律对劳动者出现违约行为时赋予了用人单位相应的救济权，同时也对后一用人单位的侵权责任做出了明确规定。

本案中，周某华是江西科技师范大学在编在岗职工，又与食品公司签订劳动合同；周某华在江西科技师范大学是8小时工作制，与食品公司也是标准工时制，在完全重叠的时间中，明显周某华无法同时向两个用人单位提供劳动义务，故食品公司无须支付周某华赔偿金。但是，周某华已向食品公司实际提供了劳动义务，食品公司应当向周某华支付劳动报酬以及年终绩效工资。

编写人：吴　军

再审合议庭成员：龚雪林　谢丽萍　吕淑瑾

3. 已达到法定退休年龄、未享有社会保险待遇、仍在用人单位工作的劳动者可以依法享有工伤保险待遇

——井冈山风景名胜区管理局某管理所与钟某古劳动争议纠纷再审案

裁判要旨

已达到法定退休年龄、未享有社会保险待遇、仍在用人单位工作的劳动者可以依法享有工伤保险待遇。

案例索引

一审：江西省井冈山市人民法院（2017）赣0881民初192号

二审：江西省吉安市中级人民法院（2017）赣08民终1163号

再审：江西省高级人民法院（2018）赣民再252号

基本案情

再审申请人（一审被告、二审被上诉人）：钟某古。

被申请人（一审原告、二审上诉人）：井冈山风景名胜区管理局某管理所（以下简称管理所）。

管理所向法院起诉请求确认其与钟某古之间不存在劳动关系。2010年10月，钟某古被管理所聘用为环卫工人，双方未签订劳动合同，未缴纳工伤保险。2015年6月23日21时许，钟某古在井冈山市茨坪镇红军北路井冈山宾馆附近工作时，发生交通事故受伤，该交通事故赔偿已向井冈山市人民法院提起诉讼并调解结案。2016年6月1日，井冈山市人力资源和社会保障局作出的井人社伤认字［2016］第36号《认定工伤决定书》认定被告钟某古为工伤。

2016年10月24日，吉安市劳动能力鉴定委员会作出《初次鉴定结论书》，鉴定钟某古所受工伤为伤残八级。2017年2月4日，钟某古向井冈山市劳动人事争议仲裁委员会申请仲裁，2017年3月20日，井冈山市劳动人事争议仲裁委员会作出裁定如下：1. 被申请人管理所向申请人钟某古支付一次性伤残补助金16830元（1530元/月 ×11个月）、一次性工伤医疗补助金15300元（1530元/月 ×10个月）和一次性伤残就业补助金16065元（1530元/月 ×21个月 ×50%）；2. 被申请人管理所向申请人钟某古支付初次劳动能力鉴定费260元；3. 驳回申请人钟某古的

其他仲裁请求。管理所不服上述裁决，在法定期限内诉至法院，要求判如所请。另查明，钟某古未享受养老保险待遇。

裁判结果

一审判决：一、管理所支付给钟某古一次性伤残补助金 16830 元，一次性工伤医疗补助金 15300 元，一次性伤残就业补助金 16065 元；二、管理所支付给钟某古初次劳动能力鉴定费 260 元；三、驳回管理所全部诉讼请求。

二审判决：一、撤销一审判决；二、管理所无需支付钟某古伤残补助金、工伤医疗补助金、伤残就业补助金、鉴定费。

再审判决：撤销二审判决，维持一审判决。

裁判理由

再审认为，管理所起诉前，井冈山市人力资源和社会保障局作出的《认定工伤决定书》认定钟某古为工伤，管理所接到该认定工伤决定书后，在法定期限内未提出异议，视为该管理所事实上已认可双方存在劳动关系，钟某古应当享受工伤待遇。《人力资源社会保障部关于执行〈工伤保险条例〉若干问题的意见（2）》第二条规定："达到或超过法定退休年龄，但未办理退休手续或者未依法享受城镇职工基本养老保险待遇，继续在原用人单位工作期间受到事故伤害或患职业病的，用人单位依法承担工伤保险责任"，该实施意见没有对达到法定退休年龄、未享有社会保险待遇、仍在用人单位工作的劳动者作出不享有工伤保险待遇的规定。钟某古作为一名劳动者，应当获得平等待遇，故一审认定钟某古依法享有工伤保险待遇，判决管理所依法承担工伤保险责任，处理正确。二审法院以双方当事人之间是劳务关系，钟某古不能享受工伤待遇为由，判决管理所无需支付钟某古伤残补助金、工伤医疗补助金、伤残就业补助金、鉴定费，处理欠妥，应予改判。钟某古申请再审理由成立，予以采纳。

要旨解析

本案涉及的法律问题主要是关于已达法定退休年龄的人员可否主张工伤保险待遇的问题。

由于我国劳动法律法规对劳动者权益的保障是建立在劳动关系的基础上，司法实践中，在如何保障已达法定退休年龄人员的权益，特别是如何妥善解决此类人员在工作期间受到事故伤害或患职业病的问题上，各地法院以及仲裁部门存在认定不一致的情况。

第一种情况，劳动者申请工伤认定和劳动仲裁，相关部门均以劳动者已达法定退休年龄为由决定不予受理。在诉讼阶段，一、二审法院根据劳动者伤残等级认定工伤并计算其各项工伤保险待遇，并支持了一次性伤残、医疗、就业补助金。第二种情况，人力资源和社会保障局已作出《工伤认定决定书》，认定劳动者为工伤；劳动人事争议仲裁委员会以劳动者已达法定退休年龄为由决定不予受理仲裁申请，或者人民法院以劳动者已达法定退休年龄且已享受城乡居民社会养老保险待遇为由，认定劳动者与用人单位不存在劳动关系，因而不符合享受工伤保险待遇的条件，不予支持。如本案二审认为，本案交通事故发生时钟某古已逾63周岁，早已达到法定退休年龄，其与管理所之间系劳务关系，不能享受工伤待遇。第三种情况，劳动者已达法定退休年龄后入职用人单位，人力资源和社会保障局认定劳动者为工伤，劳动人事争议仲裁委员会支持了劳动者的仲裁申请。法院认定劳动者与用人单位形成劳动关系，劳动者可以享受工伤保险待遇，并享有一次性伤残、医疗、就业补助金和未订立书面劳动合同二倍工资差额。

笔者认为，对于已达法定退休年龄的人员主张工伤保险待遇的基本处理原则是：如果劳动行政部门对劳动者是否构成工伤已经作出认定的情况下，人民法院可直接以此为依据作出相应判决；达到法定退休年龄的人员向用人单位主张工伤待遇，未能提供劳动行政部门作出的工伤认定的，不予支持。但用人单位对构成工伤不持异议的除外。符合人身损害赔偿条件的，应向其说明可以另行提起侵权之诉。坚持主张工伤待遇的，驳回其诉讼请求。主要理由如下：

一是根据《工伤保险条例》的相关规定，职工是否构成工伤应由相应的劳动和社会保障部门作出认定，工伤认定是一种具体的行政行为，当事人不服的，应当通过行政复议以及行政诉讼的途径解决。一般情况下，法院在审理劳动争议案件的过程中，即使发现劳动者符合工伤认定情形，也不能直接认定工伤，否则，就可能出现司法权与行政权相互冲突，或民事诉讼判决与行政诉讼判决相矛盾的现象。只有两种例外情况，一种是用人单位对构成工伤无异议且完全由用人单位负担工伤保险待遇的，另一种是非法用工单位职工在工作中受到事故伤害或者患职业病的，法院可以直接依照规定认定工伤。

二是能否认定工伤并不以确认劳动关系为前提。《人力资源社会保障部关于执行〈工伤保险条例〉若干问题的意见（二）》第二条规定，“达到或超过法定退休年龄，但未办理退休手续，或者未依法享受城镇职工基本养老保险待遇，继续在原用人单位工作期间受到事故伤害或患职业病的，用人单位依法承担工伤保险责任。用人单位招用已经达到、超过法定退休年龄或已经领取城镇职工基本养老保险待遇的人员，在用工期间因工作原因受到事故伤害或患职业病的，如招用单位已按项目参保等方式为其缴纳工伤保险费的，应适用《工伤保险条例》。”由此可以看出，达到法定退休年龄人员在工作中发生事故伤害或者患职业病的，并非完全不被认定为工伤，在此种情况下，该类人员是否适用《工伤保险条例》应结合具体案情确定，对于已被认定为工伤的，可以参照《工伤保险条例》处理；对于未被认定为工伤的，如符合人身损害赔偿条件的，可以释明另行提起侵权之诉。

本案中，管理所在接到认定工伤决定书后，未在法定期限内提出异议，应视为该管理所事实上已认可钟某古应当享受工伤待遇。二审法院以双方当事人之间是劳务关系，钟某古不能享受工伤待遇为由，判决管理所无须支付钟某古伤残补助金、工伤医疗补助金、伤残就业补助金、鉴定费，处理欠妥，应予改判。

编写人：吴　军

再审合议庭成员：田甘霖　刘晓雯　邓名兴

4. 征缴社会保险费属于社会保险费征缴部门的法定职责，不属于法院受理范围

——李某与江西省宜春市某房地产开发有限公司劳动合同纠纷再审案

裁判要旨

征缴社会保险费属于社会保险费征缴部门的法定职责，劳动者可将上述情况向社会保险费征缴部门反映，另寻途径解决。

案例索引

一审：江西省宜春市袁州区人民法院（2017）赣 0902 民初 4077 号

二审：江西省宜春市中级人民法院（2018）赣 09 民终 1103 号

再审：江西省高级人民法院（2019）赣民再 143 号

基本案情

再审申请人（一审原告、二审上诉人）：李某。

被申请人（一审被告、二审上诉人）：江西省宜春市某房地产开发有限公司（以下简称房地产开发公司）。

李某向法院起诉请求：1. 由房地产开发公司向李某支付解除劳动合同经济补偿金 48415 元；2. 由房地产开发公司向李某支付因未签劳动合同 11 个月的工资 106513 元；3. 由房地产开发公司以李某月平均工资 9683 元为基数依法缴纳李某自 2012 年 5 月入职以来至双方解除劳动合同关系期间的职工医疗保险、养老保险等各项社会保险；4. 由房地产开发公司向李某支付未休年休假工资 33389 元；5. 由房地产开发公司向李某支付双休日加班工资 231501.6 元；6. 由房地产开发公司支付违反法律规定终止劳动合同赔偿金 96830 元；7. 房地产开发公司支付 2017 年 5 月基本工资及提成 9694.7 元及之前拖欠的 10% 交房提成 4800 元。

李某于 2012 年 5 月到房地产开发公司从事房产销售工作。李某在房地产开发公司工作期间，房地产开发公司未与李某签订书面劳动合同，且房地产开发公司未为李某缴纳基本养老保险和医疗保险。从 2016 年 4 月 1 日起李某工资调整为 2800 元 / 月。从 2017 年 5 月 29 日起李某未到房地产开发公司工作。房地产开发公司于 2017 年 6 月 2 日向李某发出手机短信通知，以李某未办理任何请假手续，擅自离岗至今未到岗，严重违反劳动纪律及公司相关规章制度，要求李某到岗上班。李某以本人

已提起劳动仲裁，要求解除劳动关系，给予经济补偿为由，拒绝回房地产开发公司工作。

2017年6月2日，李某与房地产开发公司的劳动争议纠纷诉至宜春市劳动人事争议仲裁委员会，该仲裁委于2017年8月14日做出宜市劳人仲案字（2017）第112号仲裁裁决书，裁决：一、确认李某与房地产开发公司已于2017年5月28日起解除劳动关系；二、房地产开发公司应当凭宜春市劳动社会保险经办机构的缴费证明自裁决生效之日起七日内为李某补缴2012年5月至2017年5月期间的养老保险单位缴交部分，并承担由此产生的滞纳金及利息；三、房地产开发公司应当凭宜春市医疗保险经办机构的缴费证明自裁决生效之日起七日内为李某补缴2012年5月至2017年5月期间的医疗保险单位缴交部分；四、房地产开发公司应当自裁决生效之日起七日内向李某支付2016年及2017年未休年休假的工资2372.47元；五、房地产开发公司应当自裁决生效之日起七日内向李某支付2015年5月至2017年4月工作期间的双休日加班工资合计13761.22元；六、房地产开发公司应当自裁决生效之日起七日内向李某支付5月的工资2987元；七、驳回李某的其他仲裁请求。2017年8月14日李某领取该裁决书后不服，提起诉讼。李某工作期间，房地产开发公司未安排李某休年休假，李某也未向房地产开发公司申请支付休年休假工资。从2015年6月起至2017年5月止，李某的法定双休日应当休息208天。房地产开发公司安排李某休息167天。房地产开发公司未支付李某2017年5月的工资。李某离职前12个月的月平均工资为7461.11元（包括基本工资和业务提成）。二审法院另查明：李某在房地产开发公司工作期间缴纳了城镇居民养老保险。再审查明，房地产开发公司已经按照原二审判决为李某补缴了医疗保险费。

裁判结果

一审判决：一、确认李某与房地产开发公司于2017年5月29日起解除劳动关系。房地产开发公司向李某支付经济补偿金37305.55元；二、房地产开发公司凭宜春市社会保险经办机构的缴费证明以月工资7461.11元/月为李某补缴2012年5月至2017年5月期间的养老保险单位缴交部分，并承担由此产生的利息；三、房地产开发公司凭宜春市医疗保险经办机构的缴费证明以月工资7461.11元/月为李某补缴2012年5月起至2017年5月期间的医疗保险单位缴交部分；四、房地产开发公司向李某支付2016年及2017年未休年休假的工资2130.28元；五、房地产开发公司向李某支付2015年5月至2017年4月工作期间的双休日加班工资28129.24元；六、房地产开发公司已向李某支付2017年5月的工资6963.7元；七、驳回李某的其他诉讼请求。

二审判决：一、维持一审判决第四、五、六项；二、变更一审判决第一项为确认李某与房地产开发公司于2017年5月29日起解除劳动关系；三、撤销一审判决第二项；四、变更一审第三项为房地产开发公司凭宜春市医疗保险经办机构的缴费证明为李某补缴 2012 年 5 月起至 2017 年 5 月期间的医疗保险单位缴交部分；五、撤销一审判决第七项；六、驳回李某的其他诉讼请求。

再审判决：一、撤销一、二审判决；二、确认李某与房地产开发公司于 2017 年 5 月 29 日起解除劳动关系；三、房地产开发公司向李某支付经济补偿金 37305.55 元；四、房地产开发公司凭宜春市医疗保险经办机构的缴费证明为李某补缴 2012 年 5 月起至 2017 年 5 月期间的医疗保险单位缴交部分；五、房地产开发公司向李某支付 2016 年及 2017 年未休年休假的工资 2130.28 元；六、房地产开发公司向李某支付 2015 年 5 月至 2017 年 4 月工作期间的双休日加班工资 28129.24 元；七、房地产开发公司向李某支付 2017 年 5 月的工资 6963.7 元；八、驳回李某的其他诉讼请求。

裁判理由

再审认为，本案的争议焦点是：（1）房地产开发公司是否应向李某支付业务提成 4800 元；（2）房地产开发公司是否应向李某支付解除劳动合同的经济补偿金；（3）房地产开发公司是否应为李某补缴养老保险；（4）李某休息休假时间应如何确定。

一、关于房地产开发公司是否应向李某支付业务提成 4800 元的问题。本案中，李某提出房地产开发公司拖欠其业绩提成 4800 元，对于该项主张，应由其承担举证责任。因其并未提供证据证明其主张，原审判决对其该项诉请未予支持，并无不当。

二、关于房地产开发公司是否应向李某支付解除劳动合同的经济补偿金的问题。《劳动合同法》第三十八条第一款第三项规定，用人单位未依法为劳动者缴纳社会保险费的，劳动者可以解除劳动合同。该法第四十六条第一款规定，劳动者依照前述规定解除劳动合同的，用人单位应当向劳动者支付经济补偿。原审法院查明，李某在房地产开发公司工作期间，房地产开发公司未为李某缴纳基本养老保险和医疗保险。房地产开发公司虽提出发放给李某的工资中包含了社保和医保补贴，但并未提供证据证明，对房地产开发公司的该项主张，不予支持。本案中，双方当事人对于李某与房地产开发公司于 2017 年 5 月 29 日起解除劳动关系的事实并无异议，宜市劳人仲案字（2017）第 113 号仲裁裁决书显示，宜春市劳动人事争议仲裁委员会于 2017 年 6 月 2 日即受理了李某与房地产开发公司之间的劳动争议纠纷，李某在提起仲裁时称：房地产开发公司一直未与李某签订劳动合同，也一直没有依法给李某缴纳社保，由此特向仲裁委申请要求解除劳动合同，且依法进行经济补偿。在之后的《民事诉状》中，李某亦有同样的陈述和主张。据此，房地产开发公司应依照《劳动合同法》的相关规定，向李某支付解除劳动合同的经济补偿金。原二审判决以房地产开发公司在工作期间没有为李某缴纳社会保险，但是李某工作期间及离职前一直没有向房地产开发公司提出补缴社会保险费为由，认为李某申请仲裁要求补缴社会保险费及经济补偿金，有违诚信原则，于法无据；原二审判决以李某并未向房地产开发公司表明离职原因是房地产开发公司在工作期间没有为李某缴纳社会保险为由，认为李某主张房地产开发公司应支付经济补偿金并不符合《劳动合同法》第三十八条第三项规定情形，与李某申请仲裁和提起诉讼所主张的有关事实不符。原二审判决据此对李某要求房地产开发公司支付解除劳动合同经济补偿金的诉讼请求不予支持，在认定事实和适用法律上存在错误，应予纠正。

三、关于房地产开发公司是否应为李某补缴养老保险的问题。根据查明的事实，李某在房地产开发公司工作期间，已经自行缴纳了城镇居民养老保险。原二审判决以个人只有一个社会保险账户为由，对于李某要求房地产开发公司为其补缴养老保险的诉讼请求未予支持，并无不当。根据《劳动法》《社会保险法》的相关规定，征缴社会保险费属于社会保险费征缴部门的法定职责。李某可将上述情况向社会保险费征缴部门反映，另寻途径解决。

四、关于李某休息休假时间应如何确定的问题。再审审理中，李某提交了部分微信聊天记录，用以证明存在工作时间下乡未打卡的情形，该部分时间没有休假。因李某在原审期间并未提交该证据，而该证据反映的李某所称的下乡时间，并不具体明确，且该证据反映的下乡时间亦较为短暂，李某在再审申请中也未提出增加加班工资的具体请求，故对于李某的上述主张，不予支持。

综上所述，再审法院认为，原二审判决对李某要求房地产开发公司支付解除劳动合同经济补偿金的诉讼请求不予支持，在认定事实和适用法律上存在错误，应予纠正。李某所提其他再审请求，缺乏事实和法律依据，不予支持。

要旨解析

近年来，因用人单位为劳动者不缴、欠缴、少缴社会保险费而引发的争议也越来越多，对于其是否属于法院受理范围分歧较大：

第一种意见认为，人民法院应依法予以受理，主要理由是：首先，因不缴、欠缴、少缴社会保险费而引发的争议发生在用人单位和劳动者之间，与行政机关并无牵扯；其次，劳动者依据《劳动法》第三条的规定，享有享受社会保险的权利；第三，《劳动争议调解仲裁法》第二条明确因社会保险发生的争议属于劳动争议，《社会保险法》第八十三条第三款的规定，个人与用人单位发生社会保险争议的，可以依法申请调解、仲裁，提起诉讼。故劳动者可以提起诉讼，人民法院应当受理。如本案例中，一审法院认为根据《社会保险法》第十条、第二十三条之规定，房地产开发公司应当以李某的月工资 7461.11 元为基数为李某补缴从 2012 年 5 月至 2017 年 5 月止的基本养老保险费单位缴交部分和基本医疗保险费单位缴交部分。因房地产开发公司未依法为李某缴纳基本养老保险费产生的利息，经宜春市社会保险经办机构核算予以确定，由房地产开发公司承担。

第二种意见认为，人民法院不应受理，主要理由是用人单位、劳动者和社保机构就不缴、欠缴、少缴社会保险费而引发的争议，是征收和缴纳之间的纠纷，而社会保险费的征缴是行政部门的职责，属于行政管理范畴，应由相关行政部门责令用人单位限期缴纳。再则，由于社会保险费能否补缴、缴费数额和年限等具体事项均需社会保险经办机构决定，具有极大的不确定性，人民法院很难作出具体判决，即使作出判决也难以执行。故此类争议不应纳入人民法院的受案范围，还是要靠相关行政部门通过加强行政管理来解决。如本案例中，二审及再审法院认为李某在房地产开发公司工作期间，已经自行缴纳了城镇居民养老保险，而个人只有一个社会保险账户，不予支持李某要求房地产开发公司为其补缴养老保险的诉讼请求；同时，房地产开发公司及李某均没有缴纳医疗保险，补缴社会保险费的核定工作是社会保险经办机构的管理范围，不宜由人民法院确定李某的补缴社会保险缴费基数。

笔者认为，对于社会保险费问题引发的争议不予受理，即对于劳动者要求用人单位办理社保手续及缴纳保险费用的争议，以及与之相关的争议，如对于缴费年限、基数、增加社会保险险种、变更参保地等争议，人民法院均不予受理。但对于因此而产生的损失赔偿则可以受理，即劳动者要求用人单位因未依法缴纳社保费而造成损失的争议，如社会保险损失赔偿纠纷、用人单位未依法为劳动者缴纳社会保险，劳动者自行缴纳后向用人单位追偿保险费等，则可作为劳动争议案件予以受理。主要理由如下：一是社会保险费的缴纳具有很强的行政性，社会保险费的征缴是行政部门的职责，相关行政部门对于社会保险费的欠缴或拒缴均可依法强制征缴。而且各种具体缴费事项的最终核定权在社会保险经办机构，为保证司法判决的可执行性，也不宜将所有社会保险争议作为劳动争议案件受理。二是虽然《劳动争议调解仲裁法》第二条第一款第四项明确将因社会保险发生的争议纳入劳动争议范围，但并未明确社会保险争议的范围或类型。司法实践中，劳动者既有直接向用人单位追索社会保险费的，也有向用人单位追索因未缴纳或未足额缴纳社会保险费导致的损失的，人民法院应该对社会保险争议的范围予以合理限制。三是对于因社会保险争议而产生的损失，则可以作为劳动争议案件予以受理，比如劳动者垫付的社会保险费用等。这是司法解释所明确可以受理的类型，即《劳动争议司法解释（一）》第一条规定，劳动者以用人单位未为其办理社会保险手续，且社会保险经办机构不能补办导致其无法享受社会保险待遇为由，要求用人单位赔偿损失发生的纠纷，属于劳动争议，人民法院应予受理。因此，本案中，再审法院根据《劳动法》《社会保险法》的相关规定，认为征缴社会保险费属于社会保险费征缴部门的法定职责，李某可将房地产开发公司未为其缴纳社会保险情况向社会保险费征缴部门反映，另寻途径解决，并无不当。

编写人：吴　军

再审合议庭成员：龚雪林　李　彬　李振峰

5. 用人单位未明确限制招用条件时，不得以劳动者之前存在“被依法追究刑事责任的”情形为由，解除劳动合同

——中国铁路南昌局集团有限公司某车辆段与陈某权劳动争议纠纷再审案

裁判要旨

1. 对于用人单位和劳动者是重新签订劳动合同，还是变更原劳动合同，应当综合劳动合同的签订背景和内容等作出判断。

2. 在劳动关系存续期间，劳动者因犯罪受到刑事处罚，但用人单位并未因此解除与劳动者的劳动合同，而是在其后与劳动者重新签订了劳动合同。在该重新签订的劳动合同履行期间，用人单位不得以劳动者存在“被依法追究刑事责任的”情形为由，解除与劳动者的劳动合同。

案例索引

一审：江西省南昌市青山湖区人民法院（2019）赣 0111 民初 968 号

二审：江西省南昌市中级人民法院（2019）赣 01 民终 2531 号

再审：江西省高级人民法院（2020）赣民再 155 号

基本案情

再审申请人（一审被告、二审被上诉人）：陈某权。

被申请人（一审原告、二审上诉人）：中国铁路南昌局集团有限公司某车辆段（以下简称铁路车辆段）。

铁路车辆段向法院起诉请求判决无须履行江西省南昌市青山湖区劳动人事仲裁委员会作出的湖劳人仲字（2018）第 285 号仲裁裁决书第一项裁决。

陈某权与铁路车辆段于 1998 年 3 月 1 日签订劳动合同书，入职工作，期限为无固定期限。2013 年 1 月 8 日陈某权因涉嫌非法经营罪被刑事拘留，同年 1 月 24 日被取保候审，2013 年 5 月 24 日新建区人民法院作出（2013）新刑初字第 81 号刑事判决书，判决陈某权犯非法经营罪，判处有期徒刑一年六个月，缓刑二年，并处罚款三万元。2015 年 5 月 31 日双方重新签订劳动合同书，合同期限为无固定期限。

2018 年 7 月 31 日铁路车辆段以陈某权于 2013 年被追究刑事责任为由解除了与陈某权的劳动合同。陈某权申请劳动仲裁，2019 年 3 月 11 日南昌市青山湖区劳

动人事仲裁委员会作出湖劳人仲字（2018）第 285 号仲裁裁决书，裁决“双方继续履行 2015 年 5 月 31 日签订的劳动合同”，并驳回了陈某权的其他仲裁裁决。铁路车辆段不服该仲裁裁决书，向一审法院提起诉讼。同时查明：案件审理过程中，经一审法院询问陈某权，对仲裁裁决书中不支持陈某权对要求补发工资的申请有无异议，陈某权当庭表示无异议。

裁判结果

一审判决：铁路车辆段继续履行与陈某权于 2015 年 5 月 31 日签订的《劳动合同书》。

二审判决：一、撤销一审判决；二、铁路车辆段与陈某权的劳动合同关系于 2018 年 7 月 31 日解除。

再审判决：撤销二审判决，维持一审判决。

裁判理由

再审认为，关于 2015 年 5 月 31 日铁路车辆段与陈某权之间签订的《劳动合同书》是重新签订劳动合同还是变更原劳动合同问题。铁路车辆段辩称其与陈某权之间 2015 年 5 月 31 日签订的《劳动合同书》是对原合同变更，不是重新签订合同。经查，2015 年 5 月 31 日签订的《劳动合同书》“七、劳动合同的履行和变更第二十二条规定：经甲（铁路车辆段）、乙（陈某权）双方协商一致，可以变更本合同约定的内容，并以书面形式确定，由甲乙双方签订《劳动合同变更协议》，《劳动合同变更协议》由甲乙双方各执一份”。《关于重新签订〈劳动合同书〉的通知》中“三、填写规范 1. 劳动合同期限（1）已签订劳动合同的，重新签订劳动合同时仍按原劳动合同期限签订，即起止日期均按原劳动合同起止时间。（2）符合签订无固定期限条件的，签订无固定期限劳动合同。六、有关要求第 2 条：各单位要利用此次重新签订劳动合同的有利时机，对本单位劳动用工情况再次进行清理，对于符合解除劳动合同条件的职工不再重新签订新的《劳动合同书》，并依法办理解除劳动合同手续”。因铁路车辆段不能提供其与陈某权之间签订了《劳动合同变更协议》，同时根据《关于重新签订〈劳动合同书〉的通知》要求，2015 年 5 月 29 日铁路车辆段与陈某权之间签订的《劳动合同书》是重新签订劳动合同，不是变更原劳动合同。

根据原审查明事实，陈某权于 2013 年 1 月 8 日因涉嫌非法经营罪被刑事拘留，同年 1 月 24 日被取保候审，2013 年 5 月 24 日南昌市新建区人民法院作出（2013）新刑初字第 81 号刑事判决书，判决陈某权犯非法经营罪，判处有期徒刑一年六个月，缓刑二年。陈某权从 2013 年 1 月 8 日至 1 月 24 日没有到岗，在长达十七天时间里，陈某权没有与单位联系，而作为陈某权的主管部门或部门领导却知道另派列车检测员随车，对陈某权不到岗不闻不问，铁路车辆段称对陈某权被抓不知情，不符合常理。陈某权的刑罚执行时间至 2015 年 5 月 23 日执行完毕，从双方 2015 年 5

月签订的劳动合同签订时间和内容看，此时陈某权的刑罚已执行完毕，且铁路车辆段没有因陈某权被依法追究刑事责任而解除与陈某权的劳动合同，而是以原劳动合同期限签订的起止时间重新与陈某权签订了无固定期限劳动合同。2018 年 7 月 31 日铁路车辆段以陈某权曾于 2013 年被判刑为由解除了与陈某权的劳动合同，而此时陈某权已不属于《劳动合同法》第三十九条第六款规定的“被依法追究刑事责任的”情形。原二审法院认定事实、适用法律均有错误，应予纠正。

要旨解析

本案涉及的法律问题主要是解除劳动合同理由的法定性。

解除劳动合同，是指用人单位和劳动者提前终止劳动合同的法律效力，解除双方的权利义务关系。用人单位和劳动者都有权依法行使解除劳动合同的权利，也就是常说的辞退和辞职，这也是法律赋予用人单位和劳动者解除劳动合同的自由权利。在这里，由于用人单位和劳动者不论在经济上还是在社会关系上的不平等性，且劳动者对用人单位具有的经济性依赖，辞退对用人单位而言只是生产条件的变更，但对劳动者而言却是生存手段的剥夺。所以，我国《劳动法》《劳动合同法》等法律法规，对用人单位辞退劳动者进行了严格的限制，以纠正这种实质不平等的劳动法律关系。也就是说，法律要保障劳动者的辞职自由，即只要劳动者不滥用权利可不论其辞职理由，而法律则要限制用人单位的辞退行为，即用人单位必须证明其辞退理由而不是滥用权利。如何在实践中去判断用人单位辞退理由是否合法，主要从三个方面进行审查：一是辞退理由必须是用人单位在辞退劳动者时明确说明的客观事实和理由，而非事后增加补充的；二是辞退理由必须是真实存在的；三是辞退理由的准确性，即劳动者可能存在几个辞退理由，而用人单位并未提出其一。因此，用人单位辞退劳动者时，必须找到一个真实且严肃的理由去证明其辞退理由是正当合法的。我国《劳动法》第二十五条、第二十六条、第二十七条以及《劳动合同法》第三十九条、第四十条、第四十一条均采取了列举式立法模式，规定了辞退或裁员的各种情形及其各自理由。比如本案涉及的辞退理由就是《劳动法》第二十五条第四项和《劳动合同法》第三十九条第六项的“被依法追究刑事责任的”，即劳动者被依法追究刑事责任的，用人单位可解除劳动合同。需要注意的是，在劳动者被依法追究刑事责任事实的认定上，《关于贯彻执行〈中华人民共和国劳动法〉若干问题的意见》规定，“被依法追究刑事责任”是指被人民检察院免予起诉的、被人民法院判处刑罚的、被人民法院依据刑法免予刑事处分的；劳动者被人民法院判处拘役、三年以下有期徒刑缓刑的，用人单位可以解除劳动合同；劳动者被劳动教养的，用人单位可以依据被劳教的事实解除与该劳动者的劳动合同。所以，劳动者在劳动合同履行过程中，存在被依法追究刑事责任的事实，则用人单位可以依法解除劳动合同，即辞退劳动者。但是，如果劳动者被依法追究刑事责任的事实发生在签订劳动合同之前，且用人单位也未限制招用此类劳动者，则双方签订的劳动合同合法有效，用人单位不能再以劳动者被依法追究刑事责任为由辞退劳动者，解除劳动合同。因为，《监狱法》第三十八条规定：“刑满释放人员依法享有与其他公民平等的权利。”也就是说，已经被政法机关处理过的人员仍然享有普通劳动者平等就业和选择职业、取得劳动报酬、享受社会保险和福利等权利。

本案中，陈某权的刑罚执行时间至 2015 年 5 月 23 日执行完毕，而其与铁路车辆段重新签订劳动合同是在 2015 年 5 月 31 日，所以，2018 年 7 月 31 日铁路车辆段以陈某权曾于 2013 年被判刑为由解除与陈某权的劳动合同，已不符合《劳动合同法》第三十九条第六项规定的“被依法追究刑事责任的”情形。

编写人：吴　军

再审合议庭成员：李振峰　李　彬　邓名兴

6. 用人单位招用已达法定退休年龄但未享受基本养老保险待遇或未领取退休金的人员，双方构成劳务关系

——侯某生等与江西某生态科技有限公司万年分公司劳动争议纠纷再审案

裁判要旨

1. 区分自然人与用人单位的劳务承包合同是劳务关系还是劳动关系，应从双方权利义务的约定来看，自然人在承包期内享受生产管理权、人事管理权和经费分配权，自行解决承包期间发生的各项责任事故和纠纷，在人事安排、工作安排、报酬分配等主要事务上不受用人单位支配的，双方不存在隶属关系，不属于劳动关系。

2. 自然人与用人单位签订劳务承包合同时，已超过法定退休年龄，在此之前与用人单位也不存在劳动关系，应认定双方签订劳务承包合同书的合意是建立劳务承包关系，而非劳动关系。

案例索引

一审：江西省万年县人民法院（2018）赣 1129 民初 1838 号

二审：江西省上饶市中级人民法院（2019）赣 11 民终 336 号

再审：江西省高级人民法院（2020）赣民再 2 号

基本案情

再审申请人（一审被告、二审被上诉人）：江西某生态科技有限公司万年分公司（以下简称万年分公司）。

被申请人（一审原告、二审上诉人）：侯某生。

申请人（一审原告、二审上诉人）：余某锋。

被申请人（一审原告、二审上诉人）：侯某荣。

侯某生、余某锋、侯某荣向法院起诉请求依法确认周某珍与万年分公司之间存在事实劳动关系。

侯某生之妻、余某锋、侯某荣之母周某珍于 2017 年 8 月 20 日与万年县环境卫生管理所签订了一份《万年县环卫所道路清扫、保洁权劳务承包合同书》，约定由周某珍承包万年县陈营镇正大街道路清扫、保洁劳务，期限为 2017 年 8 月 20 日至 2018 年 8 月 20 日，承包经费为 96000 元，周某珍在承包期内有生产管理权、人

事管理权、经费分配权，但必须严格遵守环卫所的各项规章制度、服从领导；环卫所按照道路清扫、保洁检查与考核办法对周某珍定期与不定期检查，对其工作质量差，经多次教育不改的，可以解除合同，并没收保证金。合同签订后，周某珍在万年县城街道所承包清扫、保洁的路段从事环卫工作。2018 年 1 月，万年分公司中标取得万年县环卫经营权，2018 年 3 月 15 日正式接管万年县环境卫生管理所的县城街道清扫、保洁业务，并开始运营。从此，周某珍继续从事环卫工作工资报酬由被告支付，但双方未重新签订合同。万年分公司分别于 2018 年 5 月 21 日、6 月 17 日向周某珍发放了四、五月份的工资。2018 年 5 月 21 日 19 时 30 分许，周某珍在万年县陈营镇正大街保育院门口路段从事环卫作业时，被案外人驾驶的摩托车撞伤，后经送医院抢救无效于 2018 年 5 月 28 日死亡。周某珍死亡后，侯某生、余某锋、侯某荣作为周某珍的亲属，多次与万年分公司就周某珍死亡赔偿协商事宜未果。侯某生等三人就周某珍与万年分公司是否构成劳动关系向万年县劳动人事争议仲裁委员会申请仲裁，万年县劳动人事争议仲裁委员会于 2018 年 10 月 9 日作出万劳人仲字（2018）28 号仲裁裁决书，裁决周某珍与万年分公司不存在劳动关系，对此，侯某生、余某锋、侯某荣不服，起诉请求确认周某珍与万年分公司之间存在事实劳动关系。另查明，侯某生、余某锋、侯某荣的亲属周某珍于 1954 年 5 月 6 日出生，没有依法享受养老保险待遇。

再审审理中，侯某生、余某锋、侯某荣向再审法院提交了江西省上饶县人民法院（2019）赣 1121 行初 106 号行政判决书和江西省上饶市中级人民法院（2019）赣 11 行终 130 号行政判决书各一份，证明目的：江西省上饶县人民法院认定了周某珍与万年分公司存在劳动关系。

桑德公司质证意见如下：上述两份行政判决书的工亡认定是根据本案二审判决才予以认定的，本案已进入再审，该两份行政判决书不能达到证明目的。

再审法院对侯某生、余某锋、侯某荣提供的两份行政判决书的真实性、合法性予以采信，对其关联性不予采信，该行政判决对工亡的认定并不能证明周某珍与万年分公司存在劳动关系。

裁判结果

一审判决：驳回侯某生、余某锋、侯某荣的诉讼请求。

二审判决：一、撤销一审判决；二、侯某生、余某锋、侯某荣亲属周某珍与万年分公司之间存在劳动关系。

再审判决：撤销二审判决，维持一审判决。

裁判理由

再审认为，本案能否确立周某珍与桑德公司劳动关系的基础在于万年县环卫所与周某珍于 2017 年 8 月 20 日签订《万年县环卫所道路清扫、保洁权劳务承包合同书》后，双方是形成劳动关系还是劳务承包关系。首先，从该合同书的名称来看，双方明确约定为“劳务承包合同书”；其次，从双方权利义务的约定来看，周某珍在承包期内享受生产管理权、人事管理权和经费分配权，其自主聘用清扫保洁人员，自主分配劳务报酬，自行解决承包期间发生的各项责任事故和纠纷，在人事安排、工作安排、报酬分配等主要事务上周某珍并不受万年县环卫所的支配，双方不存在隶属关系；再次，签订上述合同书时，周某珍已超过法定退休年龄，在此之前与万年县环卫所也不存在劳动关系，故双方签订劳务承包合同书的合意应该是建立劳务承包关系，而非劳动关系；最后，周某珍与万年县环卫所签订合同时，不符合办理工伤保险等各项社会统筹保险的条件。桑德公司接手经营后，为弥补社保机构不能办理工伤保险的情形，为周某珍投保了雇主责任保险。因此，认定双方属劳务承包关系，更符合双方真实意思表示和客观事实。桑德公司承继万年县环卫所的权利义务后取得该县环卫经营权，但其与周某珍并未签订劳动合同，周某珍与桑德公司的关系仍应根据前述合同书来确认，即为劳务承包关系。

综上，一审判决认定事实清楚，适用法律正确，应予维持。二审判决适用最高人民法院民一庭《关于达到或者超过法定退休年龄的劳动者（含农民工）与用人单位之间劳动关系终止的确定标准问题的答复》确有错误，应予纠正。

要旨解析

本案涉及的法律问题主要是关于已达退休年龄的人员与单位是否成立劳动关系的问题。

司法实践中，关于已达法定退休年龄的人员与单位是否成立劳动关系的争议比较大：第一种意见认为，已达法定退休年龄且已享受城乡居民基本养老保险的人员，与单位之间的法律关系应当按照劳务关系处理。第二种意见认为，已达法定退休年龄但只要未享受基本养老保险待遇或未领取退休金的人员，与单位之间的法律关系应当按照劳动关系处理。第三种意见认为，对于达到法定退休年龄，未办理退休手续的人员，用人单位又未与其解除劳动合同继续留用的，应按劳动关系处理。

笔者认为，对于已达法定退休年龄的人员与用人单位是否成立劳动关系的基本处理原则是：用人单位与其招用的已经依法享受养老保险待遇或者领取退休金的人员发生用工争议，应当按劳务关系处理。用人单位招用已达法定退休年龄但未享受基本养老保险待遇或未领取退休金的人员，双方构成劳务关系。用人单位未解除劳动合同，仍继续留用已达法定退休年龄且未办理退休手续领取基本养老保险待遇的人员的，按劳动关系处理。具体分析如下：

第一，一般情况下，享受养老保险待遇的人员已经达到法定退休年龄，但是达到法定退休年龄的人员不一定能够享受养老保险待遇。所以，一种情况是对于“用人单位与其招用的已经依法享受养老保险待遇或者领取退休金的人员发生用工争议，应当按劳务关系处理。”依照《劳动合同法》第四十四条第（二）项规定，劳动者依法享受养老保险待遇，是劳动者与用人单位劳动合同终止的法定原因。劳动者只要享受基本养老保险待遇，劳动合同即终止，不宜再建立劳动关系。所以用人单位与这类人员建立的用工关系，不应当认定为劳动关系，否则违背劳动合同法规定，也违背基本养老保险待遇制度初衷。另一种情况是对于“用人单位招用已达到法定退休年龄但未享受基本养老保险待遇或未领取退休金的人员，双方构成劳务关系。”在2019年《人力资源社会保障部对十三届全国人大二次会议第6979号建议的答复》中有明确表述，《劳动合同法实施条例》第二十一条是属于《劳动合同法》第四十四条第六项“法律、行政法规规定的其他情形”，对超过法定退休年龄的劳动者，愿意继续工作的，用人单位与劳动者的关系可以按劳务关系处理，依据民事法律关系调整双方的权利义务。综上，用人单位招用超过法定退休年龄的人员，不论其是否享受基本养老保险待遇，双方之间均应按劳务关系处理。

第二，对于用人单位未解除劳动合同，仍继续留用已达法定退休年龄但未能享受养老保险待遇人员的用工关系定性，这种用工关系在实践中存在争议，但笔者认为应按劳动关系处理。理由如下：劳动者达到法定退休年龄但未能享受养老保险待遇时，其与用人单位的劳动关系并不必然自动终止。首先，要审查劳动者已经达到法定退休年龄而不能依法享受基本养老保险待遇的原因。由于该情况非常复杂，可能用人单位为劳动者缴纳了社会保险费，但是由于该劳动者累计缴费年限不满15年，因此不能享受按月支付的基本养老保险待遇；也可能是政策执行等种种原因，使得部分劳动者可能根本没有参加基本养老保险。如果在这些情况下，一律禁止用人单位终止劳动合同，明显对用人单位不公平。但因为用人单位原因不能享受基本养老保险待遇的，用人单位则不能随意终止劳动关系。其次，虽然《劳动合同法实施条例》第二十一条规定，劳动者达到法定退休年龄的，劳动合同终止。该条规定赋予了用人单位在劳动者达到法定退休年龄时享有对劳动关系的终止权，但用人单位未终止劳动合同而是继续留用该劳动者的，参照《最高人民法院民一庭关于达到或超过法定退休年龄的劳动者（农民工）与用人单位之间劳动关系终止的确定标准问题的答复》的意见，“对于达到或者超过退休年龄的劳动者（含农民工）与用人单位之间劳动合同关系的终止，应当以劳动者是否享受养老待遇或者领取退休金为标准。”只要该劳动者未办理退休手续领取基本养老保险待遇，则视为该劳动合同继续延续，双方之间继续成立劳动关系。

本案中，万年县环卫所与周某珍于2017年8月20日签订《万年县环卫所道路清扫、保洁权劳务承包合同书》时，周某珍已达法定退休年龄，签订的合同也并非劳动合同，再审认为双方成立劳务承包关系，认定事实和适用法律正确。

编写人：吴　军

再审合议庭成员：熊　伟　黄声敏　刘　瑾

7. 在双方有约定的情况下，公司为员工投保意外伤害险所获保险理赔款可以抵扣公司应支付的工伤保险待遇

——南昌市某物流有限公司与王某1等劳动争议纠纷再审案

裁判要旨

公司为员工投保平安团体意外伤害保险的，不当然免除其为员工购买工伤保险的法定义务。该意外伤害保险受益人是公司员工，公司员工获得该意外伤害保险赔付后，虽然有权向公司主张工伤保险待遇，但是双方已就该意外伤害保险理赔款抵扣工伤保险待遇达成约定的，应当遵循双方约定。

案例索引

一审：江西省南昌市西湖区人民法院（2012）西少民初字第15号

二审：江西省南昌市中级人民法院（2012）洪少民终字第57号

再审：江西省高级人民法院（2020）赣民再166号

基本案情

抗诉机关：江西省人民检察院。

申诉人（一审被告、二审被上诉人）：王某1。

申诉人（一审被告、二审被上诉人）：王某2。

申诉人（一审被告、二审被上诉人）：王某3。

申诉人（一审被告、二审被上诉人）：王某4。

被申诉人（一审原告、二审上诉人）：南昌市某物流有限公司（以下简称物流公司）。

物流公司向法院起诉请求依法判令不予支持王某1、王某2、王某3、王某4的仲裁请求。

2010年2月始，王某庚在物流公司从事搬运工作，双方约定王某庚月工资为1600元。但未签订劳动合同。2011年1月13日王某庚在工作时意外死亡。2011年3月8日，南昌市劳动人事争议仲裁委员会以洪劳仲裁字（2011）第114号裁决书裁决物流公司与王某庚存在劳动关系。2011年10月21日南昌市劳动和社会保障局认定王某庚为因工死亡。2011年2月18日，物流公司（甲方）与王某庚直系亲属

（乙方）签订“死亡赔偿协议”，双方在协议中约定：1.死亡赔偿金额总计为叁拾陆万元整，其中包括保险赔偿金拾万元、死亡赔偿、小孩抚养费、丧葬费等；2.在此协议签订之时，万昌物流有限责任公司先付给拾万元整给乙方；3.在死者火化后，由甲方一次性付款160000元整……。2011年2月19日物流公司付给龙某华100000元整。同日，物流公司（甲方）与王某庚妻子龙某华（乙方）签订一份“补充协议”，该协议约定：乙方同意在王某庚尸体火化后甲方把第2期十六万元赔偿金在2011年2月21日下午5：00之前转到龙某林的农业银行6228480830179348610上。若甲方没有在2011年2月21日下午5：00把钱转到乙方提供的账号上，原来的协议自动失效，一切后果由甲方承担。补充协议签订后，物流公司于2011年3月2日付给龙某华10000元、2011年2月22日、2月24日、4月21日通过中国农业银行网点分三笔汇给龙某林50000元、50000元、20000元、2011年7月30日通过中国邮政储蓄银行网点汇给龙某林10000元，期间保险公司亦向四被告支付理赔款100000元。以上七笔共计340000元。2011年9月18日，王某1、王某2、王某3、王某4向南昌市劳动人事争议仲裁委员会递交劳动争议仲裁申请书，要求裁决物流公司支付其四人丧葬补助金17520元、供养亲属抚恤金163987.2元、一次性工亡补助金382180元等共计563687.2元。南昌市劳动人事争议仲裁委员会于2012年元月9日作出洪劳人仲裁字〔2011〕第662号裁决书，裁决物流公司在接到本裁决书之日起十个工作日内向四人支付丧葬补助金、一次性工亡补助金、供养亲属抚恤金193000元及向四人支付《死亡赔偿协议》中尚未支付的赔偿款20000元共计213000元。

裁判结果

一审判决：一、物流公司向王某1、王某2、王某3、王某4支付丧葬补助金17520元、一次性工亡补助金382180元、供养王某1、王某2、王某3、王某4抚恤金153825.6元等共计553525.6元，扣除已支付的340000元，实际应支付213525.6元；二、驳回物流公司的诉讼请求。

二审判决：驳回上诉，维持原判。

再审判决：维持二审判决。

裁判理由

再审认为，本案争议焦点为，物流公司为王某庚投保的平安团体意外伤害保险赔偿款可否在物流公司按工伤保险条例规定应承担的赔偿款中扣减。虽然根据《保险法》第三十九条的规定，物流公司为员工投保平安团体意外伤害险受益人应是公司员工，但该保险费用系由物流公司额外支付，系其为应对公司员工将来可能发生意外时，减轻自身责任的一种行为，相应的保险理赔款可以视为公司赔偿款。本案双方在提起仲裁之前已经签订了一份《死亡赔偿协议》并仅剩2万元未履行到位。王某1、王某2、王某3、王某4在接受大部分赔偿款后，要求仲裁机关裁决物流公司支付其四人丧葬补助金、供养亲属抚恤金、一次性工亡补助金等共计 563687.2 元，南昌市劳动人事争议仲裁委员会以洪劳人仲裁字〔2011〕第 662 号裁决书，裁决物流公司向四人支付丧葬补助金、一次性工亡补助金、供养亲属抚恤金 193000 元及向四人支付《死亡赔偿协议》中尚未支付的赔偿款 20000 元共计 213000 元。该仲裁裁决结果亦确认《死亡赔偿协议》及物流公司已支付赔偿款中包含了保险公司 10 万元理赔款等事实，王某 1、王某 2、王某 3、王某 4 的仲裁主张已获支持，其对该仲裁结果并未提出任何异议。本案系物流公司不服该裁决提起本案诉讼，请求判令不予支持王某 1、王某 2、王某 3、王某 4 的仲裁请求。一审法院认为，物流公司之所以为公司员工购买意外险，是其为应对公司员工将来可能发生意外时，减轻自身责任的一种行为，且保险费用是由物流公司自行承担，此 100000 元可视为物流公司以不同的方式对发生意外的员工所给予的赔偿，王某 1、王某 2、王某 3、王某 4 所得赔偿总额应扣除该 100000 元，并据此判决物流公司向王某 1、王某 2、王某 3、王某 4 支付丧葬补助金 17520 元、一次性工亡补助金 382180 元、供养王某 1、王某 2、王某 3、王某 4 抚恤金 153825.6 元等共计 553525.6 元，扣除已支付的 340000 元，实际应支付 213525.6 元。王某 1、王某 2、王某 3、王某 4 在法定期限内未提起上诉，可视为其接受该判决结果。物流公司不服一审判决提起上诉，二审判决维持原判，既符合法律法规定，亦不损害王某 1、王某 2、王某 3、王某 4 的合法权益。王某 1、王某 2、王某 3、王某 4 明知仲裁裁决的赔偿款中已扣减案涉 10 万元保险赔偿金，既不起诉又未上诉，系对自己民事权益依法享有的处分权利，故其请求再审改判物流公司实际应支付 313525.6 元，难以支持。

要旨解析

本案涉及的法律问题主要是公司为员工投保平安团体意外伤害保险的，能否减轻公司应当承担的工伤保险待遇支付责任的问题。

工伤保险是通过社会统筹的办法，集中用人单位缴纳的工伤保险费，建立工伤保险基金，对劳动者在生产经营活动中遭受意外伤害或职业病，并由此造成死亡、暂时或永久丧失劳动能力时，给予劳动者法定的医疗救治以及必要的经济补偿的一种社会保障制度，是基于对工伤职工的赔偿责任而设立的一种社会保险制度。《工伤保险条例》第二条第一款规定：“境内的企业、事业单位、社会团体、民办非企业单位、基金会、律师事务所、会计师事务所等组织和有雇工的个体工商户（以下称用人单位）应当依照本条例规定参加工伤保险，为本单位全部职工或者雇工（以下称职工）缴纳工伤保险费。”根据该规定，为劳动者缴纳工伤保险费是用人单位的法定义务，该法定义务不得通过任何形式予以免除或变相免除。也就是说，工伤保险不同于养老保险等险种，劳动者并不缴纳保险费，全部费用由用人单位负担，即工伤保险的投保人为用人单位，是用人单位的法定职责。而且工伤保险实行无过错责任原则，无论工伤事故的责任归于用人单位还是职工个人或第三者，用人单位均应承担保险责任。

而商业意外险提供的则是工作和休息时遭受的意外伤害保障。其中在劳动争议案件中，比较常见的有两种即雇主责任保险和人身意外伤害险，这两者极其容易混淆。雇主责任保险，是指被保险人的员工从事被保险人业务有关工作而遭受意外或患有国家规定的职业性疾病等导致伤残或者死亡时，被保险人根据法律应承担医疗费用、伤残补助等经济赔偿责任的，由保险人在规定的赔偿限额内负责赔偿的一种保险。其保障的对象主体是用人单位，也就是说，雇主责任保险的受益人应当是用人单位。人身意外伤害保险是指被保险人在保险有效期内，遭受非本意的、外来的、突发的危害事件而不幸残疾或身故，由保险公司给付身故保险金或残疾保险金。根据《保险法》第三十九条规定，投保人为与其有劳动关系的劳动者投保人身保险时，不得指定被保险人及其近亲属以外的人为受益人。因此，投保人如果是用人单位，则受益人就必须是劳动者。所以，雇主责任保险和人身意外伤害险有相同之处，即两者投保人都是用人单位，也有不同之处即受益人，前者是用人单位，后者是劳动者。因此，当发生工伤事故之后，劳动者可以兼得人身意外伤害险理赔金以及用人单位另外足额支付的工伤保险待遇，而用人单位则可以用雇主责任保险的理赔金冲抵其应当承担的工伤保险待遇。

所以，用人单位不仅应当积极履行好工伤保险投保义务，还应该因企制宜积极投保雇主责任保险，避免工伤事故引发较大的经济责任给单位带来沉重负担，也有利于用人单位和社会的稳定。而用人单位投保个人意外伤害险应视为是向劳动者提供的一种福利待遇，有助于改善协调劳资关系，但不能因此免除用人单位负有的法定的缴纳工伤保险费的义务或支付工伤保险待遇的义务。

本案中，虽然物流公司为王某投保的是人身意外伤害保险，但双方已就人身意外伤害保险理赔金抵扣工伤保险待遇达成协议，且王某在一审判决后也未提起上诉，可视为其接受该判决结果。因此，再审法院未判决物流公司另行支付工伤保险待遇，并无明显不当。

编写人：吴　军

再审合议庭成员：龚雪林　陈银发　闵遂赓

九、与公司等有关纠纷

1. 有限责任公司股东可以以发包形式让渡公司经营权获得收益

——某投资公司香港有限公司、孙某助等与江西某印刷发展集团有限公司合同纠纷二审案

裁判要旨

有限责任公司的股东通过让渡参与公司重大决策和选择管理者的权利，获得公司的资产收益权利，将公司经营权发包给公司股东或他人承包经营，若该承包协议没有违反法律或行政法规的强制性规定，承包协议有效。

案例索引

一审：江西省南昌市中级人民法院（2017）赣01民初380号

二审：江西省高级人民法院（2019）赣民终723号

基本案情

上诉人（原审被告）：某投资公司香港有限公司（以下简称投资公司）。

上诉人（原审被告）：孙某助。

上诉人（原审被告）：刘某清。

上诉人（原审被告）：孙某凯。

上诉人（原审被告）：孙某涵。

上诉人（原审被告）：刘某。

上诉人（原审被告）：杨某华。

被上诉人（原审原告）：江西某印刷发展集团有限公司（以下简称印刷公司）。

印刷公司向一审法院起诉请求：判令投资公司、孙某助、刘某清、孙某凯、孙某涵、刘某、杨某华向其支付承包费人民币510万元，并承担诉讼费。

2016年，印刷公司与投资公司均为立华公司股东，印刷公司占股51%，投资公司占股49%。2016年5月18日，印刷公司与投资公司、孙某助、刘某清、孙某凯、孙某涵签订《承包经营协议》，约定：投资公司、孙某助、刘某清、孙某凯、孙某涵负责立华公司经营，并向印刷公司支付承包费510万元；经营期限自2016年1月1日起至2016年12月31日止；经营期限内的营业收入的基本目标为人民币4.6亿元，完税后净利润的基本目标为人民币1000万元，是否完成上述目标以印刷公司指

定的会计师事务所审计认定的结果为依据；承包费510万元以立华公司2016年度经营利润优先支付，若经营利润不足以支付承包费，由投资公司、孙某助、刘某清、孙某凯、孙某涵用现金补足给印刷公司；且必须在印刷公司指定的会计师事务所出具审计认定结果后七个工作日内一次性支付全部承包费；承包经营期满，若立华公司出现亏损，投资公司、孙某助、刘某清、孙某凯、孙某涵负责用现金补足立华公司亏损并仍应按上述约定向印刷公司支付承包费510万元；因履行本协议发生的争议，可由双方友好协商解决，经协商无法达成一致的，由印刷公司所在地人民法院管辖；本协议全部适用法律、法规规定等内容。信永中和会计师事务所（特殊普通合伙）长沙分所于2017年3月20日出具的立华公司2016年审计报告显示，立华公司2016年亏损人民币61926991.85元。2017年9月30日，印刷公司将其持有的立华公司51%的股权转让给海派公司，经挂牌转让程序后，于2018年5月25日办理了股权变更登记。

孙某助、刘某系夫妻关系，刘某清、杨某华系夫妻关系。印刷公司系于2018年12月12日由江西新华印刷集团有限公司更名而来。

裁判结果

一审判决：一、投资公司、孙某助、刘某清、孙某凯、孙某涵向印刷公司支付承包费510万元；二、驳回印刷公司的其他诉讼请求。

投资公司、孙某助、刘某清、孙某凯、孙某涵不服提出上诉。二审判决：一、撤销一审判决；二、投资公司、孙某助、孙某凯、孙某涵、刘某清向印刷公司支付承包费276万元；三、驳回印刷公司的其他诉讼请求。

裁判理由

二审认为，本案审理的争议焦点为：一、涉案《承包经营协议》是否合法有效？二、涉案《承包经营协议》是否实际履行？三、投资公司、孙某助等人是否应向印刷公司支付510万元承包经营款？四、一审是否程序违法？本案是否应追加立华公司作为共同原告？是否应追加海派公司作为有独立请求权第三人参加诉讼？

一、关于《承包经营协议》效力问题。根据我国《民法总则》的规定，合同的有效要件应包括，行为人具有相应的民事行为能力，意思表示真实，不违反法律或者社会公共利益，应认定有效。涉案《承包经营协议》约定印刷公司作为立华公司的股东将其在立华公司的经营权承包给股东投资公司团队，印刷公司在不参与公司经营的情况下，通过让渡参与公司重大决策和选择管理者的权利，获得公司的资产收益权利，并不违反法律、行政法规的禁止性规定，应认定合法有效。《承包经营协议》是印刷公司与投资公司两股东签订的协议，即使立华公司亏损，其亏损由股东投资公司及其经营团队承担，立华公司并不承担510万元补亏责任，《承包经营协议》并未违反《公司法》第一百六十七条的规定。投资公司、孙某助等人主张印刷公司无权发包公司承包经营权及《承包经营协议》违反《公司法》的相关规定无效的理由不成立，二审法院不予支持。

二、关于《承包经营协议》履行问题。投资公司、孙某助等人称印刷公司控制了立华公司公章使用权和财务开支权，《承包经营协议》没有实际履行。二审法院认为，从2013年印刷公司成为立华公司的股东以来，立华公司的经营管理权均由宝利华团队执行。投资公司、孙某助等人称印刷公司控制了立华公司的公章使用权并没有证据予以证实。印刷公司派驻的人员仅是对立华公司的财务进行监管，其财务监管也符合法律的相关规定和相关财务制度，印刷公司对立华公司的财务监管并未影响宝利华团队的经营管理权。立华公司的经营模式仍由宝利华团队自主决定，其可以改变经营模式，也可以不改变经营模式。投资公司、孙某助等人主张经营模式一直没有改变，《承包经营协议》没有实际履行没有事实依据和法律依据，二审法院不予支持。

三、投资公司、孙某助等人应否向印刷公司支付承包经营款的问题。投资公司、孙某助等人称印刷公司与海派公司签订的《股权转让协议》第一条明确规定股权："印刷公司因其缴付公司注册资本的出资并具有公司股东资格而享有的中国法律和公司章程所赋予的任何和所有股东权利，包括但不限于对公司的资产收益、重大决策和选择管理者等权利。"涉案债权是基于股权产生的收益，债权因股权转让已一并转让给海派公司。二审法院认为，《股权转让协议》中对股权所作的定义是《公司法》模板化的法律学术用语，是股东对其出资所享有的权利的一般性规定。股权与债权是独立存在的，涉案债权于2017年3月30日已然形成并独立存在，投资公司、孙某助等人对此也明知，印刷公司与海派公司签订的《股权转让协议》亦未约定将涉案债权一并转让给海派公司，且印刷公司在与海派公司签订《股权转让协议》之前对涉案债权已在一审法院主张了权利，印刷公司有权向投资公司、孙某助、刘某清、孙某凯、孙某涵主张涉案债权。尽管双方签署的《承包经营协议》约定的承包经营期限为2016年1月1日至2016年12月31日，但该协议的签署时间为2016年5月18日，协议签署之时，承包经营时间已经过去将近一半的时间，对于宝利华团队而言，《承包经营协议》约定其承担一年的承包经营费用，显失公平。《承包经营协议》约定一年的承包经营款为510万元，宝利华团队承包经营的实际时间为6.5个月，因此宝利华团队应向印刷公司支付承包经营款276万元。

四、一审程序是否违法，是否应追加立华公司、海派公司为本案诉讼的当事人的问题。本案一审立案时间为2017年9月5日，投资公司、孙某助等人称2019年2月才收到应诉材料，一审程序严重违法，损害了其合法权益。二审法院认为，一审法院虽没有在法定的期限内向投资公司、孙某助等人送达诉讼文书材料，在程序上存在瑕疵，但并不影响投资公司、孙某助等人出庭应诉、答辩、抗辩的权利，对投资公司、孙某助等人的实体权利没有造成实质损害，一审程序并不存在严重违法，本案并不需发回重审，投资公司、孙某助等人的上诉理由不成立，不予支持。由于涉案债权归印刷公司所有，立华公司和海派公司不是本案诉讼的当事人，一审法院不追加立华公司和海派公司作为本案的当事人参加诉讼，符合法律规定。

要旨解析

本案所涉合同法律关系为公司承包经营合同。所谓公司承包经营合同，是指公司或股东与承包人通过订立承包合同，将公司的全部或部分经营权在一定期限内交给承包人，由承包人对公司进行经营管理，承包人按照合同的约定向发包者支付承包金，并承担相应经营风险的一种商事合同[①]。关于公司承包经营合同的效力问题，因涉及股权与债权两层关系，加上公司承包经营合同属无名合同，无论是合同法还是公司法对此均没有明确规定，故无论在理论上还是审判实务中都一直存在争议。

关于公司承包经营合同的效力，主要有三种观点。第一种观点无效说，即认为公司承包将会破坏立法预设的公司内部股东会、董事会、监事会和经理“三权分立”的法人治理结构，且承包合同要求承包股东按约定对公司承担补亏义务，实际令其承担无限责任，违背了股东有限责任原则[②]。第二种观点有效说，即认为公司承包属于企业承包的一种，体现了当事人的意思自治。公司承包仅是公司经营权的暂时让渡，或者是公司股东会、董事会对承包股东的概括性授权，并不为法律所禁止，故公司承包经营合同应为有效[③]。第三种观点折中说，认为公司承包经营合同的效力应根据合同内容判断，需要区分情况对待。刘俊海教授认为，承包合同原则上是有效的，但如果承包合同排斥公司的机构法定原则，将属于股东会或者董事会的所有职权授予承包人行使，承包合同应当无效[④]。其主要理由是，现代公司制度与承包经营合同具有兼容性，作为组织法的公司制度与作为行为法的合同之间可以取长补短，凡是不违反强制性法律规定、不违反社会公共利益、不违反公司本质的公司承包经营合同均属有效。因为公司承包经营模式存在着市场需求，公司承包经营合同符合等价有偿、互利互惠的公平理念，也符合鼓励公司自治的立法理念，且公司承包经营合同不可能、也不应该从根本上颠覆公司制度。但是，公司股东会与董事会职权中确实有部分权利是不能授予他人行使的，如修改公司章程、选举和更换董事、决定公司增加或减少注册资本、决定公司的合并、分立、解散、清算等权

① 孟兰凯：《公司承包行为法律效力的实例分析》，载《福建法学》2004年第2期。

② 蒋大兴：《公司法的展开与评判——方法·判例·制度》，法律出版社2001年版。

③ 李克才：《股东将公司发包给股东的承包经营合同效力》，载《人民司法（案例）》2008年第24期。

④ 刘俊海：《新公司法框架下的公司承包经营问题研究》，载《当代法学》2008年第2期。

利，只能由股东会行使，承包合同有与此相抵触的约定，应当认定该约定无效。当该约定是承包合同的主要条款时，还应认定合同无效。承包合同中无上述导致合同无效约定的，承包人所行使的职权实际上等于执行董事会的权利，这与公司法并不违背，应认定合同有效。徐强胜教授则认为，从法律性质上分析，股东与公司签订承包经营合同实际上是变更了公司的治理结构，对于该合同效力应区分不同的公司形式分别对待[①] 对于股份有限公司而言，股东之间基本上不具有人合色彩，而公司治理结构的创立除了维护股东之间的利益分配外，还在保持股东、公司、债权人之间的利益平衡方面还发挥着至关重要的作用，甚至牵涉社会公共利益，因此，股份有限公司的治理结构应不允许予以变更，即承包经营合同应认定无效。但就有限责任公司而言，具有浓厚的人合色彩和相对的封闭性，公司治理上往往仅涉及股东自身利益，不会影响到他人的利益和社会公共利益，此时便应更多地强调股东之间的意思自治。因此，有限责任公司股东约定将公司承包给部分股东，纯属股东之间的利益分配问题，属于股东的权利，股东完全可以通过合同重新安排彼此间的权利义务，法律对此不应加以干涉。笔者倾向于第三种观点折中说。承包经营制经过了市场的检验，适用于传统企业，也适用于现代公司，依然是市场主体实现短期获利的经营方式之一。在审判理念上，从尊重商事主体对公司的自治权利和合同自由权利的角度，也不应轻易地否认公司承包经营合同的法律效力。但公司承包经营不能排除适用公司法中关于公司治理、会计制度等规定中的强制性法律规范，当违反法律强制性规定的承包约定是承包合同的主要条款时，应认定承包合同无效。

本案中，当事人争议的首要焦点即为案涉《承包经营协议》的效力问题，只有先确定协议的效力，才能解决当事人之间应否支付承包费以及支付多少承包费的具体问题。投资公司、孙某助等人抗辩称，印刷公司作为股东，无权发包立华公司经营权，案涉《承包经营协议》系无效合同。从本案基本事实来看，立华公司是印刷公司与投资公司共同组建的中外合资公司，印刷公司与投资公司都是公司股东，双方经协议一致，同意印刷公司将立华公司一定期限的经营权发包给投资公司及其团队。从承包协议约定的内容和履行情况来看，双方之间的关系实际上是以承包形式体现中外合作，合作是本质，承包是其经营管理的一种形式。同时印刷公司派驻人员对立华公司的财务进行监管，该行为不仅不会影响宝利华团队的经营管理权，而且也反映出立华公司的法定治理结构并未被颠覆。且承包协议约定的宝华公司团队亏损弥补义务仅仅是股东之间的内部约定，并不影响公司或者第三人依据公司法规定向印刷公司主张股东应承担的责任，各股东对外仍然是承担有限责任。而对于无论公司盈亏，投资公司团队都应向印刷公司支付承包费的约定，这涉及双方之间内部的债权关系，是双方经协商一致达成的结果，应本着尊重契约的精神予以认可适

① 徐强胜:《公司纠纷裁判依据新释新解》，人民法院出版社 2014 年版，第 200 ~ 201 页。

用。因此，二审判决认为，印刷公司在不参与公司经营的情况下，通过让渡参与公司重大决策和选择管理者的权利，获得公司的资产收益权利，并不违反法律、行政法规的禁止性规定，应认定合法有效，进一步充实论证了一审法院关于合同有效的认定。此外，本案经最高人民法院再审审查，认定“案涉承包经营协议系各方当事人的真实意思表示，且不违反法律的强制性规定，原审法院认定该承包经营协议合法有效并无不当”。

编写人：毛盈超

二审合议庭成员：何全伟　徐清华　吕卫红

2. 企业承包人不能根据“谁投资谁所有”原则主张改变企业产权

——杨某银与上饶市广丰区某镇人民政府、上饶市广丰区某磷矿企业出资人权益确认纠纷二审案

裁判要旨

1. 企业承包经营过程中承包人的投入与企业产权的归属是不同的法律关系，承包人承包期间投资形成的资产性质并不能改变企业自身产权的归属。承包人可依据承包经营合同另行主张承包期间投资资产及其所得。

2. 矿产资源属国家所有。矿产资源类企业在国家法律有明确规定下不能随意适用“谁投资谁所有”的原则，任何政府部门及其他单位和个人都不得随意改变法律对矿产资源类企业所特别要求的企业性质。

案例索引

一审：江西省上饶市中级人民法院（2017）赣11民初158号

二审：江西省高级人民法院（2019）赣民终524号

基本案情

上诉人（原审原告）：杨某银。

被上诉人（原审被告）：上饶市广丰区某镇人民政府（以下简称镇政府）。

被上诉人（原审第三人）：上饶市广丰区某磷矿企业（以下简称磷矿企业）。

杨某银向一审法院起诉请求：请求确认杨某银为磷矿企业的唯一出资人，享有该矿100%的出资股权。

2001年5月16日，镇政府印发《关于开办吴村镇磷矿的通知》，决定开办磷矿企业，任命吴村镇企业办主任吴某贵为矿长（法定代表人）。2002年9月28日，磷矿企业完成工商登记，类型为集体所有制。江西永华和信会计师事务所出具验资报告，其中的注册资本实收情况明细表载明镇政府货币出资12万元，占注册资本100%。2003年10月30日，夏某与镇政府签订《吴村镇磷矿开发经营权承包合同》，承包期限三年，合同期限内夏某不得将磷矿出租、转让或抵押。后镇政府下发文件任命夏某为磷矿企业矿长，并变更夏某为法定代表人。2006年12月8日，阮某与镇政府签订《吴村镇磷矿开发经营权承包合同》，承包期限五年，合同期限内阮某不得无故将磷矿出租、转让或抵押。后镇政府下发文件任命阮某为磷矿企业矿长，

并变更阮某为法定代表人。2010年7月16日，阮某以磷矿企业名义与杨某银签订《协议书》，约定将其享有所有权的磷矿企业所有股权、矿井和设备、设施及磷矿企业相关的所有权益、权利整体转让给杨某银，转让价款100万元。阮某、杨某银在《协议书》上签字并加盖磷矿企业印章。2010年9月7日，吴村镇党委政府召开党政联席会议决定对磷矿处以两万元罚金后中止原磷矿合同（主要原因是磷矿违反原合同约定），免去阮某矿长职务。2010年9月28日，吴村镇党委政府召开党政联席会议，通报2010年9月26日签订的《吴村镇磷矿开发经营权承包合同》，承包期限10年（2010年9月26日至2020年9月25日止），任命杨某银为磷矿企业矿长。2010年10月27日，磷矿企业法定代表人由阮某变更为杨某银。后杨某银名下企业广丰县杨村磷矿和江西物丰磷业科技有限公司陆续向镇政府缴纳了管理费并收到镇政府开具的江西省行政事业单位资金往来结算票据。2012年5月14日，杨某银从个人银行账户分四次取出现金788万元。2012年5月14日，镇政府分四次将788万元存入磷矿企业银行账户。2012年5月16日，江西永华和信会计师事务所出具验资报告"截至2012年5月14日止，贵矿收到广丰县吴村镇人民政府缴纳的新增注册资金（实收资金）合计人民币7880000元"。2012年5月22日，磷矿企业的注册资本由12万元变更为800万元。2014年5月12日，广丰县杨村磷矿杨某银（甲方）与白某峰（乙方）就广丰县杨村磷矿100%股权转让签订《股权转让协议》，转让总价为人民币2800万元整。转让后广丰县杨村磷矿将其法定代表人由杨某银变更为李某武，并因此向镇政府申请将磷矿企业的法定代表人变更为李某武，主张其拥有对磷矿企业的实际承包经营权。

2017年3月20日，夏某、阮某在广丰县纪律检查委员会所做谈话笔录中陈述，两人参与承包磷矿企业，只是转让了承包经营权、矿山设备等费用，没有资格转让采矿权、所有权，因为所有权、采矿权是属于镇政府的……2018年2月9日，吴某贵、夏某在江西洪胜律师事务所律师王小虎、周双泉所做调查笔录中陈述："2001年5月份，镇政府按照我们双方约定，下达了开办文件，任命吴某贵为磷矿企业矿长。我们自己凑了12万元资金，开办了磷矿企业，挂靠在镇政府名下的集体企业。"

2017年6月9日，镇政府下发《任免文件》，主要内容如下：广丰县磷矿企业在2010年9月26日至2020年9月25日承包给广丰县杨村磷矿经营，现因上饶市广丰区杨村磷矿法定代表人由杨某银变更为李某武，为方便承包方经营，根据区委、区政府专题会议内容精神和承包方要求，出资人特免去杨某银的广丰县吴村镇磷矿法定代表人职务（杨某银的任职资格自2017年6月1日起终止），任命李某武为法定代表人，请相关单位办理变更登记手续。

裁判结果

一审判决：驳回杨某银的诉讼请求。

杨某银不服提出上诉。二审判决：驳回上诉，维持原判。

裁判理由

二审认为，本案虽然交织存在着诸多法律关系，但争议焦点为磷矿企业的企业产权归属问题。首先，对于“谁投资谁所有”的原则要厘清概念和适用范围，即在合法的前提下，没有法律明确的规定以及没有合同约定的情形下，可以适用“谁投资谁所有”原则。对于本案来说，磷矿企业的出资设立人为镇政府，根据“谁投资谁所有”的原则，企业产权归属镇政府。至于承包期间的投资，承包人则可根据“谁投资谁所有”的原则主张其承包期间投资资产及其所得，且其主张只能在承包合同没有约定的情况下可以按照“谁投资谁所有”的原则主张，承包合同如有约定则应按照合同约定办理。其次，对矿产资源类企业国家有特别的规定。矿产资源归国家所有，国家对矿产资源的勘查、开采实施严格的管理制度，矿业权的取得应由县级以上地质矿产管理部门根据法定权限依法进行审查。本案中磷矿企业正是依照法律规定不允许个人开采，故其设立为集体所有制企业方可依法取得相应的矿业权。矿产资源类企业在国家法律有明确的规定下并不能随意适用“谁投资谁所有”的原则。再次，磷矿企业从设立开始产权明晰，镇政府分别在2003年、2006年分别与夏某、阮某签订承包合同，从未放弃过其所有者权利。杨某银以镇政府名义增资以及以广丰县杨村磷矿名义与镇政府签订磷矿企业承包合同，均说明其明知镇政府为磷矿企业的所有权人。杨某银上诉称其以广丰县杨村磷矿名义与镇政府签订磷矿企业承包合同的事实一审法院认定错误，但其不能提供相应证据以及合理的说法来否定该事实。况且镇政府在与广丰县杨村磷矿签订磷矿企业承包合同之前还有他人的承包合同可以印证镇政府系磷矿企业的实际产权人。综上，本案中，案涉磷矿企业产权明确，原始注册资金来源清晰，杨某银不是原始出资人，其无权申请对出资的原始投入的情况进行专项司法审计，且对本案审理也没有必要。另杨某银申请对诉争的磷矿企业自设立开始至今的资金来源、经营管理、出资投入等提出司法审计申请与本案没有必然的联系，也不影响本案企业产权的认定。因此对其鉴定申请予以驳回。企业被承包经营过程中承包人的投入与企业产权的归属是不同的法律关系，承包人的投资并不影响到企业产权的归属，其对承包期间的投入可另行主张。

二审审理期间，杨某银提交一份《法学专家论证意见书》来证明磷矿企业按照“谁投资谁所有”原则属于“挂靠”集体企业性质的私人企业。二审法院认为，该《法学专家论证意见书》系法学专家根据当事人单方提供的论证证据材料做出，故其得出的结论难免有失片面，且法学专家未考虑本案企业系矿产资源类企业特点，该类企业国家法律有特别的规定。对本案而言，杨某银对其承包期间投资形成的资产不论是与广丰县杨村磷矿产生争议还是与镇政府产生争议，均可另行主张，但其承包期间投资形成的资产性质并不能改变企业自身产权的归属。

要旨解析

资产由投资形成，投资主体自然成为资产的所有权主体，“谁投资谁所有”原则从字面上看很直观，好理解。当投资对象是企业时，对企业全部资产主张出资所有权实际涉及企业产权性质的界定。比如本案中，杨某银诉请确认其为磷矿企业的唯一出资人，享有该矿100%出资股权，该请求实质上否定了磷矿企业登记的集体所有制性质，将使磷矿企业变为杨某银的个人独资企业。杨某银的诉请能否得到支持，关键在于能否适用“谁投资谁所有”原则论证杨某银的投资与企业产权之间的关联。

一般来说，对企业产权性质的认定，是工商行政管理部门的职能。根据商事外观主义原则，企业产权性质的确认也以工商登记内容为准。但现实中，往往存在工商登记的企业性质与实际投资主体不符合的情形，典型如在我国20世纪80、90年代，由于私营经济难以获得市场准入资格，于是诞生了一批“红帽子”企业[①]。对于该类企业产权的界定，1993年12月，国家国有资产管理局发布《国有资产产权界定和产权纠纷处理暂行办法》第四条规定，“产权界定应遵循‘谁投资、谁拥有产权’的原则进行。在界定过程中，既要维护国有资产所有者及经营使用者的合法权益，又不得侵犯其他财产所有者的合法权益。”1994年11月，国家国有资产管理局又通过《集体企业国有资产产权界定暂行办法》第四条规定：“产权界定应遵循‘谁投资、谁拥有产权’的原则进行，即从资产的原始来源入手，界定产权……”2004年1月，最高人民法院行政审判庭在答复农业部乡镇企业行政执法领导小组《关于“红帽子”企业产权纠纷处理有关问题的意见》[②]中提出，人民法院在审理涉及“红帽子”企业有关变更企业登记项目的行政诉讼中，对实体问题应当尊重“谁投资谁所有”的原则。从笔者梳理的上述规定可以看出，“谁投资谁所有”原则的提出和适用在我国有着较为特殊的时代背景，是国有企业及集体企业在改制过程中解决产权纠纷的一项基本原则，也可以说是在我国社会主义基本经济制度下建立产权清晰的现代企业制度所应遵循的一项基本原则。同时，在企业出资人权益

---

① 所谓“红帽子企业”，是指私人资本投资设立，而又以公有制企业（包括国有和集体企业）的名义进行注册登记的企业，或者挂靠在公有制企业之下的企业，即名为公有制企业实为私有制企业。

②《最高人民法院行政审判庭关于“红帽子”企业产权纠纷处理有关问题的意见》：“基于20世纪80年代和90年代初的政策背景，企业‘红帽子’现象比较普遍，产权界定存在障碍，产权纠纷的处理也存在一些不同的认识。结合乡镇企业法和行政诉讼法等有关规定，就‘红帽子’企业产权纠纷处理有关问题提出如下意见：一、程序上可以通过“红帽子”企业产权利害关系人向工商行政管理部门申请变更企业登记项目，工商行政管理部门拒绝变更的，申请人可以依法向人民法院提起行政诉讼，人民法院可以根据有关证据作出裁判；二、人民法院在审理这类行政案件时，对实体问题应当尊重“谁投资谁所有”的原则。在审理过程中，人民法院可以依法委托审计等机关进行审计或者鉴定；三、涉及企业产权可能存在国有性质的、应当告知当事人先向国有资产管理部门申请予以界定。以上意见供参考。”

确认纠纷或者股东资格确认纠纷中，“谁投资谁所有”原则也成为裁决这类纠纷的一项基本裁判规则。但是，在诉讼中适用“谁投资谁所有”原则不是简单地用“投入资金”的事实，就成立“归其所有”的结论，而是必须结合所涉企业的性质以及当事人的举证情况，在两者之间进行论证，只有在满足相关条件下，才能画上等号。本案正是如此，虽然现有证据能够证明磷矿企业2012年的新增注册资金788万元来源于杨某银，但一、二审法院均未支持杨某银的诉请，主要就在于本案不符合适用“谁投资谁所有”的条件，具体表现在：

一是适用前提。一般情况下，只有在法律没有明确规定以及合同无约定的情形下，才予以适用“谁投资谁所有”原则。当法律对企业产权有特别规定或者当事人达成一致的合同中对企业产权归属有合法约定时，并不能直接适用“谁投资谁所有”原则。如本案中，案涉企业属于矿产资源类企业。矿产资源归国家所有，国家对矿产资源的勘查、开采实施严格的管理制度，矿业权的取得应由县级以上地质矿产管理部门根据法定权限依法进行审查。《矿产资源法》第三条第五款规定：“从事矿产资源勘查和开采的，必须符合规定的资质条件。”《矿产资源法实施细则》第十一条、第十三条、第十四条分别对申请开办国有矿山企业、集体所有制矿山企业或者私营矿山企业以及申请个体采矿规定了相应的条件。而案涉磷矿企业正是依照法律规定不允许个人开采的矿业，故其设立为集体所有制企业方可依法取得相应的矿业权。若将杨某银确认为磷矿企业的唯一出资人，则意味着要终结磷矿企业集体所有制性质，变成杨某银的个人独资企业，这势必与国家对矿产资源的特别法律规定相违背，明显不具合法性。因此，矿产资源类企业在国家法律有明确规定下不能随意适用“谁投资谁所有”的原则，任何政府部门及其他单位和个人都不得随意改变法律对矿产资源类企业所特别要求的企业性质。二是适用的阶段。在涉及产权界定时，“谁投资谁所有”原则的适用应是针对企业原始出资情况，即从资产的原始来源入手，界定产权，并不是任何阶段的“投资”都当然视为对企业产权的“所有”，典型如承包期内的投资。企业被承包经营过程中承包人的投入与企业产权的归属是不同的法律关系，承包人承包期间投资形成的资产性质并不能改变企业自身产权的归属，其可依据承包经营合同另行主张。如本案中，案涉磷矿企业企业产权明晰，原始注册资金来源清晰，出资设立人为镇政府，根据“谁投资谁所有”的原则，企业产权应归属镇政府，工商登记信息亦显示为镇政府投资设立的集体所有制企业，且镇政府在企业实际经营过程中从未放弃过对磷矿企业的控制权。杨某银不是原始出资人，其向企业投资的阶段是在其承包期内，彼时离磷矿企业登记成立已有十年之久，故不能仅凭其在承包期内对企业新增注册资金反推其是企业原始出资人，从而以此改变企业产权性质。至于杨某银在承包期间对企业的投资，可根据承包合同的约定进行处理，若无约定，则可根据“谁投资谁所有”的原则主张其承包期间投资资产及其所得，但该部分权益的确认与企业产权性质并无关联。

综上，针对杨某银诉请的实质内容，一、二审法院根据国家对矿产资源类企业的特殊规定，在查明案涉企业原始出资以及企业实际经营情况的基础上，充分论证了杨某银不能根据“谁投资谁所有”原则主张对案涉企业享有100%出资股权的权利，判决有理有据，处理正确。杨某银不服二审判决向最高人民法院申请再审，亦被驳回。

编写人：毛盈超

二审合议庭成员：王慧军　段亦枫　魏　巍

3. 当事人协议约定各自出资份额和权益，并将出资全部登记在一方名下，构成股权代持

——刘某文、刘某萍、胡某庆与江西某实业有限公司、王某等股东资格确认纠纷再审案

裁判要旨

当事人签订协议约定出资份额，并约定按出资比例享受投资权益，承担投资风险，对外以一方当事人名义受让他人股权，登记为股东，可以认定协议当事人之间构成股权代持关系。在符合公司法司法解释关于股权代持协议效力认定及实际出资人显名条件时，可以确认实际出资人的股东资格。

案例索引

一审：江西省弋阳县人民法院（2014）弋民二重初字第106号

二审：江西省上饶市中级人民法院（2018）赣11民终563号

再审：江西省高级人民法院（2020）赣民再35号

基本案情

再审申请人（一审原告、二审上诉人）：刘某文。

再审申请人（一审原告、二审上诉人）：刘某萍。

再审申请人（一审原告、二审上诉人）：胡某庆。

被申请人（一审被告、二审被上诉人）：江西某实业有限公司（以下简称实业公司）。

一审第三人：王某。

一审第三人：程某华。

一审第三人：陈某瑾。

一审第三人：蔡某敏

一审第三人：陈某英。

一审第三人：甘某生。

一审第三人：张某青。

一审第三人：吴某红。

刘某文、刘某萍、胡某庆向一审法院起诉请求：要求确认其在实业公司占有 16.15% 的股份，其中刘某文为 8.5%，刘某萍为 4.25%，胡某庆为 3.4%。

实业公司于 2013 年 2 月 17 日注册成立，注册资本为 1000 万元，股东为李某凤（出资 100 万元，占公司 10% 的股份额）、童某清（出资 900 万元，占公司 90% 的股份额）。2013 年 5 月 3 日，陈某平与童某清签订了受让实业公司 34% 股权的转让协议，并于 2013 年 5 月 6 日到工商行政管理局进行了股东信息变更登记。实业公司的股东由李某凤、童某清变更为唐某（出资 330 万元，占公司 33% 股份额）、黄某红（出资 330 万元，占公司 33% 股份额）、陈某平（出资 340 万元，占公司 34% 股份额）。2013 年 8 月 26 日，实业公司的股东进行了第二次变更，由原来的股东唐某、黄某红、陈某平变更为股东蔡某敏（出资 330 万元，占公司 33% 股份额）、陈某英（出资 330 万元，占公司 33% 股份额）、陈某平（出资 340 万元，占公司 34% 股份额）。

2013 年 4 月，刘某文陆续共向陈某平支付了 300 万元；刘某萍陆续共向陈某平支付 150 万元。2013 年 4 月 30 日，陈某平给刘某文、刘某萍各出具了一张“实业公司入股投资风险承诺书”，承诺书内容为：“陈某平、黄某红、唐某购童某清、李某凤 100% 实业公司股份合计人民币大写：叁仟万元整。其中：陈某平出资人民币：大写柒佰伍拾万元整。刘某文出资人民币：大写参佰万元整；刘某萍出资人民币：大写壹佰伍拾万元整；其他出资人民币：大写壹仟捌佰万元整。分别于 2013 年 4 月 28 日至 2013 年 4 月 30 日支付完毕。按实际投资比例收取收益。投资人按以上投资比例承担相应投资风险责任。投资风险承诺人签字：陈某平。”2013 年 7 月，胡某庆陆续共向陈某平支付了 120 万元。2013 年 7 月 6 日，陈某平向胡某庆出具了一份“实业公司入股投资风险承诺书”，承诺书内容为：“陈某平、黄某红、唐某购童某清、李某凤 100% 实业公司股份合计人民币大写：叁仟万元整。2013 年 8 月 26 日变更为黄某红股份转让给陈某英，唐某股份转让给蔡某敏。陈某平实际出资股份总额：壹仟贰佰万元整。其他人实际出资股份总额壹仟捌佰万元。陈某平股份壹仟贰佰万元，其中：陈某平出资人民币：大写陆佰参拾万元整。刘某文出资人民币，大写叁佰万元整。刘某萍出资人民币，大写壹佰伍拾万元整。胡某庆出资人民币：大写壹佰贰拾万元整。分别于 2013 年 4 月 28 日至 2013 年 4 月 30 日支付完毕。按实际投资比例收取收益。投资人按以上投资比例承担相应投资风险责任。投资风险承诺人签字：陈某平、胡某庆。”刘某文、刘某萍、胡某庆向陈某平付款后，均从陈惟平处退回了其中的 10%，即三人的实际支付款为 270 万元、135 万元和 108 万元。陈某平于 2014 年 4 月 16 日因车祸去世。

原一审时实业公司的另外两位股东蔡某敏、陈某英均表示认可刘某萍、刘某文、胡某庆的股东身份，同意三人以公司股东显名并享有相应的权利并承担相应的义务。经股东蔡某敏、陈某英证实，股东受让股份后均会退回其出资额的 10%，公司至今未分过红利。一审法院向蔡某敏、陈某英进行了询问，其均表示知晓陈某平向刘某文、刘某萍、胡某庆三人转让股权的情况，认可其转让行为并同意刘某萍、刘某文、胡某庆享有相应的股权。

裁判结果

一审判决：驳回刘某文、刘某萍、胡某庆的诉讼请求。

刘某文、刘某萍、胡某庆不服提出上诉，二审判决：驳回上诉，维持原判。

刘某文、刘某萍、胡某庆不服二审判决，申请再审，再审判决：一、撤销一、二审判决；二、确认刘某文在实业公司的股权比例为 8.5%，刘某萍在实业公司的股权比例为 4.25%，胡某庆在实业公司的股权比例为 3.4%，办理股权变更登记时，刘某文、刘某萍、胡某庆的上述股权比例应从陈某平 34% 的股权份额内予以核减；三、实业公司在判决生效后三十日内办理完刘某文、刘某萍、胡某庆上述享有股权比例的工商变更登记手续。

裁判理由

再审认为，刘某文、刘某萍、胡某庆通过本人银行账户或指定他人转账给陈某平，其中刘某文 300 万元、刘某萍 150 万元、胡某庆 120 万元。陈某平向刘某文、刘某萍、胡某庆出具实业公司入股投资风险承诺书，陈某平在实业公司股份 1200 万元，其中陈某平出资 630 万元、刘某文出资 300 万元、刘某萍出资 150 万元、胡光庆出资 120 万元。投资人按以上投资比例承担相应投资风险责任，按实际投资比例收取收益。实业公司对公司股权进行了变更登记，公司注册资本 1000 万元，陈某平股权比例为 34%。

刘某文、刘某萍、胡某庆将投资实业公司入股款项交由陈某平，陈某平出具入股投资风险承诺书，约定投资人按投资比例承担相应投资风险责任，按实际投资比例收取收益，并将刘某文、刘某萍、胡某庆投资股份登记在陈某平的名下。刘某文、刘某萍、胡某庆与陈某平就该部分投资入股款项，应当属于有限责任公司的实际出资人与名义出资人的法律关系。根据《公司法司法解释（三）》第二十四条第一款规定，有限责任公司的实际出资人与名义出资人订立合同，约定由实际出资人出资并享有投资权益，以名义出资人为名义股东，实际出资人与名义股东对该合同效力发生争议的，如无合同法第五十二条规定的情形，人民法院应当认定该合同有效。本案中刘某文、刘某萍、胡某庆与陈某平的入股承诺书不存在原《合同法》第五十二条规定的情形，应当认定为该承诺书有效。陈某平登记为公司股东在前、出具风险承诺书在后，不影响股权代持协议的认定。因此，一审第三人王某提出陈某平出具的风险承诺书不是股权代持协议的意见，不予采纳。

因陈某平意外身亡，刘某文、刘某萍、胡某庆起诉请求确认其在实业公司投资入股的股份。根据《公司法司法解释（三）》第二十四条第三款规定，实际出资人未经公司其他股东半数以上同意，请求公司变更股东、签发出资证明书、记载于股东名册、记载于公司章程并办理公司登记机关登记的，人民法院不予支持。在诉讼中，另外两名股东蔡某敏、陈某英都明确表示认可刘某文、刘某萍、胡某庆以陈某平的名义在实业公司投资入股，并同意刘某文、刘某萍、胡某庆成为公司的股东。之后登记的股东张某青对此也没有异议。根据《公司法司法解释（三）》第二十一条规定，当事人向人民法院起诉请求确认其股东资格的，应当以公司为被告，以案件争议股权有利害关系的人，作为第三人参加诉讼。因此，刘某文、刘某萍、胡某庆向实业公司请求确认其在公司投资入股的股份，不违反《公司法司法解释（三）》第二十四条第三款的规定。一审第三人王某提出刘某文、刘某萍、胡某庆不符合隐名股东显名条件的意见，不予采纳。刘某文、刘某萍、胡某庆提出原判适用法律错误的再审理由成立，原一、二审判决以刘某文、刘某萍、胡某庆向陈某平汇付的资金不能认定为入股股金，无法确认其股东身份为由，驳回刘某文、刘某萍、胡某庆的诉讼请求，属认定事实错误，适用法律不当，予以纠正。刘某文出资300万元、刘桂萍出资150万元、胡某庆出资120万元，以陈某平的名义出资1200万元、股权比例为34%，即其中刘某文股权比例为8.5%（300万元/1200万元×34%），刘某萍为4.25%（150万元/1200万元×34%），胡某庆为3.4%（120万元/1200万元×34%）。

要旨解析

在股东资格确认纠纷案件的成因中，较为常见的是当事人以股权转让或者股权代持主张确认其股东资格。而股权转让与股权代持基于交易目的差异，可互为手段与目的的关系，在审判实务中易产生法律关系性质的争议。本案之所以再审改判，主要就在于原审法院对案涉“入股投资风险承诺书”性质的判断混淆了股权转让与股权代持。原审法院认为该承诺书指向的是股权转让关系，而根据查明的事实，双方之间不符合股权转让的条件，且受让人不能证明其出资系“依法向公司出资或者认缴出资”或“已经受让或者以其他形式继受公司股权”，故判决驳回刘某文等人的诉讼请求。再审法院则是根据“入股投资风险承诺书”的内容，从名义股东与实际出资人关系的角度判断当事人之间是否存在股权代持的事实。这就涉及如何判断当事人之间的法律关系是股权转让还是股权代持的问题。

股权转让是公司股东依法将自己的股东权益有偿转让给他人，使他人取得股权的民事法律行为。而股权代持又称委托持股、隐名投资等，是指实际出资人与他人约定，以该他人名义代实际出资人履行股东权利义务的一种股权或股份处置方式。两者都是一种股权投资行为，从股权最终实现的效果上看，都会产生股权变更的效力，但在具体表现形式上以及实现股东资格的方式上存在明显不同。股权转让实际上就是一种买卖合同关系，只不过买卖的标的较为特殊，不是普通的货物而是一种权利，即股权。为了实现股权买卖，当事人一般会签订书面协议，即以转让股权为目的而达成的关于出让方交付股权并收取价金，受让方支付价金得到股权的意思表示。股权代持则不是股权买卖，而是一种认购出资的行为，是实际出资人以他人名义向公司履行出资义务后获得相应股权，但该股权系登记在他人名下。即股权转让是股权转让人与受让人通过买卖方式进行股权交易，属于典型的股权继受取得，而股权代持一般是实际出资人通过名义股东直接向公司投资而获得股权，多数情况属于股权的原始取得。从对当事人身份的要求来看，股权转让的转让方在发生股权转让前应当具备公司股东的身份，而股权代持的名义股东在发生股权代持行为之前不要求一定是公司的股东。从实现股东资格的法定方式上（公司章程有规定的，从其规定），股权转让内外有别，根据《公司法》第七十一条规定，股东向股东以外的人转让股权，应当经其他股东过半数同意；股东之间转让股权的，涉及股东优先购买权的问题。股权代持则不存在内外有别，也不涉及股东优先购买权以及异议股东股权收购请求权的问题。在股权代持协议有效的情况下，只要符合显名条件，就可以登记为公司股东。根据《公司法司法解释（三）》（2020 年修正）第二十四条第三款及《民事审判会议纪要》第 28 条规定，实际出资人的显名条件是，公司过半数的其他股东知道其实际出资的事实，且对其实际行使股东权利未曾提出异议。审判实务中，判断当事人之间是股权转让还是股权代持，首先应以当事人签订的协议作为基础性判断依据，准确把握当事人达成的合意。在此基础上，结合协议实际履行及公司股权实际情况，通过穿透式审判思维，论证协议所反映的当事人意思是否是其真实意愿，以探求当事人之间真实的法律关系，同时注意保护公司及债权人，还有其他善意相对人的合法权益。

本案中，从刘某文等人与陈某平签订的“入股投资风险承诺书”的内容来看，并未见双方有股权转让的意思表示，通篇是关于如何分配出资的约定，且载明“按实际投资比例收取收益。投资人按以上投资比例承担相应投资风险责任。”由此可见，刘某文等人系欲以出资的形式享受投资股权的收益并承担相应风险，并未有受让陈某平股权的意思表示。在此基础上，根据协议履行前后公司股权变更的事实，可以从两方面进一步论证当事人达成的合意是股权代持，而非股权转让。一方面，陈某平在签订承诺书时尚不是公司股东，故不存在其将股权转让给刘某文等人的股权转让基础。相反，陈某平在受让公司股份前，与刘某文等人签订承诺书约定各自出资份额，更符合股权代持的特征。另一方面，陈某平的股权系从童某清、李某凤受让而来，其购买股权的资金来源除了自己外，还有刘某文、刘某萍、胡某庆三人的出资，实际上也就是刘某文等人将出资转给陈某平，再由陈某平对外以其名义共同受让了原股东的股份。陈某平对外和原股东构成股权转让关系，但在内部其与刘某文等人之间，双方并未有股权转让的意思，也缺乏股权转让的事实基础，双方的真实意思是由陈某平对外作为显名股东代刘某文等人持股。且在诉讼中，公司其他股东都明确表示认可刘某文等人以陈某平的名义在公司投资入股，并同意刘某文等人成为公司股东。因此，再审认定刘某文等人与陈某平构成股权代持关系，且刘某文等人作为实际出资人显名条件已成就，从而改判撤销一、二审判决，支持刘某文等人确认股东资格的诉请，法律关系定性准确，处理正确。

编写人：毛盈超

再审合议庭成员：姚　姝　刘晓雯　李　彬

4. 股东将出资款项转入公司账户后未经法定程序又转出，损害公司利益的，构成抽逃出资

——江西省某商品混凝土有限公司与郭某桃、尹某民等股东出资协议纠纷二审案

裁判要旨

1. 公司成立后，股东将出资款项转入公司账户后未经法定程序又将资金转出，损害公司利益的，应当认定构成抽逃出资。

2. 抽逃出资后股东投入公司的款项及代公司对外支付的款项，在无其他相反证据且未对公司及债权人权益造成损害的情况下，可视为该股东对其抽逃出资行为的弥补或纠正，可免除其相应的补足出资责任。

案例索引

一审：江西省吉安市中级人民法院（2015）吉中民二初字第 28 号

二审：江西省高级人民法院（2016）赣民终 460 号

基本案情

上诉人（原审原告）：江西省某商品混凝土有限公司（以下简称混凝土公司）。

被上诉人（原审被告）：郭某桃。

原审第三人：尹某民。

原审第三人：涂某良。

原审第三人：郭某生。

原审第三人：陈某忠。

混凝土公司向一审法院起诉请求：1. 郭某桃立即补足认缴的公司注册资本出资额计人民币 193.4 万元；2. 郭某生补足认缴的公司注册资本出资额计 105.3 万元；3. 尹某民补足认缴的公司注册资本出资额计 105.3 万元。

泰和县圣源商品混凝土有限公司于 2008 年 9 月 3 日由郭某桃、李某发起设立，公司注册资本金 50 万元，其中郭某桃认缴 25 万元，实缴 5 万元，占股 50%；李某认缴 25 万元，实缴 5 万元，占股 50%，法定代表人为李某。2010 年 10 月 28 日，泰和县圣源商品混凝土有限公司（甲方）与涂某良（乙方）签订《协议书》，约定：一、甲乙双方认定泰和县圣源商品混凝土有限公司现有总股金 475 万。甲方以现有

公司资产作价175万元入股占总股份的36.842%；乙方投资现金300万元入股占总股份的63.158%，经营利润按股份分成。二、乙方投资300万元分两次付清，2010年10月27日支付200万元，2010年11月26日前付完剩余投资100万元。三、乙方支付股金200万元后2天内即履行公司股东职责，接手公司经营管理权，进行清产核资，制定公司章程，定员定岗、调整工作人员等事宜。双方按约定履行了该协议。

2010年11月1日，李某将其股份转让给郭某桃。2010年11月2日，泰和县圣源商品混凝土有限公司作出《股东会决议》并修改了公司章程，公司原股东李某退出公司股权，由公司股东郭某桃受让，增加涂某良、郭某生、尹某民、陈某忠四股东，同时增加注册资本金990万元。2010年12月22日，郭某桃、涂某良、郭某生、尹某民、陈某忠的注册资本金均由罗某根汇入泰和县圣源商品混凝土有限公司账户。2010年12月23日，泰和县圣源商品混凝土有限公司汇款1000万元给深圳市金海迅珠宝首饰有限公司。同日，江西万佳会计律师事务所出具了验资报告，报告显示泰和县圣源商品混凝土有限公司增资后注册资本金为1000万元，股东郭占桃、涂某良、郭某生、尹某民、陈某忠已于2010年12月22日前缴足。2010年12月27日，泰和县圣源商品混凝土有限公司在工商管理部门办理变更登记：法定代表人由郭某桃变更为涂某俐；注册资本金由50万元变更为1000万元，实收资本由10万元变更为1000万元；股东占股情况变更称：郭某桃实缴出资368.4万元，出资比例36.84%；涂某良实缴出资294.7万元，出资比例29.47%；郭某生实缴出资126.3万元，出资比例12.63%；尹某民实缴出资105.3万元，出资比例10.53%；陈某忠出资105.3万元，出资比例10.53%。2011年1月4日泰和县圣源商品混凝土有限公司变更名称为江西省某商品混凝土有限公司。

2013年9月30日，郭某桃将其在混凝土公司的36.84%股权转让给涂某良，股权实际转让金为663万元，并办理股权变更登记手续。涂某良支付了458万元转让款，余款205万元拒绝支付，郭某桃诉至法院，法院于2014年12月12日终审判决涂某良支付郭某桃剩余股权转让款。

裁判结果

一审判决：驳回混凝土公司的诉讼请求。

混凝土公司不服提出上诉。二审判决：驳回上诉，维持原判。

裁判理由

二审认为，本案争议的焦点问题是，郭某桃是否存在对于混凝土公司的虚假出资行为，郭某桃是否应当承担补足出资的义务。

通过对全案相关证据的审查、分析，二审认定混凝土公司主张郭某桃应补足认缴的出资额193.4万元的主张不能成立。

首先，本案查明的事实表明，混凝土公司增加注册资本，由50万元变更为

1000万元，虽然经过了法定验资程序，完成了工商变更程序，但在验资完成第二天混凝土公司即将1000万元转出，属于抽逃出资的行为，对此，公司及全体股东均有一定责任。但公司此后的经营并未因此受到影响，混凝土公司一审提交的公司负债表显示，2013年9月公司固定资产达900多万元，所有者权益（即股东权益）为940万元。二审证据也证实股权转让纠纷案判决生效后的执行过程中，混凝土公司提交的暂缓执行的请求书、财产清单及价值凭证，显示公司目前拥有固定资产机械设备价值10666363.94元，包含泵车、装载机等设备以及厂房、搅拌场等基础设施以及搅拌运输车和搅拌站等。二审期间郭某桃提交的证据证实其投入99万元流动资金用于购买设备以及租赁搅拌站、搅拌车等设备，故本案现有证据足以证实，为维持正常运转及日常经营开支等，包括郭某桃在内的股东个人及公司对外支付了大量款项，由于混凝土公司前期管理并不规范，财务制度不健全，对于股东的现金出资并未出具出资证明书或仅出具收款收据，机器设备出资也没有进行评估定价，有些款项（包括涂某良最初合伙入股的300万元款）也没有进入公司账上。尽管如此，公司经营发展正常，公司资产不断增加，股权存在溢价。进入混凝土公司的这些款项以及公司对外支付的款项作为混凝土公司股东为企业经营发展所投入的流动资金，在没有其他相反证据的情况下，可以认定为股东对混凝土公司补缴的出资额。在混凝土公司的实收资本和固定资产都达到登记注册资本额的情形下，混凝土公司仅以抽逃出资为由、要求郭某桃补缴出资的理由明显与本案实际情况不符，二审法院不予支持。

其次，涂某良作为公司大股东，受让郭某桃股权时对公司的资产及状况应当知晓。在一审过程中，混凝土公司起诉后又撤回对郭某生、尹某民的起诉，不合常理。在郭某桃起诉其支付剩余205万元股权转让款时，涂某良提出郭某桃出资不足应补足出资的抗辩，但在郭某桃退出公司后即以现金分红为主的方式给其他股东补足出资，之后起诉郭某桃，显然就是为了抵销其应支付的余下股权转让款。而如果认定郭某桃应补足190余万元出资，明显对现在混凝土公司的全体股东有益，但对郭某桃而言显然有失公平公正。故一审法院根据本案实际情况，作出驳回混凝土公司诉请的判决并无不当，二审可予维持。

要旨解析

2013年12月28日修正的《公司法》对公司资本制度进行了重大修改，开启了公司“认缴资本制”时代，即将注册资本实缴制改革为注册资本登记认缴制，取消注册资本缴纳期限要求、最低限额要求，以及验资制度等规定。与之相配套的《公司法》司法解释（一）（二）（三）也于2014年2月做了相应修正。其中，《公司法司法解释（三）》对于抽逃出资情形的认定，删除了原第十二条第一项关于“将出资款项转入公司账户验资后又转出”作为抽逃出资典型情形的规定，引发了审判实务中对于“出资款验资后又转出”行为能否继续认定构成抽逃出资的争议。本案正是如此，一、二审法院对于公司及股东是否存在抽逃出资有着不同认定。抽逃出资后，如何认定股东的补足出资责任，也往往是股东出资协议纠纷的焦点问题，本案二审的认定对处理该问题有所启发，下面逐一分析评述。

一、"出资款验资后又转出"行为能否认定构成抽逃出资

因2014年修正的《公司法司法解释（三）》未再将"出资款验资后又转出"规定为股东抽逃出资的典型行为，故有观点认为，取消法定最低资本以及验资规定后，该种行为不应再定性为损害公司权益的行为，不再构成抽逃出资。与之相对的，有观点认为，虽然修正的《公司法司法解释（三）》将原第十二条第（一）项删除，但并非姑息纵容股东抽逃出资，第十二条第（四）项"其他未经法定程序将出资抽回的行为"作为兜底条款，涵盖了"出资款验资后又转出"行为，故依然可将该行为认定构成抽逃出资。笔者认为，股东对其将出资款转入公司账户验资后即转出行为的正当性及程序合法性负举证责任，若其举证不能，则应认定构成抽逃出资，理由主要有：首先，最高人民法院已通过司法答复明确了态度。最高人民法院（2014）民二他字第19号答复指出，"公司成立后，股东将出资款项转入公司账户验资后，未经法定程序又转出，损害公司权益的，可以依照该规定第十二条第四项的规定，认定该股东抽逃出资"。故司法解释将关于抽逃出资典型行为的"将出资款项转入公司账户验资后又转出"的规定删除不构成认定抽逃出资的障碍。其次，删除该项规定不等于取消股东的出资义务。原司法解释将"出资款项转入公司账户验资后又转出"列为抽逃出资的典型行为正是为了满足以往法定最低资本数额的严格要求，现由于法定最低资本以及验资规定的取消，为了维护法律的形式统一性，故删除该项规定。但司法解释的修改并不意味取消了股东认缴出资后，所负有足额缴纳出资及不得抽回的义务，股东仍需承担公司整体注册资本项下的出资义务，只是具体履行出资义务的时间、期限等则可由公司股东自主决定。只要公司自我设定的注册资本经注册登记即对股东产生出资义务，股东的出资义务便从约定义务转变成了法定义务①。最后，股东将出资款转入公司账户验资后又转出的行为系较为典型的侵蚀公司资本的行为，有违资本维持原则，使公司"空壳化"，会严重影响公司的正常运营，直接侵害公司本身以及其他无过错股东的合法权益，同时也增大公司债权人债权实现的风险。因此，凡是在公司成立后，股东未经法定程序而将其出资转出，该行为违反了公司资本维持原则，破坏了公司法人人格独立，侵害了公司、其他股东及债权人的利益，应当认定构成抽逃出资。

本案中，对于混凝土公司"出资款验资后又转出"的行为，一审法院以未有充分证据证明此系抽逃出资行为为由未予认定。二审法院则认为，混凝土公司虽然经

① 刘婷：《资本信用≠公司信用：弱资本化理念主导下公司信用法律制度的反思与构建》，载《法律适用》2015年第6期。

过了法定验资程序，完成了工商变更登记，但在验资完成第二天即将1000万元转出，属于抽逃出资的行为。笔者认为，二审法院的认定正确。混凝土公司通过召开股东会形成了决议，增加公司注册资本，并明确了各股东应实缴的资本金额，该增资扩股的变化不仅体现在了公司章程上，而且通过工商变更手续完成了公示登记，此时股东的出资义务便从约定义务转变成了法定义务，即各股东对其认缴的出资负有足额缴纳且不得抽回的义务。但实际上，混凝土公司在完成验资后的第二天即将1000万元的增资款项转给其他公司，混凝土公司对此未能举证证明具有正当理由，亦未举证证明经过法定程序，应认定该行为损害了公司利益，构成抽逃资金。

二、如何认定股东的补足出资责任

未履行出资义务的股东对公司负有补足出资的法定义务。补足出资责任正是该法定义务的体现，主要是指股东在实际出资与其应当全额出资的差额范围内所应承担的补足责任。在构成抽逃出资情形下，根据《公司法司法解释（三）》第十四条第一款“股东抽逃出资，公司或者其他股东请求其向公司返还出资本息、协助抽逃出资的其他股东、董事、高级管理人员或者实际控制人对此承担连带责任的，人民法院应予支持”的规定，公司或者其他股东有权向抽逃出资的股东要求其履行出资义务或者补足出资。而审判实务中，被诉股东往往抗辩称其已完成补缴出资。法院对该抗辩该如何审查认定。首先，关于举证责任。股东对其主张的已完成补缴出资负有举证责任，法院根据证据规则决定证据的采信与否。一般情况下，公司的财务账簿会直接反映股东补足出资的事实，这是能够证明股东补足出资最基本、也是最有利的证据，除此之外，股东还可以提交转款凭证、还款协议、会计报告等其他有效书面材料证明其补足了出资，但若其提供的证据使人产生合理怀疑或者达不到高度盖然性的程度，法院一般不予采信。其次，关于补足出资的形式。《公司法》对于出资的形式规定为可以用货币出资，也可以用实物、知识产权、土地使用权等可以用货币估价并可以依法转让的非货币财产作价出资。相对应地，补足出资也不一定以货币为限，也可以用非货币的形式补足，典型如股东可以用自有或者购买的设备、机械等的动产、用房屋等不动产、用股权、专利权等财产性权利补足出资。除了投入进公司的资产款项，代公司对外支付的款项，典型如帮公司还债，在未对公司及其债权人权益造成损害的情况下，也可视为该股东对其抽逃出资行为的弥补或纠正，对该部分可免除其相应的补缴出资责任。最后，关于认定标准。一是补足出资行为的时间，应当晚于股东抽逃出资的时间。二是对以帮公司还债等方式补足出资的，应当提供一定证据证明与公司达成了相应合意，该证据可以是公司盖章确认的还款协议或者公司对其还款行为的财务记载等。三是在对补足出资方式存有争议的情况下，应采事实判断和价值判断相统一的标准进行认定，即根据公司资产以及股东的实际情况，结合资本维持、充实的原则进行综合判断。比如本案，在抽逃出资后，包括郭某桃在内的公司股东均向公司投入了一定流动资金用以维持公司正常运转及日常经营开支，也代公司对外支付了大量款项，虽然由于公司财务制度不健全，对于股东的现金出资并未出具出资证明书或仅出具收款收据，机器设备出资也没有进行评估定价，但公司资产不断增加，股权存在溢价是不争的事实。公司资产与其注册资金相匹配，在不损害公司及债权人利益的情况下，可认定郭某桃向公司补足了出资。此外，二审还结合涂某良与郭某桃另案股权转让纠纷发生后，混凝土公司即以现金分红为主的方式给其他股东补足出资，同时在本案起诉后又撤回对郭某生、尹某民两位股东的起诉，综合判断混凝土公司仅请求郭某桃一个股东补足出资显然是为了抵销涂某良欠付郭某桃的股权转让款，而如果认定郭某桃应补足190余万元出资，对郭某桃而言显失公平。二审判决考量了公司及股东多方面的实际情况，作出的认定合情合理合法。

编写人：毛盈超

二审合议庭成员：肖玉华　王　冬　颜凌云

5. 股东出资款的利息属于公司财产，不应计入股东个人出资额

——江西某新型能源有限公司、华某连与杨某华股东出资纠纷再审案

裁判要旨

股东在向公司缴纳出资后，该出资款即成为公司的资产，不再属于股东个人财产，股东无权对该出资款计收利息。将股东出资款的利息计入股东出资额，违反了《公司法》关于股东出资的规定，由此造成出资不足的，股东应补缴相应出资额。

案例索引

一审：江西省新余市渝水区人民法院（2019）赣0502民初2752号

二审：江西省新余市中级人民法院（2018）赣05民终390号

再审：江西省高级人民法院（2020）赣民再59号

基本案情

再审申请人（一审原告、二审上诉人）：江西某新型能源有限公司（以下简称能源公司）。

再审申请人（一审原告、二审上诉人）：华某连。

被申请人（一审被告、二审上诉人）：杨某华。

能源公司、华某连向一审法院起诉请求：判令杨某华补缴出资款3642500元，支付利息1092750元（从2012年4月6日计算至2017年4月5日），本息共计4735250元，并支付从2017年4月6日起至出资款付清之日止按年利率6%计算的利息。

2011年2月21日，能源公司在新余市高新区市场监管部门注册成立，注册资本为1000万元，股东分别为聂某古、谢某彬、廖某平及杨某华，其中杨某华出资300万元，占能源公司30%的股份。2012年3月29日，聂某古将其持有能源公司30%的股权全部转让给了华某连；谢某彬将其持有能源公司30%股权中的3%转让给了华某连，27%转让给张某坤；廖某平将其持有能源公司3%的股权转让给杨某华，6%的股权转让给张某坤。故该注册登记股东出资情况为：华某连出资340万元，占股34%，杨某华出资330万元，占股33%，张某坤出资330万元，占股33%。2012年4月5日，能源公司变更注册资金为2600万元，增加注册资金1600万元，其中华某连应增资544万元，杨某华、张某坤各增资528万元。

2012年4月6日，能源公司从新万科公司借款1600万元，分别汇入华某连、杨某华、张某坤账户，再从各股东账户转至能源公司验资账户。2012年4月9日，上述款项转入能源公司在赣州银行新余分行设立的基本账户，江西大信诚信会计师事务所有限责任公司新余分所出具了验资报告，并在高新区市场监管部门进行了变更登记。2012年4月9日，能源公司将上述增加注册资本金1600万元返还给新万科公司。2015年6月23日，聂某古与杨某华签订《股权转让协议》，杨某华将其持有能源公司33%的股权转让给聂某古。

华某连与聂某古于1994年2月1日后至今以夫妻名义同居，聂某古为能源公司的实际控制人。能源公司在2012年4月增资1600万元时，能源公司会计徐某珍为聂某古从自己另外公司中聘用而来，出纳聂某青为聂某古与华某连的亲生女儿。能源公司自成立后，根据全体股东意见，各股东按股本年息20%计算利息，至2014年1月15日，能源公司应支付利息2788386元给杨某华，该利息记载于能源公司会计账簿实收资本明细分类账子目杨某华栏中。2014年5月3日，杨某华与能源公司另一名股东张某坤和聂某古签订能源公司内部承包合同，约定能源公司由聂某古承包，承包期五年，每年向股东交纳承包费1000万元，因杨某华与张某坤各持有能源公司33%的股份，聂某古每年应向杨某华、张某坤支付承包费660万元。后聂某古拖欠承包费，杨某华遂向一审法院起诉，一审法院于2016年5月3日判决聂某古、华某连支付杨某华承包费130万元并支付违约金13万元。聂某古、华某连不服上诉，二审法院于2016年11月8日判决：驳回上诉，维持原判，此案现在一审法院执行过程中。

2015年6月23日，聂某古与杨某华签订股权转让协议书，约定杨某华将持有的能源公司33%的股权转让给聂某古，转让款900万元等内容。2015年9月15日，杨某华、聂某古签订《股权转让协议》，约定杨某华所持有能源公司858万元占公司股权的33%全部转让给聂某古，聂某古同意受让杨某华所持有的能源公司858万元占公司股权的33%。该协议在工商登记机关登记。同日，能源公司召开股东大会，形成《股东会决议》，主要内容为：我公司于2015年9月15日在公司会议室召开股东大会，经全体股东一致同意，作出如下决议：1.同意变更股权，将杨某华公司股权33%（858万元）全部转让给聂某古。变更后股东的姓名（名称）、实缴的出资额、出资方式、参股比例如下：华某连，出资方式货币，出资额884万元，出资比例34%，聂某古，出资方式货币，出资额858万元，出资比例33%，邹某芽，出资方式货币，出资额858万元，出资比例33%。公司全体股东出资额五年内缴足，公司成立后，应向股东签发出资证明；2.同意免去杨某华经理职务，由聂某古担任；3.同意重新制作公司章程。华某连、聂某古、杨某华、邹某芽在协议上签名、能源公司在协议上盖章。后因聂某古拖欠股权转让款，杨某华向一审法院起诉。一审法院于2016年5月19日判决聂某古、华某连支付杨某华股权转让款6950182元及逾期付款利息等。聂某古、华某连不服提起上诉，二审法院于2016年11月18日判决：驳回上诉，维持原判。此案亦在一审法院执行过程中。为此，2016年12月8日，能源公司、华某连向一审法院起诉。

裁判结果

一审判决：一、杨某华向能源公司支付出资款3642500元；二、驳回能源公司、华某连的其他诉讼请求。

杨某华、能源公司、华某连不服提出上诉。二审判决：一、维持一审判决第二项；二、变更一审判决第一项为杨某华向能源公司支付出资款人民币854114元。

能源公司、华某连不服二审判决，申请再审。再审判决：一、撤销二审判决；二、维持一审判决。

裁判理由

再审认为，本案的争议焦点可以归纳为：1.二审判决将杨某华对能源公司的出资4937500元的利息2788386元计入杨某华的出资额是否妥当；2.杨某华是否需要补缴出资额。

一、关于二审判决将杨某华对能源公司的出资4937500元的利息2788386元计入杨某华的出资额是否妥当问题。再审认为，二审判决的认定存在错误，应予纠正，杨某华对能源公司的出资应认定为4937500元。具体理由包括：第一，杨某华对能源公司出资4937500元后，已丧失对该笔出资的所有权，其无权收取该笔出资的利息，否则构成对能源公司财产权的侵害。《公司法》第三条规定："公司是企业法人，有独立的法人财产，享有法人财产权，公司以其全部财产对公司的债务承担责任。有限责任公司的股东以其认缴的出资额为限对公司承担责任；股份有限公司的股东以其认购的股份为限对公司承担责任。"据此，股东在向公司缴纳出资后，该出资即成为公司的独立财产，而不再属于股东个人财产，股东无权对不属于个人财产的出资款计收利息。虽然能源公司成立后，根据全体股东意见，各股东按股本年息20%计算利息，但该约定明显违背了公司财产独立之规定，侵害了公司财产权，应属无效。第二，杨某华对能源公司出资4937500元后，享有的是资产收益的权利，杨某华收取该笔出资的利息，违反了公司利润分配规定。《公司法》第四条规定："公司股东依法享有资产收益、参与重大决策和选择管理者等权利。"《公司法》第一百六十六条第五款规定："股东会、股东大会或者董事会违反前款规定，在公司弥补亏损和提取法定公积金之前向股东分配利润的，股东必须将违反规定分配的利润退还公司。"杨某华作为能源公司的股东，可以其对能源公司的投资享有对该公司的股权，可以按照其对该公司的投资份额，在符合法定的利润分配规定的情况下，通过公司盈余分配从公司获得红利。杨某华直接收取出资款利息，明显违背了公司法关于股东资产收益和利润分配的规定。第三，将杨某华对能源公司出资4937500元的利息2788386元计入杨某华的出资额，违反了公司法关于股东出资的规定。《公司法》第二十八条第一款规定："股东应当按期足额缴纳公司章程中规定的各自所认缴的出资额。股东以货币出资的，应当将货币出资足额存入有限责任公司在银行开设的账户。"案涉所谓的利息 2788386 元，只是以挂账形式存在，杨某华并未取得该笔款项的所有权，更未将该笔款项以缴纳出资的名义存入能源公司账户，并不能认定为缴纳出资的行为。

二、关于杨某华是否需要补缴出资额问题。经再审查明，在 2016 年 1 月 25 日新余市渝水区人民法院审理（2015）渝民初字第 03461 号杨某华诉聂某古、华某连等股权转让纠纷庭审中，杨某华多次自认其系以实缴出资 858 万元以 900 万元的价格转让给了聂某古，该自认与 2015 年 9 月 15 日杨某华、聂某古签订《股权转让协议》约定杨某华所持有能源公司 858 万元占公司股权的 33% 以及 2015 年 9 月 15 日《股东会决议》载明：杨某华公司股权 33%（858 万元）全部转让给聂某古，聂某古实缴出资额 858 万元，出资比例 33% 相吻合。因为杨某华在另案中多次自认其系以实缴出资 858 万元以 900 万元的价格转让给了聂某古，本着公平原则，对本案中杨某华在持有能源公司股份期间应缴纳出资亦应按 858 万元计算。杨某华称，2015 年 9 月 15 日，能源公司、华某连、杨某华等达成了《股东会决议》，确定出资缴纳责任由公司新股东承担，在之后的五年内缴纳，该抗辩理由与杨某华在另案中自认及《股权转让协议》约定杨某华所持有能源公司 858 万元占公司股权的 33%、《股东会决议》载明聂某古实缴出资额 858 万元相矛盾，且缺乏事实与法律依据，不予采纳。杨某华应缴纳出资 858 万元－杨某华实际出资额 4937500 元 =3642500 元，该款额为杨某华出资不足部分。《公司法司法解释（三）》第十三条第一款规定："股东未履行或者未全面履行出资义务，公司或者其他股东请求其向公司依法全面履行出资义务的，人民法院应予支持。"据此，杨某华需要向能源公司补缴出资额 3642500 元。能源公司、华某连请求杨某华补缴出资款 3642500 元，理由成立，予以采纳，但其请求支付该款利息，缺乏法律依据，不予支持。

要旨解析

股东出资义务是股东对公司所负的最基本、最核心的义务，它通过影响公司资本实在数额而影响着公司的法人人格、公司债权人的相关利益以及市场交易秩序的有序和安全。基于出资制度在整个公司制度中的重要意义，《公司法》对于股东出资的数额、期限、方式及其责任等都有所规定。而一旦股东未履行或者未全面履行出资义务，就可能引发公司与股东、股东与股东、股东与债权人之间的出资纠纷，是故设有股东出资纠纷案由。审判实务中，较常见的股东出资纠纷类型有虚假出资、抽逃出资、出资不足、逾期出资等。本案属于出资不足纠纷，杨某华作为能源公司的股东，包括公司设立出资和增资，合计认缴 858 万元，但其并未全面出资到位，引发了本案对其出资额认定的争议，主要集中于能否将杨某华向公司实际缴纳的出资款 4937500 元计收利息一并算作出资额。一审认为，杨某华主张公司承诺每年按股东实际出资额的年利率 20% 计算利息，该利息应折抵其出资款的理由，于法无据，且与本案不是同一法律关系，杨某华可另行主张。二审则认为，股东之间关于投资利息作为公司实收资本的约定是有效的，各股东应受该约定约束，杨某华实际缴纳出资款的利息 2788386 元可计入杨某华实际出资额。二审改判后引发公司申请再审，本院再审后认同一审的处理结果，但在论理上更为详尽充实，据此确立了一个裁判观点，即股东出资款的利息属于公司财产，不应计入股东个人出资额。

首先，从出资款的所有权来看。股东的出资是形成公司财产的基础，出资款就是公司的财产。股东以货币出资的，由于货币属于特殊动产，货币所有权遵循占有与所有一致性原则，即货币交付时所有权发生转移。股东向公司账户存入出资款后，即丧失对该笔款项的所有权，股东享有的仅是该笔出资款相对应的公司股权，而无权再对该笔款项所产生法定孳息主张权利，否则构成对公司财产权的侵害。本案中，杨某华向公司账户转入的 4937500 元是其作为股东向公司缴纳的出资款，并非是其提供给公司的借款，这是杨某华在履行股东出资义务，而不是以债权人身份向公司主张债务利息。杨某华对已不属于其个人财产的货币主张法定孳息，明显不合理，亦缺乏法律依据。

其次，从股东约定的效力来看。股东之间关于投资利息可作为公司实收资本的约定，应当认定为无效。一是该约定违背了公司财产独立之规定。《公司法》第三条规定："公司是企业法人，有独立的法人财产，享有法人财产权，公司以其全部财产对公司的债务承担责任。有限责任公司的股东以其认缴的出资额为限对公司承担责任；股份有限公司的股东以其认购的股份为限对公司承担责任。"据此，股东在向公司缴纳出资后，该出资即成为公司的独立财产，而不再属于股东个人财产，股东约定把出资款计收利息冲抵公司实收资本，实际上是变相将属于公司的财产转变为其个人财产，明显构成对公司独立财产权的侵害。二是该约定违反了公司利润分配规定。《公司法》第四条规定："公司股东依法享有资产收益、参与重大决策和选择管理者等权利。"《公司法》第一百六十六条第五款规定："股东会、股东大会或者董事会违反前款规定，在公司弥补亏损和提取法定公积金之前向股东分配利润的，股东必须将违反规定分配的利润退还公司。"股东对公司的投资转化为对公司享有相应的股权，即可以按照其投资份额，在符合法定利润分配规定的情况下，通过公司盈余分配从公司获得红利。而股东约定可直接收取出资款利息并计入股东实际出资额，不考虑公司债务的履行、法定公积金的提取等股东分配利润条件是否成就，明显违背了公司法关于股东资产收益和利润分配的规定。因此，本案中即使能源公司的各股东之间达成一致，约定可将出资款计息作为股东分红并计入股东实际出资额，也因侵害公司及公司债权人利益应被认定无效，二审认定该约定有效，并据此改判确有不当。

最后，从股东出资行为的认定来看。《公司法》第二十八条第一款规定："股东应当按期足额缴纳公司章程中规定的各自所认缴的出资额。股东以货币出资的，应当将货币出资足额存入有限责任公司在银行开设的账户。"据此可以看出，股东以货币出资的，判定其是否完成出资义务，有两个实质标准，一个形式标准。实质标准一是指向期限，二是指向金额，即股东是否按照公司章程规定的期限缴纳；是否按照公司章程中认缴的出资额缴纳。形式标准则是要求股东应当将货币出资足额存入公司的账户。若股东的货币出资行为不符合上述标准，则可以认定其未履行或者未全面履行出资义务。本案中，案涉所谓的利息2788386元只是以挂账形式存在，杨某华并未取得该笔款项的所有权，更未将该笔款项以缴纳出资的名义存入能源公司账户，故不应将利息2788386元认定为杨某华的出资。

综上，股东在向公司缴纳出资后，该出资款即成为公司的资产，不再属于股东个人财产，股东无权对该出资款计收利息。将股东出资款的利息计入股东出资额，违反了《公司法》关于股东出资的规定，由此造成出资不足的，股东应补缴相应出资额。本案再审确立的上述裁判规则，有充分的法律依据，也是保护公司合法权益的应有之义。

编写人：毛盈超

再审合议庭成员：田甘霖　李振峰　刘晓雯

6. 诉讼中提交了查阅申请，公司无正当理由拒绝签收，对股东知情权请求应予支持

——上饶市某新能源有限公司与汪某股东知情权纠纷再审案

裁判要旨

股东未能提供充分证据证明其已经以书面形式向公司提出查阅公司会计账簿的要求并遭公司拒绝的事实，其要求公司提供会计账簿以供查阅的诉讼请求尚未经前置程序，不宜支持。但在再审中，股东向公司提交了书面申请请求查阅、复制公司经营的内部相关资料，公司拒绝签收，拒绝提供查阅，且未能提出合理理由，对股东请求应予支持。

案例索引

一审：江西省上饶市中级人民法院（2017）赣 1102 民初 1911 号

二审：江西省上饶市中级人民法院（2017）赣 11 民终 1867 号

再审：江西省高级人民法院（2018）赣民再 258 号

基本案情

再审申请人（一审被告、二审被上诉人）：上饶市某新能源有限公司（以下简称新能源公司）。

被申请人（一审原告、二审上诉人）：汪某。

汪某向一审法院起诉请求：1. 判令新能源公司向汪某提供自 2014 年 9 月 3 日至 2017 年 4 月 25 日期间的公司章程、股东会会议记录、董事会会议记录、监事会会议记录和财务会计报告供汪某查阅和复制；2. 提供自 2014 年 9 月 3 日至 2017 年 4 月 25 日期间的会计账簿（包括总账、日账、明细账和其他辅助性账簿）和会计凭证（含记账凭证、相关原始凭证及原始凭证入账备查的相关资料）供汪某查阅；3. 本案的诉讼费用由新能源公司承担。

汪某于 2016 年 10 月 24 日与案外人邱某签订《股权转让协议书》一份，由案外人邱某将自己在新能源公司所占有的 30% 的股权转让给汪某。2016 年 10 月 24 日，新能源公司召开股东会议确认，确认汪某为公司新的股东，所占股份为 30%。后新能源公司在经营活动过程中与股东即汪某产生矛盾，汪某要求查阅和复制 2014 年 9 月 3 日至 2017 年 4 月 25 日期间的公司章程、股东会会议记录、董事会会议记录、

监事会会议记录和财务会计报告，2014年9月3日至2017年4月25日期间的会计账簿（包括总账、日账、明细账和其他辅助性账簿）和会计凭证（含记账凭证、相关原始凭证及原始凭证入账备查的相关资料），遭到新能源公司的拒绝。诉讼过程中，汪某于2018年11月5日向新能源公司提交了书面申请请求查阅、复制公司经营的内部相关资料，新能源公司拒绝提供查阅。

裁判结果

一审判决：驳回汪某的诉讼请求。

二审判决：一、撤销一审判决；二、新能源公司在本判决生效之日起第十日，在公司住所地，由新能源公司提供自2014年9月3日至2017年4月25日期间的公司章程、股东会会议记录、董事会会议记录、监事会会议记录和财务会计报告供汪某查阅和复制；三、新能源公司在本判决生效之日起第十日，在公司住所地，由新能源公司提供自2014年9月3日至2017年4月25日期间的会计账簿（包括总账、日账、明细账和其他辅助性账簿）和会计凭证（含记账凭证、相关原始凭证及原始凭证入账备查的相关资料）供汪某查阅。

再审判决：维持二审判决。

裁判理由

再审认为，本案再审的争议焦点是，汪某能否主张查阅、复制新能源公司的相关经营资料。根据查明的事实和相关法律，评析如下：

《公司法》第三十三条规定，股东有权查阅、复制公司章程、股东会会议记录、董事会会议决议、监事会会议决议和财务会计报告。股东可以要求查阅公司会计账簿。股东要求查阅公司会计账簿的，应当向公司提出书面请求，说明目的。公司有合理根据认为股东查阅会计账簿有不正当目的，可能损害公司合法利益的，可以拒绝提供查阅，并应当自股东提出书面请求之日起十五日内书面答复股东并说明理由。公司拒绝提供查阅的，股东可以请求人民法院要求公司提供查阅。本案一、二审中，新能源公司的股东汪某均未能提供充分证据证明其已经以书面形式向新能源公司提出查阅公司会计账簿的要求并遭新能源公司拒绝的事实，故其要求新能源公司提供会计账簿以供查阅的诉讼请求尚未经前置程序，不宜支持。但在再审中，汪某向新能源公司提交了书面申请请求查阅、复制公司经营的内部相关资料，新能源公司拒绝签收，拒绝提供查阅，且未能提出合理根据。因此，汪某要求新能源公司提供查阅的主张于法有据，应予支持。至于新能源公司提出汪某应先行寄送书面申请、公司拒不配合查询、汪某方能向法院提起诉讼，诉讼期间补寄申请书不能视为事先向公司提交申请的主张，即使汪某重新诉讼提出与本案相同诉请，因新能源公司已经拒绝提供查阅，汪某的诉请同样可以支持。为避免诉累，本案二审判决处理结果可以维持。新能源公司该辩解理由不能成立，不予支持。关于二审法院是否存在剥夺新能源公司诉讼权利的情形。根据《民事诉讼法》（2017 年修正）第一百六十九条规定，第二审人民法院对上诉案件，应当组成合议庭，开庭审理。经过阅卷、调查和询问当事人，对没有提出新的事实、证据或者理由，合议庭认为不需要开庭审理的，可以不开庭审理。经查，一审判决后，一审法院向新能源公司送达了汪某的上诉状。二审中，双方当事人均未提出新的事实、证据或理由，合议庭经过阅卷认为不需要开庭审理的，可以不开庭审理，不存在应传票传唤新能源公司的情形，也不存在剥夺新能源公司诉讼权利的情形。

综上，二审判决适用法律错误，本应纠正。但鉴于再审中汪某向新能源公司提交了书面申请请求查阅、复制公司经营的内部相关资料及新能源公司拒绝提供查阅的情形，汪某要求新能源公司提供查阅的诉请可以支持，二审判决的处理结果可以维持。

要旨解析

本案主要涉及股东知情权诉讼的前置程序。

股东知情权在股东权利体系中处于重要地位，是股东维护自身权利，参与公司治理的基础和前提。《公司法》第三十三条第二款规定："股东可以要求查阅公司会计账簿。股东要求查阅公司会计账簿的，应当向公司提出书面请求，说明目的。公司有合理根据认为股东查阅会计账簿有不正当目的，可能损害公司合法利益的，可以拒绝提供查阅，并应当自股东提出书面请求之日起十五日内书面答复股东并说明理由。公司拒绝提供查阅的，股东可以请求人民法院要求公司提供查阅。"该条规定明确了股东知情权行使的"前置程序"，该前置程序包含以下几个要件：（1）股东书面请求公司查阅会计账簿；（2）股东需说明查阅会计账簿的目的；（3）公司 15 日内未书面答复或拒绝提供查阅。上述前置程序仅针对股东要求查阅公司会计账簿，而查阅公司股东会决议、财务会计报告等无须履行此项前置程序。

立法者设置的前置程序限制是基于以下几方面的考虑：一是尊重公司自治。公司治理首先应坚持公司自治。公司法从本质上来说是私法，私法以自治为基础。公司自治的核心是由公司自己决策和管理其对内对外的有关事务，股东、立法和司法机关、其他组织均不得任意干涉。立法者在构建法律体系、司法机关在适用法律时就应该充分尊重并保护公司自治。当公司自治行为存在可能或已经损害公司、股东、他人合法利益的情况下，通过外部干涉调整各主体之间的利益。公司法为股东查阅会计账簿设置前置程序，是尊重公司自治的表现。二是查阅前目的性限制。股东对公司重要信息进行查阅是股东知情权的体现，但是任何权利都是有界限的。权利主体行使其权利应以不损害他人利益和公共利益为前提，股东知情权也不例外。由于公司股东的分散性、自利性等因素决定部分股东在行使知情权的时候存在不正当目的之可能，如果不加以限制势必会损害到其他股东和公司的利益，有悖于法律赋予股东行使知情权的权利及平衡股东与公司二者之间的利益关系。因此，对股东行使知情权进行适当的限制是必要的，这也是其特征之一。国外诸多立法也对股东行使知情权在行使的时间上、范围上、持股的数量上以及人数上都有相应的限制。我国《公司法》对股东知情权的限制体现在，要求股东说明查阅目的，即股东提出查阅的要求时应当本着善意正当的意图，其所要查阅的资料和他的意图是有直接联系的，并且在查询前应详细地阐述该意图。三是穷尽内部救济。权利救济有私力救济和公力救济两种途径，从上文所述的尊重公司自治以及对股东行使知情权加以限制的维度考虑，股东应穷极内部救济路径是应然之义。从股东知情权诉讼的请求权基础考虑亦然，股东知情权诉讼本质上是侵权之诉，仅有在股东穷尽内部救济而无法实现知晓公司经营真实信息的目的之时，才产生股东权利受到损害之结果，如果股东的权利通过前置程序在公司内部即可得到救济，就没有必要再寻求公力救济。因此，一般认为，股东未履行前置程序，直接向法院起诉主张知情权的，应驳回其诉讼请求。但本案股东在再审过程中提出了查阅相关资料的申请，并邮寄至公司，公司拒绝签收。在二审已判决支持股东知情权诉讼请求的情况下，为避免浪费司法资源、增加当事人诉累，应视为股东已履行了前置程序，因此，该瑕疵在诉讼程序中已得到补正，对其请求应予以支持。

编写人：魏　巍

再审合议庭成员：田甘霖　刘晓雯　李振峰

7. 解除权人提起诉讼主张解除合同，其诉状到达对方时可视为履行了通知义务

——赵某雷与冉某先、曹某平及黄某红、王某银股权转让纠纷再审案

裁判要旨

当事人可以约定一方解除合同的条件，解除合同的条件成就时，解除权人可以解除合同。解除权人提起诉讼主张解除合同，其诉状到达对方时可视为履行了通知义务。

案例索引

一审：江西省上饶市中级人民法院（2018）赣 1128 民初 46 号

二审：江西省上饶市中级人民法院（2016）赣 11 民终 1320 号

再审：江西省高级人民法院（2017）赣民再 58 号

基本案情

再审申请人（一审被告、二审上诉人）：赵某雷。

被申请人（一审原告、二审被上诉人）：冉某先。

被申请人（一审原告、二审被上诉人）：曹某平。

一审被告：黄某红。

一审被告：王某银。

冉某先、曹某平向一审法院起诉请求：1. 依法解除冉某先、曹某平与赵某雷、黄某红、王某银签订的《股权转让协议》；2. 判令赵某雷、黄某红、王某银立即将股权返还冉某先、曹某平。

冉某先、曹某平系夫妻关系。江西鄱阳湖二手车交易市场有限公司（以下简称二手车公司）于2014年6月16日成立,2016年3月30日（核准日期）投资人（股权）由曹某平占 1%、冉某先占 99% 变更为冉某先占 40%、赵某雷占 33%、王某银占 17%、黄某红占 10%，法定代表人由冉某先变更为赵某雷。鄱阳县宏瑞汽车检测有限公司（以下简称宏瑞公司）于 2015 年 8 月 19 日成立，2016 年 3 月 30 日（核准日期）企业类型由有限责任公司（自然人独资）变更为有限责任公司（自然人投资或控股），投资人（股权）由冉某先占 100% 变更为冉某先占 40%、赵某雷占 33%、王某银占 17%、黄某红占 10%，法定代表人由冉某先变更为赵某雷。2016 年 3 月

13日冉某先、曹某平（甲方）与赵某雷（乙方）、王某银（丙方）、黄某红（丁方）签订了《股份转让协议》，协议约定：一、甲方同意将二手车公司、宏瑞公司股份转让给乙33%（297万元）、丙17%（153万元）、丁10%（90万元）的股份，甲方仍持有40%的股份。甲乙丙丁四方一致确定上述两公司价值人民币900万元，两公司资产范围包括……二、上述540万元乙、丙、丁方承诺在本协议签订之日至股权、法定代表人变更登记前支付50万元。股权变更、法定代表人变更手续办理完毕15日内支付250万元。余款240万元按公司工程进度付款，……三、甲方将二手车公司、宏瑞公司的法定代表人由冉某先变更为赵某雷，包括股东的组成和变更，该手续在股权变更登记同时进行，费用由甲方承担；四、在上述两公司经营前甲方应办理二手车公司、宏瑞公司开业运营的相关证照及手续，……公司经营需要的道路甲方承诺公司变更登记之后十个晴天内完工；对办公经营用房、设施设备，按四方协商及乙丙丁方余款240万元的支付进度，甲方尽快到位，以确保公司在2016年12月之前投入生产经营；五、正常运营前未完成的设施、设备均由甲方负责完成；六、四方签订本协议后，应积极遵照履行，若乙、丙、丁方违约任一笔资金不按时支付，甲方有权收回公司股权并无须支付股权款。若甲方违约，乙丙丁方可退回股权转让款并由甲方赔偿其损失（损失以股权转让款540万元的30%计算）……八、如有一方不按协议执行，另一方享有单独终止该协议的权利；……另查明，2016年3月15日，在工商登记部门，冉某先、曹某平与赵某雷签订了《二手车公司股权转让协议》，约定曹某平将1%的股权、冉某先将32%的股权有偿转让给赵某雷，转让后赵某雷占公司33%的股权，冉某先占40%的股权等。同日，冉某先与赵某雷签订了《宏瑞公司股权转让协议》，约定冉某先将公司33%的股权有偿转让给赵某雷，转让后赵某雷占公司33%的股权，冉某先占40%的股权等。2016年3月15日，在工商登记部门，冉某先与黄某红、王某银分别签订了《二手车公司股权转让协议》，约定冉某先将10%的股权有偿转让给黄某红，冉某先将17%的股权有偿转让给王某银，转让后黄某红占公司10%的股权，王某银占17%的股权，冉某先占40%的股权等。同日，冉某先与黄某红、王某银分别签订了《宏瑞公司股权转让协议》，约定冉某先将公司10%的股权有偿转让给黄某红，冉某先将17%的股权转让给王某银，转让后黄某红占公司10%的股权，王某银占17%的股权，冉某先占40%的股权等。再查明，《二手车公司股份（权）转让协议》《宏瑞公司股份（权）转让协议》签订后，赵某雷支付股权转让款168万元，冉某先开具了四张收条给赵某雷（收条为2016年3月26日10万元、2016年3月30日50万元、2016年4月12日98万元、2016年5月7日10万元），黄某红、王某银未支付股权转让款。

裁判结果

一审判决：一、解除冉某先、曹某平与赵某雷、黄某红、王某银于2016年3月13日签订的《股份转让协议》；二、冉某先、曹某平于本判决生效之日起五日内返还赵某雷股权转让款人民币 168 万元，并按年利率 6% 支付占用期间的利息（其中 10 万元自 2016 年 3 月 26 日起计算、50 万元自 2016 年 3 月 30 日起计算、98 万元自 2016 年 4 月 12 日起计算、10 万元自 2016 年 5 月 7 日起计算至转让款支付完毕之日止）；三、赵某雷于冉某先、曹某平返还股权转让款完毕之日起五日内将其持有的江西鄱阳湖二手车交易市场有限公司 1% 的股权返还并登记过户给曹某平、32% 的股权返还并登记过户给冉某先，鄱阳县宏瑞汽车检测有限公司 33% 的股份返还并登记过户给冉某先；四、黄某红于本判决生效之日起十日内将其持有的江西鄱阳湖二手车交易市场有限公司、鄱阳县宏瑞汽车检测有限公司 10% 的股权返还并登记过户给冉某先；五、王某银于本判决生效之日起十日内将其持有的江西鄱阳湖二手车交易市场有限公司、鄱阳县宏瑞汽车检测有限公司 17% 的股权返还并登记过户给冉某先；六、驳回冉某先、曹某平其他诉讼请求。

二审判决：驳回上诉，维持原判。

再审判决：维持二审判决。

裁判理由

再审认为，本案争议焦点为：1.2016 年 3 月 13 日的《股份转让协议》与 2016 年 3 月 15 日的《二手车公司股权转让协议》《宏瑞公司股权转让协议》（后两份协议以下统称《股权转让协议》），当事人按哪份协议履行，当事人在履行合同过程中是否存在违约行为？ 2. 二手车公司、宏瑞公司应否追加为本案第三人参与诉讼？ 3.2016 年 3 月 13 日《股份转让协议》第六条、第八条应如何理解？ 4. 本案解除合同的条件是否成就，2016 年 3 月 13 日的《股份转让协议》应否解除，涉及赵某雷的股权转让合同应否解除？

1. 2016 年 3 月 13 日的《股份转让协议》与 2016 年 3 月 15 日的《股权转让协议》，当事人按哪份协议履行，当事人在履行合同过程中是否存在违约行为？ 2016 年 3 月 13 日，冉某先、曹某平与赵某雷、王某银、黄某红签订的《股份转让协议》，载明了股权转让份额、转让股权所涉公司价值、股权转让价款及如何支付、股权及法定代表人变更、违约责任以及解除合同的条件等内容，结合当事人的陈述以及合同履行情况，足以认定 2016 年 3 月 13 日的《股份转让协议》是各方当事人履约的依据，且当事人已按该协议进行了部分履行。上述《股份转让协议》和《股权转让协议》，一、二审法院均依法进行了审理和适当的认定处理。在二审中，赵某雷没有提及 2016 年 3 月 15 日的《股权转让协议》未予审理、处理的问题，对法院审理查明的事实表示没有异议。因此，赵某雷再审中认为原审判决遗漏案件主要事实，认定事实错误，理由不能成立。

2016 年 3 月 13 日的《股份转让协议》是当事人的真实意思表示，与法不悖，合法有效，对各方均具有法律约束力。根据该协议，股份转让给赵某雷 33%（297 万元）、王某银 17%（153 万元）、黄某红 10%（90 万元），上述 540 万元乙（赵某雷）、丙（王某银）、丁（黄某红）方承诺分三笔支付50万元、250万元、240万元。现有证据表明，赵某雷已支付给冉某先、曹某平股权转让款168万元，黄某红、王某银未支付股权转让款。按照《股份转让协议》第二条规定，支付的第一笔、第二笔款额应达到300万元，但乙、丙、丁未能兑现承诺，违反该协议第二条的约定。虽然《股份转让协议》第四条载明，在两个公司正式经营之前，冉某先、曹某平应当安装好水、电、照明、网络通信、监控设备等附属设施。但两个公司何时正式经营不确定，应当安装完毕的时间约定不明确，加之股权受让方未能按约支付股权转让款，也会影响工程的进度，故难以认定冉某先、曹某平安装附属设施的行为是否违约。冉某先、曹某平收到第一笔50万元后，及时将转让的股权变更登记至赵某雷、王某银、黄某红名下，并将公司法定代表人变更为赵某雷，依约履行了合同义务。赵某雷认为冉某先、曹某平为了达到解除合同的目的故意违约，缺乏证据证明，不予采信。

2. 二手车公司、宏瑞公司应否追加为本案第三人参与诉讼？曹某平、冉某先夫妇是二手车公司、宏瑞公司的投资人，也是股权的合法持有人。《股份转让协议》在落款处有（甲方）曹某平、冉某先夫妇的签名，其是《股份转让协议》的合同关系主体。本案股权转让方是曹某平、冉某先，转让方与受让方因股权转让纠纷发生诉讼，二手车公司、宏瑞公司对本案诉讼标的没有独立请求权，案件处理结果同它也没有法律上的利害关系，不属于必须到庭参加诉讼的第三人，法院没有必要将“两家目标公司”追加为第三人参与本案诉讼。赵某雷提出原审遗漏案件当事人，审判程序违法，理由不能成立。

3. 2016年3月13日《股份转让协议》第六条、第八条应如何理解？该协议第六条约定：四方签订本协议后应积极遵照履行，若乙、丙、丁方违约任一笔资金不按时支付，甲方有权收回公司股权……。第八条约定：如有一方不按协议执行，另一方享有单独终止该协议的权利。上述条款系关于合同解除权的约定，但当事人对合同条款的理解发生争议。根据原《合同法》第一百二十五条规定：“当事人对合同条款的理解有争议的，应当按照合同所使用的词句、合同的有关条款、合同的目的、交易习惯以及诚信原则，确定该条款的真实意思。”据此，结合当事人各方意见以及合同履行情况，该协议第六条的意思确定为，若乙（赵某雷）、丙（王某银）、丁（黄某红）方对协议第二条约定的50万元、250万元、240万元中的任一笔资金不按时支付，冉某先、曹某平有权收回转让的股权……。第八条的意思确定为，如甲、乙、丙、丁任一方不按协议履行，另一方享有单独终止2016年3月13日的《股份转让协议》的权利。因此，该条款明确约定了解除合同的条件。

4. 本案解除合同的条件是否成就，2016年3月13日的《股份转让协议》应否解除，涉及赵某雷的股权转让合同应否解除？原《合同法》第九十三条第二款规定：“当事人可以约定一方解除合同的条件。解除合同的条件成就时，解除权人可以解除合同。”本案中，《股份转让协议》第二条约定的应支付款额未全面履行，黄某红、王某银未支付股权转让款的行为亦构成违约，根据《股份转让协议》第六条、第八条的约定，解除合同的条件已经成就，冉某先、曹某平作为解除权人可以解除合同。冉某先、曹某平提起诉讼主张解除合同，当其诉状到达对方时可视为履行了通知义务。赵某雷作为《股份转让协议》的合同关系主体，应受合同解除效力的约束。原审判决解除当事人于 2016 年 3 月 13 日签订的《股份转让协议》，具有合同和法律依据，并无不当。

综上所述，赵某雷的再审请求不能得到支持。原审判决认定事实清楚，适用法律正确，应予维持。

要旨解析

本案最核心的争议是案涉租赁合同是否已解除以及解除效力发生时间如何确定。

一、合同解除权行使的条件和程序

合同解除，是指在合同有效成立以后，当解除的条件具备时，因当事人一方或双方的意思表示，使合同关系自始或仅向将来消灭的行为。一般情况下，合同一经有效成立，就具有法律效力，当事人双方都必须严格遵守，适当履行，不得擅自变更或解除。只有在主客观情况发生变化使合同履行成为不必要或不可能等情况下，合同继续存在已失去积极意义，并将造成不适当结果或将导致双方权益严重失衡的情形，才允许解除合同。合同解除分为协议解除、约定解除和法定解除几种。当事人双方通过协商同意将合同解除的行为为协议解除；由当事人以合同形式约定可以为一方或双方保留解除权的解除为约定解除；解除的条件由法律直接加以规定的，其解除为法定解除。原《合同法》第九十三条第二款（现为《民法典》第五百六十二条）规定："当事人可以约定一方解除合同的条件。解除合同的条件成就时，解除权人可以解除合同。"该规定为约定解除。需要说明的是，出现解除的条件不过为合同解除的前提，由于我国法律并未采取当然解除主义，因此当解除的条件成就时，合同并不当然解除，还必须当事人有一定的解除行为，即必须把解除合同的意思表示送达到对方才能解除合同。因此，当事人行使解除权应遵循如下程序：一、解除权的行使应符合法律规定的程序，即遵守合同解除的条件。只有在出现了合同规定的条件和法律规定的情况下一方才有权向对方通知解除合同，而不必征得对方同意。二、解除合同原则上须采用书面的形式通知对方当事人。关于通知的形式，我国法律虽并没有明确为书面形式，但作为意思表示的有效载体，书面形式无疑是最好的表达方式，可以避免将来诉讼中举证存在的纷争。如果当事人有充分证据能够证明其意思表示已通过其他形式向对方送达且对方已明确表示收到和理解该意思表示内容的，亦可认定解除权人履行了通知义务。三、解除权的行使必须及时，如果长时间不行使，会影响当事人权利、义务关系的确定。四、法律、行政法规规定了解除合同应当办理批准、登记手续的，应依照其规定。否则不发生解除的效力。

二、诉讼前未经通知程序的合同解除自何时发生效力

解除权的行使，可以采取诉讼外的方式，也可以采取诉讼的方式。所谓诉讼方式，在这里包括送达起诉书、仲裁申请书、答辩状、相对人的方式，也包括口头辩论上攻击或防御的方式。只要其中含有行使解除权的意思表示，即为通过诉讼方式行使解除权。根据民法一般理论，合同自通知到达对方时解除。对方有异议的，可以请求人民法院或者仲裁机构确认解除合同的效力，载有解除意思的起诉书、仲裁申请书、答辩状送达于相对人，或载有解除意思的口头辩论上的攻击或防御的当时，也应当发生合同解除的效力。主要理由为：首先，尽管取得约定解除权的当事人解除合同并不以相对方的同意作为条件，但法律规定解除权的行使必须为一定行为，使对方当事人知道解除权人有解除合同的意思，这条规定的立法目的是使相对人能够及时了解解除权人解除合同的事实，并作好合同终止履行的相关准备，避免相对方因对合同即将被解除不知情而继续履行合同受到损失。因此，如果以解除权人提起诉讼的时间作为合同解除的时间，就等于剥夺了法律赋予合同相对方及时了解合同是否解除的知情权。其次，法院的判决只是对当事人解除合同的效力作出判断，而不是由法院来决定合同是否解除以及合同从何时解除。法院的判决只能是对权利人行使解除权的合法性予以审查，而不是代替当事人行使实体权利。否则，解除权的权利性质就无从实现。如解除权人解除合同经审查不合法，则不发生合同解除的起算问题。另需说明的是，法院对于当事人因适用情势变更原则要求解除合同时，由于当事人无解除行为，只是由法院根据案件的具体情况和情势变更原则的法律要件加以裁决，这一类型的合同解除则属于法院有权裁决的范围，即由法院对合同是否解除作出判决。再次，合同法虽然规定了解除权人行使解除权的通知义务，但并不要求对方同意通知的内容，且对于通知的形式并没有限定。因此，除非当事人对通知的方式有特别约定，否则，只要采用能使对方当事人了解其有解除合同意思的通知，均应予认可。而当事人起诉要求解除合同的行为，已经表达了当事人解除合同的意思表示，而相对方签收起诉状的行为则表明解除权人已借助司法送达的途径向相对方履行了通知义务。所以，利用送达的通知功能，将起诉状副本送达视为解除合同的一种特殊通知方式即诉讼通知，是公平合理的。

编写人：魏　巍

再审合议庭人员：熊　伟　陈银发　胡爱菊

8. 股权转让协议披露了股权及资产瑕疵的不构成违约

——施某民与余某明、徐某义及吕某昌、黄某明、陈某静股权转让纠纷再审案

裁判要旨

股权转让人在股权转让协议中披露了转让股权及目标公司资产存在瑕疵的，受让人要求股权转让人承担资产瑕疵造成的损失，人民法院不应予以支持。

案例索引

一审：江西省抚州市中级人民法院（2014）抚民一初字第1号

二审：江西省高级人民法院（2015）赣民二终字第21号

再审：江西省高级人民法院（2018）赣民再28号

基本案情

抗诉机关：最高人民检察院。

申诉人（一审被告、二审上诉人）：施某民。

被申诉人（一审原告、二审被上诉人）：余某明。

被申诉人（一审原告、二审上诉人）：徐某义。

一审被告、二审被上诉人：吕某昌。

一审被告、二审被上诉人：黄某明。

一审被告、二审被上诉人：陈某静。

徐某义、余某明向一审法院起诉请求：1. 判令施某民、吕某昌赔偿因股权转让造成的损失6584400元；2. 判令黄某民、陈某静对施某民、吕某昌赔偿股权转让造成的损失承担连带责任。

吕某昌、施某民与海南力博投资发展有限公司、徐某义、余某明于2011年6月3日签订《股权转让协议》。该协议签订后，海南力博投资发展有限公司退出了股权收购，股权受让方实际为徐某义、余某明。该股权转让协议约定，甲方吕某昌、施某民将各自持有的海南福地苑房地产开发有限公司（以下简称福地苑公司）共计100%股权及其对应的所有者权益按本协议约定的条件和方式整体现状转让给乙方徐某义、余某明。该协议书第二条第10项约定，主要资产为标的公司名下“丹玺－天福”（原名“鸿联商务广场”），“丹玺－天福”项目的土地使用权证号为海口市国用（2010）第010047号、土地性质为国有出让地，期限至2059年7月

18 日止；建设工程规划许可证号为海口市（2002）BE-0058 号，地上现有建筑面积共计 12400 平方米，地下建筑面积现为 4665.52 平方米。该协议书第三条第 2 项约定，本协议签署时，甲方将标的公司所有的证照、印章、文件等资料悉数交给乙方检验、查阅，并由双方共同签署清单（作为附件附后，甲方对其负责）作为标的公司的移交依据，甲方全额收受首批转让款共 3000 万元当日，负责按附件清单所示将上述资料交给施某民与乙方共管。协议书上写明协议有三附件，具体为：附件一：丹玺 - 天福项目财务相关资料移交清单；附件二：丹玺 - 天福项目工程资料移交清单；附件三：丹玺 - 天福项目材料移交清单（含法定文书类）。其中附件三法定文书类中含有海南省海口市中级人民法院（2008）海中法民一初字第 11 号民事判决书和（2009）海中法执字第 204 号执行裁定书。甲方吕某昌、施某民与乙方海南力博投资发展有限公司、徐某义、余某明在股权转让协议签字盖章，签字签章日期为 2011 年 6 月 3 日。作为合同附件的移交方、接收方，各方也分别在上述三个合同附件上盖章签字确认，但三个合同附件上均没有签字盖章日期。2011 年 6 月 3 日，施某民、吕某昌向海南力博投资发展有限公司移交合同补充清单：丹玺天福项目合同文件资料移交清单（补充），接受方为海南力博投资发展有限公司。上述文件作为附件在《股权转让协议》及三附件的最后一页。施某民与余某明、徐某义各自持有二份合同原件，2011 年 6 月 3 日的《股权转让协议》及附件上盖有骑缝章及二枚指印，公章为海南力博投资发展有限公司印章，何人指印不详。《股权转让协议》签订后，受让方向转让方支付了合同价款，且海南省工商行政管理局根据申请于 2011 年 6 月 21 日和同年 12 月 1 日核准变更福地苑公司股东为徐某义、余某明。另查明，在海南鸿联房地产有限公司诉福地苑公司合作开发房地产合同纠纷一案中，海南省海口市中级人民法院于 2008 年 12 月 13 日作出（2008）海中法民一初字第 11 号民事判决，判令“鸿联商业广场”项目地下室北边 1200 平方米办证面积停车位归海南鸿联房地产有限公司所有。同时，该院于 2010 年 11 月 20 日作出（2009）海中法执字第 204 号执行裁定，裁定：将“鸿联商务广场”项目地下室北边 1200 平方米（不含公摊）办证面积停车位过户至申请执行人海南鸿联房地产有限公司名下；将“鸿联商务广场”项目北边外墙根以北的区域的土地使用权证办至海南鸿联房地产有限公司名下。

2011 年 6 月 1 日，福地苑公司向海南省海口市中级人民法院出具《介绍信》，内容为：兹介绍陈某勇为我方代理人，申请查阅本公司作为被执行人的（2009）海中法执字第 00204 号执行案诉讼卷宗，并复制相关诉讼材料等。2013 年 8 月 28 日，海南省海口市中级人民法院王法官出具《证明》：兹证明陈某勇持介绍信来本院调取（2009）海中法执字第 204 号执行卷宗的相关材料。

裁判结果

一审判决：一、施某民、吕某昌在本判决生效之日起 15 日内赔偿余某明、徐某义损失197.532万元；二、驳回余某明、徐某义的其他诉讼请求。

二审判决：驳回上诉，维持原判。

再审判决：一、撤销一、二审判决；二、驳回徐某义、余某明的诉讼请求。

裁判理由

再审认为，当事人双方签订的《股权转让协议》对转让标的明确说明为：施某民、吕某昌决定将各自持有"海南福地苑房地产开发有限公司"，共计100%股权及其对应的所有者权益。由此可以确认双方转让的标的是施某民、吕某昌在海南福地苑房地产开发有限公司的股权及相对应的权益，不是海南福地苑房地产开发有限公司具体的资产。《股权转让协议》第二条第10项主要资产状况处则载明：主要资产为标的公司名下"丹玺－天福"（原名"鸿联商务广场"）。"丹玺－天福"项目的土地使用权证号为海口市国用（2010）第010047号、土地性质为国有出让地，期限至2059年7月18日止；建设工程规划许可证号为海口市（2002）BE-0058号，地上现有建筑面积共计12400平方米，地下建筑面积现为4665.52平方米。该条款只是对海南福地苑房地产开发有限公司名下土地、项目现状的说明，没有明确上述资产是转让资产。

在《股权转让协议》中明确该协议有三个附件，即附件一、附件二、附件三，说明三附件与《股权转让协议》是本协议的组成部分。在《股权转让协议》及附件最后有2011年6月3日签订的"合同补充清单：丹玺天福项目合同文件资料移交清单（补充）"，从文件的装订顺序来看，"合同补充清单"排在《股权转让协议》和三附件之后，虽然三附件没有写明当事人签订的时间，但"合同补充清单"上有签订时间，《股权转让协议》和"合同补充清单"为同一天签订，三附件签订的时间也应是在《股权转让协议》和"合同补充清单"签订同时，即2011年6月3日签订，而不应是在2011年6月3日之后。徐某义、余某礼辩称三附件是在2011年11月签订，但没有提供相应证据证明，徐某义、余某礼应承担举证不能的法律后果。陈某勇律师去海南省海口市中级人民法院调查，开具的虽然是福地苑公司《介绍信》，但作为福地苑公司股权转让方的施某民、吕某昌来说，两人肯定知晓地下车位1200平方米已经抵债之事，无须派员去法院调查或核实，只有受让方为了核实福地苑公司真实情况，才会派人去海南省海口市中级人民法院调查、核实。原审法院重审时，在庭审笔录中记载：余某明方认可本案股权转让主要是余某与施某民、吕某昌洽谈的，余某与余某明系兄弟关系，余某系江西大豪投资发展有限公司的老总，陈某勇系江西大豪投资发展有限公司的法律顾问，曾代表江西大豪投资发展有限公司去海口做净值调查，收购本案股权的实际出资人是江西大豪投资发展有限公司，故可以确认陈某勇是代表受让方徐某义、余某礼。从《介绍信》出具的时间（2011年6月1日）和（2013年8月28日）海南省海口市中级人民法院法官出具《证明》（兹证明陈建勇持介绍信来本院调取（2009）海中法执字第204号执行卷宗的相关材料）

看，陈某勇到过海南省海口市中级人民法院调查。徐某义、余某礼对陈某勇是否是在 2011 年 6 月 1 日调查负有责任举证，但至本案再审时，徐某义、余某礼也没有提供证据证明陈某勇不是 2011 年 6 月 1 日去调查的。从再审时双方提供的二份《股权转让协议》及附件原件来看，二份原件上均盖有海南力博投资发展有限公司印章和两个人手指印，可以证明《股权转让协议》及附件是一体的，应是同时形成。余某明、徐某义称附件是在《股权转让协议》签字后相隔了数月才签，那么，余某明、徐某义有责任证明附件是何时签收的、《股权转让协议》及附件上的骑缝章是何时盖上去的，为什么《股权转让协议》及附件是合在一起盖骑缝章而不是分开盖骑缝章。余某明、徐某义至今没有解释，应承担举证不能的后果。综上，可以认定《股权转让协议》及三个附件系 2011 年 6 月 3 日合同签订时同时签署，施某民已经在合同签订时通过合同附件向徐某义、余某礼披露了本案诉争的 1200 平方米地下停车场被海口法院执行抵债的事实，徐某义、余某礼在受让股权时知道或应该知道本案诉争的 1200 平方米地下停车场不包含在转让资产中（即该 1200 平方米地下停车场在转让时已经抵债完毕），同时证明施某民、吕某昌在股权转让不存在欺瞒行为隐瞒该事实的行为。徐某义、余某礼要求在股权转让款中扣除该 1200 平方米地下停车场相应价值的诉讼请求不能得到支持。

综上，原一、二审判决认定事实不清，处理欠妥，应予纠正。检察机关的抗诉理由成立。

要旨解析

本案主要涉及股权转让中的信息披露。

我国现行法律法规未对股权转让中的信息披露义务进行明确规定，但股权转让合同通常会约定股权转让方应当向受让方如实披露关于目标公司资产负债等情况，即信息披露义务已成为股权转让方普遍应当承担的合同义务。在司法实践中，因披露义务履行瑕疵导致受让方股权价值降低的情形屡见不鲜。《民法典》第五百条规定，当事人在订立合同过程中，故意隐瞒与订立合同有关的重要事实或者提供虚假情况，给对方造成损失的，应当承担损害赔偿责任。可见，合同订立过程中的信息披露义务属于法定的先合同义务。在股权转让合同关系中，股权作为一种具有财产价值的权利，其交易价格主要取决于目标公司的经营状况，故股权出让方依法负有相应的信息披露义务。

对于信息披露的范围，股东在转让股权时，首先应当披露与股权直接相关的信息，比如股权份额、登记状况、有无抵押、实缴出资情况等。除此之外，股东是否负有其他信息披露义务，应当根据股东的股权份额、任职情形等具体案情判断。通常来说，披露义务范围应当包括：目标公司设立及历史沿革资料、目标公司与其股东之间的关系（如是否存在关联交易或同业竞争等）、目标公司主营业务资料、目标公司重大债权债务信息、目标公司财产权利信息以及目标公司重大涉诉或重大潜在涉诉情况等。

对于股权转让中违反信息披露义务，一方当事人故意告知对方虚假情况，或者故意隐瞒真实情况，诱使对方当事人作出错误意思表示的，可以认定为欺诈行为。欺诈包括以下构成要件：在客观方面，存在积极告知不实信息和消极隐瞒真实信息两种情形；在主观方面，行为人存在欺诈的主观故意；在结果上，对方当事人作出了错误的意思表示，且欺诈行为与错误意思表示之间存在因果关系。对于构成欺诈的，可以自知道或者应当知道撤销事由之日起一年内行使撤销权。

如股权受让方决定行使撤销权撤销股权转让协议的，则股权转让方应当承担因合同被撤销而产生的缔约过失责任；如股权受让方决定继续履行股权转让协议的，则股权转让方应承担违约责任。缔约过失责任是在缔结合同中基于合同不成立、合同无效或被撤销的情形而产生的责任，缔约一方当事人违背以诚信原则所应负的通知、说明、协力、忠实、照顾等先合同义务，此时合同并未生效，即未发生合同之效力，因此，缔约过失责任产生的根据是先合同义务。而违约责任则只能产生于已生效的合同，合同已生效，债务人应按合同约定的义务履行，对约定义务的违反，债务人应承担违约责任，因此，违约责任产生的根据是合同义务。

本案中股权转让方在协议附件中已披露了相关资产裁判文书信息，股权受让方到法院进行了尽职调查，股权转让方已如实披露公司重要资产信息，股权受让方以转让的资产存在重大瑕疵为由主张违约责任缺乏事实和法律依据。

编写人：魏　巍

再审合议庭成员：龚雪林　刘晓雯　邓名兴

9. 守约方主张违约责任应符合违约赔偿与损失相当原则

——伍某洵与陈某君股权转让纠纷再审案

裁判要旨

1. 虽然契约自由允许合同双方当事人按照一致的意思表示自由约定违反合同应当承担的责任，但并不意味着守约方主张违约责任的权利时可以不受限制，当事人主张对方违约责任的权利应当符合合同法的精神。

2. 合同法确立的补偿性违约责任模式要求守约方主张的违约责任与违约行为给其造成的损失相当。违约赔偿与损失相当原则主要是指违约方承担的赔偿责任与守约方的损失比例适当，不仅有赔偿金额与损失金额的比例适当考虑，还应当有不同的违约行为对应不同后果的违约责任之意。

3. 合同法规定违约责任、当事人在合同中订立违约责任条款的目的都是为了保障合同得到履行，并非通过违约责任条款获取经济利益，在守约方可以向对方主张多种违约责任时，如果其损失可以得到弥补，应当尽量选择对交易影响最小的救济方式，以维护合同的稳定促进市场交易，这既符合当事人订立合同的最初目的，也是合同法的精神。

案例索引

一审：江西省景德镇市珠山区人民法院（2016）赣 0203 民初 449 号

二审：江西省景德镇市中级人民法院（2017）赣 02 民终 496 号

再审：江西省高级人民法院（2018）赣民再 77 号

基本案情

再审申请人（一审被告、二审被上诉人）：陈某君。

被申请人（一审原告、二审上诉人）：伍某洵。

伍某洵向一审法院起诉请求：1. 判令解除与陈某君 2015 年 11 月 6 日所签订的《股权转让协议》；2. 判令陈某君返还真如堂公司 30% 股权给伍某洵；3. 判令陈某君在返还上述股权后应承担其一人对公司控股期间所造成的损失和新增债务。

伍某洵（甲方）与陈某君（乙方）于 2015 年 11 月 6 日签订《股权转让协议》，该协议约定，甲方将其在真如堂公司持有的 30% 股权转让给乙方，乙方则支付 800

万人民币对价。该款项分三次支付：2015 年 11 月 30 日，2016 年 1 月 31 日，2016 年 2 月 28 日，乙方需分别向甲方支付 150 万元、250 万元、400 万元。股权转让交接日后，甲方持有真如堂 30% 的股权产生的权利义务由乙方承接，甲方不再享有任何权利。对于违约责任，双方则约定为：（一）乙方未能按约定时间足额支付转让款的，则应按迟延时间及迟延数额以年息 36% 向甲方支付滞纳金，逾期超过 30 日的，甲方有权解除本协议，而已经支付的款项不再退回。同时，甲方随时有权要求乙方到工商管理部门办理退回甲方 30% 股权；（二）甲方在收取乙方第一期款后，拒绝履行本协议约定义务的，则应退回全部已收款项，并赔偿乙方违约金人民币壹佰五十万元；（三）本协议约定的违约金是双方对违约可能产生的实际损失的合理估算，任何一方均不得以违约金过高为由要求降低。协议签订后，陈某君自 2015 年 12 月 10 起至 2016 年 5 月 25 日止，先后共七次总计向伍某洵转账 638 万元人民币，但转款时间均晚于协议所约定的时间。故伍某洵诉至法院要求判如所请。

另查明，2015 年 4 月 23 日，真如堂公司召开股东会，会议决定将股东陈某君所持有的该公司股份的 2% 转让给另一股东黄某辉。转让后的结果为：陈某君与黄某辉在该公司的持股比例为 49%∶51%。

在该案审理过程中，一审法院针对伍某洵的诉讼请求向其进行了释明，告知其如坚持解除合同的诉讼请求可能不被支持，其可以变更诉讼请求要求陈某君承担违约责任，伍某洵坚持不变更诉请，坚持要求解除合同，返还股权，没收其已经收取的股权转让款。

裁判结果

一审判决：驳回伍某洵的诉讼请求。

伍某洵提出上诉。二审判决：一、撤销景德镇市珠山区人民法院（2016）赣 0203 民初 449 号民事判决；二、陈某君自 2016 年 6 月 25 日始，应向伍某洵支付股权转让款本金 180 万元，违约金 132 万元，合计 312 万元整，逾期未付，按年息 36% 计算迟延履行金，自 2016 年 6 月 25 日始计算至清偿之日止。

陈某君申请再审。再审判决：撤销二审判决，维持一审判决。

裁判理由

再审认为，本案系股权转让纠纷，陈某君未按照合同约定的时间和金额支付股权转让款，导致本案争议发生，陈某君对其违约行为亦未提出异议，因而本案争议的问题不是陈某君是否构成违约，而是在陈某君违约的情况下，1. 二审判决陈某君支付剩余转让款、承担 150 万元违约金以及将该违约金纳入本金计算迟延履行滞纳金是否超出当事人诉讼请求，是否有事实和法律依据；2. 伍某洵一审请求解除《股权转让协议》，由陈某君返回真如堂公司 30% 股权和承担真如堂公司的损失及新增债务等诉讼请求能否得到支持。

一、关于二审判决陈某君支付剩余转让款、承担150万元违约金以及将该违约金纳入本金计算迟延履行滞纳金是否超出当事人诉讼请求，是否有事实和法律依据的问题。伍某洵一审起诉的诉讼请求有三项，分别是：1.判令解除双方所签订的《股权转让协议》；2.判令陈某君将景德镇市真如堂陶瓷有限公司30%股权返还给伍某洵；3.判令陈某君在返还上述股权后应承担其一人对公司控股期间所造成的损失和新增债务。伍某洵并未提出继续履行合同，由陈某君支付剩余股权转让款并承担违约金和滞纳金的诉讼请求，一审法院在审理过程中曾明确向伍某洵释明，告知其返还股权的诉请不能得到支持，其可以变更诉讼请求或另行起诉要求陈某君全面履行协议规定，支付剩余股权转让款，承担违约责任，但伍某洵坚持不变更诉讼请求。一审判决后，伍某洵上诉亦是要求二审法院支持其一审诉讼请求。二审法院在伍某洵未变更诉讼请求的情况下直接判决陈某君继续履行合同，支付剩余转让款、承担违约金及迟延履行滞纳金明显超出了伍某洵的一审诉讼请求。

另外，二审以陈某君在答辩中同意按滞纳金的方式承担违约责任为由超出一审诉请判决理由并不充分。陈某君在答辩中认为本案伍某洵可以通过滞纳金的方式得到补偿是为了否认伍某洵要求返还股权的诉讼请求，陈某君并未在答辩中明确其愿意承担违约金，也未明确愿意承担的违约金和滞纳金金额，二审在未对违约金和滞纳金问题进行审理的情况下就进行判决导致陈某君无法就违约金、滞纳金如何承担进行抗辩，也剥夺了陈某君的辩论权。人民法院审理民事诉讼应当围绕当事人的诉讼请求进行，因伍某洵并未提出继续履行合同和陈某君支付剩余转让款、承担违约金、滞纳金等诉讼请求，对该问题不予评判。

二、关于伍某洵要求解除《股权转让协议》，由陈某君返回真如堂公司30%股权等诉讼请求能否得到支持的问题。从字义来看，《股权转让协议》第五条第一项赋予了伍某洵两种主张对方违约责任的权利，一是在陈某君逾期付款时伍某洵可以主张滞纳金，二是在陈某君逾期付款超过30日后，伍某洵可以要求解除合同、由陈某君返还股权并没收已付股权转让款或者主张滞纳金。伍某洵认为合同有关违约责任的约定系双方真实意思表示，双方均对本案所涉股权价值以及该协议中的民事责任和法律后果完全知晓，合同约定应当得到遵守。陈某君认为其已经支付了大部分股权转让款，伍某洵也将股权转让过户至其名下，合同主要内容已经履行，迟延付款对伍某洵权益造成的损失可以按照合同约定主张滞纳金的方式获得补偿，且本案中股权已经发生再次对外转让的情形，解除合同、返还股权违背了公司的人合性原则，也会损害其他股东权益。从本案事实来看，陈某君已经支付620万元股权转让款，伍某洵也将股权过户到了陈某君名下，合同主要内容已经履行。因此，本案核心争议是，在合同主要内容已经履行的情况下，伍某洵能否按照违约条款选择要求解除合同、由陈某君返还股权。

再审法院认为，虽然契约自由允许合同双方当事人按照一致的意思表示自由约定违反合同应当承担的责任，但并不意味着守约方主张违约责任的权利时可以不受限制，当事人主张对方违约责任的权利应当符合合同法的精神，本案中伍某洵提出解除合同，返还股权的诉讼请求不能得到支持。

首先，原《合同法》确立的补偿性违约责任模式要求守约方主张的违约责任与违约行为给其造成的损失相当。原《合同法》第一百一十三条规定，违约方承担的损失赔偿额应当相当于因违约所造成损失。此处相当并不是要求赔偿与损失必须相等，合同法也允许通过定金法则、约定违约金等方式确立违约责任，此时即使守约方无实际损失亦可按合同约定主张违约责任，但是上述情形下的定金、违约金数额亦均有法律限制。违约方赔偿与守约方的损失相当是一项原则性规定，主要是指违约方承担的赔偿与守约方的损失比例适当，不仅有赔偿金额与损失金额的比例适当考虑，还应当有不同的违约行为应当对应不同的违约责任之意，而不是违约方任何程度、性质的违约均对应一种违约责任。合同法亦将违约行为区分为一般违约和根本违约，只有对方构成根本违约，守约方才享有法定解除权，此亦是违约行为与违约责任相当的体现。本案中陈某君已经支付了全部800万元股权转让款中的大部分，已经履行了合同的大部分义务，其给伍某洵造成的损失主要是180万元股权转让款迟延支付的利息损失，此种利息损失与《股权转让协议》第五条第一项约定的36%逾期滞纳金相当，在伍某洵未举证其有其他损失的情况下，该违约金计算方法的约定足以弥补伍某洵的损失。相反，《股权转让协议》约定的解除合同的违约责任非常严厉，陈倩君不但需要返还股权，而且还要丧失全部已付转让款，在陈某君已经履行了620万元的付款义务后，此种违约责任与其违约行为、情节和后果极不相当。

其次，守约方在其损失可以获得弥补的情况下应选择有利于维护合同稳定的救济方式。当事人订立商事合同和在合同中约定违约责任条款的目的是保障交易得到履行，并非是想通过让对方承担违约责任来获取经济利益，在守约方可以向对方主张多种违约责任时，如果其损失可以得到弥补，应当尽量选择对交易影响最小的救济方式，以维护合同的稳定促进市场交易，这既符合当事人订立合同的最初目的，也是合同法的精神。本案中陈某君已经履行了合同的主要付款义务，伍某洵的合同义务也履行完毕，已将股权转移登记到陈某君名下，合同的主要内容已经履行完毕，且陈某君已将部分公司股权又再行转让给案外人。此种情况下，即使解除合同，陈某君也无法将股权全部返还给伍某洵。本案转让股权的目标公司真如堂公司系有限责任公司，有限责任公司既有资合的特点，又有明显的人合特征，在真如堂公司股份已经发生变化的情况下，返回股权还应考虑可能给其他股东和真如堂公司带来的影响，允许解除合同也将导致已经稳定的各种社会关系出现新的不稳定。因此，在伍某洵的违约损失可以通过要求陈某君承担逾期滞纳金得到弥补，合同主要内容已经履行完毕的情况下，维护合同的稳定有利于各方和社会利益。

综上所述，二审在伍某洵未变更诉讼请求的情况下直接判决陈某君支付剩余转让款、承担违约金和迟延履行滞纳金超出了当事人的诉讼请求，应予撤销。本案虽然可以认定陈某君未按《股权转让协议》约定的时间和金额支付股权转让款构成违约，但因伍某洵所提诉讼请求不当不能得到支持，一审判决驳回其诉讼请求正确。伍某洵可以另行主张要求陈某君按合同约定支付剩余转让款，承担相应的违约责任。

要旨解析

该案例系守约一方依据合同提起解除合同之诉，再审认为当事人主张对方违约责任的权利应当符合合同法的精神，该案被申请人伍某洵在合同主要内容已经履行的情况下，要求解除合同与违约方的违约行为、情节不相符，故改判驳回了原告的诉讼请求。笔者亦认同再审判决的观点。

关于合同解除权，原《合同法》第九十三条、第九十四条分别规定了约定解除和法定解除两种合同解除情形。其中第九十三条规定，当事人可以约定一方解除合同的条件。解除合同的条件成就时，解除权人可以解除合同。《民法典》第五百六十二条和第五百六十三条基本承继了原《合同法》的规定，但文字表述有些变化。

《民法典》第五百六十二条表述为，当事人可以约定一方解除合同的事由。解除合同的事由发生时，解除权人可以解除合同。该条表述将原《合同法》第九十三条中的“条件”变为“事由”。应该说，“事由”一词更加准确，“条件”更容易让人理解附解除条件的合同。从契约自由的角度分析，如果当事人在合同中明确约定了合同解除事由，在该事由出现时，守约一方确实有根据合同约定解除合同的权利。应该说，在大多数情况下，这种理解没有问题，司法实践中的判决也是这样处理的。

但是放在一些具体的个案中，有些当事人在合同中的关于合同解除事由的约定可能不一定考虑得很细致，这些事由在合同履行过程中可能会出现一些极端情况是当事人没有想到的，这些极端情况可能会出现守约方一旦按照合同约定事由行使解除权时会造成双方利益严重失衡。该案例即属于这种情形。该案双方签订的《股权转让协议》第五条第一项赋予了伍某洵两种主张对方违约责任的权利，一是在陈倩君逾期付款时伍某洵可以主张滞纳金，二是在陈某君逾期付款超过 30 日后，伍某洵可以要求解除合同、由陈某君返还股权并没收已付股权转让款或者主张滞纳金。这里有两个问题，一是对于陈某君逾期付款的金额没有约定，是陈某君逾期支付全部股权转让款伍某洵才有权要求解除合同，还是陈某君逾期支付任何金额款项，伍一洵均有权要求解除合同。双方股权转让款总金额为 800 万元，如果陈某君支付了绝大部分股权转让款，逾期支付的金额和比例很小，就如本案中的情形，此时如果允许伍某洵解除合同，将造成双方利益严重失衡。因此这种约定本身即存在约定不明确的问题，即对逾期支付的金额和比例没有确定，造成在合同履行过程一方如果因过失未履行极小比例的义务即可能承担重大的违约责任。第二个问题是该条款还约定了已经支付的股权转让款没收的严重后果。因此，一方已经履行了合同主要义务，只是存在较小的违约情形时，是否支持守约方的解除合同请求，必须考虑合同解除的后果和双方当事人利益的平衡。

在一方只是有较小的违约行为，另一方无须通过解除合同亦可维护其合同权利时，比如提起继续履行之诉，要求违约方继续支付剩余股权转让款并承担一定的违约责任，那对于解除合同就应慎重考虑。对于解除合同会导致违约方承担过于严重的责任时，应当考虑其违约行为与其可能承担的违约责任是否相对应。这也符合《民法典》第五百八十四条规定的违约责任是具有损失补偿性质的法律责任。该条规定："当事人一方不履行合同义务或者履行合同义务不符合约定，造成对方损失的，损失赔偿额应当相当于因违约所造成的损失，包括合同履行后可以获得利益；但是不得超过违约一方订立合同时预见或者应当预见到的因违约可能造成的损失。"该条规定对于此后第五百八十五条、第五百八十六条关于约定违约金、定金的条款应当具有约束作用。即如果合同约定的违约金、定金责任超过了第五百八十四条规定的违约责任与其造成的损失相当原则，则其约定的超出部分效力应受到限制。

另外，股权转让合同是以公司股权为交易标的，但合同影响的不仅是股权出让方和股权受让方这两方的利益，目标公司虽然是股权交易的最终目的，但目标公司作为独立的法人，自身亦存在一定的独立利益。例如，公司的生产经营稳定涉及公司员工的利益、亦涉及公司上下游客户的利益。还有，如果股权转让只涉及公司部分股权，那还涉及公司其他股东利益。这是在审理股权转让合同纠纷时，需要考虑的另一个因素，即要注重股权交易的稳定性。本案中，陈某君支付了大部分股权转让款，伍某洵也将股权办理过户到陈某君名下，且陈某君已将股权转让给他人，因此解除合同亦无法将股权转回到伍某洵名下。因此，在审理此类案件时，如果守约方的利益可以通过其他途径得到维护，就应该尽力维护合同的稳定，这有利于各方和社会利益。

编写人：龚雪林

再审合议庭成员：龚雪林　刘晓雯　吕淑瑾

10. 隐名股东通过代持人行使股东权利不能当然地记载于公司股东名册

——熊某水与江西某文化科技集团有限公司、赣州某资产管理有限公司等股权转让纠纷二审案

裁判要旨

1. 在有权处分情形下，隐名股东按照投资转让协议支付的款项应认定为投资款，而非借贷关系。

2. 隐名股东不能当然地记载于公司股东名册，须经公司其他股东半数以上同意，或者能够提供证据证明公司过半数的其他股东知道其实际出资的事实，且对其实际行使股东权利未曾提出异议时，才能进行股东登记。

3. 在股东登记前，隐名股东不能直接行使股东权利，须通过代持人行使，但公司或代持人侵犯其权利时，可向公司或代持人主张进行救济。

案例索引

一审：江西省南昌市中级人民法院（2017）赣 01 民初 385 号

二审：江西省高级人民法院（2019）赣民终 696 号

基本案情

上诉人（一审原告）：熊某水。

上诉人（一审被告）：胡某美。

被上诉人（一审被告）：胡某林。

被上诉人（一审被告）：江西某文化科技集团有限公司（以下简称科技集团公司）。

被上诉人（一审被告）：赣州某资产管理有限公司（以下简称资产管理公司）。

一审第三人：黄某舟。

一审第三人：深圳市某地产发展有限公司（以下简称地产公司）。

一审第三人：某信托股份有限公司（以下简称信托公司）。

熊某水向一审法院起诉请求：1. 依法确认熊某水实际持有资产管理公司 15% 股权，将熊某水记载于资产管理公司股东名册上；胡某美等依法协助熊某水在工商部门进行股权变更登记，将胡某美代持股份过户至熊某水名下；2. 依法确认资产管理公司

向熊某水提供公司财务报表、股东会分红决议及按股权比例向熊某水支付红利。

2013年5月22日，科技集团公司（甲方）与熊某水（乙方）签订《合作协议》约定："一、由双方共同在江西省赣州市赣州开发区注册成立独立法人企业，作为承接'项目合同'的法律主体，负责开发运作赣州开发区港台国际总部经济中心项目，股份比例为各占50%，由熊某水担任该公司法人，前期注册资金由乙方垫付。……三、在开发土地过程中，甲乙双方秉承按照股份比例共同投资，共担风险、共享利润的原则进行……"。

2013年11月20日，赣州开发区管理委员会（甲方）与科技集团公司（乙方）签订《投资合同》约定："1.项目用地面积约108.21亩，位于东江源大道以东、粮食城项目以北，具体面积和四处界址以本项目用地的《国有土地使用权出让合同》为准。……（二）乙方的权利和义务 1.自本合同签订之日90个工作日内，乙方在赣州开发区内注册成立独立法人企业，负责项目开发运作……"。

2014年1月15日，赣州市国土资源局（出让方）与资产管理公司（受让方）签订《国有建设用地使用权出让合同》，合同约定出让宗地坐落于开发区东江源大道东侧，犹江路南侧，总面积72140m^2。

2014年2月28日，科技集团公司以转让方名义（甲方）、熊某水以受让方名义（乙方）签订《投资转让协议书》约定："……二、甲方的投资股权委托自然人胡某美代持，甲方作为代持股份的实际拥有者，以代持股份为限，根据法律及该公司章程规定享受股东权利，承担股东义务。三、本协议签订生效后，甲方同意转让其所在赣州某资产管理有限公司投资33%股份中的15%给乙方，乙方同意受让该15%投资股权并将其投资股权委托自然人胡某美代为持有，甲方委托胡某美代持股权15%的股东权利及义务即转移给乙方，任何人不得侵犯，股权代持协议由代持人与乙方另行签订……"。

2015年7月29日，熊某水（甲方）与胡某美（乙方）签订《股权代持协议书》约定："一、甲方拥有资产管理公司15%股权，对应该股份甲方投资人民币1200万元，该股权投资款乙方已确认从甲方陆续收取，该股份由乙方代为持有。二、乙方在此声明并确认，乙方目前在工商登记中拥有资产管理公司33%股权，其中15%股份的投资款系由甲方提供，只是由乙方以其自己的名义代为投入资产管理公司，故代持15%股份的实际所有人为甲方，乙方系根据本协议代甲方持有代持股份。三、乙方声明并确认，由所代持15%股份产生的或与代持15%股份有关之收益归甲方所有，在乙方将上述收益交付给甲方之前，乙方系代甲方持有该收益。四、甲方作为代持15%股份的实际拥有人，以代持股份为限，根据公司章程规定享有股东权利，承担股东义务。包括但不限于股东权益、重大决策等公司章程和法律赋予的全部权利。……七、一旦条件允许，信托资金撤出，质押股权解除质押后，甲方有权要求乙方无条件配合甲方在当地工商移交所代持股权，变更到甲方名下"。

裁判结果

一审判决：驳回熊某水的全部诉讼请求。

熊某水、胡某美均不服，提起上诉。二审判决：驳回上诉，维持原判。

裁判理由

二审认为，《投资转让协议书》系科技集团公司与熊某水协商一致签订，体现了双方真实意思表示，内容未违反法律、行政法规的强制性规定。虽然根据资产管理公司的工商登记资料，科技集团公司并非资产管理公司的注册股东，但《投资转让协议书》明确确认科技集团公司拥有资产管理公司33%股权，其投资股权委托自然人胡某美代持，结合科技集团公司法定代表人胡某林与胡某美之间系父女关系，2015年7月30日以后胡某美持有资产管理公司33%股权，以及胡某美持有该33%股权刚满18周岁等事实，可以认定科技集团公司系该33%股权的实际拥有者。结合《投资转让协议书》的相关内容，《股权代持协议书》系熊某水与科技集团公司（胡某美）之间真实意思表示，内容未违反法律、行政法规的强制性规定，应确认有效。根据《公司法司法解释（三）》第二十四条第三款的规定，参照相关法律，隐名股东请求变更股东、签发出资证明书、记载于股东名册、记载于公司章程并办理公司登记机关登记的，须经公司其他股东半数以上同意，或者能够提供证据证明公司过半数的其他股东知道其实际出资的事实，且对其实际行使股东权利未曾提出异议。但截至二审开庭之日，资产管理公司的其他股东尚无同意熊某水记载于公司股东名册的明确意思表示。熊某水尚未提供充分证据证明公司其他股东知道其实际出资并行使过股东权利的事实，故熊某水作为实际持有资产管理公司15%股权的实际投资人（隐名股东）尚不具备记载于资产管理公司股东名册的条件。熊某水实际拥有的资产管理公司15%股权由胡某美代持，其股东权利也只能通过胡某美代为行使。故资产管理公司无义务向熊某水提供财务报表、股东会分红决议及支付股权红利。如熊某水有证据证明科技集团公司（胡某美）领取了应归属于熊某水的红利，可另行向科技集团公司（胡某美）主张。

要旨解析

本案在对隐名股东权益保护方面进行了全面分析与论证，正确研判隐名股东系投资与借款的关系，以及是否可以直接登记为股东名册，是否有权享有知晓财务报表、股东会分红决议及按股权比例获得红利等方面的股东权利。

一、关于隐名股东支付的款项性质应如何认定的问题

隐名股东与他人签订投资转让协议时，应综合分析该“他人”是否系有权处分。本案中，虽然根据资产管理公司的工商登记资料，科技集团公司并非资产管

理公司的注册股东，但《投资转让协议书》明确确认科技集团公司拥有资产管理公司33%股权，其投资股权委托自然人胡某美代持，结合科技集团公司法定代表人胡某林与胡某美之间系父女关系，2015年7月30日以后胡某美持有资产管理公司33%股权，以及胡某美持有该33%股权刚满18周岁等事实，可以认定科技集团公司系该33%股权的实际拥有者，即科技集团公司系有权处分，从而确认投资转让协议有效。

隐名股东与他人签订股权代持协议时，应正确认清系投资款，还是借款。依据《公司法司法解释（三）》第二十四条之规定，有限责任公司的实际出资人与名义出资人订立合同，约定由实际出资人出资并享有投资权益，以名义出资人为名义股东，实际出资人与名义股东对该合同效力发生争议的，如无合同法第五十二条规定的情形，人民法院应当认定该合同有效。科技集团公司与熊某水在支付款项前曾签订了项目合作协议，协议中对该款项作了具体约定，即如果未通过招拍挂拿到该土地，自动转为借款由科技集团公司在一周内予以归还，并按月利息2%支付相应利息；如果拿到土地，该笔款项作为熊某水向科技集团公司支付对于前期工作的奖励，科技集团公司不予偿还。后确实有拿到该土地，根据熊某水与科技集团公司的约定，自签订《投资转让协议书》时起，支付的款项已经转化为熊某水受让科技集团公司实际持有的资产管理公司15%股权的股权转让款，在《股权代持协议书》后，熊某水也就理所当然地成为了隐名股东。

二、关于隐名股东是否可以当然地记载于股东名册的问题

根据《公司法司法解释（三）》第二十四条第三款的规定，参照相关法律，隐名股东请求变更股东、签发出资证明书、记载于股东名册、记载于公司章程并办理公司登记机关登记的，须经公司其他股东半数以上同意，或者能够提供证据证明公司过半数的其他股东知道其实际出资的事实，且对其实际行使股东权利未曾提出异议。本案中，熊某水虽作为实际持有15%股权的隐名股东，但其他股东尚无同意熊某水记载于公司股东名册的明确意思表示，或其他股东知道其实际出资并行使过股东权利的事实，故尚不具备记载于股东名册的条件，只有待相关条件具备后，才可进行股东登记。

三、关于公司是否应向隐名股东提供公司财务报表、股东会分红决议及按股权比例向隐名股东支付红利的问题

因隐名股东尚未记载于公司股东名册，其实际拥有的股权由他人代持，其股东权利也只能通过代持人代为行使，故公司无义务向隐名股东提供财务报表、股东会分红决议及支付股权红利。但隐名股东也存在救济途径，即若其有证据证明公司或代持人领取了本应归属于隐名股东的红利，可向公司或代持人主张。

编写人：张满洋

二审合议庭成员：胡国运　吴玉萍　李　平

11. 股权转让合同已实际部分履行，且合同目的可以实现的情况下，不宜判决解除合同

——李某勇与徐某良、李某红股权转让纠纷二审案

裁判要旨

股权转让合同的解除除应依据合同规定外，还应考虑股权的特点，结合公司法的相关规定进行判断。在股权转让合同已实际部分履行情况下，应结合合同的履行情况、违约方的过错程度以及股权转让合同目的能否实现等因素，从保护当事人依法享有的权利、维护交易安全以及稳定公司生产经营等角度予以综合判断，不宜轻易判令解除合同。

案例索引

一审：江西省抚州市中级人民法院作出（2019）赣10民初83号

二审：江西省高级人民法院（2020）赣民终88号

基本案情

上诉人（原审被告）：李某勇。

被上诉人（原审原告）：徐某良。

原审被告：李某红。

徐某良向一审法院起诉请求：1. 判令李某勇、李某红履行协议，将登记在李某红名下的国投开元公司的全部股权中的67%转让登记至徐某良或徐某良指定第三人名下；2. 判令李某勇、李某红承担迟延转让股权的违约责任，按已转让股权款为基数，以每次股权转让延迟之日起计算，按年利率24%计算利息，共计2383693元。

国投开元公司成立于2012年7月10日，李某勇、徐某良系该公司股东，其中李某勇占70%的股权，徐某良占30%股权。2016年5月12日，李某勇拟将其持有国投开元公司70%股权以人民币2031万元转让给徐某良。为此，李某勇（甲方）与徐某良（乙方）签订《关于江西国投开元实业有限公司股权转让协议书》，主要约定内容有：1. 协议签订生效后，除非相对方违约或本协议特别约定之外，任何一方不得以任何理由单方解除本协议或拒绝履行约定的协议义务。2. 在协议履行期间，

甲方所持有目标公司的股权部分对股东出资的股息、分红收益全部归乙方所有，甲方对本协议履行期间所持股份任何形式的利润分配，增值收益不享有任何分配权、支配权和所有权。3. 甲乙双方确认，本次股权转让总价款人民币 2031 万元（待双方对账后确定，如本协议签订生效后三个工作日内，双方未能完成对账，则本协议自动解除）。4. 乙方分四笔支付股权转让款，对每一笔转让款支付的期限、方式、金额以及逾期付款的违约责任，做了细致约定。5. 甲方在收到每一笔转让款后，即时将持有的目标公司的 17.5% 股权于七日内变更登记至乙方或乙方指定人员名下。协议还对其他内容做了约定。李某勇及其授权委托人李某红和徐某良在协议书上签名。协议签订后，2016 年 5 月 13 日，徐某良从自己个人银行账户向李某勇账户转款 100 万元。李某勇自 2016 年 5 月 12 日与徐某良签订《股权转让协议》后未再向国投开元公司进行投入。

2016 年 5 月 12 日，徐某良、李某红和国投开元公司签订一份《协议书》，主要内容为徐某良个人以及徐某良和国投开元公司共同偿还李某红借款的约定。协议书签订后，徐某良从自己个人银行账户向李某红账户汇款 80 万元。后徐某良从国投开元公司银行账户陆续向李某红账户汇款合计 230 万元。以上款项合计 310 万元，用于支付欠付李某红的借款。

2016 年 10 月 18 日，李某勇（甲方）、徐某良（乙方）与李某红（丙方）签订《股权转让补充协议》，主要内容为甲乙丙三方一致同意并确认，同意甲方将持有目标公司全部股权，先行转让至丙方名下。甲方基于股权转让协议项下的一切权利及义务，均转由丙方承继。甲方将持有的目标公司股权转让至丙方名下的行为，不影响股权转让协议的效力，自甲方将持有的目标公司全部股权转让至丙方名下之日起，股权转让协议对乙方及丙方继续具有约束力，并继续履行。同日，李某勇与李某红签订《股份代持协议书》，约定李某勇持有目标公司 70% 股权，委托李某红代为持有，在工商登记中将全部显示登记在李某红名下，但所有权归属李某勇所有，李某勇为隐名股东，李某红为显名股东等。李某红与李某勇系姐弟关系。

从 2017 年起至 2019 年，徐某良分别陆续通过国投开元公司账户、龚某强个人账户向李某勇支付股权转让款合计 1235 万元，转款凭证上均注明是股权转让款。2017 年 6 月 14 日，李某勇向徐某良发出《股权转让合同解除通知书》，并通过 EMS 特快专递方式向徐某良邮寄。2017 年 6 月 17 日 14 时 10 分，该快递由他人同事代收。

裁判结果

一审判决：一、李某勇、李某红将登记在李某红名下（实际所有人为李某勇）的国投开元公司 35% 的股权转让登记至徐某良或徐某良指定人员名下，并协助办理工商变更登记手续；二、驳回徐某良的其他诉讼请求。

李某勇不服提出上诉。二审判决：驳回上诉，维持原判。

裁判理由

二审认为，本案的焦点为：1. 国投开元公司支付的 300 万元、龚某强支付的 835 万元能否认定属徐某良支付的股权转让款？ 2. 2017 年 5 月 4 日付款 100 万元是股权转让款还是还款？本案是否应中止审理？ 3. 李某勇、李某红办理 35% 股权转让变更登记手续的条件是否成熟？本案股权转让协议是否应继续履行？（徐某良是否已偿还李某红 160 万元？）

关于争议焦点 1，国投开元公司支付的 300 万元、龚某强支付的 835 万元能否认定属徐某良支付的股权转让款问题。经审理查明，本案双方在履行《股权转让协议》过程中，通过国投开元公司账户支付的三笔款项总计 300 万元，每笔付款均有由李某红填写的《请款单》，付款说明栏记载为“股份转让款”。案外人龚某强通过其个人银行账户支付给李某勇的十三笔款项总计 835 万元，附言均注明“股权转让款”。李某勇、李某红收到款项后亦未提出异议。二审法院认为，上述款项虽来源于国投开元公司，但国投开元公司的资金使用属于该公司的经营管理行为，该行为是否符合相关法律规定属另外的法律关系，并不是本案的审理范围。且 300 万元支出时，李某勇方的代表李某红已明知。此外，根据《股权转让协议》的约定，该协议生效后，协议履行期间李某勇所持股权对应的股息、分红收益全部属于徐金良，李某勇对所持股份任何利润、收益等不享有分配权、支配权、所有权。因此，一审法院根据双方约定及转款时注明的款项性质认定上述付款为徐某良支付的股权转让款，符合事实和法律规定。

关于争议焦点 2，2017 年 5 月 4 日付款 100 万元是股权转让款还是还借款、本案是否应中止审理问题。因 2017 年 5 月 4 日付款 100 万元的《请款单》付款说明栏记载为“还借支”，《通存通兑回单》用途栏亦记载“还借支”，一审法院据此认定该笔款项属于偿还李某红的借款与证据所体现的一致。李某勇仅以徐某良制作的《往来款项明细》产生的误差来主张该款不是偿还借款缺乏依据，依法不予采纳。徐某良是否清偿完毕李某红借款 160 万元属证据与事实认定问题，本案一、二审期间，双方均充分提供了证据，本案依法可对双方提供的证据作出认定，对证据与事实的认定仅涉及不同法院前后认定一致的问题，并不需要以另一案的审理结果为依据，李某勇中止诉讼的申请不符合相关法律规定，依法不予采纳。

关于争议焦点 3，李某勇、李某红办理 35% 股权转让变更登记手续的条件是否成就、本案股权转让协议是否应继续履行问题。根据《股权转让协议》约定，所转让的股权份额李某勇应依据股权转让款的支付进度分次分批办理变更登记至徐某良或其指定人员名下，其中办理第一次股权变更登记除支付相应的股权转让款外，尚应满足另外一个条件，即徐某良偿还李某红全部欠款本金及利息 160 万元。2016 年 5 月 12 日徐某良、李某红、国投开元公司签订的《协议书》确认，徐某良个人欠李某红债务（借款本息）为 160 万元，国投开元公司欠李某红债务（借款本息）140

万元，徐某良对国投开元公司债务承担共同还款义务。上述债务合计 300 万元。一审法院根据证据认定徐某良及国投开元公司总计归还借款 310 万元，其中 80 万元由徐某良个人账户支付，剩余 230 万元由国投开元公司账户分八笔汇出，全部债务已清偿完毕。关于从国投开元公司账户支付的还借支款项，其中 80 万元能否认定系徐某良个人还款问题，二审法院认为，徐某良个人债务 160 万元，其中的 80 万元虽从国投开元公司账户转出，但每笔转款均由李某红填制《请款单》，且付款说明栏明确记载“还借款”，相对应的《通存通兑回单》用途栏也载明“还借支”，李某勇现提出这些款项不是还借款与证据完全不符，依法不能成立。至于国投开元公司的资金使用问题，属公司管理经营问题，属另一法律关系，不属本案审理范围。关于 2017 年 5 月 4 日支付的 100 万元李某红是否收取问题，该笔款项对应的《请款单》、《通存通兑回单》记载的收款人名称均为“李某红”，李某红收到该款后如何使用不能否定李某红收到该笔款项的事实。一审判决认定徐某良在已支付股权转让款 1235 万元并已清偿完毕李某红债务 160 万元后，确定本案合同应继续履行，李某勇、李某红应按合同约定履行对应 35% 股权变更登记手续符合双方约定及法律规定，依法应予维持。

要旨解析

本案作为一起股权转让合同纠纷，在出现受让方迟延履行股权转让款支付义务构成违约，转让方发出过解除合同通知，并在诉讼中继续请求解除合同的情况下，争议焦点自然首先集中于合同是否已经或者应当解除的问题。对于该问题，一审判决从三个方面做了分析评述，层次分明、条理清晰，充分论证了案涉股权转让协议合法有效且未解除，双方当事人应按协议继续履行的结论。在此基础上，二审法院将审理的重点集中于上诉人转让方提出的对受让方已支付股权转让款金额的异议，以及受让方诉请的股权转让变更登记手续条件是否成熟。两级法院的判决互为表里、相得益彰，对当事人之间的争议逐层回应，准确阐释法理、事理，以证成判决结论的正当性，从而使本案在受让方未按约履行股权转让款支付义务，但股权转让合同已实际部分履行的情况下应否解除合同问题上具有较为典型的参考价值。

股权转让合同作为一种商事合同不同于一般的民事合同，在认定股权转让合同解除问题时，不仅应适用合同的规定，还应结合《公司法》的相关规定来进行判断。从合同的角度来看，合同解除分为约定解除和法定解除。在符合约定解除条件时，合同当事人可以选择行使解除权。较为常见的股权转让合同约定解除条件有，转让方不履行交付股权或者不履行督促公司办理股权变更登记手续的义务，受让方获得解除权；受让方不履行股权转让款的支付义务时，转让方获得解除权。这两项义务也是保证股权转让合同目的实现的基本条件。结合《民法典》合同编的相关规定，股权转让合同法定解除情形主要有，一是不可抗力致使合同目的不能实现。二是合同当事人以其明示或者默示的行为预期违约，典型如转让方拒绝交付股权或者拒绝配合办理股权转让手续、受让方拒不支付股权转让款、转让方存在“一股二卖”的行为等。三是迟延履行主要债务，经催告后仍不履行的，比如股权受让方的主要义务是金钱给付义务，其不支付或仅支付小部分的股权转让款，经转让方催告并给予其一定迟延履行期限，受让方仍不履行给付义务的。四是合同当事人的违约行为构成根本违约，致使转让方获取股权转让款或受让方获取股权的合同目的根本无法实现。从《公司法》的角度来看，股权是一种综合性的财产权利，其转让不同于简单的物的买卖，还涉及公司经营管理、决策、投资等多项权利的转换，因而股权转让合同的解除不仅影响合同当事人的权利义务关系，还会对公司产生影响。尤其是对于已经部分履行的合同，若是受让方在解除前已经实际控制股权并参与了公司的管理和经营，此时解除对于公司来说无异于股权的又一次重新变动。因此，在股权转让合同是否应当解除的时候需要考虑公司的状况，顾及公司的人合性特征，而不是仅仅符合《合同法》的解除条件即可解除[①]。而且，若合同一方在知道或者应当知道股权转让合同已符合约定解除的条件时，仍继续接受违约方履行，使得股权转让合同得以实际部分履行的，此时应视为该方当事人放弃了合同约定解除权，不能再以此对抗合同的继续履行。此外，需要注意，股权转让合同的解除还会对包括公司债权人和合同当事人的债权人在内的其他第三人的利益产生影响。基于商事外观主义和合同效力相对性原则，股权转让合同解除后对其他第三人的约束力，应视股权是否已实际完成变更登记而作判断。

本案中，一审判决在论述案涉股权转让合同应否解除的问题上，也是先从合同约定的解除条件进行分析，进而再对合同是否符合法定解除情形做判断。首先，关于案涉《股权转让协议》是否自动解除的问题。双方在股权转让合同中约定，“如本协议签订生效后三个工作日内，双方未能完成对账，则本协议自动解除”。虽然双方的确未在协议签订后三个工作日内进行对账，但此后双方并未行使合同解除权，且又签订《股权转让补充协议》，约定《股权转让协议》继续具有约束力，并存在继续履行《股权转让协议》的实际行为，因此，案涉《股权转让协议》并未自动解除。其次，关于转让方发出合同解除通知书是否已产生合同解除效果的问题。本案中转让方向受让方邮寄合同解除通知书，邮件显示“他人收同事代收”。转让方未举示充分的证据证明该签收人具体是谁且该签收人为受让方有权签收或者授权、指定签收人，故不能视为有效送达。且此后，双方以自己的行为继续履行了股权转让协议。因此，案涉《股权转让协议》并未被单方解除。第三，受让方是否构成根本违约，《股权转让协议》是否符合法定解除的问题。至本案起诉时，受让方已向转让方支付了1235万元的股权转让款，占全部股权转让款的60.8%，尚未支付796万元股权转让款虽然构成违约，但通过受让方的继续履行股权转让款支付义务

① 张嘉军：《公司纠纷裁判精要与裁判规则》，人民法院出版社2020年版，第137页。

并承担违约责任等，转让方获取股权转让款的合同目的仍能实现。且自《股权转让协议》签订后至今，公司实际上是由受让方在经营和管理，如果解除合同，对公司经营管理的稳定将产生不利影响。综上，一、二审法院结合案涉股权转让合同的履行情况、违约方的过错程度以及股权转让合同目的能否实现等因素予以综合判断，认为案涉股权转让合同应予继续履行，既保护了转让方依法享有的权利，又维护了交易安全和公司的利益，处理审慎、正确。

编写人：毛盈超

二审合议庭成员：徐清华　吕卫红　何全伟

12. 为收购目标公司同时签订股权转让协议和公司资产转让协议，当事人诉请解除股权转让协议符合条件时，法院应一并解除两份协议

——黎某与陈某峰股权转让纠纷再审案

裁判要旨

1. 股权转让人对其知晓的目标公司资产及经营重大政策变化和风险情况有义务告知股权受让人，未履行告知义务的，导致目标公司无法经营，合同目的无法实现的，股权受让人有权解除合同，要求股权转让人承担违约责任。

2. 当事人在签订公司资产转移协议的同时，又签订公司股权转让协议，签订股权转让协议实质系为办理该公司资产交易，即使当事人只提出了解除股权转让协议的诉讼请求，法院在解除股权转让协议的同时，亦应判决解除资产转让协议。

案例索引

一审：江西省樟树市人民法院（2018）赣 0982 民初 1854 号

二审：江西省宜春市中级人民法院（2019）赣 09 民终 473 号

再审：江西省高级人民法院（2020）赣民再 181 号

基本案情

再审申请人（一审原告、二审上诉人）：黎某 1。

再审申请人（一审被告、二审上诉人）：陈某峰。

陈某峰妻子熊某兰系双金园艺场下岗职工，2003 年 12 月 16 日熊某兰与江西省双金园艺场埠里分场（以下简称埠里分场）签订荒地租赁合同，合同约定，租赁的荒地 13 亩用于生猪养殖及发展枳壳、青饲料生产，租赁期限为三十年，租赁期间未经埠里分场同意熊某兰不能擅自转包给他人租用。之后熊某兰在租赁荒地开办喜兰生猪养殖场。2011 年 4 月陈某峰与妻子熊某兰共同成立江西筑卫城实业有限公司（以下简称筑卫城公司），经营范围为：生猪养殖、中药材种植、苗木等，将开办的喜兰生猪养殖场投入筑卫城公司，陈某峰占 80% 股份、熊某兰占 20% 股份。2016 年 10 月 6 日，黎某 2 的丈夫刘某源受黎某 2 的委托与陈某峰签订《关于出售猪场的协议》，约定：陈某峰将其位于埠里分场靠近水库南坝猪场即喜兰猪场（包括场房和所有设备）以 265 万元价格打包卖给黎某 2 及其姐姐黎某 1，签订协议时交付 10% 预

付款，付款超过 50% 办理过户手续，付清款项移交猪场，移交猪场时间约 80 天，全场无猪清栏后为移交日期，陈某峰保证从现在起不能进猪，黎某 2 及黎某 1 保证猪场无猪时及时接收猪场，如陈某峰违约双倍返还预付款，如黎某 2、黎某 1 违约，陈某峰没收预付款。当日刘某源代黎某 2 支付了购买猪场订金（预付款）265000 元给陈某峰，陈某峰于 2016 年 11 月至 12 月期间将存栏生猪全部出售、清栏。2017 年 6 月 6 日黎某 2 丈夫刘某源写出书面情况说明，证实其代黎某 2 与陈某峰所签猪场出售协议及支付的 265000 元的行为都系受黎某 2 的委托，由此享有的一切权利、义务都由黎某 2 承担。由于该猪场属于陈某峰与妻子熊某兰的财产，已由陈某峰和妻子熊某兰将其投资入股了筑卫城公司，故黎某 2 及姐姐黎某 1 与陈某峰于 2017 年 1 月 5 日签订《股份转让协议书》，约定：由黎某 2 受让陈某峰在筑卫城公司 51% 的股份，股权转让金额为 1351500 元，黎某 1 受让陈某峰在筑卫城公司 29% 的股份，股权转让金额为 768500 元，同日黎某 1 又与熊某兰签订《股份转让协议书》，约定由黎某 1 受让熊某兰在筑卫城公司 20% 的股份，股权转让金额为 530000 元。签订当日黎某 2 姐姐黎某 1 向陈某峰支付了购买猪场款 1446090 元（包括黎某 1 本人 530000 元、替黎某 2 支付 147590 元），加上原付定金（预付款）265000 元，黎某 2、黎某 1 共支付了 1711090 元股权转让款或购买猪场款给陈某峰夫妇，黎某 2 实际支付了 412590，尚欠陈某峰 938910 元。又在当日陈某峰、熊某兰、黎某 2、黎某 1 四人召开股东会议，决议：1. 同意陈某峰将持有公司 51% 的股份计出资额 510 万元转让给黎某 2，将持有公司 29% 的股份计出资额 290 万元转让给黎某 1；同意熊某兰将持有公司 20% 的股份计出资额 200 万元转让给黎某 1，股权转让后，公司股东变更为黎某 2、黎某 1。2. 同意免去陈某峰公司法定代表人、执行董事、经理职务，免去熊某兰公司监事职务；选举黎某 2 任公司法定代表人、执行董事、经理，选举黎某 1 任公司监事。同时修改了筑卫城公司章程，将公司股东及股东出资情况均变更为黎某 2、黎某 1。同日双方去相关部门办理股权过户和登记手续，陈某峰、熊某兰、黎某 2、黎某 1 分别缴交了“产权转换书据”印花税。出售猪场协议及股权转让协议签订过程中，黎某 2、黎某 1 了解 2015 年 7 月开始樟树市政府在全市范围内对养猪场进行整治，2016 年 8 月 6 日双金园艺场规划了禽畜养殖“三区”，规定小二型以上水库周边、村庄内及距离村庄 500 米范围内为重点整治区域，涉案猪场距村庄 351 米，存在被禁止养殖的情况；之后又了解到 2016 年 1 月 22 日陈某峰的妻子熊某兰与双金园艺场签订了双金园艺场生猪养殖场关闭拆除协议，双金园艺场在 2017 年 2 月份根据樟树市政府的政策将涉案猪场列入禁止养殖范围。因此黎某 2、黎某 1 提出反悔，认为两份协议的目的在于其进行生猪养殖，现涉案猪场已被禁养，生猪养殖场应当关闭、拆除，养殖生猪的协议目的无法实现，提出要求解除股权转让协议，股权过户和登记手续未继续办理。另查明，2015 年 7 月 13 日樟树市政府发文在全市范围内开展生猪养殖污染整治；2015 年 9 月 10 日双金园艺场制定了禽畜养殖“三区”规划，划分了畜禽养殖禁养区和限养区，规定小二型以上水库周边、村庄内及距离村庄 500 米范围内为重点整治区域，涉案猪场距村庄 351 米，属于生猪养殖禁养区；2016 年 1 月 22 日陈某峰的妻子熊某兰与双金园艺场埠里分场签订的“双金园艺场生猪养殖场关闭拆除协议”，埠里分场已证实实际为整治协议，而非关闭拆除协议；2017 年 2 月份双金园艺场根据樟树市政府的政策，将涉案猪场列入了禁止养殖范围。

裁判结果

一审判决：一、解除陈某峰与黎某 1 签订的股权转让协议；二、限陈某峰于本判决生效后十五日内返还黎某 1 人民币 537950 元。

双方均不服，提起上诉。二审判决：驳回上诉，维持原判。

双方均不服，申请再审。再审判决：一、撤销一、二审判决；二、解除陈某峰与黎某 1 签订的《股份转让协议书》和《关于出售猪场的协议》；三、由陈某峰于本判决生效后十日内返还黎某 1691650 元。

裁判理由

再审认为，陈某峰妻子熊某兰通过与双金园艺场埠里分场签订《荒地租赁合同》，在租赁荒地开办生猪养殖场，后该猪场作为夫妻财产投入其共同成立的筑卫城公司。涉案《关于出售猪场的协议》约定该猪场以 265 万元出卖，之后签订的《股份转让协议书》约定黎某 1、黎某 2 以转让价 265 万元受让陈某峰、熊某兰持有的筑卫城公司的股权，该二份协议约定的交易价款相同，支付价款的时间和方式没有区别，该猪场是筑卫城公司实际价值的体现。结合《关于出售猪场的协议》第一条所载“甲方将猪场手续法人及股东过户给乙方”，以及当事人履约情况、微信聊天记录、庭审陈述等事实，足以表明《关于出售猪场的协议》约定的猪场买卖与《股份转让协议书》约定的股权转让一脉相承，二份协议指向的标的物一致。黎某 1 在签订《股份转让协议书》当日即支付了转让款 1446090 元（包括黎某 1 本人支付陈某峰 768500 元、支付彭喜兰 530000 元，黎某 1 替黎某 2 支付 147590 元），加上黎某 2 原预付款 265000 元，黎某 1、黎某 2 共支付了猪场买卖款或股权转让款 1711090 元，充分体现了黎某 1、黎某 2 积极履约的诚意。但因案涉猪场距离村庄只有 351 米，在上述二份协议签订之前即属禁养关闭范围，当地政府及双金园艺场的相关文件对此有明确规定。黎某 1、黎某 2 承认曾到现场了解猪场位置、面积、设施及规模等直观情况，但不能就此推断其知晓生猪养殖发展趋势及生猪养殖的相关政策，甚至预知转让猪场存在的养殖环境污染涉及的整治、禁养等风险。陈斌峰、熊某兰长期在当地从事生猪养殖，还在 2016 年 1 月 22 日签订过《双金园艺场生猪养殖场关闭拆除协议》，并以此证明其猪场是整改的可养猪场，但该协议涂改痕迹明显，整改措施及整改情况不明，双金园艺场从未同意或认可案涉猪场属于整改达标后可以养殖的事实，并按政策对辖区猪场陆续采取了禁养关闭措施，案涉猪场亦于 2017 年 2 月被禁养关闭。事实表明，陈某峰、熊某兰明知生猪养殖政策或相关文件规定，起码了解案涉猪场属于禁养范围或存在不能继续养殖的巨大风险，但其违背诚实信用原则，并未根据合同性质、目的履行相应的告知、通知义务，反而强调“涉案猪场是可以养猪的整改猪场”误导签约。同时，熊某兰签订的《荒地租赁合同》约定，租用地猪场建筑面积占用3亩、饲料种植及绿化占用10亩，租赁期限为30年，租赁期间未经出租人同意，不能擅自转他人租用等。但该土地租赁期间，陈某峰、熊某兰将其开办猪场随同公司股权转让给黎某1、黎某2，必然使土地租赁主体发生变化，事先不经出租人同意，事后未获出租人追认，从而形成擅自转租情形，对之中蕴藏的纠纷隐患，陈某峰、熊某兰亦未诚实履行告知义务。现有证据显示，黎某1、黎某2直至签订《股份转让协议书》第二天，才得知受让猪场属禁养范围应予关闭拆除的事实，其之前并不知晓相关的风险、隐患，否则不可能花费265万元受让一个毫无价值的猪场或以该猪场养殖为业的筑卫城公司的股权。陈某峰、熊某兰称其转让的公司注册资本1000万元，不仅仅是一个养猪场，还包括10多亩荒地，经营范围不只是养猪，还包括中药材种植、苗木种植等，但其实际投入公司的资本数额与公司经营所隐含的风险相比明显不匹配。黎某1、黎某2签约目的是进行生猪养殖，案涉猪场被禁养关闭后，必然导致其无法经营，合同目的无法实现。鉴于涉案协议已无继续履行的可能性，黎某1与陈某峰于2017年1月5日签订的《股份转让协议书》可依法予以解除，由于《股份转让协议书》与《关于出售猪场的协议》实际交易标的物相同，该《关于出售猪场的协议》亦应同时解除。原《合同法》第九十七条规定：“合同解除后，尚未履行的，终止履行；已经履行的，根据履行情况和合同性质，当事人可以要求恢复原状、采取其他补救措施，并有权要求赔偿损失。”据此，在案涉猪场尚未移交、股权过户和登记亦未办妥的情况下，原审判决解除涉案协议并认为陈某峰应承担违约责任及返还转让款是正确的，但判决黎某1给予陈某峰转让款30%的补偿，即在返还的转让款中按约定转让款的30%予以扣减，没有事实和法律依据，处理明显欠妥。其一、合同解除后，当事人有权要求赔偿损失，但前提是当事人有相应诉求，并举证证明相关损失确实存在。本案中，陈某峰并未提出赔偿损失的诉讼请求，也未提供相关损失的证据，而是要求驳回黎某1的诉讼请求，该判决结果与原《合同法》第九十七条的规定相悖，并超出当事人诉讼请求，违反不告不理诉讼规则。其二、合同解除后当事人可以要求恢复原状，黎某1诉请返还已付的768500元，符合法律规定，陈某峰负有足额返还该款的义务。原审法院认为陈某峰存在违约行为，且未对相关损失进行审理、认定，黎某1未接收猪场也未养过一天猪，亦无证据证明其存在过错，在此情形下判决黎某1给付陈某峰高额补偿，缺乏事实和法律依据，有失公平。

要旨解析

股权转让合同纠纷中，由于股权的特殊性，股权转让要满足一定条件才能完成权利变更效果，但实践中，往往因政策和条件的变动导致合同目的无法实现，加之股权转让往往牵涉股东及公司等多方利益，因而一方提出解除合同能否被支持成为诉讼争议焦点。本案对合同目的事实认定以及股权转让相关合同同时解除的法律认定进行了有益探索，具有借鉴意义。

一、解除股权转让合同中“合同目的”不能实现的认定问题

原《合同法》第九十七条（现在为《民法典》第五百六十三条第四款）规定，当事人一方有违约行为致使不能实现合同目的的，当事人可以解除合同。股权转让合同的解除问题直接关乎双方的利益衡量，因此应保持审慎态度，根据合同中关于合同目的明确约定来认定，如无明确约定，则应以股权转让合同的目的是转让或受让股权来进行认定。本案中，结合《关于出售猪场的协议》第一条所载“甲方将猪场手续法人及股东过户给乙方”，可以推断出签订《股份转让协议书》的合同目的就是为了办理生猪养殖场的合法产权手续。《股份转让协议书》名为转让股权，但合同真实目的是以受让股权的方式取得生猪养殖场并进行生猪养殖经营活动。由于生猪养殖政策调整原因，出卖人并未根据合同性质、目的履行相应的告知、通知义务，反而强调“涉案猪场是可以养猪的整改猪场”误导签约隐瞒事实真相；同时出卖人擅自转租，未尽到通常情况下标的物的瑕疵担保责任，存在违约行为，导致合同目的不能实现。因此受让方无法实现签订合同时的主观目的，进而可根据《民法典》第五百六十三条第四款来主张解除股权转让合同。

二、股权转让协议和资产转让协议的同时解除问题

当事人之间签订的股权转让协议以资产转让协议为前提，如果股权转让协议实质内容也是履行资产转让协议，那么两者本质上属于同一个法律关系，因一方原因致使合同目的不能实现，则相对方可以行使解除权同时解除资产转让协议和股权转让协议，即使当事人只提出了解除股权转让协议的诉讼请求，法院在解除股权转让协议的同时，亦应判决解除资产转让协议；如果股权转让协议与资产转让协议从内容看是两个具有独立性的合同，其中一合同被解除并不影响另一合同的效力及履行，则两者不具有同时解除的当然性。本案的股权转让行为实际上是包含了交付生猪养殖场和转让养殖场所属筑卫城公司股权两部分内容，且前期资产转让协议和后期股权转让协议目的相同，交易价款相同，支付价款的时间和方式没有区别，是一个交易协议的两种表现形式，其本质为一个法律关系。本案当事人只提出了解除股权转让协议的诉讼请求，因此本着案结事了的原则，再审法院同时判决解除股权转让协议和资产转让协议。

三、股权转让合同解除后损失计算问题和违约责任承担问题

股权转让合同因合同目的不能实现而解除的，适用原《合同法》第九十七条（现为《民法典》第五百六十六条第一款）规定：合同解除后，尚未履行的，终止履行；已经履行的，根据履行情况和合同性质，当事人可以请求恢复原状或者采取其他补救措施，并有权请求赔偿损失。实践中，股权受让方的诉求集中在合同解除后请求返还股权转让款并赔偿其他经济损失。股权受让方诉求集中在合同解除后请

求赔偿经济损失。《民法典》第五百八十四条规定，当事人一方不履行合同义务或者履行合同义务不符合约定，造成对方损失的，损失赔偿额应当相当于因违约所造成的损失，包括合同履行后可以获得的利益；但是，不得超过违约一方订立合同时预见到或者应当预见到的因违约可能造成的损失。因此，当事人主张赔偿经济损失不仅包括实际损失，也包括可得利益损失。关于损失计算问题，应根据双方当事人未对违约金的明确约定或证明遭受了特定经济损失，如因受让方违约导致出让方损失另行转让股权的价值落差、利用其他投资机会可得的利益等可期待利益；如因出让方违约导致受让方损失股权转让款产生的法定孳息等。本案中股权转让方并未提出赔偿损失的诉讼请求，更未提供相关损失的证据，仅仅主张驳回受让方基于请求恢复原状而要求返还转让款的诉请，没有事实和法律依据，因此再审法院没有采纳其主张。

编写人：张满洋

再审合议庭成员：龚雪林　陈银发　闵遂赓

13. 公司提起损害公司利益责任之诉应当提供证据证明股东或董监高存在损害公司利益的行为与公司利益受损存在因果关系

——江西宜春某集团有限公司与宜春某投资有限公司、阮某荣、
江西某实业股份有限公司损害公司利益责任纠纷二审案

裁判要旨

1. 董事、监事、高管人员对公司负有忠实义务和勤勉义务，忠实义务是指公司中的管理者应将公司利益置于自己利益之上，勤勉义务是指公司的管理者应当以适当的注意管理公司以免损害公司利益。

2. 公司以股东或者董事、监事、高管人员损害公司利益责任为由提起诉讼，应当提供公司利益受损、股东或者董事、监事、高管人员存在损害公司利益行为以及损害行为与公司利益受损存在因果关系的相关证据，否则不能得到支持。

案例索引

一审：江西省宜春市中级人民法院（2014）宜中民二初第 23 号

二审：江西省高级人民法院（2017）赣民终 269 号

基本案情

上诉人（一审原告，一审反诉被告）：江西宜春某集团有限公司（以下简称集团公司）。

被上诉人（一审被告，一审反诉原告）：宜春某投资有限公司（以下简称投资公司）。

被上诉人（一审被告）：阮某荣。

一审原告：江西某实业股份有限公司（以下简称实业公司）。

集团公司向一审法院起诉请求：1. 阮某荣和投资公司应当赔偿 2010 年 4 月至 2011 年 8 月，采取虚构交易等方式，转移资金 2550.8 万元；2. 阮某荣应当赔偿因虚构与浙江机床制造有限公司买卖关系，领走的 780 万元的银行承兑汇票和江西省新余市中级人民法院扣划集团公司银行存款 350 万元；3. 阮某荣应当赔偿以集团公司子公司的名义虚构与汇鑫祥公司钢材买卖合同关系，转移至汇鑫祥公司账户的 1556 万元；4. 阮某荣应当赔偿以借用等名义领走的集团公司下属子公司装载机、挖掘机、

配件等物资，价值共244万元。2011年3月9日，萍钢公司向集团公司增资，增资后集团公司的注册资本为6123万元，股东为萍钢公司、投资公司、胡某彤和易某强。萍钢公司增资前，阮某荣是集团公司和投资公司的实际控制人，萍钢公司增资后，集团公司仍由阮某荣经营管理，并在2011年9月6日至2012年9月3日担任董事兼总经理。

2012年5月29日，集团公司的股东变更为萍钢公司和投资公司，并由萍钢公司接管。2012年1月6日，结构件公司、上饶机械公司等公司被集团公司吸收合并，办理了企业注销登记。在被合并之前，结构件公司、上饶机械公司分别与实业公司签订《钢材产品购销合同》，购买金额分别为8110677.20元、1556万元的钢材。实业公司收取货款后仅发送了部分钢材。集团公司向公安机关报警后实业公司向集团公司返还了货款71万元。

2011年5月28日，因投资公司与易某强、胡某彤将所持股权公司（指上饶机械公司、结构件公司）的股权向集团公司增资，故共同向集团公司、萍钢公司承诺：如果股权增资方存在未以书面形式向集团公司、萍钢公司披露的股权公司在正常情况下应偿还的债务及其他应付款，由股权增资方无条件解决。

2011年8月11日，鉴于集团公司重组过程中将剥离部分债权债务，转让给重工公司，集团公司的股东投资公司及其关联方阮某荣共同向集团公司的其他股东萍钢公司、胡某彤、易某强出具了一份《关于应收应付款项的承诺函》（包括附件《集团公司及下属公司债权债务转移明细汇总表》和《集团公司及下属子公司与宜春重工有限公司往来情况表》）。附件中载明，将要剥离的债权共计191824477.12元，将要剥离的债务共计57471295.21元；上饶机械公司、长野公司、结构件公司对重工公司负有债务共计134582760.35元，集团公司、装载机公司、挖掘机公司与重工公司之间无债权债务。2011年8月28日，因投资公司拟将所持股权公司（指上饶机械公司和结构件公司）的股权向集团公司增资，故投资公司及其实际控制人阮某荣向集团公司和萍钢公司承诺：截至2011年7月31日，股权公司对电动车公司负有1571万元债务。

2012年3月29日，江西省新余市中级人民法院追加集团公司为被执行人，并从集团公司的银行存款中执行扣划了350万元。2012年6月14日，阮某荣以投资公司的实际控制人的名义与萍钢公司的代表袁建新签署一份《会议纪要》，约定该被扣划的350万元由阮某荣负责解决。

2012年2月13日，中磊会计师事务所出具的《审计报告》显示：截至2011年12月31日，集团公司的其他应收款中，重工公司欠集团公司13982694.15元，应付账款中，集团公司欠重工公司32047428.43元，其他应付款中，集团公司欠重工公司26362981.38元。

2016年2月25日，重工公司与投资公司签订了一份《债权转让协议》，重工公司将所拥有的集团公司的债权44427715.66元转让给投资公司。

2012年6月14日，萍钢公司与投资公司签订了一份《会议纪要》：一、鉴于股权收购已经实施，原定为股权收购需开展的财务审计与评估工作原则上不再进行，但同意开展工程审计工作；二、2011年8月集团公司清理债权债务时，阮某荣作出的承诺，由其承担解决；三、被法院划走的350万元资金、780万元银行汇票、涉及被拖往江阴的约1041万元的物资，均由阮某荣承担解决，期限为2012年7月31日。后由于阮某荣只归还了银行承兑汇票涉及的780万元，萍钢公司和集团公司提起了诉讼。

裁判结果

一审判决：一、限投资公司、阮某荣向集团公司赔偿经济损失1329.8万元；二、限集团公司向投资公司清偿债务44427715.66元；三、上述一、二项债权债务抵消后，集团公司应向投资公司清偿债务31129715.66元；四、驳回集团公司的其他诉讼请求；五、驳回萍钢公司的诉讼请求。

集团公司不服提出上诉。二审判决：驳回上诉，维持原判。

裁判理由

二审认为，阮某荣系集团公司的高级管理人员，集团公司原下属的宜春机械公司和结构件公司与实业公司签订钢材买卖合同属公司之间正常的合同交易，集团公司未提供证据证明钢材价格明显高于或者低于交易时的市场价格，或者阮某荣有其他违法行为。因此，阮某荣不应承担未收回钢材款的赔偿责任，集团公司可向实业公司另行主张权利。阮某荣在经营管理集团公司期间经其批准借出了集团公司下属子公司上饶机械公司和挖掘机公司的装载机、挖掘机等物资给他人，至今未收回，属未谨慎履行公司高级管理人员职责造成公司资产减损。集团公司诉请的是要求阮建荣承担相应对价244万元的赔偿责任而非返还财产，但并未提供证据证明支持其诉请具体金额的估价依据。中磊会计师事务所受集团公司委托，根据集团公司提供的财务报表出具审计报告，集团公司及其原下属子公司与重工公司债权债务进行抵扣测算后，集团公司对重工公司负有债务44427715.66元。重工公司与投资公司于2016年2月25日签订了债权转让协议并以邮寄的方式通知了集团公司，债权转让合法有效，投资公司享有转让后的对集团公司的债权。现双方争议的关键点在集团公司对重工公司所负的债务是否属阮某荣在承诺函中未披露的债务。2011年8月11日，因集团公司重组，剥离部分债权债务给重工公司，投资公司及关联方阮某荣向集团公司及其他股东出具了《关于应收应付款项的承诺函》，并附《集团公司及下属子公司与宜春重工有限公司往来情况表》，明确了参与组建的上饶机械公司、长野公司、结构件公司对重工公司负有债务134582760.35元，同时约定最终数据以审计报告为准。可见，集团公司在整合上饶机械公司等子公司时，就已知晓所整合的公司与重工公司存在债权债务关系，只是最终结算的数据以审计报告为准。

2012 年 2 月 13 日中磊会计师事务所出具了审计报告，最终确定了重工公司对集团公司享有的债权具体数额。因此集团公司以阮某荣披露重工公司的债权不在承诺函中，属于未披露的债务，因而主张不承担偿付责任的理由与事实不符。

要旨解析

损害公司利益责任纠纷，一般是指公司股东滥用股东权利或者董事、监事、高级管理人员（以下合称董监高）违反法定义务，损害公司利益而引发的纠纷。通常情况下，普通股东只有在担任公司董监高，具备管理、控制、监督公司的权利和职能时，才有机会从事损害公司利益的行为。因此，《公司法》第二十一条、第一百四十七条、第一百四十八条、第一百四十九条对董监高的行为禁止规范和责任做出了规定。本案主要涉及的问题是董监高违反忠实义务和勤勉义务的认定及责任承担。

一、公司董监高违反忠实义务和勤勉义务的判断标准

为灵活地适应复杂多变的市场需要，现代公司赋予董事、高管人员广泛权力，使其代表公司进行经营活动获取盈利，但随之出现董事及高管人员权力不断膨胀，公司和股东对于董事、高管人员怠于行使职责或者滥用权力损害公司利益的普遍问题。如何防止董事、高管人员滥用职权，损害公司和股东的合法权益，确保公司管理人员尽职尽责地为公司和股东服务，成为公司实践必须解决的一个重大问题。

《公司法》第 147 条中规定，董事、监事、高级管理人员对公司负有忠实义务和勤勉义务，为遏制公司董事、高管人员滥用职权提供法律依据。

（一）董监高违反忠实义务的认定。忠实义务，是指公司中的管理者应将公司利益置于自己利益之上。《公司法》第一百四十七条规定[①]了七种违反忠实义务的具体表现形式，由于法律无法穷尽董事、高管人员违反忠实义务的行为，故在第八项规定了一个兜底性的条款，将其他违反忠实义务的行为纳入其中，为公司和股东在追究董事、高管人员的其他违反忠实义务行为时提供法律依据。以上规定违反忠实义务的可以概括为两大类：一是董事、监事、高管人员将自己的利益置于股东和公司利益之上，比如擅自披露公司秘密、未经法定程序与公司进行自我交易或者向他人借贷、者担保；二是董事、监事、高管人员利用职权为自己牟取私利，比如挪用公司资金、与公司开展非法竞争、篡夺公司的商业机会。除此，《公司法》第

---

① 《公司法》第 148 条规定，董事、高级管理人员不得有下列行为：（一）挪用公司资金；（二）将公司资金以其个人名义或者以其他个人名义开立账户存储；（三）违反公司章程的规定，未经股东会、股东大会或者董事会同意，将公司资金借贷给他人或者以公司财产为他人提供担保；（四）违反公司章程的规定或者未经股东会、股东大会同意，与本公司订立合同或者进行交易；（五）未经股东会或者股东大会同意，利用职务便利为自己或者他人谋取属于公司的商业机会，自营或者为他人经营与所任职公司同类的业务；（六）接受他人与公司交易的佣金归为己有；（七）擅自披露公司秘密；（八）违反对公司忠实义务的其他行为。董事、高级管理人员违反前款规定所得的收入应归公司所有。

二十一条中规定："公司的控股股东、实际控制人、董事、监事、高级管理人员不得利用其关联关系损害公司利益。违反前款规定，给公司造成损失的，应当承担赔偿责任"，上述规定也是对公司董事、监事和高管人员忠实义务的要求。判断公司董事、高管人员可以依据以上规定的行为进行认定。

（二）董监高违反勤勉义务的认定。勤勉义务，是指公司的管理者应当以适当的注意管理公司，以免损害公司利益。当代经济活动复杂多变，实务中难以判断董事、高管人员履行职务时是否尽到了勤勉义务。且勤勉义务具有主观性，履职合理及谨慎的界限并不明确。《公司法》第一百四十七条虽然规定了董事、监事、高管人员的勤勉义务，但是对于勤勉义务的判断标准未作具体规定，在治理程度日趋复杂、公司规模不断扩大的现代社会，公司董事高管任职勤勉程度和公司治理的有效性已经不仅仅关乎股东的财产增值与安全，更与外部债权人和利益相关者产生直接与间接的关联，由此对董事高管的个人素质和任职的勤勉程度也有了更高的要求，需要董事高管在履职时应当具备同类公司中担任同类职务的董事高管的勤勉程度。

如何判断董事、高管人员是否履行了勤勉义务，笔者认为可以从以下几点考虑：一是董事、高管人员履职时出于善意，而非恶意，如明知违法违规或违反公司章程仍为之；二是董事、高管人员履职时应谨慎，以一个具有相当任职经验并保证通常勤勉程度的人作为判断的参照标准；三是董事、高管人员为了实现公司利益最大化采取合理的履职方式，达到了与其任职地位相似的人所被合理期待。上述标准仍比较抽象，认定勤勉义务因人而异，因具体情况而异。同时，因经营活动面临市场、政策及疫情等风险，故不能把所有经营的不利后果，都归结于董事、高管人员未尽勤勉义务，否则不利于董事、高管人员积极性的发挥。

二、损害公司利益受损事实和因果关系的认定

《公司法》第一百四十八条中规定，对于董事、高级管理人员违反忠实义务所得的收入应归公司所有。《公司法》第二十条中规定公司股东滥用股东权利的，以及《公司法》第一百四十九条①以及第一百一十二条第三款②中规定董监高违反法律、行政法规或者公司章程，给公司造成损失的，应承担赔偿责任。公司诉请股东或者董监高承担责任，除须证明股东或者董监高存在侵害公司利益的行为外，还须证明公司遭受的损失或违法忠实义务所得的收入，该损失或收入与侵害行为之间存在因果关系。

本案中，集团公司诉请阮某荣在管理集团公司期间，以集团公司子公司名义虚构与实业公司钢材买卖合同关系，将 1556 万元转移至实业公司账户后未收到相应货

---

①《公司法》第 149 条规定，董事、监事、高级管理人员执行公司职务时违反法律、行政法规或者公司章程的规定，给公司造成损失的，应当承担赔偿责任。

②《公司法》第 112 条第 3 款规定，董事应当对董事会的决议承担责任。董事会的决议违反法律、行政法规或者公司章程、股东大会决议，致使公司遭受严重损失的，参与决议的董事对公司负赔偿责任。

物的损失问题。集团公司原下属的公司与实业公司签订钢材买卖合同属公司之间正常的合同交易，集团公司未提供证据证明钢材价格明显高于或者低于交易时的市场价格，或者阮某荣有其他违法行为，即集团公司并未提交证据证明阮某荣在该交易中存在违反谨慎义务的行为，以及未收回货款系因阮某荣的行为导致。因此，集团公司要求阮某荣承担未收回钢材款的赔偿责任于法无据，集团公司可向实业公司另行主张权利。集团公司诉请阮某荣承担未归还机械物资损失的问题，阮某荣系集团公司的高级管理人员，在其经营管理集团公司期间批准借出了集团公司下属子公司上饶机械公司和挖掘机公司的装载机、挖掘机等物资给他人，但至今未收回，造成公司资产减损，可以认定其未履行公司高级管理人员谨慎职责，但对于公司遭受损失的金额集团公司未提供证据证明，一审根据举证责任分配未予支持，并无不当。

董事、监事、高级管理人员负责公司经营管理、掌握公司主要信息的人员，对于公司的经营发展起着至关重要的作用。优秀的管理者是公司的宝贵财富，高管的不当行为也会损害公司利益。因此，现代企业应强化管理层的义务和责任，加强对管理层权力的约束和监督，遏制公司管理人员滥用职权，保护公司健康发展，维护社会经济秩序。

编写人：张满洋

二审合议庭成员：胡国运　陶松兵　刘伟伟

14. 公司股东利用职务便利截留货款，构成抽逃出资

——吴某斌、徐某明、叶某志与江西省万年县某电源有限公司、祝某英、徐某根、陈某与公司有关的纠纷再审案

裁判要旨

1. 由目标公司盖章与投资人签订的名为合作实为目标公司增资的协议，实际代表了目标公司股东意思表示的，应予认定协议合法有效。

2. 公司股东和实际投资人利用其在公司的职务便利截留货款并退出公司经营的，应当认定构成抽逃出资并承担赔偿货款和利息的责任。

3. 有限责任公司具有人合性特点，在公司股东和股权结构已经发生重大变化、股东之间存在巨大争议、合作难以为续的情况下，继续履行增资协议将既不利于公司的发展，也不利于各方和社会的利益，此时应终止履行增资协议。

案例索引

一审：江西省上饶市中级人民法院（2014）饶中民二初字第 55 号

二审：江西省高级人民法院（2015）赣民二终字第 17 号

再审：江西省高级人民法院（2016）赣民再 60 号

基本案情

二审上诉人（一审被告）：吴某斌。

二审上诉人（一审被告）：徐某明。

二审上诉人（一审被告）：叶某志。

二审被上诉人（一审原告）：江西省万年县某电源有限公司（以下简称电源公司）。

二审被上诉人（一审原告）：祝某英。

二审被上诉人（一审原告）：徐某根。

二审被上诉人（一审原告）：陈某。

电源公司、祝某英、徐某根、陈某向一审法院起诉请求：1. 判令吴某斌继续全面履行入股协议，将约定尚未到位的 300 万元投资款支付给电源公司，徐某明、叶某志承担连带责任；2. 判令吴某斌向祝某英、徐某根、陈某承担投资未到位违约利

息损失468000元（从2013年3月1日至2014年5月底共15个月），徐某明、叶某志承担连带责任；3.判令徐某明向电源公司赔偿抽逃产品的损失5477165元，吴某斌、叶某志承担连带责任；4.判令徐某明向电源公司承担抽逃产品的利息损失57400元（2013年12月至2014年5月底共6个月），吴某斌、叶某志承担连带责任。

电源公司成立于2004年，注册资金1000万元。2011年9月22日，电源公司与华夏集团签订《合作协议书》约定，华夏集团、吴某斌、林某庆、郎某开参股云龙电源。华夏集团投入货币资金196万元、吴某斌投入货币资金294万元、林某庆投入货币资金245万元、郎某开投入货币资金245万元，分别占总股本的9.8%、14.7%、12.25%、12.25%。电源公司增加投资20万元，注册资金扩大至2000万元整。同日，电源公司董事会决议，选举吴某斌为电源公司董事长。随后，各股东投资到位，电源公司进行了工商变更登记，并对公司章程进行了修正。2012年9月11日股东会决议，华夏集团、吴某斌将其股份全部转让给徐某根，并进行了工商变更登记。2012年11月份，吴某斌承接原华夏集团、吴某斌的股份，2012年11月16日，电源公司（甲方）与（乙方）吴某斌（含已是电源公司股东林某庆、郎某开）签订《补充修改协议》约定：因2011年9月签订的《合作经营协议》中乙方华夏集团退股，其股权中的全部权利和义务由乙方吴某斌等承接，所以在甲乙双方友好协商的基础上，签订本补充修改协议。一、合作后，甲方占51%的股权，乙方占49%的股权。二、乙方承接华夏集团入股的人民币900万元，分三期投入，协议签订时付200万元，2012年12月底前付400万元，余款300万元2013年2月付清，款项付清后再进行工商、公司章程变更。三、管理构架，董事会组成不变，乙方派出执行董事和常务副总经理加强生产监督和管理。总经理由甲方派出。甲方主要负责对外关系、原材料采购，生产管理、技术把控和技术革新。乙方主要负责电池销售和行政人事、后勤管理等。财务会计和出纳双方各派一名。所有公司资金支出由总经理和常务副总经理共同签字生效。《补充修改协议》签订后，吴某斌通过徐某明于2012年11月27日汇款到电源公司100万元（应为200万元）、2013年1月21日汇款到电源公司50万元。吴某斌通过叶某志于2012年12月29日汇款给电源公司100万元、2013年1月21日汇款给电源公司50万元、2013年1月30日汇款给电源公司100万元。吴某斌通过杨某斌于2012年12月29日汇款给电源公司70万元、2013年1月4日汇款给电源公司30万元，共计600万元，尚有300万元未到位。2013年3月20日，电源公司召开工作会议，第一条，吴某斌等人参股的占公司总股本的24.5%的股份，全部注册在徐某明和叶某志名下，其内部具体股份，由投资人自行与徐某明签订协议。2013年9月2日，电源公司股东大会决议第六条，根据目前公司经营状况的特殊性，董事长吴某斌担任公司执行董事，工资按副总经理待遇执行。2013年林某庆、郎某开将股份全部转让给祝某英。

吴某斌一方的徐某明担任副总经理负责管理销售发货及货款回收，叶某志以股东身份参与管理。2013年2月至2013年10月份徐某明签字销售公司电池5477165元，但未与买方签订合同，也未有买方的收货凭证，叶某志派车运输货物。尔后，吴某斌、徐某明、叶某志即离开电源公司。

二审认定事实：2011年9月电源公司（甲方）与华夏集团（含吴某斌、郎某开、林某庆）（乙方）签订《合作经营协议》约定，由甲方出资1873万元，股权占51%，乙方出资1800万元，股权占49%，出资总额为3673万元。甲方以现有净资产出资，资产值以甲方提供的2011年8月的资产负债表提供的股权权益加上有形与无形资产的溢价，折价总值为1873万元。乙方以现金形式投入，本协议签订后注入现金1000万元，余款2011年12月31日前注入。如未注入，股权按实际到位资金计算。2012年11月16日各方签订《补充修改协议》约定，因2011年9月签订的《合作经营协议》中华夏集团退股，其股权中的全部权益和义务由乙方吴某斌等承接。其中第四条约定，本补充协议与原《合作经营协议》具有同等法律效力，如有冲突矛盾之处，以本补充协议为准。上述协议签订后，吴某斌通过徐某明、叶某志、杨某斌向电源公司汇款600万元，开具的收款收据载明，2012年11月27日徐某明投资款为200万元，2013年1月30日徐某明（叶某志）投资款100万元，2012年12月29日徐某明（叶某志）投资款100万元，2013年1月21日徐某明（叶某志）投资款50万元，2013年1月21日徐某明投资款50万元，2012年12月29日杨某斌投资款70万元，2013年1月4日杨某斌投资款30万元，上述共计600万元。在电源公司账户查询中，叶某志、徐某明付款备注中明确为投资电源公司。2013年8月28日至9月2日电源公司召开全体股东大会，形成以下决议事项：1.任命郎某开为公司总经理，全面负责公司的经营管理和日常工作。2.同意总经理提名副总经理人员为陈某、徐某根、徐某明。……6.根据目前公司经营状况的特殊性，董事长吴某斌担任公司执行董事，工资按副总经理待遇执行。全体股东包括吴某斌、徐某明、叶某志在形成的会议决议上签字确认。2012年12月15日电源公司组装合作项目会议纪要第一条确定组装车间的销售及货款回收，由徐某明负责安排处理，每批销售的单据须由徐某明签字确认方可出货。2014年5月29日电源公司企业信息显示，公司注册资金2000万元，其中徐某根出资258.88万元，占12.94%；陈某出资767.2万元，占38.36%；祝某英出资973.92万元，占48.7%。

再审还认定以下事实：2013年12月15日电源公司召开了股东会，形成《江西省万年县电源公司股东会决议》，载明："……吴某斌所代表的徐某明、叶某志及其销售办事处，在公司已经面临困境的状况下，半个月集体不支付已大大超过公司规定铺垫货款200万元总数的数额，达到500多万元。并且徐某明作为公司副总经理，无故不上班，更甚者，他们全部都不参加股东会，在此与会股东一致认为，他们已事实上脱离公司，电源公司的股东大会决议将不受他们意见影响（按其股权份额全部按自动退出处理）。电源公司与他们的债务问题待后再视情解决。……"2015年11月13日，电源公司工商变更登记显示，祝某英将股份全部转让给韩光命，投资人股权变更为，徐某根出资258.88万元，占12.944%；陈某出资767.2万元，占

38.36%；韩光命出资 973.92 万元，占 48.696%。

裁判结果

一审判决：一、由吴某斌在判决生效后十日内支付电源公司股东出资款 300 万元，徐某明、叶某志承担连带支付责任；二、吴某斌在判决生效后十日内向祝某英、徐某根、陈某承担出资未到位 300 万元的利息损失（从 2013 年 3 月 1 日至 2014 年 5 月 31 日，利率按中国人民银行同期贷款利率计算），徐某明、叶某志承担连带支付责任；三、由吴某斌、徐某明、叶某志在判决生效后十日内返还抽逃货款 5477165 元。

吴某斌、徐某明、叶某志不服提出上诉。二审判决：一、维持一审判决第三项；二、变更一审判决第一项为：吴某斌、徐某明、叶某志在判决生效后十日内共同向电源公司支付股东出资款人民币 300 万元；三、变更一审判决第二项为：吴某斌、徐某明、叶某志在判决生效后十日内共同向祝某英、徐某根、陈某承担出资未到位人民币 300 万元的利息损失（自 2013 年 3 月 1 日至 2014 年 5 月 31 日，利率按中国人民银行同期贷款利率计算）；四、驳回电源公司的其他诉讼请求。

吴某斌、徐某明、叶某志申请再审。再审判决：一、撤销二审判决和一审判决；二、徐某明在本判决生效后十日内向电源公司返还抽逃货款 5477165 元，吴某斌、叶某志对此承担连带责任；三、驳回电源公司、祝某英、徐某根、陈某的其他诉讼请求。

裁判理由

再审认为，电源公司、祝某英、徐某根、陈某等原告的诉讼请求共有四项，分析其四项诉讼请求，第一项和第二项诉讼请求实质系要求吴某斌等三人继续履行向公司出资的合同义务和承担未履行增加出资义务的违约责任，第三项和第四项诉讼请求实质系要求吴某斌等三人承担损害公司利益的责任，因而本案双方纠纷涉及股东出资纠纷、损害公司利益责任纠纷等多个与公司有关的纠纷，本案案由应当确定为与公司有关的纠纷。

一、关于《补充修改协议》的性质和效力如何认定的问题

电源公司与吴某斌先后签订了三份协议，分别是《合作经营协议》《合作协议书》和《补充修改协议》，《合作经营协议》和《合作协议书》相同时间段签订，主体相同但内容不同。一年之后的《补充修改协议》既明确为合作经营协议的补充协议，但又与合作经营协议主体有变化。要明确《补充修改协议》的性质和效力，必须厘清双方之间三份协议之间的关系。要厘清三份协议之间的关系，首先要分析《合作经营协议》与《合作协议书》的法律性质。《合作经营协议》与《合作协议书》抬头均注明协议甲方为电源公司，乙方为华夏集团，在签字盖章处，甲方均由电源公司加盖公章，乙方均由华夏集团加盖公章、吴某斌、郎某开、林某庆个人签名。两份协议均约定甲方电源公司以现有资产出资、乙方货币现金出资，两份协议中均有“合营公司”的表述，但在具体条款中，《合作经营协议》第二条第3款明确约定了“合作同时增加注册资本、办理工商登记变更手续”，电源公司办理注册资本变更登记实际是按照《合作协议书》办理，因此，两份协议虽然有合营的表述，但实质上是电源公司当时的全部股东以其在电源公司享有的净资产作价，华夏集团、吴某斌、郎某开、林某庆以货币现金形式注入公司，增加电源公司的资本份额，并非各自投资组建新的公司。因而，《合作经营协议》《合作协议书》实际是电源公司股东引入华夏集团、吴某斌、郎某开、林某庆作为股东投资，增加电源公司资本的增资协议。两份协议虽然甲方是以电源公司名义签订，但实际代表了当时电源公司股东的意思表示。

《合作经营协议》《合作协议书》中除了公司总股本及各股东具体出资额的不同外，其他内容基本相同，两份协议均由电源公司与华夏集团、吴某斌、郎某开，林某庆同一时间段签订，双方不可能同时履行该两份协议，只有一份协议是确定双方权利义务的合同依据。根据本案中双方提交的证据，可以认定确定吴某斌等投资于电源公司实际权利义务的合同依据的是《合作经营协议》，《合作协议书》仅是用于公司股权注册变更登记之用，《补充修改协议》是在华夏集团和吴某斌退股后，吴某斌为继续承接《合作经营协议》中华夏集团和吴某斌退股后形成的出资空缺与电源公司原股东之间签订的继续履行出资义务的协议。

《合作经营协议》和《补充修改协议》是电源公司原股东祝某英、徐某根、陈铭为一方与华夏集团、吴某斌、郎某开、林某庆等为一方签订的增加公司资本的协议，虽然协议签订形式不规范，但其内容并未违反法律、行政法规的强制性规定，也未损害国家、社会和其他人利益，应当认定上述协议合法有效。

二、关于吴某斌等三人是否存在以抽逃货款的形式抽逃出资损害公司利益的行为，应否承担返还货款及利息责任的问题

本案经一审、二审、再审查明的事实和现有证据足以证明吴某斌等三人利用股东身份、公司高级管理人员职务便利、合作关系以将产品销售后不移交货款债权凭证的方式抽逃公司货款损害公司利益，吴某斌等三人应承担向电源公司返还货款及利息的责任。主要理由有：

（一）《合作经营协议》和《合作协议书》均可证明，电源公司与吴某斌合作的主要目的就是利用吴某斌的品牌和销售网络促进公司发展。

（二）2012年12月15日的《云龙电源公司组装合作项目会议纪要》可以证实电源公司的产品销售和货款回收均是由徐某明负责。

（三）电源公司为证明吴某斌等三人抽逃产品的价值，提供了徐某明本人签字的出库单、销售部员工杨志勇签字的《各办事处欠款情况》等证据，吴某斌等人虽然在再审中提交了部分经销商签字的收货单、经销商的部分汇款凭证和协议书，但电源公司在吴某斌等三人离开公司后仍然与经销商继续有供货关系，吴某斌等三人提交的上述证据无法证实经销商回款是本案中徐某明签字出库单中产品的货款。

（四）本案中，2013 年 3 月 20 和 2013 年 9 月 2 日的电源公司股东会议决议可以证实，《补充修改协议》虽然由吴某斌代表《合作经营协议》乙方留下的股东吴文斌、郎某开、林某庆与电源公司签订，补足 900 万元出资义务由吴某斌承担，但在《补充修改协议》具体履行时，吴某斌又与徐某明、叶某志共同合伙投资于电源公司，并且得到电源公司认可，在电源公司中由徐某明、叶某志代表吴某斌等三人持股，吴某斌与徐某明、叶某志是内部合伙投资关系。徐某明既是作为吴某斌一方的股东，也是公司高级管理人员，负责公司产品销售和货款回收。叶某志虽然并未在电源公司担任职务，但其既是作为吴某斌一方的股东参与公司股东会议决策，也负责公司产品的运输。徐某明作为公司高级管理人员，对公司负有忠实和勤勉义务。根据再审庭审查明的事实，徐某明在 2013 年 10 月中旬未经办理正常辞职手续即离开公司，也未向电源公司进行工作交接，严重违背了公司高级管理人员对公司的忠实和勤勉义务。徐某明自述其签字的出库单等产品已经送给了经销商，且经销商已经将签字的回单一并返还给了电源公司，徐某明应当对此承担举证责任，本案一审、二审、再审中吴某斌等三人提交的证据均未证实徐某明如何将本案中其签字的出库单中有经销商签字的一并向电源公司进行了交接。再审中，吴某斌等三人提交的部分有经销商签字的出库单一联更可印证上述债权凭证均在吴某斌等三人控制下。叶某志作为产品实际运输者，也未证明其将本案争议的徐某明签字出库单中有经销商签字的一联回单返还给了电源公司。徐某明、叶某志应当对此承担举证不能的责任。

综上，吴某斌、徐某明、叶某志三人合伙投资于电源公司，徐某明、叶某志作为三人在电源公司的代持人，其行为代表了三人的共同利益。徐某明、叶某志利用其职务便利将电源公司产品出库后未向电源公司返还相应的可以催收货款的债权凭证，导致无法向经销商主张本案中争议的货款，由此导致的损失应当由吴某斌、徐某明、叶某志承担。

关于徐某明签字的出库单的具体损失金额，货物价款仍以电源公司提交的销售出库单作为计算依据，因出库单总金额超过了电源公司诉讼请求中的金额，故吴某斌等三人应承担的赔偿电源公司货款损失金额应以电源公司诉讼请求 5477165 元确定。由于一审、二审均未判决吴某斌等三人支付利息，电源公司并未申请再审，本案系吴某斌等三人申请再审，故再审对利息亦不支持。

三、关于吴某斌等三人应否按照《补充修改协议》的约定承担继续出资的义务及相应的违约责任的问题

吴某斌等三人应否继续按照《补充修改协议》约定继续履行出资 300 万元，应当根据 2013 年 12 月 15 日召开了股东会决议的性质及效力，并结合有限责任公司的特点进行分析。

（一）2013 年 12 月 15 日召开的股东会决议是电源公司全体股东作出的一致终

止履行《补充修改协议》的意思表示。关于股东资格的除名，公司法并未做出规定。《公司法司法解释（三）》第十七条规定，有限责任公司的股东未履行出资义务或抽逃全部出资，股东会议可以解除该股东的资格，并且在此种情形下公司应当及时办理减资程序或由其他股东、第三人缴纳相应出资。之所以要办理减资程序，是因为将该股东除名后，将导致公司注册资本减少。由此可知，被除名的股东应该是已经将其出资登记于公司注册资本中的股东。且被除名的股东只限于完全未履行已经登记的资本的出资义务，或将已经登记注册的资本全部抽逃的情形。本案中吴某斌等三人的出资尚未登记在电源公司的注册资本之中，因而不存在以除名的方式取消其股东资格的问题。该决议第一部分载明“在此与会股东一致认为，他们已事实上脱离公司，电源公司的股东大会决议将不受他们意见影响（按其股权份额全部自动退出处理）。电源公司与他们的债务问题待后再视情解决”。上述决议内容应理解为电源公司全体股东对于限制吴某斌等三人股东权利、终止履行《补充修改协议》的一致意思表示。该决议的作出符合公司法规定的程序要求，且该决议至今未按照公司法规定的程序予以撤销，对公司仍具有约束力。吴某斌等人亦认可该股东会议决议。因而，《补充修改协议》应当终止履行。

（二）继续履行该补充协议并不符合有限责任公司的特点和社会利益。公司是法律拟制的人。法律创设公司这一民事主体的目的是将股东之间分散的资本集合，利用公司的组织架构发挥资本的最大效用。有限责任公司与股份有限公司相比，因其股东数量较少且封闭，既有资合的特点，又有明显的人合特征。吴某斌等三人离开电源公司后，电源公司的股东发生了多次转让，原来的部分股东退出了公司，又有新的股东加入，公司股权结构也发生了很大变化，股东之间事实上已经无法继续合作。在股东之间已经发生巨大争议，合作难以为续的情况下，继续履行《补充修改协议》将导致公司股东之间在公司管理和经营时的纷争持续，既不利于公司的发展，也不利于各方和社会的利益。

（三）终止履行《补充修改协议》不会影响其他人的利益。电源公司注册资本为2000万元，但《合作经营协议》中约定的电源公司股东实际出资总股份数额是3673万元，远远超过了公司注册资本，终止履行补充协议中的吴某斌等人的继续出资义务并不会导致公司注册资本的减少，并不影响他人利益。

综上，《补充修改协议》合法有效，吴某斌等三人在履行《补充修改协议》的过程中利用职务便利抽逃公司货款，损害了公司利益，应承担返还抽逃产品货款的责任，本院原审判决吴某斌等三人应返还抽逃货款正确。《补充修改协议》经电源公司股东会议决议终止履行，吴某斌等三人亦认可该决议，电源公司、祝某英、徐某根、陈某要求吴某斌等三人继续履行补充协议出资300万元的诉讼请求不能得到支持，原审判决吴某斌等三人继续履行出资300万元处理不当，对吴某斌等三人的部分再审请求予以支持。

要旨解析

该案相关事实比较复杂，主要是涉及对多份协议的性质、效力的认定分析，以及繁杂的证据采信和事实认定问题，再审判决对事实认定做了详尽分析，这里主要聚焦该案例涉及的几个法律问题。

一、关于以公司印章代替股东签字的增资协议效力认定问题

对目标公司的注册资本增资是目标公司股东之间或股东与准备投资于目标公司的新股东之间法律关系，通常也是由股东之间或股东与投资人签署相关协议。如果不涉及上市公司等需要报请监管或公告的，普通公司增资只要股东之间达成协议即可实施，实施完毕后办理增资后的工商变更登记。但在商业实践中，由于法律知识欠缺，一些普通公司的增资操作程序并不规范，没有严格按照公司法及有关行政法规规定的程序办理。例如，本案中，电源公司与吴某斌先后签订了三份协议，分别是《合作经营协议》《合作协议书》《补充修改协议》，《合作经营协议》与《合作协议书》抬头均注明协议甲方为电源公司，乙方为华夏集团，在签字盖章处，甲方均由电源公司加盖公章，乙方均由华夏集团加盖公章、吴某斌、郎某开、林某庆个人签名。《合作经营协议》《合作协议书》的协议名称虽然是合作经营、合作协议，但实际内容是电源公司股东引入华夏集团、吴某斌、郎某开、林某庆作为股东投资，增加电源公司资本的增资协议。两份协议虽然甲方是以电源公司名义签订，但根据案件证据分析，实际代表了当时电源公司全体股东的意思表示。因此该两份协议虽然形式上与典型的公司注册资本增资协议不同，但其以目标公司印章代替了目标公司全体股东签名，只要有证据证明目标公司印章代表了其现有全体股东的意思，即可以认定该协议效力。再审判决认定该协议系合法有效增资协议正确。

二、关于截留公司货款是否构成抽逃出资的问题

股东对公司的出资是构成有限责任公司财产的重要组成部分，也是公司成立时公司资产的来源，这也构成了公司作为法人对外独立承担责任的基础。《公司法》第二十六条规定，有限责任公司的注册资本为在公司登记机关登记的全体股东认缴的出资额。该法第二十八条规定，股东应当按期足额缴纳公司章程中规定的各自所认缴的出资额。股东未按期足额缴纳认缴的出资额将导致公司实际资产与其登记的资产不符。抽逃出资则是股东按期足额缴纳出资后，不经过法定程序将其已经缴纳到公司作为注册资本的资产转出公司。抽逃出资的后果也是导致公司登记的注册资本与其实际资产不符，实际资本少于公司登记的注册资本，导致公司对外承担责任的能力降低。《最高人民法院关于适用〈中华人民共和国公司法〉若干问题的规定》第十二条列明了股东抽逃出资的几种方式，即：（一）制作虚假财务会计报表虚增利润进行分配；（二）通过虚构债权债务关系将其出资转出；（三）利用关联交易将其出资转出；（四）其他未经法定程序将出资抽回的行为。本案例中吴某斌等三人利用其在电源公司高级管理人的身份和职务便利，将电源公司对外销售的货款截留后离开公司。吴某斌等三人的行为明显不属于上述前三种抽逃出资情形。按照公司法的规定，正常的程序公司股东要将出资从公司拿回，应当通过公司的减资程序进行，按照《公司法》第一百七十七条的规定，应编制资产负债表及财产清单，作出减资决议并通知债权人、在报纸上公告。吴某斌等三人截留货款归个人，实际导致公司财产减少，吴某斌等三人的出资被抽回的法律后果，应属于司法解释规定的第四种抽逃出资的情形，即其他未经法定程序将出资抽回的行为。

三、关于有限责任公司股东增资协议继续履行的问题

通常来说，一份协议只要合法有效，即应该继续履行。但股东与投资人之间就有限责任公司达成的增资协议应否继续履行应该根据具体案情确定。一般来说，由于有限责任公司的股东人数比较少，股东常常也是直接作为公司管理层参与经营，特别是一些规模较小的有限责任公司这种情形更为普遍。这种公司股东在合作投资时都具有一定的人身信任关系，否则不会在一起合作。在有限责任公司增资时，增资协议履行后，新投资人与原有的股东保持很好的信任和合作关系，有限责任公司才有可能保持持续稳定经营。如果在签订增资协议后尚未履行前，双方的信任关系已经完全破坏，无法继续在一起合作了，此时如果强制履行增资协议，可能会导致公司经营出现更加困难的局面。股东之间强烈的冲突，对公司自身利益、对公司员工和社会均无益处。因而，该案例没有支持电源公司要求履行增资协议的请求处理妥当，值得类似案例参考。

编写人：龚雪林

再审合议庭成员：龚雪林　郭大伟　徐　苹

15. 在夫妻股东无法证明公司财产独立的情形下，应认定“夫妻公司”系实质意义上的“一人公司”

——江西某资产管理有限公司与王某媛、孙某、梁某、于都某房地产开发有限公司与公司有关的纠纷二审案

裁判要旨

在夫妻股东无法证明公司财产独立的情形下，应认定“夫妻公司”系实质意义上的“一人公司”。

案例索引

一审：江西省赣州市中级人民法院（2019）赣07民初263号

二审：江西省高级人民法院（2020）赣民终401号

基本案情

上诉人（一审原告）：江西某资产管理有限公司（以下简称资产管理公司）。

被上诉人（一审被告）：王某媛。

被上诉人（一审被告）：孙某。

被上诉人（一审被告）：梁某。

一审第三人：于都某房地产开发有限公司（以下简称房地产公司）。

资产管理公司向一审法院提出诉讼请求：1. 判令王某媛、孙某对房地产公司欠资产管理公司债务本金1100万元及利息（从2019年6月30日起按月利率2%计算自还清款之日止）承担连带清偿责任；2. 判令梁某直接向资产管理公司归还向房地产公司的借款130万元。

2016年11月24日，房地产公司工商登记的企业类型为有限责任公司（自然人独资），投资人为王某媛，占100%股权，法定代表人为王某媛，担任公司执行董事兼总经理一职，孙某任公司监事。2017年4月1日，王某媛、孙某办理结婚登记。2018年10月12日，房地产公司工商登记的企业类型变更为有限责任公司（自然人投资或控股），王某媛占99%股权，孙某占1%股权，法定代表人变更为孙某，孙某担任公司经理兼执行董事一职，王某媛任公司监事。长期以来，房地产公司与向孙某、王某媛账户存在频繁的资金往来。方石秀系房地产公司出纳，从其名下建行

卡号6217002120009682855账户交易明细来看，其使用该账户作为公司备用金账户，为公司支付餐费、广告制作费、员工工资、奖金、水电费、办公用品费用等。

2019年12月23日，江西省于都县人民法院于作出（2019）赣0731民初4270号民事判决，判令房地产公司支付江西丰仁建设有限公司尚欠工程款7348910元（含税），并承担逾期付款利息，自2019年8月19日起至付清工程款之日止，按中国人民银行发布同期同类贷款利率计算的利息，利随本清；江西丰仁建设有限公司在工程款7348910元范围内对其承建的于都县香江湾花苑工程折价、拍卖的价款享有优先受偿权；案件受理费、财产保全费合计83282元，由房地产公司承担。目前，该判决已经生效，进入执行阶段。

2018年5月21日，一审法院组织资产管理公司诉房地产公司、洪某华房屋买卖合同纠纷一案当事人进行调解，并达成调解协议，一审法院据此作出（2018）赣07民初86号民事调解书。2018年7月16日，资产管理公司基于生效民事调解书向一审法院申请保全，该院于同日作出（2018）赣07执保66号民事裁定，冻结房地产公司1105万元的银行存款或查封其同等价值的不动产。2018年7月20日，该院向于都县房地产管理局送达（2018）赣07执保66号执行裁定书及协助执行通知书，并于2018年7月23日通过网络查控平台分别冻结了房地产公司相关账户内存款1105万元，并查封房地产公司7套商铺。

经于都县税务局委托，北京东方燕都资产评估有限责任公司对房地产公司所有的位于于都县香江湾1#楼商业店面2199m²（总层数14层，建筑面积11471.39m²）市场单价进行评估，并于2018年12月6日出具《于都某房地产开发有限公司拟了解市场价值事宜涉及的房地产价值资产评估报告》，该委托资产评估单价为18700.54元/m²。已查明，一审法院所查封的房地产公司所有的位于于都县香江湾所查封7套商铺的总面积为513.10m²。上述商铺除本案查封外，无其他查封状态，也未办理抵押权登记，上述7间商铺的价值9595247元。按百分之七十的起拍价折算后约为6716672元，与保全金额1105万元相差4333328元。所查封的未评估的相同地段的2#楼8间店面的总面积为959.61m²，参照上述价格及方法计算，所查封的15间店面的拍卖价值可以覆盖保全的债务金额。

江西省高级人民法院作出的（2019）赣执复55号执行裁定以及一审法院作出的（2018）赣07执异56号执行裁定所列明的销售款项应存入指定账户的15套房产中有13套房产由案外相关人员已向一审法院提出书面执行异议，并提供相关证据材料。目前，针对该13套房产的执行异议，一审法院的执行部门仍在审查期间，尚未作出处理。

裁判结果

一审判决：一、王某媛对（2018）赣07民初86号民事调解书确定的房地产公司所欠资产管理公司债务中的本金1100万元及利息（以本金1100万元为基数，从

2019 年 6 月 30 日起按月利率 2% 计算至本金还清之日止）承担连带清偿责任；法院针对（2018）赣 07 民初 86 号民事调解书强制执行的款项（包括已经执行到位的 1231700 元）及房地产公司向资产管理公司自动履行（2018）赣 07 民初 86 号民事调解书项下的其他款项应按“先息后本”的原则抵扣前述本息；二、驳回资产管理公司的其他诉讼请求。

资产管理公司不服，提起上诉。二审判决：一、撤销一审判决；二、王某媛、孙某对（2018）赣 07 民初 86 号民事调解书确定的房地产公司所欠资产管理公司债务中的本金 1100 万元及利息（以本金 1100 万元为基数，从 2019 年 6 月 30 日起按月利率 2% 计算至款项还清之日止）承担连带清偿责任；法院针对（2018）赣 07 民初 86 号民事调解书强制执行的款项（包括已经执行到位的 1231700 元）及房地产公司向资产管理公司自动履行（2018）赣 07 民初 86 号民事调解书项下的其他款项应按“先息后本”的原则抵扣前述本息；三、驳回资产管理公司的其他诉讼请求。

裁判理由

二审认为，案涉《补充协议书》与案涉《调解协议书》是由当事人自行签订，时间均为 2018 年 5 月 18 日。从两份案涉协议书的内容来看，《调解协议书》主要是为了解决资产管理公司与房地产公司之间因履行《于都县香江湾住宅包销合同》产生的债权债务，其内容主要是就房地产公司付款方式达成了“以物抵债”的一致意见，而当天同时签订的《补充协议书》则是就前述《调解协议书》中，房地产公司如何就“以物抵债”中的“物”进行回购而进行的补充约定。该《调解协议书》未经一审法院确认，于 2018 年 5 月 21 日，一审法院根据该《调解协议》作出案涉（2018）赣 07 民初 86 号《民事调解书》，对该《调解协议》内容予以确认。资产管理公司、房地产公司之间的权利义务最终以（2018）赣 07 民初 86 号《民事调解书》的内容为准。2018 年 5 月 18 日当事人签订的两份协议，作为主合同的《调解协议书》的内容已发生实质性变更。作为《补充协议书》主合同的《调解协议书》内容发生了实质性变更，但未取得《补充协议书》载明的保证人王某媛、孙某的书面同意，故王某媛、孙某不再承担保证责任，有事实与法律依据。孙某作为房地产公司的现任股东、法定代表人，且与原独资股东王某媛系夫妻法律关系，依法应当对公司债务承担连带责任，理由如下：首先，在案涉《调解协议》签订后大概不足 5 个月，房地产公司就由“一人公司”变更登记为“夫妻公司”，即公司有且仅有两位股东，两位股东系夫妻法律关系。王某媛、孙某在一、二审期间均未提交证据证明双方对其婚前财产或婚后所得财产归属进行了约定，故应认定 2018 年 10 月 12 日宝鑫源变更登记时注册资本来源于王某媛、孙某的夫妻共同财产。因此，王某媛、孙某以共同财产出资将股权分别登记在各自名下，不构成对夫妻共同财产分割的约定，故应认定房地产公司的全部股权归其双方共同共有。各方当事人提供的新证据从一定程度上印证了孙某、王某媛均实际参与了房地产公司的管理经营，房地产公司实际由夫妻双方共同控制。宝鑫源的全部股权实质来源于同一财产权，并为一个所有权共同享有和支配，该股权具有利益的一致性和实质的单一性。据此，在夫妻股东无法证明公司财产独立的情形下，应认定房地产公司系实质意义上的“一人公司”，夫妻股东即王某媛、孙某理应对房地产公司债务承担连带责任。其次，从公司财产混同角度分析，房地产公司在为同一所有权实际控制的情况下，难以避免公司财产与夫妻其他共同财产的混同。在此情况下，有必要参照公司法“一人公司”举证责任倒置规则，将公司财产独立于夫妻股东自身财产的举证责任分配给王某媛、孙某。在一、二审期间，孙某、王某媛均未提交经会计师事务所审计的一人有限责任公司财务会计报告，亦未举证证明其自身财产独立于房地产公司财产，应承担举证不力的法律后果，王某媛、孙某应对房地产公司案涉债务承担连带清偿责任。尤其是孙某，在 2018 年 10 月 12 日成为公司股东前，甚至是 2017 年 4 月 1 日结婚登记前，作为房地产公司股东王某媛的密切关系人，其就以借款给公司作周转金的名义多次向房地产公司账户转款，还为公司垫付各项费用，孙某在二审中自认在成为公司登记股东前后，共计出借给公司款项以及代为垫付、支付各种费用累计达 10140891.25 元。在案涉《民事调解书》进入执行阶段，以及一审法院（2018）赣 07 执异 56 号执行裁定均列明 15 套房产的销售款项应存入指定账户的情况下，孙某还将购房定金收入自己支付宝名下。与此同时，孙某还分 20 余次从房地产公司账户转出资金 10545000 元，孙某对此则解释为用公司资金偿还自身债务。以上种种行为足以证明，孙某个人与房地产公司财务严重混同，且无法区分，导致房地产公司不具有独立意思和独立财产，孙某滥用公司法人独立地位和股东有限责任，在公司负有生效调解书确定的巨额债务尚未清偿的情形下，优先清偿股东自身债务，严重损害公司债权人的合法利益。据此，资产管理公司上诉主张孙某应当对房地产公司债务承担连带责任，有事实与法律依据。最后，房地产公司一方面向一审法院执行部门提交经于都县税务局委托，北京东方燕都资产评估有限责任公司于 2018 年 12 月 6 日出具的《房地产公司拟了解房地产市场价值资产评估报告》，用以证明查封商铺的市场单价，一审法院已超标的查封；另一方面以不等的单价，将查封商铺分别与多个案外人签订《商品房认购协议》或《商品房买卖合同》，且在收取销售款项或定金时又未转入江西省高级人民法院（2019）赣执复 55 号执行裁定以及一审法院（2018）赣 07 执异 56 号执行裁定所列明的销售款项应存入的指定账户，前述行为不排除导致侵害债权人利益的结果。本案中孙某对房地产公司的债务承担连带责任，既不违反民法的公平原则，也有利于对“夫妻公司”交易相对方利益的平等保护。

要旨解析

一、关于连带保证责任问题

《民法典》第六百九十五条：“债权人和债务人未经保证人书面同意，协商变更主债权债务合同内容，减轻债务的，保证人仍对变更后的债务承担保证责任；加重债务的，保证人对加重的部分不承担保证责任。”该条规定合同变更是指狭义上的合同变更，即合同内容的变更。合同内容的变更具体来说是指在合同成立后，尚未履行或者尚未完全履行之前，当事人就合同的内容达成修改和补充的协议。主债权债务合同变更后，原由保证人承担的保证范围可能发生变化，由此可能加大保证人的责任，这对于保证人而言是十分不利的。因此，法律要求债权人与债务人协议变更主债权债务合同时需要取得保证人的书面同意。

本案中，2018 年 5 月 18 日从签订的《调解协议书》及《补充协议书》的内容来看，《调解协议书》主要是为了解决资产管理公司与房地产公司之间产生的债权债务，其内容主要是就房地产公司付款方式达成了“以物抵债”的一致意见，《补充协议书》则是就前述《调解协议书》中，房地产公司如何就“以物抵债”中的“物”进行回购而进行的补充约定。《补充协议书》的签订目的是为《调解协议书》，故《调解协议书》及《补充协议书》之间是主合同与从合同关系。2018 年 5 月 21 日，在法院的主持下签订了《民事调解书》，在《民事调解书》中资产管理公司与房地产公司在还款方式上不仅删除了原“以物抵债”约定，还约定了一定数额的违约金与利息作为违约成本，这种对还款方式的实质变更是对孙某、王某媛作为保证人的担保风险的加重与扩大。《补充协议书》主合同的《调解协议书》内容发生了实质性变更，但未取得《补充协议书》载明的保证人王某媛、孙某的书面同意，故王某媛、孙某不再承担保证责任。

二、关于“一人公司”人格否认制度举证责任倒置问题

《公司法》第五十八条第二款规定：“本法所称一人有限责任公司，是指只有一个自然人股东或者一个法人股东的有限责任公司。”第六十三条规定：“一人有限责任公司的股东不能证明公司财产独立于股东自己的财产的，应当对公司债务承担连带责任。”该规定突破了谁主张谁举证的举证规则，公司人格否认制度采取的是举证责任倒置，由股东个人举证证明其财产没有跟公司财产混同。

本案中，资产管理公司与房地产公司在履行《包销合同》过程中，以及 2018 年 5 月 21 日在法院主持下签订《调解协议》时，房地产公司一直是一人公司，唯一股东是王某媛。在此期间，资产管理公司有理由期待在王某媛无法证明公司财产独立于其自己的财产时，应当对案涉债务承担连带责任。根据一人公司股东要想证明其个人财产与公司财产没有混同采取的是举证责任倒置规则，即唯一股东王某媛应举证证明其个人财产与公司财产不存在混同情形，若未能举证，唯一股东王某媛应承担举证不能的不利后果。王某媛在一审和二审过程中均无法举证证明房地产公司财产独立于其自身财产，故王某媛与房地产公司对资产管理公司所负债务应承担连带责任。

三、关于认定“夫妻公司”系实质意义上的“一人公司”问题

《民法典》第一千零六十二条规定：“夫妻的共同财产，归夫妻共同共有。”

《公司法》第二十条规定："公司股东应当遵守法律、行政法规和公司章程，依法行使股东权利，不得滥用股东权利损害公司或者其他股东的利益；不得滥用公司法人独立地位和股东有限责任损害公司债权人的利益。公司股东滥用股东权利给公司或者其他股东造成损失的，应当依法承担赔偿责任。公司股东滥用公司法人独立地位和股东有限责任，逃避债务，严重损害公司债权人利益的，应当对公司债务承担连带责任"。

本案中，2017 年 4 月 1 日，王某媛与孙某登记结婚，在结婚之前孙某存在多次与房地产公司进行资金往来行为，孙某且对这些行为予以自认。2018 年 10 月 21 日，孙某成为为宝鑫源股东。孙某个人与房地产公司财务严重混同，无法区分，导致房地产公司不具有独立意思和独立财产，孙某滥用公司法人独立地位和股东有限责任，在公司负有生效调解书确定的巨额债务尚未清偿的情形下，优先清偿股东自身债务，严重损害公司债权人的合法利益。无论是一人有限公司股东承担连带责任，还是股东（实际控制人）恶意转移财产损害债权人利益，还是基于夫妻共同债务，孙某、王某媛均应承担房地产公司欠资产管理公司款项的连带责任。房地产公司的全部股权实质来源于同一财产权，并为一个所有权共同享有和支配，该股权具有利益的一致性和实质的单一性。据此应认定房地产公司系实质意义上的"一人公司"。王某媛、孙某在一、二审期间均未提交证据证明双方对其婚前财产或婚后所得财产归属进行了约定，故应认定 2018 年 10 月 12 日宝鑫源变更登记时注册资本来源于王某媛、孙某的夫妻共同财产，对公司所产生的债务承担连带清偿责任。故夫妻股东无法证明公司财产独立的情形下，应认定"夫妻公司"系实质意义上的"一人公司"，由夫妻二人对公司债务承担连带清偿责任。

编写人：张满洋

二审合议庭成员：汪少华　廖志坚　李　平

16. 公司不存在实质经营僵局且公司存续并不损害股东利益的，股东诉请解散公司不应得到支持

——武汉某汽车服务有限公司与江西某汽车贸易有限公司、江西某汽车集团有限公司公司解散纠纷二审案

裁判要旨

1. 判断公司存续是否会使股东利益受到重大损失，不仅要考虑股东享有资产收益，查阅复制财务会计报告等权利，还应从公司的经营责任、公司的资产、亏损等各方面综合考虑。

2. 判断公司经营问题是否发生实质困难，应审查公司股东是否积极参与公司管理，并采取协商或者寻求股权转让等自救措施。股东自身拒绝参加股东会是消极阻碍公司正常经营管理，其诉请解散公司不应得到支持。

案例索引

一审：江西省南昌市中级人民法院（2016）赣01民初112号

二审：江西省高级人民法院（2016）赣民终547号

基本案情

上诉人（一审原告）：武汉某汽车服务有限公司（以下简称汽车服务公司）。

被上诉人（一审被告）：江西某汽车贸易有限公司（以下简称汽车贸易公司）。

原审第三人（一审第三人）：江西广甸汽车集团有限公司（以下简称汽车集团公司）。

汽车服务公司向一审法院起诉请求：判令解散汽车贸易公司。

2009年1月16日，股东马彦涅与股东武汉中信永达投资控股有限公司共同成立江西辉腾汽车贸易有限公司，注册资本500万元，公司的营业期限为10年，股东按出资比例行使表决权。2010年1月5日，江西辉腾汽车贸易有限公司召开股东会，将注册资本修正为1000万元。2010年4月15日，江西辉腾汽车贸易有限公司召开股东会，汽车服务公司出资300万元，占30%出资比例。2010年5月21日，江西辉腾汽车贸易有限公司召开股东会，将公司名称修正为：汽车贸易公司。2011年11月8日，汽车贸易公司召开股东会，公司章程修正为汽车集团公司出资700万元，

占 70% 出资比例，汽车服务公司出资 300 万元，占 30% 出资比例。汽车集团公司负责主要的经营管理活动。

2014 年，汽车服务公司以股东知情权为由，对汽车贸易公司提起诉讼，法院作出支持其对公司享有知情权的判决。2014 年 12 月 21 日，汽车贸易公司通知汽车服务公司召开股东会、董事会及查阅公司财务资料，汽车服务公司无故未到会。2015 年 12 月 26 日，汽车贸易公司召开股东会，修改公司章程，将公司的经营期限变更为 30 年，对公司的经营范围也进行了变更。目前，汽车贸易公司在正常经营中。

裁判结果

一审判决：驳回汽车服务公司关于解散汽车贸易公司的诉讼请求。

汽车服务公司不服，提起上诉。二审判决：驳回上诉，维持原判。

裁判理由

二审认为，判断汽车贸易公司经营管理是否发生严重困难，应当从汽车贸易公司股东会、董事会以及公司经营管理运行现状等综合分析。本案中汽车服务公司曾因与汽车贸易公司的知情权纠纷向法院起诉，法院判决支持了汽车服务公司的诉请。汽车贸易公司数次向汽车服务公司寄送通知，告知汽车服务公司参加股东会议及查阅相关资料，汽车服务公司并未予以回应。之后，汽车贸易公司召开股东会议，汽车服务公司并未参加。汽车集团公司作为股东参与公司经营管理，汽车贸易公司的日常经营管理正常运行，内部运营机制并未失灵，未发生《公司法司法解释（二）》（2020 年修正）第一条规定中列明的经营管理出现困难的事项。判断公司存续是否会使股东利益受到重大损失，不仅考虑股东享有资产收益，查阅复制财务会计报告等权利，还应从公司的经营责任、公司的资产、亏损等各方面综合考虑。汽车服务公司作为股东，在汽车贸易公司发出召开会议等通知后，应参加公司的股东会议，与汽车集团公司协商解决问题，促进公司的经营发展，而不应拒绝参加股东会议。目前双方对于汽车贸易公司经营情况正常的事实并无异议，汽车服务公司的股权利益未受影响。从公司股东会、公司经营管理运行现状、股东利益等多方面综合分析，并未构成可以依法解散汽车贸易公司的情形。汽车服务公司称其未收到汽车贸易公司寄送的通知，公司管理方面出现了存在严重困难，股东利益遭受重大损失，并无充分证据予以证明。判断认定通过其他途径不能解决，应审查公司股东是否采取协商或者寻求股权转让等自救措施。汽车服务公司通过诉讼方式，请求判令汽车贸易公司解散应是其他救济途径不能解决的基础上最终的救济手段。汽车服务公司应采取协商或者寻求股权转让等方式来维护自身的合法权益。综上，汽车服务公司与汽车贸易公司及汽车集团公司之间形成公司僵局，但现有的证据不足以证明公司继续存续会使汽车服务公司利益受到重大损失，汽车服务公司也未采取自救措施打破公司僵局，汽车服务公司主张汽车贸易公司解散的理由于法无据，汽车贸易公司不符合公司法规定的司法强制解散公司的法定条件。

要旨解析

公司解散之诉是一项以保护中小股东权益为出发点的权利救济制度，但在保护中小股东权益的同时也不能忽视其他股东和公司的利益。法院在审理公司司法解散的路径为公司经营管理发生严重困难、公司陷入僵局以及通过其他方式不能得到救济等要素进行综合分析。在审判实践过程中，对公司解散标准的认识并不一致，很难做到统一裁判尺度。其主要的法律依据是《公司法》第一百八十二条[①]和《公司法司法解释（二）》(2020年修正）第1条[②]规定。

一、关于公司经营管理是否发生严重困难的问题

最高人民法院将公司经营管理严重困难分为“公司外部经营严重困难”和“公司内部管理严重困难”。前者主要包括公司重大亏损或经营瘫痪，后者主要包括公司内部因股东对立而出现的治理性障碍，如股东会或董事会已经无法对任何事项形成决议形成所谓的公司僵局。公司僵局是法院认定公司经营管理是否发生严重困难的重要指标。“‘公司僵局’是指公司的内部运行机制完全失灵，股东（大）会、董事会包括监事会等权利机构和管理机构无法正常运行、对公司的任何事项作出任何决议，公司的一切事务处于瘫痪的这种经营管理困难状况。”

公司经营管理发生严重困难，即公司治理中的严重困难。经营管理包括五个方面的内容，即战略、决策、开发、财务和公共关系。”法院裁判过程中通常都是把亏损作为经营管理出现严重困难的主要标准，但这只是一种情形。判决某个公司是否属于经营管理出现严重困难，还要从公司的战略职能、决策职能、开发职能、财务职能和公共关系职能等方面具体分析和综合评判。本案中，汽车贸易公司日常经营管理正常运行，内部运营机制并未失灵，汽车服务公司要求解散该公司没有事实依据和法律依据。

二、公司存续是否会使股东利益受到重大损失的问题

继续存续会使股东利益受到更大损失。重大损失是相对于一般损失而言，公司

---

①《公司法》第一百八十二条规定：公司经营管理发生严重困难，继续存续会使股东利益受到重大损失，通过其它途径不能解决的，持有公司全部股东表决权百分之十以上的股东，可以请求人民法院解散公司。

②《公司法司法解释（二）》(2020年修正）第一条规定：单独或者合计持有公司全部股东表决权百分之十以上的股东，以下列事由之一提起解散公司诉讼，并符合公司法第一百八十二条规定的，人民法院应予受理：(一）公司持续两年以上无法召开股东会或者股东大会，公司经营管理发生严重困难的；(二）股东表决时无法达到法定或者公司章程规定的比例，持续两年以上不能做出有效的股东会或股东大会决议，公司经营管理发生严重困难的；(三）公司董事长期冲突，且无法通过股东会或者股东大会解决，公司经营管理发生严重困难的；(四）经营管理发生其他严重困难，公司继续存续会使股东利益受到重大损失的情形。第二款规定：股东以知情权、利润分配请求权等权益受到损害，或者公司亏损、财产不足以偿还全部债务，以及公司被吊销企业法人营业执照未进行清算等为由，提起解散公司诉讼的，人民法院不予受理。

经营过程中出现困难是正常情况，必须达到严重困难的程度才能启动解散公司之诉。公司司法解散制度功能即是为保护股东利益。受到重大损失股东权益总体上可区分为公司控制管理权和财产收益权。如果公司对外经营发生困难受损的将是股东财产利益，而如果公司内部管理发生困难股东公司管理控制利益则“继续存续会使股东利益受到重大损失”，可以被看作是对“经营管理发生严重困难”的自然延伸。因此，本案中，汽车服务公司应证明汽车贸易公司继续存续会使其利益受到重大损失，且该利益不是具体、个别、直接、有形的损害，而是将来、可能、间接、整体、全面遭受的损害。在无法提供证据证明其利益受到重大损失的情形下，解散公司的诉请得不到支持。

三、公司问题是否通过其他途径不能解决的问题

对于通过其他途径不能解决法律适用条件立法本意显然是为鼓励双方通过协商和解等非诉讼手段或采取知情权诉讼等其他能够维护公司存续的司法救济途径。解决争议公司司法解散应当作为最后不得已的救济途径。鉴于解散公司在结果上的终局性、不可逆转性以及谦抑性适用司法解散的理念要求，法院希望各方通过自行协商等方式解决争议，而不轻易解散了之。基于此法理，法院在审理过程中自然将“通过其他途径不能解决”当作裁判解散公司的实质要件，原告需要证明“通过其他途径不能解决”诉争纠纷，否则其诉请将失败”的类似表述，以作为法院论证“通过其他途径不能解决”的佐证。本案中，汽车服务公司也未采取自救措施打破公司僵局，直接提出解散公司的诉请于法无据。

综上，我国法院在审理司法解散纠纷时，事实上已经以公司现状标准突破了公司僵局，在司法裁判过程中并不能机械地按照三步论来走，应当结合被诉公司经营现状来判断公司存续是否会使股东利益受到重大损失，不仅要考虑股东享有资产收益，查阅复制财务会计报告等权利，还应从公司的经营责任、公司的资产、亏损等各方面综合考虑。

编写人：张满洋

二审合议庭成员：邓相红　吴爱民　颜凌云

17. 法定代表人以股东身份提起解散公司诉讼，在公司另一名股东作为第三人参与诉讼的情况下，法定代表人可代表公司行使诉讼代表权

——孙某律与南昌某食品有限公司、孙某燕公司解散纠纷二审案

裁判要旨

1. 在穷尽公司全部股东、董事等人选后均无法确定诉讼代表权人的情况下，法定代表人可代表公司行使诉讼代表权，参与该法定代表人以股东身份提起的股东权益诉讼。

2. 股东之间因无法进行有效沟通，不能就公司经营管理事项达成一致，导致公司经营管理发生严重困难，实际处于停产状态，公司继续存续会使股东利益受到重大损失，通过其他途径不能解决，符合公司解散的条件。

案例索引

一审：江西省南昌市中级人民法院（2016）赣01民初270号

二审：江西省高级人民法院（2017）赣民终字283号

基本案情

上诉人（一审第三人）：孙某燕。

被上诉人（一审原告）：孙某律。

被上诉人（一审被告）：南昌某食品有限公司（以下简称食品公司）。

孙某律向一审法院起诉请求：判令食品公司解散。

2007年8月9日，孙某律与案外人庞某梅、第三人孙某燕共同发起设立了食品公司。其中，庞某梅出资30万元，持有食品公司30%股权；孙某律出资30万元，持有食品公司30%股权；孙某燕出资40万元，持有食品公司40%股权。孙某律任公司法人代表、执行董事，孙某燕任公司监事。2009年8月28日，经股东大会决议，案外人庞某梅将名下30%股权全部转让给孙某律，孙某律持有食品公司60%股权。食品公司仅有孙某律及孙某燕两名股东，第三人孙某燕与孙某律系父子关系，因家庭成员关系发生变故的原因，孙某律与孙某燕矛盾突出，双方不能就公司经营管理事宜达成一致意见，公司现已多年无法召开股东会，公司公章由第三人孙某燕持有，孙某律作为公司法定代表人无法履行职权，公司经营管理处于混乱状态，被告处于半停业状态，公司经营管理陷入僵局。江西省食品药品

监督管理局公告显示，食品公司食品生产许可证均因有效期届满未延续而被注销。

裁判结果

一审判决：解散食品公司。

孙某燕不服，提起上诉。二审判决：驳回上诉，维持原判。

裁判理由

二审认为，孙某律作为食品公司法定代表人，依法有权代表食品公司参加诉讼。虽然孙某律本人又以股东身份参与了诉讼，但食品公司只有两名股东，分别是本案的双方当事人孙某律和孙某燕，无论何人参加诉讼均会发生诉讼身份的重叠，孙某律作为法定代表人参与诉讼更为妥当，法律也并未对此作出禁止性规定。本案解散公司的诉讼实质上是公司两名股东之间的冲突，孙某律和孙某燕都参与了诉讼，行使了诉讼权利，不会造成案件审理的不公。在经营管理方面，食品公司股东在家庭关系良好的情况下，一直以“内部对话、内部交流”的方式处理公司事务，这可以认为是占公司股份达60%的孙某律基于家庭信任而授权孙某燕管理。但在家庭关系恶化后，孙某律失去了对孙某燕的信任，家庭式管理方式已经失效。2014年7月31日，孙某律作为法人代表，曾在报刊上刊登食品公司证照、印章作废的公告，而孙某燕在一审庭审中承认当时印章实际上在其手中，反映出孙某律与孙某燕两名股东已无法有效沟通。孙某律还曾于2016年4月提议召开股东会，但未能成功，此后孙某律和孙某燕两名股东也未通过任何形式就公司的任何事项形成过一致，股东之间的冲突实际上已经导致公司管理机制的失灵。就实际生产经营状况而言，虽然二审询问时孙某燕称孙某律仍在用食品公司场地和名义进行生产，但未能提供相应证据。江西省食品药品监督管理局2016年第11号公告使食品公司继续生产在法律上变为不可能。综上，可以认定食品公司经营管理已发生严重困难。在股东利益方面，因股东之间的矛盾，公司难以维持正常生产经营，势必影响股东收益。孙某燕未提供股东获取收益的证据，而由于两名股东发生矛盾前主要由孙某燕负责食品公司的实际经营，其不配合公司清算，孙某律难以掌握食品公司的债权债务和经营收益情况，也无法行使从公司获得收益的权利。在二审审理过程中，孙某律和孙某燕也未能就纠纷达成和解。可以认为，公司继续存续会使股东利益受到重大损失，通过其他途径不能解决。综上，食品公司两名股东孙某律和孙某燕之间因家庭矛盾尖锐，无法进行有效沟通，不能就公司经营管理事项达成一致，导致公司经营管理发生严重困难，实际处于停产状态，食品公司继续存续会使股东利益受到重大损失，通过其他途径不能解决，符合公司解散的条件。

要旨解析

本案涉及以下几个法律问题：一是在法定代表人与公司发生争讼的情况下，

法定代表人可否代表公司应诉；二是公司管理机制失灵是否可认定为公司解散的条件。

一是在公司法定代表人与公司发生争讼的情况下，法定代表人可否代表公司应诉。公司作为拟制法人，一般情形下，公司的法定代表人有权对外代表公司处理公司事务，法定代表人的行为后果由公司承受。民事诉讼法规定，法人由其法定代表人进行诉讼，其他组织由其主要负责人进行诉讼。然而，司法实践中不乏出现在法定代表人同时具有股东身份的前提下，作为原告的法定代表人依照《公司法》及公司章程规定的股东权利提起相应诉讼的情形。此时的法定代表人提起诉讼行使的是股东的固有权利，在与公司发生纠纷引发诉讼时，由于股东、公司同为案件当事人，将形成股东“原告”与“被告”为“同一人”的悖象。在目前的司法实践中，针对此种特殊情形，尚无相关立法指引，亦无统一规范裁判，实践中一般采取如下方式确定公司的诉讼代表权：1. 公司章程对诉讼代表权人选确定有约定的，依照章程约定；2. 以股东会或股东协商方式选定诉讼代表人；3. 不能通过股东会或股东协商方式确定诉讼代表人的，对没有董事会的公司，通知副董事长代表公司参加诉讼，或通知其他董事协商确定人选行使诉讼代表权；4. 公司董事会或董事中无合适人选的，法院可指定公司监事会主席或执行监事行使诉讼代表权；5. 通过以上途径仍不能确定的，法院可指定与担任法定代表人的股东、董事提起的诉讼没有明显利害关系的其他股东作为诉讼代表人。本案中，案涉公司仅两名股东，且某种意义上因两名股东为父子关系，家庭身份关系的交恶使得公司内部交流无法正常进行，援引上述任何一条裁判原则均无法打破案涉公司的诉讼僵局，如孙某律无法作为法定代表人代表公司应诉，则其实现自身股东权利的诉求将无法得以实现。因此，在本案中，为确保案件审理的正常进行、股东权益及公司权益的依法维护，孙某律作为公司法定代表人行使诉讼代表权，并无不当。

二是公司管理机制失灵是否可认定为公司解散的条件。公司解散是指在满足一定条件下，经过法定程序解散公司的意思表示机关，停止公司经营管理并终止对外交易，最终注销公司组织是一系列活动。公司解散包括约定解散和法定解散。当股东或公司向法院诉请解散公司时，我们称之为司法解散。司法解散作为一种公力救济方式，应当秉持尊重公司自治、穷尽内部救济、司法谨慎干预的原则来审慎处理之。根据《公司法》第一百八十二条规定，解散公司需同时满足四要件：1. 持有表决权百分之十以上的股东提起；2. 公司经营管理发生严重困难；3. 继续存续经营将会使股东利益受到重大损失；4. 通过其他途径不能解决公司困境的。本案中，案涉公司仅有两名股东，任一股东均有权提起公司解散之诉，满足要件 1。公司法司法解释列举出“持续两年以上无法召开股东会；持续两年以上不能做出有效的股东会决议；董事会长期冲突”，可以看出，此三种情形针对的即为公司发生管理性困难，由管理性困难导致公司经营发生严重困境。本案中，案涉公司已多年无法召开股东会，公司公章由第三人孙某燕持有，孙某律作为公司法定代表人无法履行职权，江西省食品药品监督管理局发布2016年第11号公告，决定对食品公司肉制品、蜜饯、炒货食品及坚果制品、糖的食品生产许可证予以注销。以上均证明公司管理机制失灵，经营已处于停摆状态，任一股东均已无法依靠公司经营取得将来、可能、全面、整体的投资收益，满足要件2、要件3、要件4。据此，孙某律依据公司管理机制失灵且不可逆转的现状，提起公司解散之诉，符合法律规定。

编写人：张满洋

二审合议庭成员：魏　巍　段亦枫　王慧军

18. 经司法调解等其他途径无法解决公司僵局且公司继续存续会使股东利益受到重大损失时，对于股东解散公司的请求依法应予支持

——江西省某饲养食品公司与江西某饲料发展有限公司、某企业（香港）有限公司公司解散纠纷二审案

裁判要旨

公司经营状况的好坏并非导致公司解散的唯一标准，法院在审理中应当以公司是否处于僵局作为判断公司是否解散的主要依据，即应注重审查股东间是否已丧失了基本的信任关系，股东会等公司管理机构的运行机制是否失灵、是否无法就任何事项作出决议并且是否用尽司法调解等其他救济途径仍无法解决，公司经营管理是否出现严重困难，公司的继续存续是否将会导致股东利益进一步受损，综合判断公司是否陷入僵局、公司是否应当依法予以解散。

案例索引

一审：江西省南昌市中级人民法院（2015）洪民四初字第29号

二审：江西省高级人民法院（2018）赣民终287号

基本案情

上诉人（原审原告）：江西省某饲养食品公司（以下简称食品公司）。

被上诉人（原审被告）：江西某饲料发展有限公司（以下简称饲料公司）。

原审第三人：某企业（香港）有限公司（以下简称香港公司）。

食品公司向法院起诉请求判令解散丙申公司。

食品公司与香港公司于1992年11月21日签订《关于合资兴办江西丙申饲料发展有限公司合同》。1993年1月28日，饲料公司登记注册成立，注册资本420万美元，食品公司按40%出资，香港公司按60%出资。该公司《章程》主要载明：第十八条、合营公司设董事会，董事会是合营公司的最高权力机构。第十九条、董事会决定合营公司的一切重大事宜。第二十条、董事会由5名董事组成，其中甲方（食品公司）委派2名，乙方（香港公司）委派3名。董事任期为四年，可以连任。第二十一条、董事会董事长由甲乙双方轮流担任，任期一年，副董事长由双方议定。第二十二条、甲、乙方在委派和更换董事人选时，应书面通知董事会。第二十三

条、董事会例会每年召开2次，经三分之一以上的董事提议，可以召开董事会临时会议。第二十四条、董事会会议由董事长召集并主持，董事长缺席时由副董事长召集并主持。第三十二条、经营管理机构设总经理1人，由乙方推荐；副总经理2人，由甲乙方各推荐1人，甲方副总经理，负责人事行政，乙方副总经理负责财务会计。第三十三条、总经理直接对董事会负责，执行董事会的各项决定，组织领导合营公司的日常生产、技术和经营管理工作。第四十八条、合营公司财务部门应在每一个会计年度头三个月编制上一个会计年度的资产负债表和损益计算书，经审计师审核签字后，提交董事会会议通过。第六十三条、合营一方不履行合营企业合同、章程、协议规定的义务，致使企业无法继续经营，另一方有权依法终止合营。1995年8月9日，饲料公司在国家工商行政管理局办理变更登记手续，饲料公司注册资本变更为600万美元，其中食品公司投资240万美元，占注册资本的40%，香港公司投资360万美元，占注册资本的60%。饲料公司成立后，前期的经营、管理均正常开展。2005年至2010年，食品公司的法定代表人龚某担任饲料公司总经理，至其2010年离职后，双方股东逐渐产生矛盾和分歧。饲料公司的时任董事为香港公司选任的陈某、陈某1、陈某2以及食品公司选任的阮某、徐某。2012年开始，饲料公司未召开董事会。2013年，阮某去世。因食品公司长期未实际参与饲料公司的经营管理，其于2014年10月23日致函香港公司，决定变更饲料公司的董事为龚某和李某，后香港公司回函明确不同意该人选，要求食品公司重新选任董事。此后，就食品公司董事的人选、饲料公司的后续经营、管理问题，双方股东进行了多次函件往来及协调会的沟通，均未达成一致意见。2015年8月21日，食品公司向一审法院提起诉讼，请求解散饲料公司。香港公司2004年至2015年《利润费用明细表》记载：2004年销售收入47707693.04元，2005年销售收入68873713.67元，2006年销售收入72330846.2元，2007年销售收入82383317.28元，2008年销售收入80226034元，2009年销售收入49615908.54元，2010年销售收入50385308元，2011年销售收入49334449.44元，2012年销售收入51482013.93元，2013年销售收入62656171.69元，2014年销售收入51229008.19元，2015年1—11月销售收入61879009.72元。

裁判结果

一审判决：驳回食品公司的诉讼请求。

二审判决：一、撤销一审判决；二、解散饲料公司。

裁判理由

二审认为，《公司法》第一百八十二条规定：公司经营管理发生严重困难，继续存续会使股东利益受到重大损失，通过其他途径不能解决的，持有公司全部股东表决权百分之十以上的股东，可以请求人民法院解散公司。对于公司解散的具体情形，《公司法司法解释（二）》第一条规定：单独或者合计持有公司全部股东表决权百分之十以上的股东，以下列事由之一提起解散公司诉讼，并符合公司法第一百八十二条规定的，人民法院应予受理：（一）公司持续两年以上无法召开股东会或者股东大会，公司经营管理发生严重困难的；（二）股东表决时无法达到法定或者公司章程规定的比例，持续两年以上不能做出有效的股东会或者股东大会决议，公司经营管理发生严重困难的；（三）公司董事长期冲突，且无法通过股东会或者股东大会解决，公司经营管理发生严重困难的；（四）经营管理发生其他严重困难，公司继续存续会使股东利益受到重大损失的情形。上述规定是认定公司能否解散的法律依据。就本案而言：首先，食品公司在饲料公司持有40%的股权，系饲料公司股东，其提起本案解散公司诉讼符合公司法规定的股东持股条件；其次，饲料公司是由食品公司与香港公司设立的中外合资企业，饲料公司的《章程》第十八条、第十九条规定：合营公司设董事会，董事会是合营公司的最高权力机构，董事会决定合营公司的一切重大事宜。公司章程并未规定设立股东会，召开董事会会议即是饲料公司作出经营决策的方式。饲料公司的《章程》第二十条规定：董事会由5名董事组成，其中食品公司委派2名，香港公司委派3名。2013年，食品公司委派至饲料公司的一名董事去世，食品公司于2014年10月23日致函香港公司要求变更其在饲料公司的董事为龚某和李某，香港公司以“龚某担任董事期间饲料公司经营状况恶化、李某侵害饲料公司利益”为由，不同意食品公司委派的董事人选。从香港公司举证的2004年至2015年利润明细表看，龚某担任饲料公司董事的2005年至2010年期间，销售业绩有高有低，最高的2007年销售收入达到82383317.28元，只是2009年、2010年出现销售收入下降。而龚某2010年离开饲料公司后，2011年至2015年，最高销售业绩也只有2013年的62656171.69元，可见香港公司指称龚某对饲料公司经营不善的理由不能成立。至于李某是否侵害饲料公司利益，因未得到相关职能部门的确认，难以认定，即使存在该行为，饲料公司、香港公司也可以通过法律途径得到相应解决。由于饲料公司的《章程》并未约定双方委派的董事人选应具备何种条件，食品公司作为饲料公司的股东，其有权按照自身意愿委派董事至饲料公司任职，况且食品公司也不存在拒绝香港公司委派董事的先例，故香港公司拒绝饲料饲料公司委派董事人选既不符合饲料公司的《章程》约定，也无法律依据。自食品公司委派董事受阻，饲料公司一直处于香港公司单方控制状态，食品公司失去了对饲料公司的经营管理权，且饲料公司自2012年以来从未召开过董事会、也未形成有效的董事会决议。香港公司与食品公司互不信任，公司成立的信用基础基本丧失，公司僵局已经形成；再次，自1993年1月28日成立至今，饲料公司从未分配利润，由香港公司单方控制经营饲料公司的状态继续存续必然使股东食品公司利益受到重大损失，而解散饲料公司可为双方股东提供退出机制，避免股东损失继续扩大；最后，本案审理过程中，一、二审法院也基于慎用司法手段强制解散公司的考虑，积极进行了调解。尤其在二审审理期间，本院组织了多次调解，但香港公司的授权代表及饲料公司的法定代表人均居住在国外，香港公司、饲料公司共同委托二审诉讼代理人又系一般代理授权，调解难以取得实质进展，双方不能通过调解方式使公司存续，故通过其他途径已无解决饲料公司僵局的可能。本案已经符合已经《公司法》第一百八十二条及《公司法司法解释（二）》第一条第（一）项、第（二）项、第（三）项规定的解散公司的法定情形。

要旨解析

本案涉及的主要法律问题是如何综合判断公司是否陷入僵局、公司是否应当依法予以解散的问题。公司僵局，是指公司内部决策和经营管理机制运行瘫痪，即股东会或董事会因股东或董事之间的相互对抗，而无法有效召集或无法形成有效决议，此时这种公司人合性上的矛盾已对公司正常经营构成直接影响。《公司法》第一百八十二条规定："公司经营管理发生严重困难，继续存续会使股东利益受到重大损失，通过其他途径不能解决的，持有公司全部股东表决权百分之十以上的股东，可以请求人民法院解散公司。"该条法律赋予了股东提起请求解散公司的诉讼，实质上解决的就是公司僵局问题。但是，何为"公司经营管理出现严重困难，继续存续会使股东利益受到重大损失"，《公司法》并没有进一步的说明，原则性的规定使得在实际的案件立案和审理中，尺度较难掌握。为此，《公司法司法解释（二）》第一条明确了公司解散的具体情形，即"单独或者合计持有公司全部股东表决权百分之十以上的股东，以下列事由之一提起解散公司诉讼，并符合《公司法》第一百八十二条规定的，人民法院应予受理：（一）公司持续两年以上无法召开股东会或者股东大会，公司经营管理发生严重困难的；（二）股东表决时无法达到法定或者公司章程规定的比例，持续两年以上不能做出有效的股东会或者股东大会决议，公司经营管理发生严重困难的；（三）公司董事长期冲突，且无法通过股东会或者股东大会解决，公司经营管理发生严重困难的；（四）经营管理发生其他严重困难，公司继续存续会使股东利益受到重大损失的情形。"显然，"公司经营管理出现严重困难"的具体表现就是，一是公司管理发生严重困难，即公司的运行机制完全失灵，公司董事、股东长期冲突丧失了基本信任关系，股东（大）会、董事会包括监事会等权力机构和管理机构持续两年以上无法正常运行、无法对公司的任何事项作出任何决议。二是公司经营发生严重困难，即公司的生产经营处于持续恶化状态，或必将要发生重大损失，将会导致股东利益进一步受损。需要注意的是，经营困难只是管理困难的一种结果表现，经营困难有可能通过改变经营策略、债务重组等方式予以解决，或也有可能因为市场的变化而扭亏为盈，没有必要非要解散公司，所以，单纯从经营困难来判断公司是否应予解散并不妥当，经营困难必须与公司管理困难，并且与是否已经引发或可能造成股东利益遭受严重损害结合起来考虑才有意义。

关于"通过其他途径不能解决的"的理解，应当从维护社会稳定、保障交易安全考虑，法院在审理解散公司诉讼案件过程中应采取调解优先、调解为主的原则，要在最广泛的层面上，全方位地找到扭转公司经营和管理困境的其他途径，包括通过公司自力救济、改变股东持股比例或股权置换等其他途径来打破公司僵局。同时，法院还应当充分行使说明权，引导当事人采取请求变更公司章程、请求判决公司决议无效及请求回购股份等途径解决股东之间的矛盾，甚至可以给公司一个调整期，以“股东离散”的方式来挽救公司，最大限度地保留公司。如果经过反复努力，公司确实无法走出管理僵局和经营困境，股东也无法以其他方式退出公司以保全其利益。股东之间无法通过除解散公司以外的其他途径解决纠纷，则可以认定通过其他途径不能解决。

本案中，饲料公司自成立以来从未分配利润，自 2012 年以来也从未召开过董事会、也未形成有效的董事会决议，股东香港公司无正当理由阻却股东食品公司委派的董事人选后，饲料公司一直由股东香港公司单方控制经营的状态必然使股东食品公司利益受到重大损失。香港公司与食品公司互不信任，公司成立的信用基础基本丧失，公司僵局已经形成。本案审理过程中，一、二审法院组织了多次调解，但调解一直难以取得实质进展。故二审法院改判解散饲料公司有事实和法律依据。

编写人：吴　军

二审合议庭成员：胡俊涛　徐快华　吕卫红

19. 仅具备形式连续性但欠缺实质连续性的背书转让，持票人并不当然享有票据权利

——东光县某铸造材料厂与某长江建设有限公司票据追索权纠纷再审案

裁判要旨

1. 在审查票据背书连续进而确定持票人的票据权利时，不仅要注意前后手背书形式连续性，同时也应关注其实质连续性，对仅具备形式连续性但欠缺实质连续性的背书转让，持票人并不当然享有票据权利。

2. 票据背书转让涉嫌欺诈、偷盗、胁迫、恐吓、暴力等非法行为时，如若持票人不能证明持票行为具有合法性，持票人不享有票据权利。

案例索引

一审：江西省南昌高新技术产业开发区人民法院（2017）赣 0191 民初 633 号

二审：江西省南昌市中级人民法院（2017）赣 01 民终 2819 号

再审：江西省高级人民法院（2019）赣民再 170 号

基本案情

再审申请人（一审被告、二审上诉人）：某长江建设有限公司（以下简称长江建设公司）。

被申请人（一审原告、二审被上诉人）：东光县某铸造材料厂（以下简称铸造材料厂）。

铸造材料厂向一审法院起诉请求：判令长江建设公司给付票据款 100 万元并承担利息损失（以 100 万元为基数自 2015 年 5 月 24 日起按银行同期贷款利率计算至实际付款日的利息损失）。

2014 年 11 月 24 日，长江建设公司向三春公司开具两张商业承兑汇票。上述两张商业承兑汇票出票金额均为 50 万元，汇票到期日均为 2015 年 5 月 23 日，且均经三春公司背书转让至廊坊丰科燃气设备有限公司，再经背书转让至铸造材料厂。后铸造材料厂将上述两张商业承兑汇票委托东光县农村信用联社股份有限公司进行收款。2015 年 5 月 27 日，上述两张商业承兑汇票的付款行中国农业银行南昌市叠山支行出具两份退票理由书，载明因付款人拒付而予以退票。后东光县农村信用联社股份有限公司将上述两张商业承兑汇票退回铸造材料厂。

另查明，背书人廊坊丰科燃气设备有限公司在2014年4月1日已变更为廊坊丰科商贸有限公司，并于同年9月16日又将法人代表由王某丽变更为赵某。

裁判结果

一审判决：长江建设公司自一审判决生效之日起十日内向铸造材料厂支付票据款100万元及利息（以100万元为基数，自2015年5月24日起按中国人民银行企业同期流动资金贷款利率计算至实际付款日止）。

长江建设公司不服一审判决，提起上诉。二审判决：驳回上诉，维持原判。

长江建设公司不服二审判决，申请再审。再审判决：一、撤销一、二审判决；二、驳回东光县某铸造材料厂的诉讼请求。

裁判理由

再审认为，从形式上看，廊坊丰科燃气设备有限公司（背书前已变更为廊坊丰科商贸有限公司，但背书时用的是老名称，盖的仍是更名前的“旧公章”，新公章本已启用）是背书人，铸造材料厂是被背书人。经查，铸造材料厂庭审时自认持有诉争票据是从张某胜处取得，张某胜则是从李某春处取得，虽然铸造材料厂出示了张某胜、李某春所作的情况说明和有关转账材料，用以证明支付对价取得票据的合法性，但相关数额并不相符，与支付对价之间缺乏关联性，证据并不充分。且诉争票据并无张某胜、李某春的背书记载，背书转让不属实，形式和客观相背离，廊坊丰科燃气设备有限公司和铸造材料厂并不是真正的背书人与被背书人的关系。背书转让行为形式上连续，客观上并不连续。《票据法》第三十二条规定：“以背书转让的汇票，后手应当对其直接前手背书的真实性负责。”按该法律规定，铸造材料厂对其直接前手廊坊丰科燃气设备有限公司背书的真实性要负责，也即铸造材料厂对廊坊丰科燃气设备有限公司背书的真实性要承担证明责任。但综观本案，铸造材料厂对廊坊丰科燃气设备有限公司背书的真实性并未提供证据证明。现有证据不仅不能证明廊坊丰科燃气设备有限公司背书的真实性，反而显示该背书行为存在虚假、欺诈的嫌疑。因此，铸造材料厂并不能从形式上连续，但实质上并不连续的票据转让行为中，当然获得票据权利。《票据法》第三十一条规定：“以背书转让的汇票，背书应当连续。持票人以背书的连续，证明其汇票权利；非经背书转让，而以其他合法方式取得汇票的，依法举证，证明其汇票权利。前款所称背书连续，是指在票据转让中，转让汇票的背书人与受让汇票的被背书人在汇票上的签章前后衔接。”本案诉争票据铸造材料厂形式上通过背书取得持有，汇票上的签章前后衔接。但铸造材料厂诉争的票据前手其实并不是廊坊丰科燃气设备有限公司，而是张某胜，张某胜的前手是李某春，李某春从何处获得，如何得到诉争票据情况不明。因为铸造材料厂所持的诉争票据实际上不是通过背书转让取得，故应当由铸造材料厂依法举证，证明其汇票权利。有关诉争票据在三春公司与廊坊丰科燃气设备有限公司之间的第一手背书转让行为既已存在欺诈嫌疑，三春公司在未支付出票人对价的情况下便背书转让，被背书人廊坊丰科燃气设备有限公司2014年4月1日已更名为廊坊丰科商贸有限公司，新签章已启用，老签章本应作废，而出票时间为2014年11月24日，背书转让时间虽未注明，但时间应当更晚。将汇票故意背书转让给名称已不存在的公司存在重大欺诈嫌疑。所争汇票在后续转让中几易其手，所有的前后手是否合法取得汇票情况不明。《票据纠纷司法解释》第九条第二款规定："……票据的出票、承兑、交付、背书转让涉嫌欺诈、偷盗、胁迫、恐吓、暴力等非法行为的，持票人对持票的合法性应当负责举证"。铸造材料厂在一、二审诉讼中对取得诉争票据的合法性并未提供充分的证据证实，未完成举证责任。

要旨解析

汇票作为具有流通性的权利凭证，其转让的主要方式是背书行为，背书的连续性问题对于证明持票人的权利至关重要，而且会对票据流通性产生重要的影响。本案是关于背书连续性认定即法律适用问题的典型案例，对票据权利移转有效性问题具有借鉴意义。

一、关于票据背书行为连续性认定问题

票据背书是持票人在票据背面或粘单上记载有关事项并签章的票据行为，票据背书在形式上应该具备记载顺序的连续性。根据《票据法》第三十一条第二款规定："前款所述背书连续，是指在票据转让中，转让汇票的背书人与受让汇票的背书人在汇票上的签章依次前后衔接。"因此，票据上记载的收款人应是第一次背书人，且每次背书的背书人必须是前一次背书的被背书人，最后的持票人必须是最后一次背书的被背书人。根据《票据法》第三十二条规定："以背书转让的汇票，后手应当对其直接前手背书的真实性负责。后手是指在票据签章人之后签章的其他票据债务人。"因此，背书转让行为还应该具有真实性。后手应当对其直接前手背书的真实性负责。对后手责任的规定涉及立法者的价值取向在票据转让过程中，票据转让要兼顾流通性和安全性。在审查票据背书连续进而确定持票人的票据权利时，不仅要注意前后手背书形式连续性，同时也应关注其实质连续性，后手对前手转让行为的真实性要负责，对仅具备形式连续性但欠缺实质连续性的背书转让，持票人并不当然享有票据权利。关于票据的真实性，《票据法》第十条规定："根据票据的签发、取得和转让，应当遵循诚实信用的原则，具有真实的交易关系和债权债务关系。票据的取得，必须给付对价，即应当给付当事人认可的相对应的代价。"本案中，铸造材料厂对廊坊丰科燃气设备有限公司背书转让的真实性并未提供证据，且铸造材料厂自认票据从其他没有背书行为的个人处取得，出具的有关转账资料也不能合理证明支付对价行为，因此铸造材料厂并不能从形式上连续，但实际不联系的票据转让行为获得票据权利。

一审法院和二审法院在审理此案时，适用《票据法》第十三条、《票据法》第六十一条、《票据纠纷司法解释》第四十九条规定认定本案中的背书行为具有连续性并支持铸造材料厂行使追索权，属于法律适用错误。

关于适用《票据法》第十三条第一款“票据债务人不得以自己与出票人或者与持票人的前手之间的抗辩事由，对抗持票人。但是，持票人明知存在抗辩事由而取得票据的除外。”票据虽然具有无因性，但应以真实债权债务关系为前提，且有几种例外情形。首先，若票据关系的当事人就是基础关系的当事人时，票据债务人可以根据基础关系对票据债权人行使抗辩权；其次，对于以欺诈、偷盗、胁迫等手段不法手段取得票据的，或者明知有上述情形，出于恶意取得票据的，不得享有票据权利；第三，因重大过失取得不符合《票据法》规定的票据，也不享有票据权利；第四，欠缺法定必要记载事项或不符合法定格式的，超过票据权利时效的，人民法院作出除权判决已经发生法律效力的，以背书方式取得但背书不连续的，票据债务对票据债权人可行使抗辩权。本案中，票据持有人的背书不连续，因此不应适用《票据法》第十三条第一款规定。

关于适用《票据纠纷司法解释》第四十八条（原第四十九条）“依照票据法第二十七条和第三十条的规定，背书人未记载被背书人名称即将票据交付他人的，持票人在票据被背书人栏内记载自己的名称与背书人记载具有同等法律效力。”这里的背书人和被背书人具有前后手关系，并且是指在背书转让行为中的前后关系。如果票据上的记载后手不是通过记载前手的背书转让行为取得票据的，而是通过非转让行为取得票据，自己在背书人栏内记载自己名称的，不当然具有与背书人记载具有同等法律效力。一、二审法院认为，本案中铸造材料厂自认诉争票据系通过张某胜转让获得，但根据上述规定，铸造材料厂作为持票人在背书栏内记载自己的名称符合法律规定，具有法律效力。但本案中，铸造材料厂自认票据从张某胜处取得，张某胜从李某春处取得，但出具的有关转账资料与相关数额并不相符，支付对价缺乏关联性，不能证明支付对价行为。且诉争票据也没有张某胜、李某春的背书记载，从客观上并不连续，铸造材料厂与长江建设公司不属于背书人与被背书人的关系，因此铸造材料厂在背书人栏内记载自己名称的，不当然与背书人记载具有同等法律效力。

二、关于票据持票行为合法性证明责任问题

根据《票据法》第三十一条第一款规定：“以背书转让的票据，背书应当连续。持票人以背书的连续，证明其汇票权利；非经背书转让，而以其他合法方式取得汇票的，依法举证，证明其汇票权利。”本案中，持票人的背书行为不具有实质连续性，且其自认从其他个人处受让案涉票据，属于非经背书转让方式取得汇票的，应由该持票人证明其汇票权利。且根据《票据纠纷司法解释》第八条（原第九条）规定：“票据诉讼的举证责任由提出主张的一方当事人承担。依据《票据法》第四条第二款、第十条、第十二条、第二十一条的规定，向人民法院提起诉讼的持票人有责任提供诉争票据。该票据的出票、承兑、交付、背书转让涉嫌欺诈、偷盗、胁迫、恐吓、暴力等非法行为的，持票人对持票的合法性应当负责举证。”因此，票据背书转让涉嫌欺诈、偷盗、胁迫、恐吓、暴力等非法行为时，如若持票人不能证明持票行为具有合法性，持票人不享有票据权利。

编写人：张满洋

再审合议庭成员：龚雪林　万细泉　李振峰

十、侵权责任纠纷

1. 因装修施工安全问题造成他人伤亡，业主承担相应过错责任后可向装修实际施工人追偿

——熊某英、骆某国与张某英、某物业服务有限公司南昌分公司等
生命权、健康权、身体权纠纷再审案

裁判要旨

1. 家庭居室装饰装修合同应适用有关承揽合同的规定。业主作为定作人，负有定作人义务，应提供一定的装修安全保障条件，否则应对装修施工安全问题造成他人伤亡的损害结果承担相应过错责任。

2. 装修工程实际施工人负有对施工场地安全管理职责，对施工拆除部分房屋物件后可能产生的安全隐患负有消除义务。实际施工人未履行安全防护义务导致他人伤亡，业主承担侵权责任后可向实际施工人追偿。

案例索引

一审：江西省南昌市西湖区人民法院（2018）赣0103民初5038号

二审：江西省南昌市中级人民法院（2019）赣01民终19号

再审：江西省高级人民法院（2020）赣民再34号

基本案情

再审申请人（一审被告、二审上诉人）：骆某国。

再审申请人（一审被告、二审上诉人）：熊某英。

被申请人（一审原告、二审被上诉人）：张某英。

被申请人（一审原告、二审被上诉人）：李某1。

被申请人（一审原告、二审被上诉人）：李某2。

被申请人（一审原告、二审被上诉人）：李某桂。

被申请人（一审原告、二审被上诉人）：邱某英。

被申请人（一审被告、二审被上诉人）：叶某青。

被申请人（一审被告、二审被上诉人）：张某平。

被申请人（一审被告、二审被上诉人）：某物业服务有限公司南昌分公司（以下简称物业公司）。

张某英、李某1、李某2、李某桂、邱某英向一审法院起诉请求：五被告共同赔偿原告医疗费、死亡赔偿金、丧葬费、被扶养人生活费、精神抚慰金等各项费用

共计1000418.2元。

2017年12月，熊某英在张某平处购买了墙布为其与骆某国共同所有的位于南昌市西湖区朝阳新城的新房装修。叶某青以10元/平方米的价格在张某平处承接了贴墙布的业务，并以4.5元/平方米的价格让死者李某文及其工友刘某根去熊某英、骆某国家中贴墙布。2018年1月7日上午，死者李某文和工友刘某根前往熊某英、骆某国位于华润橡府××室的新房准备施工贴墙布。在前期准备工作中，李某文从客厅地面踏空，由通风采光口失足跌落地下室，后经救治无效于2018年1月17日死亡，共花费医疗费83519.3元。

熊某英、骆某国与曲某于2016年10月1日签订了装饰装修工程施工合同，就双方的权利、义务和违约责任等进行约定。熊某英、骆某国在装修时拆除了连接阳台的墙体、门窗以及地下室通风采光口的防护墙体及护栏，将阳台、地下室的通风采光口并入客厅，使得客厅地面、阳台地面和地下室通风采光口处于同一水平线，且客厅地板的瓷砖颜色与地下室墙面的颜色一致。事发时，通风采光口附近仅有数个分散放置的塑料桶，纸盒，无其他防护措施。华润置地（南昌）有限公司与骆某国签订的《商品房买卖合同》的附件四的十二条第五款中约定，购买相应单元的业主享有所在单元对应的部分庭院、地下室的专用权，由购买相应单元的业主负责上述部分的日常维护和管理不得擅自搭建，不得搭建任何构筑物……不得进行损坏性装修。同时，双方签订了《装修管理协议》及《装修温馨提示》，其中约定，严禁业主拆改阳台栏杆、栏板，以及拆除连接阳台的墙体、门窗等，物业公司不定时进行巡查，若发现业主有上述违规行为，对违规行为现场予以纠正或采取要求停工、恢复原状、报请政府有关部门处理等行为。

庭审中叶某青自认，李某文跟他做事有四五年之久，由叶某青向李某文发放工资。李某文系农业户口，自2015年6月起，其与其他工友居住在叶某青为其承租的南昌市青云谱徐家坊一房屋内，受雇于叶某青，从事贴墙纸、墙布的工作。死者李某文与张某英系夫妻关系，抚养义务人为三人。

裁判结果

一审判决：一、熊某英、骆某国向张某英、李某1、李某2、李某桂、邱某英支付赔偿款693584.24元；二、叶某青向张某英、李某1、李某2、李某桂、邱某英支付赔偿款62483.93元；三、物业公司向张某英、李某1、李某2、李某桂、邱某英支付赔偿款43349.015元；四、张某平向张某英、李某1、李某2、李某桂、邱某英支付赔偿款43349.015元。

熊某英、骆某国不服提出上诉。二审判决：一、撤销一审判决；二、熊某英、骆某国向张某英、李某1、李某2、李某桂、邱某英支付赔偿款563537.2元；三、叶某青向张某英、李某1、李某2、李某桂、邱某英支付赔偿款105832.95元；四、张某平向张某英、李某1、李某2、李某桂、邱某英支付赔偿款43349.01元；五、物业公司向张某英、李某1、李某2、李某桂、邱某英支付赔偿款43349.01元；六、驳回张某英、李某1、李某2、李某桂、邱某英的其他诉讼请求。

熊某英、骆某国不服二审判决，申请再审。再审判决：一、撤销一、二审判决；二、熊某英、骆某国向张某英、李某1、李某2、李某桂、邱某英支付赔偿款559260.19元；三、叶某青向张某英、李某1、李某2、李某桂、邱某英支付赔偿款104845.94元；四、张某平向张某英、李某1、李某2、李某桂、邱某英支付赔偿款43020.01元；五、物业公司向张某英、李某1、李某2、李某桂、邱某英支付赔偿款43020.01元；六、驳回张某英、李某1、李某2、李某桂、邱某英的其他诉讼请求。

裁判理由

再审认为，（一）关于被抚养人生活费的问题。再审中熊某英、骆某国提供吉水县公安局派出所出具的《常住人口登记表》作为新证据，可证明李某文父母共育有四个子女（其中长子已死亡），非原审认定的李某文系其父母独子。故被抚养人生活费经核算调整为82250元。

（二）关于各方责任比例的问题。熊某英、骆某国擅自拆除了连接阳台的墙体、门窗以及连接地下室的通风采光口的防护墙体，客厅地面、阳台地面和地下室通风采光口处于同一水平线，且客厅地板的瓷砖颜色与地下室墙面的瓷砖颜色一致，使得通风采光口具有一定的安全隐患。熊某英、骆某国并未在死者李某文、刘某根来到时，明示告知二人需要注意客厅与地下室的通风采光口相连，且其在通风采光口附近分散放置的桶子、纸盒等障碍物也不足以保护施工人的人身安全。熊某英、骆某国二人擅自拆除采光口防护墙体、栏杆、改变房屋结构及未尽到足够的安全提示义务是造成李某文从客厅地面踏空，由通风采光口失足跌落地下室，致其重伤死亡的主要原因，二审判决其承担主要责任并无不当。李某文从事贴墙纸、墙布工作有四五年之久，具有一定的从业经验，其受雇于叶某青前往骆某国、熊某英家中施工作业，但在施工过程中未尽到施工安全注意义务，对失足摔伤致死的后果其自身应承担一定的责任。叶某青作为雇主，在未与业主充分沟通施工时间的情况下，雇用李某文前往业主家中施工作业，但其未尽到施工安全保障义务、未向李某文提供安全防护用具，雇员在从事雇用活动中遭受人身损害，雇主应当承担赔偿责任。张某平将贴墙布的业务交由被告叶某青，由叶某青按照要求完成工作，交付工作成果，张某平给付报酬，双方形成承揽合同关系。承揽人在完成工作过程中对第三人造成损害或者造成自身损害的，定作人不承担赔偿责任。但定作人对定作、指示或者选任有过失的，应当承担相应的赔偿责任。虽然贴墙纸本身并不需要特定的资质，但张某平作为定作人对作业环境事先了解能降低意外发生的概率，张某平应承担相应的赔偿责任。物业公司数次对装修新房进行巡查，并未对熊某英、骆某国拆除连接阳台的墙体、门窗、采光口护墙、栏杆等损坏性装修行为予以纠正，是导致李某文重伤致死的间接原因，亦应承担相应的责任，综上，再审认为二审判决确定的责任比例并无明显不当。

（三）关于是否遗漏当事人的问题。本案中，熊某英与案外人曲某签订了装饰装修工程施工合同，根据合同约定拆除连接阳台的墙体、门窗、采光扣护墙、栏杆等由曲某负责。另合同第十三条约定，曲某全权负责本工程在施工中的所有安全事故责任。曲某作为装修工程实际施工人根据合同约定负有对施工场地安全管理职责，对其施工拆除采光口护墙、栏杆后可能产生的安全隐患有消除安全隐患的义务。本案事故发生时，曲某尚未完成装修工程，房屋亦未向业主熊某英、骆某国交付，因其未履行安全防护义务给业主熊某英、骆某国造成损失，业主熊某英、骆某国可以根据合同约定向其主张责任。由于本案一审原告没有起诉曲某，熊某英直到二审才提出追加曲某为被告，曲某并非必须共同进行诉讼的人，二审判决未予追加曲某为被告或第三人参加诉讼并无不妥。熊某英、骆某国承担本案责任后，可以根据合同约定另行向曲某主张。

要旨解析

本案再审改判主要基于当事人提交的新证据证明了受害人的实际抚养情况，据此重新核算了被抚养人生活费，进而改判了各责任主体承担的具体赔偿金额。而本案再审研究的价值则主要在于，一是对于因家庭室内装修所引发的涉提供劳务侵权责任纠纷，如何判断业主在其中的角色，以及如何认定业主应承担的责任；二是在侵权损害系由装修实际施工人未履行安全防护义务造成的情形下，如何认定业主与装修实际施工人之间的责任。

一、家庭室内装修涉劳务侵权场景中业主责任的认定

首先需厘清室内家装合同的性质，然后在此基础上判断业主的责任形态。有裁判观点认为装饰装修工程属于施工工程，室内家装也不例外，应归属建设工程合同范畴，故业主是发包人，应对相关损害承担连带责任。有的则认为，在家庭装修领域，法律并未强制要求装修人必须是具有相应资质的施工企业，个体装饰装修从业者也可以承接家庭装修工程，合同性质应为承揽合同，业主承担定作人责任。从最高法院的释法观点来看，采纳的是第二种观点。在最高法院民事审判第一庭编著的《最高人民法院新建设工程施工合同司法解释（一）理解与适用》一书中，论及装饰装修工程价款优先受偿权问题时，明确将家庭居室装饰装修工程的承包人排除在工程价款优先受偿权范围之外，并认为家庭居室装饰装修工程应适用《民法典》合同编有关承揽合同的规定。主要理由一是，依现行《建筑法》的规定，家庭居室装饰装修活动不属于《建筑法》的调整范围；二是相关部门规章并不禁止个人承接家庭居室的装饰装修工程；三是有些地方高院出台的指导意见明确家庭居室的装饰装修工程引起的纠纷适用有关承揽合同的规定。笔者亦赞同第二种观点，建设工程合同是特殊的承揽合同，其特殊之处主要在于合同主体应具备相应的资质。而不论是从现行部门规章的规定，还是从现实生活和家装行业的市场现状来看，都并未禁止

个人从事家庭装饰装修业务，所以家装合同的主体并不需要像建设工程合同主体一样，必须具备《建筑法》规定的相应条件，否则属违反法律强制性规定而导致合同无效。家装合同更符合一般承揽合同的特征。

需要注意的是，虽然家装合同主体不因欠缺相关资质影响合同效力，但会直接影响定作人的选任责任。关于定作人责任，《人身损害赔偿司法解释》第十条对承揽人在完成承揽事项中致人损害的侵权责任问题作出了规定，但原《侵权责任法》未对此作出规定。《民法典》第一千一百九十三条则将定作人责任单独成条规定，吸收和借鉴《人身损害赔偿司法解释》第十条的内容和精神，仅作了文字调整，规定的是定作人对定作、指示或者选任有过错的侵权责任。按照现行《家庭居室装饰装修管理试行办法》第六条、《住宅室内装饰装修管理办法》第九条、第二十二条、第二十三条等规定，承接家庭居室装饰装修工程的单位和个人仍需“持证上岗”。业主为保证装修质量和施工安全，仍负有选任有相应资质的装修企业或者个人承接装修工程的定作人义务，并应提供一定的装修安全保障条件，否则需承担相应过错责任。但是，并非所有的家庭居室装饰装修工程都会使业主与装修工之间发生承揽合同关系，双方也有可能构成雇佣关系，需根据装修工程的具体内容，结合报酬对价所指向的合同标的进行判断。若业主所需要的只是某个装修环节中的单纯劳务，即合同标的是劳务本身，不是其物化的劳务成果，则应认定双方构成雇佣关系，业主作为接受劳务方承担的则是雇主责任。

本案中，从合同法律关系上看，业主熊某英、骆某国与死者李某文并无直接关系，与李某文构成雇用合同关系的雇主是叶某青，与叶某青构成承揽合同关系的定作人是张某平。但从侵权法律关系上看，一是熊某英、骆某国与张某平构成定制墙布的承揽关系，在张某平作为承揽人对他人成立侵权行为的情况下，作为定作人的熊某英、骆某国亦应承担相应的定作人责任；二是熊某英、骆某国作为装修场所的所有者、管理者，参照“善良管理人”标准，亦负有一定的安全保障义务。而根据查明的损害发生过程，可以认定熊某英、骆某国未明确指示、告知承揽人可能存在的装修安全隐患，存在定作人过错，同时未对装修场所尽到安全提示和提供安全防护措施的义务，应承担违反安全保障义务的责任。因此，熊某英、骆某国再审主张其不应当承担主要赔偿责任，理由不足，未获支持。

二、业主与装修实际施工人之间的责任认定

在业主将家庭装修主要工程承揽给装修公司或者个人时（以下统称装修实际施工人），因装修安全所引发的劳务侵权纠纷中，就会涉及业主与装修实际施工人之间的责任划分，从而需要明确几个法律问题。一是诉讼参加人的问题。除非受害人是装修实际施工人雇请的人员，受害人一般并不知道装修实际施工人的存在，不会将装修实际施工人列为被告。业主在诉讼中如果主张追加装修实际施工人为当事人，法院可以行使释明权，询问原告方的意愿。若原告同意追加，可以将装修实际施工人列为当事人，但仅限一审程序中；若原告不同意追加，因装修实际施工人并非必要共同诉讼人，故应尊重原告对被告的选择，可不予追加。二是业主的责任承担问题。在因装修安全引发的侵权事故中，业主存在定作人过错或者违反了安全保障义务，即应对受害人负有侵权赔偿责任。业主以与装修实际施工人的合同约定抗辩责任分担的，不能成立。在对外赔偿关系中，业主与装修实际施工人的合同约定不得对抗受害人，受害人有权仅以业主为侵权相对人行使损害赔偿请求权。三是业主的追偿权问题。装修实际施工人虽非侵权纠纷中的必要共同诉讼人，但并不影响业主以合同法律关系为基础向其主张权利。装修实际施工人负有对施工场地安全管理职责，对施工拆除部分房屋物件后可能产生的安全隐患负有消除义务。若侵权事故的发生与实际施工人未履行安全防护义务存在因果关系，则装修实际施工人应对其过错承担侵权责任或者违约责任。故业主在对外承担侵权赔偿责任后向实际施工人追偿，有相应的依据，可通过另诉的形式主张。

本案中，熊某英、骆某国在二审中才申请追加装修实际施工人曲某作为当事人，但曲某并非必要共同诉讼人，其不参加诉讼不影响本案侵权责任的认定，故二审法院未予追加，程序合法。但曲某尚未完成案涉房屋的装修工程，未移交房屋，故仍负有装修场所安全管理职责，对拆除墙体、栏杆后可能产生的安全隐患负有提示、警示或者消除的义务，曲某未履行应尽义务，对内应对业主承担的侵权责任负责，故再审判决释明，熊某英、骆某国承担本案责任后，可以根据合同约定另行向曲某主张。实际上，熊某英、骆某国在本案再审判决后，以曲某为被告提起了装饰装修合同之诉，该案认定熊某英、骆某国与曲某对侵权赔偿损失各自存在过错，判令各按照 50% 比例承担责任。

编写人：毛盈超

再审合议庭成员：龚雪林　黄伟武　闵遂赓

2. 雇主责任是法定责任，不因合同约定而免除

——郭某与江西某路桥（集团）有限公司、李某根、张某昭、彭某军侵权责任纠纷再审案

裁判要旨

雇员在工地驾驶施工机械，导致他人人身伤害时，雇主应承担由此导致的赔偿责任，该责任是基于法律规定发生，该侵权责任并不因雇主与其他人之间的合同约定得以免除。雇主与其他人之间的合同约定只在合同当事人之间产生合同权利义务关系，不是雇主对合同外的受害人免除责任的依据。

案例索引

一审：江西省新干县人民法院（2013）干民一初字第240号

二审：江西省吉安市中级人民法院（2014）吉中民一终字第354号

再审：江西省高级人民法院（2016）赣民再21号

基本案情

再审申请人（一审被告、二审上诉人）：郭某。

被申请人（一审原告、二审被上诉人）：江西某路桥（集团）有限公司（以下简称路桥公司）。

被申请人（一审被告、二审被上诉人）：李某根。

被申请人（一审被告、二审被上诉人）：张某昭。

被申请人（一审被告、二审被上诉人）：彭某军。

路桥公司向一审法院起诉，请求：1. 判令李某根、郭某、张某昭、彭某军偿还路桥公司垫付的赔偿款45万元及利息损失；2. 判令张某昭偿还路桥公司为其垫付的押金2万元及利息。

2013年4月17日，路桥公司起诉至新干县人民法院称，路桥公司承建新干县麦斜至潭丘的公路改建工程，并将该工程的水稳、油面摊铺的劳务发包给李某根施工，李某根雇请了黄某生等民工进行施工。期间，路桥公司与郭某、徐州嘉业路桥机械有限公司签订了一份《机械设备租赁合同》，约定路桥公司以月租金22000元租赁郭某的26吨压路机1台（操作人员由郭某自带）用于碾压路面。2012年10月24日18时许，一审被告张某昭驾驶压路机在作业中往后倒退碾压沥青路面时，将民工黄某生碾压致死，张某昭被新干县公安局交通警察大队拘押。事故发生后，路

桥公司委托吉安市公路局新干分局处理该事故有关善后事宜。吉安市公路局新干分局交纳押金 2 万元，将张某昭保释。之后，吉安市公路局新干分局与死者亲属就赔偿事宜达成由路桥公司一次性赔偿 45 万元的赔偿协议，并分两次将全部赔偿款付清给死者黄某生亲属钱四妹。2013 年 5 月 23 日，路桥公司向一审法院申请追加彭某军为本案被告。处理完事故赔偿后，路桥公司与郭某等人多次协商无果，遂起诉请求：1. 判令李某根、郭某、张某昭、彭某军偿还路桥公司垫付的赔偿款 45 万元及利息损失；2. 判令张某昭偿还路桥公司为其垫付的押金 2 万元及利息；3. 诉讼费用由李某根、郭某、张某昭、彭某军承担。

2012 年 6 月 25 日，路桥公司取得新干县麦斜至潭丘的公路改建工程。7 月 15 日，路桥公司将该工程的“基层和面层铺筑”人工方面的工程承包给李某根施工，随后李某根雇请了黄某生等十名民工进行施工，并与部分民工代表签订了协议，协议约定了如因民工原因造成安全事故由民工自己承担责任等内容。8 月 20 日，路桥公司（乙方）与郭某（甲方）签订了一份《机械设备租赁合同》，主要约定：一、乙方租用甲方机械设备为 26 吨压路机一台，月租金 22000 元。二、工程性质为水稳、沥青，租赁期限为 2012 年 8 月 20 日至 2012 年 12 月 31 日，租赁期内租赁机械的所有权属甲方，乙方只有使用权……。三、本着安全生产的原则，乙方应按操作规程指挥和使用设备，并对施工安全和施工质量负责；乙方须负责甲方操作人员的住宿及膳食，甲方操作人员在乙方工地工作期间应遵守乙方有关制度和纪律；在租赁设备期间设备的安全由乙方负责，若发生设备丢失或损坏由乙方负责赔偿……。9 月 2 日，郭某（乙方）与彭某军（甲方）签订了一份《机械设备租赁合同》，主要约定：一、乙方租用甲方机械设备为 26 吨压路机一台，月租金 15000 元。二、工程性质为沥青摊铺，租赁期限为 2012 年 9 月 2 日至工程结束，租赁期内租赁机械的所有权属甲方，乙方只有使用权……。三、本着安全生产的原则，乙方应按操作规程指挥和使用设备；设备在工地施工期间，如甲方设备造成人员受伤、死亡及其他经济损失，责任由甲方负责……。上述两份《机械设备租赁合同》其余格式条款和内容基本一致。郭某向彭小军租赁压路机设备后即用于路桥公司的麦斜至潭丘的公路改建工程。10 月 3 日左右，张某昭接替该压路机原操作员边召民（彭某军所雇请人员）操作该压路机。10 月 24 日 18 时许，张某昭驾驶压路机在作业中往后倒退碾压沥青路面时，没有安全操作，将身处压路机后面的民工黄某生当场碾压致死，张某昭随即被新干县公安局交通警察大队依法传唤。10 月 29 日，路桥公司在交付了事故押金 2 万元后，张某昭被解除传唤。事故发生后，路桥公司即委托吉安市公路局新干分局处理该事故有关善后事宜。为避免发生不稳定事态，在有关部门协调下，10 月 27 日，吉安市公路局新干分局代表路桥公司与死者亲属就有关各项赔偿事宜达成了协议：由路桥公司一次性赔偿死者黄某生亲属各项损失共计 45 万元整。协议签订后，吉安市公路局新干分局按约定于 10 月 27 日和 10 月 30 日分两次代路桥公司将全部赔偿款付清给死者黄某生亲属钱四妹。

裁判结果

一审判决：一、郭某、彭某军、李某根分别应偿付路桥公司垫付款45295.10元、67942.65元、11323.78元；二、驳回路桥公司对张某昭的诉讼请求；三、驳回路桥公司的其他诉讼请求。

郭某不服提出上诉。二审判决：驳回上诉，维持原判。

郭某不服二审判决，申请再审。再审判决：维持二审判决。

裁判理由

再审认为，（一）关于郭某应否对黄某生死亡承担赔偿责任的问题。根据一、二审查明的事实，本案黄某生系在施工工地被张某昭驾驶的压路机当场碾压致死。张某昭驾驶压路机往后倒退碾压沥青路面作业时，未观察清楚后退路线方向有无人员，违章操作压路机的行为，是造成黄某生死亡的直接原因，因此，张某昭操作压路机不当，对导致黄某生死亡的结果有过错，应当承担相应侵权责任。由于张某昭系受人雇请从事操作压路机工作，根据法律规定，张某昭行为的侵权责任应由其雇主对受害人直接承担。因此，郭某与张某昭是否构成雇佣关系是郭某应否对黄某生死亡承担赔偿责任的关键问题。再审法院认为，郭某与张某昭之间构成雇佣关系，郭某应当为张某昭侵权行为承担赔偿责任。首先，虽然郭某履行其与路桥公司之间签订的《机械设备租赁合同》的压路机系由压路机车主彭某军提供，压路机操作员也是由彭某军雇请并支付工资，但郭某从彭某军处租赁压路机后，在租赁关系存续期间，压路机操作员由接受彭某军直接管理指示变更为由彭某军间接管理指示，而由郭某直接管理指示压路机操作员从事相应的劳务工作，相应的劳务成果由郭某享有。因而，彭某军是压路机操作员长期雇主，郭某是其租赁期内直接雇主。其次，郭某以其与彭某军之间的合同约定抗辩其不承担赔偿责任也没有法律依据。郭某是作为雇主承担压路机操作员张某昭侵权导致的赔偿责任，该责任是基于法律规定发生，其承担的对象是被侵权人。该侵权责任并不因郭某与其他人之间的合同约定得以免除。郭某与彭某军之间的合同约定只在合同当事人之间产生合同权利义务关系，不是郭某对合同外的第三人免除责任的依据。

（二）关于路桥公司是否具备本案原告主体资格的问题。路桥公司系黄某生死亡所在工地的承包人和施工人，其将部分劳务工程分包给不具备建设工程施工资质的郭某、李某根施工，对施工现场管理不善，没有尽到施工安全保障义务，是造成黄某生死亡的重要原因，因而路桥公司是黄某生死亡赔偿义务主体。路桥公司的过错与郭某、李某根等人的过错结合，造成黄某生死亡，应当对黄某生死亡承担共同赔偿义务。一、二审已经查明，吉安市公路局新干分局系代表路桥公司与受害人家属达成赔偿协议，路桥公司委托吉安市公路局新干分局签订赔偿协议，支付了全部赔偿款后，有权要求其他赔偿义务人支付各自应当承担的份额，因此路桥公司具备本案原告主体资格。

要旨解析

本案再审虽然维持了原审处理结果，但原审系以郭某未尽审查张某昭是否具备压路机操作员资格的合同义务为由适用合同法规定判令郭某承担赔偿责任。实际上，郭某承担本案赔偿责任的法律基础在于郭某承担的是雇主责任，是一种法定的责任主体特殊的侵权责任，非合同约定责任。原审属于说理和适用法律错误。在涉及租赁、承包等合同所引发的与提供劳务相关的侵权纠纷中，这种以合同义务代替侵权责任的处理方式在审判实务中并不少见，有的不仅是在论理上出现偏差，还影响了裁判的最终处理结果，为此借本案就所涉相关法律问题予以梳理、明晰。

一、带驾驶员租赁情形中驾驶员雇主的判断

在工地施工场景中，带驾驶员租赁工程车辆的情形比较常见，即出租人不仅提供租赁车辆，还提供驾驶员，相当于出租人提供了两个租赁客体。此种情形下，租赁合同一般会对租赁车辆和驾驶员的提供进行约定。在出现驾驶员因操作不当造成他人伤亡的侵权纠纷中，对于驾驶员雇主的判断，却不能简单地以合同约定为准，应结合合同实际履行情况，即驾驶员实际的雇请情况进行判断。一种情况是，合同约定出租人提供驾驶员，实际履行情况亦如此，驾驶员是出租人雇请的，由出租人支付报酬，受出租人管理和控制，即使在租赁期间该驾驶员又接受承租人具体指令，也不应认定承租人是雇主，在驾驶员因操作不当引发的侵权行为中，承租人承担的是过错责任，而非无过错的雇主责任。另一种情况是，合同虽约定驾驶员由出租人提供，但实际上该驾驶员是承租人自己雇请的，受承租人直接管理、控制，由承租人支付报酬，那么承租人就是该驾驶员的雇主。本案情况正是如此，郭某与彭某军在租赁合同中约定，压路机驾驶员由彭某军雇请并支付工资，但郭某从彭某军处租赁压路机后，将彭某军提供的驾驶员换成自己雇请的驾驶员张某昭操作压路机。对于张某昭而言，其雇主是郭某，而非彭某军。还有一种情况是，合同约定驾驶员由出租人提供，出租人亦提供了驾驶员，但该驾驶员的报酬支付、管理控制等系由承租人直接负责，出租人只是起到类似中介的作用，与驾驶员之间没有从属关系，那么驾驶员的真正雇主应是承租人，非出租人。

二、雇主责任是法定的侵权责任，不因合同约定得以免除

一般而言，侵权行为以责任自负为原则，但提供劳务一方因劳务造成他人损害，不是由劳务者本人承担责任，而是由其雇主承担替代赔偿责任，这就是对侵权行为自负原则的突破，也是雇主责任最特殊之处。而对原则的突破，不是任意的，也不属于当事人意思自治范畴，这是法定的。即对于何种侵权行为应适用特殊的归责原则，这种价值判断在立法之初进行，体现为明确的法律文本，对于司法适用而言，就是遵循这种价值判断。《民法典》延续了原《侵权责任法》《人身损害赔偿司法解释》对于雇主承担无过错责任的规定。因此，雇主责任作为责任主体特殊的侵权责任，具有法定性，当事人不能通过合同约定排除雇主责任或者改变雇主责任的判断基础。除了法定性，从合同相对性而言，雇主与其他人之间关于雇主责任的分担约定也只在合同当事人之间产生合同权利义务关系，这种约定的效力仅及于合同当事人，不对受害人产生约束力。站在受害人的角度来看，雇主作为劳务使用人之所以代替劳务者作为侵权行为人承担责任，是因为行为人与使用人之间产生了人格同一性，行为人的人格已经为使用人的人格所吸收，其独立性不复存在，不再是独立的主体，他们重合为侵权相对方，进而在对外的赔偿关系中，雇主就是转承的侵权赔偿主体，其不得以与他人的约定对抗受害人。本案中，郭某承担本案赔偿责任不是原审认定的因违反合同义务所致，而是其作为雇主所应负的侵权责任，该责任是基于法律规定发生，其承担的对象是被侵权人，不因合同约定得以免除或受限制，故再审认为郭某以其与彭某军之间的合同约定抗辩其不承担赔偿责任，缺乏法律依据，并纠正了原审的论理适法。

编写人：毛盈超

再审合议庭成员：龚雪林　谢丽萍　徐　苹

3. 选任无资质的人员进行特种设备安装的，应对损害后果承担相应过错责任

——秦某丰、上饶市某工程机械有限公司与饶某华等提供劳务者受害责任纠纷再审案

裁判要旨

1. 提供劳务一方因劳务受害的，适用过错原则进行处理，各方当事人根据各自过错承担相应责任。

2. 个人借用单位名义从事特种设备的租赁业务，双方构成挂靠关系，应对相关损失承担连带赔偿责任。

3. 负有安装或者管理义务的特种设备出租人、承租人、安装人等，应选任具有相应资质的人员进行安装作业，否则存在过错，应对特种设备安装过程中造成的劳务者损害承担相应责任。劳务者因不具备特种设备作业资质造成自身损害的，亦存在过错，承担相应责任。

案例索引

一审：江西省上饶市广丰区人民法院（2015）广民一初字第 879 号

二审：江西省上饶市中级人民法院（2016）赣 11 民终 517 号

再审：江西省高级人民法院（2017）赣民再 71 号

基本案情

再审申请人（一审被告、二审上诉人）：秦某丰。

再审申请人（一审被告、二审上诉人）：上饶市某工程机械有限公司（以下简称上饶机械公司）。

被申请人（一审原告、二审被上诉人）：饶某华。

被申请人（一审被告、二审上诉人）：福建省某建设发展有限公司（以下简称建设公司）。

被申请人（一审被告、二审上诉人）：三明某建工机械有限公司（以下简称三明机械公司）。

一审被告：清流县迎屏佳苑 B 区项目部。

饶某华向一审法院起诉请求：依法判令秦某丰、上饶机械公司、建设公司、三

明机械公司、清流县迎屏佳苑B区项目部赔偿医疗费、残疾赔偿金、精神损害抚慰金等共计人民币1799053.82元。

2013年4月13日，秦某丰以上饶机械公司三明分公司名义与建设公司签订塔式起重机租赁合同，约定因建设公司承建清流县迎屏佳苑B区项目部工程需要，向实达实三明分公司租用塔式起重机三台。后因上饶机械公司不具备设备安装资质，秦某丰遂与三明机械公司联系安装事宜。2013年5月13日，三明机械公司出具《塔式起重机安装告知材料》一册，报送清流县住房和城乡规划建设局登记的使用单位为建设公司，安装单位为三明机械公司，建设公司于5月18日在审批表上作出符合要求的审核意见，安装告知书拟定安装时间为2013年5月16日至5月17日。安全协议中安全责任条款约定"使用方建设公司应向安装方三明机械公司提供合格的设备安装场地，设置安全警戒区并有专职安全员现场员监督，如需夜间作业的，应该提供合格的照明；安装作业人员应严格遵守高处作业安全技术操作规程；建筑起重机械安装、顶升、附着作业必须在白天或照明良好的夜间进行。"2013年5月14日，秦某丰通过其妻子徐某凤账户汇款20000元至三明机械公司财务人员程某云账户。2013年5月16日，秦某丰派人进入福建省清流县宜久房地产开发有限公司迎屏佳苑B区安装塔式起重机，安装人员为刘某炎班组中的周某师（在本次事故中已死亡）及其弟弟、饶某华与洪某。当日晚7时许，因周某师在下层顶升榫头顶偏，螺丝顶过了头，导致塔吊二层外套坠落，饶某华与洪某所站的围栏跟随塔吊外套一起坠落，落地时，饶某华与洪某从围栏中弹出掉到地上，周某师当场死亡，洪某伤情为轻伤。饶某华受伤后，送医治疗共住院318天，花去医疗费279401.12元，交通费6682.5元。经鉴定，饶某华构成伤残二级。在该次塔吊套架滑落事故发生后，未向主管部门申报。建设公司、上饶机械公司与死者周某师家属于2013年5月17日签订调解协议，共同赔偿周某师家属880000元。同日，秦某丰与刘某炎签订协议，明确刘某炎因违章操作塔吊发生事故，事故由刘某炎和秦某丰到工地协商处理，且刘某炎只承担20000元费用，其他费用与刘某炎无关。

裁判结果

一审判决：一、饶某华应获赔偿款合计1747053.82元，由秦某丰赔偿40%即698821.53元，扣除饶某华借支的149900元，应支付548921.53元，由建设公司赔偿20%，即349410.76元，由三明机械公司赔偿30%，即524116.15元，由上饶机械公司赔偿10%，即174705.38元；二、秦某丰、上饶机械公司、建设公司、三明机械公司负连带赔偿责任；三、驳回饶某华的其他诉讼请求。

秦某丰、上饶机械公司、建设公司、三明机械公司不服提出上诉。二审判决：一、撤销一审判决；二、饶某华应获赔偿款合计1747053.82元，由秦某丰赔偿90%，即1572348.44元，扣除饶某华向其借支的149900元，还应赔偿饶某华1422448.44元，由建设公司赔偿10%，即174705.34元；三、上饶机械公司对秦某丰的赔偿款承担连带赔偿责任；四、驳回饶某华的其他诉讼请求。

秦某丰、上饶机械公司不服二审判决，申请再审。再审判决：一、维持二审第一项、第三项、第四项；二、变更二审判决第二项为：由秦某丰赔偿 50%，即 873526.91 元，扣除饶某华向其借支的 149900 元，还应赔偿饶某华 723626.91 元；由建设公司赔偿 20%，即 349410.76 元；由三明机械公司赔偿 20%，即 349410.76 元。

裁判理由

再审认为，本案事故造成一死、一重伤、一轻伤的严重后果，事故发生后，各方均未按《安全生产法》的相关规定向当地安监部门报告，致使本案事故未能依照程序取得《事故调查处理报告》，现各方当事人对责任的承担产生争议。根据一、二审查明的事实，针对各方当事人的责任承担，分析认为，首先，根据秦某丰与饶某华在二审及再审庭审中的陈述，可以确认是秦某丰让刘某炎叫饶某华去做事的，饶某华与周某师等人一起安装设备是为秦某丰直接提供劳务，秦某丰与饶某华构成劳务关系。根据《建筑起重机械安全监督管理规定》的相关规定，起重机作为特种设备，其安装应严格按照相关程序申报备案后由有安装资质的单位委派专业人员进行安装。秦某丰叫不持有《建筑施工特种作业操作资格证》的饶某华等四人进行安装作业，饶某华在提供劳务中受到损害，秦某丰应承担主要的赔偿责任。其次，秦某丰系本案起重机的实际所有权人，其以实达实三明分公司的名义与建设公司签订《塔式起重机租赁合同》，因实达实三明分公司不具备法人资格，其权利义务应由上饶机械公司承担，秦某丰与上饶机械公司构成挂靠关系。上饶机械公司未尽到相应的管理义务，存在过错，故应对饶某华的损失与秦某丰一起承担连带赔偿责任。第三，饶某华作为安装人员，应知晓特种设备的安装应依照法律规定持证方可上岗，其称作为辅助人员无须资质，没有提供相应的证据支持。饶某华无证进入施工现场参与安装塔式起重机，对自身受到的损害亦存在一定的过错。第四，建设公司作为建筑工程总承包人及机械设备的承租使用人，其对施工现场安全负有责任。另，建设公司与三明机械公司签订了《建筑起重机械安装合同》和《建筑起重机械安全协议》，并报批了《建筑起重机械安装应急救援预案》，但建设公司并未履行上述合同、协议和预案中约定的相关安全义务，未依相关安全生产法规对安装人员特种设备操作资格证予以核实，未对无证人员进入施工现场施工予以制止，在事故发生后亦未向当地安监部门进行报告。因此，建设公司对本案事故的发生及饶某华的损害存在过错，应承担一定的赔偿责任。第五，三明机械公司与建设公司签订了《建筑起重机械安装合同》并提供了相关资料备案登记和办理了报批手续，三明机械公司作为政府备案的安装材料的制作人及安装合同明确约定的设备安装人，其对安装人员的选任、安装现场的操作及事故的处理负有直接责任。在拟定的安装期内，三明机械公司未指派专业安装人员及管理人员到场施工作业，对秦某丰雇请的饶某华等人的违规安装行为未予制止，未履行安装监管义务，在事故发生后没有向当地有关部门进行报告，其行为存在过错。另，在建设公司与三明机械公司已签订安装合同的情况下，秦某丰或建设公司再安排其他人来安装设备，明显不符合常理，若三明机械公司只是负责办理相关报批手续，实际安装人员仍由秦某丰安排，则该行为属于借用三明机械公司安装资质的行为，三明机械公司在此情况下亦存在过错。综合上述分析，二审仅判决秦某丰、上饶机械公司及建设公司承担相应的赔偿责任，未判令饶某华与三明机械公司承担责任，存在不妥，应予纠正。结合本案各方当事人实施具体行为的不同过错程度，分别确定对饶某华损害赔偿的比例，酌定由秦某丰承担赔偿金额的50%，上饶机械公司承担连带责任，建设公司承担赔偿金额的20%，三明机械公司承担赔偿金额的20%，饶某华自行承担10%。

要旨解析

本案系提供劳务者受害责任纠纷，历经一审、二审发回重审、一审重审、重审后上诉、申请再审、再审等多轮审理程序，主要就在于案涉责任主体较多，交织着特种设备租赁关系、安装合同关系、雇主关系等多种法律关系，各主体之间的关系判断及责任判定争议较大。因此，对于该类侵权纠纷的处理，关键在于法律关系的梳理及各主体过错责任的认定。

一、涉提供劳务侵权责任纠纷法律关系的梳理

涉提供劳务侵权责任纠纷的法律关系以雇佣关系为基础，所以梳理关系的主线是正确识别和精准把握各种类型的雇佣关系，副线则是其他与提供劳务有关的法律关系认定，比如承揽、租赁、承包等合同关系，用来辅助判断其他责任主体。整体思路有三层，首先，判定是否存在契约雇佣关系。雇佣关系的形成是劳动力经协商一致出让的结果，无论该约定是书面的还是口头的，雇员接受雇主指令，为雇主利益提供生产或者生活上的劳务服务，雇主向其支付相应报酬，双方即产生雇佣关系。契约雇佣关系审查的难点在于，对当事人之间的合同法律关系进行识别，从契约表现形式以及契约关系的特点等，判断该种合同关系是属于雇用合同，还是属于承揽合同等其他以劳务标的为特征的合同关系。其次，判定是否存在事实雇佣关系。除了契约雇佣关系外，还有一种雇佣关系不能忽视，即当事人之间的劳务服务不是由劳务性契约所引起的，而是于事实层面上存在着的现实的劳务控制使用情形，双方形成了事实上的雇佣关系。事实雇佣关系的审查重点在于，劳务者是否实际提供了劳务内容，是否受雇主的控制、指示和监督，这两项核心要素应当同时具备。最后，审查非雇佣关系情形，即其他合同关系。涉提供劳务侵权责任的赔偿责任主体并非仅限于雇佣关系的雇主，对于引发损害后果“多因”环节中与提供劳务相关的其他法律关系的判定，将直接影响其他赔偿责任主体的认定。对于这类非雇佣关系的认定，一般都是依据相关当事人之间所形成的合同权利义务内容，结合实际履行情况作出实质法律关系的判断。

本案中，饶某华作为提供劳务一方，因提供劳务受到损害，首先需判明其雇主是

谁。从三级法院的处理来看，对于案涉雇佣关系的认定，并无过多争议。根据查明的事实，饶某华是秦某丰雇请来进行安装作业，双方虽未签订劳动合同，但饶某华受秦某丰的指示、控制，为秦某丰提供了安装劳务，双方已形成事实雇佣关系，故秦某丰是饶某华的雇主。其次，本案还涉及其他主体，需梳理这些主体之间的法律关系。各主体之间签订了相应合同，可先根据合同内容作出判断。上饶机械公司与建设公司签订塔式起重机租赁合同，上饶机械公司是案涉起重机的出租人，建设公司是承租人；建设公司与三明机械公司签订了建筑起重机械安装合同，三明机械公司是案涉起重机的安装人。但单从合同表面还不足以判断各方当事人之间的实质关系，还需结合合同实际履行情况做进一步梳理。从合同实际履行情况来看，一是秦某丰借用了上饶机械公司的名义与建设公司签订租赁合同，故秦某丰与上饶机械公司之间成立挂靠关系；二是起重机的实际安装人是由秦某丰安排，三明机械公司对此未提出异议，也未安排其他人员进行安装。这些实质法律关系的梳理是下一步认定这些主体赔偿责任的依据和来源所在。

二、提供劳务者因劳务受害情形下各主体责任的认定

虽然提供劳务受害责任纠纷是归入责任主体特殊的侵权纠纷，但不同于用人单位责任纠纷或者提供劳务致害责任纠纷，突破了侵权行为自负的原则，对相关主体适用无过错责任，提供劳务受害责任纠纷仍以过错责任为归责原则对各主体的责任进行认定。明确了这一点，无论关系再复杂、主体再多，只要回归到有过错即承担责任，无过错无责任的一般侵权归责原则的适用，抽丝剥茧，条分缕析，就可以把复杂问题简单化，即在法律关系梳理的基础上，根据不同法律关系所对应的权利义务内容，明确不同主体所应承担的约定或者法定的义务，然后以此判断其是否履行了相关义务，是否存在过错，进而匹配与该过错相适应的赔偿责任，做到不漏掉也不扩大与损害相关的任何一个主体。

实际上，提供劳务受害责任过错原则的确立，系经历了一个发展变化的过程，并最终通过《民法典》予以确认。在侵权责任法时代，有关提供劳务受害责任的归责原则，存在法律和司法解释两种不同的规定。《人身损害赔偿司法解释》第十一条规定："雇员在从事雇用活动中遭受人身损害，雇主应当承担赔偿责任"，即对雇员在从事雇用活动中遭受的人身损害，不问雇主是否存在过错，均应当承担赔偿责任，采用的归责原则是无过错责任。而原《侵权责任法》第三十五条规定："提供劳务一方因劳务自己受到损害的，根据双方各自的过错承担相应的责任"，即不论是雇主还是雇员，都可能承担责任，系以过错为责任承担的基础，改变了上述司法解释的规定。《民法典》出台后，明确延续了原《侵权责任法》对提供劳务受害适用过错责任处理的做法，同时删除了《人身损害赔偿司法解释》的该条规定，使得这种司法解释规定在前，内容自成一体；法律规定之后，司法解释无法与侵权责任法体系直接对应的法律适用现象得以终结。

本案中，除了合同约定义务外，由于涉及建筑起重机械特种设备作业问题，对

于各责任主体而言，都存在一个不容忽视的法定义务，即根据《安全生产法》《特种设备安全法》《建筑起重机械安全监督管理规定》等法律、法规规定，建筑起重机械作为特种设备，其安装应严格按照相关程序申报备案后由有安装资质的单位委派专业人员进行安装。但本案负有安装或管理义务的出租人、承租人、安装人，均未履行这一法定义务，对秦某丰选任的不具有特种设备作业资质的劳务人员，以不作为的形式或未核实，或未予以管理阻止，或未履行安装监管义务，各方均存在过错。而作为提供劳务者本人的饶某华，明知自己不具备特种设备作业资质而提供相关劳务，对自身受到的损害亦存在一定的过错，也应承担相应责任。再审判决根据各主体之间的法律关系，结合各主体法定或者约定义务的履行情况，分析各自过错，并根据过错程度判定各方当事人的责任，论理层次清晰，划分责任妥当，较好地了结了这起历时数年，历经多道审理程序的涉劳务侵权责任纠纷。

编写人：毛盈超

再审合议庭成员：熊　伟　陈银发　胡爱菊

4. 承包人违反选任或者安全生产义务，应对劳务分包人雇请的劳务者因安全生产事故造成的损害承担连带责任

——江西某建筑劳务有限公司与万某寿、某建设集团有限公司等提供劳务者受害责任纠纷再审案

裁判要旨

1. 甄别具体施工人员的雇主，关键在查明谁是真正决定劳务人员选任、决定薪酬发放、指示控制劳务内容、监管劳务过程、直接从雇员劳务中获利的一方，谁就是雇主。

2. 承包人违反选任或者安全生产义务的，应对劳务者因安全生产事故造成的损害承担连带责任。劳务分包人将劳务再次分包给无资质的个人，应与雇主承担连带责任。

案例索引

一审：江西省南昌县人民法院（2016）赣0121民初2057号

二审：江西省南昌市中级人民法院（2017）赣01民终179号

再审：江西省高级人民法院（2018）赣民再98号

基本案情

再审申请人（一审被告、二审上诉人）：江西某建筑劳务有限公司（以下简称劳务公司）。

被申请人（一审原告、二审被上诉人）：万某寿。

被申请人（一审被告、二审上诉人）：某建设集团有限公司（以下简称建设公司）。

被申请人（一审被告、二审被上诉人）：某地产集团（南昌）有限公司（以下简称地产公司）。

被申请人（一审被告、二审被上诉人）：江西某建筑工程公司（以下简称建筑公司）。

被申请人（一审被告、二审被上诉人）：万某。

被申请人（一审被告、二审被上诉人）：胡某根。

被申请人（一审被告、二审被上诉人）：吴某风。

万某寿向一审法院起诉请求：要求各被告赔偿医疗费、伤残赔偿金、误工费等各项损失 840866.82 元。

2014 年 3 月 16 日因建设公司提供的混凝土泵车晚到，导致当天万某寿等人在南昌恒大绿洲六期 5# 楼的十四楼混凝土完工时间推迟到晚上 9 时许。除施工楼层有照明外，十四楼以下均没有照明工具，楼层收缩缝之间无安全防护设施，致使万某寿下班途中，不幸从十四楼摔至十一楼外围挡上，随即被送医进行治疗，住院共计 79 天，共花费医疗费 110367.82 元。经鉴定，万某寿损伤评定为三级伤残，需要部分护理依赖。万某寿系农业户口。事发前两年，万某寿在吴某风的介绍下，吴某风在万某的介绍下，均进入劳务公司承包的恒大绿洲工地工作，但劳务公司未与他们签订合同，亦未办理保险。万某寿自劳务公司承包的 4# 楼的基础工程开始一直到 4# 楼完工，5# 楼一直到事故发生，从事混凝土的浇筑、抹平工作。事发后，劳务公司支付万某寿 99000 元。

涉案工程系江西省翠林山庄有限公司发包，由建设公司承包。建设公司南昌分公司是建设公司的分公司，不具有法人资格。2013 年 4 月 1 日，建设公司南昌分公司与广阳公司签订南昌恒大绿洲六期主体及配套工程 4–5# 楼临水临电工程施工合同。5 月 28 日，建设公司南昌分公司（甲方）与劳务公司（乙方）签订南昌恒大绿洲六期主体及配套工程 4–5# 楼主体结构劳务合同。该合同在“4. 工程内容”中约定：4.3.1 甲方提供的机械：塔吊、混凝土泵、施工电梯及提升架。……“5. 安全生产”中约定：5.3 乙方应为其进入现场的雇员或工人及其乙工程中雇用的任何有关人员办理政府部门规定的各种保险。乙方应保障此保险在乙方彻底履行完乙合同义务以前始终有效。5.6.3 甲方随时检查乙方对安全措施落实执行情况，并按照甲方制定的有关规定，对检查出的问题进行经济扣款。

裁判结果

一审判决：一、劳务公司支付万某寿赔偿款 424497.89 元；二、建设公司对上述赔偿义务承担连带赔偿责任；三、驳回万某寿的其他诉讼请求。

建设公司不服提出上诉。二审判决：一、维持一审判决第一项、第三项；二、撤销一审判决第二项。

劳务公司不服二审判决，申请再审。再审判决：一、撤销一、二审判决；二、劳务公司、建设公司、万某、吴某风赔偿万某寿 424497.89 元。对于该赔偿款项，劳务公司、建设公司、万某、吴某风互负连带赔偿责任；三、驳回万某寿的其他诉请请求。

裁判理由

再审认为，（一）关于劳务公司、万某、吴某风对万某寿的损害应如何承担赔偿责任的问题。经查：1. 万某寿在《民事起诉状》中称其是被胡某根、吴某风雇请，而胡某根、吴某风又是在泥工承包商万某处承接的工程。2. 一审时，万某寿提交了一份其委托诉讼代理人对胡某根、吴某风制作的谈话笔录。胡某根称，是其妻子吴某风在泥工承包商万某那里承接下来了混凝土浇筑、搅拌工程，然后在乡里面请民工去干，其中就包括万某寿。吴某风称，万某寿的工资是由其按月以现金形式支付，计件计算工资，月平均2200元，每月底发放。平时结钱算账都是跟万某结算。施工队及工地由其丈夫胡某根管理。对于该谈话笔录的内容，各方当事人均无异议。吴某风在一审和二审庭审时称，万某寿是其叫去做事的，其又是万某叫去的。再审审理时，吴某风认可万某将案涉项目混凝土浇筑、抹平包给她，并由万某按立方向其结算付钱，其与万某寿之间的工钱按多少钱每天支付。3. 一审时，证人胡方根和刘有根出庭作证称，其工钱是吴某风给的，吴某风的钱是万某给的。对于证人证言的内容，各方当事人均无异议。4. 一审时，劳务公司称水泥工这一块由万某负责，万某寿是吴某风请去的，吴某风是由万某请去的。5. 一审时，万某在庭审时称，万某寿是吴某风请来的，其在劳务公司接了一点泥工活，后把混凝土浇筑的工作给吴某风做。二审时，对于工资支付，万某称是劳务公司向其支付，其向吴某风支付。上述证据内容高度吻合，能够互相印证，可证实如下事实：建设公司承包案涉工程后，将其中的主体结构劳务分包给劳务公司进行施工，劳务公司将其中的泥工工作分包给不具有资质的万某进行施工，万某再将其中的混凝土工程分包给不具有资质的吴某风进行施工，万某寿为吴某风雇请的从事混凝土浇筑、抹平工作的人员。原一、二审法院认定吴某风、万某、万某寿属于劳务公司的施工人员，即雇员，与本案相关证据证实的事实明显不一致，存在错误，应予纠正。根据查明的事故发生原因，万某寿属因安全生产事故遭受人身损害。根据原《人身损害赔偿司法解释》第十一条第二款规定，劳务公司自建设公司分包案涉工程后，将其中的泥工工作分包给不具有资质的万某进行施工，万某再将其中的混凝土工程分包给不具有资质的吴某风进行施工，吴某风雇请万某寿从事混凝土的浇筑、抹平工作，对于万某寿在施工过程中因安全生产事故所遭受的人身损害，除万某寿因自身过错应承担10%的责任之外的其他损失，劳务公司、万某、吴某风之间应承担连带赔偿责任。

（二）关于建设公司对万某寿的损害应如何承担赔偿责任的问题。《建筑法》第四十四条第一款规定："建筑施工企业必须依法加强对建筑安全生产的管理，执行安全生产责任制度，采取有效措施，防止伤亡和其他安全生产事故的发生。"第四十五条规定："施工现场安全由建筑施工企业负责。实行施工总承包的，由总承包单位负责。分包单位向总承包单位负责，服从总承包单位对施工现场的安全生产管理。"《建设工程安全生产管理条例》第二十四条第一款规定："建设工程实行施工总承包的，由总承包单位对施工现场的安全生产负总责。"该条第三款规定："总承包单位依法将建设工程分包给其他单位的，分包合同中应当明确各自的安全生产方面的权利、义务。总承包单位和分包单位对分包工程的安全生产承担连带责任。”本案中，劳务公司从建设公司分包案涉工程后，在照明条件欠缺，安全防护设施不完善，不具备安全生产条件的情况下组织施工，对于万某寿人身损害后果的发生，具有明显过错，应承担相应责任。建设公司作为案涉工程的总承包单位，对于施工现场安全具有管理职责。对于劳务公司在明显不具备安全生产条件情形下组织施工，导致万某寿因安全生产事故遭受人身损害，建设公司应与劳务公司承担连带责任。

要旨解析

建设施工是庞大复杂的体系工程，不仅劳务需求量大，而且不同的施工环节要求的劳务内容不同，为追逐利润，容易出现多层劳务分包主体，而为节省成本，不少劳务分包主体往往是没有资质的个人。个人组织的劳务来源复杂，管理较为混乱，又交织着层层劳务分包关系，因此一旦造成劳务侵权损害，容易引发雇主的甄别以及建设工程施工合同各方主体责任认定的争议。本案正是这种情况。承包人将劳务分包给劳务企业，劳务企业又将其中的泥工作业分包给不具有资质的个人，个人再将其中的混凝土工程分包给不具有资质的其他个人。对于受伤的劳务者，谁是他的雇主，出现了不同的判断；对于承包人、劳务分包企业、劳务分包个人应否对劳务者的损害承担责任，亦有不同的认定。

一、劳务雇主的甄别

在工地施工场景中，对于劳务雇主的判断首先应明确，不管劳务被层层分包几次，雇主一般只有一个，就是与劳务者构成雇佣关系的相对方，而雇用者的前手或者后手与该劳务者并不存在直接的雇佣关系，不能认定为雇主。其次，不能简单地将劳务第一分包人或者劳务组织者、报酬发放人与雇主直接画上等号。在劳务多层分包情况下，劳务第一分包人与劳务者之间可能并无直接关系；在有的情况下，劳务组织者也可能只是“牵头人”；报酬发放人也可能只是受人之托发放报酬。应着重查明谁是真正决定劳务人员选任、决定薪酬发放、控制劳务内容、监管劳务过程、直接从雇员劳务中获利，谁才是接受劳务一方。因此，在面临多层劳务分包或者多角用工关系，出现“雇主是谁”的争议时，审理路径不应该是单一的，不仅要对劳务使用场景、服务对象进行事实判断，还应运用“控制力”“利益风险一致”等理论进行价值判断，构成一个主观和客观相结合的标准，分析雇员是按照谁的意志，受谁的指示、控制为劳务行为，该劳务代表了谁的利益，是谁的“手臂延伸”，从而甄别出真正的雇主。

本案中，一、二审仅从表面事实做简单判断，认为万某寿在劳务公司承包的劳务工程中施工，劳务公司就是万某寿的雇主。再审则根据各方当事人的陈述，进行互相印证，在厘清案涉劳务存在多层分包情况的基础上，查清楚万某寿作为提供劳务一方的劳务组织来源、报酬领取方式、接受指示对象、劳务获益对象等事实，在这些判断共同指向同一个主体时，即甄别出万某寿的真正雇主，并非劳务第一分包人劳务公司，而是多层劳务分包中直接雇请万某寿，向万某寿发放劳务报酬，负责指示管理万某寿，并从万某寿提供的劳务中获益的劳务分包个人吴某风。

二、其他主体的责任

雇主责任虽然一般只有一个，但建设施工合同的复合性以及合同主体的资质要求，决定了承担赔偿责任的主体可能是多个。建设施工合同其他主体责任的认定以过错责任为归责原则，但责任承担形式多为连带。具体包括，对于工程发包人而言，其负有法定的选任义务，即只能将工程发包给有资质的施工企业，否则发包人需对承包人应承担的劳务侵权责任承担连带责任。对于承包人而言，不论是总承包人，还是分包人抑或实际施工人，不仅负有选任有资质劳务企业的义务，而且对施工现场负有安全生产管理职责。一旦违反选任或者安全生产义务，则该承包人应对劳务者因安全生产事故造成的损害承担连带责任。对于劳务分包人，其直接雇请人员提供施工劳务的，则该分包人即为雇主，应承担雇主责任；但若其将劳务再分包给无资质的个人，无论其后手如何再次分包，其均应对后手雇请的劳务者承担连带赔偿责任。上述连带责任的法律依据，在侵权法时代主要是原《人身损害赔偿司法解释》第十一条第二款，此条虽被删除，但仍有其他现行法律、法规作为依据，主要是《安全生产法》第二十条、第一百零三条，《建筑法》第二十二条、第二十九条以及《建设工程安全生产管理条例》第二十四条。侵权理论依据则是共同侵权理论，既然发包人、承包人、劳务分包人知道或者应当知道接受发包或者分包业务的雇主没有相应资质或者安全生产条件的，那么他们的行为就违反了法定义务，与不适格的劳务雇主就具有共同的过错。纵然他们对劳务损害后果相互间无意思联络，但违背法定义务的行为在客观上为劳务损害发生的原因之一，故构成共同侵权。但需注意的是，这种连带责任是一种不真正连带，相关责任人承担责任后，仍可依据法定（如《民法典》第八百零二条）或者约定（内部责任划分的合同约定）向相对方追偿。

本案中，一审认为劳务分包企业是雇主，承包人应与劳务分包企业一起对劳务者承担连带责任。二审认为承包人将劳务分包给有资质的企业，故其不应承担连带责任。再审认为即使承包人选任了有资质的劳务分包人，但其仍对施工现场负有安全保障义务，仍应对劳务者因安全生产事故遭受的损害与劳务分包人承担连带责任。再审的认定正确，有充分的法律依据，也更利于保护劳务者利益以及规范工地劳务用工。

值得一提的是，关于劳务资质的问题，随着国家“放管服”改革的不断深化[①]，

---

① 2020年12月18日，住房和城乡建设部会同国家发展改革委等共十二个部门颁布了《住房和城乡建设部等部门关于加快培育新时代建筑产业工人队伍的指导意见》，明确指出要“改革建筑施工劳务资质，大幅降低准入门槛”。

包括我省在内的部分省市已经试点建筑劳务用工制度改革[①]，未来可能全国会取消劳务资质的行政审批。在此背景下，笔者认为，我们的司法理念也应当与时俱进，不断更新。若今后国家取消了对建筑劳务资质的法定要求，上述关于劳务分包人不具有建筑施工劳务资质而被判令承担共同侵权责任的来源丧失，连带的基础被阻断，不宜再判令选任人与雇主承担连带责任。但有几点仍需注意，一是建筑劳务资质"放管服"的改革对象是企业，不是个人，个人仍不具备承包建筑劳务施工的资格；二是若建筑项目本身已通过协议对施工劳务资质和安全生产许可证有明确要求的，即对劳务施工资质的约定条件高于法定的，则有约定从约定；无约定，按法定，不能低于法定要求。

编写人：毛盈超

再审合议庭成员：田甘霖　刘晓雯　李振峰

① 2020年5月15日，江西省住房和城乡建设厅发布《关于改进建筑劳务企业资质管理有关事项的通知》(赣建建〔2020〕11号)，明确"在我省行政区域内的房屋建筑和市政基础设施工程建设活动中，持有营业执照的劳务作业企业即可承接施工总承包、专业承包企业的劳务分包作业，不再要求其具有施工劳务资质和安全生产许可证。"

5. 因交通事故撞击等原因导致“车上人员”脱离本车的，不应认定转化为“第三者”

——中国太平洋财产保险股份有限公司某支公司与樟树市某汽车运输服务有限公司责任保险合同纠纷再审案

裁判要旨

1. 交通事故中“第三者”的外延即因交通事故受到损失的人，除了本车人员（合同条款称之“车上人员”）、被保险人之外，其余的人均属于“第三者”。

2. “车上人员”与“第三者”的区别是特定时空下的概念，因交通事故的撞击等原因导致车上人员脱离本车的，不存在转化为第三者的问题。

案例索引

一审：江西省樟树市人民法院（2013）樟民二初字第 22 号

二审：江西省宜春市中级人民法院（2015）宜中民二终字第 3 号

再审：江西省高级人民法院（2016）赣民再 23 号

基本案情

再审申请人（一审被告、二审上诉人）：中国太平洋财产保险股份有限公司某支公司（以下简称太保公司支公司）。

被申请人（一审原告、二审被上诉人）：樟树市某汽车运输服务有限公司（以下简称运输服务公司）。

运输服务公司向一审法院起诉请求：太保公司支公司支付运输服务公司理赔款 160000 元。新余市旺通物流有限公司系“汇达牌”赣 K×××× 重型低平板半挂车的所有人，赣 K×××× 挂车系分期付款挂靠在运输服务公司名下。2012 年 4 月 12 日，运输服务公司将赣 K×××× 挂车向太保公司支公司进行投保并签订了机动车交通事故强制保险单、机动车保险单各 1 份。其中在机动车交通事故强制保险单中约定死亡残疾赔偿限额 110000 元等内容；机动车保险单中约定，第三者商业责任险 50000（不计免赔），保险时间自 2012 年 4 月 19 日至 2013 年 4 月 18 日。2012 年 7 月 31 日，陈某生驾驶赣 CC×××× 号重型半牵引挂车引赣 K×××× 重型低平板半挂车由临沧市临翔区方向往大理州祥云县方向行驶，车行至西景线 K2586+100M 路段时，该车驶出有效路面与东半幅车道边缘波形护栏碰撞、刮擦，驶入道路东侧的农田，致使该车驾驶人陈某生、乘车人陈某被抛离车外，造成陈某生、陈某当场死亡，赣CC××××号重型半挂牵引车、赣K××××重型低平板半挂车受损及车上所载货物受损、道路东侧农田受损及道路、道路隔离护栏、路旁三角梅受损死亡的道路交通事故。经云通司鉴中心［2012］Z40痕鉴字第95号第四项分析说明，陈某生损伤系处于驾驶位置时受碰撞挤压和抛出驾驶室时擦挫摔跌形成；陈某损伤系在抛出驾驶室时与车体、玻璃及地面撞擦形成。陈某生符合驾驶人条件，陈某符合乘车人条件。因双方就赔偿项目及金额协商未果，故运输服务公司诉至法院。

裁判结果

一审判决：太保公司支公司支付运输服务公司理赔款80000元。

太保公司支公司提出上诉。二审判决：驳回上诉，维持原判。

太保公司支公司申请再审。再审判决：一、撤销二审判决及一审判决；二、驳回运输服务公司的诉讼请求。

裁判理由

再审认为，本案的争议焦点为受害人陈某是否属于机动车交通事故责任强制保险（简称交强险）、第三者商业责任险中的“第三者”。首先，行政法规及双方当事人签订的合同对“第三者”的界定予以了明确。《机动车交通事故责任强制保险条例》第三条规定，本条例所称机动车交通事故责任强制保险，是指由保险公司对被保险机动车发生道路交通事故造成本车人员、被保险人以外的受害人的人身伤亡、财产损失，在责任限额内予以赔偿的强制性责任保险。太保公司支公司与运输服务公司之间签订了交强险保单、神行车保系列产品保险单各1份，其中交强险的保险条款第五条约定，交强险合同中的受害人是指因被保险机动车发生交通事故遭受人身伤亡或者财产损失的人，但不包括被保险机动车本车车上人员、被保险人。神行车保系列产品保险单中机动车第三者责任保险条款第四条约定，本保险合同的第三者是指保险机动车发生意外事故的受害人，但不包括被保险人以及保险事故发生时保险机动车本车上人员。可见，行政法规及合同条款对“第三者”的外延进行了界定，即因交通事故受到损失的人，除了本车人员（合同条款称之“车上人员”）、被保险人之外，其余的人均属于“第三者”。根据一、二审已查明的事实，在被保险车辆发生交通事故时，受害人陈某是“乘车人”即“车上人员”，陈某因发生交通事故被抛出驾驶室，与车体、玻璃及地面撞擦形成损伤并死亡，其死亡结果是交通事故的延续状态，不能因此将陈某身份由“车上人员”转化为“第三者”，陈某仍属于“车上人员”。一审判决简单地以受害人陈某伤亡结果发生在车外就认定其身份转化不妥；二审判决将事故发生时瞬间受害人陈某脱离本车作为其身份转化的判定标准亦不妥，均应予纠正。根据《机动车交通事故责任强制保险条例》规定及双方合同约定，被保险车辆车上人员的人身伤亡不属于机动车交强险及第三者商业责任险的赔偿范围，故本案中受害人陈某不属于机动车交强险及第三者商业责任险的赔偿范围。

要旨解析

交强险、商业三者险均是本车造成本车之外的人即"第三者"损害后，保险公司应承担赔偿责任的责任保险。关于车上人员能否转化为本车的"第三者"，进而能否获得本车交强险、商业三者险的赔偿，该问题在审判实践中存在一定争议。

《机动车交通事故责任强制保险条例》第三条规定，本条例所称机动车交通事故责任强制保险，是指由保险公司对被保险机动车发生道路交通事故造成本车人员、被保险人以外的受害人的人身伤亡、财产损失，在责任限额内予以赔偿的强制性责任保险。《道路交通损害赔偿司法解释》第十六条规定，同时投保交强险和商业三者险的机动车发生交通事故造成损害，当事人同时起诉侵权人和保险公司的，应先由承保交强险的保险公司在责任限额范围内予以赔偿，不足部分由承保商业三者险的保险公司根据保险合同予以赔偿，仍有不足的由侵权人予以赔偿。《民法典》第一千二百一十三条沿用了该规定。

司法实践中，有人认为"车上人员"和"第三者"是基于特定时空条件下的临时身份，可随时空条件变化而变化，判断因保险车辆发生交通事故中的受害人属于"第三者"还是"车上人员"，应当以受害人在交通事故发生当时这一特定时间是否身处保险车辆之上为依据。还有人认为发生交通事故时存在乘客由"车上人员"转化为"第三者"的可能，不能单纯以伤亡结果发生在车外就认定为第三者，而是要看特定时空的变化。一般认为，要区分"车上人员"和"第三者"，应该从交强险赔偿范围将"本车人员"排除的本意上来理解。作为由国家法律强制实施的交强险，除具有一般保险的风险管理功能之外，还具有社会保障功能，其目的在于对受害人在事故中受到的损害进行救济。将本车人员排除在第三者范围之外，主要是考虑以下几个方面：一是第三人的范围涉及强制保险制度的整体，需要通盘考虑各种因素。如果不当扩大第三人的范围，可能会造成整个制度的不堪重负，最后反倒不利于多数受害人的赔偿。二是基于乘车人与驾驶人之间的信任关系以及乘车人对于车辆驾驶的一定协助和控制能力，如提醒驾驶人放慢速度、遵守交通规则等，乘车人对于行驶过程中可能发生的意外具有一定的预见和防止能力。三是受到赔偿限额、投保人的实际承受能力的限制，须将交强险有限的赔付限额集中在最需要保障的"第三者"的范围。交强险目的在于最大限度保障交通事故受害人的合法权益，由于车上人员处于机动车内，相对于车下人员，属于交通参与者中的强者地位。因此，认定"车上人员"还是"第三者"，不仅要考虑时空条件的变化，更重要的是考察当事人离开车辆是否是主观意愿，如果当事人出于主观意愿离开机动车，与机动车发生脱离，其依附于机动车的身份已经改变，造成人员伤亡的直接的、决定性原因是受害人在车下时因机动车发生意外事故，应当属于“第三者”。如果因机动车故障等原因下车的驾驶人以及机动车行驶中或机动车未停稳时非正常下车的人员，因该机动车发生交通事故的，不宜认定为“第三者”。若是机动车行驶过程中发生意外事故如碰撞、紧急刹车致使乘客被甩出车外落地造成伤亡或落地后被所乘车辆碾压伤亡，乘客应当被视为“车上人员”。

笔者认为，因交通事故受到损害的人，除了本车人员（合同条款称之“车上人员”）、被保险人之外，其余的人均属于“第三者”。“车上人员”与“第三者”的区别是特定时空下的概念，因交通事故的撞击等原因导致车上人员脱离本车的，不存在转化为第三者的问题。判断受害人是“车上人员”还是“第三者”的标准应该是保险事故发生时受害人所处的空间位置。在这一特定时间，受害人如果在车外，则属于“第三者”，在车内，则属于“车上人员”。事故发生后，受害人所处位置不是判断受害人是“车上人员”还是“第三者”的标准。驾驶人无论如何都不能转化为第三者；其他车上人员一般不能转化为第三者，只有在特殊情况下可以转化为第三者。

综上所述，基于立法维护公平正义的目的，既不能将“第三者”的理解扩大化，也不能将“车上人员”的理解机械化，否则就无法充分发挥交强险分散交通风险，实现受害人权益保障最大化的功能。

编写人：闵遂赓

再审合议庭成员：龚雪林　江都颖　吕淑瑾

6. 投保人连续投保的，亦不能免除保险人对免责条款的提示和说明义务

——徐某兴与周某彬、李某乐、中国人寿财产保险股份有限公司某中心支公司机动车交通事故责任纠纷再审案

裁判要旨

1. 即使投保人系连续投保，保险人亦有义务在重新签订保险合同时向投保人就免责条款履行提示和说明义务。

2. 投保人对代签保险合同的追认，不代表其对免责条款的效力予以认可。“投保人声明栏”处的签名不是投保人亲自书写的，可以认定保险人没有尽到提示、说明义务，免责条款对投保人不生效。

案例索引

一审：江西省上饶市信州区人民法院（2014）信民一重初字第 329 号

二审：江西省上饶市中级人民法院（2015）饶中民一终字第 347 号

再审：江西省高级人民法院（2016）赣民再 54 号

基本案情

再审申请人（一审被告、二审被上诉人）：徐某兴。

被申请人（一审被告、二审上诉人）：中国人寿财产保险股份有限公司某中心支公司（以下简称人寿财保支公司）。

一审原告、二审被上诉人：周某彬。

一审原告、二审被上诉人：李某乐。

周某彬、李某乐向一审法院起诉请求：要求徐某兴、人寿财保支公司赔偿抢救费、死亡赔偿金、丧葬费、精神抚慰金、被抚养人生活费、处理事故误工费、交通费等合计 481462 元。

2013 年 9 月 8 日 19 时许，徐某兴驾驶赣 ××××× 轻型厢式货车在信州区上广公路朝阳镇中潭村候车亭路段碾压躺在路上的周某庆，周某庆经医院抢救无效死亡。本次事故经交警部门认定，徐某兴负事故的全部责任，周某庆不负责任。事故发生后，徐某兴预付 22 万元。周某彬、李某乐生育两子，为周某庆、周某铭。周某铭经司法鉴定有重度精神分裂症，构成完全丧失劳动能力。赣 ××××× 号车辆车主向人寿财保支公司投保交强险和第三者责任险。经核实人寿财保支公司不能

证明赣 ××××× 号车辆投保单上免责声明签名系徐某彪所签。

裁判结果

一审判决：一、人寿财保支公司在保险限额内赔偿因周某庆死亡产生的死亡赔偿金、精神损害抚慰金、被抚养人生活费等费用合计 366382 元；二、上述款项在付款时，由人寿财保支公司支付周某彬、李某乐 146382 元，支付徐某兴垫付款 22 万元。

人寿财保支公司不服提出上诉。二审判决：一、撤销一审判决；二、由人寿财保支公司在机动车强制保险责任限额范围内赔偿周某彬、李某乐 112891 元；三、驳回周某彬、李某乐对人寿财保支公司的其他诉讼请求。

徐某兴不服二审判决，申请再审。再审判决：一、撤销二审判决；二、维持一审判决。

裁判理由

再审认为，（一）关于徐某彪是否是本案必须参加诉讼的当事人问题。虽徐某兴表明是徐某彪的雇员，但徐某兴在再审中没有提交证据证明在发生交通事故时，其正在从事徐某彪指派的雇用活动。机动车发生交通事故造成损害，机动车所有人或者管理人只在有过错的情形下才承担赔偿责任。徐某兴没有提交证据证明其与徐某彪是雇佣关系，徐某彪在本案交通事故中没有过错，不应承担赔偿责任，不是必须参加诉讼的当事人，一审原告也没有起诉徐某彪为被告，因此本案不存在遗漏当事人问题。

（二）关于徐某兴在发生交通肇事后是否有逃逸情形。另案生效刑事判决认定“事故发生后，被告人徐某兴驾车驶离现场，具有逃逸情节”。生效法律文书已确认徐某兴构成逃逸，徐某兴现提出其不构成逃逸，又未提供足以反驳的证据，应当认定徐某兴在交通事故有逃逸行为。

（三）关于人寿财保支公司应否承担商业第三者责任险的赔付义务问题。根据《保险法司法解释（二）》第三条的规定，投保人或者投保人的代理人订立保险合同时没有亲自签字或者盖章，而由保险人或者保险人的代理人代为签字或者盖章的，对投保人不生效。但投保人已经交纳保险费的，视为其对代签字或者盖章行为的追认。2012 年投保保单的签字不是徐某彪亲笔所写，但作为投保人徐某彪已经交纳保险费，依法应视为其对代签字或者盖章行为的追认。徐某彪与人寿财保支公司 2012 年签订的保险合同成立，依法有效。按照《保险法司法解释（二）》第十条的规定，保险人将法律、行政法规中的禁止性规定情形作为保险合同免责条款的免责事由，保险人对该条款作出提示后，投保人、被保险人或者受益人以保险人未履行明确说明义务为由主张该条款不生效的，人民法院不予支持。虽徐某彪是 2011 年、2012 年连续投保，但也不能免除保险公司的提示、说明义务。根据鉴定意见，2012 年保单上“投保人声明栏”处的签名不是徐某彪亲自书写，人寿财保支公司对免责条款没有尽到提示、说明义务，免责条款对徐某彪不生效，人寿财保支公司应当承担商业第三者责任险的赔付义务。

要旨解析

本案再审改判撤销二审判决，维持一审判决，主要涉及两个法律问题。一是在连续投保情形下，能否免除保险人对免责条款的提示、说明义务；二是投保人追认合同效力，能否视为免责条款对投保人发生效力。

一、连续投保情形下亦不能免除保险人对免责条款的提示、说明义务

在交通运输行业中，机动车所有人在同一个保险人处连续投保的情形比较常见，在这种投保人续保，或者多次投保的情形中，保险人往往会以在前一次投保时已就免责条款尽到明确说明义务为由，主张无须对再次投保的、内容相同的保险合同重复进行说明，应视为保险人对投保人已经尽到明确说明义务。对于该抗辩理由，审判实务中有着不同的处理观点[①]，第一种观点认为，法律并未就连续投保情形下保险人提示、说明义务作出例外规定，故不应免除保险人的提示、说明义务。例如，《福建省高级人民法院民事审判第二庭关于设立保险合同纠纷案件的规范指引》第十九条规定：“保险人的分支机构与投保人订立保险合同时，不因为其他分支机构已与该投保人订立有同类保险合同而减轻或免除说明义务。保险合同存续时，保险人不因曾与该投保人订立有同类保险合同而减轻或免除说明义务。”本案一审、再审也是这种观点。第二种观点认为，可以因此免除保险人的提示、说明义务，因为作为连续性合同，只需一方提出继续缔约的要约，另一方承诺，重复性的行为可免，对投保人权利并无损害。而且，投保人有充分的时间了解保险条款，再次签订同类合同时可就不理解的条款要求保险人说明，如果投保人没有这样去做，表明其对自身的权利漠不关心，没有必要再给予特别的保护。第三种观点认为，保险人仍然应当履行保险法规定的明确说明义务，但司法认定标准可以适当降低。比如北京高院在其审理保险纠纷案件若干问题的指导意见中明确，保险人与同一投保人再次或多次签订同类的保险合同时，保险人的说明义务可以适当减轻；但保险人仍然应当履行保险法规定的明确说明义务。浙江高院在审理财产保险合同纠纷案件若干问题的指导意见中也有类似规定。[②]

最高人民法院在起草《保险法司法解释（二）》的过程中，也曾有观点建议规

---

① 参见汤小夫；刘振：《保险免责条款效力认定中的20个审判难点问题》，载《人民司法（应用）》2010年第15期。

② 《浙江省高级人民法院关于审理财产保险合同纠纷案件若干问题的指导意见》第十一条规定：“下列情形，保险人的明确说明义务可适当减轻但不得免除：（一）同一投保人签订二次以上同类保险合同的；（二）机动车辆保险合同中规定严重违反交通法规的免责条款，如无证驾驶、酒后驾车、肇事后逃逸等。”

定："同一投保人与同一保险人连续二次以上订立同种类保险合同，免除保险人责任条款内容一致且保险人有证据证明曾就相同的免责条款向投保人履行过明确说明义务，投保人或被保险人主张保险合同免除保险人责任不生效的，人民法院不予支持。"后最高人民法院经研究未在司法解释中作此规定，理由主要是（1）该规定不利于倡导保险人履行提示和明确说明义务。保险人的提示和明确说明义务不仅是法定义务，也是诚信原则对保险人的要求。不管任何情形下，保险人对于免除责任条款都应进行提示和明确说明。（2）投保人与保险人就同一保险条款第二次订立保险合同时，保险人在第一次订立保险合同时就相关免除保险人责任的条款已经提示并且明确说明的，并不能当然推定投保人已经知道或者应当知道该免责条款的具体含义和法律后果。（3）保险产品类型多样，免除保险人责任条款的表述存在较大差别，对于哪些情况下保险人的说明义务可以减轻或者免除难以统一规范[①]。

笔者认为，虽然最高人民法院未以司法解释的形式对连续投保情形下保险人的提示、说明义务予以明确，但从其未予规定的理由仍可以看出最高人民法院的倾向性意见，即在连续投保情形下，不能据此免除保险人的提示、说明义务。保险人的提示、说明义务是其法定义务，只有在法律、司法解释明确规定下才能有例外适用的依据，典型如《保险法司法解释（二）》第十条，对于以法律、行政法规中的禁止性规定作为免责事由的，保险人的明确说明义务可以适当减轻。在无明文规定的情况下，司法裁判者不宜做类推或者扩张解释，自行免除或者减轻保险人的提示、说明义务，否则因缺乏法律依据，难以成立。此外，对保险人设置提示和明确说明义务的正当性基础，不仅有保护投保人利益，让其对将来可能需要自行承担的某种风险和后果有所预见并进行交易公平性评估的考量，而且来源于保险合同作为最大善意合同所应遵循的最大诚信原则，即保险人和投保人在提供缔约信息方面需分别承担能够体现出保险合同性质所要求的、出自内在最大善意特征的说明和告知义务[②]。只有在每次投保前，保险人履行了提示和明确说明义务，才能最大程度减少保险合同条款专业化、技术化、定型化和格式化所带来的负面效应，以在保险人和投保人之间寻求双方利益的平衡支点[③]。因此，不管是续保还是多次投保，只要保险人与投保人重新缔结了保险契约，该保险契约的独立性就可以约束保险人，使其被赋予对免责条款进行提示和明确说明的法定义务，而不产生以之前或同时期其他保险合同推定投保人已经知道或者应当知道该免责条款的具体含义和法律后果的当然效力。因此，对于保险人与同一投保人再次或多次签订同类的保险合同时，保险人仍应对每份保险合同的免责条款尽到提示和明确说明义务。

本案中，再审认为虽然徐某彪是2011年、2012年连续投保，但也不能免除保

① 参见最高人民法院民事审判第二庭编著:《最高人民法院关于保险法司法解释（二）理解与适用》，人民法院出版社2013年版，第253～254页。

② 参见杨茂:《完善我国保险人明确说明义务的法律思考》，载《现代法学》2012年2期。

③ 参见杨茂:《完善我国保险人明确说明义务的法律思考》，载《现代法学》2012年2期。

险公司的提示、说明义务。该裁判观点的确立对于同类案件的处理具有一定指导意义[①]。

二、投保人对代签保险合同的追认，不代表免责条款对其发生效力

《保险法司法解释（二）》第三条业已明确，投保人或者投保人的代理人订立保险合同时没有亲自签字或者盖章，而由保险人或者保险人的代理人代为签字或者盖章的，对投保人不生效。但投保人已经交纳保险费的，视为其对代签字或者盖章行为的追认。故虽保单非投保人亲笔签名，也并不必然影响保险合同的效力，投保人已经交纳保险费的，视为投保人对保险合同的追认。而该追认效力能否及于免责条款的效力，司法解释虽未明确，但依然可以根据一般裁判逻辑得出结论，即投保人追认合同效力不代表其同意免责条款的效力。笔者以为，投保人交纳保险费，仅表明其愿意订立该保险合同，是对代签保险合同行为的追认，保险合同对其生效，但不能因此认为投保人认可保险人已经向其履行了保险免责条款的提示、说明义务。尤其是在“投保人声明栏”处投保人的签名，这是目前判断保险人是否履行了免责条款说明、提示义务的重要依据。若通过查明事实发现“投保人声明栏”处投保人的签名非其本人所签，除非保险人提供证据证明其通过其他方式向投保人履行了提示、说明义务，否则可以直接认定保险人没有尽到提示、说明义务，保险免责条款对投保人不生效。本案中，再审通过司法鉴定，查明“投保人声明栏”处签名不是徐某彪亲自书写，保险公司以徐某彪的交费行为主张视为对代签字行为的认可，其已履行了提示、说明义务，缺乏事实与法律依据，故再审改判认定保险免责条款未生效，保险公司应承担案涉保险责任。

编写人：毛盈超

再审合议庭成员：邓名兴　李　彬　郭大伟

① 江西省高级人民法院（2018）赣民再261号案即是参照该裁判观点改判，主要裁判理由为，保险人的提示和明确说明义务不仅是法定义务，也是诚信原则对保险人的要求。每一份保险合同都是独立的保险合同，保险人对于每一份保险合同的免除责任条款都应进行提示和明确说明。保险人对同时期其他相同保险合同就免责条款进行了提示和明确说明，不能因此免除保险人对涉案保险合同中相同免责条款的提示和明确说明义务。

7. 保险合同约定“零时起保”的效力，应区分交强险与商业三者险分别认定和处理

——叶某翀与杜某、黎某燕、中国人民财产保险股份有限公司某分公司广场营销部机动车交通事故责任纠纷再审案

裁判要旨

保险合同约定“零时起保”的效力，应区分交强险与商业三者险分别认定和处理。交强险约定的“零时起保”条款属无效条款，保险公司对保险合同生效后发生的事故应在交强险限额内承担保险责任。商业三者险约定的“零时起保”条款属有效条款，保险公司对发生在商业三者险合同约定“零时起保”之前发生的交通事故，不承担保险责任。

案例索引

一审：江西省南康市人民法院（2012）康民二初字第851号

二审：江西省赣州市中级人民法院（2014）赣中民四终字第480号

再审：江西省高级人民法院（2016）赣民再72号

基本案情

再审申请人（一审原告、二审被上诉人）：叶某翀。

被申请人（一审被告、二审上诉人）：中国人民财产保险股份有限公司某分公司广场营销部（以下简称人保营销部）。

一审被告、二审上诉人：杜某。

一审被告、二审被上诉人：黎某燕。

叶某翀向一审法院起诉请求：杜某、黎某燕赔偿其各项损失484625.10元，人保营销部在保险范围内承担保险责任，诉讼费用由杜某、黎某燕、人保营销部承担。

2012年8月27日上午9时4分，杜某为赣×××××轻型普通货车向人保营销部购买了交强险和赔偿限额为30万元的第三者责任险，保险合同约定保险期限为“2012年8月28日0时起至2013年8月27日24时止”。当晚20时38分许，黎某燕驾驶该车在行驶过程中将叶某翀撞伤。经当地交警部门认定，黎某燕对事故负全部责任。事故发生后，叶某翀被送往医院住院治疗，经鉴定，其构成一个七级伤残和一个十级伤残。叶某翀大学毕业后在城镇务工。

叶某翀申请再审称，1.本案保险合同不是附期限的保险合同，保险公司并未提供证据证明投保人发出要约保险合同附条件或者附期限；根据保险合同的性质，保险人无权发出附生效期限的要约，本案保险合同中关于生效时间的约定对投保人、被保险人不产生法律效力。2.保险合同关于保险期间的条款是格式免责条款，保险公司未能举证证明向投保人或者被保险人作出过明确说明，该免责条款对投保人、被保险人不产生法律效力。3.保险合同即时生效符合法律规定，保险公司在杜某投保时应告知其可选择保单即时生效，但未作出提示或明确说明，该条款不产生效力，本案保险合同应自投保之时即时生效。

人保营销部辩称，其与杜某的保险合同关系应适用《保险法》，双方在保险合同中关于保险期间的约定不属于格式条款。杜某已经对保险合同进行了阅览，知晓保险合同生效的起始时间，并未提出异议，也未提出即时生效的要求，其在合同上签字确认，可以视为保险公司与杜某对该条款达成一致。而且杜某不是第一次投保，对投保次日零时生效的行业常态是知晓的，本次投保未提出异议，也应视为对投保次日零时生效的保险合同达成合意。本案发生保险事故时，保险合同并未生效，保险公司不应承担任何保险责任。

裁判结果

一审判决：一、叶某翀的损失合计人民币497349.81元，由人保营销部赔偿360000元；由杜某赔偿137349.81元，减去其已赔偿的92406.5元，尚应赔偿44943.31元；二、上述判决所明确的赔偿款项，限判决生效后十五日内付清；三、黎某燕与杜某承担连带赔偿责任；四、驳回叶某翀的其他诉讼请求。

人保营销部、杜某不服提出上诉。二审判决：一、维持一审判决第二、三、四项；二、变更一审判决第一项为：由杜某赔偿叶某翀因本案交通事故造成的人身伤害损失497349.81元；三、人保营销部在本案中不承担保险理赔义务。

叶某翀不服二审判决，申请再审。再审判决：一、撤销一、二审判决；二、叶某翀的各项损失合计497349.81元，由人保营销部在交强险赔偿限额内赔偿120000元；由杜某赔偿377349.81元，减去其已赔偿的92406.50元，尚应赔偿284943.31元；黎某燕在杜某的赔偿范围承担连带赔偿责任；上述赔偿款项，限判决生效后十五日内付清；三、驳回叶某翀的其他诉讼请求。

裁判理由

再审认为，本案争议焦点是保险公司是否应当承担交强险和商业险的保险责任问题。一、关于交强险的保险责任。交强险设置的主要目的在于使事故受害人能够得到及时的救助，贯彻及时防范风险原则，作为法定的强制性责任险种，保险公司必须严格遵照法律规定，不得拒绝或者拖延承保。根据《最高人民法院关于审理道路交通事故损害赔偿案件适用法律若干问题的解释》第二十条规定，具有从事交强险业务资格的保险公司违法拒绝承保、拖延承保或者违法解除交强险合同，投保义务人在向第三人承担赔偿责任后，请求该保险公司在交强险责任限额范围内承担相应赔偿责任的，人民法院应予支持。若交强险合同已经生效，但保险责任期间却并没有开始计算，从而导致某些机动车在特定的一段期限内没有交强险保障发生“脱保”，属于拖延承保的情形。为此，2009 年 3 月 25 日中国保监会下发《关于加强机动车交强险承保工作管理的通知》指出，因交强险保单中对保险期间有关投保后次日零时生效的规定，使部分投保人在投保后、保单未正式生效前的时段内得不到保障，为使机动车道路交通事故的受害人得到有效保障，要求各保险公司不得拒绝或者拖延承保，采取适当方式明确保险期间起止时点，以维护被保险人利益。该通知对保险期间作出了要求：一是在保单“特别约定”栏中，就保险期间作特别说明，写明或加盖“即时生效”等字样，使保单自出单时生效；二是公司系统能够支持打印体覆盖印刷体的，出单时在保单中打印“保险期间自 × 年 × 月 × 日 × 时……”覆盖“保险期间自 × 年 × 月 × 日零时起……”字样，明确写明保险期间起止的具体时点。但本案中，保险公司并未采用上述方式使交强险在合同订立时即时生效。因此，本案交强险“次日零时起保”的规定无效，保险公司对交强险合同成立后发生的事故在交强险的范围内应承担保险责任。

二、关于商业险的保险责任。商业险是保险人与投保人经双方协商后自愿订立的，保险公司对商业险所有条款包括保险期间进行了提示说明。虽商业险的保险期间是格式条款，但该条款并不必然免除其责任、加重对方责任、排除对方主要权利。保险期间不属于根据《保险法》第十七条第二款规定的免责条款，不需要特别提示或说明。投保人杜某已在商业险合同签字声明，“保险人已向本人详细介绍并提供了投保险种所使用的条款，并对其中免除保险人责任的条款以及本保险合同中付费约定和特别约定的内容向本人做了明确说明，本人已充分理解并接受上述内容，同意以此作为订立保险合同的依据；本人自愿投保上述险种”。现保险公司已对所有的条款进行了说明，尽到了提示义务。双方应按照保险合同约定的保险期间主张权利和承担责任。本案的事故发生在商业险的保险期间之前，保险公司不承担事故的商业险保险责任。

要旨解析

实践中，保险人提供的保险合同中经常存在关于保险期间自次日零时起开始计算（以下简称“零时起保”）的条款。当投保人在投保交强险和商业三者险后，保险期间尚未开始起算的情况下，投保车辆发生交通事故时，保险人应否承担交强险和商业三者险的责任，三级法院的观点并不一致，本案即是典型代表。第一种观点，也是本案一审观点认为，虽然保险合同载明“零时起保”，但此条款为格式条款，亦是免责条款。保险起算时间延后，排除了投保人、被保险人在交纳保费至格式条款起保时间段可能获得期待利益的权利，故该条款无效。保险人应在交强险与商业三者险限额内承担赔偿责任。第二种观点，也是本案二审观点认为，保险合同约定“零时起保”，是对合同生效时间的约定条件，属于附期限条款，该条款所附期限并非合同当事人权利义务范围的约定，而是对保险事故发生后保险人承担保险责任的期间范围的界定，该条款内容并未违反法律的规定。保险人以本案事故不在保险合同约定的保险期间内发生为由主张其不承担保险责任的理由成立，保险人无须承担赔偿责任。第三种观点，也是本案再审观点认为，保险合同约定的“零时起保”条款效力的问题，应对交强险和商业三者险进行区分认定。交强险合同中约定“零时起保”的条款违背立法精神不具效力，应认定保险合同在成立时即时生效，保险人应在保险合同成立时即开始承担交强险赔偿责任。而商业三者险合同中的保险期间为合同当事人可自行约定的事项，应以合同约定的履行期间认定是否承担赔偿责任，交通事故发生在保险期间之外，保险人无须承担商业三者险保险责任。一起案件，三级法院的认识均不相同，说明有关“零时起保”条款的争议比较大。笔者通过检索发现，其他各地法院对该问题的认识和处理亦不相同。但通过本案再审判决，江西省高级人民法院对“零时起保”条款的认定有较为明确和统一的认识，裁判规则确立如下[①]：

一、交强险约定的“零时起保”条款的效力认定

交强险约定的“零时起保”条款无效，保险公司对保险合同生效后发生的交通事故应在交强险的限额内承担保险责任。《道路交通安全法》第十七条规定，国家实行机动车第三者责任强制保险制度。《机动车交通事故责任强制保险条例》第二条第一款规定，在中华人民共和国境内道路上行驶的机动车的所有人或者管理人，应当依照《道路交通安全法》的规定投保机动车交通事故责任强制保险。因此，交强险属于法定强制性责任险种。其设置目的在于保障机动车道路交通事故受害人依法能够得到及时救助，贯彻的是及时防范风险原则，更为重视对受害人损失的填补功能，交强险在其责任限额范围内与侵权责任在一定程度上是相互分离的。比如交通事故发生后，不论侵权人是否有过错，保险人都必须承担交强险限额内的赔偿责任，即交强险制度更加强调基本保障功能。而“零时起保”的保险行业惯例，将交强险生效时间推迟，明显加重了投保人责任，排除了投保人从缴纳保费到格式条款起保这一时间段可能获得期待利益的权利，人为地造成保险责任出现“空白期”，背离了交强险的设置目的和立法本意。为此，2009年3月25日，原中国保险监督管理委员会下发《关于加强机动车交强险承保工作管理的通知》指出，由于交强险保单中对保险期间有关投保后次日零时生效的规定，使部分投保人在投保后、保单未正式生效前的时段内得不到交强险的保障，为使机动车道路交通事故的受害人得

① 参见江西省高级人民法院审判监督庭课题组:《涉三者险机动车交通事故责任纠纷案件疑难法律问题考察与裁判规则梳理》，载“江西民事审判”微信公众号 https://mp.weiXin.qq.com/s/lFsGLInpFQyhfq3Rl5Cugg，2022年6月12日访问。

到有效保障，要求各保险公司不得拒绝或者拖延承保，采取适当方式明确保险期间起止时点，以维护被保险人利益。虽然后又通过《中国保险监督管理委员会关于机动车交强险承保中“即时生效”有关问题的复函》表明没有强制要求各保险公司在交强险合同中使用即时生效条款，但仍可以看出中国保险监督管理委员会对交强险合同的即时生效持支持、鼓励的态度。且从利益平衡角度看，即时生效可以实现交强险保障的“无缝对接”，在保护受害人、投保人利益的基础上，并没有过分损害保险公司的利益，对保险公司不构成显失公平。此外，《道路交通损害赔偿司法解释》第二十条规定，具有从事交强险业务资格的保险公司违法拒绝承保、拖延承保或者违法解除交强险合同，投保义务人在向第三人承担赔偿责任后，请求该保险公司在交强险责任限额范围内承担相应赔偿责任的，人民法院应予支持。若交强险合同已经成立，投保人缴纳了保费，合同生效，但保险责任期间却并没有开始计算，从而导致机动车在特定的一段期限内发生“脱保”，属于上述规定的拖延承保情形，保险公司仍应承担保险责任。综上，交强险合同中“零时起保”的约定无效，保险公司应对交强险合同成立后发生的交通事故在交强险责任限额范围内承担保险责任。

二、商业三者险约定的“零时起保”条款的效力认定

商业三者险约定的“零时起保”条款属有效条款，保险公司对发生在商业三者险合同约定“零时起保”之前发生的交通事故，不承担保险责任。商业三者险是保险人与投保人经双方协商一致后自愿订立的合同，遵循的是公平自愿原则，不具强制性，在功能上，该保险更加注重对机动车所有人或管理人风险的分散，与交强险不能等同。在发生交通事故后，首先由交强险在其责任限额范围内予以赔偿；其次确定侵权人依法承担的侵权责任，再依据商业三者险合同的约定和保险法的相关规定确定商业三者险保险公司的赔偿范围。依据保险法的规定，商业三者险的保险期间可以由当事人自行约定，但“零时起保”的约定实际上是保险公司提供和制定的行业惯例，并在保单出单时打印生成的，保险人与投保人在订立合同时一般未就此进行协商，“零时起保”符合格式条款“预先约定”“重复使用”的特征。“零时起保”的约定虽然是格式条款，但该条款没有缩短保险期间，而且并不必然免除保险公司责任或加重对方责任、排除对方主要权利。因此，保险期间条款不属于《保险法》第十七条第二款规定的免责条款，对该条款保险公司不需要作出特别提示或说明。如保险公司已对包括保险期间的所有条款进行了说明，尽到了提示义务，其对“零时起保”之前发生的交通事故，无须承担商业三者险保险责任。

编写人：毛盈超

再审合议庭成员：田甘霖　李　彬　江都颖

8. 受害人体质特殊不属于减轻侵权人责任的法定情形

——罗某兰、肖某娟与姚某东、邹某辉、中国太平洋财产保险股份有限公司某支公司机动车交通事故责任纠纷再审案

裁判要旨

对于最高人民法院指导性案例 24 号确立的裁判规则，交通事故的受害人没有过错，其体质状况对损害后果的影响不属于可以减轻侵权人责任的法定情形，在审理类似案件时应当予以参照适用。

案例索引

一审：江西省峡江县人民法院（2015）峡民初字第 233 号

二审：江西省吉安市中级人民法院（2016）赣 08 民终 79 号

再审：江西省高级人民法院（2017）赣民再 7 号

基本案情

再审申请人（一审原告、二审被上诉人）：罗某兰。

再审申请人（一审原告、二审被上诉人）：肖某娟。

被申请人（一审被告、二审被上诉人）：姚某东。

被申请人（一审被告、二审被上诉人）：邹某辉。

被申请人（一审被告、二审上诉人）：中国太平洋财产保险股份有限公司某支公司（以下简称太平洋财保支公司）。

罗某兰、肖某娟一审诉请：要求三被告共同赔偿 356205.68 元，被扶养人生活费 41514 元，丧葬费 21791 元，办理丧葬事宜的交通费、误工费 5000 元，精神损害抚慰金 5 万元，交通费 1000 元，住宿费 339 元，鉴定费 11862 元，其中太平洋财保支公司在保险责任范围内承担赔偿责任，在交强险中优先赔偿精神抚慰金。

2014 年 5 月 15 日 16 时许，姚某东驾驶小车沿江西省境内峡（江）万（安）线，从江西省峡江县巴邱镇往水边镇方向行驶至 15KM+100M 处，左拐弯时因车速过快车子驶离路面，将坐在路外的肖某根撞倒，造成肖某根受伤及车辆受损的交通事故。公安机关的事故责任认定书认定姚某东对本交通事故负全部责任，肖甫根不负事故责任。事故发生后，肖某根随即被送往江西省峡江县人民医院治疗，至 2014 年

10月25日，住院治疗163天，医疗费71232.67元，入院诊断为：尿道断裂，左锁骨骨折，骨盆骨折，全身多处软组织挫裂伤。2014年10月27日至2014年11月2日，转至江西省峡江县中医院住院治疗6天，医疗费3098.86元，入院情况为：患者（肖某根）七天前因不慎着凉出现咳嗽、咳痰，呈阵发性发作等症状。入院诊断为：双侧肺炎，双侧胸腔积液，左侧锁骨骨折钢板植入术后。2014年11月3日至2014年11月5日，转至江西省南昌市南昌大学第一附属医院治疗三天，医疗费890.68元，住宿费339元。2014年11月6日回到江西省峡江县中医院住院治疗，医疗费4490.59元。2014年11月10日死亡。2015年3月26日，江西省峡江县公安交警大队委托江西省人民法医学鉴定所进行鉴定，该所出具的法医临床鉴定意见为：1. 肖某根系交通事故损伤后继发肺部感染导致多器官衰竭死亡；2. 肖某根的死亡与本次交通事故损伤之间存在因果关系，相关程度（参与度）评定为25%。本次鉴定费为8200元。2015年5月26日，太平洋财保支公司对肖某根的死亡原因与本案交通事故的因果关系、参与度以及除无关费用外的医疗费用中的非医保范围用药费用提出重新鉴定申请。2015年6月4日，姚某东、邹某辉与太平洋财保支公司签订书面协议，约定将本案交通事故造成肖某根受伤治疗费用中的非医保范围用药（除无关费用外），按15%的比例由姚某东、邹某辉承担。2015年8月10日，经一审法院委托，江西神州司法鉴定中心出具司法鉴定意见书，意见为：1. 不排除肖某根的死亡与本次交通事故具有间接因果关系，参与度拟为5%—15%；2. 肖某根在江西省峡江县人民医院的治疗费用中有5124元与本次交通事故无关联，其余费用均有关联，肖某根在江西省峡江县中医院的医疗费用为治疗肺部感染所产生，与本次交通事故无直接关联。本次鉴定费为3200元。

另查明，肖某根于1945年7月28日出生，死亡时年满69岁，其妻罗某兰于1951年10月18日出生，两人均系农村居民。肖某娟于1985年4月10日出生。事故发生时，肇事车辆系姚某东向邹某辉借用的，实际车主为邹某辉，该车符合国家安全行驶标准，该车在太平洋财保支公司投保了交强险和保险金额为50万元的商业三者险（不计免赔），事故发生在保险期内。姚某东已支付医疗费等费用共计79232.67元。经核定，罗某兰、肖某娟因本案交通事故造成的损失共计292362.10元，扣除姚某东已支付的79232.67元，剩余213129.43元。

裁判结果

一审判决：一、太平洋财保支公司赔偿罗某兰、肖某娟因本案事故造成的损失276886.13元；二、罗某兰、肖某娟退还姚某东67856.70元；三、驳回罗某兰、肖某娟的其他诉讼请求。

太平洋财保支公司不服提出上诉。二审判决：一、维持一审判决第三项；二、变更一审判决第一项为：太平洋财保支公司支付罗某兰、肖某娟赔偿款60649.68元；三、变更一审判决第二项为：太平洋财保支公司返还姚某东垫付款68995.12元。

罗某兰、肖某娟不服二审判决，申请再审。再审判决：一、撤销二审判决；二、维持一审判决。

裁判理由

再审认为，二审法院以肖某根为老年患者，原有肺气肿、陈旧性结核等肺部基础疾病为由，采用江西神州司法鉴定中心确立的参与度来确定对死者的赔偿数额，存在认定事实和适用法律错误。根据《道路交通安全法》第七十六条第一款第（二）项和原《侵权责任法》第二十六条规定，本案应依法律规定的过错原则，就受害人肖某根对损害发生或扩大是否存在过错来分析责任承担，不能以肖某根的个人体质状况确定本案赔偿项目和数额。首先，根据公安交警部门对交通事故责任的认定，肖某根在交通事故中不承担任何责任。同时，依据江西省人民法医学鉴定所和江西神州司法鉴定中心出具的两份鉴定报告，两份鉴定报告均认为肖甫根的死亡与本次交通事故损伤之间存在因果关系。根据肖某根住院记录，从交通事故发生，到肖某根死亡的 178 天里，肖某根几乎都处在医院治疗过程中，期间只有 15 天没有在医院接受治疗。在肖某根治疗期间，没有证据表明肖某根有扩大损失的行为。肖某根属老年人是事实，但作为鉴定依据的医院病历，并没有确认肖某根在交通事故发生前有肺气肿疾病，鉴定结论也没有认定肺气肿、陈旧性结核是肖某根死亡的主要原因。由于肖某根对交通事故发生和在医院治疗行为均没有过错，依法不应承担任何责任。本案是由机动车交通事故造成肖某根死亡，引发的人身损害赔偿民事纠纷，应由交通事故责任人和机动所有人承担全部赔偿责任。由于机动车所有人对其车辆进行了保险，因此，本案的赔偿责任转由保险公司承担。

根据《道路交通安全法》第十七条（国家实行机动车第三者责任强制保险制度，设立道路交通事故社会救助基金）和国务院《机动车交通事故责任强制保险条例》第二十一条（被保险机动车发生道路交通事故造成本车人员、被保险人以外的受害人人身伤亡、财产损失的，由保险公司依法在机动车交通事故责任强制保险责任限额范围内予以赔偿）规定，机动车发生交通事故，造成人身伤亡、财产损失的，由保险公司在机动车第三人责任强制保险责任（即交强险）和商业险限额范围内予以赔偿，交强险和商业险的赔付条件并没有规定要依据受害人的自然状况作相应调整或扣减，保险公司的免责事由仅限于受害人故意造成交通事故的情形。因此，依据本案查明的事实，一审法院确立的对肖某根的赔偿项目和数额，均属于保险公司交强险和商业险的赔偿范围，保险公司应在交强险和商业险限额范围内对再审申请人予以赔偿。由于各方当事人对于一审认定的赔偿项目和数额没有异议，再审法院予以确认。鉴于肖某根在交通事故发生和医院治疗过程中均没有任何过错，本案以一审法院确定的赔偿项目和数额为准，一审判决认定事实清楚，适用法律正确，应予维持。

要旨解析

据《最高人民法院指导性案例2020年度司法应用报告》显示，在法官主动援引予以参照的指导性案例中，24号“荣某英诉王某、永诚财产保险股份有限公司江阴支公司机动车交通事故责任纠纷案”被主动援引744例，予以参照609例，参照率达82%。24号指导性案例不仅是法官主动援引数量最多的案例，也是参照率最高的案例。本案一审判决主动援引了24号指导性案例并参照适用，但二审判决未予援引，改判了一审判决，改判理由是认为应按鉴定结论确定的损伤参与度来认定机动车一方的赔偿责任，即将受害人特殊体质情况作为减轻机动车赔偿责任的一个因素，与24号指导性案例确立的裁判规则相悖。再审对此不予认同，故改判撤销二审判决，维持一审判决。本案再审改判引发了笔者对两个问题的思考，一是受害人的特殊体质能否减轻侵权人的损害赔偿责任；二是法官在审理案件时应如何参照适用指导性案例。

一、受害人的特殊体质能否减轻侵权人的损害赔偿责任

实际上，最高人民法院已通过24号指导性案例对该问题做了明确回答[①]，即受害人体质特殊不属于减轻侵权人责任的情形。经梳理，笔者归纳该裁判规则确立的理由主要有：1.受害人体质特殊不属于侵权责任法中的“过错”。在侵权责任法中，过错是行为人实施侵权行为时应受谴责的一种心理状态，包括故意和过失。而个人体质由先天遗传和后天获得形成，是人体机能和形态相对稳定的客观特征。受害人自身的特殊体质只是其身体状况的一种客观情况，与主观心理状态无关，不构成过错，不存在可归责性。2.受害人体质特殊不可以作为减轻侵权人赔偿责任的依据。交通事故赔偿案件中，认定侵权人赔偿责任应否减轻应当根据受害人对损失的发生或扩大是否存在过错进行分析。而受害人是否存在过错，需要从受害人的行为、事实是否属于对事故造成后果的客观因素，是否具有法律上的因果关系进行判断。若交通事故责任认定受害人对事故不负责任，则应认定受害人对事故的发生及损害后果的造成无过错，不构成过错相抵。而机动车肇事者的行为是损害后果发生的直接原因，两者之间具有相当的因果关系，受害人的特殊体质与损害后果之间仅具有客观上的介入关系，并不具有相当的因果关系。从《道路交通安全法》到原《侵权责任法》再到《民法典》，均仅规定了受害人过错减轻侵权人责任，并未作出受害人特殊体质可以减轻侵权人责任的规定。因此，交通事故受害人没有过错，以其体质特殊对构成伤亡的参与度来减轻侵权人的赔偿责任，缺乏法律依据，不符合立法目的和原则，亦不利于对老弱病残等弱势群体权益的保护，缺乏社会伦理基础。3.受

---

① 参见最高人民法院案例指导工作办公室：《指导案例24号〈荣某英诉王某、永诚财产保险股份有限公司江阴支公司机动车交通事故责任纠纷案〉的理解与参照——个人体质特殊不属于减轻侵权人责任的情形》，载江必新主编：《最高人民法院司法解释与指导性案例理解与适用》（第3卷），人民法院出版社2015年版，第421～422页。

害人的特殊体质不能成为保险公司的免赔事由。交通事故致受害人人身损害的，保险公司应在机动车第三者责任强制保险限额内予以赔偿，其主张免责的事由仅限于受害人故意造成交通事故的情形，即便是投保机动车无责，保险人也应在交强险无责限额内予以赔偿。

本案中，交通事故责任认定肖某根不负事故责任，说明其对本案交通事故的发生及损害后果的造成并无过错。肖某根作为老年人身患一些基础疾病是其个人体质的客观状态，与交通事故的发生并无因果关系。从肖某根因事故受伤治疗的情况来看，亦无证据证明肖某根存在扩大损失的行为或者过错。故本案不存在减轻侵权人赔偿责任的法定情形，依法应由机动车一方承担事故引发的全部赔偿责任。因机动车已投保交强险、商业三者险，而交强险和商业险的赔付条件并没有规定可依据受害人的身体状况作相应调整或扣减，保险公司的免责事由仅限于受害人故意造成交通事故的情形。故保险公司主张按照损伤参与度确定损害赔偿责任和保险责任没有法律依据，再审改判不予支持。

二、如何参照适用指导性案例

首先，要有意识。案例指导制度是最高人民法院为及时总结审判工作经验，指导各级法院审判工作，统一司法尺度和裁判标准，规范法官自由裁量权，充分发挥指导性案例作用的一项具有中国特色的司法制度[①]。《人民法院组织法》明确规定最高法院可以发布指导性案例。《最高人民法院关于案例指导工作的规定》明确赋予了指导性案例一定的拘束力，“最高人民法院发布的指导性案例，各级人民法院审判类似案例时应当参照”。因此，将指导性案例裁判要点转化为对案件的司法判断，具有应然性、正当性。为此，各级法官应该积极树立指导性案例的学习、参照意识，及时学习、研究最高人民法院发布的每一个指导性案例；主动检索、发现与在审案件相类似的指导性案例。其次，要讲方法。一是注意参照指导性案例是有前提的，即只能对类似案件予以参照适用。所谓类似案件，根据《〈最高人民法院关于案例指导工作的规定〉实施细则》第九条的规定，主要指向的是在基本案情、法律适用两方面与指导性案例相类似的，就应当参照相关指导性案例。二是注意参照的含义，参照意味着指导性案例不能直接作为裁判依据，即不能作为裁判文书判决部分的法律依据来援引，但可以作为裁判文书说理部分的重要理由引述。尤其是在法律规定不明确，或者法律无明文规定的情形下，法院应当按照指导性案例裁判要旨确定的内容作为说理论证依据，有利于强化裁判说理。三是在审理与指导性案例类似的案件时，注意保持审理思路、裁判结果与指导性案例的一致性，不应存在明显差别。而对于应当参照指导性案例而未参照的，应当说明理由，否则导致裁判结果与指导性案例大相径庭，难以令当事人信服，容易引发当事人上诉、申请再审。本

① 参见最高人民法院民法典贯彻实施工作领导小组主编：《中华人民共和国民法典总则编理解与适用》（上），人民法院出版社 2020 年版，第 89 ~ 91 页。

案正是这种情况，本案在基本案情、法律适用争议问题上与24号指导性案例类似，都是受害人体质特殊，都是受害人在交通事故中被认定为不负事故责任，都涉及能否参照损伤参与度减轻侵权人赔偿责任的争议，符合参照24号指导性案例的条件。本案一审判决主动援引24号指导性案例并予以了充分论证，但二审判决改判了一审的认定，在论理时又未说明不予参照24号指导性案例的理由，导致处理结果失当，引发本案再审。再审改判撤销二审判决，维持一审判决，在对法律规范的选择、理解及适用上保持了与24号指导性案例的一致性，改判无疑是正确的。

编写人：毛盈超

再审合议庭成员：喻德红　邓名兴　吕淑瑾

9. 肇事报警后有正当理由离开事故现场的，保险公司不得以肇事逃逸为由拒绝理赔商业三者险

——王某华与中国人民财产保险股份有限公司某市分公司财产保险合同纠纷再审案

裁判要旨

肇事人在交通事故发生后采取了相应的报警和急救措施，弃车离开现场是为了躲避受害人家属的殴打，主观上并非故意遗弃车辆逃离，不属于保险条款约定的“未依法采取措施的情况下遗弃车辆逃离事故现场”的免责情形。

案例索引

一审：江西省萍乡市安源区人民法院（2017）赣0302民初196号

二审：江西省萍乡市中级人民法院（2017）赣03民终369号

再审：江西省高级人民法院（2018）赣民再4号

基本案情

再审申请人（一审原告、二审被上诉人）：王某华。

被申请人（一审被告、二审上诉人）：中国人民财产保险股份有限公司某市分公司（以下简称财保分公司）。

王某华向一审法院起诉请求：1.判令财保分公司在交强险和第三者责任险范围内支付理赔款61万元；2.判令财保分公司支付车辆损失险费用5645元。

2015年7月11日，王某华为其所有的赣×××××小车在财保分公司投保了交强险（死亡伤残赔偿责任限额110000元，财产损失赔偿限额2000元）及商业第三者险（责任限额500000元）、机动车损失险（责任限额78200元），保险期间均自2015年7月15日0时起至2016年7月14日24时止。涉案保险单、投保单、保险条款均系财保分公司提供的格式合同。2016年1月16日20时16分许，王某华驾驶赣×××××号小车沿建设东路由东向西往秋收广场行驶至建设东路烟草公司路段时，与前方从右向左经人行横道横过道路的行人温某萍发生碰撞，造成温某萍当场死亡及车辆受损的交通事故。事发后，王某华下车查看并拨打了120急救电话及110报警电话并向财保分公司报案。经交警部门认定，王某华因在雨天夜间情况下驾驶机动车上道路行驶未降低行驶速度，并且行经人行横道时未停车避让正在横

过道路的行人，负此次交通事故的全部责任。事故发生后，产生施救拖车费500元，汽车维修费5145元。2016年1月22日，经萍乡市上栗县桐木镇司法所调解，王某华与受害者家属达成调解协议。约定王某华赔偿受害者家属经济损失88万元。同日，王某华向被害人家属支付赔偿款88万元。2016年1月23日，受害人温某萍被火化。2016年6月30日，萍乡市安源区人民检察院作出安检公诉一刑不诉［2016］9号不起诉决定书，查明：事发后，王某华下车查看并拨打了120急救电话但因占线未打通。闻讯赶来的被害人家属因情绪激动在事故现场殴打了王某华，王某华遂离开现场并拨打了110报警电话。当晚，王某华授意其兄长王某芳到交警部门为其顶包。次日，王某华主动到萍乡市公安局开发区分局投案。

裁判结果

一审判决：一、财保分公司在判决生效后10日内向王某华支付保险赔款613063元；二、驳回王某华的其他诉讼请求。

财保分公司不服提出上诉。二审判决：一、撤销一审判决；二、财保分公司在交强险责任限额范围内赔偿王某华110000元；三、驳回王某华的其他诉讼请求。

王某华不服二审判决，申请再审。再审判决：一、撤销二审判决；二、维持一审判决。

裁判理由

再审认为，本案争议焦点为：王某华的行为是否属于保险合同中免责条款约定的情形。涉案车辆的所有人为王某华，其向财保分公司投保了交强险、商业三者险及机动车损失险，其中《商业第三者责任险条款》和《家庭自用汽车损失保险条款》中约定的免责条款为“事故发生后，被保险人或其允许的驾驶人在未依法采取措施的情况下驾驶被保险机动车或者遗弃被保险机动车逃离事故现场，或故意破坏、伪造现场、毁灭证据”。事故发生后，王某华即下车查看并拨打了120急救电话，但因占线未打通，闻讯赶来的受害人家属因情绪激动在事故现场殴打了王承华，王某华遂离开了现场并拨打了110报警电话。事故处理中队民警接到110指令后立即赶赴现场，认定王某华因在雨天夜间情况下驾驶机动车上道路行驶未降低行驶速度，并且行经人行横道时未停车避让正在横过道路的行人，负此次交通事故的全部责任。另，王某华因涉嫌交通肇事罪被移送检察机关审查，萍乡市安源区人民检察院于2016年6月30日作出不起诉决定书，认为王某华实施了《中华人民共和国刑法》第一百三十三条规定的行为，但犯罪情节轻微，案发后能积极赔偿被害人家属的经济损失并取得谅解，同时具有自首情节，故决定对王某华不起诉。根据上述事实，再审法院认为王某华在交通事故发生后采取了相应的报警和急救措施，弃车离开现场是为了躲避受害人家属的殴打，主观上并非故意遗弃车辆逃离，不属于保险条款约定的“未依法采取措施的情况下遗弃车辆逃离事故现场”的免责情形。王某华在事故发生并拨打110报警电话后让其兄到交警事故处理中队顶替投案，该行为违反了道路交通安全法的相关规定，应给予否定性评价，但王某华在案发后能积极赔偿受害人家属的经济损失并取得谅解，且该行为并未导致事故原因无法查明，财保分公司亦未提供证据证明该行为即属于保险免责条款中约定的“故意破坏、伪造现场、毁灭证据”情形或提供线索证明王某华存在保险条款中约定的其他免责情形。关于诉讼费用的承担，鉴于王某华在事故发生后的相关行为，对本案纠纷的发生负有一定的责任，依法应承担部分诉讼费用。再审认为王某华的再审请求可以成立，二审认定王某华逃离事故现场在主观方面和客观方面均符合交通肇事逃逸的构成要件，免除财保分公司在商业三者险和车损险范围内的赔偿责任，认定事实和适用法律存在不妥，应予纠正。一审判令王某华在交强险、第三者责任险及机动车损失保险责任限额内承担赔偿责任，认定事实和适用法律正确，应予维持。

要旨解析

本案涉及驾驶人构成肇事逃逸行为的认定问题。

一、如何界定“交通肇事逃逸”

根据公安部《道路交通事故处理程序规定》第一百一十二条第（一）项规定：“‘交通肇事逃逸’，是指发生道路交通事故后，当事人为逃避法律责任，驾驶或者遗弃车辆逃离道路交通事故现场以及潜逃藏匿的行为。”从主观方面看，当事人应存在逃避法律追究的故意，此处的法律追究包括民事责任追究、刑事责任追究和行政责任追究。从客观方面看，当事人实施了驾驶车辆或者遗弃车辆逃离事故现场或者潜逃藏匿的行为。

实践中，逃逸的形式变化多样，除驾车、弃车逃逸外，还有当事人故意逃避法律追究，但本身未离开事故现场的情况，如隐匿在事故现场观察情况、找人冒名顶替、在接受调查过程中潜逃藏匿等，导致事故调查处理无法正常开展，受害当事人的权益得不到及时、有效的保护。一般来说，交通肇事逃逸的构成要件有三个：①当事人存在逃避法律追究的故意；②不履行救治伤者等义务；③不履行接受公安机关交通管理部门的调查和配合调查的义务。

根据上述构成要件，在司法实务中，下列情形一般认定为交通肇事逃逸：（1）明知发生道路交通事故，事故当事人驾车或弃车逃离事故现场的；（2）发生道路交通事故后，事故当事人涉嫌酒后驾车、无证驾驶等行为，不履行法定义务并接受调查处理，或者报案后无故离开现场失联、藏匿、躲避调查的；（3）发生道路交通事故后，事故当事人找他人冒名顶替的；（4）发生道路交通事故后，事故当事人虽将伤者送到医院，但未履行报案义务且无故离开医院的；（5）发生道路交通事故后，事故当事人虽将伤者送到医院，但向伤者、家属或医院提供虚假姓名、地址、联系方式，离开医院的；（6）发生道路交通事故后，事故当事人驾车离开现场，且不承认曾发生事故，但有证据证明其应当知道发生事故的；（7）发生道路交通事故后，经协商未能达成一致或未经协商给付的赔偿费用明显不足，事故当事人未向伤者、对方提供真实有效信息或者提供虚假姓名、地址、联系方式，驾车离开现场的；（8）其他应当认定为交通肇事逃逸的情形。

二、哪些行为不应认定为“交通肇事逃逸”

实践中，有的驾驶人虽然在事故发生后离开现场，但其主观上并没有逃避责任追究的故意，而是以其他正当理由离开现场，此时不宜认定驾驶人构成交通肇事逃逸。一般来说，肇事人具有下列情形的，不应认定为交通肇事逃逸：（1）对事故事实无争议，撤离现场自行协商解决，达成协议，并留下真实姓名、联系方式后，一方反悔并报案的；（2）为及时抢救事故受伤人员，标明车辆和伤者位置后驾驶车辆驶离事故现场，并及时报案接受调查，未脱离公安机关交通管理部门有效控制的；（3）为履行救治义务，确因筹措伤者医疗费用需暂时离开，经伤者或伤者家属同意，留下本人真实信息，并按时返回的；（4）因本人受伤需要救治并且没有能力报案而离开现场，委托他人报案或在本人具备报案条件后报案，自觉接受公安机关交通管理部门有效控制的；（5）有证据证明行为人因可能受到人身伤害而离开现场，但及时报案接受调查的；（6）有证据证明驾驶人不知道发生交通事故，驾驶车辆驶离事故现场，事后主动配合公安机关调查的。

本案中，肇事人王某华在交通事故发生后采取了相应的报警和急救措施，弃车离开现场是为了躲避受害人家属的殴打，主观上并非故意遗弃车辆逃离，不符合“交通肇事逃逸”的构成要件。再审法院据此认定王某华因躲避殴打等正当理由离开事故现场的行为不属于“交通肇事逃逸”，符合法律本意。

编写人：王　菁

再审合议庭成员：熊　伟　黄勇平　胡爱菊

10. 逃逸后主动承担受害人医疗费不是否定肇事人构成交通肇事逃逸的理由

——中国人民财产保险股份有限公司某分公司与罗某运、周某根、张某优、喻某等机动车交通事故责任纠纷再审案

裁判要旨

1.机动车驾驶人在逃逸后主动承担医疗费用的行为系其对侵权行为造成他人损失的赔偿行为，不能因此否认其交通事故逃逸的事实，更不能抵销或免除其应负的法律责任。

2.《道路交通安全法》第七十条规定的机动车驾驶人在发生交通事故时负有停车保护现场、抢救伤员、报警的法定义务，发生事故后逃逸系禁止行为。机动车驾驶员应当知悉相关法律要求及违反相关规定可能导致的法律后果，保险人以此法律规定作为免责条款的，仅需提示即可，无须对该条款进行特别说明。

案例索引

一审：江西省宜春市袁州区人民法院作出（2017）赣0902民初4734号

二审：江西省宜春市中级人民法院（2018）赣09民终1139号

再审：江西省高级人民法院（2019）赣民再117号

基本案情

再审申请人（一审被告、二审上诉人）：中国人民财产保险股份有限公司某分公司（以下简称人保分公司）。

被申请人（一审原告、二审被上诉人）：罗某运。

被申请人（一审原告、二审被上诉人）：周某根。

被申请人（一审原告、二审被上诉人）：张某优。

被申请人（一审被告、二审被上诉人）：喻某。

被申请人（一审被告、二审被上诉人）：宜春市某汽车服务有限公司（以下简称汽车服务公司）。

被申请人（一审被告、二审被上诉人）：龙某礼。

被申请人（一审被告、二审上诉人）：中国人寿财产保险股份有限公司某市中心支公司（以下简称人寿某市公司）。

被申请人（一审被告、二审被上诉人）：江西某汽车运输有限公司（以下简称汽运公司）。

被申请人（一审被告、二审被上诉人）：刘某云。

被申请人（一审被告、二审被上诉人）：中国人寿财产保险股份有限公司某县支公司（以下简称人寿某县支公司）。

罗某运、周某根、张某优向一审法院起诉请求：要求被告赔偿三原告经济损失共计人民币 239350 元。

2017 年 3 月 9 日 17 时 55 分，龙某礼驾驶赣 CL×××× 重型半挂牵引车牵引赣 C×××× 挂，由宜春市驶往安福县，行驶至宜春一拿山 36 公里 500 米处时，因公路右侧有道路施工人员及施工警示锥桶，龙某礼将车行驶到左车道时与对向罗某运驾驶的赣 C0×××× 轻型仓栅式货车（搭乘周某根）发生碰撞，碰撞之后，龙某礼向右打方向时，赣 CL×××× 车又将停放在道路右侧的赣 DP×××× 小型轿车撞出路外，造成罗某运、周某根受伤，三车受损的交通事故。事故发生后，从宜春方向驶来的喻某驾驶的赣 DD×××× 重型半挂牵引车牵引赣 C×××× 挂，又将赣 C0×××× 轻型仓栅式货车撞向公路旁的田里，并且驾车驶离现场（喻某二次事故案另案处理）。经江西省安福县公安局交通警察大队出具《道路交通事故认定书》认定：龙某礼是造成本起事故的全部原因，罗某运、周某根、刘某云不负本事故的责任。同日，喻某驾驶赣 DD×××× 重型半挂牵引车牵引赣 C×××× 挂，由宜春市驶往安福县，行驶至宜春一拿山 36 公里 500 米处时，为避开道路上已经发生了交通事故的当事人周某根（受伤躺在道路中间起不来），与已经发生事故的罗某运驾驶的赣 C0×××× 轻型仓栅式货车发生第二次碰撞，碰撞之后，喻某驾车驶离现场，造成罗某运、周某根两人受伤，两车受损的交通事故逃逸案件。经江西省安福县公安局交通警察大队出具《道路交通事故认定书》认定：喻某是造成本起事故的全部原因，罗某运、周某根不负本事故的责任。事故发生后，罗某运被送往安福县中医院住院治疗 51 天，于 2017 年 4 月 29 日出院，花费 27976.7 元，该费用龙某礼和喻某各支付一半。龙某礼为罗某运支付 5500 元生活费。周某根也被送往安福县中医院住院治疗 34 天，于 2017 年 4 月 12 日出院，花费 13832.09 元，该费用龙某礼和喻某各支付一半。2017 年 7 月 10 日，罗某运经江西宜春司法鉴定中心鉴定并出具司法鉴定意见书，鉴定结论为：被鉴定人罗某运的损伤程度构成十级伤残，误工 180 天、护理 90 天、营养 90 天，后续取钢板的医疗费在 8000 元以内酌定。罗某运花费鉴定费 2500 元。安福县公安局交通警察大队委托宜春市袁州区物价局价格认证中心对赣 C0×××× 轻型仓栅式厢式货车受损情况进行鉴定，宜春市袁州区物价局价格认证中心于 2017 年 8 月 29 日作出交通事故车物损失价值认定结论书，认定应维修金合计为 74030 元，已经超过了该车的现值 66850 元，故以该车的现值 66850 元为此次损失金额。后双方当事人因商业险中的赔偿金额无法达成一致而诉至法院。另查明：罗某运的儿子罗某 1 于 2010 年 5 月 20 日出生。罗某运的父亲罗某云，1957 年 8 月 20 日出生，罗某运有兄弟姐妹两人。罗某运、周某根均持 B2 有效驾照，罗某运受雇于张某优，赣 C0×××× 的实际车主为张某优。原审原告自愿对龙某礼的挂车所购买的保险放弃赔偿责任。龙某礼持 A2 有效驾照，肇事车辆赣 CL×××× 重型半挂牵引车和赣 C×××× 挂车的实际车主为汽车服务公司，肇事车辆赣 CL×××× 重型半挂牵引车在人寿某市公司购买了交强险和 100 万元的商业三者险，赣 C×××× 挂车也购买了商业三者险 5 万元，且不计免赔，事故发生在保险期间内。喻某持 A2 有效驾照，肇事车辆赣 DD×××× 的实际车主为汽运公司，该车辆在人保分公司购买了交强险和 100 万元的商业三者险，且不计免赔，事故发生在保险期间内。喻某和汽运公司签订分期付款保留所有权购车合同，双方对价款，支付方式，保留所有权等权利义务进行了约定。

裁判结果

一审判决：一、由人寿某市公司在判决生效后十日内赔偿罗某运 35806 元，赔偿周某根 13996 元，赔偿张某优 33425 元，赔偿龙某礼 26404.4 元，赔偿喻某 6916.05 元；二、由人保分公司在判决生效后十日内赔偿罗某运 41306 元，赔偿张某优 33425 元，赔偿喻某 13988.35 元；三、驳回罗某运、周某根、张某优其他的诉讼请求。

人寿某市公司、人保分公司均不服，提起上诉。二审判决：驳回上诉，维持原判。

人保分公司申请再审。再审判决：一、撤销一、二审民事判决；二、人寿某市公司赔偿罗某运 35806 元，赔偿周某根 13996 元，赔偿张某优 33425 元，赔偿龙书礼 26404.4 元，赔偿喻某 6916.05 元；三、人保分公司在交强险范围内赔偿罗某运 36330.65 元，赔偿张优生 2000 元，赔偿喻某 13988.35 元；四、喻某赔偿张某优 31425 元；五、驳回罗某运、周某根、张某优的其他诉讼请求。

裁判理由

再审认为，本案的争议焦点可以归纳为：一、喻某是否构成交通事故逃逸？如果构成，该逃逸行为是否构成人保分公司商业第三者责任险的责任免除？二、人保分公司应否承担本案鉴定费？三、人寿安福公司在本案中应否承担无责交强险赔偿责任？

一、关于喻某是否构成交通事故逃逸，如果构成，该逃逸行为是否构成人保分公司商业第三者责任险的责任免除问题。经查，江西省安福县交警大队出具的《道路交通事故认定书》认定："喻某驾车驶离现场，造成罗某运、周某根两人受伤，两车受损的交通事故逃逸案件"，对此，喻某没有提出异议，视为认可该事故认定书。据此，喻某在本案中的行为构成交通事故逃逸，应当承担相应的法律责任。

《道路交通安全法》第七十条规定："在道路上发生交通事故，车辆驾驶人应当立即停车，保护现场；造成人员伤亡的，车辆驾驶人应当立即抢救受伤人员，并迅速报告执勤的交通警察或者公安机关管理部门。因抢救受伤人员变动事故现场的，应当标明位置。乘车人、过往车辆驾驶人、过往行人应当予以协助”。该法条明确规定了机动车驾驶人在发生交通事故时应当负有的法定义务，系法律禁止性规定，驾驶员应当知悉该法律规定及其违反该法律规定可能导致的法律后果，保险人以此法律规定作为免责条款的，仅需提示即可，无须对该条款进行特别说明。再审庭审中，人保分公司提交了新证据即保险单、投保单原件各一份，保险单“重要提示”写明：“请详细阅读承保险中对应的保险条款，特别是责任免除……”，投保单“投保人声明”写明：“保险人已向本人详细介绍并提供了投保险种所使用的条款，并对其中免除保险人责任的条款（包括但不限于责任免除、投保人被保险人义务、赔偿处理……）”。汽运公司在投保单投保人签名处盖章。以上事实，足以证明人保分公司对保险条款，特别是责任免除向汽运公司履行了提示义务。故二审判决以人保分公司提供的证据不足以证明该公司已就赣 DD×××× 重型半挂牵引车签订的保险合同中的相关免责条款向投保人履行了提示义务，相关条款不产生效力为由认为相关免责条款不产生效力，认定事实和适用法律错误，导致案件处理错误。因此，再审法院认定：《中国人民财产保险股份有限公司特种车综合商业保险条款》第二十四条第（二）项第 1 目中约定的“事故发生后，在未依法采取措施的情况下驾驶被保险机动车或者遗弃被保险机动车离开事故现场，不论任何原因造成的人身伤亡、财产损失和费用，保险人均不负责赔偿”合法有效。据此，人保分公司以喻某构成交通事故逃逸为由主张免赔商业第三者责任险，理由成立，予以支持。

喻某在罗某运、周某根治疗期间，虽有主动承担医疗等费用的行为，但该行为系对其侵权行为造成他人损失的赔偿行为，不能因此否认其交通事故逃逸的事实，更不能抵销或免除其应负的法律责任。因此，一、二审法院以喻某在罗某运、周某根治疗期间，主动承担了医疗等费用，其虽有离开交通事故现场的客观行为，以没有逃避法律追究的主观目的为由认为喻某的行为未构成交通事故逃逸，认定事实错误，应予纠正。张某优的车辆损失 66850 元，人寿某市公司与人保分公司在各自的交强险内赔偿 2000 元，剩余部分 62850 元按事故责任比例 50% 由人寿某市公司赔偿 31425 元，鉴于赣 DD×××× 号重型半挂牵引车驾驶员喻某在事故发生后逃逸，其行为已构成人保分公司商业第三者责任险的责任免除，喻某应当赔偿张某优车辆损失 31425 元。人保分公司在交强险范围内赔偿罗某运 36330.65 元，赔偿张优生 2000 元，赔偿喻某 13988.35 元。

二、关于人保分公司应否承担本案鉴定费问题。鉴定费是为了对本案受害人罗某运的伤残等级、误工期、护理期、营养期、后续治疗费等进行评定而花费的费用，属于《保险法》第六十四条规定的为查明和确定保险事故的性质、原因和保险标的的损失程度所支付的必要的、合理的费用，应由保险人承担。人保分公司请求其不应承担本案鉴定费，理由不能成立，不予采纳。

三、关于人寿安福公司在本案中应否承担无责交强险赔偿责任问题。交警事故认定书认定刘某云停放施工车辆，后有警示锥桶，无违法行为，不承担事故责任，故刘某云在本案中未对罗某运、周某根、张某优造成任何损害，刘某云和人寿安福公司依法不应承担本案赔偿责任。人保分公司主张人寿安福公司在本案中应承担无责交强险赔偿责任，缺乏事实与法律依据，不予支持。

综上，再审认为，喻某在本案中的行为构成交通事故逃逸，应当承担相应的法律责任。人保分公司以喻某构成交通事故逃逸为由主张免赔商业第三者责任险，理由成立，予以支持，其他再审理由不能成立，不予采纳。一、二审法院认定主要事实清楚，但认为喻某的行为未构成交通事故逃逸，人保分公司不应免赔商业第三者责任险，认定事实和适用法律错误，导致案件处理错误，应予纠正。

要旨解析

该案涉及对道路交通事故责任纠纷中“逃逸”行为的认定以及保险合同中相关免责条款的审查问题。

逃逸是机动车道路交通事故纠纷中常见的情形，也是可能造成严重法律后果的行为。关于逃逸的定义，《道路交通安全法》并没有明确逃逸的概念和具体情节。但《道路交通安全法》第七十条规定了发生道路交通事故时的相关行为人，特别是车辆驾驶人的所负有的保护现场、抢救伤员、报告交警的法定义务。故意不履行这种法定义务，导致损失扩大、伤害加大，驾驶员可能要承担相应的民事赔偿责任，严重的可能要承担刑事责任。《道路交通安全法》第七十一条规定：“车辆发生交通事故后逃逸的，事故现场目击人员和其他知情人员应当向公安机关交通管理部门或者交通警察举报。举报属实的，公安机关交通管理部门应当给予奖励。”该条规定“逃逸”针对的是第七十条所规定的车辆驾驶人的法定义务而言，即可以理解为不履行第七十条的法定义务并离开现场构成逃逸。公安部发布的《道路交通事故处理程序规定》第一百一十二条第一款明确规定了交通肇事逃逸的概念，即“交通肇事逃逸，是指发生道路交通事故后，当事人为逃避法律责任，驾驶或者遗弃车辆逃离道路交通事故现场以及潜逃藏匿的行为。”公安部《道路交通事故处理程序规定》第一百一十二条明确交通肇事逃逸的概念是对《道路交通安全法》的一个弥补，更有利于在实践中精准认定逃逸行为。

分析《道路交通事故处理程序规定》第一百一十二条第一款规定，认定交通肇事逃逸可以分解为：一是主观上当事人具有逃避法律责任的意图，二是客观上当事人具有驾车离开现场或遗弃车辆离开现场和潜逃藏匿的行为。只有两个要件都成立，才可认定为逃逸，如当事人离开现场系为寻求救援和报警，此时虽有离开现场的客观行为，但其主观意图并非逃避法律责任，因此不能认定为逃逸。上述规定系公安机关在处理交通肇事纠纷时，作出道路责任认定的依据。人民法院在审理机动车道路交通事故责任纠纷时，通常亦应以此作为认定交通肇事逃逸的标准。

本案中，喻某驾驶赣DD××××重型半挂牵引车牵引赣C××××挂，由宜春市驶往安福县，行驶至宜春—拿山36公里500米处时，为避开道路上已经发生了交通事故的当事人周某根（受伤躺在道路中间起不来），与已经发生事故的罗某运驾驶的赣C0××××轻型仓栅式货车（搭乘周某根）发生第二次碰撞，碰撞之后，喻某未对现场进行保护、救治伤员和报警，即直接驾车驶离现场，造成罗某运、周某根两人受伤，两车受损的交通事故逃逸案件。交警出具的《道路事故责任认定书》明确写明喻某构成交通肇事逃逸。一、二审法院否定喻某构成交通肇事逃逸的理由都是以喻某在受害人罗某运、周某根治疗期间，主动承担了医疗等费用为由认定喻某没有逃避法律责任的主观目的，进而认定喻某不构成交通肇事逃逸。再审认为喻某在罗某运、周某根治疗期间，虽有主动承担医疗等费用的行为，但该行为系对其侵权行为造成他人损失的赔偿行为，不能因此否认其交通事故逃逸的事实，更不能抵销或免除其应负的法律责任。

笔者赞同再审观点和说理。除了再审判决中的理由外，笔者认为，还有两个问题有必要进一步阐释，一是认定行为人是否具有逃避法律责任的交通肇事逃逸主观目的应当有时间点的限制。考察行为人是否有逃避法律责任的主观目的应当限制在交通事故发生后行为人决定离开现场时这一时间点。如果行为人已经在第一时间离开了现场，后来因种种原因表示愿意承担赔偿责任或主动支付部分赔偿款，均不能否定行为人在逃逸时的主观目的。二是在司法实践中，判断行为人离开事故现场是否具有逃避法律责任的主观目的应当根据行为人的客观行为作为判断依据，除非行为人能证明其离开现场有其他合理理由。交警进行调查时首先也是根据行为人的客观逃离现场的行为进行判断。人民法院在审理机动车道路交通事故责任纠纷时，除非有确实充分的证据可以推翻交警做出的事故性质和责任认定，一般亦应尊重交警做出的认定。该案一、二审以行为人喻某事后的主动承担部分医疗费的行为判断其交通事故发生时逃离现场的主观目的明显错误，再审改判理由充分。

编写人：龚雪林

再审合议庭成员：龚雪林　万细泉　刘晓雯

11. 未标注或提示为免责条款但暗含免除责任情形的保险条款属于隐性免责条款

——章某根与周某连、中国人寿财产保险股份有限公司某中心支公司等机动车交通事故责任纠纷再审案

裁判要旨

1. 人民法院在民事诉讼中对机动车交通事故各方的责任程度等级、具体责任比例的认定具有终局性，保险人应当按照人民法院判决认定的事故责任比例承担保险车辆方的赔偿责任。

2. 商业第三者责任保险条款约定“公安机关交通管理部门处理事故未确定事故责任比例”时保险人仅就限定比例范围内承担赔偿责任，免除了保险人在法院判决认定被保险人所负事故责任比例超出该条款限定比例时对超出限定比例部分的赔偿责任，属于免责条款。

3. 未标注或提示为免责条款但暗含免除责任情形的隐藏式免责条款，保险人应当进行提示，且与其他免责内容清晰明确的条款相比，保险人有义务单独明确告知说明此种条款存在的免除保险人责任法律后果，否则不发生效力。

案例索引

一审：江西省新余市渝水区人民法院（2016）赣 0502 民初 211 号

二审：江西省新余市中级人民法院（2017）赣 05 民终第 403 号

再审：江西省高级人民法院（2019）赣民再 46 号

基本案情

再审申请人（一审被告、二审被上诉人）：章某根。

被申请人（一审被告、二审上诉人）：中国人寿财产保险股份有限公司某中心支公司（以下简称人寿财险支公司）。

二审被上诉人（一审原告）：周某连。

二审被上诉人（一审被告）：王某根。

二审被上诉人（一审被告）：新余市某货运有限公司（以下简称新余货运公司）。

周某连因交通事故受到损害向一审法院起诉请求：判令王某根、章某根、新余俊安公司、人寿财险支公司共同赔偿各项损失共计 425264.26 元。

2014 年 1 月 20 日，王某根驾驶具有安全隐患的赣 K××××× 号重型罐式货

车违禁在新欣南大道新余大桥北端引桥，由南往北逆向行驶横过道路时，与相对方向周某连驾驶的新余B×××××号超标电动车发生碰撞，造成周某连受伤及车辆受损的交通事故。2014年1月29日，新余市公安局交通警察支队城南大队作出余公交南事认字〔2014〕第0004号道路事故认定书，认定王某根负事故主要责任，周某连负事故次要责任。事故认定书载明事发原因：（1）王某根驾驶具有安全隐患的机动车；（2）王某根驾驶机动车未按右侧通行，且违反了禁行、限行规定；（3）周某连驾驶与准驾车型不符的超标电动车。

赣K×××××号重型罐式货车实际车主为章某根，王某根系章某根雇请的员工，有合法有效的驾驶证。该车在人寿财险支公司投保了交强险和第三者责任险（保险限额为500000元，且不计免赔）。《商业第三者责任保险机动车保险条款》的"赔偿处理"部分第二十六条共有两款，第一款规定"保险车辆发生道路交通事故，保险人根据驾驶人在交通事故中所负事故责任比例相应承担赔偿责任"，第二款规定"被保险人或保险车辆驾驶人根据有关法律法规规定选择自行协商或由公安机关交通管理部门处理事故未确定事故责任比例的，按照下列规定确定事故责任比例：保险车辆方负全部事故责任的，事故责任比例不超过100%；保险车辆负事故主要责任的，事故责任比例不超过70%；保险车辆方负同等事故责任的，事故责任比例不超过50%；保险车辆方负次要事故责任的，事故责任比例不超过30%；保险车辆方无事故责任的，保险人不承担赔偿责任"。该条款字体未与该合同条款中的"责任免除"部分采用同样加黑加粗字体。赣K×××××号重型罐式货车的机动车保险投保单投保人签名盖章处加盖了新余市悦兴汽车运输有限公司印章，无人签名，该投保单为A4纸张大小，字体较小且印刷模糊，在投保人盖章签名处上方有一段与保单其他内容字体一致的印刷内容，"本人确认投保单已附投保险种对应的保险条款，并且保险人已经对保险条款的内容，尤其是免除保险人责任、投保人及被保险人义务、赔偿处理的条款的内容和法律后果，向本人进行了明确说明……上述所填内容为本人真实意愿，同意以此作为订立保险合同的依据。"因损害赔偿协商未果，周某连诉至法院。

周某连、章某根、人寿财险支公司对公安机关交通管理部门做出的事故责任程度认定划分均没有异议，但周某连认为王某根应承担90%的责任比例。一审法院认为，根据庭审查明的事发原因，王某根的违法行为对事故发生的原因力显著大于周某连的违法行为的原因力，结合实情，确定王某根对周某连的损害应承担80%的责任比例，周某连自负20%的责任，并据此裁判各被告人应承担的赔偿款项。一审宣判后，人寿财险支公司提出上诉，主张依据商业第三者责任保险条款第二十六条第二款，其仅需承担不超过70%事故责任比例的赔偿责任，二审对其主张予以支持。

裁判结果

一审判决：一、人寿财险支公司应于判决生效之日起十日内在机动车交通事故责任强制保险限额内支付周某连赔偿款112000元，在机动车第三者责任保险限额内支付周某连赔偿款198473.18元，共计310473.18元；二、章某根应于判决生效之日起十日内支付周某连赔偿款17550.62元；三、驳回周某连的其他诉讼请求。

人寿财险支公司提出上诉。二审改判：人寿财险支公司在机动车第三者责任保险限额内按保险条款约定承担70%赔偿责任，应支付周某连赔偿款165039.04元，共计277039.04元，章某根自行承担10%责任，应支付周某连赔偿款50984.77元。

章某根申请再审。再审判决：撤销二审判决，维持一审判决。

裁判理由

再审认为，一、关于《商业第三者责任保险机动车保险条款》第二十六条第二款是否属于免责条款的问题。公安机关交通管理部门在处理交通事故时所作的交通事故责任认定在人民法院审理道路交通事故责任纠纷时通常作为证据使用，如有其他证据可以推翻公安机关交通管理部门作出的交通事故责任认定，人民法院可以根据其他证据以民事判决的形式直接认定事故各方的责任程度等级和责任比例。另外，公安机关交通管理部门在作出交通事故责任认定时通常只确定各方当事人的事故责任程度等级，并不确定具体事故责任比例。人民法院即使采信公安机关交通管理部门对各方事故责任程度等级的认定，也可以根据事故各方行为对造成事故和损害发生的原因力大小等具体案情确定事故各方责任比例。因而，人民法院作为民事纠纷的终局裁判者，对诉讼案件中事故各方的责任程度等级、具体责任比例的认定具有终局性，保险人应当按照人民法院裁判认定的事故责任比例承担保险车辆方的赔偿责任。如果法院判决确定的具体责任比例超过本案争议的第二十六条第二款限定的比例，根据该款约定，保险人仅在限定比例范围内承担赔偿责任，对超过部分则无须承担赔偿责任。因此，第二十六条第二款虽然未采用免除保险人责任的字样，但其以“由公安机关交通管理部门处理事故未确定事故责任比例”作为保险人仅就限定比例范围内承担赔偿责任的事由，免除了保险人在法院判决认定被保险人所负事故责任比例超出该条款限定的事故责任比例时对超出限定比例部分的赔偿责任，应认定为免责条款。

二、关于人寿财险支公司是否履行了提示和明确说明义务的问题。本案中人寿财险支公司提供的《商业第三者责任保险机动车保险条款》共有十二个部分，其中第三部分“责任免除”与其他部分中免除责任的条款全部采用了字体加黑加粗的提示方法，本案争议的第二十六条未采用字体加黑加粗方式进行提示。且该款放在保险条款的“赔偿处理”部分，不易被作为免责条款发现，加之该款约定将“由公安机关交通管理部门处理事故未确定事故责任比例”这种表面上看属于偶然发生的特殊情形但事实上普遍存在的情形作为限定保险人赔偿责任比例的事由，导致该条第一款未对保险人赔偿责任作比例限定的一般性约定无法适用。对此种未标注或提示为免责条款但暗含免除责任情形的隐藏式免责条款，非专业人士的普通投保人很难发现和理解该条款存在免除保险人部分责任的情况，保险人应当进行提示，且与其他免责内容清晰明确的条款相比，保险人有义务单独明确告知说明此种条款存在的免除保险人责任法律后果。虽然本案投保单中投保人盖章签名处上方有一段表明保险人已经就合同中免除保险人责任、投保人及被保险人义务、赔偿处理的条款的内容和法律后果向投保人进行了明确说明的声明文字，但该段文字笼统将免责条款与其他条款以印刷文字声明的方式进行说明，不能证实其如何告知了上述条款的法律后果，上述文字没有对未提示为免责条款但含有免责内容的第二十六条第二款法律后果进行明确说明的文字，也不足以让普通投保人理解该条款存在的免责情形，不能认定人寿财险支公司履行了对该条款免责后果的明确说明义务，应当认定该条款不发生效力。

综上，人寿财险支公司应当对章某根在事故中所承担的 80% 责任比例的赔偿款承担全部赔偿责任。

要旨解析

机动车交通事故责任纠纷中涉及机动车商业第三者责任保险免责条款的问题较多，保险条款是否构成免责条款、保险人是否对免责条款履行了提示和说明义务往往成为此类纠纷的争议焦点。本案由于公安机关道路交通管理部门作出道路交通事故责任认定书仅确定了驾驶人王某根与受害人周某连的责任程度等次，并未确定双方的具体责任比例，且一审法院确定的双方事故责任比例是 80%/20%，与保险条款第二十六条第二款限定的 70%/30% 比例不一致，导致保险人和机动车所有人章某根对超出限定比例的部分即 10% 的责任比例损失应否由保险人赔偿发生争议。争议的主要问题是对保险条款第二十六条第二款的性质和效力的评价问题，即该条款是否构成免责条款和如何判断保险人是否履行了免责条款的提示和说明义务。

一、本案争议为什么会产生

要理解本案争议为什么会产生，就要分析实践中道路交通事故纠纷中各方事故责任比例是如何确定的。

司法实践中，确定保险车辆方在交通事故中的事故责任比例，有三种方式，一是事故各方协商确定，二是公安机关交通管理部门认定，三是纠纷进入民事诉讼后由法院判决确定。事故各方协商解决赔偿责任的，按照协议确定各自过错责任比例。由公安机关交通管理部门处理事故的，相关法律、行政法规和部门规章均未要求公安机关交通管理部门在交通事故责任认定书中确定事故各方的责任比例。《道路交通安全法实施条例》第九十一条规定，公安机关交通管理部门应当根据交通事故当事人的行为对发生交通事故所起的作用以及过错的严重程度，确定当事人的责任。公安部 2008 年 8 月 7 日发布的《道路交通事故处理程序规定》第四十六条规定，公安机关交通管理部门应当根据当事人的行为对发生道路交通事故所起的作用以及过错的严重程度，确定当事人的责任。（一）因一方当事人的过错导致道路交通事故的，承担全部责任;（二）因两方或者两方以上当事人的过错发生道路交通事故的，根据其行为对事故发生的作用以及过错的严重程度，分别承担主要责任、同等责任和次要责任;（三）各方均无导致道路交通事故的过错，属于交通意外事故的，各方均无责任。一方当事人故意造成道路交通事故的，他方无责任。省级公安机关可以根据有关法律、法规制定具体的道路交通事故责任确定细则或者标准。上述条例和规定是公安机关交通管理部门及交通警察对机动车道路交通事故处理的主要程序性依据，上述条例和规定均要求公安机关交通管理部门在做出事故责任认定时仅确定责任程度，即全部责任、主要责任、同等责任、次要责任和无责任，并未要求公安机关交通管理部门确定各当事人的责任比例。在省级公安机关制定的具体的道路交通事故责任确定细则或者标准中，江西省公安厅2015年11月27日发布了《江西省道路交通事故责任认定规则》只是对何种情形下如何判断当事人各自应承担的责任程度做出规范，同样未有公安机关交通管理部门确定各当事人的责任比例的要求。可见，公安机关道路交通管理部门做出交通事故责任认定书通常并不确定事故各方的责任比例，而仅是确定各方责任程度等次。保险条款第二十六条第二款将“公安机关交通管理部门处理事故未确定事故责任比例”情形作为一个特殊情形下确定事故责任比例的方法，但实际上公安机关交通管理部门处理事故不确定事故责任比例是普遍情形。道路交通事故责任纠纷，如果公安机关道路交通管理部门未能调解成功，纠纷进入民事诉讼，就将由人民法院在判决中确定各方的事故责任比例，此时如果人民法院确定的事故责任比例与该条限定的比例不一致就会产生本案争议的问题。

二、如何识别、认定第三者责任保险条款中的免责条款

免责条款通常是指在格式合同中，提供格式合同的一方在合同中约定免除自身责任和义务、加重对方责任或者排除对方主要权利的条款。《保险法司法解释（二）》第九条规定，保险人提供的格式合同文本中的责任免除条款、免赔额、免赔率、比例赔付或者给付等免除或减轻保险人责任的条款，可以认定为《保险法》第十七条第二款规定的“免除保险人责任的条款”。判断某一保险条款是否构成免责条款，从形式上来说首先要看合同条款是否属于一方提供的格式条款，从内容上分析要看该条款是否免除或者减轻了自身责任和义务，或者加重了对方责任，或者排除了对方主要权利。实践中，机动车商业第三者责任保险投保过程中，保险人普遍采用事先拟定的供所有投保人重复使用的保险条款，此种保险条款明显属于格式条款。机动车商业第三者责任保险条款中的免责条款通常会在保险条款的一个责任免除条款部分集中约定，在免赔额和免赔率、赔偿处理等部分亦有少数免责条款。此种明确约定免除或减轻保险人责任，或者明确约定免赔额、免赔率的条款通常比较容易识别，此种免责条款保险人一般也会通过加粗字体等方式进行提示。但有些保险条款并没有免除或减少保险人责任的文字内容，此种保险条款是否构成免责条款应当以其是否会产生保险人责任免除或减少的后果为判断依据。如果按照该条款约定履行，保险人的责任会被免除或减少，就应当认定其构成免责条款，我们可以称之为隐性免责条款。关于隐性免责条款的概念和定义，笔者检索到最早的是一篇案例分析文章。该文中分析的河南省某法院一份民事判决书使用了“隐含的免责条款”一词。该文认为“所谓隐性免责条款，是指虽然在该条款中没有明文规定合同一方免责，但是，根据条款的规定，在一定情况下实际上是可以免责的。”① 在另一篇案例分析文章中，作者认为，保险合同条款中“在‘赔偿处理’、‘释义’等合同其他部分也包含有免责性质的条款，本文将该类条款称为隐性免责条款。”② 还有一种观点认为，“除责任免除章节中的条款外，有的保险条款本身字面的意思表示是保险责任承担的方法，但依据该条款确定保险责任时，保险人将免除部分甚至全部的保险责任，实务中称该条款为隐性免责条款。”③ 从上述观点可以看出，实务界对隐性免责条款的概念认识不统一，尚无权威定论。

本案中争议的条款即属于此种类型。该条款并没有免除或减少保险人责任的文字内容。从字面上看，该条款只是事先约定在公安机关道路交通管理部门没有确定各方事故责任比例的特殊情形下，确定当事人在某种事故责任程度等次下应承担的具体责任比例的方法，与免责条款没有明显联系。因而，要具体分析该约定的情形出现时，按照该约定确定保险人赔偿责任是否免除或减轻了保险人责任。

在机动车商业第三者责任保险中，保险人的赔偿责任一般是按照保险车辆在交通事故中应负的赔偿责任比例确定。因此，确定交通事故中保险车辆方在事故中应负的具体责任比例非常重要，只有明确了保险车辆方的具体事故责任比例，才能计算出保险车辆方需要承担的具体赔偿数额，并据此确定保险人需要向保险车辆方赔偿的数额。前面已分析，进入民事诉讼的纠纷，各方当事人的事故责任比例不是根据公安机关道路交通管理部门的事故责任认定书确定，而是由人民法院判决书最终确定。在人民法院在确定事故各方责任比例时，特别是对于事故双方划分为主次责任的，人民法院确定事故责任的具体比例并不限定于70%与30%划分，80%与20%、60%与40%划分方式也很常见。当法院判决确定的保险车辆方承担的事故责任比例超过第二十六条第二款限定的事故责任比例时，按照该条约定，保险人无须就超出部分承担赔偿责任，可以说该保险条款免除了保险人的该部分赔偿责任。因而，再审判决认定该条款虽然没有免除保险人责任的文字内容，但其履行的后果是免除了保险人的部分赔偿责任，属于免责条款。

另外该条款还免除了保险人在被保险人不负事故责任时按照法律规定可能承

① 徐朋、王立申：《未向投保人明确说明的隐性免责条款无效》，载《人民司法·案例》2008年第16期。

② 黄冠猛：《保险人仅对“责任免除”部分条款履行提示及明确说明义务，隐性免责条款不产生效力》，载《人民法院报》2011年6月16日第六版。

③ 闫东、路志明：《保险合同隐性免责条款的解释与规制——以机动车商业车损险为视角》，载《山东审判》2012年第3期。

担的不超过 10% 的赔偿责任。《保险法》第六十五条第四条规定，责任保险是指以被保险人对第三者依法应负的赔偿责任为保险标的的保险。该条规定并未将保险人的责任限定为被保险人对事故负有过错责任时，而是明确以被保险人应负的赔偿责任为保险标的。《道路交通安全法》第七十六条第一款第二项规定："机动车一方没有过错的，承担不超过百分之十的赔偿责任"。此种情形下，即使保险车辆方对事故没有任何过错，机动车一方也要承担一定的赔偿责任，但按照第二十六条第二款的约定，将直接导致保险人在此种情形下赔偿责任的免除，法律规定的不超过 10% 的赔偿责任将完全由被保险人承担。当然，本案中没有涉及此种情形。

三、如何认定保险人是否履行了免责条款的提示和明确说明义务

根据《保险法》第十七条的规定，对保险合同中免除保险人责任的条款，保险人对投保人负有两项义务，一是提示，二是明确说明。提示义务应以足以引起投保人注意为评判标准，明确说明应以保险人向投保人对免除保险人责任条款的含义、免除保险人责任的发生条件、免除的责任的大小等免责条款的基本内容做出足以让普通投保人理解的解释为评判标准。通常，保险人对机动车商业第三者责任保险中免责内容清晰明确的条款会将大部分免责条款作为保险条款中的免除责任部分集中归拢，并以加粗字体的方式进行提示，还有部分关于免赔额和免赔率以及理赔比例限制的条款散见于赔偿处理等合同条款的其他部分中，也会采用加粗字体方式提示。保险人的明确说明义务在实务中通常采用在投保单等投保凭证上印刷保险人声明并由投保人签字确认，或者由投保人手写认可保险人履行了明确说明义务等方式履行。对于已经标注提示为免责条款、内容清晰易懂的免责条款采用此种方式进行明确说明义务，被法院认定保险人履行了明确说明义务的可能性较大。但对于未标注或提示为免责条款但暗含免除责任情形的隐藏式免责条款，就如本案保险条款第二十六条第二款的情形，不经仔细分析，非专业人士的普通投保人很难发现和理解该条款存在免除保险人部分责任的情况。此种条款如果保险人将其与其他免责条款一样以简单声明进行说明，很难达到让投保人理解其存在免除保险人责任情形的效果。因而，本案再审判决认定人寿财险支公司未履行对该条款免责后果的明确说明义务符合保险法相关规定和逻辑。

编写人：龚雪林

再审合议庭成员：龚雪林　万细泉　李　彬

12. 在汽车分期付款买卖关系中，买受人借用汽运公司道路货物运输资质从事货物运输的，可认定构成挂靠关系

——赖某秀、丁某秀与刘某平、江西某汽运有限公司等机动车交通事故责任纠纷再审案

裁判要旨

1. 买受人与汽运公司成立汽车分期付款买卖合同关系，同时还存在借用汽运公司道路货物运输资质从事货物运输的，可以认定构成挂靠关系。

2. 买受人与汽运公司构成挂靠关系时，对于买受人驾驶挂靠机动车发生交通事故造成的损害，汽运公司应与买受人承担连带责任。

案例索引

一审：江西省赣州市赣县区人民法院（2018）赣 0721 民初 766 号

二审：江西省赣州市中级人民法院（2018）赣 07 民终 4042 号

再审：江西省高级人民法院（2020）赣民再 30 号

基本案情

再审申请人（一审原告、二审上诉人）：赖某秀。

再审申请人（一审原告、二审上诉人）：丁某秀。

被申请人（一审被告、二审被上诉人）：刘某平。

被申请人（一审被告、二审被上诉人）：江西某汽运有限公司（以下简称汽运公司）。

被申请人（一审被告、二审被上诉人）：中国平安财产保险股份有限公司某市支公司（以下简称平安财险公司）。

赖某秀、丁某秀等向一审法院起诉请求：1. 判令刘某平、汽运公司连带赔偿医疗费、丧葬费、死亡赔偿金、被扶养人生活费、家属办理丧葬事宜的交通费、住宿费和误工费、精神损害抚慰金、车辆损失费合计 753533.5 元；2. 判令平安财险公司在交强险及商业第三者责任险保险范围内对第 1 项费用承担赔付责任。

肇事车辆赣C ××××× 重型半挂牵引车 / 赣C ××××× 系刘某平于 2017 年 6 月通过分期付款方式向汽运公司购买，双方约定买方未全部付清购车款和其他

税费前，卖方保留汽车的所有权，车辆所有权必须登记在卖方名下。事故发生时，刘某平尚未付清购车款，汽运公司为车辆所有权人。赣C ××××× 重型半挂牵引车由汽运公司在平安财险公司投了交强险和 150 万元第三者责任险，附加不计免赔，事故发生在保险期内。投保时，汽运公司在投保单的投保人声明处盖章，确认已收到《机动车综合商业保险条款（2014 版）》，保险人对保险条款中免除保险人责任的条款做了明确说明，投保人对免除保险人责任的条款已完全理解，并同意投保。《机动车综合商业保险条款（2014 版）》约定，无驾驶证，驾驶证被依法扣留、暂扣、吊销、注销期间驾驶车辆不论任何原因造成被保险机动车的任何损失和费用，保险人均不负责赔偿。事故发生时，刘某平的驾驶证已吊销，为无证驾驶，事故发生后为逃避法律责任指使他人顶替，赣州市赣县区公安局交通管理大队认定刘某平的违法行为是造成事故的根本原因，应承担事故全部责任。事故发生后，宋某璋及赖某秀被送往赣县区人民医院治疗，宋某璋因抢救无效于事发当日死亡，赖某秀接受住院治疗。刘某平支付了宋某璋的抢救费 5000 元和赖某秀的医疗费 5000 元。从 2016 年下半年至事故发生前宋某璋一直受雇于王海生在江西省于都县境内铺设公路，由雇主在工地附近安排住处。丁某秀系宋某璋的母亲，为农业家庭户，共有四名抚养人。

裁判结果

一审判决：一、限平安财险公司于判决生效后七日内赔偿赖某秀、丁某秀等死亡赔偿金 11 万元；二、限刘某平于判决生效后七日内赔偿赖某秀、丁某秀等各项损失合计 609832 元；三、驳回赖某秀、丁某秀等的其他诉讼请求。

赖某秀、丁某秀等提出上诉。二审判决：驳回上诉，维持原判。

赖某秀、丁某秀等申请再审。再审判决：一、撤销二审判决和一审判决；二、限平安财险公司于判决生效后七日内赔偿赖某秀、丁某秀等死亡赔偿金 11 万元；三、限刘某平于判决生效后七日内赔偿赖某秀、丁某秀等各项损失合计 609832 元；四、汽运公司对刘某平应承担的赔偿款 609832 元承担连带赔偿责任。

裁判理由

再审认为，关于刘某平与汽运公司之间是否存在挂靠关系以及汽运公司应否承担责任的问题。一方面，刘某平与汽运公司之间签订了《汽车分期付款买卖合同》，其中约定刘某平未全部付清购车款和其他税费前，汽运公司保留汽车的所有权；另一方面，案涉车辆为重型半挂牵引车，签订该买卖合同后，所涉车辆的登记证书、行驶证、道路运输证均办理在汽运公司名下，投保交强险和商业三者险的是汽运公司，汽运公司亦办理了道路运输经营许可证，刘某平从事道路货物运输，建立在上述证件已经办理且是以汽运公司名义办理的基础之上。由此可见，刘某平与汽运公司之间并非单纯的分期付款买卖合同关系，还存在借用汽运公司道路货物运输资质从事货物运输的关系，此种关系在实质上可以认定为挂靠关系。由于挂靠人刘某平在交通事故中负全部责任，对刘某平造成受害人的损害，汽运公司应当承担连带责任。

要旨解析

分期付款买卖，是指由出卖人先向买受人交付标的物，买受人将应付的总价款，在一定期限内分次向出卖人支付的买卖合同。分期付款买卖也是一种特殊买卖，其根本特征在于买受人在接受标的物后不是一次性支付全部价款，而是将全部价款分成若干份，分不同日期支付。分期付款买卖在某种意义上也属于一种赊购，但买受人在接受标的物之后，不是在一定期限内一次性地支付价款，而是在一定期限内分批次地支付。分期付款买卖中，当事人双方可以自由约定付款的期限和次数，也可以约定买受人在接受标的物前先支付或者先分期支付若干价款，但在出卖人交付标的物后买受人原则上至少应当再分两次向出卖人支付价款，否则就不属于分期付款的买卖。分期付款买卖一般在买卖标的物价款较高，买受人一次性筹款支付有困难时适用。由于价款是陆续支付，会使买受人在心理上、履行上感受不到有过重的负担，因此分期付款买卖能促进商品房、高档汽车等昂贵品的消费。原《合同法》第一百六十七条规定，分期付款的买受人未支付到期价款的金额达到全部价款的五分之一的，出卖人可以要求买受人支付全部价款或者解除合同。《民法典》第六百三十四条沿袭了该规定。

关于分期付款买卖车辆中交通事故的责任承担主体，《最高人民法院关于购买人使用分期付款购买的车辆从事运输因交通事故造成他人财产损失，保留车辆所有权的出卖方不应承担民事责任的批复》规定："采取分期付款方式购车，出卖方在购买方付清全部车款前保留车辆所有权的，购买方以自己名义与他人订立货物运输合同并使用该车运输时，因交通事故造成他人财产损失的，出卖方不承担民事责任。"本案中，刘某平与汽运公司签订了《汽车分期付款买卖合同》，汽运公司是否应承担侵权赔偿责任是争议的焦点问题。再进一步探究，刘某平与汽运公司除了构成分期付款买卖合同关系外，是否构成了挂靠关系。

机动车挂靠从事运输经营活动，是指为了交通营运过程中的方便，将车辆登记在某个具有运输经营权资质的经营主体名下，以该主体的名义进行运营，并由挂靠者向被挂靠主体支付一定费用的形式。以挂靠形式从事道路运输经营活动一般有三个特点：一是四证统一，即车辆行驶证、道路运输证、驾驶证、营业性道路运输驾驶员从业资格证上的车主、业户、单位、服务单位都统一为被挂靠主体的名称；二是挂靠机动车向被挂靠主体交纳费用；三是具有隐蔽性，虽然挂靠双方签订有关运输经营的合同或内部协议，但发生交通事故造成损害时，被侵权人无法从外观上区别挂靠机动车是否属于被挂靠主体。

实践中以挂靠方式从事道路运输经营活动屡见不鲜，正因为这种方式涉及多个主体且具有隐蔽性，发生交通事故后极易引发纠纷。《道路交通损害赔偿司法解释》第三条规定确立了挂靠人与被挂靠人承担连带赔偿责任。《民法典》第一千二百一十一条沿袭了该规定。对该条规定的理解，一是被挂靠主体接受车辆挂靠，应当对该车辆有没有从事运输活动的能力进行核查和负责，从而控制风险，并且与挂靠机动车明确约定机动车发生交通事故造成损害时责任如何承担。二是在车辆挂靠时，有可能使乘客或者托运人因信赖被挂靠主体的管理能力及责任能力而对挂靠机动车产生信赖，对这种信赖应当保护，被挂靠主体因为被信赖而有责任。

本案中，案涉车辆为重型半挂牵引车，车辆的登记证书、行驶证、道路运输证均办理在汽运公司名下，投保交强险和商业三者险的是汽运公司，刘某平是以汽运公司名义从事道路货物运输，据此可以认定双方构成挂靠关系，并非单纯的分期付款买卖合同。依据《道路交通损害赔偿司法解释》第三条规定："以挂靠形式从事道路运输经营活动的机动车发生交通事故造成损害，属于该机动车一方责任，当事人请求由挂靠人和被挂靠人承担连带责任的，人民法院应予支持"，汽运公司应当承担连带赔偿责任。

编写人：闵遂赓

再审合议庭成员：李振峰　万细泉　邓名兴

13. 快递经营特许人对被特许人未尽到管理监督风险防控义务的，应对被特许人司机发生交通事故致人损害承担相应的补充赔偿责任

——上海某货运有限公司与饶某清、资溪县某物流有限公司等机动车交通事故责任纠纷再审案

裁判要旨

1. 快递行业具有交通运输企业的特征，交通事故风险较大，大型快递公司通过特许加盟方式授权地方小型快递公司使用其品牌经营其专有业务，应当对被特许人日常经营活动和行业普遍交通事故风险控制履行管理监督义务。

2. 被特许人雇用的司机发生交通事故致他人损害的，首先应由被特许人承担赔偿责任，特许人未尽到管理监督风险防控义务的，应当对受害人承担相应的补充赔偿责任。

案例索引

一审：江西省金溪县人民法院（2019）赣1027民初159号

二审：江西省抚州市中级人民法院（2019）赣10民终485号

再审：江西省高级人民法院（2020）赣民再24号

基本案情

再审申请人（一审被告、二审上诉人）：上海某货运有限公司（以下简称货运公司）。

被申请人（一审原告、二审被上诉人）：饶某清。

被申请人（一审被告、二审被上诉人）：黄某磷。

被申请人（一审被告、二审被上诉人）：郑某建。

被申请人（一审被告、二审被上诉人）：资溪县某物流有限公司（以下简称物流公司）。

饶某清向一审法院起诉请求：判令黄某磷、郑某建、物流公司共同赔偿饶某清各项经济损失共计人民币952710.66元；货运公司承担连带赔偿责任。

2016年12月23日，田某无证驾驶D××××号两轮摩托车（后载其妻饶某清）沿316国道从金溪县县城往抚州市方向行驶，在左转弯驶入枫山小学过程中，与对

向一辆行驶至容易发生危险的路段未降低行驶速度由黄某磷驾驶赣 FR×××× 号轻型厢式货车发生相撞，造成田某、饶某清受伤及两车不同程度受损的交通事故。此次事故经金溪县公安局交警大队认定，黄某磷负本次事故的同等责任，田某负本次事故的同等责任，饶某清不负本次事故责任。饶某清受伤后，先后被送至金溪县中医院、抚州市第一人民医院、某大学附属医院、复旦大学附属华山医院等住院治疗。2018 年 8 月 23 日，经江西神州司法鉴定中心鉴定，饶某清伤残等级为一级伤残，植物性生存状态的后续治疗费为每年 12000 元，右股骨内固定物取出的后续治疗费为 10000 元，交通事故外伤参与度为 100%，存在完全护理依赖，后期护理人数为 2 人。黄某磷驾驶的赣 FR×××× 号轻型厢式货车行驶证上登记所有人为郑某建，该车在恒邦财产保险股份有限公司江西分公司投保了“交强险”及 30 万元不计免赔的“商业三者险”，事故发生在保险期限内。2017 年 3 月 2 日，饶某清就其截至 2017 年 1 月 8 日的医疗费、误工费等损失向原审法院提起诉讼，原审法院于 2017 年 3 月 20 日作出（2017）赣 1027 民初 273 号民事调解书，由恒邦财产保险股份有限公司江西分公司赔付饶某清 39723 元，郑某建赔偿 4200 元。之后，恒邦财产保险股份有限公司江西分公司已经全部赔付 420000 元。事故发生后，郑某建垫付了 50000 元医疗费。本案饶某清就其自 2017 年 1 月 9 日之后的相关损失向法院提起诉讼。自 2017 年 1 月 9 日至今，饶某清共住院 590 天，花费医疗费 1021555.23 元。再查明，2016 年 8 月 18 日，物流公司与货运公司签订了韵达速递特许（经营）加盟合同。2016 年 5 月 16 日至 2018 年 5 月 10 日，物流公司的法定代表人系郑某建。黄某磷系郑某建雇用的司机，从事快递运输工作。

裁判结果

一审判决：一、货运公司赔偿饶某清损失 949600.16 元；二、驳回饶某清的其他诉讼请求。

货运公司提出上诉。二审判决：驳回上诉、维持原判。

货运公司申请再审。再审判决：一、撤销二审判决和一审判决；二、物流公司在判决生效之日起十五日内向饶某清赔偿 949600.16 元；三、货运公司在物流公司不能履行部分范围内承担补充赔偿责任。

裁判理由

再审认为，货运公司将快递业务授权给物流公司特许经营，并通过《特许经营（加盟）合同》将经营风险予以规避，货运公司在合同订立、履行、结算等过程中均处于强势地位，且根据合同货运公司对物流公司的日常经营活动有管理监督的义务。实践中，快递车辆需长期在路上行驶，快递行业是交通事故风险隐患较大的一个行业，应特别注意风险控制及建立应对风险的赔偿机制。物流公司仅为涉案车辆投保了 30 万元的商业三者险，投保金额明显不足，对受害人的保障不力。货运公司作为特许人，系全国性的较大型专门从事快递货运企业，应明知快递经营中的风险点，其未尽到合同义务，应当对饶某清的损害承担补充赔偿责任。故本案饶某清的侵权损害应由物流公司承担赔偿，货运公司在物流公司不能履行部分范围内承担补充赔偿责任。

要旨解析

在快递行业快速发展的今天，本案的争议具有一定的普遍性。多数快递公司都是以本案类似的方式开展经营，快递公司是否应承担相应的责任可以从以下几个方面分析。

一、明确快递业商业特许经营的特点

根据《商业特许经营管理条例》的规定，商业特许经营，简称特许经营，是指拥有注册商标、企业标志、专利、专有技术等经营资源的企业（称特许人），以合同形式将其拥有的经营资源许可其他经营者（称被特许人）使用，被特许人按照合同约定在统一的经营模式下开展经营，并向特许人支付特许经营费用的经营活动。随着我国电子商务的快速发展，知名快递公司以特许经营的形式将快递业务由被特许的快递公司经营，已成为普遍现象，该经营模式在促进快递业务发展的同时，也带来了一些问题。在一些特许经营活动中，特许人并未严格审查被特许人的资质条件，被特许人并不具有完备的管理制度、规范的业务操作，在一定程度上增加了经营活动中的风险，且该风险关系到不特定第三人利益及社会公共利益。在被特许人对外侵权法律关系中，被特许人具有独立的民事行为能力，首先应对其经营活动中对第三人的侵权行为承担责任。至于特许人是否应对第三人承担责任，审判实践中存在争议。特许人与被特许人均是独立的法人，特许人一般通过特许经营合同将各种法律风险转嫁给被特许人，而被特许人是规模较小的公司，如果简单地按特许经营合同处理该问题，对于第三人及社会公共利益均存在不公之处。

二、特许经营中的侵权责任承担

当前我国对特许经营的立法位阶不高，仅有行政法规和规章对特许经营作了规定，国务院的《商业特许经营管理条例》、商务部的《商业特许经营备案管理办法》《商业特许经营信息披露管理办法》。上述法规规章主要从经营模式、行政管理的角度予以规范，而缺乏从法律责任尤其是民事责任承担方面予以立法规范。特许经营外部民事责任承担，是指与第三方发生纠纷时，特许经营体系成员对第三方的民事责任主体及归责原则。重点关注特许人应否对被特许人在经营中与第三方发生的纠纷承担相应法律责任。

快递类特许经营与一般特许经营模式相比，有其特殊之处，从事交通运输是快递行业运行的主要方式，道路交通运输不论高速公路还是国道、省道，均是危险系数相对较高的行业，对从事高度危险行业的企业，应当课以更高的注意和保障义务。快递行业具有交通运输企业的特征，交通事故风险较大，大型快递公司通过

《特许经营（加盟）合同》授权地方小型快递公司使用其品牌经营其专有业务，应当对被特许人日常经营活动和行业普遍交通事故风险控制履行管理监督义务。被特许人雇用的司机发生交通事故致他人损害的，首先应由被特许人承担赔偿责任，特许人作为全国性的较大型专门从事快递货运企业，应明知快递经营中的风险点，其未尽到管理监督风险防控义务的，应当对受害人承担相应的赔偿责任。

三、关于特许经营中道交案件责任承担

在被特许人对第三人侵权关系中，因特许人、被特许人均系独立的法人，特许人承担补充责任较为适宜。补充责任是指直接责任人无法承担全部或者部分责任时，补充责任人依据法律的规定和自己的过错，对直接责任人无法承担的部分予以弥补的民事责任。至于补充份额，应考量特许人对被特许人日常经营活动进行管理监督的紧密程度、特许经营所在行业发生对第三人侵权的概率等因素综合判定。

本案，根据货运公司与物流公司签订的《特许经营（加盟）合同》可知，两个公司对外具备相同外观，货运公司对物流公司的日常经营活动有管理监督义务，货运公司亦存在通过自身的强势地位将经营风险转嫁给物流公司的行为，故货运公司应当对受害人承担赔偿责任。货运公司与物流公司系独立的民事主体，本案应先由物流公司承担赔偿责任，货运公司承担补充赔偿责任。因本案所涉的快递行业具有交通运输企业的特征，交通事故风险较大，货运公司对物流公司的日常监督管理较为紧密，故货运公司应在物流公司不能履行部分范围内承担补充赔偿责任。

编写人：闵遂赓

再审合议庭成员：闵遂赓　黄勇平　黄伟武

14. 工作人员垫付交通事故赔偿款返还的司法处理

——王某莲、王某与彭某生、安福某科技有限公司、宜春某快递有限公司机动车交通事故责任纠纷再审案

裁判要旨

1. 在因送外卖导致的交通事故侵权责任纠纷中，判断快递公司应否承担侵权责任的要件是侵权行为发生时外卖员是否以快递公司的名义执行工作任务，而非外卖员与快递公司是否具有劳动关系。

2. 外卖员因执行快递公司或平台派发的工作任务引发交通事故侵权行为，其先行向受害人一方垫付的赔偿款可以视为其用人单位支付的赔偿款，在生效判决确定的用人单位应付赔偿款未履行到位前，外卖员向受害人主张返还垫付款项的，不予支持，其可以向用人单位主张返还垫付的款项。

案例索引

一审：江西省安福县人民法院（2018）赣0829民初1878号

二审：江西省吉安市中级人民法院（2019）赣08民终709号

再审：江西省高级人民法院（2020）赣民再96号

基本案情

再审申请人（一审原告、二审被上诉人）：王某莲、王某。

被申请人（一审被告、二审上诉人）：彭某生。

被申请人（一审被告、二审被上诉人）：安福某科技有限公司（以下简称科技公司）。

被申请人（一审被告、二审被上诉人）：宜春某快递有限公司（以下简称快递公司）。

王某莲、王某向江西省安福县人民法院起诉请求：判令彭某生、科技公司、快递公司赔偿其经济损失216280.72元，并承担本案诉讼费用。

2018年1月13日18时许，王某莲的丈夫王某来驾驶两轮电动车与彭某生驾驶燃油助力车发生碰撞，造成两车受损，王某来受伤的交通事故。1月19日，安福县公安局交通警察大队认定，王某来负事故的主要责任，彭某生负事故的次要责任。3月4日，王某来经抢救无效死亡。彭某生支付王某莲、王某200000元，

快递公司支付王某莲、王某 10000 元。另查，科技公司于 2018 年 1 月 29 日批准成立。2017 年 10 月 13 日，上海拉扎斯信息科技有限公司（以下简称拉扎斯公司）与快递公司签订城市代理合作协议，授权快递公司使用“饿了么”品牌及产品在安福县内经营“饿了么”旗下网上订餐和配送业务。彭某生于 2017 年 12 月 31 日应聘“饿了么”快递公司的配送员，事发时正为快递公司到安福县百姓医院送订餐外卖。彭某生驾驶的燃油助力车，无牌，也未购买保险。王某莲、王某的各项损失核定共 831037.81 元。

裁判结果

一审判决：一、快递公司赔偿王某莲、王某各项损失共计 179606.8 元，快递公司已给付 10000 元，尚需给付 169606.8 元；二、彭某生赔偿王某莲、王某各项损失共计 207404.53 元，彭某生已给付 200000 元，彭某生尚需给付 7404.53 元；三、驳回王某莲、王某的其他诉讼请求。

彭某生不服提出上诉。二审判决：一、品除已先行垫付的 10000 元，快递公司赔偿王某莲、王某损失 253011.34 元；二、彭某生赔偿王某莲、王某损失 121000 元，扣除其已先行垫付的 200000 元，王某莲、王某返还彭某生垫付款 79000 元；三、驳回王某莲、王某的其他诉讼请求。

王某莲、王某不服二审判决，申请再审。再审判决：一、撤销一、二审判决；二、快递公司赔偿王某莲、王某损失 263011.34 元，扣除其先行支付的 10000 元以及彭某生代其支付的 79000 元，剩余 174011.34 元由快递公司向王金莲、王某支付；三、彭某生赔偿王某莲、王某损失 121000 元，扣除其先行支付的 200000 元，剩余 79000 元由快递公司向彭某生返还；四、驳回王某莲、王某的其他诉讼请求。

裁判理由

再审认为，一、关于彭某生的侵权行为是否是履行职务行为的问题。彭某生与快递公司之间是否存在劳动关系是判断其是否构成履行职务行为的关键，因为原《侵权责任法》第三十四条所称的“用人单位”的范围包括但不限于劳动法领域的用人单位，其不再区分是否存在劳动关系而统称为用人单位，“工作人员”的范围包括也不限于劳动者，还包括一般工作人员、临时雇用人员等，所以前述法律规范所称的“用人单位的工作人员”，不是仅以劳动法上的用人单位与劳动者的关系为界限，而主要是看该人员在实施行为时是否以单位的名义，是否正为单位执行工作任务作为判断是否构成履行职务行为的要件。本案中，彭某生与快递公司之间是否构成正规的劳动关系非本案应审理查明的事实，但是基于快递公司是“饿了么”品牌在吉安市安福县内被授权的独家经营商，彭某生在事故发生时具备“饿了么”外卖骑手的外观表征等客观事实，足以认定彭某生在本案事故发生时是以快递公司的名义，在为快递公司执行配送外卖任务时发生的侵权行为，所以本案符合适用原

《侵权责任法》第三十四条第一款规定的情形。在该法定情形下，仅以用人单位为唯一的侵权责任主体，行为人个人不承担侵权责任。

二、关于彭某生支付的超过交强险责任限额范围的79000元应由谁负责返还的问题。彭某生作为交通肇事的侵权行为人，在交通事故责任确定后向受害人一方支付的赔偿款，是其侵权人一方应承担的义务。由于侵权事故是彭某生作为快递公司的工作人员在执行配送外卖的工作任务时造成，根据法律规定，由用人单位快递公司承担侵权赔偿责任。快递公司承担的是一种典型的替代责任，即由用人单位替代侵权行为人承担法律规定的侵权赔偿责任。此种侵权法律关系中，用人单位承担替代赔偿责任并不意味侵权行为人没有任何法律上的义务。在对外的赔偿关系中，侵权行为人与法定赔偿责任主体是互为补充的关系，侵权行为人在责任确定后向受害人直接支付的赔偿款均是代表侵权人一方，彭某生支付的赔偿款可以视为法定侵权赔偿责任主体快递公司支付的赔偿款。在法定侵权赔偿责任主体用人单位应承担的赔偿义务确定并履行完毕前，执行职责的侵权行为人已经支付的赔偿款不能要求受害人返还。只有在受害人已经获得用人单位应支付的赔偿款后，此时，侵权行为人先前支付的赔偿款就属于重复支付的赔偿款，侵权行为人才可以直接向受害人要求返还。侵权行为人可以向用人单位主张返还其垫付的应由用人单位承担的赔偿款项。如果在受害人一方未从用人单位获赔偿款的情况下，允许侵权行为人直接要求受害人先予返还赔偿款，将使受害人已经获得的部分赔偿落空，独自承担用人单位执行不力的风险，于情于理于法都不合。本案中，一审判决确定的由快递公司承担的赔偿款尚未实际履行完毕，二审即判决由受害人家属王金莲、王某返还从彭某生处收到的赔偿款79000元，明显不当。

要旨解析

本案虽是一起普通的机动车交通事故责任纠纷，但由该事故引发的外卖员与快递公司如何承担侵权责任以及外卖员先行垫付的赔偿款应由谁返还的问题上，三级法院认识不同，反映出审判实务中对新型用工涉及用人单位的替代责任问题存在较大争议。尤其是在工作人员先行垫付的赔偿款应由谁负责返还的问题上，理解不同导致的裁决结果大相径庭，有必要统一裁判认识。

一、平台三角用工模式中用人单位责任的认定

本案中“饿了么平台 + 快递公司 + 外卖员”的组合是外卖或者快递行业典型的“平台 + 组织 + 个人”的三角用工模式。在这种用工模式中，由于存在用工主体职能分离和合同关系表征阻隔等特征，雇主确认和责任承担需超越合同和公司形式，应以事实优先为原则[①]。这里的事实主要指的就是个人是否是平台或者组织的工作人员，是否是在执行职务过程中造成的侵权行为，这也是判断平台或者组织应

① 王茜：《平台三角用工的劳动关系认定及责任承担》，载《法学》2020年第12期。

否承担用人单位责任的前提条件，是用人单位责任“万变不离其宗”的核心要义。首先，要准确理解“用人单位”“工作人员”的范围。用人单位责任中的用人单位范围包括但不限于《劳动合同法》领域的用人单位，其不再区分是否存在劳动关系而统称为用人单位[①]，“工作人员”的范围包括也不限于劳动者，还包括一般工作人员、临时雇用人员等。其次，不论平台三角用工模式内部关系几何，对外判定用人单位责任的关键在于该工作人员是否“因执行工作任务对他人造成损害”，具体标准有：（1）是否以用人单位名义；（2）是否在外观上须足以被认为属于执行职务；（3）是否依社会共同经验足以认为与用人单位职务有相当关联[②]。第三，运用“控制力”“利益风险一致”理论，分清平台三角用工关系中的“用人单位”。用人单位责任是典型的替代责任，其最大特点是行为人与责任人分离。而责任人处于特定的法律地位，是责任人替行为人承担责任的必要充分条件。该特定地位，是由替代责任人与行为人之间的特定法律关系所决定，是一种具有支配性的地位，正是由于这种支配性的地位，替代责任人才必须为行为人的侵权行为承担责任[③]。“控制力”是替代责任主导性理论基础。而当控制力较弱时，可将“利益风险一致说”予以补充性地适用。用人者使用他人为自己服务，扩展了业务范围，增加了获利的机会，享受了社会分工带来的好处，用人者在享受利益的同时，也应承担相应的风险[④]。具体到平台三角用人单位责任中，若该工作人员是处于平台企业、承包组织双主体管理模式下，不仅接受平台企业线上标准化服务监管，也接受承包组织线下劳动管理，对两方用工主体均具有一定组织上和经济上的从属性，那么平台企业和承包组织均构成用人单位责任中的“用人单位”。若平台企业或者承包组织在各自路径上并未对人员形成实质性支配管理地位[⑤]，如平台仅提供信息中介服务，或者承包组织仅承担以平台名义发布招聘、代发报酬等职能，那么应由对人员进行了实质性线上或线下管理的单方作为用人单位直接承担责任。另外一方，则可以根据获利状况、市场地位、案件具体情况等综合判定承担相应的责任。

本案中，作为原告的王某莲一方并未起诉平台企业，故未涉及平台企业责任认定问题。再审法院在责任承担上，同意二审法院的观点，即彭某生系根据快递公司发布的招聘骑手信息应聘，应聘后按照公司要求自备交通工具、注册骑手信息等，公司向其发放了一整套骑手装备。事故发生时，彭某生为快递公司到安福县百姓医院送订餐外卖，当时也具备外卖骑手的外观表征。据此，有充分的依据认定彭某生

---

① 最高人民法院侵权责任法研究小组编著：《〈中华人民共和国侵权责任法〉条文理解与适用》，人民法院出版社2016年版，第245页。

② 马俊驹、余延满：《民法原论》（上），法律出版社1988年版，第163页。

③ 王利明：《侵权责任法新制度理解与适用》，人民法院出版社2010年版，第82页。

④ 程啸：《侵权责任法教程（第三版）（21世纪民商法学系列教材）》，中国人民大学出版社2017年版，第170页。

⑤ 王茜：《平台三角用工的劳动关系认定及责任承担》，载《法学》2020年第12期。

的交通肇事行为是作为快递公司工作人员执行公司工作任务时发生的侵权行为，快递公司应承担用人单位责任。

二、工作人员垫付款返还的司法处理

关于工作人员垫付款的返还问题，现行法律、司法解释对此并无规定，导致有的裁判机械地根据用人单位责任原理及不当得利规则，作出明显对受害人不利的裁决，影响了裁判的社会效果。本案再审判决纠正了二审法院作出的由受害人向工作人员返还垫付款的处理，裁判思路有三层。

（一）工作人员支付垫付款的合理性考察。在用人单位这种特殊主体责任中，用人单位承担替代赔偿责任并不意味工作人员没有任何法律上的义务。一方面，工作人员作为引发侵权事故的直接行为人，其在事故发生后向受害方垫付的费用，符合事故处理一般社会认知判断的合理程度，也是为善良社会风俗所鼓励的行为。另外一方面，从垫付款的性质来看，事故发生后工作人员垫付的款项通常是用于救治受害人，填补受害人所受损失的赔偿款。对于受害人而言，其占有垫付款具有合理、合法性，故在受害人尚未从责任人处获得应付赔偿款时，不应适用不当得利规则要求受害人予以返还。

（二）受害人不承担返还义务的合法性考察。用人单位责任一是属于替代责任；二是适用无过错责任原则；三是属于单独责任。这三大特点共同作用，使用人单位与工作人员之间产生了人格同一性，即在行为人与其所属单位或组织之间，从第三人的角度观察，行为人的人格已经为单位或组织等使用人的人格所吸收，其独立性不复存在。站在受害人作为被侵权人的角度来看，工作人员与用人单位的身份重合为侵权相对方，进而在对外的赔偿关系中，可以将工作人员与用人单位视作一种互为补充的关系，工作人员在事故责任确定后向受害人直接支付的赔偿款均是代表侵权责任人支付的赔偿款。受害人受领赔偿款有合法的依据，在责任人尚未完成赔付义务前，作为行为人的工作人员，不能将自己的人格单独从侵权相对方中剥离，不能在外部求偿关系中以不利益对抗受害人应获得救济权益。当然，若作为责任人的用人单位向受害人一方支付了应付赔偿款，受害人受损的利益得到填补后，即丧失继续占有垫付款的法理依据，此时工作人员直接向受害人请求返还溢出的赔偿款，应予支持。

（三）用人单位承担返还义务的正当性考察。首先，从《民法典》的角度来看。《民法典》第一千一百九十一条规定用人单位承担侵权责任后，可以向有故意或者重大过失的工作人员追偿。这就意味着用人单位应为工作人员的一般过错行为承担完整的单独责任，在此种情形下，代责任人支付了赔偿款的工作人员，相应的也就享有向用人单位主张返还垫付款的权利。而如果是有故意或者重大过失的工作人员，其向用人单位行使返还垫付款请求权，用人单位就可以运用追偿权进行对抗，对该问题可以依据《民法典》做出明确裁决，也就利于用人单位与工作人员内部责任的清楚界定和相关纠纷的快速解决。因此，将返还垫付款的义务人确立为用人单位而不是受害人是完全符合《民法典》的立法精神和正当法律逻辑的。其次，从“深口袋理论”的角度来看。相较于个人而言，用人单位具有更强大的经济实力，使受害人的损害赔偿请求权更容易得到实现。但是并非所有的用人单位都符合这一原型预设，有的用人单位“口袋”不如工作人员深，这时如果工作人员先行承担了赔偿责任，弥补了“深口袋理论”的不足，也是符合用人单位责任的立法原意，即以受害人的损害及时得到救济为优先保护的法益。但如果在此情形下，允许工作人员向受害人请求返还垫付款，不仅彻底撕裂了“口袋”，使受害人的损害救济落空，而且还会造成用人单位逃避替代责任，使得用人单位责任的立法目的落空。第三，从执行的角度看。在受害人尚未从责任人处获得足额赔付的时候，就要求受害人先行返还工作人员垫付的赔偿款，受害人一方面面临对用人单位执行不力的风险，一方面又成为“被执行人”，造成受害人“二次伤害”。尤其是如果通过申请强制执行进行追要，则会加剧受害人与工作人员之间的矛盾，也导致工作人员主动弥补损失的善良之举成为双方关系恶化的因子，实质上扩大了纠纷化解的难度，也容易引发道德风险，影响裁判的社会效果。

本案中，彭某生不应向受害方请求返还垫付款，但可以在内部关系上，依据过错程度，请求快递公司承担相应的返还责任。实际上，彭某生垫付的赔偿款本在一定程度上弥补了王某莲一方的损失，使破裂的社会关系得到一定修复。而此时，在用人单位快递公司尚未履行赔偿责任的情况下，二审法院即判令王某莲一方将受领的近 8 万元赔偿款先予返还彭某生，不仅使已修复的社会关系再次被撕裂，加剧了各方矛盾，而且使王某莲一方已经获得的部分赔偿落空，独自承担对用人单位快递公司执行不能的风险，于情于理于法都不合，故再审改判由快递公司直接向彭某生承担返还责任。

编写人：毛盈超

再审合议庭成员：熊　伟　黄声敏　刘　瑾

15. 乘客开车门致车外人员损害，与驾驶员构成共同侵权，应承担连带赔偿责任

——陈某魁与易某连、肖某、中国太平洋财产保险股份有限公司某支公司机动车交通事故责任纠纷再审案

裁判要旨

1.乘客开车门致车外人员损害，与驾驶员构成共同侵权，应承担连带赔偿责任。保险公司应当对受害人损失在交强险和商业三者险限额内承担赔付责任。

2.驾驶证被暂扣期间驾驶机动车的，可以视同“未取得驾驶资格或未取得相应驾驶资格”。保险公司在交强险限额内承担赔付责任后，有权向侵权人追偿。

案例索引

一审：江西省兴国县人民法院（2019）赣0732民初922号

二审：江西省南昌市中级人民法院（2019）赣07民终2399号

再审：江西省高级人民法院（2020）赣民再203号

基本案情

再审申请人（一审被告、二审上诉人）：陈某魁。

被申请人（一审被告、二审上诉人）：中国太平洋财产保险股份有限公司某支公司（以下简称太平洋财险支公司）。

被申请人（一审原告、二审被上诉人）：易某连。

被申请人（一审被告、二审被上诉人）：肖某。

易某连向一审法院起诉，请求：判令太平洋财险支公司、肖某、陈某魁连带赔偿医疗费、住院伙食补助费、营养费、误工费、护理费、丧葬费、交通费、死亡赔偿金、精神损害抚慰金共计704281.67元和律师代理费20000元。

2018年12月10日下午，肖某驾驶赣BJ×××× 轿车沿兴国县滨江东路由将军大桥往红军桥方向行驶。16时15分左右，当行驶至兴国县滨江东路大圣寺门口路段时将车临时停放在道路右侧非机动车道内，接着行人陈某魁从赣BJ×××× 轿车右后门上车。17时10分许，当陈某魁打开赣BJ×××× 轿车左后门准备下车时，遇华某林醉酒驾驶赣BC×××× 普通二轮摩托车沿滨江东路由将军大桥往红军桥方向行驶。由于肖某在驾驶证被依法暂扣期间驾驶机动车上道路行驶，

驾车未在规定地点停放；陈某魁在没有注意路面动态的情况下开关车门妨碍其他车辆通行；华某林醉酒驾驶机动车上道路行驶，驾车时未戴安全头盔，致使赣 BJ×××× 轿车与赣 BC×××× 普通二轮摩托车接触，造成双方车辆损坏、华某林受伤后经送医救治无效死亡的道路交通事故。2019 年 1 月 11 日，兴国县公安局交通管理大队作出事故认定，由肖某、陈某魁承担此事故的同等责任，华某林承担此事故的次要责任。肖某驾驶的肇事车辆赣 BJ×××× 轿车登记所有人为肖某，该车在太平洋财险支公司投保了交强险及商业险，其中商业第三者责任保险的限额为 1000000 元，并投保了不计免赔险。生事故时，该车尚在保险期限内。事故发生后，肖某共给付易某连各项费用 20000 元，陈某魁共给付易某连各项费用 80000 元，太平洋财险支公司支付华某林的医疗费 10000 元。华某林目前仅有其母亲易某连一人属华某林第一顺序继承人。易招连因本案交通事故造成的损失合计为 808477.86 元。

裁判结果

一审判决：一、由太平洋财险支公司在交强险死亡伤残赔偿限额内给付易某连精神损害抚慰金 35000 元、赔偿易某连死亡赔偿金 75000 元，在医疗费赔偿限额内赔偿易某连医疗费 10000 元，在财产损失赔偿限额内赔偿易某连摩托车修理费 500 元，合计 120500 元；二、肖某给付易某连的各项费用 20000 元，陈某魁给付易某连的各项费用 80000 元，太平洋财险支公司支付的医疗费 10000 元，可直接抵扣上述第一项太平洋财险支公司在交强险限额内应赔偿和给付易某连的费用；三、易某连的其他损失合计 687977.86 元，由太平洋财险支公司在商业险限额内赔偿 70%，计 481584.50 元；四、驳回易某连的其他诉讼请求；五、所涉执行内容，限在判决生效后二十日内履行完毕。

陈某魁、太平洋财险支公司不服提出上诉。二审判决：一、维持一审判决第四、五项；二、撤销一审判决第一、二、三项；三、由太平洋财险支公司在交强险和商业三者险内共赔付易某连因本案交通事故造成的各项损失 351292.25 元，其中，直接赔付给易某连 331292.25 元，返还给肖某 20000 元；四、由陈某魁赔偿易某连因本案交通事故造成的各项损失 240792.25 元，核减其已支付的 80000 元，仍应赔付 160792.25 元。

陈某魁不服二审判决，申请再审。再审判决：一、撤销一、二审判决；二、肖鑫赔偿易某连因本案交通事故造成的各项损失 20500 元，返还给陈某魁 19750 元；三、太平洋财险支公司赔偿易某连因本案交通事故造成的各项损失 471584.50 元；四、驳回易某连的其他诉讼请求。

裁判理由

再审认为，（一）关于陈某魁应承担的赔偿责任应否由太平洋财险支公司在商业三者险范围内承担的问题。本案系机动车与非机动车之间发生的道路交通事故，机动车发生交通事故造成损害的，先由承保交强险的保险公司在责任限额范围内予以赔偿；不足部分，由承保商业三者险的保险公司根据保险合同予以赔偿；仍有不足的，依照道路交通安全法和侵权责任法的相关规定由侵权人予以赔偿。本案中，虽然交警部门根据查明的事故原因，认定由肖某、陈某魁承担此事故的同等责任，华某林承担此事故的次要责任，但是肖某作为驾驶员，是车辆的实际操控人，未按规定停车，在乘客下车时未尽到安全提醒义务；陈某魁打开车门时未仔细观察周围情况，妨碍其他车辆通行，导致事故的发生。对与轿车发生碰撞的第三者华某林而言，肖某、陈某魁两人的过错行为系一整体行为，是在被保险机动车使用过程中，两人的共同过错行为导致华某林受伤，华某林所遭受的相应损失应当由涉案车辆的太平洋财险支公司在保险责任限额内予以赔偿。因此，虽然驾驶员肖某与乘客陈某魁有事故责任划分，但不影响事故车辆所涉交强险和商业三者险对车外第三者华某林的统一赔付。

（二）关于在驾驶证被暂扣期间，肖某驾驶车辆是否属于无证驾驶的问题。依照《道路交通安全法实施条例》第二十八条之规定，“机动车驾驶人在机动车驾驶证丢失、损毁、超过有效期或者被依法扣留、暂扣期间以及记分达到 12 分的，不得驾驶机动车。”也就是说，驾驶证是允许驾驶人驾驶机动车的凭证，持有驾驶证才具有驾驶资格。具体到本案，肖某的驾驶证因违法行为已被公安交管部门暂扣，其驾驶资格已被公安交管部门采取行政措施予以限制，在驾驶证被暂扣期间，肖某不得驾驶机动车。案涉交通事故发生时正处于肖某驾驶证被暂扣期间，此时可以视同肖某“未取得驾驶资格或未取得相应驾驶资格”。根据《道路交通损害赔偿司法解释》第十八条规定，肖某驾驶的机动车致人损害，太平洋财险支公司应当在交强险限额范围内予以赔偿，并有权在赔偿范围内向侵权人主张追偿权。

（三）关于太平洋财险支公司是否需要就免除保险人责任条款向肖某履行相应的提示说明义务的问题。首先，肖某所驾肇事车辆系从案外人刘延青手中购买，且刘延青与肖某于 2018 年 11 月 29 日在太平洋财险支公司办理了变更投保人、索赔权益人、被保险人、号牌号码等手续。而上述内容属于保险合同的重大变更，太平洋财险支公司应当向新的投保人肖某履行交付保险条款并对相关免责事由进行提示、明确说明的义务，但太平洋财险支公司认为已向原投保人刘延青履行过相关免责事由提示说明义务，肖某是保险标的的受让人，承继了被保险人刘延青的权利和义务，其无需再向肖某履行相应告知义务的主张，不予支持。其次，虽然肖某在驾驶证被暂扣期间驾驶机动车属于法律、行政法规禁止性规定情形，但依照《保险法》第十七条以及《保险法司法解释（二）》第十条之规定，对于法律、行政法规中的禁止性规定情形，作为保险合同免责条款的免责事由的，保险公司对保险合同中的该免责条款应尽到提示义务，否则仍然需要承担保险责任。而太平洋财险支公司并未提供证据证明其对本案事故情形免责的条款向肖某已尽法定的基本提示义务，该保险合同中的免责条款对肖某依法不发生法律效力。

依据上述评析，结合一审判决认定的事实、赔偿项目和费用，再审法院认定易招连因本案交通事故造成的损失合计为 808477.86 元。其中，在交强险限额内赔付的 120500 元，为减少诉累，按照事故责任划分由肖某和陈某魁各负担 50%；交强险外的损失为 687977.86 元，按照事故责任划分，由太平洋财险支公司在商业三者险限额内赔偿 70%；剩余损失由易某连自负。

要旨解析

本案所涉事实要素比较典型，包括乘客开车门引发交通事故、驾驶证被暂扣期间驾驶机动车等。这些事实所引发的法律适用问题在审判实务中有不少争议，借此典型案例一并研究探讨。

一、乘客开车门致车外人员损害的责任认定

机动车在路边停车下客，不能影响其他车辆和行人通行，这是基本的道路交通规则。但是，乘客开门下车前需提前观察车外情况这一简单动作，却常常被人们忽视，导致因乘客不当开车门致人损害的交通事故时有发生。此类纠纷中，争议焦点主要集中于驾驶员和乘客之间赔偿责任的认定以及保险公司应否对乘客开车门的行为承担保险责任。笔者认为，驾驶员和乘客构成共同侵权，应承担连带责任，保险公司应承担保险责任，主要理由有：

首先，从共同侵权理论角度来看，驾驶员和乘客之间的侵权责任形式，取决于对共同侵权行为的界定。理论界关于共同侵权行为的本质存在意思联络说（共同故意）、共同过错说（既包括共同故意，也包括共同过失）、共同行为说、关联共同说（意思关联共同或行为关联共同）。根据《民法典》第一千一百六十八条“二人以上共同实施侵权行为，造成他人损害的，应当承担连带责任”的规定及相关释义理解，《民法典》对于共同侵权的界定采取的是关联共同说，即数人共同不法侵害他人权利，对于被害人所受损害所以应负连带责任，系因数人的侵权行为具有共同关联性，该关联性可以分为主观的共同关联性与客观的共同关联性[①]。驾驶员和乘客之间因“开车门”引发第三人损害，驾驶员和乘客在主观共同关联性上存在共同过失的过错，在客观共同关联性上属于共同行为造成他人损害。就驾驶员而言，靠边停车下客必须确保安全是法定注意义务，稍有疏忽将发生与第三人碰撞的风险，其所负的注意义务和风险防控能力都应高于乘客。就乘客而言，上下车均应保证自己与他人的安全是其作为道路交通参与者的基本义务，尤其是对于不当开门下车可能导致第三人损害，应具有基本的判断和预知能力。即使驾驶员对于乘客如何下车没有明确的意思联络，双方确认乘客下车的意图至少是一

① 最高人民法院民法典贯彻实施工作领导小组主编：《中华人民共和国民法典侵权责任编理解与适用》，人民法院出版社 2020 年版，第 53 页。

致的，但他们都疏忽于应尽的义务，所以可以认为他们在主观上有内容相同或者相近的过错，而并不以对损害认识有交流为必备要件。从客观上看，驾驶员违规停车和乘客违规开车门，虽然系两个先后发生的行为，但实质上导致的损害后果一致，都妨碍了其他车辆和行人通行，所以两者的行为对第三人损害后果的发生不属于可以分割的，各自独立的行为，而是“数人所为不法侵害他人权利的行为在客观上为被害人因此所生损害的共同原因”[①]。因此，驾驶员和乘客对于受害人而言，构成共同侵权，应当承担连带责任。

其次，机动车是一种特殊标的物，在乘客和驾驶员之间，驾驶员对机动车具有控制权，而乘客只是作为机动车的运送对象短暂与该机动车发生关联，其不可能永久处于机动车之内，故其到达目的地后，打开车门下车是必然发生的行为。虽然该行为由乘客所直接实施，但是也属于驾驶员车辆使用行为的一部分。从因果关系上分析，没有驾驶员对整个车辆的控制及驱动行为，也不可能发生乘客开车门的行为。驾驶员的行为是因，而乘客的行为是果。故在上述特定的情况下，乘客的行为应视为驾驶员使用车辆行为的一部分[②]。从时空统一性的角度看，不论是驾驶员本人，还是车上乘客，在进入、离开机动车空间时，其上、下车的行为都是机动车使用、运作的一部分。驾驶员停车、乘客开车门下车，是一种相互继起的行为，具有时空上的相对统一性，两个行为联结在一起才可能发生致车外人员损害之结果，受害人有理由将驾驶员和乘客的行为视作一整体行为，故应将乘客开车门的行为作为使用被保险标的机动车的一部分，因该行为致人损害的后果应属于被保险标的保险利益之范围。

最后，既然驾驶员和乘客的行为构成共同侵权，应承担连带责任，根据连带责任的一般原理，连带责任人对外是一个整体的责任，连带责任中的每个人都需要对全部的债务承担全部责任。故作为对案涉车辆负有保险责任的保险公司，理应对驾驶员的连带责任承担赔付义务。至于驾驶员和乘客之间内部责任划分的问题，为减少诉累，可以参考交通事故认定书对事故责任的认定及划分，同时结合事故过程驾驶员和乘客行为的具体过错表现及程度等一并在该次裁判中予以评述确认。

本案中，一审认定驾驶员和乘客构成共同侵权，承担连带责任，但二审认为两人各自存在过错，构成分别侵权行为，承担按份责任，进而认定乘客的损害后果由其自负，不属于案涉车辆商业三者险的保险责任范畴。再审认同一审的观点。肖某作为驾驶员未在规定地点停车，在乘客下车时未尽到安全提醒义务；陈某魁作为乘客未提前观察车外情况即打开车门妨碍其他车辆通行，两人主观上都未尽到作为交通参与者应尽的注意义务，均自信能够避免风险，客观上两人的过错行为相互继

---

① 最高人民法院民法典贯彻实施工作领导小组主编：《中华人民共和国民法典侵权责任编理解与适用》，人民法院出版社 2020 年版，第 54 页。

② 参见江西省赣州市中级人民法院（2017）赣 07 民终 1394 号民事判决书。

起，导致事故发生，故两人构成共同侵权，应承担连带责任。且即使对内可以对驾驶员与乘客的具体赔偿责任进行划分，也并不影响事故车辆所涉交强险和商业三者险对车外第三者的统一赔付，故再审改判保险公司对此应承担保险责任。

二、驾驶证被暂扣期间驾车行为的认定

驾驶证被暂扣期间驾车行为的认定，笔者认为应视同“未取得驾驶资格或未取得相应驾驶资格”，主要理由有：首先，从概念定义及法律后果上来看，所谓“机动车驾驶证被暂扣”，是指机动车驾驶证受到公安机关交通管理部门“暂扣机动车驾驶证”处罚的情形。暂扣机动车驾驶证也是对道路交通安全违法行为的一种处罚种类，暂扣的期间主要有三个月、六个月等，在此期间，该机动车驾驶证持有人不得驾驶机动车[①]。驾驶人的驾驶证因违法行为被公安交管部门扣留，其直接法律后果是驾驶人的驾驶资格已被公安交管部门采取行政措施予以限制，该法律后果与驾驶人因何种违法行为被扣留驾驶证以及与驾驶人的驾驶技能无关，即使驾驶人的驾驶技能未受影响，也不能抵消驾驶证扣留期间限制驾驶人驾驶资格的处罚效力。因此在驾驶证被暂扣期间，驾驶人应当承受相应法律后果，遵照规定不得驾驶机动车，否则即构成“无证驾驶”。其次，从现行法律规定来看，《道路交通安全法》第九十九条第一项[②]规定的道路交通安全违法行为是“未取得机动车驾驶证、机动车驾驶证被吊销或者机动车驾驶证被暂扣期间驾驶机动车”，立法者将“未取得机动车驾驶证”“机动车驾驶证被吊销”“机动车驾驶证被暂扣期间驾驶机动车的”并列列举，说明三种行为的性质一致，从逻辑周延的角度来看，都应当认定为“无证驾驶”的具体情形，全国人大常委会法工委对该项条文的释义也正是这种立场[③]。最后，从公安交管部门惯常的实务做法来看，对驾驶证暂扣期间驾车的行为亦是按“无证驾驶”进行认定和处罚，并无太大争议。因此，驾驶证被暂扣期间仍驾车上路的，不仅属于“无证驾驶”的违法行为，而且在民事赔偿责任上也应按“未取得驾驶资格或未取得相应驾驶资格”处理。

本案中，一、二审都认为肖某驾驶证被暂扣，并不代表其丧失驾驶车辆的技能，不属于未取得资格的情况，且事故的发生与其驾驶证被暂扣无因果关系，故以此认定肖某的行为不构成“无证驾驶”。这种认定不符合暂扣驾驶证作为行政处罚手段所维护的法的秩序的要求，也不能发挥其应有的价值功能。暂扣驾驶证不仅是惩处驾驶人违法行为，维护交通秩序的一项行政管理手段，更是直接产生

---

① 全国人大常委会法制工作委员会刑法室：《中华人民共和国道路交通安全法释义及实用指南》，中国民主法制出版社2012年版，第241页。

② 《道路交通安全法》第九十九条：有下列行为之一的，由公安机关交通管理部门处二百元以上二千元以下罚款：（一）未取得机动车驾驶证、机动车驾驶证被吊销或者机动车驾驶证被暂扣期间驾驶机动车的……行为人有前款第二项、第四项情形之一的，可以并处吊销机动车驾驶证；有第一项、第三项、第五项至第八项情形之一的，可以并处十五日以下拘留”。

③ 全国人大常委会法工委释义明确，第一项规定的“未取得机动车驾驶证、机动车驾驶证被吊销或者机动车驾驶证被暂扣期间驾驶机动车”这种违法行为即通常所说的“无证驾驶”。

限制驾驶人驾驶资格法律后果的一项行政限制措施。因此再审改判认定肖某在驾驶证暂扣期间驾车视同“未取得驾驶资格或未取得相应驾驶资格”，并依据相关法律、司法解释规定，明确保险公司在交强险限额内承担赔付责任后，有权向侵权人追偿，处理符合情理，更符合法理和裁判的价值导向。

编写人：毛盈超

再审合议庭成员：龚雪林　刘　瑾　吴　军

16. 投保人未放弃保险索赔的，保险公司与受害人调解应当将投保人已赔付的金额计入保险公司理赔款中

——项某东与中国人民财产保险股份有限公司某支公司等保险合同纠纷再审案

裁判要旨

1. 保险公司应当在承保的交强险、商业三者险责任限额范围内承担赔偿责任，侵权人的赔偿范围是在超出交强险、商业险赔偿之外的部分中确定。

2. 保险公司在知晓投保人已赔付受害人家属且未表示放弃要求保险公司理赔、赔偿总额不超过保险责任限额，亦不存在保险公司不负责赔偿等情形下，与受害人家属达成调解时，应当考虑将投保人已经赔付的金额计入保险公司应赔付的款项中。

案例索引

一审：江西省乐平市人民法院（2013）乐民二初字第109号

二审：江西省景德镇市中级人民法院（2014）景民二终字第15号

再审：江西省高级人民法院（2016）赣民再132号

基本案情

再审申请人（一审原告、二审被上诉人）：项某东。

被申请人（一审被告、二审上诉人）：中国人民财产保险股份有限公司某支公司（以下简称人保支公司）。

一审被告：乐平市某汽车运输服务有限公司（以下简称运输服务公司）。

项某东向一审法院起诉请求：判令人保支公司赔偿其交通事故损失53800元。

项某东与运输服务公司于2011年5月27日签订了一份车辆挂靠经营合同，运输服务公司同意项某东将其所有的赣H×××××大货车挂靠在运输服务公司营运，期限自2011年5月27日至2012年12月31日止。依照挂靠合同规定，项某东以运输服务公司名义投保了机动车强制责任险和机动车商业责任险。2012年12月18日，项某东驾驶赣H×××××大货车在鄱阳县鄱阳镇行驶时与汤某娟驾驶的二轮电动车发生碰撞，造成汤某娟倒地身亡的交通事故，经鄱阳县交警大队认定，项某东负此事故的主要责任，汤某娟负此次事故的次要责任。在鄱阳县人民法院刑事审判庭解决刑事附带民事赔偿时，项某东赔偿了死者家属50000元，

以及支付尸检费1000元、鉴定费1600元、电动车修车费1000元、停车费200元，共计53800元。在项某东赔偿死者家属50000元赔偿款后，死者汤某娟家属刘某田、刘某等人以项某东、运输服务公司、人保支公司为被告诉至鄱阳县人民法院（以下简称528号案件），该案审理期间，刘某田等人以项某东、运输服务公司已进行了赔偿为由申请撤回了对项某东、运输服务公司的起诉，法院予以准许；后刘某田等人与人保支公司签署了调解协议：刘某田等人主张各项经济损失共计人民币581399元，由人保支公司赔偿472903元，刘某田等人放弃其他诉讼请求，法院调解结案。

裁判结果

一审判决：一、人保支公司应支付项某东代为垫付的事故赔偿款50000元，运输服务公司履行协助义务；二、人保支公司应支付项某东代为垫付的尸检费、鉴定费以及车辆损失费共计人民币3800元，运输服务公司履行协助义务。

人保支公司提出上诉。二审判决：一、撤销一审判决；二、人保支公司于判决生效之日起十日内一次性支付项某东修车、停车费1200元和尸检费1000元；三、驳回项某东的其他诉讼请求。

项某东申请再审。再审判决：一、撤销一、二审判决；二、人保支公司于判决生效之日起十日内向项某东支付理赔款53800元。

裁判理由

再审认为，第一，人保支公司应当理赔项某东向受害人家属已支付的赔偿款5万元。理由：1.本案中项某东以运输服务公司名义与人保支公司签订了保险合同，投保了交强险和商业三者险，人保支公司依约应承担保险赔付义务。2.《道路交通损害赔偿司法解释》第十六条规定，保险公司应当在承保的交强险、商业三者险责任限额范围内赔偿，侵权人的赔偿范围是在超出交强险、商业险赔偿之外的部分中确定的。根据已查明的事实，本案交强险责任限额11万元加上商业三者险限额50万元，扣除528号案件中人保支公司支付的调解赔偿款47余万元，项昭东赔付的5万元仍在保险限额以内。二审判决认定构成重复理赔不当，应予纠正。3.虽然项某东参加528号案件诉讼期间对其赔付的5万元没有提出要求扣除，但亦未表示放弃要求人保支公司理赔，故项某东提起诉讼要求人保支公司依据保险合同予以理赔并无不当。4.人保支公司在知晓项某东已赔付受害人家属5万元且未表示放弃要求保险公司理赔、赔偿总额不超过保险责任限额，亦不存在保险公司不负责赔偿等情形下，与受害人家属达成调解时，应当考虑项某东已赔付5万元的因素并将其计入保险公司应赔付的款项中。人保支公司关于其没有义务在调解中扣除项某东赔付款项的辩解理由不能成立，不予支持。故人保支公司应当承担项某东已赔付5万元的理赔责任。本案中鉴定费1600元系鉴定机构为作出车辆技术性能及外观痕迹物证鉴定所收取的费用，该鉴定是为查明和确定保险事故的性质、原因，故人保支公司应当理赔项某东支付的鉴定费1600元。另，关于运输服务公司协助义务的问题，因人保支公司并未以合同相对人不是项某东而是运输服务公司作为抗辩理由，且项某东再审请求及再审理由中均未提及，故运输服务公司在本案中无须承担协助义务。

要旨解析

本案争议系因作为投保人的直接侵权人与保险公司分别对受害人进行了赔偿所引发。一般情况下，交通事故发生后，对受害人的赔偿由交警组织侵权人和保险公司一起参与协商调解，对侵权人已经先行支付给受害人的比如抢救医疗费等都会在协商时一并解决。由于本案投保人先行赔偿了受害人部分款项，保险公司又单独与受害人进行调解，导致投保人与保险公司之间未能处理投保人先行赔偿的款项。

一、关于保险公司的赔偿责任

《道路交通损害赔偿司法解释》第十六条规定，同时投保机动车第三者责任强制保险（以下简称交强险）和第三者责任商业保险（以下简称商业三者险）的机动车发生交通事故造成损害，当事人同时起诉侵权人和保险公司的，人民法院应当按照下列规则确定赔偿责任：（一）先由承保交强险的保险公司在责任限额范围内予以赔偿；（二）不足部分，由承保商业三者险的保险公司根据保险合同予以赔偿；（三）仍有不足的，依照道路交通安全法和侵权责任法的相关规定由侵权人予以赔偿。《民法典》吸收了该条规定的内容。《民法典》第一千二百一十三条规定，机动车发生交通事故造成损害，属于该机动车一方责任的，先由承保机动车强制保险的保险人在强制保险责任限额范围内予以赔偿；不足部分，由承保机动车商业保险的保险人按照保险合同的约定予以赔偿；仍然不足或者没有投保机动车商业保险的，由侵权人赔偿。可见，保险公司应当在承保的交强险、商业三者险责任限额范围内赔偿，侵权人的赔偿范围是在超出交强险、商业险赔偿之外的部分中确定的。

二、投保人未明确放弃主张的，保险公司仍应在限额内承担赔偿责任

在项某东赔偿死者家属50000元赔偿款后，死者家属将项某东、运输服务公司、人保支公司诉至鄱阳县人民法院，即528号案件，该案审理期间，死者家属以项某东、运输服务公司已进行了赔偿为由申请撤回了对项某东的起诉。此后，死者家属与保险公司达成调解协议，法院调解结案。因此，项某东实际无法在死者家属与保险公司的案件中提出扣除其已经支付的赔偿款的问题，项某东只能单独起诉保险公司要求理赔。528号案件是机动车交通事故责任纠纷，属侵权纠纷；本案是保险合同纠纷，属合同理赔纠纷。两案的原告和被告均不相同，案由和法律关系亦不相同，不构成重复起诉。

投保人在侵权案件中没有提出扣除主张的，在保险合同案件中仍可以就未超过

赔偿限额的份额要求保险公司承担赔付义务。本案交强险责任限额 11 万元加上商业三者险限额 50 万元，扣除 528 号案件中人保支公司支付的调解赔偿款 47 余万元，项某东赔付的 5 万元仍在保险限额以内。二审判决认定构成重复理赔不当，应予纠正。虽然项某东参加 528 号案件诉讼期间对其赔付的 5 万元没有提出要求扣除，但亦未表示放弃要求人保支公司理赔，故项某东提起诉讼要求人保支公司依据保险合同予以理赔并无不当。

编写人：闵遂赓

再审合议庭成员：龚雪林　张文明　江都颖

17. 非专业的普通公众对暴雨的通常理解与其专业意义不一致时，应当作出有利于被保险人和受益人的解释

——李某与安邦财产保险股份有限公司某分公司财产保险合同纠纷再审案

裁判要旨

1. 人民法院予以认可非保险术语的专业意义的前提，是保险人在其提供的保险格式条款中对非保险术语作了解释且该解释符合专业意义，保险合同对保险人提供的格式条款中使用的非保险术语未作出解释，则不应当直接认可该术语的专业意义。

2. 非专业的普通公众对暴雨的通常理解与其专业意义不一致时，根据《保险法》第三十条的规定，应当作出有利于被保险人和受益人的解释。

案例索引

一审：江西省南昌市东湖区人民法院（2015）东民初字第 1960 号

二审：江西省南昌市中级人民法院（2016）赣 01 民终 372 号

再审：江西省高级人民法院（2017）赣民再 3 号

基本案情

再审申请人（一审原告、二审被上诉人）：李某。

被申请人（一审被告、二审上诉人）：安邦财产保险股份有限公司某分公司（以下简称安邦保险分公司）。

李某向一审法院起诉请求：安邦财保公司向李某支付保险理赔款 402200 元。

2015 年 2 月 20 日晚，李某之女李某乔驾驶被登记为李某所有的赣 A××××× 号小型轿车在雨中行驶至江西省九江市庐山区九江市石化总厂高速桥路段时，因车辆涉水造成突然熄火，致使车辆被淹和车内人员被困的事故。事发后，车内人员拨打 119 电话求救，九江市浔阳区公安消防大队派员赶赴现场施救。由于当时车辆已被水淹没至车窗位置，水压太大，救援人员无法从外部打开车门，且破窗又怕伤及车内人员，故救援人员要求车上人员发动车辆打开天窗逃生。李某已在安邦财保公司处为赣 A××××× 号小型轿车投保了保险金额为 816000 元不计免赔率的机动车损失保险，保险期间自 2014 年 10 月 10 日零时起至 2015 年 10 月 9 日二十四时止。上述事故发生后，李某向安邦财保公司报案，安邦财保公司派员到事故现场勘

验。经安邦财保公司定损，安邦财保公司认可的车辆损失金额为212200元，对于车辆发动机的损失不予认可。后车辆被送至九江奥达信汽车销售服务有限公司进行维修，李某花费维修费用共计402200元，除安邦财保公司认可的212200元，还包括发动机损失190000元。李某随后就其车损向安邦财保公司申请理赔，但安邦财保公司以当天降雨量未达到暴雨程度不属于保险责任范围为由拒绝赔付。双方未能达成一致，因而成讼。《安邦财产保险股份有限公司家庭自用汽车损失保险条款（A13H01Z02090923）》载明：保险期间内，被保险人或其允许的合法驾驶人在使用被保险机动车过程中，因下列原因造成被保险机动车的损失，保险人依照本合同的约定负责赔偿：…（五）雷击、雹灾、暴雨、洪水、海啸；被保险机动车的下列损失和费用，保险人不负责赔偿：……（十）发动机进水后导致的发动机损坏。根据九江市自动气象站记录，2015年2月20日8时到21日8时，九江市的降雨量为30.8mm（大雨）。

裁判结果

一审判决：安邦财保公司于判决生效之日起十日内赔偿李某保险金402200元。

安邦保险分公司提出上诉。二审判决：一、撤销一审判决；二、驳回李某的全部诉讼请求。

李某申请再审。再审判决：一、撤销一、二审判决；二、安邦财保公司于判决生效之日起十日内赔偿李某保险金212200元；三、驳回李某的其他诉讼请求。

裁判理由

再审认为，双方当事人对于江西省气象信息中心出具的关于九江市气象台2015年2月19日8时至2015年2月21日8时小时降雨量实况均予以认可。安邦财保公司以此为据，认为涉案事故发生时，事故发生地降雨量未达到中华人民共和国质量监督检验检疫总局和中国国家标准化管理委员会发布的短期天气预报国家标准。李某则认为，应当按照通常的理解对暴雨予以解释，即对人们生活产生严重影响（消防部门已证明事故当时水已淹没至车窗）的便可称之为暴雨。《安邦财产保险股份有限公司家庭自用汽车损失保险条款（A13H01Z02090923）》第四条规定中的“暴雨”，按照中华人民共和国质量监督检验检疫总局和中国国家标准化管理委员会发布的短期天气预报国家标准认定，为12h降水总量达到30.0—69.9mm或24h降水总量达到50.0—99.9mm的情形。但对于不具有气象学专业知识的普通公众而言，“暴雨”的概念就是“降水量非常大的雨”。本案中，2015年2月20日8时到21日8时降雨量为30.8mm，已经达到中华人民共和国质量监督检验检疫总局和中国国家标准化管理委员会发布的短期天气预报国家标准中的大雨标准，且此24小时的降雨主要集中在2015年2月20日11时到21日0时，其中2015年2月20日13时到21日0时的降雨量为27.2mm，已经接近上述短期天气预报国家标准中的暴雨标准。

此种情形下，李某认为涉案事故发生时，事故发生地降雨量已达暴雨程度，符合非专业的普通公众的通常理解。因《安邦财产保险股份有限公司家庭自用汽车损失保险条款（A13H01Z02090923）》未对“暴雨”进行解释，本案不应当直接依据中华人民共和国质量监督检验检疫总局和中国国家标准化管理委员会发布的短期天气预报国家标准来认定事故发生时事故发生地的降雨量是否构成暴雨。在非专业的普通公众对暴雨的通常理解与其专业意义不一致时，根据《保险法》第三十条的规定，应当作出有利于被保险人和受益人的解释，故本案应认定事故发生时事故发生地的降雨量构成暴雨。

要旨解析

本案裁判要旨涉及对保险合同中保险公司提供的保险条款中特定非保险术语的解释与普通公众对该术语的日常理解不一致时，如何解释保险条款并判断该非保险术语涉及的保险责任问题。

一、保险术语与非保险术语

保险合同条款中的用语可以分为保险术语和非保险术语，保险术语是指保险行业制定的特定意义的金融行业标准用词，具有专业性内涵和专业特性，术语的定义专业、准确、通俗。非保险术语是保险术语之外的一般用词。例如，不计免赔就是保险术语，保险公司对事故的赔偿均有一定的免赔率，投保人如果要全部获得赔偿，就必须购买不计免赔。保险合同条款中应当对保险术语作必要的解释说明，构成免责条款内容的，应详细说明。

二、对保险术语的解释原则

原《合同法》第三十九条规定：“采用格式条款订立合同的，提供格式条款的一方应当遵循公平原则确定当事人之间的权利和义务，并采取合理的方式提请对方注意免除或者限制其责任的条款，按照对方的要求，对该条款予以说明。格式条款是当事人为了重复使用而预先拟定，并在订立合同时未与对方协商的条款。”第四十一条规定：“对格式条款的理解发生争议的，应当按照通常理解予以解释。对格式条款有两种以上解释的，应当作出不利于提供格式条款一方的解释。”《民法典》沿袭了上述规定。《民法典》第四百九十六条规定：“采用格式条款订立合同的，提供格式条款的一方应当遵循公平原则确定当事人之间的权利和义务，并采取合理的方式提示对方注意免除或者减轻其责任等与对方有重大利害关系的条款，按照对方的要求，对该条款予以说明。提供格式条款的一方未履行提示或者说明义务，致使对方没有注意或者理解与其有重大利害关系的条款的，对方可以主张该条款不成为合同的内容。”立法的本意即是格式条款有争议时，应当作出不利于格式条款提供方的解释。

《保险法司法解释（二）》第十七条规定：保险人在其提供的保险合同格式条款中对非保险术语所作的解释符合专业意义，或者虽不符合专业意义，但有利于投保人、被保险人或者受益人的，人民法院应予认可。根据该条规定，人民法院应当予以认可非保险术语的专业意义的前提，是保险人在其提供的保险格式条款中对非保险术语作了解释且该解释符合专业意义。保险合同对保险人提供的格式条款中使用的非保险术语未作出解释，则不应当直接认可该术语的专业意义。《保险法》第三十条规定：采用保险人提供的格式条款订立的保险合同，保险人与投保人、被保险人或者受益人对合同条款有争议的，应当按照通常理解予以解释。对合同条款有两种以上解释的，人民法院或者仲裁机构应当作出有利于被保险人和受益人的解释。本案，因投保人投保时保险公司并未对“暴雨”的含义作特殊解释说明，故对于保险合同条款文字的解释应当按有利于投保人的意思进行解释。保险事故发生时的大雨，即使未达到气象部门认定的“暴雨”标准，仍然应当按普通民众的理解，雨量特别大，即属于“暴雨”，案涉事故构成了保险事故，符合保险合同约定的理赔条件，保险公司应当承担赔偿责任。

编写人：闵遂赓

再审合议庭成员：刘晓雯　李　彬　李振峰

18. 医生受其他医疗机构邀请前往从事特定医疗行为，由此导致的医疗损害赔偿责任应由发出邀请的医疗机构承担

——某大学附属医院与江某林、高安市人民医院医疗损害责任纠纷再审案

裁判要旨

1. 医务人员在诊疗活动中未尽到与当时的医疗水平相应的诊疗义务，造成患者损害的，医疗机构应当承担赔偿责任，该诊疗义务应当包括医务人员的注意义务。

2. 医疗机构的医生受其他医疗机构邀请前往该医疗机构从事特定医疗行为，该医疗行为应视为代表发出邀请的医疗机构的医疗行为，由此导致相应的医疗损害赔偿责任，应由发出邀请的医疗机构承担。

案例索引

一审：江西省高安市人民法院（2014）高民一初字第617号

二审：江西省宜春市中级人民法院（2016）赣09民终3号

再审：江西省高级人民法院（2016）赣民再135号

基本案情

再审申请人（一审被告、二审上诉人）：某大学附属医院（以下简称附属医院）。

被申请人（一审原告、二审被上诉人）：江某林。

被申请人（一审被告、二审被上诉人）：高安市某医院。

江某林向一审法院起诉请求：判决附属医院、高安市某医院赔偿因医疗过错造成其人身损害的医疗费、误工费、护理费、住院伙食及营养费、残疾赔偿金、后续治疗费、被抚养人生活费、精神损害抚慰金、交通费、鉴定费等共计870471元。

2013年1月，江某林因月经不尽到高安市某医院检查，在其他医院作了清宫术。后江某林大便不正常，便于2013年1月31日到高安市某医院就诊，检查结果“直肠癌？”。2013年2月6日，江某林到附属医院住院治疗。2013年2月8日，附属医院为江某林做了腹腔镜探查＋经腹前直肠癌根治性切除术＋回肠预防性造瘘术（以下简称第一次手术）。术后3个月，即2013年5月15日，江某林到高安市某医院住院治疗，高安市某医院邀请附属医院医生揭某刚到高安为江某林作手术，并于2013年5月25日进行了回肠还纳术（以下简称还纳术），术后不久发现

大便从阴道内流出。2013 年 12 月 4 日，江某林到江西省妇幼保健院就诊；12 月 5 日，江西省妇幼保健院对江某林经肠道给予混有造影剂纯净水检查，江某林阴道内流出造影剂；12 月 6 日诊断：考虑直肠－阴道瘘（直肠灌注前口服给药，未见小肠及结肠造影剂逸出），瘘口显示欠佳（提示瘘口较小）。

2014 年 6 月 16 日，江某林对附属医院、高安市某医院的医疗行为是否有过错、过错程度及因果关系申请司法鉴定，附属医院对江某林的伤残等级申请重新鉴定。2014 年 7 月 13 日，本案依法移送司法鉴定。2014 年 10 月 28 日，湖南省湘雅司法鉴定中心作出湘雅司鉴中心〔2014〕临鉴字第 1000 号法医学鉴定意见书，认为：1. 附属医院在对江某林的诊治过程中，违反医疗常规及未尽到高度注意义务，存在医疗过错。该过错与江某林乙状结肠切除及直肠阴道瘘有因果关系，建议医疗过错参与度为 70%—90%。江某林的损伤构成七级伤残；2. 高安市某医院在对江某林的诊治过程中，医疗行为符合医疗原则。

2014 年 12 月 31 日，附属医院针对江某林的后续治疗费申请重新鉴定。2015 年 4 月 13 日，湖南省湘雅司法鉴定中心作出湘雅司鉴中心〔2015〕临鉴字第 342 号法医学鉴定意见书，认为：江某林直肠阴道瘘后期需遵医嘱保守治疗，后期医疗费用每月需捌佰至壹仟元，其治疗期限建议按有关法律规定计算；或行手术治疗，其费用难以估计。

裁判结果

一审判决：由附属医院在判决生效后十日内支付给江某林赔偿款人民币 668572.11 元（各项费用合计 742857.90 元，由附属医院承担 90%）。

附属医院提出上诉。二审判决：驳回上诉，维持原判。

附属医院申请再审。再审判决：一、撤销二审判决及一审判决；二、附属医院在判决生效后三日内向江某林支付赔偿款 445714.74 元；三、高安市某医院在判决生效后三日内向江某林支付赔偿款 222857.37 元；四、驳回江某林的其他诉讼请求。

裁判理由

再审认为，参照《医师外出会诊管理暂行规定》第十四条关于“医师在外出会诊过程中发生的医疗事故争议，由邀请医疗机构按照《医疗事故处理条例》的规定进行处理”的规定，本案中揭某刚虽然是附属医院的医生，但其受高安市某医院邀请，前往该院为患者江某林进行还纳术，该医疗行为应视为代表高安市某医院的医疗行为。原《侵权责任法》第五十七条规定，医务人员在诊疗活动中未尽到与当时的医疗水平相应的诊疗义务，造成患者损害的，医疗机构应当承担赔偿责任。该诊疗义务应当包括医务人员的注意义务。既然江某林在造影检查时依据自身感觉作出了怀疑存在直肠阴道瘘的类似表述，不论邀请机构高安市某医院还是受邀主刀医生揭某刚本人对此均未予以重视从而未进行更为谨慎的术前检查，均可认定高安人民医院未尽高度注意义务。高安市某医院对江某林的还纳术前检查未尽高度注意义务，造成患者丧失了还纳术前发现直肠阴道瘘并治疗的最佳时机，与江某林的直肠阴道瘘最终形成有间接因果关系。故高安市某医院应承担相应的赔偿责任。附属医院关于高安市某医院未尽高度注意义务的再审理由成立，应予支持。结合湘雅司鉴中心的鉴定报告及上述分析，附属医院在第一次手术中未行常规快速病理切片违反医疗常规，存在过错，与江某林直肠阴道瘘的损害后果有直接的因果关系，应承担主要责任；高安市某医院在还纳术中未尽高度注意义务，与江某林直肠阴道瘘的损害后果有间接的因果关系，应承担次要责任。同时考虑江某林有乙状结肠部分切除的情形及附属医院对此存有过错的因素，酌定附属医院对江某林的赔偿款数额742857.90元承担60%责任即445714.74元，高安市某医院承担30%责任即222857.37元。

要旨解析

一般的医疗损害赔偿责任纠纷主要争议的问题是医疗机构的诊疗行为是否存在过错，是否构成侵权，如何承担侵权责任等，很少涉及侵权主体的问题。本案较为特殊，存在侵权主体的争议，是由于具体为患者实施手术的医生并非为患者诊疗的医疗机构的医生，而是该医疗机构从其他医疗机构邀请的医生，因此就涉及如何判断侵权主体的问题。归纳本案涉及两个裁判要旨，一是关于医疗损害赔偿责任的认定构成，即如何认定医务人员存在诊疗过错的问题；二是关于医疗损害赔偿责任承担主体的认定问题，即在医疗机构相互合作、互派专家会诊情况下，由哪一个医疗机构承担赔偿责任。

一、关于医务人员诊疗过错的认定问题

原《侵权责任法》第五十四条规定："患者在诊疗活动中受到损害，医疗机构及其医务人员有过错的，由医疗机构承担赔偿责任。"第五十七条规定："医务人员在诊疗活动中未尽到与当时的医疗水平相应的诊疗义务，造成患者损害的，医疗机构应当承担赔偿责任。"《民法典》第一千二百一十八条、第一千二百二十一条沿用了上述规定。根据《医疗损害责任纠纷司法解释》第四条的规定，患者主张医疗机构承担赔偿责任的，应当提交到该医疗机构就诊、受到损害的证据。医疗机构主张不承担责任的，应当就抗辩事由承担举证责任。根据第十六条规定，对医疗机构或者医务人员的过错，应当依据法律、行政法规、规章以及其他有关诊疗规范进行认定，可以综合考虑患者病情的紧急程度、患者个体差异、当地的医疗水平、医疗机构与医务人员资质等因素。在实践中对于出现的把手术刀、棉纱等遗落在患者身体中，或者诊断为左肾有病却将右肾切除等显而易见的过错，亦无须再由患者进一步提供证明医方有过错的证据，即视为患者一方已经完成了举证证明责任，此即事实自证规则。司法解释确定诊疗损害责任为过错责任的同时，规定在违反诊疗法规规范，隐匿或者拒绝提供病历资料，遗失、伪造篡改或者销毁病历资料三种情形下

推定诊疗行为有过错。这从某种意义上讲，这也是对患者举证证明责任的缓和。其次，对于医疗损害过错及因果关系的举证，本质上还是一个专业判断问题，核心在于谁来申请鉴定的问题，《医疗损害责任纠纷司法解释》第四条即明确了对于患者无法提供证据证明医疗一方有过错和因果关系的，可以通过申请鉴定的方式予以证明，这无疑也是从诉讼程序上对患者一方采取的缓和其举证责任的方法。在此需要注意的是，这一患者申请鉴定的规定不宜理解为排他性规定，即将申请鉴定的权利或者义务都限定在患者一方。最后，免责、减责的情形作为抗辩事由，独立于请求权基础事实。在患者主张诊疗损害侵权赔偿时，医疗机构关于免责、减责事由的主张系抗辩性事实主张，产生独立的举证责任。医疗损害责任纠纷是过错责任，对于如何认定医务人员的过错，应采专业标准，即医务人员在诊疗活动中应尽到与其知识专业相当的注意、诊断、用药、手术标准，该诊疗义务应当包括医务人员的注意义务。本案中，患者江某林作了相关病痛的陈述，医生揭某刚未予采纳注意，坚持自己的判断进行手术，最终导致医疗事故，故应认定医生未尽到诊疗义务，构成了医疗损害责任。

二、关于受邀参加会诊医师的医疗事故承担责任主体问题

《医师外出会诊管理暂行规定》第十四条规定“医师在外出会诊过程中发生的医疗事故争议，由邀请医疗机构按照《医疗事故处理条例》的规定进行处理”。《医疗损害责任纠纷司法解释》第二十条规定：“医疗机构邀请本单位以外的医务人员对患者进行诊疗，因受邀医务人员的过错造成患者损害的，由邀请医疗机构承担赔偿责任。”会诊医疗机构接受邀请后，指派医务人员前去为患者会诊时，亦不能改变会诊医疗机构与患者之间无医疗服务合同法律关系的事实。会诊医疗机构的会诊行为是接受邀请医疗机构的邀请而为，其实施诊疗行为是代邀请医疗机构而为，应视为邀请医疗机构的行为。会诊医疗机构在指派医师外出会诊时，负有一定的注意义务，如应对所指派医生的资质、技术水平及能力等负有审慎的义务，如有违反，则应承担相应的民事责任。从原因上看，会诊医疗机构与邀请医疗机构之所以产生法律关系，肇始于邀请医疗机构的邀请。会诊医疗机构指派医师前去会诊，是根据邀请医疗机构的邀请完成委托事项。由此，基于患者与邀请医疗机构之间的医疗服务合同法律关系，会诊医疗机构参与会诊活动时则与邀请医疗机构之间存在转委托之法律关系。在会诊过程中，如出现医疗事故争议，则由邀请医疗机构按照有关规定进行处理，而非要求会诊医疗机构首先进行处理。本案，揭某刚虽然是附属医院的医生，但其受高安市某医院邀请，前往该院为患者江某林进行还纳术，该医疗行为应视为代表高安市某医院的医疗行为，高安市某医院应当承担相应的医疗侵权责任。

编写人：闵遂赓

再审合议庭成员：龚雪林　张文明　江都颍

19. 医疗机构作出诊断结论存在重大过错，造成受害人精神损害的，应承担相应的侵权责任

——万某生与江西省某精神病院医疗损害责任纠纷再审案

裁判要旨

医疗机构作出的诊断结论存在重大过错，造成受害人精神损害的，应承担相应的侵权责任。

案例索引

一审：江西省南昌市青山湖区人民法院（2012）湖民重字第15号

二审：江西省南昌市中级人民法院（2013）洪民一终字第555号

再审：江西省高级人民法院（2018）赣民再66号

基本案情

再审申请人（一审原告、二审上诉人）：万某生。

被申请人（一审被告、二审上诉人）：江西省某精神病院（以下简称精神病院）。

万某生向一审法院起诉请求：判令精神病院因医疗损害赔偿其精神抚慰金5万元；判令精神病院对其公开道歉。

2008年12月7日晚11时50分，万某生经精神病院收治进入该院住院部进行治疗，其子万某某（1992年12月18日出生）在住院知情同意书上患者近亲属或监护人一栏处签名。后在万某生母亲等亲属的强烈要求下于次日出院，住院时间为17小时，住院期间，治疗措施未开展。万某生的出院小结载明万某生出院日期为2008年12月12日，出院诊断为精神分裂症。2012年9月16日，万某生向一审法院提交司法鉴定申请，请求对万某某在住院知情同意书上的“签名”及“签字的时间”以及对万某生“医嘱记录单的时间”进行司法鉴定。2013年1月14日，万某生撤回司法鉴定申请。

本案再审中，万某生提交了2016年4月1日、5月20日、6月2日、6月4日，其与精神病院相关工作人员的谈话录音，以证明万某生住院时间为17小时而非五天。万某生还提交了2018年5月29日精神病院出具的疾病诊断证明书，证明精神病院仍诊断万某生为精神分裂症，以证明精神病院的侵权行为仍在继续。再审

法院对上述证据的真实性及与万某生住院时间、出院诊断结论的关联性予以确认。二审判决生效后，精神病院按照判决向万某生支付了精神抚慰金 8000 元，并就其在收治万某生住院过程中存在的过错行为向万某生进行了道歉。

裁判结果

一审判决：精神病院在判决生效后十日内一次性赔偿万某生经济损失人民币 22000 元、精神损害抚慰金人民币 8000 元，共计 30000 元，并向万某生赔礼道歉。

万某生、精神病院均提出上诉。二审判决：精神病院于判决生效后十日内支付万某生精神损害抚慰金 8000 元，并出具精神病院院函向万某生赔礼道歉。

万某生申请再审。再审判决：一、撤销二审判决和一审判决；二、精神病院在判决生效后十日内一次性赔偿万某生精神损害抚慰金人民币 38000 元（扣除已付的 8000 元，实际应付 30000 元）；三、精神病院在判决生效后十日内向万某生书面赔礼道歉，道歉词须经本院审核同意。

裁判理由

再审认为，精神病院作为专业医疗机构，应当为病人提供严谨、周密、规范的诊疗服务。精神病院将万某生收治入院时，未取得万某生的同意，而要求万某生的未成年家属在住院知情同意书上签字同意住院。故精神病院在保障万某生的知情权、选择权方面存在过错。万某生在精神病院住院时间为 17 个小时，而精神病院在万某生的病历中载明万某生的住院时间为五天，且在未对万某生进行必要的检查亦未进行任何治疗的情况下，精神病院在万某生的出院小结中诊断万某生患有精神分裂症，此诊断结论明显缺乏依据，不符合诊疗规范。因此，精神病院作出上述诊断结论，存在重大过错，给万某生造成了精神上的损害，应承担相应的侵权责任。二审判决只认定精神病院在收治万某生住院过程中存在过错，没有认定精神病院在作出诊断结论方面存在过错，应予纠正。因此，对二审判决精神病院赔偿万某生的精神抚慰金应酌情予以提高，精神病院亦应就其在作出诊断结论方面存在过错、给万某生造成精神损害向万某生赔礼道歉。

要旨解析

医疗损害责任属过错责任，原《侵权责任法》第五十四条规定："患者在诊疗活动中受到损害，医疗机构及其医务人员有过错的，由医疗机构承担赔偿责任。"如何认定医疗机构、医务人员的过错，第五十五条规定："医务人员在诊疗活动中应当向患者说明病情和医疗措施。需要实施手术、特殊检查、特殊治疗的，医务人员应当及时向患者说明医疗风险等情况，并取得书面同意；不宜向患者说明的，应当向患者的近亲属说明，并取得其书面同意。"第五十七条规定："医务人员在诊疗活动中未尽到与当时的医疗水平相应的诊疗义务，造成患者损害的，医疗机构应当承担赔偿责任。”《民法典》第一千二百一十八条、第一千二百一十九条、第一千二百二十一条沿用了上述规定。《医疗损害责任纠纷司法解释》第十六条规定：“对医疗机构或者医务人员的过错，应当依据法律、行政法规、规章以及其他有关诊疗规范进行认定，可以综合考虑患者病情的紧急程度、患者个体差异、当地的医疗水平、医疗机构与医务人员资质等因素。”

在侵权之诉中，医疗过错存在与否是认定医院是否担责的关键。医疗过错是过错的一种，过错又分为故意与过失，医疗过错显然不包括故意，只能指过失。判断医疗过错，须以注意义务为基准。《医疗事故处理条例》第二条规定：“本条例所称医疗事故，是指医疗机构及其医务人员在医疗活动中，违反医疗卫生管理法律、行政法规、部门规章和诊疗护理规范、常规，过失造成患者人身损害的事故。”在存在注意义务的前提下，过错的判断还取决于注意的程度。上述规定表明，法律、行政法规、部门规章等规范性文件为医院、医务人员设定了种种义务，可称之为法定义务，诊疗护理规范、常规亦是义务产生的根据。《执业医师法》《医疗机构管理条例》均强调医院、医师的说明义务。“病人承诺说”在医疗活动中有重要意义，该说认为，除被法律禁止外，一个人对自己的身体有自由处置的权利，医疗行为有病人的承诺，所以不构成侵权。患者的承诺是指医院在实施医疗行为时，要详细说明医疗处置方案、风险及其他可以考虑的措施、方案，并得到患者的同意与承诺。

精神病治疗医院与一般医院在是否构成精神损害赔偿责任上存在差别。普通医院在诊疗患者过程中，一般的过错导致患者受损、没有造成身体较严重伤害时，医疗机构只需赔偿医疗费等，无须承担精神损害赔偿。但，精神病治疗医院因过错对患者作出错误判断，将非精神病人诊断为精神病患者，虽然对患者的身体没有造成严重伤害，但该错误诊断会使患者周围的人对其精神智力状态水平作出评价，从而导致社会对患者的负面评价，给患者造成严重的精神损害。这也是为何精神病院的诊断虽然没有造成患者直接的人体损伤，但却要承担赔偿责任的原因。因而，在患者遭受精神损害时，即使没有身体损伤，精神病医院也应当承担精神损害赔偿责任。

本案，精神病院在收治万某生的过程中，未取得万某生或其成年近亲属的同意，在治疗过程中，篡改病历、作出错误的诊断结论，精神病院的行为违反了相关诊疗规定，存在重大过错，给万某生造成了精神上的损害，应承担相应的侵权责任，包括支付精神抚慰金、公开赔礼道歉等。

编写人：闵遂赓
再审合议庭成员：田甘霖　邓名兴　李振峰

20. 生育选择权是民法保护的基本民事权利

——刘某、卓某与抚州某医院医疗损害责任纠纷再审案

裁判要旨

1. 生育是人基于生物属性的一项自然权利，生育选择权是受《人口与计划生育法》《母婴保健法》确认和保护的权利。

2. 生育的婴儿是否健康会给生育者及其家庭带来重要精神影响和物质财产上的影响，侵害生育选择权间接的后果是造成生育者精神上的损害和财产上的损失，此两者均属于民法所保护的民事权利范围。

3. 由于抚育严重缺陷婴儿额外增加的人力物力抚育成本难以准确计算，对于抚育严重缺陷婴儿比抚育正常婴儿增加的抚育费用，可以参照缺陷婴儿的伤残等级所对应的残疾赔偿金和医疗机构的过错程度确定受害人需要增加的额外抚育费用。

案例索引

一审：江西省抚州市临川区人民法院（2016）赣1002民初1545号

二审：江西省抚州市中级人民法院（2017）赣10民终340号

再审：江西省高级人民法院（2018）赣民再74号

基本案情

再审申请人（一审原告、二审上诉人）：卓某。法定代理人：刘某（卓某母亲）。

再审申请人（一审原告、二审上诉人）：刘某。

被申请人（一审被告、二审被上诉人）：抚州某医院。

卓某、刘某以抚州某医院孕检时未发现胎儿心脏畸形存在医疗过错为由向一审法院起诉请求：抚州某医院赔偿医疗费、住院伙食补助费、营养费、护理费、误工费、残疾生活补助费、交通费、住宿费、精神抚慰金、鉴定费和亲属参加处理事故的费用等合计300357.7元的50%，即150178.85元。

2015年4月15日，刘某因怀孕到抚州某医院做孕检。检查前，抚州某医院向刘某送达了一份胎儿系统超声检查、四维超声检查知情同意书，刘某在该知情同意书上签名。该知情同意书上第六条约定，胎儿心脏检查，由于胎儿期血液循环特点，有些先心病在胎儿期是不能诊断的，如动脉导管未闭、卵圆孔未闭、单纯房缺、小的室缺，肺静脉异位引流、轻度法洛氏四联症、冠状动脉异常等疾病。之后抚州某医院为刘某进行超声检查，检查未见明显异常，抚州某医院便建议刘某定期

复查。2015年5月25日，刘某到抚州某医院进行第二次孕检，诊断意见为宫内单活胎，晚孕。2015年7月14日，刘某到抚州某医院进行第三次孕检，诊断意见为宫内单活胎，晚孕，羊水稍混浊。2015年7月27日，刘某因出现临产症状再次到抚州某医院进行超声检查，诊断意见为宫内单活胎，晚孕，羊水稍混浊。2015年7月28日，刘某因临产到抚州某医院住院，并于当日下午产下一名男婴，即卓某，于2015年8月2日出院，花费医疗费6033.1元。卓某出生后出现颈部、脸部向右侧歪斜、左侧胸锁乳突肌增粗、新生儿哭时嘴角向左侧歪斜、鼻唇沟变浅。2015年7月30日，卓某被送到江西省儿童医院进行彩色超声检查。经检查，卓某患有法洛氏四联症、房间隔缺损、动脉导管未闭、左上腔静脉残存。2015年12月7日，卓某到抚州市第一人民医院治疗，花费医疗费112.3元。2015年12月17日，卓某到江西省儿童医院住院进行免费手术治疗，于2016年2月12日治愈出院，共计住院57天。2016年6月13日，卓某到江西省儿童医院门诊治疗，花费医疗费130元。刘某于2015年8月26日向一审法院提起诉讼，要求抚州某医院承担赔偿责任，并申请对抚州某医院诊疗行为是否存在过错进行司法鉴定。经江西天剑司法鉴定中心鉴定，鉴定意见为：抚州某医院在刘某孕检（超声检查）过程中存在对心脏畸形（法洛氏四联症等）漏诊的医疗过错，承担50%的过错责任。刘某支付鉴定费8800元。之后，刘某申请撤回诉讼。2016年6月20日，刘某、卓某再次起诉要求抚州某医院承担赔偿责任。2016年8月4日，刘某委托江西天剑司法鉴定中心对卓某的伤残等级进行鉴定，经鉴定卓某的伤残等级为伤残七级。刘某支付了鉴定费1100元。

裁判结果

一审判决：抚州某医院在本判决生效之日起五日内支付刘某、卓某赔偿款3万元。

刘某、卓某提出上诉。二审判决：驳回上诉，维持原判。

刘某、卓某申请再审。再审判决：一、撤销一、二审判决；二、抚州某医院在判决生效后十日内支付刘某赔偿款人民币共计126000元；三、驳回刘某的其他诉讼请求；四、驳回卓某的诉讼请求。

裁判理由

再审认为，生育是人基于生物属性的一项自然权利，生育健康婴儿是通常情况下生育者的正常期望和选择，虽然原《民法通则》、原《侵权责任法》以及现在的《民法典》均未将生育及其选择权作为一种民事权利予以明示列举，但生育的婴儿是否健康不但会给生育者及其家庭带来重要精神影响和物质财产上的影响，也会对社会、国家带来重要影响，因而国家鼓励优生优育，并予法律上的保障。《人口与计划生育法》《母婴保健法》的相关条文规定，胎儿有严重缺陷的，夫妻有权选择依法终止妊娠避免缺陷胎儿出生。因而，生育选择权是受到法律确认和保护的权利。生育选择权受到侵害导致有严重缺陷的婴儿出生，会极大增加抚育者的精力付出，给生育者及其家庭带来较大的精神痛苦，也会增加婴儿的抚育费用，因而，侵害生育选择权间接的后果是造成生育者精神上的损害和财产上的损失，此两者均属于侵权责任法所保护的民事权利范围。由于孕妇与医院之间往往同时存在医疗服务合同关系，医院产前医学检查存在过错导致孕妇生下有严重缺陷的胎儿引发的纠纷也符合合同违约请求权的范畴，存在与侵权请求权的竞合，受害人可以选择以侵权为由提起诉讼或以违约为由提起诉讼。本案中，刘某于2016年6月20日提起诉讼，其起诉理由是抚州某医院未查出胎儿先天性心脏病，导致其生下本应终止妊娠的胎儿，造成其本人、家庭和卓某的损失，并提出了财产损失和精神损害抚慰金的诉讼请求。可见，刘某、卓某起诉所主张的是侵权责任，抚州某医院因其漏诊医疗过错应当承担侵权赔偿责任。

本案中，抚州某医院的医疗过错行为直接导致了该院未能及时探查和发现胎儿先天心脏畸形的状况并将该情况及时告知刘某、提出终止妊娠的医学意见，进而导致刘某对胎儿的严重缺陷不知情，无法及时做出终止妊娠的选择，最终导致不得不接受有严重缺陷婴儿的出生。抚州某医院的医疗过错行为给刘某及其家庭造成情感压力和精神痛苦，也使得刘某因有严重缺陷婴儿的出生不得不承担其比一般正常婴儿更多的抚育费用，抚州某医院应根据其过错程度对由此给刘某造成的经济损失进行补偿，并对刘某予以精神抚慰。关于刘某及其家庭因卓某的心脏先天畸形需要负担比正常婴儿增加的抚育费用如何计算的问题。一审中，刘某委托江西天剑司法鉴定中心对卓某的伤残等级进行鉴定，经鉴定卓某的伤残等级为伤残七级，抚州某医院虽然对此鉴定意见不予认可，认为卓某的心脏畸形已经治愈，但亦未提出相反证据推翻该鉴定，由于额外增加的人力物力抚育成本难以准确计算，再审法院参照卓某的伤残等级所对应的残疾赔偿金和抚州某医院的过错程度确定刘某需要增加的额外抚育费用为106000元（26500×20年 ×40% ×50%）。刘某主张的第1项费用系其分娩生育费用，不属于额外增加的抚育费用。刘某主张的其他项目费用除精神抚慰金和一审法院委托的鉴定费用外均可计入上述额外抚育费用的范围内，不再另行计算。关于精神损害抚慰金的数额，结合抚州某医院医疗行为的过错程度、刘某可能遭受的精神损害程度和结合当地平均生活水平，酌情认定20000元。上述两项抚州某医院总计需要赔偿刘某人民币126000元。按照法律规定，父母有抚养子女的义务，承担抚育义务的人是刘某，并非卓某本人，刘某在本案中已经作为原告起诉，且遭受精神损害的亦非卓某，因而卓某作为共同原告要求赔偿没有法律依据。遂作出如上判决。

要旨解析

本案例涉及对医院侵害妇女产检知情权并导致生育缺陷婴儿的这一行为法律性质的判断以及损失的认定问题。因医院产前检查不仔细，应当发现的胎儿重大生理缺陷和疾病而未发现，导致孕妇生下缺陷婴儿，从医疗服务合同角度医院构成违约是毋庸置疑的，并无争议。但司法实践中，少有受害方会以医院构成违约为由，提起违约赔偿之诉。多数受害方会提起侵权赔偿之诉，但对侵害的何种权利、应当如何赔偿，各地判决认定不一，法官认识也不一致。

孕妇产前进行检查和发现胎儿严重缺陷时终止妊娠是法律赋予的一项权利。《人口与计划生育法》第三十五条规定，国家建立婚前保健、孕产期保健制度，防止或者减少出生缺陷，提高出生婴儿健康水平。《母婴保健法》第十七条规定，经产前检查，医师发现或者怀疑胎儿异常的，应当对孕妇进行产前诊断。该法第十八条还规定，经产前诊断，有下列情形之一的，医师应当向夫妻双方说明情况，并提出终止妊娠的医学意见：（一）胎儿患严重遗传性疾病的；（二）胎儿有严重缺陷的；（三）因患严重疾病，继续妊娠可能危及孕妇生命安全或者严重危害孕妇健康的。《母婴保健法实施办法》第四条规定公民享有母婴保健的知情选择权。国家保障公民获得适宜的母婴保健服务的权利。这是目前对于孕妇产前检查并有权在胎儿严重缺陷时选择终止妊娠的唯一法律依据。实施办法将其称母婴保健的知情权。有些法院判决将其称为生育选择权。笔者认为，在发现胎儿有严重缺陷时，生下来还是终止妊娠是孕妇及配偶的选择权，此时孕妇及配偶可以作出不同选择，因此用生育选择权符合本案例这种情形。当然，生育选择权还可以扩大到夫妻在正常情形下选择生育小孩还是不生育小孩的自由，本案例仅限于讨论在胎儿有严重缺陷时的生育选择权。

本案判决时《民法典》尚未颁布，原《民法总则》对此问题没有规定。原《侵权责任法》第二条规定，侵害民事权益，应当依照本法承担侵权责任。本法所称民事权益，包括生命权、健康权、姓名权、名誉权、荣誉权、肖像权、隐私权、婚姻自主权、监护权、所有权、用益物权、担保物权、著作权、专利权、商标专用权、发现权、股权、继承权等人身、财产权益。上述所列举的权利中，并没有生育选择权。原《侵权责任法》第五十四条规定，患者在诊疗活动中受到损害，医疗机构及其医务人员有过错的，由医疗机构承担赔偿责任。该条为处理此类案件提供了法律依据，但没有解决侵权的权利性质问题。《民法典》颁布后，将原《侵权责任法》一般规定中的第二条权利保护范围的内容吸收到了第五章民事权利中。其中第一百一十条规定，自然人享有生命权、身体权、健康权、姓名权、肖像权、名誉权、荣誉权、隐私权、婚姻自主权等权利。在该条列举的权利中，亦没有将生育权和生育选择权列入其中。但《民法典》第一百二十六条有一个概括的兜底规定，民事主体享有法律规定的其他民事权利和利益。《民法典》第一百二十八条还对特殊主体民事权利保护有一个专门规定，法律对未成年人、老年人、残疾人、妇女、消费者等的民事权利保护有特别规定的，依照其规定。上述《母婴保健法》《母婴保健法实施办法》中对妇女生育知情选择权的规定可以归入到上述两个条款的保护范围。

生育权虽然未在原《侵权责任法》和《民法典》中列明，但生育本身是婚姻的产物，是自然人一项既具有社会属性又具有自然属性的权利，可以将其归入基本权利范畴。当然我国《宪法》规定了计划生育的基本国策，公民在行使其权利时也要受到相关法律的限制。在计划生育允许的范围内，公民可以选择生育或不生育。可以说，本案中讨论的生育选择权是生育权的一种具体表现形式。

本案例另一个值得注意的问题是在孕妇生育选择权受到侵害时的损失如何计算。司法实践中，计算有严重缺陷婴儿比正常婴儿需要额外增加的抚育费用是个难题，很难通过证据精确计算。本案通过参考伤残等级和医疗机构的过错程度，参照伤残赔偿金确定额外抚育费用具有很强的操作性，也具有一定合理性，对处理类似案例具有较强借鉴意义。

编写人：龚雪林

再审合议庭成员：龚雪林　谢丽萍　吕淑瑾

21. 认定医疗机构的医疗损害责任比例应根据其过错行为的性质、程度及其与后果之间的关联等综合判断，司法鉴定意见的过错参与度仅是参考因素

——刘某绅与万安县某医院医疗损害责任纠纷再审案

裁判要旨

在医疗损害责任纠纷中，司法鉴定意见拟定的医疗机构过错参与度仅是人民法院判断医疗机构责任比例的参考因素，人民法院根据医疗机构过错行为的性质、程度及其与损害后果的关联等因素综合判断后，可以不采信鉴定意见拟定的过错参与度，直接认定医疗机构承担的赔偿比例。

案例索引

一审：江西省吉安市万安县人民法院（2015）万民一初字第 618 号

二审：江西省吉安市中级人民法院（2017）赣 08 民终 269 号

再审：江西省高级人民法院（2018）赣民再 256 号

基本案情

再审申请人（一审原告、二审上诉人）：刘某绅。

被申请人（一审被告、二审上诉人）：万安县某医院。

刘某绅向一审法院起诉请求：判令万安县某医院赔偿其医疗费、后续治疗费、误工费、护理费、营养费、住院伙食补助费、鉴定费、精神损害抚慰金、交通费，总计 1428673.67 元。

2012 年 7 月 7 日，刘某绅因搬打谷机受伤至万安县某医院处住院治疗 16 天，诊断为左股骨颈骨折。手术过程中，万安县某医院在没有告知刘某绅的情况下，擅自磨损刘某绅左股骨骨头，造成左脚严重缩短。2013 年 11 月 7 日，刘开绅因左股骨颈骨折术后取内固定装置在万安县某医院住院治疗 7 天，在取内固定时，因操作错误切断了刘某绅左股骨血管，造成左股骨头坏死（2014 年 12 月 26 日行髋关节 X 线检查显示左侧股骨头坏死，2015 年 3 月 12 日检查显示左侧无菌性股骨头坏死）。2015 年 4 月 20 日，刘某绅至中国人民解放军空军航空医学研究所附属医院治疗 7

天，诊断为左侧股骨头缺血性坏死。江西求实司法鉴定中心对万安县某医院的医疗行为是否存在过错及参与度进行鉴定，并作出赣求司［2015］医鉴字第11066号鉴定意见书，该鉴定意见书分析指出：股骨头坏死是股骨颈骨折后常见的并发症，股骨头坏死与骨折的类型、骨折原始移位程度、复位的方式及复位的效果、早期功能锻炼等诸多因素有关。患者刘某绅2012年7月7日因外伤致左股骨颈骨折，当时骨盆平片提示：股骨颈骨质结构不连，断端密度增高，为嵌顿性骨折，股骨颈短缩。结合影像学资料分析患者原始损伤严重，患者最终出现股骨头坏死主要与其外伤的严重性及骨折的类型存在因果关系，但医方在为患者提供诊疗行为中对患者的病情缺乏足够的认识及评估，医方在术前应进一步完善CT检查，在术前充分了解股骨颈骨折的详细情况，医方术前准备欠充分。且医方在术前未尽到充分的告知义务，在术前应充分告知患者本人可能存在的风险及需采取的治疗方案选择，并取得患者本人书面同意。在患者第一次出院后的注意事项提醒欠详尽，未告知患者强调避免过早负重，过早的负重会增加股骨头坏死的机会，医方未尽到充分告知义务及特殊注意义务，存在过错。该鉴定意见为：万安县某医院在为刘某绅提供的诊疗行为中存在过错，其过错与患者的损害后果存在因果关系，拟定医方过错参与度为25%—35%。

裁判结果

一审判决：一、万安县某医院于判决生效后十日内赔偿刘某绅各项经济损失548166.65元中的30%计164450元；二、驳回刘某绅的其他诉讼请求。

刘某绅、万安县某医院均不服提出上诉。二审判决：一、撤销一审判决第二项；二、变更一审判决第一项为：万安县某医院于判决生效后十日内赔偿刘某绅各项经济损失398166.65元中的30%计119450元；三、驳回刘某绅的其他诉讼请求。

刘某绅不服二审判决，申请再审。再审判决：一、撤销二审判决和一审判决；二、万安县某医院于判决生效后十日内赔偿刘某绅各项经济损失548166.65元中的70%计383716.66元；三、驳回刘某绅的其他诉讼请求。

裁判理由

再审认为，关于万安县某医院对刘某绅股骨头坏死的损害后果应当承担多少比例的赔偿责任的问题。江西求实司法鉴定中心的鉴定意见指出，患者最终出现股骨头坏死主要与其外伤的严重性及骨折的类型存在因果关系，但鉴定意见同时指出，"医方在为患者提供诊疗行为中对患者的病情缺乏足够的认识及评估，医方在术前应进一步完善CT检查，在术前充分了解股骨颈骨折的详细情况，医方术前准备欠充分。且医方在术前未尽到充分的告知义务，在术前应充分告知患者本人可能存在的风险及需采取的治疗方案选择，并取得患者本人书面同意。在患者第一次出院后的注意事项提醒欠详尽，未告知患者强调避免过早负重，过早的负重会增加股骨头坏死的机会，医方未尽到充分告知义务及特殊注意义务，存在过错。”由此可见，万安县某医院主要存在三方面的过错，一是术前未进行完善的CT检查，对刘某绅的病情缺乏足够的认识及评估，二是术前未告知刘某绅手术可能存在的风险及需采取的治疗方案选择，三是术后未尽到充分告知义务及特殊注意义务。充分了解患者病情、充分评估治疗风险并告知患者，尊重患者在充分知情前提下的选择权，是医院的职责所在。本案中，万安县某医院存在的上述过错，侵犯了刘某绅的知情权和选择权，特别是在对刘某绅的病情缺乏足够认识及评估的情况下就为刘某绅做手术，术后又不叮嘱重要事项，是对病人严重不负责任的表现，并因此导致了刘某绅股骨头坏死的损害后果。根据原《侵权责任法》相关规定，万安县某医院应对刘某绅股骨头坏死的损害后果承担主要责任，再审法院酌定万安县某医院承担70%的责任。

要旨解析

近年来，随着公众维权意识的不断增强，基于医患关系而产生的医疗损害赔偿纠纷案件一直是社会各界关注的热点问题之一。《民法典》使用十一个法律条文规定了医疗损害责任归责原则、医疗机构说明义务和患者知情同意权、紧急情况下实施医疗措施、医务人员过错造成损害由医疗机构赔偿、推定医疗机构有过错的情形等。但由于医疗损害赔偿纠纷案件是由专业性强、高技术高风险特点的医疗行为引起，审判人员不具备医学专业知识，难以准确把握医疗行为与损害后果之间的因果关系及责任程度，故需要依靠专业的鉴定机构出具鉴定意见作为裁判依据。而关于鉴定机构出具的医疗机构过错参与度是否属于判断医疗机构责任比例的必要要素问题，在审判实践中存在一定争议。笔者认为，该过错参与度属于人民法院认定医疗结构责任比例的参考因素，并非必须采纳作为判案的法定依据。

医疗过错行为参与度的概念是由法医学鉴定中的损伤参与度的概念引申出来的，对其定义可以参照损伤参与度的定义。所谓损伤参与度，是指在外伤与疾病共同存在的案件中，诸因素共同作用导致某种后果，即暂时性损害、永久性功能障碍和死亡，外伤在其中所起作用的定量分割（或因果比例关系）。因此，医疗过错行为参与度，是指在同时存在医疗过错行为、患者疾病因素等众多致害因素的医疗纠纷事件中，判断医疗过错行为在患者发生的损害后果上的参与程度[①]。过错参与度是评定医疗损害责任纠纷中诊疗行为与损害后果之间因果联系的重要参考标准，但在人民法院具体裁判中，需要明确，一是过错参与度不等同于赔偿责任比例，作为法学概念的过错责任中的“过错”与作为法医学概念的过错参与度中的“过错”在内涵和外延上不尽相同，人民法院不能仅根据过错参与度直接认定医疗机构的法律赔偿责任的比例，否则会出现以鉴代审的情形。二是人民法院是确定医疗机构责任

① 刘鑫:《医疗损害技术鉴定研究》，中国政法大学出版社2014年版，第243页。

比例的终局裁判者，鉴定意见仅是法院裁判的参考因素之一，并非法定决定依据。鉴定意见作为证据形式之一，人民法院经评议，可以不采信鉴定意见拟定的过错参与度，而是可以根据法律规定，结合具体案情，根据诊断记录、过错性质、程度等进行综合判断，酌情划分院方的赔偿责任比例。

本案中，再审法院对于万安县某医院在诊疗行为中存在的过错，并未直接采信鉴定意见拟定的过错参与度，而是从术前检查、到术前告知再到术后告知三方面进行了层层分析，并结合诊疗行为的过错与损害后果之间的关联程度进行了充分论证，得出万安县某医院应对刘某绅股骨头坏死的损害后果承担主要责任的结论有理有据，并酌定万安县某医院承担 70% 的责任，改判处理得当。

编写人：马　悦

再审合议庭成员：田甘霖　刘晓雯　邓名兴

22. 为污染企业提供资金和向无资质的企业出售危险废物的侵权人无意思联络的，应按过错及参与程度担责

——某环保联合会与宜春市某实业有限公司等水污染民事公益诉讼二审案

裁判要旨

1. 为污染企业提供资金、向无资质的企业出售危险废物的，为无意思联络的分别侵权人，按过错及参与程度，确定应承担的责任比例。

2. 对环境污染损害数额，可在参考专家意见基础上，考虑污染环境、破坏生态的范围和程度、生态环境恢复的难易程度、侵权主体过错程度等因素，结合当地经济发展水平，综合作出认定。

3. 企业因污染环境被追究刑事责任的，即使没有被判处罚金，仍然需要承担环境侵权责任。

案例索引

一审：江西省新余市中级人民法院（2017）赣05民初23号

二审：江西省高级人民法院（2018）赣民终189号

基本案情

上诉人（一审原告）：某环保联合会（以下简称环保联合会）。

一审支持起诉人：江西省新余市人民检察院。

上诉人（一审被告）：江西某有色金属有限公司（以下简称有色金属公司）。

上诉人（一审被告）：常宁市某锌业有限责任公司（以下简称锌业公司）。

被上诉人（一审被告）：宜春市某实业有限公司（以下简称实业公司）。

被上诉人（一审被告）：湖南某投资集团汇金有色资源有限责任公司（以下简称有色资源公司）。

被上诉人（一审被告）：新余市某再生资源开发有限责任公司（以下简称再生资源公司）。

环保联合会一审法院起诉请求：1. 实业公司、有色资源公司、有色金属公司、再生资源公司、锌业公司立即停止违法转移、处置危险废物，通过江西省级媒体向公众赔礼道歉；2. 实业公司、有色资源公司、有色金属公司、再生资源公司、锌业

公司承担清除污染及环境应急处置的费用 9263301 元；3. 实业公司、有色资源公司、有色金属公司、再生资源公司、锌业公司对袁河、仙女湖流域的生态环境进行修复，并承担生态环境修复费用暂计 21991610 元（具体金额以评估、鉴定结果为准）；4. 实业公司、有色资源公司、有色金属公司、再生资源公司、锌业公司承担生态环境修复期间服务功能的损失（具体金额以评估、鉴定结果为准）；5. 实业公司、有色资源公司、有色金属公司、再生资源公司、锌业公司承担发生的监测费、评估费、鉴定费、律师费等暂计 9952443 元。

实业公司经营的粗铟工厂无危险废物经营资质、未依法取得建设项目环境影响评价审批同意、未配套任何污染防治设施。2016 年 1 月 6 日，实业公司与有色资源公司签订《合作协议》，约定有色资源公司为实业公司的粗铟生产提供资金支持。2016 年 1 月至 4 月，实业公司从湖南、江西等地购入铅泥、机头灰等危险废物，用于非法生产提炼铁渣、锌渣、金属铟等产品。2016 年 1 月 4 日，实业公司与锌业公司签订《铅泥购销合同》。自 2016 年 1 月 4 日起，锌业公司分 8 次非法向实业公司提供"铅泥"，合计 291.85 吨。再生资源公司负责人杨某坚与实业公司签订《货物交换合同》。自 2016 年 3 月 6 日起，再生资源公司景源分公司分 12 次向实业公司提供机头灰合计 149.14 吨。有色金属公司将无法进一步利用的机头灰与实业公司非法置换铅泥。自 2016 年 2 月 22 日起，分 17 次向实业公司提供机头灰合计 351.29 吨。锌业公司、再生资源公司、有色金属公司向实业公司提供的危险废物分别占总重量的 36.84%、18.82%、44.34%。实业公司在生产过程中，将未经处理的含镉、铊、镍等重金属及砷的废液、废水，通过私设暗管的方式，直接排入袁河和仙女湖流域，严重污染环境，造成新余市第三饮用水厂供水中断的特别重大环境突发事件，影响环境公共安全和社会稳定。

事件发生后，环保联合会向江西省新余市中级人民法院提起本案环境民事公益诉讼。江西省新余市人民检察院为本案支持起诉人。

新余市环境保护局与环境保护部华南环境科学研究所（以下简称华南研究所）签订《仙女湖水体污染事件环境损害鉴定与影响评估项目合同书》，约定项目委托费用为 600 万元，新余市环境保护局已支付 300 万元。华南研究所出具了《仙女湖水体污染事件应急处置阶段环境损害鉴定与影响评估报告》(以下简称《评估报告》)，鉴定结论为：应急处置费用 9263301 元（含环境应急行政支出 1969321 元，应急供水保证费用 3689863 元，污染控制费 3358977 元，固定资产损失 30340 元，流动资产损失 214800 元），应急监测费用及专家技术咨询费 1952433 元。一审过程中，新余中院委托华南研究所对生态环境修复费用和生态环境修复期间功能损失作出专家意见，华南研究所作出《仙女湖水体污染事件生态环境损害量化评估》(以下简称《量化评估》)，根据资源等值分析法计算生态环境损害数额为 9680 万元，根据虚拟治理成本法计算生态环境修复期间功能损失为 8610 万元。环保联合会与北京德恒（无锡）律师事务所签订委托代理合同，约定本案一审代理费 76 万元。北京德恒（无锡）律师事务所处理本案诉讼事务产生差旅费11736元。

另查明，实业公司被工商行政管理部门作出吊销营业执照的行政处罚，涉嫌污染环境犯罪的刑事案件，由宜春市袁州区人民法院开庭审理，判决认定实业公司的法定代表人曾平华、公司监事曾勇军、有色资源公司的法定代表人钟浩、有色金属公司员工赵永强、再生资源公司景源分公司员工凌勇、锌业公司员工余瑾犯污染环境罪，已被追究刑事责任。

裁判结果

一审判决：一、实业公司、有色资源公司、有色金属公司、再生资源公司、锌业公司立即停止违法转移、处置危险废物，并于判决生效后十日内通过江西省级媒体向公众赔礼道歉；二、实业公司、有色资源公司、有色金属公司、再生资源公司、锌业公司分别于判决生效后十日内赔偿应急处置费用、应急监测费用及专家技术咨询费、评估费9240227.1元、2132360.1元、1260935.6元、534511.6元、1047699.6元；三、实业公司、有色资源公司、有色金属公司、再生资源公司、锌业公司分别于判决生效后三十日内赔偿生态环境修复费用及生态环境受到损害至恢复原状期间服务功能损失14690812.5元、3390187.5元、2004730.88元、849807元、1665712.12元；四、实业公司、有色资源公司、有色金属公司、再生资源公司、锌业公司分别于判决生效后十日内向环保联合会支付律师费、差旅费130000元、30000元、17740元、7520元、14740元；五、驳回环保联合会的其他诉讼请求。

双方均不服，提起上诉。二审判决：驳回上诉，维持原判。

裁判理由

二审认为，实业公司通过私设暗管的方式向袁河偷排重金属污染物直接导致本次污染袁河、仙女湖流域生态环境事件，对环境侵权损害后果具有重大的过错，应承担主要责任。实业公司从事非法经营危险废物的资金来源于有色资源公司，有色资源公司对环境侵权损害后果具有一定的过错，应承担次要责任。有色金属公司、再生资源公司、锌业公司分别向实业公司非法提供危险废物，对环境侵权损害后果亦具有一定的过错，可按提供危险废物的绝对数量来承担部分责任。对环境污染损害数额，可在参考专家意见基础上，考虑污染环境、破坏生态的范围和程度、生态环境恢复的难易程度、侵权主体过错程度等因素，结合当地经济发展水平，综合作出认定。对于为环境损害鉴定已实际支付的评估费用，应认定为侵权损失。环境民事公益诉讼的律师费用不能简单比照财产案件律师收费指导标准，应根据实际情况酌情合理认定。对污染环境、破坏生态，已经损害社会公共利益或者具有损害社会公共利益重大风险的行为，可以要求被告赔礼道歉。环保联合会符合环保法关于提起环境公益诉讼主体资格的规定，是本案的适格原告。

要旨解析

本案在数人环境侵权的责任认定方面进行了有益的探索，认为为污染企业提供资金、向无资质的企业出售危险废物的，为无意思联络的分别侵权人，按过错及参与程度，确定应承担的责任比例。对环境污染损害数额，可在参考专家意见基础上，考虑污染环境、破坏生态的范围和程度、生态环境恢复的难易程度、侵权主体过错程度等因素，结合当地经济发展水平，综合作出认定。

一、关于环境污染损害应如何确定的问题

《环境侵权责任纠纷司法解释》第八条规定，对查明环境污染案件事实的专门性问题，可以委托具备相关资格的司法鉴定机构出具鉴定意见或者由国务院环境保护主管部门推荐的机构出具检验报告、检测报告、评估报告或者监测数据。华南研究所为环境保护部公布的第一批环境损害鉴定评估推荐机构，其作出的《评估报告》可以作为本案确定直接经济损失的依据。鉴于该评估报告未对生态环境修复费用、生态环境受到破坏至恢复原状期间服务功能的损失作出鉴定，华南研究所接受一审法院委托后，分别选用资源等值分析法及虚拟治理成本法对本次污染事件的生态环境损害进行量化，金额分别为9680万元和8610万元。[①] 鉴于仙女湖只有部分水域为集中式生活饮用水地表水源地一级保护区（Ⅱ类水），大部分水域为集中式生活饮用水地表水源地二级保护区、渔业水域（Ⅲ类水）或娱乐用水、景观水域（Ⅳ、Ⅴ类水），专家意见按照Ⅱ类水环境功能敏感系数取值6过高，法院酌定按照Ⅲ类水环境功能敏感系数下限4.5取值。

此外，环境民事公益诉讼的判决需要考虑环境保护和当地经济发展之间的平衡。江西省系经济欠发达地区，企业的经济承受能力相对较弱，如一味追求判决的高数额，不但企业无法承受，实际上也无法执行到位，判决的法律效果和社会效果都难以保证。因此，结合以上因素，并综合考虑此次环境侵权事件中污染环境、破坏生态的范围和程度、生态环境恢复的难易程度、侵权主体过错程度等因素，对专家意见确定的环境损害赔偿数额予以调减，酌情认定本次环境侵权造成的生态环境损害量化数额为2260.125万元（高度浓度重金属废水量4100吨 × 单位治理成本3500元/吨 × 环境功能敏感系数4.5倍 ×35%）。

二、关于实业公司等五家公司是否实施了环境侵权行为，是否应承担环境侵权责任的问题

2016年1月至4月，实业公司在粗铟生产的过程中，通过私设的暗管，向袁河偷排含镉、铊、镍、铅等重金属及砷的废液、废水，严重污染了袁河、仙女湖流域

---

① 需要说明的是，仙女湖水体污染事件特征污染物对袁河流域及仙女湖湖泊生物群落结构的影响在2016年12月基本恢复至基线水平，故华南研究所选用资源等值分析法和虚拟治理成本法对本次生态环境损害进行量化。

的生态环境，造成特别重大环境突发事件。对上述环境侵权行为，实业公司主观上具有重大过错，其环境侵权行为与损害后果之间存在因果关系，因此，依法应承担环境侵权责任。

有色资源公司明知实业公司无危险废物经营许可证、未配套污染治理设施等，仍为实业公司提供资金，参与非法经营，存在明显的过错，其与实业公司之间构成共同侵权，应当与实业公司共同承担环境侵权责任。

有色金属公司、再生资源公司、锌业公司违反国家禁止性环保法律规定，明知危险废物的转移、利用、处置，必须由持有危险废物经营许可证的单位实施，在未查实实业公司是否具有危险废物经营许可证的情况下，具有明显的过错，由此造成实业公司对危险废物提炼后，向袁河偷排含镉、铊、镍、铅等重金属及砷的废液、废水，应当承担环境侵权责任。

按照原《侵权责任法》第六十五条的规定，环境侵权的归责原则是无过错原则，但是是否存在过错及其程度，也是衡量责任承担的重要考量因素。对污染环境的侵权行为，法律本身设置了较高的注意义务，本案中的五家公司对自身从事行业的特性及相应行为的危险性，应有基本的判断和认知，结果由于自身的主观故意或过失，造成特别重大环境突发事件，不仅要承担刑事责任和行政责任，而且也要承担环境侵权民事责任。

三、关于实业公司等五家公司责任如何承担的问题

原《侵权责任法》第六十五条规定："因污染环境造成损害的，污染者应当承担侵权责任。"第六十七条规定："两个以上污染者污染环境，污染者承担责任的大小，根据污染物的种类、排放量等因素确定。"第八条（现为《民法典》第一千一百六十条）规定："二人以上共同实施侵权行为，造成他人损害的，应当承担连带责任。"第十一条（现为《民法典》第一千一百七十一条）规定："二人以上分别实施侵权行为造成同一损害，每个人的侵权行为都足以造成全部损害的，行为人承担连带责任。"第十二条（现为《民法典》第一百七十七条）规定："二人以上分别实施侵权行为造成同一损害，能够确定责任大小的，各自承担相应的责任；难以确定责任大小的，平均承担赔偿责任。"《环境侵权责任纠纷司法解释》第三条第二款规定："两个以上污染者分别实施污染行为造成同一损害，每一个污染者的污染行为都不足以造成全部损害的，被侵权人根据侵权责任法第十二条规定请求污染者承担责任的，人民法院应予支持。"结合本案来看，实业公司通过私设暗管的方式向袁河偷排重金属污染物直接导致本次污染事件，系直接的污染者。有色资源公司、有色金属公司、再生资源公司、锌业公司分别只是提供资金或者危险废物，与实业公司并未有对上述非法排放行为的共同意思联络，且提供资金或者危险废物的行为并不必然导致本案污染事件和污染后果的发生，故不宜判定承担连带责任。实业公司从事非法经营危险废物的资金来源于有色资源公司，有色资源公司对环境侵权损害后果具有一定的过错；有色金属公司、再生资源公司、锌业公司分别向实业公司非法提供危险废物，对环境侵权损害后果亦具有一定的过错，均应当按照其过错承担相应份额的责任。综合实业公司等五家公司在环境侵权事件中的过错程度，认定实业公司承担65%的主要责任，有色资源公司承担15%的次要责任，有色金属公司、再生资源公司、锌业公司分别按照提供的危险废物所占比例44.34%、18.82%、36.84%分担20%的次要责任。

四、关于单位犯罪责任追究与环境侵权责任承担的衔接问题

本次重大环境污染事故，已经按照污染环境罪追究了涉案公司负责人员刑事责任，但没有对涉案公司本身判处罚金，能否以此为由否定涉案公司的环境侵权责任呢？本案中，有色资源公司、有色金属公司、再生资源公司景源分公司、锌业公司均以公司本身没有被刑事处罚为由，认为公司没有参与，都是个人行为所致，公司不应承担环境民事侵权责任。这显然不能成立。首先，刑事责任与民事责任是两种不同性质的法律责任，二者不可互相替代，承担了刑事责任，仍然要承担民事责任。其次，对于单位犯罪，是否对单位判处罚金，可根据案件需要而定，没有对单位判处罚金，并不意味着单位就不构成单位犯罪，更不意味着单位就可以不用承担民事侵权责任。“从积极的角度看，对这些已受到一定制裁但处罚偏轻、结果不令人满意的‘旧案’追加公益诉讼，将起到加大违法者的责任总量，弥补环境责任偏软的不足，也凸显出公益诉讼有别于传统诉讼的独特功能。对原告来说，起诉‘公法旧案’，既能与政府和相关部门‘保持一致’，又节约了对违法行为进行调查、证明的成本，还有较好的舆论效果，可谓一举多得。”[①]

编写人：张满洋

二审合议庭成员：黄训荣　王慧军　魏　巍

---

① 参见巩固：《2015年中国环境民事公益诉讼的实证分析》，载《法学》2016年第9期，第22页。

23. 环境侵权案中适用赔礼道歉关键在于侵权行为是否对社会公众享有美好生活的权益造成精神损害

——重庆某志愿服务发展中心与萍乡某安源钢铁有限公司等环境污染责任纠纷二审案

裁判要旨

1. 在环境侵权案件中，消除危险责任，应注重保护优先、预防为主法律原则的适用，重视消除潜在危险，以持续有效地行动真正落实保护环境的主体责任。赔礼道歉责任，应否适用的关键在于是否对社会公众享有美好生活的权益造成精神损害。

2. 企业采取积极赔付并改进生产工艺、加大环保投入、建设旅游景区等实际行动相比赔礼道歉更能弥补民众的精神权益损害，故对责任企业请求不予赔礼道歉的诉请，法院可予以支持。

案例索引

一审：江西省萍乡市中级人民法院（2019）赣03民初13号

二审：江西省高级人民法院（2020）赣民终355号

基本案情

上诉人（一审被告）：萍乡某安源钢铁有限公司（以下简称钢铁公司）。

上诉人（一审被告）：萍乡某营养科技有限公司（以下简称科技公司）。

被上诉人（一审原告）：重庆某志愿服务发展中心（以下简称志愿服务中心）。

一审支持起诉人：江西省萍乡市人民检察院（以下简称萍乡检察院）。

一审支持起诉人：南昌某环境交流中心（以下简称交流中心）。

志愿服务中心向法院提起环境污染民事公益诉讼，请求钢铁公司、科技公司：1. 立即建设和完善雨污分流系统，停止对河流等外环境的侵权行为；2. 立即依法清除、处置堆存的危险废物，消除对土壤、河流及地下水生态环境的危害；3. 赔偿因非法排放污染物的行为所造成的生态环境损害应急处置费1592.62万元，生态环境损害费888万元；4. 在国家级的媒体上向社会公开赔礼道歉；5. 赔偿鉴定评估费、专家咨询费、调查及诉讼所支出的各项费用（以实际发生的为准）。

2018年7月3日，湖南省醴陵市环境监测站在对三刀石饮用水水源地开展水质监测时，发现水质中铊元素浓度值超过饮用水源水质控制标准 0.065μg/L（标准限值为 0.1μg/L）。7 月 23 日萍乡市通过对 8 家企业废水排放口进行采样监测，初步判定萍水河、老关小河中的铊污染物主要来源于钢铁和硫酸锌生产企业。2018 年 7 月 30 日，萍乡市环保局先后对萍水河及其包括白源河在内的 11 条主要支流和沿线企业废水排放口进行采样监测，进一步判定钢铁公司（包括安源生产区、湘东生产区）、科技公司为涉事企业，受污染水体四条（分别是：萍水河、白源河、日星小河、老关小河）。2018 年 8 月 1 日，萍乡市启动突发环境事件重大（Ⅱ级）应急响应，江西省生态环境厅派出应急处置工作组前来萍乡市。从 2018 年 8 月 4 日至 21 日，通过截断污染源、控制污染物扩散、增大生态流量、工程治理等措施，迅速、有效地控制了污染物扩散，平稳、妥善处置了此次事件。2018 年 8 月 21 日，应急响应终止。

2018 年 7 月至 9 月，江西省环境监察局对钢铁公司安源生产区、湘东生产厂区进行现场检查，认定钢铁公司将总量为 1926.06 吨的高炉瓦斯灰临时露天堆放，未按照危险废物管理要求采取防渗漏、防流失等其他环境污染放置措施；未建设废水集中收集设施、未实施雨污分流，废水随地面径流通过堆场边的排水渠直排白源小河、日星小河。取样监测结果表明，外排废水中含铊等污染因子。针对上述环境违法事实，萍乡市环保局于 2018 年 9 月 8 日和 20 日对钢铁公司作出罚款 100 万元和 10 万元的行政处罚。2018 年 8 月 7 日，湘东区环保局对科技公司进行了调查，发现科技公司有生活污水排放，未按照规定对所排放的水污染物开展自行监测，该公司锅炉软水池的返洗水未经处置，通过生活污水排口直接排入外环境，湘东区环保局对其作出罚款 20 万元的行政处罚。

2018 年 8 月，萍乡市环保局和醴陵市人民政府均以湘赣两省跨界区域渌江河铊浓度异常事件急需开展应急响应生态环境损害评估工作为由，委托华南所按国家相关要求，联合相关单位，抓紧开展应急评估相关工作。2018 年 10 月，华南所作出《湘赣两省交界区域渌江河铊浓度超标事件应急处置结算环境损害鉴定与影响后评估报告》（以下简称《后评估报告》）。该报告认定，1. 钢铁公司安源生产区、湘东生产区，科技公司存在历史排铊情况；2018 年 6 月 7 日渌江河流域遭遇五十年一遇旱情，河道流量大幅下降；2018 年 6 月 25 日起，由于钢铁公司安源厂区随意堆存含高铊瓦斯灰等危险废物，导致瓦斯灰受冲刷经厂内明渠进入白源小河，此次违法排污与历史排污以及流域旱情严重等综合叠加后造成本次铊污染事件。2. 本次渌江河铊浓度超标事件应急处置阶段共造成直接经济损失 1592.62 万元，还造成渌江河生态环境损害约 888 万元。3. 本次水污染事件造成萍水河及渌江河部分河段特征污染物在水生生物中累积，潜在生态风险升高，因此，须启动中长期生态环境损害评估……。该评估项目经费 350 万元，醴陵市人民政府已向华南所支付评估费 300 万元。

2019 年 2 月，华南所作出《湘赣两省交界区域渌江河铊浓度超标事件应急处置结算环境损害鉴定与影响后评估工作总评估报告》（以下简称《总评估报告》），该报告对于环境损害量化的评估结果与《后评估报告》一致。同时，该报告对钢铁公司、科技公司的相应整改情况进行了明确。在事件发生之后，钢铁公司采取了调整采购计划、加强固体废物管理、雨污分流工程整改、污水处理能力提升工程建设等一系列整改措施，科技公司采取了排水系统管理升级改造、强化工厂精细化管理等一系列整改举措。

裁判结果

一审判决：一、钢铁公司、科技公司应继续完善雨污分流系统，避免对河流等外环境造成损害；二、钢铁公司、科技公司应进一步排查危废堆放情况，消除对土壤、河流及地下水生态环境的潜在危险；三、钢铁公司于判决生效之日起十五日内向江西省萍乡中级人民法院指定账户支付直接经济损失费4787170.70元、生态环境损害费7548000元、评估费2975000元，合计15310170.70元；四、科技公司于判决生效之日起十五日内向江西省萍乡中级人民法院指定账户支付直接经济损失费2359622.50元、生态环境损害费1332000元、评估费525000元，合计4216622.50元；五、钢铁公司、科技公司于判决生效之日起十五日内分别向志愿服务中心支付其为本案调查和诉讼所支出的费用6800元、1200元；六、钢铁公司、科技公司于判决生效之日起十五日内通过国家级媒体向公众赔礼道歉（内容须经一审法院审定）；七、驳回志愿服务中心的其他诉讼请求。

钢铁公司、科技公司不服，提起上诉。二审判决：一、维持一审判决第一项、第二项、第五项；二、撤销一审判决第六项、第七项；三、变更一审判决第三项为：钢铁公司于本判决生效之日起十五日内向江西省萍乡市中级人民法院指定账户支付直接经济损失费3868846.14元、生态环境损害费7548000元、评估费2975000元，合计14391846.14元；四、变更一审判决第四项为：科技公司于本判决生效之日起十五日内向江西省萍乡市中级人民法院指定账户支付直接经济损失费2197565.22元、生态环境损害费1332000元、评估费525000元，合计4054565.22元；五、驳回志愿服务中心的其他诉讼请求。

裁判理由

二审认为，钢铁公司存在违法排铊行为，且该违法行为客观上造成了三刀石断面铊浓度超标事件。据水流路径显示，科技公司含铊废水经老关小河汇入新龙江，而后进入渌江，流至三刀石断面。钢铁公司、科技公司的环境违法行为与本案损害结果之间具有因果关系。自然干旱不能成为钢铁公司、科技公司的免责事由，只有在受害人具有重大过失时才能减轻侵权人的责任，而本案并无证据证明受害人存在重大过失。在综合考量各企业的历史排放量、环境影响程度、主观过错、责任承担能力等因素后，确认钢铁公司、科技公司分别按85%、15%的比例承担本次事件环境污染责任。赔礼道歉作为一种责任承担方式，在环境侵权案件中应否适用，关键在于是否对社会公众享有美好生活的权益造成精神损害。自本次事件应急响应结束后至本案二审审理时，暂无证据证明因本次铊超标事件引发其他生态环境损害严重后果。同时，本次事件的发生系因天气干旱、历史排铊、新增排铊等多种因素叠加引起的。钢铁公司、科技公司被判赔偿直接经济损失费、生态环境损害费等费用，系上述两公司对其新增排铊等违法行为所承担的侵权责任。在事件应急处置期间及事后，钢铁公司、科技公司均积极配合整改，停产停业整顿，改进生产工艺，为此花费大量人力、物力消除事件造成的现实危险和潜在风险，以弥补因自身经营管理不善给生态环境及社会民众造成的不利影响，亦付出了相当代价。钢铁公司在其安源厂区建设的方大萍安钢铁工业旅游景区，已获批国家3A级旅游景区，该举措对改善当地生态环境，满足社会公众生态需求具有积极意义。因此，企业的实际行动相比赔礼道歉更能弥补民众的精神权益损害。故对钢铁公司、科技公司请求撤销赔礼道歉的诉请，予以支持。

要旨解析

一、检视：消除危险及赔礼道歉的适用分歧

本案系由公益组织提起的环境污染民事公益诉讼，主要争议焦点为侵权人已完成了雨污分流系统，清除、处置了危险废物，加大了环保投入，在此情况下法院是否还应判决责任人消除危险以及赔礼道歉。

一种观点认为，关于消除危险，适用该责任承担方式的前提是危险仍然客观存在，但两被告公司已经清除堆放的瓦斯灰、完善瓦斯灰的储存及处置、建设完善雨污分流系统，目前渌江河三刀石段不存在铊浓度超标情形，即本案根本不存在侵权行为或危险状态仍持续问题，故法院判决被告公司停止侵权行为及消除危险的诉讼请求没有事实及法律依据。关于赔礼道歉，两被告公司非法排铊污染水源具有主观过错，损害了生态环境和社会公共利益，应依法承担赔礼道歉的责任。

另一种观点认为，关于消除危险，消除危险包括消除现实危险和消除潜在危险两种情形。本案事件造成的损害后果具有长期性、隐蔽性、潜伏性、不可逆转性等特点，且两被告公司的生产经营活动与铊元素紧密关联，潜在危险仍然存在。因此两被告公司仍应消除潜在危险，以持续有效地行动真正落实保护环境的主体责任。关于赔礼道歉，责任人在环境侵权案件中承担的法律责任方式有多种，赔礼道歉只是其中的一种责任承担方式。在环境侵权案件中应否适用，关键在于是否对社会公众享有美好生活的权益造成精神损害。本案两被告公司在事件应急处置期间及事后，均积极配合整改，停产停业整顿，改进生产工艺，为此花费大量人力、物力消除事件造成的现实危险和潜在风险，其中被告钢铁公司在其安源厂区建设的方大萍安钢铁工业旅游景区，已获批国家3A级旅游景区，该举措对改善当地生态环境，满足社会公众生态需求具有积极意义。因此，企业的实际行动相比赔礼道歉更能弥

补民众的精神权益损害，对于两被告公司请求不予赔礼道歉可予以支持。

二、反思：消除危险及赔礼道歉的适用标准

（一）消除危险，包含消除潜在危险。根据《民法典》第一百七十九条第一款第三项和《最高人民法院关于审理环境民事公益诉讼案件适用法律若干问题的解释》第十八条[①]的规定，消除危险是主要的一种民事责任方式，是将对他人身上或者财产造成危险因素的可能性予以消除。一般认为，适用消除危险这一责任方式的前提必须是有危险状态存在，这一危险具有造成现实损害的可能性。但消除危险包括消除现实危险和消除潜在危险两种情形。本案中，虽然两被告公司已按期整改，污染的水源也得到了处理，但超标排放污染物对生态环境的损害除了已看见的外，还有部分损害后果具有长期性、隐蔽性、潜伏性、不可逆转性等特点，而两公司的生产经营活动中必然产生污染物，使得潜在危险仍然存在。环境污染应预防为主，对于潜在的危险亦应重视，予以消除，防止损害的再次发生，故仍有必要判决消除潜在的危险。

（二）赔礼道歉，应考虑侵权人造成的后果及采取的补救措施。赔礼道歉，是指侵权行为人向受害人承认错误，表示歉意，以求得受害人原谅的民事责任方式[②]。在环境侵权案件中，侵权人的污染行为对社会公众享有美好生活的权益造成精神损害，一般应对社会公众赔礼道歉，但赔礼道歉仅是民事责任中的一种，应结合侵权人所造成的后果、后续补救行为等因素综合判决是否适用。

首先，审查侵权行为是否造成持续的重大的严重后果。自本次事件应急响应结束后至本案二审审理时，因本次铊超标事件并未引发其他生态环境损害严重后果。即因两被告公司违规排铊的行为，给社会民众及生态环境造成的损害相对可控，未产生持续的不良影响。

其次，审查损害结果的发生是否完全因侵权行为导致。两被告公司在本案中被判赔偿直接经济损失费、生态环境损害费等费用，系两被告公司对其新增排铊等违法行为所承担的侵权责任。但本次事件的发生系因天气干旱、历史排铊、新增排铊等多种因素叠加引起的。在此情况下，要求两被告公司就本次事件造成的全部损害后果在国家级媒体上向社会公开赔礼道歉，过于严苛。

再次，审查侵权人采取的补救措施。在事件应急处置期间及事后，两被告公司停产停业整顿，花费大量人力、物力改进生产工艺，致力消除事件造成的现实危险和潜在风险，钢铁公司在其安源厂区建设工业旅游景区，已获批国家3A级旅游景

① 对应修改为《最高人民法院关于审理环境民事公益诉讼案件适用法律若干问题的解释》（2020年修正）第十八条："对污染环境、破坏生态，已经损害社会公共利益或者具有损害社会公共利益重大风险的行为，原告可以请求被告承担停止侵害、排除妨碍、消除危险、修复生态环境、赔偿损失、赔礼道歉等民事责任。"

② 最高人民法院民法典贯彻实施工作领导小组主编：《中华人民共和国民法典总则编理解与适用》，人民法院出版社2022年版，第901页。

区，该举措对改善当地生态环境，满足社会公众生态需求具有积极意义。

综上考虑，笔者同意第二种意见。

三、构建：消除危险及赔礼道歉的适用

（一）判令消除潜在危险能，更好地监督企业承担环保责任。通过上述分析可知，消除危险除了消除已发生的看得见的现实危险状态，亦要消除潜在的危险。环境污染公益民事诉讼案件与普通民事案件不同，环境保护案件的审理更应注重保护优先、预防为主法律原则的适用，应重视消除潜在危险。因此，为避免类似环境污染事件的再次发生，法院应根据侵权人的生产经营、环保要求等要素，以判决的方式提醒侵权人持续消除潜在的风险。例如根据公司生产经营中仍会产生有害物质的情况，判令公司对危害物的管理、堆放、处置等情况进行合法合规的制度化管理，消除再污染的潜在危险，以持续有效地行动真正落实保护环境的主体责任。

（二）在企业采取积极有效补救措施后，考虑其长远发展，可不判决赔礼道歉。两被告公司为减少污染改进生产工艺和设施的努力值得肯定，其实际行动相比赔礼道歉更能弥补民众的精神权益损害。法院在审理环境公益诉讼案件时，既要考虑社会公众的生态环境利益，也应考虑企业经济利益和长远发展。公益诉讼制度的目的与企业发展的目标是一致的，都是为了社会进步和满足人民群众对美好生活的向往。因此，被告公司已在采取积极行动进行弥补的情况下，再以判决方式要求两公司在国家级媒体公开赔礼道歉，不利于企业的后续发展。

编写人：张满洋

二审合议庭成员：黄训荣　段亦枫　王慧军

24. 环境资源案件中在无法对损失进行鉴定的情况下，可以根据已有证据酌情依比例计算和认定损失数额

——江西某现代生态农业发展有限公司与江西某化工有限公司大气污染责任纠纷二审案

裁判要旨

1. 在法律法规司法解释无例外规定的情况下，对于环境侵权损害和赔偿的认定法院无须审查污染者是否有过错和是否达标排放，只要污染物的排放造成侵害的，就应当承担赔偿责任，案件应当定性为环境侵权。

2. 在环境资源案件中法官应当注重依职权调查取证，在无法对损失进行鉴定的情况下，对于损失数额可以根据已有证据发挥主观能动性进行计算和认定。

3. 对污染行为作出否定性评价的同时，亦望污染企业能引以为戒，意识到企业不仅是追求经济利益的主体，同时也承担着环境保护之义务。

案例索引

一审：江西省赣州市中级人民法院（2014）赣中民三初字第7号

二审：江西省高级人民法院（2016）赣民终29号

基本案情

上诉人（一审原告）：江西某现代生态农业发展有限公司（以下简称农业发展公司）。

上诉人（一审被告）：江西某化工有限公司（以下简称化工公司）。

农业发展公司向一审法院起诉请求：判令化工公司向农业发展公司赔偿损失人民币3649334.10元。

2014年6月，化工公司在生产中因故导致生产废气泄漏，废气造成周边农林作物不同程度受损。会昌县林业局根据会昌县政府安排，派出人员会同珠兰乡人民政府工作人员，与苗木生产经营公司（户）代表、化工公司代表组成调查组，对苗木遭受废气污染的情况进行了实地调查统计，对各经营户的苗木受损情况作了详细登记。根据调查统计情况，废气污染主要导致苗木叶面受损，依据苗木恢复正常生长所需的人工、肥料成本，会昌县林业局制订了建议补偿标准。建议补偿标准对一般的绿化苗主要根据受损程度按面积确定补偿费用，补偿标准是按2011年化工公司

“6·8”突发污染事故林业受损补偿标准提高一个等级或加倍计算各户的补偿费用；因“湿加松营养杯苗”及“花卉（爱情花）”属新引进品种，之前没有标准可参考，且该两种苗木系高密度，苗木幼小、抵抗力差、受害严重，故考虑整体成本按株数确定补偿费用。根据调查统计表及补偿情况一览表，农业发展公司的苗木基地遭受污染树种为绿化苗、面积为311.4亩（轻度95.6亩、中度205.9亩、重度9.9亩），全部按面积确定补偿金额，林业局的建议补偿金额为93266元，农业发展公司已于2014年8月11日收到该款。农业发展公司的受损苗木主要是2年以上树龄的苗木，主要品种有红叶石楠、红花含笑、茶花、花叶栀子花、丹桂、罗汉松、竹柏、红豆杉、金丝楠木、栾树、大叶樟，也有部分1年树龄、树高10厘米以下的小苗。

裁判结果

一审判决：一、由化工公司赔偿农业发展公司因废气污染导致的苗木损失160000元，核减化工公司已经支付的93266元后，仍应支付66734元，限在本判决生效后十日内履行完毕；二、驳回农业发展公司的其他诉讼请求。

双方均不服，提起上诉。二审判决：一、维持一审判决第二项；二、变更一审判决第一项为：由化工公司赔偿农业发展公司因废气污染导致的苗木损失1363217.29元，核减化工公司已经支付的93266元后，仍应支付1269951.29元，限在判决生效后十日内履行完毕。

裁判理由

二审认为，2014年8月18日，赣州金信资产评估事务所受农业发展公司的委托对其受到涉案污染事故影响的苗木资产价值进行评估，资产评估总值为7492147元，该次评估的主要依据为林业部门出具的并经化工公司确认的《2014年鹰鹏污染事故林业苗木受损情况调查登记表》，赣州金信资产评估事务所作为有资质的资产评估机构根据国家机关出具的并经化工公司确认的材料出具的评估报告，可信程度较高。经审查该报告所列资产价值评估明细，并通过市场随机询价等方式对评估价格进行核实并未发现不实之处，该评估报告虽未直接给出农业发展公司的受损价值金额，但根据该评估报告给出的资产评估价值结合会昌县林业局出具的《关于江西会昌县化工公司废气污染林业苗木受害情况调查报告》可以计算出农业发展公司的受损价值金额，故赣州金信资产评估事务所的《核实资产价值项目资产评估报告》可以作为认定损失的依据。且，该评估报告的评估值是最理想状态下涉案苗木可能实现的最高价值，也并未扣减实际交易中必然发生的成本和税费，故酌定涉案苗木的实际交易价值为评估价值 ×90%，会昌县林业局作出的《关于江西会昌县化工公司废气污染林业苗木受害情况调查报告》的附件《2014年鹰鹏污染事故林业苗木受损情况调查登记表》中载明了农业发展公司因案涉污染事故而受损苗木的树种、苗龄、面积、株数、受害程度（分轻度、中度、重度三个等级）等具体信息，《核实资产价值项目资产评估报告》的《苗木资产评估明细表》对应《2014年鹰鹏污染事故林业苗木受损情况调查登记表》中载明的受损苗木的树种作出了单项评估价值，《关于江西会昌县化工公司废气污染林业苗木受害情况调查报告》第二点林分受损等级划分标准中，对轻度的描述为“林木有受损症状，单株树冠受损面积在30%以下，受损林木株数占林分总株数的30%以下”，故受损程度定为轻度的苗木，其受损价值=单种苗木实际价值（评估价值×90%）×15%（受损面积在30%以下，酌定取值为15%）×15%（受损林木株数占林分总株数的30%以下，酌定取值为15%），对中度的描述为“林木受损症状明显，单株树冠受损面积在30%—70%之间，受损林木株数占林分总株数的30%—70%之间”，故受损程度定为中度的苗木，其受损价值=单种苗木实际价值（评估价值×90%）×35%（单株树冠受损面积在30%—70%之间，酌定取值为35%）×35%（受损林木株数占林分总株数的30%—70%之间，酌定取值为35%），对重度的描述为“林木受损症状严重，单株树冠受损面积在70%以上，受损林木株数占林分总株数的70%以上”，故受损程度定为重度的苗木，其受损价值=单种苗木实际价值（评估价值×90%）×75%（单株树冠受损面积在70%以上，酌定取值为75%）×75%（受损林木株数占林分总株数的70%以上，酌定取值为75%），通过上述计算方法得出农业发展公司的受损总值为1363217.29元（数据精确至小数点后两位）。

要旨解析

本案系江西省具有一定示范和典型意义的环境资源类案件，在明晰环境侵权性质、能动性地计算环境侵权损失数额方面进行了积极有益的探索。

一、环境侵权性质之认定

现《民法典》第一千二百二十九条修改为：“因污染环境、破坏生态造成他人损害的，侵权人应当承担侵权责任。”《大气污染防治法》第一百二十五条规定：“排放大气污染物造成损害的，应当依法承担侵权责任。”2015年6月3日施行的《环境侵权责任纠纷司法解释》第一条更进一步作了明确规定：“因污染环境造成损害，不论污染者有无过错，污染者应当承担侵权责任。污染者以排污符合国家或者地方污染物排放标准为由主张不承担责任的，人民法院不予支持。”根据上述规定，环境污染损害和大气污染损害的认定和赔偿与是否达标排放和污染者有无过错无关，故在法律法规司法解释无例外规定的情况下，对于环境侵权损害和赔偿的认定法院无需审查污染者是否有过错和是否达标排放，只要污染物的排放造成侵害的，就应当承担赔偿责任，案件应当定性为环境侵权。

二、环境侵权损失之认定

环境侵权诉讼具有举证难、损失鉴定难的特点，本案一审法院曾两次委托鉴定机构对农业发展公司的苗木遭受污染造成的损失进行鉴定，均被鉴定机构退回，认为受损苗木已经处理，现场无法勘察，无法进行损失鉴定，在此情况下，一审法院酌情认定了16万元的损失，但该金额无法填补农业发展公司的损失。环境侵权案件不同于普通的财产侵权案件，其受害者是不特定的多数人，故环境侵权私益诉讼，也通常关涉社会公共利益，故在环境资源案件中法官应当注重依职权调查取证，在无法对损失进行鉴定的情况下，对于损失数额可以根据已有证据发挥主观能动性进行计算和认定，法官能动司法也可以倒逼污染者强化环境保护意识。

本案中，林业部门出具的并经化工公司确认的《2014年鹰鹏污染事故林业苗木受损情况调查登记表》，以及赣州金信资产评估事务所作为有资质的资产评估机构根据国家机关出具的并经化工公司确认的材料出具的评估报告，可信程度较高，《民事诉讼法司法解释》(2022年修正)第一百零八条规定："对负有举证证明责任的当事人提供的证据，人民法院经审查并结合相关事实，确信待证事实的存在具有高度可能性的，应当认定该事实存在。"二审法院经审查该报告所列资产价值评估明细，并通过市场随机询价等方式对评估价格进行核实并未发现不实之处，该评估报告虽未直接给出农业发展公司的受损价值金额，但根据该评估报告给出的资产评估价值结合会昌县林业局出具的《关于江西会昌县化工公司废气污染林业苗木受害情况调查报告》可以计算出农业发展公司的受损价值金额，故赣州金信资产评估事务所的《核实资产价值项目资产评估报告》可以作为认定损失的依据，经过计算，得出农业发展公司的受损总值为1363217.29元，上述损失之计算仅限于具体而可见的直接损失，除开可见的直接损失，污染事故造成的废气排放对大气、土壤、地下水等具有潜在而深远的影响，亦不排除通过生态圈中大气、土壤、地下水等途径对农业发展公司及其苗木的培育产生间接不可见的影响，因农业发展公司未主张间接损失，二审法院未予审理。需要注意的是，本案受损价值之计算是在两次委托鉴定未果的情况下，二审法院根据评估机构的评估报告、林业部门的调查材料并秉持衡平双方当事人利益之理念所作，并不一定十分精确，但可以确信的是，该计算结果有理有据并合乎公平正义之理念。

三、环境资源案件所承载的价值引导功能

根据二审查明的事实，《中国江西网》2009年4月9日对化工公司排放污水污染环境破坏生态的情况作了题为《江西会昌化工公司常年向湘江排毒水》的报道，2011年化工公司因为原料问题发生污染事故，2014年6月，化工公司因为停电应急电源没有发挥作用导致工业废气泄漏，发生案涉污染事故，上述报道或事故在时间上具有连续性，可以相互印证，足可以证明化工公司的生产对当地的生态环境造成了污染和破坏。法律作为上层建筑必定是经济社会基础的反映，同时为经济社会发展服务，法院判决不仅承担着定分止争之功能，亦担负着价值引导的功能。绿色生态是江西的最大财富、最大优势、最大品牌，绿色发展是江西当前和今后一段时间发展的主基调，故环境资源案件判决在终结具体争议的同时，也能引导生态环保之价值理念。本案虽为农业发展公司提起的环境损害私益诉讼，但案涉污染事故如同任何环境污染行为一样，受害者为不特定的多数人，本案判决在对化工公司的污染行为作出否定性评价的同时，亦在法官后语部分寄语化工公司，望其能引以为戒，意识到企业不仅是追求经济利益的主体，同时也承担着环境保护之义务。雨果有言："大自然是善良的慈母，同时也是冷酷的屠夫"，任何主体都有在健康、舒适、优美的环境中生存和发展的权利，也有义务给子孙后代留下天蓝、地绿、水净的美好家园，使我们以及我们的子孙后代世世代代都能享受大自然慈母般的关爱，而不是面对大自然屠夫般的冷酷。环境资源案件如能判决一件、教育一片、环保一方则善莫大焉。

编写人：张满洋

二审合议庭成员：胡国运 陈幸欢 张满洋

25. 擅自压覆矿产的行为侵害了矿业权人的合法权益，属民事侵权行为

——宜春市某贸易有限公司与江西省某投资集团有限责任公司探矿权侵权纠纷二审案

裁判要旨

1. 在未对探矿权作出补偿，亦未就具体补偿内容进行协商的情况下，开工建设而压覆矿产，违反了国土资源部的相关规定，侵害了矿业权人的合法权益，是民事侵权行为。

2. 关于探矿权的价值，鉴定意见仅是参考而不是唯一的定案依据，应当对其进行审核判断，在确有必要的情况下应予以纠正、调整。

案例索引

一审：江西省宜春市中级人民法院（2016）赣09民初186号

二审：江西省高级人民法院（2018）赣民终431号

基本案情

上诉人（一审被告）：江西省某投资集团有限责任公司（以下简称投资公司）。

被上诉人（一审原告）：宜春市某贸易有限公司（以下简称贸易公司）。

贸易公司向一审法院起诉请求：1. 判令投资公司、投资公司南昌至上栗高速公路建设项目办公室（以下简称昌栗项目办）赔偿侵害贸易公司探矿权造成的经济损失，赔偿金额按鉴定机构评估结果人民币41814100元计算；2. 判令投资公司、昌栗项目办赔偿侵害违约金：从2013年03月07日签订《探矿权压覆补偿意向协议书》之日起至付清之日止的同期银行￥41814100.00元贷款利息（5.6%）2倍计算（39万元 ×44个月 =17160000.00元）。

贸易公司2006年12月以在先申请方式取得江西省万载县境内柴田村面积7.58平方公里的兰田金矿区域探矿权。2008年12月，贸易公司委托地勘院对兰田金矿区按照相关程序进行勘查工作。地勘院分别于2010年、2011年、2012年、2013年出具了有关兰田金矿资源年度勘查报告。2013年3月出具了《兰田金矿普查实施方案》，同年4月，出具了兰田金矿勘查项目建议书，认为通过其勘查工作，可基本查明矿区地层、构造、岩浆岩、矿化特征及矿床成因，矿床开采技术条件和矿石加

工技术性能，提交矿区详查地质报告，满足办理采矿权证的要求。预计可获取金属量2500—3000kg。同年5月，经专家评审，认为兰田金矿普查实施方案基本可行。同年5月14日，江西省国土资源厅对此予以备案。同年10月该院出具《兰田金矿普查预可行研究报告》，2015年8月，出具了专家《矿产勘查项目野外验收意见书》，认为截至2012年10月31日，在兰田金矿矿区内累计查明金矿石量221118.86吨，金金属量1000.28千克，保有金金属量1000.28千克，其中333类523.6千克，334类476.68千克，矿体平均品位4.52g/t。昌栗高速系列入江西省"十二五"规划纲要和江西省高速公路网规划（修编）的建设项目，2013年6月25日，江西省发展改革委员会对该工程可行性研究报告批复同意。同年6月28日批复同意该工程初步设计和工程技术设计及概算，同年9月14日，国土资源部批复同意昌栗高速工程建设用地规划，并明确指出，"征地补偿安置不落实，不得动工用地"。同年10月8日，江西省国土资源厅转发国土资源部的上述批复。对于昌栗高速公路建设用地压覆矿产资源问题，投资公司、昌栗项目办作为建设用地单位，在没有咨询了解掌握或取得兰田金矿地质勘查资料的情况下，即向相关主管部门报送《南昌至上栗高速公路建设用地压覆矿产资源评估报告》，专家对该报告的评审意见中提到"金矿普查3处""建设单位也均已与探矿权人进行了协商并签订了相关的补偿意向协议"，结论为昌栗高速公路建设用地可不作压覆矿产资源处理。江西省国土资源厅据此对该报告予以备案。2013年3月7日，江西省交通咨询公司（甲方）与贸易公司（乙方）签订一份《探矿权压覆补偿意向协议书》，约定：1.如甲方施工阶段实施的项目确实压覆了乙方矿产，乙方同意对方进行相应补偿后放弃该矿的采矿权压覆部分；2.具体赔偿费用另行协商并签订补偿协议；3.甲方赔偿款全部到达乙方账号之日一个工作日，出具同意放弃采矿权证明书；4.如甲方施工阶段实施的项目未压覆乙方矿产，本协议无效。该协议签订后，投资公司与贸易公司就涉案金矿压覆事宜未签订任何协议，昌栗高速公路线路设计方案确定后，投资公司亦未将该线路需经过兰田金矿的事实书面通知贸易公司。2013年12月，昌栗高速公路开工建设。2014年2月，贸易公司分别向投资公司、昌栗项目办、万载县地质矿产局提出其被迫停止详查工作，要求补偿无果。同年5月，贸易公司向宜春市交通运输局等单位提出改道绕过兰田金矿，如无法改道即予以评估补偿的申请未果。同年11月，贸易公司分别向有关单位、领导提出上述申请仍未果，贸易公司即组织民工在昌栗高速公路建设工地阻工。

贸易公司于2014年11月17日向一审法院提起诉讼。诉讼过程中，经贸易公司申请，并经双方当事人共同抽签选定湖南省华欣司法鉴定中心作为鉴定机构，对涉案的江西省万载县兰田金矿进行了金储量市值鉴定。该鉴定意见书初稿中将矿业权价值作为鉴定对象，后鉴定机构经沟通考虑到"金储量市值"是评估鉴定申请人和委托方提出的委托事项的文字表述，故在提交正式评估意见书时，将鉴定对象由"江西省万载县兰田金矿矿业权"修改表述为"江西省万载县兰田金矿金储量市值”。该鉴定意见书结论为江西省万载县兰田金矿金储量市值为4181.41万元。

裁判结果

一审判决：一、由投资公司赔偿贸易公司江西省万载县兰田金矿探矿权价值损失41814100元，限判决生效后十五日内付清；二、驳回贸易公司的其他诉讼请求。

投资公司不服，提起上诉。二审判决：一、维持一审判决第二项，即驳回贸易公司的其他诉讼请求；二、变更一审判决第一项为：由投资公司赔偿贸易公司江西省万载县兰田金矿探矿权价值损失3698.94万元，限判决生效后十五日内付清；三、驳回投资公司的其他上诉请求。

裁判理由

二审认为，贸易公司经受让取得兰田金矿探矿权，其拥有在核准区块范围内的探矿权，该探矿权依法受法律保护。昌栗高速虽然是国家公共基础建设项目，但其对探矿权的压覆必须履行规定程序，满足规定条件。昌栗高速建设过程中，贸易公司虽然签订了意向性协议，但协议并未包含具体补偿标准，投资公司在二审中也承认“签订补偿意向性协议之后在用地报批期间没有与贸易公司协商过具体的补偿标准，对兰田金矿探矿权的补偿方案没有具体内容”。投资公司在未对兰田金矿探矿权作出补偿，亦未就具体补偿内容进行协商的情况下，开工建设，压覆兰田金矿，违反了国土资源部的相关规定，侵害了贸易公司的合法权益，是民事侵权行为。投资公司关于本案为征收补偿纠纷的主张不能成立。对于鉴定使用的资源储量，鉴定机构以勘查许可证上所列的勘查单位——江西省地勘局赣西地质调查大队——所提供的金储量1000.28千克作为鉴定依据并无错误。对于鉴定计算价款的方法，鉴定机构采用的折现现金流量风险系数调整法系鉴定机构在《矿业权评估技术基本准则》（CMVS00001–2008）许可的范围内作出的选择，但该方法对于其矿产开发地质风险，亦即勘查工作程度不够、地质矿产信息不确定或可靠程度低带来的风险未予以体现，故酌定在《矿业权评估参数确定指导意见》（CMVS30800–2008）推荐的范围内按最高值取值。即区域成矿地质条件按0.07取值，赋矿层稳定性按0.08取值，矿石质量及选矿性能0.08取值。变更取值后，矿产开发地质风险系数为0.425，这一系数已高于《矿业权评估参数确定指导意见》推荐的普查阶段最高取值0.36，较为充分地体现了兰田金矿开发的地质风险。根据这一取值，兰田金矿探矿权价值为：6432.94×（1–0.425）=3698.94（万元）。

要旨解析

本案涉及以下两个法律问题：一是属于征地补偿纠纷还是侵权纠纷；二是案涉探矿权价值的认定。

一、关于本案属于征地补偿纠纷还是侵权纠纷的问题

根据《国土资源部关于进一步做好建设项目压覆重要矿产资源审批管理工作的通知》明确，“建设项目压覆重要矿产资源由国土行政主管部门审批，压覆已设置矿业权矿产资源的，新的土地使用权人应同时与矿业权人签订协议，协议应包括矿业权人同意放弃被压覆矿区范围及相关补偿内容。”《国土资源部关于进一步改进建设用地审查报批工作提高审批效率有关问题的通知》明确，“建设项目用地压覆已设置矿业权重要矿产资源时，对于建设单位与矿业权人在短期内难以签订补偿协议的，建设单位与矿业权人可先签订意向性协议。……用地报批期间，建设单位应与矿业权人具体协商补偿标准并签订协议，按规定办理压覆登记手续。用地批准后，尚未完成补偿协议、办理压覆登记手续的，省级国土资源主管部门不得转发用地批复，市、县国土资源管理部门不得办理征地手续。”本案中，在国土资源部有关昌栗高速公路建设用地批复中，也明确要求“征地补偿安置不落实的，不得动工用地”。而贸易公司签订的《探矿权压覆补偿意向协议书》明确约定，“如甲方施工阶段实施的项目确实压覆了乙方矿产，乙方同意对方进行相应补偿后放弃该矿的采矿权压覆部分。”“甲方赔偿款全部到达乙方账号之日1个工作日，出具同意放弃采矿权证明书。”从约定来看，贸易公司同意对其矿业权压覆也是以补偿为前提的。补偿标准是补偿协议的核心内容，也是是否同意压覆的重要前提，如果在未明确补偿标准的情况下，以签订意向性协议认定同意压覆，也有失公允。投资公司在未对兰田金矿探矿权作出补偿，亦未就具体补偿内容进行协商的情况下，开工建设而压覆了兰田金矿，违反了国土资源部的相关规定，侵害了贸易公司的合法权益，应属民事侵权行为。故此，投资公司关于本案为征收补偿纠纷的主张不能成立，本案应为探矿权侵权纠纷。

二、关于案涉探矿权价值认定的问题

司法鉴定意见是资源类案件中最重要的定案证据之一。但是，鉴定意见仅是法院确定矿业权价值的参考，而不是唯一的定案依据，法院应当对鉴定意见进行审核判断，在确有必要的情况下应予以纠正、调整。本案探矿权价值的确定主要取决于两个因素：一是鉴定使用的资源储量；二是鉴定计算价款的方法。湖南省华欣司法鉴定中心就案涉探矿权价值作出了《司法鉴定意见书》。

对于鉴定使用的资源储量，《矿业权价款评估应用指南》规定，“确定评估用资源储量，应以资源储量核实报告为依据。资源储量核实报告应按国土资源管理部门的相关规定进行评审和备案。”就此问题，一审法院鉴定前曾就报告评审问题函询江西省国土资源厅矿产资源管理处，该处复函认为“南昌至上栗高速公路项目压覆江西省万载县兰田金矿普查探矿权影响范围内的勘查工作情况，应由勘查许可证上所列的勘查单位编制报告，送交项目建设单位和矿业权人共同委托有矿业权评估资质的评估机构进行矿业权价款评估”。因此，鉴定机构可以江西省地勘局赣西地质调查大队所提供的金储量作为鉴定依据。

对于鉴定计算价款的方法，鉴定机构采用了折现现金流量风险系数调整法。该评估方法属于探矿权价值评估方法的一种，是按照矿业权评估准则及评估方法进行评估鉴定，其评估意见符合矿业权评估鉴定专业技术要求。鉴定机构采用此评估方法，是在《矿业权评估技术基本准则》（CMVS00001-2008）许可的范围内作出的选择但就具体计算过程而言，折现现金流量风险系数调整法是针对赋存稳定的大中型沉积矿产的评估手段。而本案中，兰田金矿不属于赋存稳定的大中型沉积矿产，对于其矿产开发地质风险，亦即勘查工作程度不够、地质矿产信息不确定或可靠程度低带来的风险，应当在计算价款时予以体现。鉴定中，折现现金流量风险系数调整法主要通过矿产开发地质风险系数来进行调整，包括区域成矿地质条件、地质构造复杂程度、赋矿层稳定性、矿石质量及选矿性能、水文地质条件、其他开采技术条件等六个参数。其中，地质构造复杂程度、水文地质条件、其他开采技术条件是相对确定的外在环境条件，而区域成矿地质条件、富矿层稳定性、矿石质量及选矿性能则受金矿探明程度影响较大，故可酌定在《矿业权评估参数确定指导意见》（CMVS30800-2008）推荐的范围内按最高值取值。

编写人：张满洋

二审合议庭成员：魏　巍　段亦枫　王慧军

26. 认定申请诉讼财产保全是否存在错误，应当结合申请保全金额与其掌握证据是否基本相当等进行综合认定

——中国某进出口有限公司与江西某国际贸易有限公司、江西某集团资产经营有限责任公司因申请诉中财产保全损害责任纠纷二审案

裁判要旨

1. 因财产保全引起的损害赔偿案件，应当适用侵权责任法规定的过错责任归责原则，即只有在申请人对财产保全错误存在故意或重大过失的情况下，才能认定属于申请有错误，不能仅以诉讼请求是否得到法院支持为判断标准，即只有在申请人对财产保全错误存在故意或重大过失的情况下，才能认定属于申请有错误。

2. 对于申请人是否对财产保全错误存在过错的认定，应当根据申请人的诉讼请求及所依据事实和理由着重审查其提起的诉讼是否合理，根据其申请保全金额与其掌握证据是否基本相当、是否是为了保证裁判的执行、保全的对象是否属于权属有争议的标的物、案外人与被申请人之间是否存在关联或者案外人自身是否存在过错等着重审查其申请财产保全是否适当。

案例索引

一审：江西省南昌市中级人民法院（2020）赣01民初123号

二审：江西省高级人民法院（2020）赣民终946号

基本案情

上诉人（一审原告）：中国某进出口有限公司（以下简称进出口公司）。

被上诉人（一审被告）：江西某国际贸易有限公司（以下简称国际公司）。

被上诉人（一审被告）：江西某集团资产经营有限责任公司（以下简称出版集团公司）。

进出口公司向一审法院的起诉请求：1. 判令国际公司赔偿进出口公司因申请财产保全错误造成的损失8921966.47元；2. 判令出版集团公司对国际公司对于进出口公司因申请财产保全错误造成的损失承担担保责任，进出口公司有权对出版集团公司担保的位于南昌市高新开发区的四处房产和位于南昌市京东大道以东、火炬二路以南的国有土地使用权折价或者拍卖、变卖价款进行优先受偿。

2014 年，国际公司起诉进出口公司、上海康峰实业有限公司、宁某和陈某春以及第三人上海旌升实业有限公司，要求进出口公司向国际公司退回货款 39911505.98 元，支付违约金 6540706.98 元，并承担因主张权利而产生的律师费、差旅费、通讯费等 350000 元，共计 46802212.96 元。诉讼过程中，国际公司向江西省南昌市中级人民法院申请对进出口公司的财产采取保全措施，2014 年 12 月 9 日，该院作出了裁定，冻结进出口公司银行存款 4900 万元或查封、扣押其相应价值的其他财产。对此，出版集团公司以其名下的位于南昌市高新开发区的四处房产和其名下的位于南昌市火炬二路以南的国有土地使用权为国际公司的财产保全提供担保。该案件在 2014 年至 2018 年年底的 4 年多时间里，历经了一审和二审，2018 年 12 月 17 日江西省高级人民法院作出的二审判决驳回了国际公司的诉讼请求，仅要求进出口公司对上海康峰实业有限公司不能偿还的部分承担 15% 的赔偿责任。2019 年 4 月 2 日，经执行后，上海康峰实业有限公司无法偿还借款，进出口公司按照判决仅向国际公司赔偿了 7877757.98 元。进出口公司认为国际公司恶意提起诉讼，采取错误的诉讼保全行为，错误地查封、冻结进出口公司办公楼和银行存款，给其造成了 8921966.47 元的重大损失，国际公司申请的财产保全有错误，故认为国际公司应当对进出口公司的损失进行赔偿，出版集团公司应当以其担保财产承担担保责任。进出口公司以国际公司与出版集团公司为被告将本因申请诉中财产保全损害责任纠纷诉至一审法院。

裁判结果

一审判决：驳回进出口公司的全部诉讼请求。

进出口公司不服提出上诉。二审判决：驳回上诉，维持原判。

裁判理由

二审认为，关于国际公司在申请财产保全过程中是否存在过错的问题。国际公司在与进出口公司、宁某、陈某香、上海康峰实业有限公司等买卖合同纠纷一案中，向法院起诉的金额为本金 39731634.18 元、违约金暂计算至起诉时 2014 年 8 月 25 日的金额为 9132524 元及律师费等 35 万元，金额总计已经超过 4920 万元。考虑到诉讼时间，违约金计算金额会有增加，国际公司申请保全进出口公司的财产金额为 5000 万元，并未明显超过诉请的金额，表明国际公司在申请保全过程中已经尽到了合理限度内的注意义务，其申请财产保全具有合理性和正当性，在此过程中不存在故意或者重大过失。其次，虽然根据二审法院作出生效的（2019）赣民终 225 号民事判决书以及执行的金额，进出口公司最终承担了 8022462.58 元补充赔偿责任，低于国际公司提出诉讼请求以及申请保全的金额，但是国际公司在申请财产保全之时人民法院尚未作出生效判决，其无法预知生效判决之结果。保全申请人对自身权利的衡量、对于案件事实及法律关系的认定与人民法院最终认定存在差异，当事人自认为合理的诉请不为人民法院支持的情况并不鲜见，如果苛求申请保全时对诉争法律关系、结果的判断与法院最终裁判结果完全一致，势必影响诉讼保全制度功能的发挥，且本案的事实及法律关系双方均存在理解不一致的情形，故也不能仅以国际公司的诉讼请求最终未得到法院的支持为依据，认定其存在过错。再次，一审法院在查封过程中，先查封了进出口公司银行账户，由于银行账户中的存款金额并未达到保全金额，此后才查封了进出口公司的房产，由于该房产只有一个房产证号，且无法分割，法院对该房产进行查封并注明了查明金额以3000万元为限，查封全部财产总金额未超出范围，不存在过错。

要旨解析

一、财产保全的基本含义

财产保全是法律赋予申请人防止对方当事人在裁判作出前处分用以执行的财产或者有争议标的物、保障生效裁判得以执行的合法权利。公民、法人的诉讼保全合法权益受法律保护。根据《民事诉讼法》（2023年修正）第一百零三条的规定，人民法院对于可能因当事人一方的行为或者其他原因，使判决难以执行或者造成当事人其他损害的案件，根据对方当事人的申请，可以裁定对其财产进行保全、责令其作出一定行为或者禁止其作出一定行为；当事人没有提出申请的，人民法院在必要时也可以裁定保全措施。

二、如何认定申请诉讼财产保全错误的问题

为了防止保全措施被滥用，法律同时规定了申请保全错误的法律后果。《民事诉讼法》（2021年修正）第一百零八条规定："申请有错误的，申请人应当赔偿被申请人因保全所遭受的损失。"关于如何准确认定是否属于申请诉讼保全错误，主要涉及以下几个方面的问题：

（一）归责原则问题

认定申请诉讼财产保全错误应采用过错原则。首先，从《民事诉讼法》（2023年修正）第一百零八条规定的表述看，不能直接推断出该条款规定的"申请有错误"究竟是指保全事实存在错误，还是保全申请人主观存在错误，亦或二者兼具。其次，根据最高人民法院颁布的《民事案件案由规定》，"因申请诉前财产保全损害责任纠纷"和"因申请诉中财产保全损害责任纠纷"两个案由均为三级案由，且均在二级案由"侵权责任纠纷"之下，亦可看出申请财产保全错误的行为性质属于侵权行为。第三，根据《民法典》第一千一百六十五条规定："行为人因过错侵害他人民事权益造成损害的，应当承担侵权责任。依照法律规定推定行为人有过错，其不能证明自己没有过错的，应当承担侵权责任。"鉴于过错推定责任、无过错责任两种归责原则必须依据明确的法律规定，而财产保全错误并未纳入《民法典》侵权编规定的特殊侵权的情形，因此，错误申请保全的损害赔偿责任性质是以过错责任为归责原则的一般侵权责任，保全申请人仅在具有故意或者重大过失的主观过错时，才承担错误申请保全的损害赔偿责任。

（二）如何审查财产诉讼保全当事人的过错

在考量当事人是否存在过错应当结合如下方面予以考虑。第一，当事人在申请财产诉讼保全过程中是否遵守诚信原则，禁止滥用诉讼权利。当事人申请法院保全的范围与自己的正当权益范围应当相符合，防止实际保全的范围超过必要保全范围，避免损害被保全人的合法权益。第二，对于申请人是否对财产保全错误存在过错的认定，应当根据申请人的诉讼请求及所依据事实和理由着重审查其提起的诉讼是否合理，根据其申请保全金额与其掌握证据是否基本相当、是否是为了保证裁判的执行、保全的对象是否属于权属有争议的标的物、案外人与被申请人之间是否存在关联或者案外人自身是否存在过错等着重审查其申请财产保全是否适当。

当事人在申请诉讼保全时，应当尽到审慎注意义务，充分考虑到案件基本事实和自身掌握的有效证据，不超过必要的诉讼要求范围和诉讼保全标的。对于明知有权属争议的标的物仍然申请保全等行为，应当对申请保全错误承担责任。当事人的审慎注意义务要贯穿民事诉讼行为始终，即使被保全人没有提出异议，如果诉讼保全当事人发现存在保全错误，应当主动予以申请变更等。

此外，由于财产保全是一个持续性的行为，因此，对于申请人是否有过错的审查，还应着眼于整个财产保全期间，对其中的重要时间节点予以关注。既要审查申请人在申请财产保全时是否具有正当的权利基础以及是否已尽到合理的注意义务，也要审查在财产保全期间申请人是否审慎对待保全行为，以及在诉讼请求未被支持的情况或当案件事实发生变化、保全异议被支持等可能导致保全行为正当性缺失的情形，申请保全人是否及时向法院申请解除保全措施，若其怠于申请解除保全措施，将被认定存在过错。在此基础上综合认定申请人构成过错的时间点。

（三）如何认定由于申请诉讼保全错误造成的损失

对于是否存在因保全错误造成的损失以及损失的计算方式，应当从严把握，比如冻结银行账户，不能仅认为申请保全错误，就依照银行同期贷款利率进行计算等。在计算损失时，应当要求被保全人就被冻结资金的实际用途等方面进一步举证。如果是被冻结房屋等不动产，应当就房屋等不动产造成的损失和理由进行举证，而不能笼统地都按照银行同期贷款利率等进行计算。

具体到本案，对于国际公司申请诉中财产保全是否具有主观恶意的问题。在不能证实国际公司存在蓄意诱导或欺骗进出口公司违背真实意愿签署合同的情况下，进出口公司仍自愿签署并从中获利，必然对其责任承担有相应预期，同时国际公司对其权利行使亦有相应期待。故不能据此判定国际公司基于各方合意签署的相关协议向进出口公司主张权利、保全财产即具有主观恶意。判决结果由双方当事人诉讼行为、对法律法规的认识理解以及法院认定事实和适用法律等诸多因素决定，国际公司作为当事人由于受法律知识和对法律关系的分析判断能力限制，人民法院的裁判结果并非国际公司在申请保全时即可准确预见，依据裁判结果不足以认定国际公司主观上存在过错。进出口公司关于“国际公司明知诉讼请求与事实不符，仍然提起诉讼并申请保全，主观存在恶意”的理由，不能成立。

编写人：马　悦

再审合议庭成员：张　宁　段亦枫　王慧军

十一、执行异议之诉纠纷

1. 建设工程承包人的工作人员以债权人身份对承包人与发包人等达成的调解书提出第三人撤销之诉主张工程款的，应裁定驳回起诉

——刘某福与湖南某电力建设有限公司、简某光等第三人撤销之诉二审案

裁判要旨

1. 案外人提起第三人撤销之诉应具备相应的程序和实体起诉条件，提起第三人撤销之诉的案外人必须为有独立请求权的第三人或者无独立请求权的第三人。当事人以其债权人身份主张追偿权并提出第三人撤销之诉，无提起第三人撤销之诉的主体资格，对其起诉应予裁定驳回。

2. 建设工程承包人的工作人员以债权人身份对承包人与发包人等达成的调解书提出第三人撤销之诉主张工程款的，应裁定驳回起诉。

案例索引

一审：江西省新余市中级人民法院（2018）赣05民撤1号

二审：江西省高级人民法院（2019）赣民终350号

基本案情

上诉人（原审原告）：刘某福。

被上诉人（原审被告）：湖南某电力建设有限公司（以下简称电力建设公司）。

被上诉人（原审被告）：简某光。

被上诉人（原审被告）：某水电工程公司（以下简称水电公司）。

刘某福向一审法院起诉请求：撤销江西省新余市中级人民法院（2018）赣05民终558号民事调解书，判决水电公司支付刘某福工程款1364120元。

2008年3月12日，建设单位新余市仰天岗投资发展有限公司（以下简称仰天岗公司）与施工单位水电公司就建设新余市仰天大道延伸段110KV线路改迁工程签订《协议书》。同年3月25日，蒋某芳以鸿源娄底分公司名义与水电公司所属新余市0919工程项目部签订《合作协议书》，双方以联营方式建设新余市仰天大道延伸段110KV线路改迁工程，鸿源娄底分公司加盖"湖南某电力建设有限公司娄底分公司合同专用章（10）"，蒋某芳在委托代理人栏签字。电力建设公司向武警部队水电第二总队出具《授权委托书》，载明授权鸿源娄底分公司蒋某芳同志为公司的代理

人，以本公司的名义全权负责签订送变电工程限额为1000万元以下的送变电施工承包合同等内容。委托书为打印模板，委托书中"武警部队水电第二总队""蒋某芳"为手书，蒋某芳在受托人栏签字并加盖"湖南某电力建设有限公司娄底分公司合同专用章（10）"，有效期栏空白。涉案工程事务均由蒋某芳处理并实际组织施工，工程于2011年交付使用。2017年4月，涉案工程完成审计审定造价。仰天岗公司现已向水电公司付清工程款。水电公司确认应付给合作施工方工程款4011724.33元，但应扣除10万元代付费用。

2011年，简某光因与蒋某芳合伙协议纠纷一案诉至江西省新余市渝水区人民法院。该院于2011年11月16日作出（2011）渝民初字第00918号民事判决，判决蒋某芳应向简某光支付1984000元以及相应利息、诉讼费用等。判决生效后，蒋某芳未按期履行判决确认的债务。案件进入执行程序后因无财产可供执行，法院终结执行程序。2014年9月，蒋某芳在法院执行人员对其所作的执行笔录中确认以武警水电部队的名义做了新余仰天岗地下工程。江西省新余市渝水区人民法院于2016年恢复执行，案号为（2016）赣0502执恢41号。2017年12月12日，根据简某光的申请，江西省新余市渝水区人民法院向水电公司发出《履行到期债务通知书》，通知其在规定的时间内履行对被执行人蒋某芳到期债务4663872元。水电公司提出异议。

另查明，大陆某公司诉电力建设公司、鸿源娄底分公司买卖合同纠纷一案（浙江省富阳市人民法院（2010）杭富商初字第1856号）中，电力建设公司答辩称从未授权或介绍蒋某芳以电力建设公司的名义在江西新余承包仰天岗大道改造工程，电力建设公司从未刻制和使用过鸿源娄底分公司10号合同专用章。又，鸿源娄底分公司由电力建设公司设立，于2007年3月18日经工商核准登记成立，该公司系电力建设公司的下属分公司，不具备法人资格。鸿源娄底分公司承认让一个叫"蒋某芳"的人以鸿源娄底分公司的名义到江西承包工程。另，刘某福为鸿源娄底分公司经理，该公司已于2012年5月16日注销。

2018年，简某光因与仰天岗公司、水电公司债权人代位权纠纷一案诉至江西省新余市渝水区人民法院，该院以电力建设公司与本案有利害关系，依法追加电力建设公司为第三人。2018年8月3日，新余市渝水区人民法院作出（2018）赣0502民初1910号民事判决，判决水电公司向简某光支付3911724.33元。电力建设公司不服该判决，向一审法院提起上诉。2018年10月12日，一审法院作出（2018）赣05民终558号民事调解书，双方达成如下协议：水电公司确认应付给新余市仰天大道延伸段110KV线路改迁工程项目合作施工方工程款4011724.33元，该款由水电公司支付给简某光合计2547604.33元，支付给电力建设公司合计1364120元。该调解书已发生法律效力，水电公司已按生效调解书支付给简某光合计2547604.33元。

裁判结果

一审判决：驳回刘某福的诉讼请求。

刘某福不服，提出上诉。二审裁定：一、撤销一审判决；二、驳回刘某福的起诉。

裁判理由

二审认为，根据《民事诉讼法》（2017 年修正）第五十六条及《民事诉讼法司法解释》第二百九十二条规定的规定，案外人提起第三人撤销之诉应具备相应的程序和实体起诉条件，提起第三人撤销之诉的案外人必须为有独立请求权的第三人或者无独立请求权的第三人。因此，本案应对刘某福是否具备提起第三人撤销之诉的主体资格进行审理，只有在认定刘某福符合相应资格后，才能审理其撤销权是否成立的诉讼请求。二审法院认为，刘某福作为案外人，在本案中不具有提出第三人撤销之诉的主体资格，理由是：首先，新余市渝水区人民法院（2018）赣 0502 民初 1910 号案件及一审法院（2018）赣 05 民终 558 号案件审理的是简某光与水电公司、电力建设公司之间的债权人代位权纠纷，该诉讼系简某光因蒋某芳怠于履行到期债权而代位向水电公司主张工程款而发生。经查，蒋某芳系以鸿源娄底分公司名义与水电公司的工程项目部签订《合作协议书》，而在鸿源娄底分公司已被注销的情况下，电力建设公司作为其设立单位，以第三人身份参加该债权人代位权诉讼符合相关法律规定，并无不当，其可以代表鸿源娄底分公司。至于刘某福认为其与电力建设公司或其法定代表人旷某申之间的存在约定，鸿源娄底分公司的债权债务由刘某福承担，但刘某福系原鸿源娄底分公司的经理，其与鸿源娄底分公司、电力建设公司之间为内部关系，其内部有关约定只对刘某福、电力建设公司有约束力，其并非债权人代位权诉讼中的当然第三人，至于刘某福认为电力建设公司损害其利益，其可另行解决。其次，从刘某福所声明的权利依据来看，刘某福主张蒋某芳因案涉工程所欠的材料款，电力建设公司在为蒋某芳垫付后已通过诉讼向鸿源娄底分公司、刘某福进行了追偿，电力建设公司对蒋某芳并无追偿权，而刘某福、鸿源娄底分公司有向蒋某芳进行追偿的权利。但究其权利性质，所谓刘某福对蒋某芳的追偿权系普通债权，并非绝对权，且刘某福与蒋某芳之间的债权债务也未有生效裁判文书予以确认。蒋某芳虽是案涉工程实际施工人，但其并未以第三人身份提起第三人撤销之诉来主张权利，因此，刘某福以其债权人身份主张追偿权并提出第三人撤销之诉，也无相应的主体资格。故刘某福在本案中并无提起第三人撤销之诉的主体资格，对其起诉应予裁定驳回，一审法院进行实体审理并作出判决不妥，本院予以纠正。

要旨解析

第三人撤销之诉是案外人救济程序之一，有独立请求权的第三人或者无独立请求权的第三人，因故不能参加诉讼，认为生效裁判损害其合法权益，可以向人民法院提起撤销该生效裁判之诉。从第三人撤销之诉的制度功能来看，主要是为了保护受错误生效裁判损害的未参加原诉的第三人。第三人撤销之诉与案外人申请再审、执行异议之诉存在一定的交叉联系，第三人撤销之诉赋予案外人对错误生效裁判的自我救济程序，相对于再审程序而言，相同点都在于否认生效裁判的效力；不同点在于，再审既是纠正错误，也是对原案件的继续审理，第三人撤销之诉是基于新的事实主张撤销原生效裁判，是一个新的诉讼。第三人撤销之诉在程序及实体上存在诸多复杂疑难争议，本案所涉的问题是，有权提起第三人撤销之诉的原告需符合什么条件。

第三人撤销之诉不同于普通的民事诉讼，其起诉条件不适用《民事诉讼法》（2017 年修正）第一百一十九条的规定，而应当独立适用《民事诉讼法》（2023 年修正）第五十九条的规定。《民事诉讼法》第五十六条第三款规定：“前两款规定的第三人，因不能归责于本人的事由未参加诉讼，但有证据证明发生法律效力的判决、裁定、调解书的部分或者全部内容错误，损害其民事权益的，可以自知道或者应当知道其民事权益受到损害之日起六个月内，向作出该判决、裁定、调解书的人民法院提起诉讼。人民法院经审理，诉讼请求成立的，应当改变或者撤销原判决、裁定、调解书；诉讼请求不成立的，驳回诉讼请求。”《民事诉讼法司法解释》（2022 年修正）第二百九十条规定：“第三人对已经发生法律效力的判决、裁定、调解书提起撤销之诉的，应当自知道或者应当知道其民事权益受到损害之日起六个月内，向作出生效判决、裁定、调解书的人民法院提出，并应当提供存在下列情形的证据材料：（一）因不能归责于本人的事由未参加诉讼；（二）发生法律效力的判决、裁定、调解书的全部或者部分内容错误；（三）发生法律效力的判决、裁定、调解书内容错误损害其民事权益。”案外人提起第三人撤销之诉应具备相应的程序和实体起诉条件，提起第三人撤销之诉的案外人必须为有独立请求权的第三人或者无独立请求权的第三人。

有独立请求权第三人是指对当事人之间的诉讼标的的全部或者一部分，以独立的实体权利人的资格提出诉讼请求进而参加诉讼的人。有独立请求权的第三人提出的诉讼请求既不同于原告，也不同于被告；他的诉讼地位相当于原告，以本诉的原、被告作为被告。无独立请求权第三人，即对当事人双方的诉讼标的，第三人虽然没有独立请求权，但案件处理结果同他有法律上的利害关系，其可以申请参加诉讼，或者由人民法院通知参加诉讼。无独立请求权的第三人分为三类：第一种是辅助性第三人，第三人在诉讼中纯粹是辅助法院查明案件事实并防止判决对己不利的裁判结果，它并不承担民事责任；第二种是被告型第三人，实际上是应当参加诉讼，并最终需要承担部分或者全部民事责任的第三人；第三种是原告型第三人，作为第三方原告而参与诉讼，享有同原诉的原告共同权益的第三人。

关于债权人能否提起第三人撤销之诉，《民商审判会议纪要》第 120 条规定：“第三人撤销之诉中的第三人仅局限于《民事诉讼法》（2023 年修正）第五十九条规定的有独立请求权及无独立请求权的第三人，而且一般不包括债权人。但是，设立第三人撤销之诉的目的在于，救济第三人享有的因不能归责于本人的事由未参加诉讼但因生效裁判文书内容错误受到损害的民事权益，因此，债权人在下列情况下可以提起第三人撤销之诉:（1）该债权是法律明确给予特殊保护的债权，如原《合同法》第二百八十六条（现为《民法典》第八百零七条）规定的建设工程价款优先受偿权,《海商法》第二十二条规定的船舶优先权;（2）因债务人与他人的权利义务被生效裁判文书确定，导致债权人本来可以对原《合同法》第七十四条和《企业破产法》第三十一条规定的债务人的行为享有撤销权而不能行使的;（3）债权人有证据证明，裁判文书主文确定的债权内容部分或者全部虚假的。债权人提起第三人撤销之诉还要符合法律和司法解释规定的其他条件。对于除此之外的其他债权，债权人原则上不得提起第三人撤销之诉。”

第三人撤销之诉中，债权人就前诉中的标的物不能独立地主张实体权利，不是该案的有独立请求权第三人。债权具有相对性和独立性，债权人与前诉诉讼结果仅具有经济上的利害关系而非法律上的利害关系，不是无独立请求权第三人，不符合《民事诉讼法》（2023年修正）第五十六条规定的主体要件。此外，第三人撤销之诉中侵害的“民事权益”通常指原《侵权责任法》第二条规定的权益及法律明确规定的享有优先权的债权或享有撤销权的债权，不包括债权人的金钱债权。本案，刘某福与水电公司是内部承包关系，不是实际施工人，其不符合提起第三人撤销之诉的原告主体条件，故二审裁定驳回起诉。

编写人：闵遂赓

二审合议庭成员：彭海鹏　郭卫斌　肖童亮

2. 商品房预售合同登记备案不产生物权效力

——冯某生与孙某中、江西某房地产开发有限公司、遂川某房地产开发有限公司等案外人执行异议之诉二审案

裁判要旨

商品房预售合同登记备案是政府主管部门行使监管职能的行政管理行为，不产生物权效力，买受人不因商品房买卖合同备案登记而享有优先于其他债权人的效力。

案例索引

一审：江西省吉安市中级人民法院（2016）赣08民初字120号

二审：江西省高级人民法院（2017）赣民终199号

基本案情

上诉人（一审原告）：冯某生。

被上诉人（一审被告）：孙某中。

原审第三人：江西某房地产开发有限公司（以下简称房地产公司）。

原审第三人：遂川某房地产开发有限公司、王某生、江西某典当有限公司、江西省某公馆餐饮有限公司。

冯某生向一审法院起诉请求：1. 判决立即停止对其购买的位于遂川县地王·财富广场的37间商铺的强制执行，并解除对上述商铺的查封；2. 确认其于2015年8月18日和8月19日与房地产公司签订的《商品房买卖合同》合法有效，并确认位于遂川县地王·财富广场案涉的37间商铺归其所有。

王某生系房地产公司股东及法定代表人，2013年至2014年期间，王某生以个人名义陆续向冯某生借款，房地产公司对借款进行了担保。到期后，因王某生无法偿还借冯某生的款项，故协议用房地产公司开发的地王·财富广场的商铺偿还借款。2015年7月9日，房地产公司向冯某生出具一份收据，载明：交款单位冯某生，收款方式借据抵减，人民币6207915元。收款事由：购财富广场商铺166–170号（5间）……。同日，冯某生（乙方）与王某生（甲方）、房地产公司（甲方）签订一份《协议书》，协议书载明：冯某生借款给甲方王某生经营房地产公司地王·财富广场项目，现就乙方以其借款本息购买房地产公司地王·财富广场商铺、房地产公司使用商铺办公等事宜达成一致协议。双方在协议中对商铺买卖、借款债权债务、

租赁等进行了约定。同日，房地产公司与冯某生签订了一份《房屋租赁协议书》。该《房屋租赁协议书》主要约定冯某生将涉案37间商铺租赁给房地产公司办公使用，租赁期限自2015年7月9日至2017年7月8日止，房地产公司对房屋装修款抵扣冯某生两年租赁期内租赁费。租赁期满，租赁房屋内所有装饰归冯某生所有。租赁期限届满房地产公司需及时交付房屋给冯某生，若房地产公司需继续使用该租赁房屋则其有优先承租权，冯某生同意有偿租赁给房地产公司使用三年，租赁费用按市场行情由房地产公司给冯某生，具体以双方再签订的租赁协议为准。2015年8月18日和8月19日，冯某生与房地产公司签了8份《商品房买卖合同》。合同约定，房地产公司将其开发的位于遂川县泉江镇井冈山大道商贸城段北侧遂川县地王·财富广场上述商铺（37间）（预售商品房）以3500元/m^2销售给冯某生，冯某生一次性付清房款，房地产公司应当在2015年10月1日前，将验收合格并符合本合同约定的商品房交付买受人使用。上述8份《商品房买卖合同》均于2015年8月20日在遂川县房地产交易所办理了预售合同备案。

另查明，房地产公司已于2015年1月办理了涉案37间商铺的房屋所有权证书。现该37间商铺在遂川县房地产交易所的产权登记系统中所有权人为房地产公司，但在商品房销售系统中登记在冯某生名下。房地产公司已对涉案37间商铺进行了装修，并在其内办公。遂川某房地产开发有限公司股东为房地产公司、王某生；江西房地产公司股东为王某生和林秋莲。房地产公司开发的地王·财富广场的商铺中，部分以现金购买商铺的合同备案价为20000元/m^2；部分以商铺抵工程款的合同备案价为11000元/m^2；部分以商铺抵借款的合同备案价为20000元/m^2、3500元/m^2、3000元/m^2。

2015年8月31日，孙某中诉遂川某房地产开发有限公司、王某生、房地产公司、江西某典当有限公司、江西省某公馆餐饮有限公司民间借贷纠纷一案在一审法院立案审理。诉讼阶段，一审法院作出（2015）吉中执保字第18号民事裁定，于2015年9月10日依法查封了房地产公司所有的坐落于遂川县地王·财富广场的商铺100套（含本案37间商铺）。2015年12月7日，一审法院依法作出（2015）吉中民二初字第105号民事判决，判决遂川某房地产开发有限公司向孙某中归还借款本金1646.6211万元及利息，王某生、房地产公司、江西某典当有限公司、江西省某公馆餐饮有限公司承担连带责任。因被执行人未履行生效法律判决，申请执行人孙某中于2016年2月2日向一审法院提出申请，要求强制执行被执行人借款本金1646.6211万元以及利息、案件受理费、财产保全费等相关费用。2016年3月22日，冯某生以案外人的身份向一审法院提出执行异议申请，认为法院查封该37间商铺之前，其已经购买了上述商铺并在房产登记部门办理了商品房买卖备案登记，故要求解除对涉案37间商铺的查封。2016年7月4日，一审法院作出（2016）赣08执异3号执行裁定书，裁定驳回了冯某生的异议申请。

裁判结果

一审判决：驳回冯某生的诉讼请求。

冯某生不服，提出上诉。二审判决：驳回上诉，维持原判。

裁判理由

二审认为，关于冯某生对案涉商铺是否享有所有权的问题。商品房预售合同登记备案与不动产物权预告登记有本质的不同。不动产物权预告登记具有物权效力，而商品房预售合同登记备案是一项行政管理制度，其作用在于保护商品房交易市场的安全，保障商品房交易的实现，防止出现“一房多卖”的情形。办理了商品房预售合同登记备案，并不产生物权效力。本案所涉 37 间商铺已在 2015 年 1 月已办理了所有权证，登记在房地产公司名下，出售该商铺应为商品房现房出售，而不属于商品房预售范畴，无需办理商品房预售合同登记备案。本案中，冯某生与房地产公司签订的 8 份《商品房买卖合同》虽办理了商品房预售合同登记备案，但并未对涉案的 37 间商铺办理不动产物权预告登记或物权登记，未取得该 37 间商铺的所有权。

关于冯某生对案涉商铺是否可以排除执行的问题。案涉 37 间商铺已在 2015 年 1 月已办理了所有权证，产权登记在房地产公司名下。案涉商铺上市转让应属二手房买卖，交易中双方均需缴纳一定金额的交易税。本案中，冯某生当庭认可就案涉商铺其本人也未缴纳作为买方应缴纳的税额，未尽买受人的责任及义务。其行为直接对办理过户登记造成影响。依照《办理执行异议和复议案件若干问题的规定》第二十八条规定，金钱债权执行中，买受人对登记在被执行人名下的不动产提出异议，符合下列情形且其权利能够排除执行的，人民法院应予支持：（一）在人民法院查封之前已签订合法有效的书面买卖合同；（二）在人民法院查封之前已合法占有该不动产；（三）已支付全部价款，或者已按照合同约定支付部分价款且将剩余价款按照人民法院的要求交付执行；（四）非因买受人自身原因未办理过户登记。冯某生要求排除执行的请求，不符合《办理执行异议和复议案件若干问题的规定》第二十八条第四项的规定，应不予支持。另外，依照《办理执行异议和复议案件若干问题的规定》第二十九条规定，金钱债权执行中，买受人对登记在被执行的房地产开发企业名下的不动产提出异议，符合下列情形且其权利能够排除执行的，人民法院应予支持：（一）在人民法院查封之前已签订合法有效的书面买卖合同；（二）所购商品房系用于居住且买受人名下无其他用于居住的房屋；（三）已支付的价款超过合同约定总价款的百分之五十。本案中，冯某生所购 37 间商品房全为商铺，显然不是用于居住，不符合排除执行的条件。

要旨解析

本案涉及商品房预售合同登记备案能否产生物权效力的问题。1995 年 1 月 1 日起施行的《城市商品房预售管理办法》第十条规定："商品房预售，开发企业应当与承购人签订商品房预售合同。开发企业应当自签约之日起30日内，向房地产管理部门和市、县人民政府土地管理部门办理商品房预售合同登记备案手续。房地产管理部门应当积极应用网络信息技术，逐步推行商品房预售合同网上登记备案"；第十三条第三项规定："开发经营企业在预售商品房中有下列行为之一的，由房地产管理部门处以警告、责令停止预售、责令补办手续、吊销商品房预售许可证，并可以处罚：……（三）未按规定办理备案和登记手续的"。1998年7月20日国务院颁布《城市房地产开发经营管理条例》第二十七条第二款规定："房地产开发企业应当自商品房预售合同签订之日起30日内，到商品房所在地的县级以上人民政府房地产开发主管部门和负责土地管理工作的部门备案"；第三十九条规定："违反本条例规定，擅自预售商品房的，由县级以上人民政府房地产开发主管部门责令停止违法行为，没收违法所得，可以并处已收取的预付款1%以下的罚款"。2001年6月1日起施行《商品房销售管理办法》第三条规定："商品房销售包括商品房现售和商品房预售。本办法所称商品房现售，是指房地产开发企业将竣工验收合格的商品房出售给买受人，并由买受人支付房价款的行为。本办法所称商品房预售，是指房地产开发企业将正在建设中的商品房预先出售给买受人，并由买受人支付定金或者房价款的行为"。从上述法律、法规可知，商品房预售合同登记备案制度属于我国行政管理范畴，是政府主管部门行使监管职权、房地产经营企业满足预售条件履行报备义务接受资格审查的一项行政管理行为，如果开发商未履行该义务，其所承担的不利后果是行政处罚。商品房预售合同登记备案制度通过登记备案公示预售合同，其所公示的是特定的债权债务关系，使购房者获得期待在将来可以顺利地实现该房屋所有权的权利，并未赋予当事人因合同而取得的债权优先权和对抗效力，即不产生物权效力。

与预售登记备案容易混淆的是不动产登记预告制度，商品房预售合同登记备案与不动产物权预告登记有本质的不同。2007年10月1日起实施的原《物权法》第二十条（现为《民法典》第二百二十一条）规定："当事人签订买卖房屋或者其他不动产物权的协议，为保障将来实现物权，按照约定可以向登记机构申请预告登记。预告登记后，未经预告登记的权利人同意，处分该不动产的，不发生物权效力。预告登记后，债权消灭或者自能够进行不动产登记之日起三个月内未申请登记的，预告登记失效"。2008年7月1日起实施的《房屋登记办法》第三章"国有土地范围内房屋登记"中专设第四节"预告登记"，从第六十七条至第七十三条共7个条文将预告登记制度的具体实施方法和法律后果进行了进一步明确规定。《民法典》实施后，第二百二十一条规定："当事人签订买卖房屋的协议或者签订其他不动产物权的协议，为保障将来实现物权，按照约定可以向登记机构申请预告登记。预告登记后，未经预告登记的权利人同意，处分该不动产的，不发生物权效力。预告登记后，债权消灭或者自能够进行不动产登记之日起九十日内未申请登记的，预告登记失效”。《〈民法典〉物权编司法解释（一）》及《民法典担保制度解释》均对不动产登记预告制度作出了相关规定。从上述规定可知，预告登记属于不动产物权登记制度中的一种，其所登记的不是已经完成的不动产物权变动，而是保障将来实现物权。预告登记包括预购商品房的预告登记、以预购商品房设定抵押的预告登记及房屋所有权转让、抵押的预告登记。预告登记制度虽具有一定物权公示效力，但其毕竟不是一种完全意义上的物权登记，是具有法定期限限制的，现行法律规定的期限为 3 个月，超过法定期限后，预告登记失去相应法律效力。本案中，冯某生与房地产公司签订的《商品房买卖合同》办理了商品房预售合同登记备案，但并未对涉案 37 间商铺办理不动产物权预告登记或物权登记，未取得该 37 间商铺的所有权，不产生对抗第三人的法律效力。因此，冯某生对涉案 37 间商铺的《房屋买卖合同》办理预售合同备案不能享有排除执行的实体权利。

编写人：陈　慧

二审合议庭成员：胡国运　陶松兵　刘伟伟

3. 抵押权人对抵押物享有的权利不足以排除强制执行

——孙某恩与南昌某财务咨询有限公司、乐安某水电有限公司案外人执行异议之诉二审案

裁判要旨

1. 抵押权人对抵押物享有优先受偿权，即优先于其他债权人受偿的权利，但该权利不足以排除人民法院的强制执行。

2. 案外人异议之诉审查的是案外人享有何种实体权利以及该种权利能否排除强制执行，执行法院是否执行了不属于抵押物的财产，不属案外人异议之诉审查范围，应通过执行异议、复议程序解决。

案例索引

一审：江西省抚州市中级人民法院（2017）赣10民初61号

二审：江西省高级人民法院（2018）赣民终29号

基本案情

上诉人（原审原告）：孙某恩。

被上诉人（原审被告）：南昌某财务咨询有限公司（以下简称财务咨询公司）。

原审第三人：乐安某水电有限公司（以下简称水电公司）。

孙某恩向一审法院起诉请求：1. 依法确认诉争的二号发电机组和三号发电机组因合法登记抵押给他人且不属于财务咨询公司抵押担保物范围。2. 请求法院裁定中止执行并解除或者撤销对二号和三号发电机组的拍卖行为。

已发生法律效力的（2014）西桃民初字第53号、第54号《民事调解书》确认：2012年11月23日，张某1、张某2分别向吉利红公司借款1000万元和600万元。

同月26日，水电公司与吉利红公司签订抵押担保合同，水电公司以其拥有的资产（包括水轮机、水轮发电机，即诉争二、三号水轮机、水轮发电机组）为张某1、张某2该借款本息提供抵押担保，并在乐安县水利局办理了（2012）抚乐水第1号企业抵押物登记。因张某1、张某2未归还借款，经过诉讼后，吉利红公司将其经依法确认的相关债权转让给财务咨询公司。财务咨询公司申请强制执行，请求对诉争二、三号水轮机、水轮发电机组予以拍卖并优先受偿。

另，已经发生法律效力的（2016）赣 1025 民初 6 号民事判决书确认：水电公司于 2013 年 12 月 30 日向乐安县农村信用合作联社借款 570 万元，水电公司用公司机械设备抵押，用电费收费权质押，签订了抵押和质押合同，并在工商局办理了抵押登记。因水电公司未归还借款，经过诉讼后，乐安县农村信用合作联社将其经依法确认的相关全部债权（含主债权、担保权利）转让给孙某恩。孙某恩据此提出执行异议。

裁判结果

一审判决：驳回孙某恩要求中止执行并解除或者撤销对诉争二、三号发电机组拍卖行为的诉讼请求。

孙某恩不服，提出上诉。二审判决：驳回上诉、维持原判。

裁判理由

二审认为，本案的争议焦点为：孙某恩对水电公司二、三号发电机组享有的权利能否排除强制执行。对此，分析如下：孙某恩因受让乐安县农村信用合作联社对水电公司的债权而取得诉争标的物的抵押权。依据《最高人民法院关于人民法院执行工作若干问题的规定》第四十条规定，“人民法院对被执行人所有的其他人享有抵押权、质押权或留置权的财产，可以采取查封、扣押措施。财产拍卖、变卖后所得价款，应当在抵押权人、质押权人或留置权人优先受偿后，其余额部分用于清偿申请执行人的债权。”孙某恩作为抵押权人，其对诉争标的物享有的实体权利不足以排除强制执行。根据《民事诉讼法司法解释》第三百一十三条第一款第二项的规定，案外人就执行标的不享有足以排除强制执行的民事权益的，判决驳回诉讼请求。因此，孙某恩请求裁定中止执行并解除或撤销对诉争二号、三号发电机组的拍卖行为，于法无据，应驳回其诉讼请求。

关于孙某恩在上诉中提出的其他问题，二审认为：一、关于孙某恩提出二、三号发电机组不是财务咨询公司享有抵押权的抵押物问题。依据《民事诉讼法》（2017 年修正）第二百二十五条、第二百二十七条规定，孙某恩以其对诉争标的物享有担保物权为由排除强制执行，属案外人异议。一审法院（2017）赣 10 执异 6 号执行裁定书驳回其异议后，其依法可以提出案外人异议之诉。但孙某恩在提起案外人异议之诉时，除其原在案外人异议中的主张外又另行请求确认二、三号发电机组不是财务咨询公司受让债权的抵押物，提出水电公司作为抵押人，只以抵押财产向财务咨询公司承担担保责任，二、三号发电机组不应被执行，一审法院（2017）赣 10 执异 5 号执行裁定书执行抵押物以外的财产，执行错误。对此，二审认为，第一，虽然抵押人以其抵押物为限承担责任，但实际执行的财产是否超出了抵押物的范围需要审查执行行为是否合法，而案外人异议之诉审查的是案外人享有何种实体权利以及该种权利能否排除强制执行。是否执行了不属于抵押物的财产，不属案外人异议之诉审查范围，应通过执行异议、复议程序解决。孙某恩在一审中提供的最高人民法院（2012）执复字第18号执行裁定书认定抵押人的责任范围应限于抵押财产，该裁定书就是对执行异议不服后作出的执行复议裁定。另外，根据水电公司在一审中提供的（2017）赣10执异18号执行裁定书，水电公司在执行程序中主张拍卖财产中包含了不属于抵押物的财产，执行法院认为抵押清单中只写明水轮发电机并未注明是何种水轮发电机，其根据南昌市西湖区人民法院（2014）西桃民初字第53号民事调解书、（2014）西桃民初字第54号民事调解书进行查封、拍卖并无不当，并据此驳回了水电公司的该项异议。第二，财务咨询公司受让债权的抵押物登记证中载明抵押物为乐安县东岸水电站包括水库、电站、大坝、厂房及其他附属设施，抵押物清单中列明了水轮机等抵押物，但并未注明特定的机组，故即使孙某恩提供的证据能够证明其自身受让债权的抵押物为二、三号发电机组的机械设备，也不能据此证明二、三号发电机组的机械设备等不在财务咨询公司受让债权的抵押物清单中，原审判决认定南昌市西湖区人民法院（2014）西桃民初字第53号和第54号民事调解书第三条中的“附属设施”包含了诉争二、三号水轮发电机组，并无不当。第三，根据《民事诉讼法司法解释》第三百一十二条第二款的规定，案外人同时提出确认其权利的诉讼请求的，人民法院可以在判决书中一并作出裁判。本案中，孙某恩请求确认水电公司二、三号发电机组不属财务咨询公司的抵押担保范围，而非请求确认其自身对诉争标的物享有的权利，且其该请求属于对违法执行行为的异议，不属于案外人异议之诉的审查范围。一审法院未引导孙某恩修改诉讼请求，并在判决中未进行说理，处理不当，应予纠正。二、关于财务咨询公司与水电公司之间抵押担保的效力问题。南昌市西湖区人民法院（2014）西桃民初字第53号民事调解书、（2014）西桃民初字第54号民事调解书已确认其效力，且该两份调解书均已生效。孙某恩提出财务咨询公司所受让债权的抵押担保无效，涉及执行依据是否正确，参照《民事诉讼法》第二百二十七条的规定，应依照审判监督程序处理，不属案外人异议之诉审查范围。且财务咨询公司所享有抵押权的效力问题涉及各债权人之间对拍卖所争财产所得款项的分配，在参与分配时，亦可通过参与分配程序解决。三、关于孙某恩提出水电公司的厂房和土地不属抵押物，不应被执行的问题。孙某恩作为案外人，在案外人异议之诉中应以其对诉争标的物享有实体权利为由提出排除强制执行的诉讼，而本案中其在案外人异议和一审中并未就厂房和土地主张实体权利，在一审诉讼请求中亦未涉及厂房和土地，其在二审诉讼中对厂房和土地的执行提出异议，超出了本案案外人异议之诉的审查范围和一审诉讼请求，不予审查。四、关于孙某恩提出法院的执行行为将造成国有资产流失的问题。水电公司作为债务人，法院依法拍卖其财产并无不当，孙某恩提出法院的拍卖行为将造成国有资产流失，无证据证明，亦不属本案案外人异议之诉的审查范围。

要旨解析

依据《最高人民法院关于人民法院执行工作若干问题的规定》第四十条规定："人民法院对被执行人所有的其他人享有抵押权、质押权或留置权的财产，可以采取查封、扣押措施。财产拍卖、变卖后所得价款，应当在抵押权人、质押权人或留置权人优先受偿后，其余额部分用于清偿申请执行人的债权。"抵押权人对抵押物只享有抵押权，及物上价金受偿权，但抵押物仍属于所有权人，抵押物仍然是所有权人的责任财产。在抵押物所有权人为被执行人的案件中，申请执行人可以对被执行人名下的抵押物申请强制执行，执行法院可以对该抵押物采取查封、扣押措施。抵押物拍卖或者变卖后所得价款，抵押权人享有优先受偿权，如果有剩余部分，可用于清偿申请执行人的债权；如果不足以清偿抵押权人，则申请执行人无法获得清偿。上述情况下，抵押权人不得以其对抵押物享有抵押权为由，要求人民法院不得执行抵押物，即抵押权人并无对抗强制执行的权利。本案，孙某恩作为抵押权人，虽对水电公司二、三号发电机组享有抵押权，但抵押物仍归水电公司所有，属于水电公司的责任财产，在财务咨询公司申请对水电公司强制执行时，人民法院有权对水电公司的财产采取执行措施，孙某恩只能基于抵押权享有优先受偿的权利，并无要求法院中止执行的权利，即孙某恩对诉争标的物享有的实体权利不足以排除强制执行。

《民事诉讼法》第二百二十五条（2023年修正后现为第二百三十六条）规定："当事人、利害关系人认为执行行为违反法律规定的，可以向负责执行的人民法院提出书面异议。当事人、利害关系人提出书面异议的，人民法院应当自收到书面异议之日起十五日内审查，理由成立的，裁定撤销或者改正；理由不成立的，裁定驳回。当事人、利害关系人对裁定不服的，可以自裁定送达之日起十日内向上一级人民法院申请复议。"《民事诉讼法》第二百二十七条（2023年修正后现为第二百三十八条）规定："执行过程中，案外人对执行标的提出书面异议的，人民法院应当自收到书面异议之日起十五日内审查，理由成立的，裁定中止对该标的的执行；理由不成立的，裁定驳回。案外人、当事人对裁定不服，认为原判决、裁定错误的，依照审判监督程序办理；与原判决、裁定无关的，可以自裁定送达之日起十五日内向人民法院提起诉讼。"执行异议分为标的异议和行为异议，只有标的异议才能提起执行异议之诉，行为异议需通过执行复议程序解决，不属于执行异议之诉的审理范围。执行标的异议是指，案外人认为人民法院执行了名为被执行人所有，实为案外人所有的财产，所提出的异议。

本案中，孙某恩以其对诉争标的物享有担保物权为由主张排除强制执行，属于广义的案外人异议，其究竟属于执行行为异议还是执行标的异议需进一步分析。虽然抵押人以其抵押物为限承担责任，但实际执行的财产是否超出了抵押物的范围需要审查执行行为是否合法，而执行异议之诉审查的是案外人享有何种实体权利以及该种权利能否排除强制执行，是否执行了不属于抵押物的财产，不属案外人异议之诉审查范围，应通过执行异议、复议程序解决。故孙某恩提出的该项请求不属于执行异议之诉的审理范围。

关于执行异议之诉中的确权请求如何处理的问题。根据《民事诉讼法司法解释》（2022年修正）第三百一十二条（现第三百一十条）第二款的规定，案外人同时提出确认其权利的诉讼请求的，人民法院可以在判决书中一并作出裁判。人民法院在审理执行异议之诉案件中，可以对争议标的物的权属作出确权的判决，即标的物是否属于案外人所有。本案中，孙某恩请求确认水电公司二、三号发电机组不属财务咨询公司的抵押担保范围，而非请求确认其自身对诉争标的物享有的权利，该请求同样属于对违法执行行为的异议，亦不属于执行异议之诉的审查范围。

编写人：闵遂赓

二审合议庭成员：汪少华　陶松兵　吴玉萍

4. 担保债务是夫妻一方个人债务还是夫妻共同债务，不属于案外人执行异议之诉的审理范围

——黄某香与衷某国、申某平、赣州市南康区某房地产开发有限公司案外人执行异议之诉二审案

裁判要旨

1. 担保债务是夫妻一方个人债务还是夫妻共同债务，不属于夫妻一方所提起的案外人执行异议之诉的审理范围。

2. 执行法院查封了夫妻共同财产，夫妻一方对被执行的夫妻共同财产享有的权利份额不能排除强制执行。

案例索引

一审：江西省赣州市中级人民法院（2018）赣07民初101号

二审：江西省高级人民法院（2018）赣民终597号

基本案情

上诉人（原审原告）：黄某香。

被上诉人（原审被告）：衷某国。

原审第三人：申某平。

原审第三人：赣州市南康区某房地产开发有限公司（以下简称房地产开发公司）。

黄某香向一审法院提出诉讼请求：依法判令黄某香对位于赣州市南康区南水新区蓝田大道与迎宾大道交会处（名特优）的房产、位于赣州经济技术开发区潭东镇潭五路路口华平综合楼第一、二、五、六、七、八、九、十、十一、十二、十三层、位于赣州经济技术开发区潭东镇过路村105国道旁潭东华平厂房享有所有权，并判令停止对上述房产的强制执行。

衷某国与申某平、房地产开发公司民间借贷纠纷一案，经法院一审审理，作出（2015）赣中民二初字第84号民事判决：一、房地产开发公司应向衷某国偿还借款本金人民币968万元及利息。利息以借款本金968万元为基数，按月利率2%计算确定，自2014年10月8日起至还清借款之日止，利随本清；二、房地产开发公司应向衷某国支付律师费80000元；三、申某平对上述房地产开发公司第一、二项付

款义务承担连带清偿责任；四、驳回衷某国的其他诉讼请求。该判决发生法律效力后，根据衷某国的申请，该院立案执行，案号为（2015）赣中执字第333号。在该案执行过程中，该院于2016年9月29日依法作出（2015）赣中执字第333-2号执行裁定书，内容如下：一、拍卖被执行人申某平所有的位于赣州市南康区南水新区蓝田大道与迎宾大道交会处（名特优）的房产（房产证号：1035844）和被执行人申某平与黄某香共有的位于赣州经济技术开发区潭口镇三十米大道的房产；二、拍卖被执行人申某平所有的位于赣州经济技术开发区潭东镇潭五路路口华平综合楼第一、二、五、六、七、八、九、十、十一、十二、十三层；三、拍卖被执行人申某平所有的位于赣州经济技术开发区潭东镇过路村105国道旁潭东华平厂房。

在执行过程中，案外人黄某香向该院提出执行异议后，该院于2018年3月26日作出（2018）赣07执异14号执行裁定书，驳回黄某香的异议申请。裁定书于2018年4月3日送达给黄某香，黄某香不服，遂于2018年4月13日向该院提起案外人执行异议之诉，要求确认其对案涉房屋享有所有权，并阻却一审法院（2015）赣中执字第333-2号执行裁定的执行。

另查明，案涉位于赣州市南康区南水新区蓝田大道与迎宾大道交会处（名特优）的房产、位于赣州经济技术开发区潭东镇潭五路路口华平综合楼第一、二、五、六、七、八、九、十、十一十二、十三层、位于赣州经济技术开发区潭东镇过路村105国道旁潭某华平厂房的房产登记在第三人申某平名下。案涉房屋于2016年5月4日被一审法院首次查封，查封依据为该院作出的（2015）赣中执字第333号协助执行通知书。第三人申某平与黄某香1991年12月16日登记结婚。第三人房地产开发公司成立于2007年8月30日，为自然人独资的有限责任公司，法定代表人为申某平，股东为申某平，黄某香任公司监理。

裁判结果

一审判决：驳回黄某香的诉讼请求。

黄某香提出上诉。二审判决：撤销一审判决；确认位于赣州市南康区南水新区蓝田大道与迎宾大道交会处（名特优）的房产（房产证号：1035844），位于赣州经济技术开发区潭东镇潭五路路口华平综合楼第一、二、五、六、七、八、九、十、十一、十二、十三层（不动产权证号：S00338814–S00338822、S00338826、S00338828），位于赣州经济技术开发区潭东镇过路村105国道旁潭东华平厂房（不动产权证号：S00286102）为黄某香与申某平夫妻共同财产；驳回黄某香的其他诉讼请求。

裁判理由

二审认为，《民事诉讼法司法解释》第三百一十二条规定："对案外人提起的执行异议之诉，人民法院经审理，按照下列情形分别处理：（一）案外人就执行标的享有足以排除强制执行的民事权益的，判决不得执行该执行标的；（二）案外人就执行标的不享有足以排除执行的民事权益的，判决驳回诉讼请求。案外人同时提出确认其权利的诉讼请求的，人民法院可以在判决中一并作出判决。”执行的权属问题是认定能否阻却执行的前提，诉讼应将当事人之间实体法律关系及阻却执行问题一并解决，否则既浪费司法资源，又造成案外人诉累。无论案外人是否提出了确认其权属的诉讼请求，人民法院都需要对执行标的的权属作出认定，才能就能否支持案外人排除对该执行标的执行的诉讼请求作出判断。因此，执行标的“真实权属”和“能否阻却执行”两项内容都应纳入执行异议之诉的审查范围。《最高人民法院关于适用〈中华人民共和国民事诉讼法〉执行程序若干问题的解释》第十九条规定应该根据案外人的诉讼请求作出相应的裁判。根据前述司法解释的精神，本案宜对黄某香提出的确权之诉作出裁判，一审法院未对该项诉讼请求作出审理裁判，属于适用法律错误，本院予以纠正。虽然案涉房屋登记的所有权人为申某平，但黄某英与申某平系夫妻关系，案涉房屋系申某平与黄某英婚姻关系存续期间取得的财产，应属于夫妻共同财产。

本案中，黄某香以本案债务系申某平个人债务为由要求停止执行。二审法院认为，申某平担保债务是申某平个人债务还是申某平与黄某香夫妻共同债务，不属于黄某香所提起的执行异议之诉的审理范围。一审法院（2015）赣中执字第333-2号执行裁定认定申某平担保债务系夫妻共同债务，是否符合《最高人民法院关于审理涉及夫妻债务纠纷案件适用法律有关问题的解释》的规定，由一审法院在执行过程中自行审查处理，本院对此不作评述。退一步而言，即便本案的债务是申某平个人债务，本案的案涉房产系申某平与黄某英的共同财产，但该部分财产份额中仍有申某平个人财产份额，在黄某英未对属于申某平的产权份额行使优先购买权的情况下，其享有的权利份额不能阻却执行，仅有权对案涉房屋的拍卖款享有权利，即基于夫妻关系，黄某香有权对案涉房产的拍卖款主张权利，但上诉人黄某香对案涉房产享有的民事权利不足以停止一审法院的执行。

要旨解析

关于夫妻共同债务问题，法律、司法解释有一个逐步演进的过程。原《婚姻法司法解释（二）》第二十四条规定：“债权人就婚姻关系存续期间夫妻一方以个人名义所负债务主张权利的，应当按夫妻共同债务处理。”即夫妻一方以个人名义对外所负债务原则上为夫妻共同债务。该条实施以来，实践中配偶一方“被负债”案件大量出现，信访事件也很多。随后，最高人民法院民一庭《关于夫妻一方对外担保之债能否认定为夫妻共同债务的复函》规定：“夫妻一方对外担保之债不应当适用原《婚姻法司法解释（二）》第二十四条的规定认定为夫妻共同债务。”这个规定对夫妻一方对外担保之债作了别除，但仍然不够。实践中人大代表、妇联、民众对二十四条反映强烈。最高人民法院对此作了一个颠覆性的改变，《最高人民法院关于审理涉及夫妻债务纠纷案件适用法律有关问题的解释》第三条规定:“夫妻一方在婚姻关系存续期间以个人名义超出家庭日常生活需要所负的债务，债权人以属于夫妻共同债务为由主张权利的，人民法院不予支持，但债权人能够证明该债务用于夫妻共同生活、共同生产经营或者基于夫妻双方共同意思表示的除外。”由此，夫妻一方个人名义对外负债，原则上认定为个人债务。《民法典》第一千零六十四条沿袭了上述精神，规定为:“夫妻双方共同签名或者夫妻一方事后追认等共同意思表示所负的债务，以及夫妻一方在婚姻关系存续期间以个人名义为家庭日常生活需要所负的债务，属于夫妻共同债务。夫妻一方在婚姻关系存续期间以个人名义超出家庭日常生活需要所负的债务，不属于夫妻共同债务；但是，债权人能够证明该债务用于夫妻共同生活、共同生产经营或者基于夫妻双方共同意思表示的除外。”

根据上述规定，债权人所主张的债务是否为夫妻共同债务，应当由生效判决经过审判作出认定，执行法院应当严格根据生效判决确定被执行人。在执行程序中，如生效判决确认的是夫妻一方的个人债务，则执行法院不得追加夫妻另一方为被执行人。执行异议之诉案件只审理案外人对执行标的是否享有足以排除强制执行的民事权益，而对于执行依据即生效判决并不做评判，案外人如果认为执行依据错误，应当通过审判监督程序解决。故执行债务是否属于夫妻共同债务的问题，不是执行异议之诉案件的审理范围。

执行程序中，夫妻个人债务当然应执行其个人财产，只有当个人财产不足以清偿个人债务时，才涉及执行被执行人在夫妻共同财产中的份额问题。很多情况下，被执行人的个人财产不足以清偿债务，登记在夫妻一方名下的财产仍属于夫妻共同财产，执行法院有权对夫妻共同财产采取执行措施，对夫妻债务一方的财产份额予以执行。此时，夫妻另一方以其对被执行的夫妻共同财产享有的权利份额而提出排除执行的，理由不能成立。因为夫妻共同财产属于负债方的责任财产范畴，当负债方并无其他财产可供执行，人民法院当然有权执行该共同财产，夫妻另一方对共同财产享有的份额不能对抗执行。

夫妻一方为被执行人的，可供执行的财产一般呈现三种形态：直接由被执行人占用或者登记在其名下的财产；由被执行人与其配偶共同占有或者登记在其名下的共同财产；属于被执行人夫妻共同财产，但被执行人配偶单独占有或者登记在其名下。这只是形式上的划分，实质上，可供执行的财产只有个人财产与夫妻共同财产两种。如要执行被执行人在夫妻共同财产中的份额，根据《最高人民法院关于人民法院民事执行中查封、扣押、冻结财产的规定法规标题最高人民法院关于人民法院民事执行中查封、扣押、冻结财产的规定》第十四条的规定，由夫妻双方达成债权人认可的财产分割协议或提起析产诉讼后确定被执行人财产份额，才继续执行。此种做法有明确的法律依据，但其实操作性不强。实践中，被执行人下落不明或者逃避执行的情况很多，夫妻另一方往往也不配合法院执行工作，鲜有能达成财产分割协议的，更别说提起析产诉讼。而申请执行人一般也不愿意费时费力提起代位析产诉讼。在达不成财产分割协议或者无人提起析产诉讼的情况下财产如何处理，法律没有明确规定，实践中较好的做法是直接采取拍卖、变卖等措施将共同财产变现，从中执行被执行人的财产份额，同时保留夫妻另一方的合法份额，一般情况是对半分配。

编写人：闵遂赓

二审合议庭成员：廖志坚　陶松兵　吴玉萍

5. 在以拍卖方式处分执行标的物时，案外人在拍卖成交裁定送达给第三人后提出异议，不符合案外人执行异议之诉的受理条件

——江西省某投资管理有限公司与上饶市某商务有限公司等案外人执行异议之诉二审案

裁判要旨

1. 在以拍卖方式处分执行标的物，买受人为第三人时，执行标的物的所有权自拍卖成交裁定送达给买受人时转移至买受人，此时执行标的已经执行终结，案外人提出异议应当在拍卖成交之前提出。在此之后提出的，超出了法定期限，不符合案外人执行异议之诉的受理条件。

2. 在标的物权属已经转移至买受人后，继续针对执行标的物实施执行清场行为属于后续执行实施行为，虽然整个案件的执行程序尚未结束，但对特定执行标的物的执行程序已经终结。

案例索引

一审：江西省上饶市中级人民法院（2019）赣 11 民初 293 号

二审：江西省高级人民法院（2020）赣民终 91 号

基本案情

上诉人（原审原告）：江西省某投资管理有限公司。

被上诉人（原审被告）：上饶市某商务有限公司。

原审第三人：张某辉。

原审第三人：徐某。

原审第三人：弋阳县某食品有限责任公司。

江西省某投资管理有限公司（以下简称投资公司）向一审法院起诉请求：1. 判令确认其对张某辉等名下的位于弋阳县滨江时代广场产权证号为 S201102484、S201102485、S201102486、S201102487、S201102488、S201102292、S201100467、S201100456 共 11 间房屋在 2032 年 2 月 29 日之前享有承租权；2. 判决其在承租期内（2032 年 2 月 29 日之前）有权阻止向买受人移交上述房屋使用权。

法院审理查明，诉争房产于 2012 年 10 月 10 日被一审法院查封。2018 年 7 月

16日，一审法院将诉争房屋拍卖过户裁定书即（2013）饶中执字第10-8号执行裁定和协助执行通知送达给买受人和不动产登记中心。产权证号为S201102484的房屋已于2018年9月26日过户至买受人舒某标、曾某玲名下，并于2019年4月19日再次过户给其他人；产权证号为S201102485的房屋于2018年10月10日过户至买受人楼芳名下；产权证号为S201102486的房屋中的部分于2018年9月28日过户至买受人舒某标和董某梅、吴某峰和袁某光名下，部分于2018年10月10日过户至买受人楼某名下，且上述受让人名下的房屋分别于2019年2月和4月再次过户至其他人名下；产权证号为S201102487的房屋中的部分于2018年9月28日过户至买受人吴某峰和袁某光、吴某峰名下，部分于2018年9月30日过户至余某霞和袁某辉名下，且上述受让人名下的房屋于2019年9月再次过户至其他人名下；产权证号为S201102488的房屋分别于2018年9月28日、2018年11月22日过户至买受人余某霞、李某名下，余某霞名下的房屋于2019年1月再次过户给其他人；产权证号为S201102292的房屋于2018年10月10日过户至买受人楼某名下。一审法院（2018）赣11执异28号执行异议案件立案审查、流程管理信息表载明其于2018年10月17日收到投资公司的执行异议申请。

裁判结果

一审判决：驳回投资公司的诉讼请求。

投资公司不服，提起上诉。二审裁定：撤销一审判决，驳回投资公司的起诉。

裁判理由

二审法院认为，《民事诉讼法》（2017年修正）第二百二十七条规定："执行过程中，案外人对执行标的提出书面异议的，人民法院应当自收到书面异议之日起十五日内审查，理由成立的，裁定中止对该标的的执行；理由不成立的，裁定驳回。案外人、当事人对裁定不服，认为原判决、裁定错误的，依照审判监督程序办理；与原判决、裁定无关的，可以自裁定送达之日起十五日内向人民法院提起诉讼。"根据该规定，提出案外人异议应在"执行过程"中。关于如何理解"执行过程中"，相关司法解释作出了规定。《民事诉讼法司法解释》第四百六十四条规定："根据《民事诉讼法》（2017年修正）第二百二十七条规定，案外人对执行标的提出异议的，应当在该执行标的执行程序终结前提出。"《办理执行异议和复议案件若干问题的规定》第六条第二款规定："案外人依照民事诉讼法第二百二十七条规定提出异议的，应当在异议指向的执行标的执行终结之前提出；执行标的由当事人受让的，应当在执行程序终结之前提出。"本案中诉争标的物均已通过拍卖程序出售给第三人。因此，投资公司提出案外人异议，应在其主张享有租赁权益的执行标的执行终结前提出。关于如何判断异议指向的执行标的是否执行终结。二审法院认为，在特定的执行标的已通过司法拍卖程序出售给第三人，竞买人已支付合理对价并取得特定执行标的的权属时，特定的执行标的已经不再属于被执行人的财产，针对该执行标的的执行程序已经终结。关于民事执行中拍卖标的物的权属何时转移的问题。原《物权法》第二十八条规定："因人民法院、仲裁委员会的法律文书或者人民政府的征收决定等，导致物权设立、变更、转让或者消灭的，自法律文书或者人民政府的征收决定等生效时发生法律效力。"《民事诉讼法司法解释》第四百九十三条规定："拍卖成交或者依法定程序裁定以物抵债的，标的物所有权自拍卖成交裁定或者抵债裁定送达买受人或者接受抵债物的债权人时转移。"《民事执行中拍卖、变卖财产的规定》第二十九条第二款规定："不动产、有登记的特定动产或者其他财产权拍卖成交或者抵债后，该不动产、特定动产的所有权、其他财产权自拍卖成交或者抵债裁定送达买受人或者承受人时起转移。"诉争标的物的拍卖成交裁定已于2018年7月16日送达给买受人，故诉争标的物所有权已于2018年7月16日转移至买受人。且所争标的物已在2018年9月至11月陆续转移登记至买受人名下，还有部分标的物二次转移登记至新的买受人名下。根据一审法院（2018）赣11执异28号执行异议案件立案审查、流程管理信息表，投资公司于2018年10月17日提出案外人执行异议，此时，对诉争执行标的物的执行程序已经终结。即使按照投资公司自己的主张，其于2018年7月24日提出了案外人异议，此时，对诉争执行标的物的执行程序也已经终结。投资公司在质证时主张所争房产完成权属转移登记并非执行终结，其对房产过户无异议，对房屋的移交有异议。对此，二审法院认为，因诉争房产的所有权已经转移至买受人，而所有权有占有、使用、收益、处分四项权能。买受人取得了所有权，理应取得所有权的四项权能。执行法院责令移交诉争房屋给买受人是保障买受人取得完整的所有权权能的执行实施行为。执行中继续实施移交房屋的行为，虽表明整个案件的执行程序尚未终结，但由于执行标的的权属转移至第三人后，不再属于被执行人的财产，故这并不意味着对特定执行标的的执行程序没有终结。投资公司在异议指向的执行标的执行终结后提出案外人异议，超出了提出案外人异议的法定期限，不符合案外人异议的受理条件。案外人执行异议之诉的制度目的是通过正当程序判断案外人对特定执行标的享有的权利能否排除对特定标的的执行。而当异议指向的特定标的已转让给第三人，对特定标的的执行已经终结，已不存在停止执行的可能。本案中投资公司未在法定期限内提出案外人异议，不符合案外人执行异议之诉的受理条件。

要旨解析

本案争议的问题是案外人执行异议之诉案件的受理条件。案外人异议，是指在执行过程中，案外人对人民法院强制执行标的主张享有阻却执行的权利。《民事诉讼法》第二百二十七条（2023年修正《民事诉讼法》第二百三十八条）规定："执行过程中，案外人对执行标的提出书面异议的，人民法院应当自收到书面异议之日起十五日内审查，理由成立的，裁定中止对该标的的执行；理由不成立的，裁定驳回。案外人、当事人对裁定不服，认为原判决、裁定错误的，依照审判监督程序办理；与原判决、裁定无关的，可以自裁定送达之日起十五日内向人民法院提起诉讼。”根据该规定，提出案外人异议应在“执行过程”中。关于如何理解“执行过程中”，相关司法解释作出了规定。《民事诉讼法司法解释》第四百六十四条（2022年修正《民事诉讼法司法解释》第四百六十二条）规定：“根据民事诉讼法第二百二十七条（2023年修正《民事诉讼法》第二百三十八条）规定，案外人对执行标的提出异议的，应当在该执行标的执行程序终结前提出。”《办理执行异议和复议案件若干问题的规定》第六条第二款规定：“案外人依照民事诉讼法第二百二十七条（2023年修正《民事诉讼法》第二百三十八条）规定提出异议的，应当在异议指向的执行标的执行终结之前提出；执行标的由当事人受让的，应当在执行程序终结之前提出。”本案中诉争标的物均已通过拍卖程序出售给第三人。因此，投资公司提出案外人异议，应在其主张享有租赁权益的执行标的执行终结前提出。关于如何判断异议指向的执行标的是否执行终结。笔者认为，在特定的执行标的已通过司法拍卖程序出售给第三人，竞买人已支付合理对价并取得特定执行标的的权属时，特定的执行标的已经不再属于被执行人的财产，针对该执行标的的执行程序已经终结。关于民事执行中拍卖标的物的权属何时转移的问题。原《物权法》第二十八条（现为《民法典》第二百二十九条）规定：“因人民法院、仲裁委员会的法律文书或者人民政府的征收决定等，导致物权设立、变更、转让或者消灭的，自法律文书或者人民政府的征收决定等生效时发生法律效力。”《民法典》第二百二十九条吸收了该规定了精神，与该规定的内容一致。

《民事诉讼法司法解释》第四百九十三条（2022年修正《民事诉讼法司法解释》第四百九十一条）规定：“拍卖成交或者依法定程序裁定以物抵债的，标的物所有权自拍卖成交裁定或者抵债裁定送达买受人或者接受抵债物的债权人时转移。”《民事执行中拍卖、变卖财产的规定》第二十九条第二款规定：“不动产、有登记的特定动产或者其他财产权拍卖成交或者抵债后，该不动产、特定动产的所有权、其他财产权自拍卖成交或者抵债裁定送达买受人或者承受人时起转移。”诉争标的物的拍卖成交裁定已于2018年7月16日送达给买受人，故诉争标的物的所有权已于2018年7月16日转移至买受人。且所争标的物已在2018年9月至11月陆续转移登记至买受人名下，还有部分标的物二次转移登记至新的买受人名下。因诉争房产的所有权已经转移至买受人，而所有权有占有、使用、收益、处分四项权能。买受人取得了所有权，理应取得所有权的四项权能。执行法院责令移交诉争房屋给买受人是保障买受人取得完整的所有权权能的执行实施行为。执行中继续实施移交房屋的行为，虽表明整个案件的执行程序尚未终结，但由于执行标的的权属转移至第三人后，不再属于被执行人的财产，故这并不意味着对特定执行标的的执行程序没有终结。投资公司在异议指向的执行标的执行终结后提出案外人异议，超出了提出案外人异议的法定期限，不符合案外人异议的受理条件。受理案外人执行异议之诉的前提是符合案外人异议的受理条件。案外人执行异议之诉的制度目的是通过正当程序判断案外人对特定执行标的享有的权利能否排除对特定标的的执行。而当异议指向的特定标的已转让给第三人，对特定标的的执行已经终结，已不存在停止执行的可能。本案中投资公司未在法定期限内提出案外人异议，不符合案外人执行异议之诉的受理条件。在案外人执行异议之诉中已经不能对投资公司的权利进行救济，其可通过诉讼或其他程序主张权利。

编写人：吴玉萍

二审合议庭成员：彭海鹏　吴玉萍　刘伟伟

6. 被执行人因破产而被裁定终结执行，应裁定驳回案外人已提起的案外人执行异议之诉

——深圳市某电池有限公司与江西省某科技股份有限公司等案外人执行异议之诉二审案

裁判要旨

案外人在人民法院受理被执行人破产申请之前提起了案外人执行异议之诉，被执行人在案外人执行异议之诉审理过程中进入了破产清算程序，执行法院裁定终结执行程序，案外人执行异议之诉程序丧失存在基础，应裁定驳回起诉。

案例索引

一审：江西省新余市中级人民法院（2019）赣05民初339号

二审：江西省高级人民法院（2020）赣民终298号

基本案情

上诉人（原审被告、申请执行人）：江西省某科技股份有限公司（以下简称科技公司）。

被上诉人（原审原告、案外人）：深圳市某电池有限公司（以下简称电池公司）。

原审第三人（被执行人）：江西某新能源有限公司（以下简称新能源公司）。

原审第三人：民生金融租赁股份有限公司（以下简称民生公司）。

电池公司向一审法院起诉请求：确认科技公司申请执行的新能源公司4台双面挤压式涂布机归民生公司所有，电池公司享有租赁使用权，并停止执行案涉标的物。

2016年8月15日，电池公司与民生公司签订《融资租赁合同（售后回租—设备类）》，双方建立融资租赁合同关系，约定电池公司作为承租人，向出租人民生公司转让承租人享有所有权的设备，再向出租人租回，承租人采用售后回租方式租用设备并向出租人支付租金及其他应付款项。售后回租设备清单中含有深圳市信宇人科技有限公司（以下简称信宇人公司）作为供应商的双面挤压涂布机2台，规格型号XSJ3—680N（Ⅱ）；深圳市赢合科技股份有限公司（以下简称赢合公司）作为供应商的双面挤压式涂布机8台，规格型号为YTO75ABD—36（J）。根据电池公

司与新能源公司之间的《设备租赁合同》（合同编号：WTM—ZL—20170619），电池公司为新能源公司提供设备租赁服务，租期自 2017 年 6 月 1 日至 2019 年 6 月 1 日共 2 年，租赁设备清单附件中含双面挤压涂布机 10 台，其中 2 台生产厂家为信宇人公司，规格型号 XSJ3—680N（Ⅱ）；8 台生产厂家为赢合公司，规格型号 YTO75ABD—36（J）。以上规格型号均为附在涂布机上的金属铭牌。2018 年 11 月 9 日，一审法院对科技公司与新能源公司买卖合同纠纷作出（2018）赣 05 民初 102 号民事判决，判决新能源公司在本判决生效之日起十日内向科技公司支付货款 3000 万元及违约金 60 万元。该判决生效后，科技公司申请执行，一审执行案号为（2019）赣 05 执 1 号。2019 年，一审法院依法对被执行人新能源公司仓库内的 4 台双面挤压式涂布机查封、拍卖，查封财产清单标注的 4 台涂布机的规格、型号分别为：TBJ—004Y07SE36—001、TBJ—003Y07SE36—001、TBJ—002AXSJ3—680N（Ⅱ）、TBJ—01AXSJ3—680N（Ⅱ），以上规格型号均摘自新能源公司自制设备标识卡。案外人电池公司提出执行异议，2019 年 9 月 30 日，一审法院执行部门以（2019）赣 05 执异 39 号执行裁定驳回异议，电池公司不服，提起本案案外人执行异议之诉。

2019 年 12 月 11 日，江西省新余市渝水区人民法院作出（2019）赣 0502 破申 4 号民事裁定书，受理申请人新能源公司的破产清算申请。2019 年 12 月 27 日，一审法院作出（2019）赣 05 执 1 号之四执行裁定书，裁定终结一审法院（2019）赣 05 执 1 号执行裁定书的执行。科技公司已向新能源公司破产管理人申报了破产债权。2019 年 11 月 7 日，广东省深圳市中级人民法院作出（2019）粤 03 破申 410 号民事裁定书，裁定受理申请人黄某廷对被申请人电池公司提出的破产清算申请。

裁判结果

一审判决：停止对案涉 4 台涂布机的执行。

宣判后，科技公司不服，提起上诉。二审裁定：一、撤销一审判决；二、驳回电池公司的起诉。

裁判理由

二审认为，电池公司、新能源公司于 2019 年 11 月 7 日及 12 月 11 日进入破产清算程序。根据《企业破产法》第二十条规定，在人民法院受理破产申请后已经开始而尚未终结的有关债务人的民事诉讼应当中止，在管理人接管债务人的财产后，该诉讼继续进行。但本案系案外人电池公司提起的案外人执行异议之诉，一审法院因作为被执行人的新能源公司进入破产清算，已于 2019 年 12 月 27 日作出（2019）赣 05 执 1 号之四执行裁定书，裁定终结一审法院（2019）赣 05 执 1 号执行裁定书的执行，这包括对案涉 4 台涂布机的执行终结，这符合《民事诉讼法司法解释》第五百一十六条“被执行人住所地人民法院裁定受理破产案件的，执行法院应当解除对被执行人财产的保全措施。被执行人住所地人民法院裁定宣告被执行人破产的，执行法院应当裁定终结对该被执行人的执行”的规定。因执行异议之诉发生在执行程序当中，执行程序终结后，执行异议程序也无基础。故电池公司虽然在人民法院受理新能源公司破产申请之前提起了案外人执行异议之诉，但因新能源公司在本案诉讼过程中进入了破产清算程序，一审法院业已终结（2019）赣 05 执 1 号执行裁定书的执行程序，故关于案涉 4 台涂布机的案外人执行异议之诉缺乏程序基础。且电池公司并非案涉 4 台涂布机的所有权人，而科技公司亦无相应的优先权，案涉 4 台涂布机的权属问题，应由权利人在破产程序中主张，故电池公司的起诉应予驳回。

要旨解析

《企业破产法》第十九条规定：“人民法院受理破产申请后，有关债务人财产的保全措施应当解除，执行程序应当中止。”第二十条规定：“人民法院受理破产申请后，已经开始而尚未终结的有关债务人的民事诉讼或者仲裁应当中止；在管理人接管债务人的财产后，该诉讼或者仲裁继续进行。”《民事诉讼法司法解释》第五百一十六条（2022 年修正后变更为第五百一十三条）规定：“被执行人住所地人民法院裁定受理破产案件的，执行法院应当解除对被执行人财产的保全措施。被执行人住所地人民法院裁定宣告被执行人破产的，执行法院应当裁定终结对该被执行人的执行。被执行人住所地人民法院不受理破产案件的，执行法院应当恢复执行。”

在执行过程中，被执行人被裁定进入破产程序或被裁定宣告破产，而因执行行为已经引发的案外人执行异议之诉程序如何处理，立法尚无明确规定。

笔者认为，如果执行程序未被裁定终结，案外人执行异议之诉应继续审理。而本案中案外人提起案外人执行异议之诉时，执行程序尚未终结，但在案外人执行异议之诉审理过程中，被执行人被裁定进入破产清算程序，执行法院之后裁定终结执行。争议的问题是执行程序被裁定终结，正在进行的案外人执行异议之诉程序如何处理。现行立法没有规定。《民事诉讼法》（2023 年修正）第一百五十四条规定：“有下列情形之一的，终结诉讼：（一）原告死亡，没有继承人，或者继承人放弃诉讼权利的；（二）被告死亡，没有遗产，也没有应当承担义务的人的；（三）离婚案件一方当事人死亡的；（四）追索赡养费、扶养费、抚养费以及解除收养关系案件的一方当事人死亡的。”可见，案外人执行异议之诉在审理过程中执行程序终结的并不符合法定的诉讼终结的情形。

对于该问题，在审判实践中，有两种观点。一种观点认为，应裁定驳回起诉，当事人在案外人执行异议之诉中提起的确权诉讼由其另行诉讼。另一种观点认为，执行异议之诉中包含了确权诉讼和排除执行两方面内容，应裁定驳回执行异议之诉，确权之诉继续审理。笔者赞同第一种观点。理由是：在案外人既提出确认其权利的请求又提出排除强制执行的损失请求时，案外人执行异议之诉中包含了两个诉，一是确权之诉，二是排除执行之诉。确权之诉与排除执行之诉既相互独立又相互依存。独立性体现在，确权之诉与排除执行之诉均为独立的诉，确权之诉本可另行诉讼，但为了避免当事人恶意串通以另案生效裁判对抗执行，才将案外人以排除执行为目的的确权之诉纳入执行异议之诉中一并解决。相互依存体现在，案外人执行异议之诉中的确权问题是由案外人执行异议之诉衍生的，无论案外人是否提出了确权的诉讼请求，都要审查案外人对执行标的的权属问题。即使案外人没有提出确认其对执行标的享有某种权利的诉讼请求，而只是提出排除执行的诉讼请求，案外人执行异议之诉中仍然要审查案外人对特定执行标的是否享有权利、享有何种权利，这是确定案外人对特定执行标的所享有的权利能否排除执行的前提。案外人提起案外人执行异议之诉的最终目的是排除对特定标的的执行，如果执行程序终结，对特定执行标的的执行程序自然也终结，案外人执行异议之诉程序就丧失了继续存在的价值基础，排除执行异议之诉没有存在的必要，以排除执行为目的的确权之诉在案外人执行异议之诉中也没有存在的必要。另外，如前所述，无论案外人是否提起了关于确权的诉讼请求，在案外人执行异议之诉中都有必要审查和确认权属，区别只是是否在判项中书写而已。如果案外人没有提起确权之诉，在执行程序终结时，裁定驳回起诉，而在案外人提起了确权之诉时裁定驳回案外人提起的排除执行诉讼，而确权之诉继续审查，对于实质相同的问题作出不同的处理，实在没有必要。因此，笔者认为，在案外人执行异议之诉审理过程中执行程序终结的，应裁定驳回起诉。一审未裁定驳回起诉，二审发现案外人执行异议之诉案件审理过程中执行程序已终结，应裁定撤销原判决，驳回起诉。

编写人：吴玉萍

二审合议庭成员：彭海鹏　郭卫斌　肖童亮

7. 针对抵押权生效判决提起的案外人执行异议之诉处理规则

——熊某华与谢某毛、熊某某、孙某亮、抚州市临川某建筑工程公司、江西某房地产开发经营有限公司案外人执行异议之诉二审案

裁判要旨

1. 抵押权人依据生效裁判对其优先受偿客体抵押物申请强制执行，案外人提起执行异议之诉，未明确是否对执行依据有异议时，若案外人对抵押物的权利成立于执行依据作出之后则不属对执行依据的异议，应适用案外人执行异议之诉程序；若案外人对抵押物的权利成立于执行依据作出之前，其对抵押权的成立提出异议属于对执行依据的异议，其未明确是否对执行依据或抵押权的成立有异议时，法官应行使释明权以明确案外人对执行依据是否有异议。案外人仅以其权利优先于抵押权为由主张排除强制执行，应适用案外人执行异议之诉程序。

2. 基于对商品房消费者生存利益的保护，商品房消费者物权期待权优先于抵押权并可排除对抵押物的强制执行。一般不动产购房人的物权期待权不涉及生存利益的保护，不能排除对抵押物的强制执行。以房抵债消灭的是金钱债权，以房抵债购房人为债权人，除非能证明其属于商品房消费者，根据物权优先于债权的原则，以房抵债购房人的权利不能排除对抵押物的执行。

案例索引

一审：江西省南昌市中级人民法院（2018）赣 01 民初 275 号

二审：江西省高级人民法院（2020）赣民终 397 号

基本案情

上诉人（原审原告）：熊某华。

被上诉人（原审被告）：谢某毛。

被上诉人（原审被告）：熊某华。

被上诉人（原审被告）：孙某亮。

被上诉人（原审被告）：抚州市临川某建筑工程公司（以下简称建筑工程公司）。

被上诉人（原审第三人）：江西某房地产开发经营有限公司（以下简称房地产

公司）。

2007年12月13日，房地产公司与熊某华签订《联合开发协议》，约定双方联合开发诉争房屋所属地块，熊某华投入300万元用于支付土地竞买投标保证金，房地产公司负责其他一切费用，熊某华不占具体比例份额，现金投入用于熊某华购买房地产公司开发完成的部分房屋。若房地产公司未依约售房，熊某华将参与利润分配，房地产公司除支付本金外另支付1000万元利润。2007年12月16日，熊某华向房地产公司转款300万元。2011年8月18日，双方签订《商品房购房合同》，约定房地产公司将一层5-7轴AD、二层4-7轴AD、3-4轴CD号房出售给熊某华，房屋用途为商业，分期付款，第一期付款用300万元充抵，第二期为余款的70%在合同备案后支付，第三期为余款的10%于交房时支付，剩余款项于办好产权证时支付。当日，双方签订《购房补充条款》，约定：一楼、二楼不参与分红价分别为每平方米9000元、4500元，合计总价4992930元；若房地产公司在房屋竣工后不交房，愿将整个大楼50%红利分给熊某华。双方关于诉争房屋买卖的合同及补充条款已于2016年经生效裁判确认有效。2013年4月12日，房地产公司取得诉争房屋的商品房预售许可证。

2016年6月，熊某华将所争房产租赁给他人。

招商银行股份有限公司南昌象山南路支行（以下简称招行象山南路支行）与建筑工程公司、房地产公司、陈某明金融借款合同纠纷一案，江西省南昌市中级人民法院（以下简称南昌中院）于2014年12月17日裁定查封房地产公司提供的抵押物。

2015年5月4日，该院作出（2014）洪民二初字第797号民事判决，判令建筑工程公司于指定期限内归还招行象山南路支行借款本金及利息，并确认“招行象山南路支行有权通过对房地产公司用于抵押的坐落于南昌市青云谱区三店西路以北778号和顺大厦（和顺象湖大厦非住宅一、五、十、十三、十四）在建工程折价或者拍卖、变卖款项优先受偿”。招行象山南路支行于2017年9月25日向法院申请执行，后因债权发生转让，执行法院裁定变更谢某毛、熊某某、孙某亮为本案申请执行人。2017年12月18日，执行法院作出拍卖、变卖抵押物的执行裁定。在执行过程中，熊某华提出案外人执行异议，被执行法院裁定驳回，遂提出案外人执行异议之诉。

裁判结果

一审判决：驳回熊某华的诉讼请求。

熊某华不服，提出上诉。二审判决：驳回上诉，维持原判。

裁判理由

二审认为，一、关于本案是否符合案外人执行异议之诉的受理条件。熊某华主张对诉争房产享有排除强制执行的民事权益，而诉争房产属于生效判决确认的债权人享有优先受偿权的抵押财产一部分。在二审中，经释明，熊某华表示其对作为执行依据的生效裁判没有异议，而是认为申请执行人对在建工程的抵押权不能对抗其作为商品房消费者的权利。因此，本案不应通过审判监督程序解决，而应通过案外人执行异议之诉程序解决。二、关于熊某华对诉争房屋是否享有排除强制执行的民事权益。熊某华虽与房地产公司在人民法院查封前签订了购房合同，且合同经生效裁判确认有效，但熊某华并未取得物权。其享有的请求房地产公司交付诉争房屋及办理过户登记的权利，性质为债权。熊某华与房地产公司签订购房合同的时间2011年8月18日虽早于抵押合同的签订时间，但这并不意味着其享有的债权能优先于抵押权。招行象山南路支行对诉争标的物的抵押权已经登记设立，并已发生公示公信效力。且生效裁判已确认招行象山南路支行就抵押物拍卖、变卖或折价价款有权优先受偿。申请执行人谢某毛、熊某某、孙某亮因受让诉争债权而享有原债权人招行象山南路支行对诉争标的物的抵押权。根据《执行异议和复议规定》第二十七条，申请执行人对执行标的依法享有对抗案外人的担保物权等优先受偿权，除法律、司法解释另有规定的外，人民法院对案外人提出的排除执行异议不予支持。法律、司法解释的例外规定体现在对商品房消费者权益的保护方面。根据《建设工程价款优先受偿权批复》第一条、第二条规定，商品房消费者的物权期待权优先于抵押权。根据《执行异议和复议规定》第二十九条规定，在特定情形下，商品房消费者的物权期待权可以排除强制执行。但本案中熊某华并非商品房消费者。首先，根据熊某华与房地产公司于2007年12月13日签订的《联合开发协议》及2011年8月18日签订的《商品房购房合同》，双方约定熊某华购买诉争房屋是熊某华分享投资收益的一种方式，且熊某华不承担合作开发的风险，熊某华与房地产公司存在名为合伙实为借贷的法律关系，双方签订商品房买卖合同约定以熊某华已投入的300万元充抵房屋价款实为以物抵债。其次，根据《消费者权益保护法》第二条，购买商品房的人必须是为生活消费，才属于消费者，本案中，熊某华将所争房屋租赁给他人使用，其购买所争房屋并非用于居住，而是用于经营。综上，熊某华依据《建设工程价款优先受偿权批复》主张其享有优先于本案债权人享有的抵押权，理由不成立，不予支持。本案不符合《执行异议和复议规定》第二十九条规定的排除强制执行的情形。本案也不符合《执行异议和复议规定》第二十八条规定的排除强制执行的情形，该条规定的四个条件必须同时具备才能排除执行。本案中，熊某华提供的证据不能证明在法院查封前其已合法占有所争房产。另外，熊某华在购买诉争房屋时房地产公司尚未取得商品房预售许可证，且根据熊某华在上诉状中的陈述，本案诉争房屋一楼备案为一个房号，被分割出售给多人，但分割并未取得行政部门审批和备案，故熊某华对于诉争房屋不能办理过户登记的风险应能预知，对诉争房屋未办理过户登记，其自身存在过错。

要旨解析

生效判决已确认抵押权人对特定抵押物享有优先受偿权，抵押权人依据生效判决申请强制执行，执行法院在拍卖、变卖抵押物的过程中，案外人针对抵押物的执行提出异议。在程序上，应通过案外人执行异议之诉或是审判监督程序救济。在实体上，抵押权为法定的担保物权，担保物权具有优先受偿性，抵押权人依据生效裁判对其优先受偿客体申请的强制执行能否被案外人的实体权利排除或能被哪些实体权利排除。目前，立法尚未作出明确规定，上述问题在实践中尚存争议，本案对上述问题的解决具有指导意义。

一、案外人申请再审与案外人执行异议之诉的程序界分、释明权行使与程序选择

根据《民事诉讼法》第二百二十七条（2023年新修正的《民事诉讼法》第二百三十八条），在案外人提出的执行异议被裁定驳回后，案外人的权利救济有案外人申请再审与案外人执行异议之诉两种途径。案外人执行异议之诉是案外人就执行标的主张享有足以排除强制执行的民事权益，进而主张不得执行该标的的诉讼。案外人申请再审，是案外人认为原裁判错误并损害其民事权益，进而依照审判监督程序申请再审。在案外人执行异议之诉中，案外人并不认为原裁判错误，而是主张其对执行标的享有的民事权益能够排除执行。在案外人申请再审中，案外人认为生效裁判错误导致依据生效裁判的强制执行错误，进而主张停止执行。二者针对的对象不同，前者针对的是执行行为所指向的执行标的，后者针对的是作为执行依据的生效裁判。案外人申请再审与案外人执行异议之诉似乎泾渭分明，二者的界限在于案外人提出的执行异议是否针对作为执行依据的生效裁判。然而，抵押权人申请执行生效裁判确认的其享有优先受偿权的抵押物，案外人对抵押物的执行提出异议，在案外人执行异议之诉针对的执行标的与生效裁判确认的抵押物同一或重叠时，案外人是否对执行依据有异议，界限变得模糊。本案中作为执行依据的生效判决第三项载明抵押权人对抵押物折价或者拍卖、变卖款项优先受偿，而案外人熊某华对抵押物中部分房产的强制执行提出异议，主张其享有优先于抵押权的民事权益并据此主张排除对抵押物的执行，其异议是仅针对执行标的还是暗含着对执行依据也有异议。此时，程序该如何选择？在实践中尚存在争议，有三种观点。观点一认为，案外人对执行标的享有民事权益的主张，已经涉及优先受偿权是否合法成立的问题，属于与原裁判有关的事项，实系认为原裁判认定优先受偿权成立错误，故应通过审判监督程序办理；观点二认为，执行依据并不涉及案外人对执行标的主张民事权益是否影响优先受偿权成立的问题，案外人对执行标的主张民事权益，不论是否对优先受偿权的成立造成实质影响，均独立于执行依据诉讼标的和裁判范围之外，属于新的实体请求，与原裁判无关，应通过案外人执行异议之诉寻求救济。观点三认为，担保物权等优先受偿权与案外人据以主张排除执行的民事权益成立时间有先后不同，应结合案外人据以主张排除执行的民事权益在担保物权等优先受偿权成立前还是成立后、在执行依据确定优先受偿权之前还是之后设立等具体情形区别对待。[①] 笔者认为，观点一与观点二过于绝对，与现实不符，赞同第三种观点的处理思路，但认为应以案外人的民事权益成立于执行依据作出之前还是作出之后为时间节点区别对待。就抵押而言，应根据以下情形区分对待：（一）在执行依据确定申请执行人对抵押物享有优先受偿权后，被执行人处分抵押物，如将其出售、出租给案外人，案外人对抵押物的强制执行提出异议，因案外人的权利成立于生效裁判作出之后，不属于生效裁判评判的范围，显然不属于对执行依据的异议，应适用案外人执行异议之诉程序。（二）在执行依据作出之前，被执行人处分抵押物，案外人据此取得对抵押物的权利的，案外人存在作为第三人申请参加执行依据所涉诉讼的可能。如果案外人已经参加了执行依据所涉诉讼，其与被执行人、申请执行人之间的纠纷已经生效裁判审理，在执行中再对抵押物的执行提出异议，属于对执行依据的异议，应通过审判监督程序救济。如果案外人未参加执行依据所涉诉讼，其对抵押物的执行提出案外人执行异议，既可能对执行依据有异议，也可能对执行依据无异议而仅对其与申请执行人的权利顺位及排除执行的问题存在争议。此时，应通过审查案外人的异议理由和行使说明权来确定程序如何选择。具体而言，应遵循以下处理规则：1. 案外人以抵押不成立、抵押无效、抵押虚假等主张申请执行人的优先受偿权不成立的，属于对执行依据的异议，应适用案外人申请再审程序。2. 案外人笼统地主张其享有排除执行的民事权益，此时，应对案外人行使释明权，让其明确对执行依据是否有异议。如果其对执行依据无异议，仅对执行标的主张享有排除强制执行的民事权益，应适用案外人执行异议之诉程序。3. 案外人既对生效裁判有异议又对执行标的主张享有排除强制执行的民事权益，不应裁定驳回案外人执行异议之诉，而应继续审理。“因为其前一主张固然因涉及生效裁判是否错误的问题而不属于执行异议之诉的审理范围，但后一主张却并不依附于前一主张并且仍然存在成立的可能，而且后一主张确实属于执行异议之诉的审理范围。”[②] 本案中，熊某华在案外人执行异议之诉中并未明确表示其对作为执行依据的生效裁判是否有异议，但其主张享有优先于抵押权的消费者物权期待权。经行使释明权，其表示对作为执行依据的生效裁判无异议，仅主张对执行标的享有排除强制执行的民事权益，故本案应适用案外人执行异议之诉程序。

二、实体权利的甄别与权利顺位的确定

抵押权为法定的担保物权，抵押权因设立登记而产生公示公信和对抗第三人的效力。抵押权人就抵押物拍卖、变卖的价值享有优先于其他债权人受偿的效力。原

---

① 司伟：《案外人对优先受偿权人依据生效判决之执行提出异议的诉讼救济程序》，载《人民法院报》2018年8月1日第7版。

② 司伟：《案外人对优先受偿权人依据生效判决之执行提出异议的诉讼救济程序》，载《人民法院报》2018年8月1日第7版。

则上，抵押人依据生效裁判实现其对抵押物的优先受偿权并无疑义，但由于根据法律、司法解释的规定，还存在优先于抵押权的权利，而在执行依据作出之时，不可能对抵押物负担的所有权利“一网扫尽”，也就不可能对其负担的多种权利之间的冲突均予以处理，故在对抵押物强制执行过程中，就需要通过案外人执行异议之诉来审查处理抵押物上承担的权利冲突。

（一）优先于抵押权的权利类型

根据《执行异议和复议规定》第二十七条，在法律、司法解释另有规定的情况下，案外人对申请执行人享有担保物权的执行标的可以排除执行。根据《建设工程价款优先受偿权批复》第一条、第二条的规定，商品房消费者的物权期待权优先于建筑工程承包人的优先受偿权，而建筑工程承包人的优先受偿权又优先于抵押权。

《建设工程价款优先受偿权批复》虽在《民法典》施行后被废止，但是，《建设工程施工合同司法解释（一）》吸收了批复的部分立法精神，该解释第三十六条规定：“承包人根据民法典第八百零七条规定享有的建设工程价款优先受偿权优先于抵押权和其他债权。”目前，关于商品房消费者的物权期待权优先于建筑工程承包人的优先受偿权，在批复废止后，尚无明确规定，可能会在未来的执行异议之诉司法解释中予以规定，但基于房屋买受人居住权和生存利益的考虑，该立法精神在审判实践中依然适用。而商品房消费者物权期待权优先于抵押权的效力，在《执行异议和复议规定》第二十九条中亦得以体现。必须注意的是，购房人物权期待权这一理论已经冲击了抵押权制度的稳定性，最高人民法院 2019 年 11 月 8 日印发的《民商审判会议纪要》第 126 条强调审判中要严格把握适用条件，避免扩大适用范围，对于非消费者购房人并不适用。消费者购房人有居住利益优先保护的价值，而非消费者的一般不动产买受人并不具备该价值，其权利不应优先于抵押权。

（二）案外人实体权利性质的甄别

在案外人主张其对执行标的享有商品房消费者的物权期待权时，因实践中存在以签订商品房买卖合同为借贷提供担保或名为商品房买卖合同实为以物抵债的现象，故必须审查案外人与被执行人之间的真实法律关系是否为商品房买卖合同关系，如果为商品房买卖合同关系，还需进一步审查案外人是否为商品房消费者。本案中熊某华以其对抵押物享有商品房消费者的物权期待权为由主张排除强制执行，但根据熊某华与房地产公司签订的《联合开发协议》，双方约定合伙开发房地产，熊某华只投入 300 万元，不承担其他费用，不占具体比例，不承担合作开发风险，双方存在名为合伙实为借贷的法律关系。双方签订购房合同及补充条款约定以 300 万元充抵第一期购房款，实为以房抵债。且根据《消费者权益保护法》第二条规定，购买商品房的人必须是为生活消费，才属于消费者。本案中，熊某华将诉争房屋租赁给他人使用，其购买诉争房屋并非用于居住，而是用于经营，不符合商品房消费者的构成要件。因此，熊某华并非商品房消费者，就 300 万元价值的房产交易，熊某华为以房抵债购房人，就300万元价值之外的房产交易，熊某华系一般不动产买受人。

（三）以房抵债购房人的权利与抵押权的顺位及排除执行问题

关于以房抵债购房人的权利能否优先于抵押权，存在两种观点。一种观点认为，抵债协议的目的是消灭金钱之债，并不具有优先性，抵债受让人的权利与基于买卖而产生的物权期待权有一定基础性区别。不动产物权期待权的适用范围应予以限缩，暂时不将抵债受让人列入物权期待权保护范围。① 另一种观点认为，抵债协议本质上消灭的是金钱债权，不能优先于另一金钱债权实现，不能以此排除执行，但当这种债权具有法律规定的优先性时，比如以房抵工程款，则以房抵债的商品房买卖合同亦能对抗执行，工程价款优先受偿权本就优于抵押权，以房抵债减少了拍卖流程，使受偿更高效，在实质上也未侵犯抵押权人的合法权益，此时，以房抵债购房人的权利应当优先于抵押权②。笔者认为，建设工程价款优先受偿权的本质是以建设工程的交换价值担保工程款债权的实现，其只是一种顺位权，不能达到阻却执行的效果。建设工程价款优先受偿权实现的方式为就工程折价或者拍卖的价款优先受偿，而非直接取得工程所有权，就如抵押权的实现方式是就抵押物拍卖的价款优先受偿而非取得抵押物的所有权一样，这种优先性都体现为执行分配中的优先顺位，并不意味着其有权排除对抵押物的执行。虽然以房抵债减少了拍卖流程，但正是由于对于以房抵债的抵押物没有通过公开竞价的方式出售，而是采取抵债债权人与债务人协商的方式确定价款，导致不能最大化地体现抵押物的市场价值，也导致在以房抵债协议达成后拍卖之前抵押物增值部分归属于抵债购房人而不能惠及全体债权人。从抵押物价值最大化、债务人利益及全体债权人利益最大化的角度考虑，也不应赋予建设工程价款优先受偿权排除抵押物执行的效力。因此，建设工程价款优先受偿权以房抵债方式实现的，以房抵债购房人的权利不能排除对抵押物的执行。以房抵债购房人除非能证明其同时符合商品房消费者的构成要件，否则，其权利的性质为普通债权，根据物权优先于债权的原则，其权利不能排除抵押权人对抵押物申请的强制执行。

本案中，以房充抵的债权为普通金钱债权，且熊某华不属于商品房消费者，虽然以房抵债行为发生于抵押之前，但权利顺位在抵押权之后，以房抵债购房人熊某华对抵押物享有的权利不能排除抵押权人对抵押物申请的强制执行。

编写人：吴玉萍

二审合议庭成员：彭海鹏　吴玉萍　李　平

① 林型茂、何姣：《以物抵债购房合同不能排除强制执行》，载《人民司法·案例》2019年第23期。

② 司伟：《案外人对优先受偿权人依据生效判决之执行提出异议的诉讼救济程序》，载《人民法院报》2018年8月1日第7版。

8. 配偶请求判决其对被拍卖房屋享有一定份额及相应拍卖款归其所有，不符合案外人执行异议之诉受理条件

——罗某筠与万某平等案外人执行异议之诉二审案

裁判要旨

在对夫妻共同财产执行过程中，配偶一方作为案外人提出执行异议，请求判决其对被拍卖房屋享有一定份额以及相应份额的拍卖款归其所有，而未提出明确的排除对执行标的的诉讼请求，不符合案外人执行异议之诉的受理条件。

案例索引

一审：江西省南昌市中级人民法院（2020）赣01民初23号

二审：江西省高级人民法院（2020）赣民终805号

基本案情

上诉人（原审被告）：万某平。

被上诉人（原审原告）：罗某筠。

原审第三人：张某全。

原审第三人：张某康。

罗某筠向一审法院起诉请求：确认其对被拍卖房屋享有33%产权，折合人民币2434376.34元（7376898×33%）归其个人所有。

万某平诉张某康、张某全民间借贷纠纷一案，一审法院于2015年11月8日作出（2014）洪民二初字879号民事判决，判决张某康向万某平归还借款本金1000万元及其利息，张某全对上述债务承担连带清偿责任。2017年8月7日，一审法院作出（2016）赣01执127–4号执行裁定书，裁定拍卖张某康持有的坐落于上海市浦东新区东方路×弄×号×室房产。案外人罗某筠向一审法院提出执行异议，一审法院于2018年1月10日作出（2017）赣01执异79号执行裁定书，裁定驳回罗某筠的异议请求。罗某筠不服该裁定，向一审法院提起执行异议之诉，请求停止对案涉房产的强制执行，并解除对该房产的查封。一审法院受理后，作出（2018）赣01民初64号民事判决，判决驳回罗某筠的诉讼请求。罗某筠不服该判决，向江西省高级人民法院提起上诉，江西省高级人民法院于2019年5月7日作出（2019）赣

民终224号民事判决书，认为案涉房产是张某康婚前个人财产与罗某筠和张某康婚后夫妻共同财产的混合体，罗某筠对该房产享有一定的实体权益，但是该实体权益尚不足以排除强制执行，故判决驳回上诉，维持原判。2020年2月1日，一审法院拍卖了案涉房产，成交价为7104568元，2020年4月15日，一审法院作出（2019）赣01执92号执行财产分配方案，内容为：1. 中国民生银行上海分行优先债权受偿958991.72元；2. 债权人万某平普通债权分配受偿2028777.1元；3. 债权人江西广信农村商业银行股份有限公司普通债权分配受偿100万元。

另查明，张某康于2009年4月15日购买了案涉房产，该房购房合同中约定房屋总价170万元，同日，张某康与诸某萍、陈某平及陈某签订了《房地产买卖合同之补充协议》，约定张某康以装修补偿费方式支付给诸某萍、陈某平及陈某20万元，其中张某康向中国民生银行上海分行贷款120万元。2011年6月17日，张某康与罗某筠登记结婚，2019年12月19日，两人协议离婚。根据罗某筠提交的银行个人账户对账单，张某康与罗某筠夫妻关系存续期间共计归还房贷580607.48元。

裁判结果

一审判决：一、确认罗某筠对坐落于上海市浦东新区东方路×弄×号×室房产拍卖所得价款中的1026904.69元享有受偿权；二、驳回罗某筠的其他诉讼请求。

万某平不服，提出上诉。二审裁定：一、撤销一审判决；二、驳回罗某筠的起诉。

裁判理由

二审认为，案外人执行异议之诉，是指案外人就执行标的享有足以排除强制执行之权利，请求法院不许对该标的实施执行之诉讼。案外人罗某筠对于一审法院裁定拍卖张某康持有的坐落于上海市浦东新区东方路×弄×号×室房产向一审法院提出过执行异议，罗某筠在一审法院裁定驳回了其异议请求后，向一审法院提起案外人执行异议之诉，请求停止对案涉房产的强制执行，并解除对该房产的查封。对此，一审法院作出（2018）赣01民初64号民事判决，判决驳回罗某筠的诉讼请求。

罗某筠不服该判决，向二审法院提起上诉，二审法院作出（2019）赣民终224号民事判决，判决驳回上诉，维持原判。根据生效判决的认定，案涉房产是张某康婚前个人财产与罗某筠和张某康婚后夫妻共同财产的混合体，罗某筠对该房产享有一定的实体权益，但是该实体权益尚不足以排除强制执行。可见，生效判决认定可以继续执行案涉房产。本案中，罗某筠的诉讼请求为依法判决罗某筠对被拍卖房屋享有33%产权，折合2434376.34元归罗某筠个人所有，并无明确地排除对执行标的的诉讼请求，不符合《民事诉讼法司法解释》第三百零五条“案外人提起执行异议之诉，除符合民事诉讼法第一百一十九条规定除外，还应当具备下列条件：（一）案外人的执行异议申请已经被人民法院裁定驳回；（二）有明确地排除对执行标的执行的诉讼请求，且诉讼请求与原判决、裁定无关;（三）自执行异议裁定送达之日起十五日提起……”的规定，其起诉不符合案外人执行异议之诉受理条件。罗某筠所提出的诉讼请求实质上是要求分配案涉房产拍卖款中其享有的相应份额的款项，应通过执行分配程序及相应的异议之诉解决，故一审法院执行裁定指引当事人提起执行异议之诉不当，一审法院对罗某筠的起诉进行实体审理欠妥，予以纠正。

要旨解析

本案中争议的问题是，本案是否符合案外人执行异议之诉的受理条件。《民事诉讼法》第二百二十七条（2023年修正《民事诉讼法》第二百三十八条）规定:“执行过程中，案外人对执行标的提出书面异议的，人民法院应当自收到书面异议之日起十五日内审查，理由成立的，裁定中止对该标的的执行；理由不成立的，裁定驳回。案外人、当事人对裁定不服，认为原判决、裁定错误的，依照审判监督程序办理；与原判决、裁定无关的，可以自裁定送达之日起十五日内向人民法院提起诉讼。”案外人执行异议之诉指执行当事人以外的案外人提起的对执行标的主张享有阻却执行的民事权利的诉讼。案外人执行异议之诉是执行程序衍生的诉讼，它与普通民事诉讼相比，有其特殊性。因此，提起案外人执行异议之诉，除符合提起普通民事诉讼的条件外，需要符合特定的条件。《民事诉讼法司法解释》第三百零五条2022年修正第三百零三条规定:“案外人提起执行异议之诉，除符合《民事诉讼法》第一百一十九条（2023年修正后《民事诉讼法》第一百二十二条）规定外，还应当具备下列条件:（一）案外人的执行异议申请已经被人民法院裁定驳回;（二）有明确地排除对执行标的执行的诉讼请求，且诉讼请求与原判决、裁定无关;（三）自执行异议裁定送达之日起十五日内提起。人民法院应当在收到起诉状之日起十五日内决定是否立案。”由于当事人提起案外人执行之诉的目的是排除对执行标的的执行，因此，排除执行应为其诉讼请求中的核心内容。如果当事人的诉讼请求中没有排除对执行标的执行的内容，则不符合案外人执行异议之诉的受理条件。在夫妻一方为被执行人时，配偶一方提起的请求确认其对被执行的财产享有权利并排除执行的异议之诉为案外人执行异议之诉，如果债务不是夫妻共同债务，配偶一方不是被执行人，对于夫妻关系存续期间的夫妻共同共有财产，配偶一方虽享有一定的份额，即其享有一定的实体权益，但其享有的该种权利不足以排除执行，执行法院在拍卖时应保留配偶一方对相应份额对应价款的权利。而对于被拍卖的财产中的相应份额及其价款，配偶一方本就享有权利，其在执行过程中再次提出执行异议请求确权，没有必要，且其仅要求确认其对被拍卖的夫妻共同共有财产享有相应份额以及相应份额的拍卖价款归其所有，该诉讼请求没有包含排除对执行标的执行的内容，不符合案外人执行异议之诉的受理条件。本案中，罗某筠本已提起案外人执行异议之诉，请求停止执行张某康名下的坐落于上海市浦东新区东方路 × 弄 × 号 × 室房产，在其诉讼请求被驳回后，又提起本案诉讼，请求确认其对被拍卖房屋享有33%产权，折合 2434376.34 元（7376898 × 33%）归其个人所有。由于其在本案的诉讼请求中没有包含排除对执行标的执行的内容，且其关于排除案涉执行标的执行的异议之诉已经审理，故本案不符合案外人执行异议之诉的受理条件。

编写人：吴玉萍

二审合议庭成员：彭海鹏　肖童亮　李　平

9. 父母赠与子女的房屋是家庭共有还是子女个人所有应当综合判断

——王某烨与徐某英、王某桥、万某和案外人执行异议之诉再审案

裁判要旨

父母赠与子女的房屋是家庭共有还是子女个人所有应结合房屋购买时间、购房款来源、家庭住房情况、债务发生情况等因素综合判断。

案例索引

一审：江西省峡江县人民法院（2019）赣0823民初437号

二审：江西省吉安市中级人民法院（2019）赣08民终2365号

再审：江西省高级人民法院（2020）赣民再162号

基本案情

再审申请人（一审原告、二审上诉人）：王某烨。

被申请人（一审被告、二审被上诉人）：徐某英。

原审第三人：王某桥。

原审第三人：万某和。

王某烨向江西省峡江县人民法院提起诉讼，请求：立即停止对王某烨享有所有权的坐落于抚州市赣东大道×号（君临福泰）×幢×室的房产的执行措施，并解除对房屋的查封措施。

2011年2月12日，王某烨与江西省君临福泰房地产开发有限公司签订了一份《商品房买卖合同》，合同约定王某烨向该公司购买坐落于抚州市赣东大道×号（君临福泰）×幢×室的房屋一套，并支付购房款704159元，该购房款主要由王某桥筹集。该房屋于2013年7月26日办理了房屋所有权登记，登记房屋所有权人为王某烨，房屋所有权证号为抚房权证荆字第000××××号。王某烨系王某桥之子，出生于1993年11月19日，购买上述房屋时尚在高中就读。2012年9月至2015年6月，王某烨一直在南昌理工学院建筑工程技术专科学习，于2015年7月离校。徐某英与王某桥、万某和民间借贷纠纷一案，一审法院于2018年3月30日作出（2018）赣0823民初157号民事判决书，判决王某桥、万某和于判决生效之日起五日内偿还徐某英借款本金800000元及其利息。判决生效后，王某桥、万某和未履行

还款义务，徐某英遂向该院申请执行。该院在执行过程中，于 2018 年 9 月 12 日作出（2018）赣 0823 执 158 号之一执行裁定书，裁定查封登记在王某桥之子王某烨名下上述房产一套，期限为三年；于 2018 年 10 月 18 日作出（2018）赣 0823 执 158 号之二执行裁定书，裁定拍卖上述房产。法院将上述裁定通过法院专递寄给了王某桥，也电话告知了王某烨。王某烨因不服该法院查封、拍卖登记在其名下的案涉房产所作出的（2018）赣0823执158号之一和（2018）赣0823执158号之二执行裁定，提出书面异议，该院于 2019 年 4 月 2 日作出（2019）赣 0823 执异 2 号执行裁定书，裁定驳回王某烨的异议请求。

再审另查明：徐某英与王某桥、万某和民间借贷纠纷一案，江西省峡江县人民法院于 2018 年 3 月 30 日作出（2018）赣 0823 民初 157 号民事判决，其中查明 2015 年 7 月 30 日、9 月 19 日徐某英分别向万某和转款，2015 年 9 月 25 日，王某桥、万某和向徐某英出具借条，载明今借到徐某英 80 万元。法院经审理，判决王某桥、万某和偿还徐某英借款本金 80 万元及利息。

裁判结果

一审判决：驳回王某烨的诉讼请求。

王某烨不服提出上诉。二审判决：驳回上诉，维持原判。

王某烨申请再审。再审判决：一、撤销一审、二审判决；二、不得执行登记在王某烨名下坐落于抚州市赣东大道 × 号（君临福泰）× 幢 × 号房产。

裁判理由

再审认为，案涉房产是王某烨个人所有还是王某桥、王某烨家庭共有，王某烨对于案涉的执行房产是否可以排除强制执行，应结合房屋购买时间、购房款来源、家庭住房情况、债务发生情况等因素综合判断。本案王某烨享有足以排除强制执行的权利，理由如下：1. 根据原《物权法》的规定，不动产物权的设立应当依照法律规定登记，不动产权属证书是权利人享有该不动产物权的证明。案涉房产办理了所有权登记，房屋产权证书上登记的所有权人为王某烨。房屋产权登记具有公示、公信的效力，依据不动产权属证书的记载，王某烨为案涉房屋的所有权人。2. 不论是购房款还是房产，王某桥和王某烨在原审和再审中均提出未赠与。案涉房屋买卖合同签订时王某烨虽为未成年人，购房款也是其父王某桥筹集的，但法律并未排除未成年人纯获利益的行为，且该赠与行为未违反法律、行政法规强制性规定，亦不违背公序良俗，应为合法有效。王某桥将该房产登记在王某烨名下，此时赠与的事实应认定已成立。二审认为赠与合同是双方行为，须当事人双方意思表示一致才能成立，本案中并未有相应证据予以证实。但本案赠与合同的双方即为王某桥和王某烨，在赠与标的物案涉房产已登记在王某烨名下，且双方对于赠与事实均认可的情况下，二审仍要求就赠与事实进一步举证，存在错误。3. 王某桥在老家有自建住房，且在办理案涉房屋所有权登记时王某烨已成年，具有管理和处分财产的权利能力和行为能力。房屋权属证书上登记的所有权人仅为王某烨一人，二审推定案涉房屋为父母子女的家庭共同共有财产，缺乏事实和法律依据。4. 案涉房屋购买于 2011 年，2013 年登记在王某烨名下，而王某桥与徐某英的借贷发生于 2015 年，从时间节点上来看，案涉房屋的购买、登记时间均早于借贷债务形成时间，不足以认定王某桥将案涉房屋登记在王某烨名下是为了逃避其与徐某英债务的履行。5. 徐某英与王某桥借贷关系发生时，案涉房产已登记在王某烨名下，根据物权公示原则，应推定徐某英对该房产登记事实知晓，其在借贷时并未对王某桥个人的偿债能力质疑，可见案涉房产不作为债之担保，并未超出徐某英借款时的可信赖利益的保护，执行法院在借贷案件执行程序中直接执行案涉房产，缺乏法律依据。

要旨解析

本案涉及两个问题，一是对父母出资购买并登记在其未成年子女名下房产的所有权归属如何认定。二是父母欠债，案涉房屋是否能被强制执行。

关于第一个问题，现实中父母将自己出资购买的房产登记在其未成年子女名下属于普遍现象，如何进行权属认定，涉及案涉房屋是否系父母赠与子女，赠与是否成立并生效的问题。根据原《合同法》第一百八十五条（现为《民法典》第二百五十七条）规定，“赠与合同是赠与人将自己的财产无偿给予受赠人，受赠人表示接受赠与的合同”。因此，赠与合同系双方法律行为、诺成合同，即当事人双方意思表示一致时合同即成立，自成立时生效，但是法律另有规定或者当事人另有约定的除外。案涉赠与合同一方系十周岁以上的未成年人，其意思表示如何认定，根据原《民法通则》第十二条规定，“十周岁以上的未成年人是限制民事行为能力人，可以进行与他的年龄、智力相适应的民事活动；其他民事活动由他的法定代理人代理，或者征得他的法定代理人的同意”。由于赠与合同为纯获利益的合同，因此，限制民事行为能力人可以是受赠人。根据原《最高人民法院关于贯彻执行〈民法通则〉若干问题的意见（试行）》第一百二十九条规定，“赠与人明确表示将赠与物赠给未成年人个人的，应当认定该赠与物为未成年人的个人财产”。根据原《物权法》第十四条（现为《民法典》第二百一十四条）规定，“不动产物权的设立、变更、转让和消灭，依照法律规定应当登记的，自记载于不动产登记簿时发生效力”。需要注意的是，《民法典》第十九条规定：“八周岁以上的未成年人为限制民事行为能力人，实施民事法律行为由其法定代理人代理或者经其法定代理人同意、追认；但是，可以独立实施纯获利益的民事法律行为或者与其年龄、智力相适应的民事法律行为”。第二十条规定：“不满八周岁的未成年人为无民事行为能力人，由其法定代理人代理实施民事法律行为”。即《民法典》将限制民事行为能力人和无民事行为能力的年龄标准从“十周岁”降至“八周岁”，同时确立“可以独立实施纯获利益的民事法律行为”的规则。本案中，案涉房屋系父亲王某桥出资购买并登记在儿子王某烨一人名下，且已办理不动产登记手续，说明双方之间的赠与合同已经成立生效，并已履行完毕，且可以认定案涉房屋系王某桥赠与王某烨的个人财产，并非家庭共有财产。二审认为本案中没有相应证据证实案涉赠与行为获得王某桥和王某烨双方意思表示一致，推定案涉房屋为父母子女的家庭共同共有财产，系认定错误。

关于第二个问题，父母欠债，案涉房屋是否能被强制执行，涉及子女基于被赠与享有的权利是否能对抗申请执行人的问题，应结合房屋购买时间、购房款来源、家庭住房情况、债务发生情况等因素综合判断。根据《民事诉讼法司法解释》（2022 年修正）第三百零五条的规定，案外人提起执行异议之诉，必须有明确地排除对执行标的执行的诉讼请求。而案外人诉讼请求的依据是其对执行标的享有实体权益，且法院的强制执行措施会妨害其所享有的实体权益。首先，从房屋购买时间来看，案涉房屋购买于 2011 年，2013 年登记在王某烨名下，王某桥与徐某英的借贷发生于 2015 年，案涉房屋的购买、登记时间均早于借贷债务形成时间。其次，从购房款来源看，系父亲王某桥出资，在原审和再审中王某桥和王某烨均提出为赠与，如上所述，限制民事行为能力人拥有一定的民事权利能力，可以接受纯获利益的赠与。再次，从家庭住房情况来看，王某桥在老家有自建住房，房屋权属证书上登记的所有权人为王某烨，登记时王某烨已成年，具有完全民事行为能力，拥有管理和处分财产的权利和能力。最后，从债务发生情况来看，徐某英与王某桥借贷关系发生时，案涉房产已登记在王某烨名下。根据原《物权法》第六条（现为《民法典》第二百零八条）规定，“不动产物权的设立、变更、转让和消灭，应当依照法律规定登记”。即物权的变动应当遵循物权公示原则，物权在设立和变动时，必须将物权设立和变动的事实通过一定的公示方式向社会公开，从而使第三人知道物权变动的情况，以避免第三人遭受损害并保护交易安全。根据《办理执行异议和复议案件若干问题的规定》第二十五条第一款第（一）项的规定，案外人对已登记的不动产提起异议，人民法院应当按照不动产登记簿判断。不动产登记的此种推定力是对证明责任的分配。本案中，王某烨提供证据证明其在徐某英与王某桥借贷关系发生之前，已经通过王某桥的赠与行为获得了案涉房屋的所有权，且系作为未成年子女接受父母的合法赠与，根据物权公示原则，徐某英对此事实知道或者应当知道，该事实并未超出徐某英借款时对王某桥责任财产的认知，也未妨碍徐某英对王某桥可信赖利益的保护，不足以认定王某桥将案涉房屋登记在王某烨名下是为了逃避其与徐某英债务的履行。徐某英未提供证据证明案涉赠与行为未成立、可撤销或者具有无效情形，也未提供充分证据证明其权利足以对抗王某烨的权利，其应承担举证不能的法律后果。

编写人：陈　慧

再审合议庭成员：熊　伟　胡爱菊　刘　瑾

10. 申请执行人不能申请执行公司自有财产清偿公司股东的债务

——许某飞、谢某金与巴中某房地产开发有限公司、陈某博
申请执行人执行异议之诉二审案

裁判要旨

公司财产与股东财产各自独立，如被执行人是公司股东，申请执行人不能申请执行公司的自有财产清偿被执行人的债务。

案例索引

一审：江西省新余市中级人民法院（2016）赣05民初30号

二审：江西省高级人民法院（2017）赣民终38号

基本案情

上诉人（一审原告）：许某飞。

上诉人（一审原告）：谢某金。

被上诉人（一审被告）：巴中某房地产开发有限公司（以下简称房地产开发公司）。

被上诉人（一审被告）：陈某博。

许某飞、谢某金向一审法院起诉请求：判令恢复执行房地产开发公司的财产。

许某飞、谢某金于2013年9月11日就其与陈某博股权转让合同纠纷向深圳仲裁委员会申请仲裁。深圳仲裁委员会于2014年5月28日作出〔2014〕深仲裁字第492号裁决书。裁决书生效后，因陈某博不履行该裁决书，许某飞、谢某金向一审法院申请执行。

一审法院于2014年7月21日向陈某博发出执行通知书，但其未履行相关法律义务，该院故于2015年10月20日作出（2014）余执字第65-2号执行裁定书，裁定划拨、冻结陈某博银行存款30221825元或查封、扣押、拍卖同等价值财产（或投资于房地产开发公司60%的份额财产，或投资于房地产开发公司数额720万元）。2015年10月26日，一审法院实际冻结房地产开发公司在中国工商银行股份有限公司巴中回风支行的银行存款1152089.81元；10月27日，一审法院查封房地产开发公司开发的中泉国际广场2号楼共20套房屋，总共面积约1665平方米。房地产开

发公司以其不是该案被执行人为由，向一审法院提出书面异议，请求解除对该公司资产的查封、扣押、拍卖的强制措施，中止对该公司资产的执行。一审法院于 2016 年 1 月 28 日作出（2016）赣 05 执异 1 号执行裁定书，认为陈某博在房地产开发公司持有 60% 的股份，并非直接对应在该公司有 60% 的财产，不能以执行陈某博的财产为由执行房地产开发公司的财产，在执行过程中未查明陈某博在房地产开发公司有分红或其他收益，即冻结该公司的银行存款及查封其房产，没有事实和法律依据，房地产开发公司所提异议理由成立，遂裁定解除对房地产开发公司财产的强制措施，中止对该公司财产的执行。该裁定于 2016 年 1 月 29 日送达给许某飞、谢某金，许某飞、谢某金于 2016 年 2 月 14 日向一审法院提起诉讼。

另查明，房地产开发公司于 2012 年 6 月 26 日依法成立，属有限责任公司（自然人投资或控股），法定代表人为陈某博。该公司注册资本 1200 万元。成立之初，陈某博的出资额为 840 万元，出资比例为 70%。2012 年 12 月 4 日陈某博的出资额变更为 720 万元，出资比例变更为 60%。2016 年 3 月 10 日，该公司的法定代表人由陈某博变更为黄劲刚。

裁判结果

一审判决：驳回许某飞、谢某金的诉讼请求。

许某飞、谢某金不服提出上诉。二审判决：驳回上诉，维持原判。

裁判理由

二审认为，房地产开发公司并非许某飞、谢某金的债务人，虽然陈某博在 2017 年 1 月 15 日之前为房地产开发公司的股东，享有该公司 60% 的股权，但其与房地产开发公司为不同的民事主体，其所持有的股权并不当然物化为房地产开发公司的具体财产，房地产开发公司的自有财产并不能直接用来清偿陈某博所承担的债务，故许某飞、谢某金主张执行房地产开发公司财产的理由不成立。至于房地产开发公司是否应提供相应财务凭证来确定陈某博的薪酬、股息及红利问题，因本案是解决房地产开发公司的财产是否应当被执行的问题，而房地产开发公司并非被执行人，其作为协助执行人，如有违反协助义务的行为，可在执行程序中解决，并非本案审理的范围。

要旨解析

本案涉及公司财产的独立性问题。《公司法》第三条规定：“公司是企业法人，有独立的法人财产，享有法人财产权。公司以其全部财产对公司的债务承担责任。有限责任公司的股东以其认缴的出资额为限对公司承担责任；股份有限公司的股东以其认购的股份为限对公司承担责任”；第四条规定，“公司股东依法享有资产收益、参与重大决策和选择管理者等权利”。《民法典》第五十七条规定：“法人是具有民事权利能力和民事行为能力，依法独立享有民事权利和承担民事义务的组织”；第五十九条规定：“法人的民事权利能力和民事行为能力，从法人成立时产生，到法人终止时消灭”；第六十条规定：“法人以其全部财产独立承担民事责任”。公司财产的独立性，意即公司的全部财产为公司所拥有的独立财产，包括以下含义：1. 公司的财产独立于其他公司和自然人的财产，彼此不相混同；2. 公司的财产独立于公司发起人、股东、成员等的财产。

股东财产与公司财产各自独立，这是公司运行的基本原则。最高人民法院执行工作办公室《关于攀枝花市国债服务部与重庆市涪陵财政国债服务部证券回购纠纷执行请示案的复函》载明，“根据《公司法》第四条（现为第三条）第二款规定：‘公司享有由股东投资形成的全部法人财产权，依法享有民事权利，承担民事责任。’因此，具有独立法人资格的重庆市涪陵国有资产经营公司（以下简称经营公司）对其持有的‘长丰通信’国家股股票享有全部的财产权。被执行人重庆涪陵区财政局虽然投资开办了经营公司，并占有其100%的股权，但其无权直接支配经营公司的资产，其权利只能通过处分其股权或者收取投资权益来实现。因此，执行法院只能执行涪陵区财政局在经营公司的股权或投资权益，而不能直接执行经营公司所有的股票”。最高人民法院于2021年11月15日通过《关于人民法院强制执行股权若干问题的规定》，其中第二条规定，“被执行人是公司股东的，人民法院可以强制执行其在公司持有的股份，不得直接执行公司的财产”，该规定于2022年1月1日起施行。本案中，许某飞、谢某金是债权人，陈某博是债务人，许某飞、谢某金申请执行的是陈某博的财产。陈某博在房地产开发公司享有60%的股权系陈某博的财产，许某飞、谢某金可申请执行该60%的股权。但房地产开发公司与陈某博为不同的民事主体，也并非许某飞、谢某金的债务人，房地产开发公司的财产与股东陈某博财产各自独立，房地产开发公司的自有财产并不能直接用来清偿陈某博所承担的债务。

编写人：陈　慧

二审合议庭成员：彭海鹏　肖童亮　李　平

11.“案外人”与“利害关系人”的界定

——方某春诉张某、李某贞申请执行人执行异议之诉二审案

裁判要旨

1.案外人执行异议中的“案外人”是指执行当事人以外的对执行标的主张享有排除强制执行的民事权益的主体。

2.在财产已被查封、扣押、冻结后，被执行人将同一财产通过仲裁程序确权或者分割给案外人，案外人依据仲裁裁决申请执行，仲裁裁决的执行法院执行该财产，在先查封的另案申请执行人对该执行标的主张处分权，系对执行行为提出异议而非作为“案外人”对执行标的提出案外人执行异议，申请执行人对执行法院针对该异议作出的裁定不服，应通过执行异议复议程序，而非案外人异议及案外人异议之诉程序或申请执行人执行异议之诉程序救济。

案例索引

一审：江西省南昌市中级人民法院（2018）赣01民初191号

二审：江西省高级人民法院（2019）赣民终53号

基本案情

上诉人（原审被告）：张某。

被上诉人（原审原告）：方某春。

原审第三人：李某贞。

方某春向一审法院起诉请求：撤销一审法院（2016）赣01执异61号执行裁定书，恢复一审法院（2015）洪中执字第539-1号执行裁定书，判决将李某贞名下南昌市青山湖区湖滨东路2888号万科青山湖名邸65#××单元××室过户给方某春。

2014年4月6日，通过江西省鸿基房产置换有限公司（以下简称鸿基公司）居间介绍，方某春、李某贞及鸿基公司签订了一份《南昌市城市房屋存量房买卖居间合同》，合同约定：方某春以总价248万元从李某贞处购买涉案房屋，即南昌市青山湖区湖滨东路万科青山湖名邸65#××单元××室的房产，李某贞同意在收到首付款当日内，通知方某春正式办理房屋交接手续，李某贞应在2014年5月15日前将房屋过户给方某春。合同签订后，方某春于当日按照约定向居间人鸿基公司支付了五万元的购房定金，2014年4月11日，方某春通过银行转账的方式向李某贞支付了145万元。同日，李某贞在居间人的见证下向方某春出具了收条。2014年4月

11日，李某贞向方某春出具了一份经过公证的《委托书》，明确委托方某春就本案所涉房产代为办理交房、领取房产证等相关事宜。方某春自2014年6月起即对本案所涉房产进行装修并入住。在办理过户登记过程中，李某贞因与张某之间的债务纠纷，涉案房屋于2014年5月12日被苏州工业园区人民法院查封。因涉案房屋一直被查封，导致李某贞一直无法按照合同约定将房屋过户给方某春，方某春后于2015年1月4日向南昌仲裁委员会提起仲裁，并对涉案房屋进行保全，2015年11月4日，在仲裁庭的组织下，方某春与李某贞达成和解协议，李某贞将涉案房屋过户给方某春，方某春在扣除预付的仲裁费、保全费、公告费后应向李某贞支付剩余的购房款1000540元，南昌仲裁委员会制作了（2015）洪仲调字第2号调解书。在调解书生效后，方某春向一审法院申请执行，在执行过程中，方某春将剩余的房款1000540元付至该院，该院于2016年5月12日制作了（2015）洪中执字第539-1号执行裁定书，裁定将李某贞所有的坐落于南昌市青山湖区湖滨东路2888号万科青山湖名邸65#××单元××室的房产过户到方某春名下。后张某对该裁定书提出了书面异议，一审法院作出（2016）赣01执异61号执行裁定书，撤销了（2015）洪中执字第539-1号执行裁定书中将涉案房屋过户给方某春的裁定。该院也已将方某春交付的剩余房款1000540元予以退回。

裁判结果

一审法院判决：准许执行李某贞名下位于南昌市青山湖区湖滨东路2888号万科青山湖名邸65#××单元××室的房产过户给方某春（方某春同时应按执行法院的要求支付剩余购房款1000540元）。

张某不服，提出上诉。二审法院裁定：一、撤销一审判决；二、驳回方某春的起诉。

裁判理由

二审认为，本案的争议焦点为：在方某春申请执行（2015）洪仲调字第2号调解书一案中，应否准许执行李某贞名下的诉争房产。解决本案争议问题的前提条件是本案符合申请执行人执行异议之诉案件的受理条件。《民事诉讼法司法解释》第三百零六条规定："申请执行人提起执行异议之诉，除符合民事诉讼法第一百一十九条规定外，还应当具备下列条件：（一）依案外人执行异议申请，人民法院裁定中止执行；（二）有明确的对执行标的继续执行的诉讼请求，且诉讼请求与原判决、裁定无关；（三）自执行异议裁定送达之日起十五日内提起。人民法院应当在收到起诉状之日起十五日内决定是否立案。"根据该条第一款第一项，提起申请执行人执行异议之诉的前提条件是案外人对执行标的提起了案外人执行异议，执行法院裁定对执行标的中止执行，而申请执行人不服该中止执行裁定，认为依法应对争议的执行标的许可执行。案外人执行异议中的"案外人"有其特定的含义，并非执行当事人以外的任何人，“案外人”的范围应结合《民事诉讼法》（2017 年修正）第二百二十七条和《民事诉讼法司法解释》第三百一十二条予以界定。《民事诉讼法》（2017 年修正）第二百二十七条规定：“执行过程中，案外人对执行标的提出书面异议的，人民法院应当自收到书面异议之日起十五日内审查，理由成立的，裁定中止对该标的的执行；理由不成立的，裁定驳回。案外人、当事人对裁定不服，认为原判决、裁定错误的，依照审判监督程序办理；与原判决、裁定无关的，可以自裁定送达之日起十五日内向人民法院提起诉讼。”《民事诉讼法司法解释》第三百一十二条规定：“对案外人提起的执行异议之诉，人民法院经审理，按照下列情形分别处理：（一）案外人就执行标的享有足以排除强制执行的民事权益的，判决不得执行该执行标的；（二）案外人就执行标的不享有足以排除强制执行的民事权益的，判决驳回诉讼请求。案外人同时提出确认其权利的诉讼请求的，人民法院可以在判决中一并作出裁判。”因此，案外人执行异议中的“案外人”是指执行当事人以外的对执行标的主张享有排除强制执行的民事权益的主体。本案中，虽然一审法院（2016）赣 01 执异 61 号执行裁定书将张某列为案外人，并将其异议按照案外人执行异议予以处理，但张某并非《民事诉讼法》（2017 年修正）第二百二十七条规定的“案外人”。理由是：本案中，方某春就其与李某贞房屋买卖合同纠纷一案于 2015 年 1 月 4 日向南昌仲裁委员会申请仲裁，南昌仲裁委员会于 2015 年 11 月 6 日作出（2015）洪仲调字第 2 号调解书，之后，方某春向一审法院申请强制执行该调解书，在执行过程中，该院于 2016 年 5 月 12 日作出（2015）洪中执字第 539-1 号执行裁定书，裁定将诉争房产过户登记至方某春名下。而诉争房产在方某春申请仲裁之前的 2014 年 5 月即已因张某与李某贞借款合同纠纷一案被苏州工业园区人民法院预查封。张某与李某贞借款合同纠纷一案的生效调解书，已由张某申请强制执行，并由苏州工业园区人民法院委托江西省南昌市青山湖区人民法院执行。因两案的执行标的均为诉争房屋，故方某春与张某产生争议。张某在一审法院强制执行（2015）洪仲调字第 2 号调解书过程中提出异议，异议的理由如下：在其与李某贞借款合同纠纷一案诉讼过程中已经查封了诉争房屋，在查封期间，李淑贞与方某春明知诉争房屋被查封而进行仲裁并取得仲裁调解书，该仲裁调解书依法应认定无效，请求撤销（2015）洪中执字第 539-1 号执行裁定书，诉争房屋的处分权归其所有。二审认为，民事权益包括人身权益和物权、债权、知识产权、股权等财产权益。张某主张的是其在强制执行过程中对执行标的所享有的处分权，并非主张对诉争执行标的享有排除强制执行的民事权益。因此，张某是作为另案的申请执行人对一审法院的执行行为提出异议而非作为“案外人”对执行标的提出案外人执行异议。《民事诉讼法》第二百二十五条规定：“当事人、利害关系人认为执行行为违反法律规定的，可以向负责执行的人民法院提出书面异议。当事人、利害关系人提出书面异议的，人民法院应当自收到书面异议之日起十五日内审查，理由成立的，裁定撤销或者改正；理由不成立的，裁定驳回。当事人、利害关系人对裁定不服的，可以自裁定送达之日起十日内向上一级人民法院申请复议。”该条中的“利害关系人”指执行当事人以外，因强制执行而侵害到其法律权益的公民、法人和其他组织。张某即属于该条规定的利害关系人。根据《民事诉讼法》第二百二十五条，当事人、利害关系人对法院作出的执行异议裁定不服，不得提起异议之诉，而应通过执行复议程序救济。本案中张某提出的执行异议不属于案外人执行异议而是对一审法院的执行行为的异议，方某春对一审法院作出的（2016）赣 01 执异 61 号执行裁定不服，可通过执行复议程序救济。另外，《民事诉讼法司法解释》第四百七十九条规定：“在执行中，被执行人通过仲裁程序将人民法院查封、扣押、冻结的财产确权或者分割给案外人的，不影响人民法院执行程序的进行。案外人不服的，可以根据民事诉讼法第二百二十七条规定提出异议。”方某春作为诉争房屋的买受人，其就张某与李某贞借款合同纠纷一案对诉争房屋的执行有异议，亦可以依据该规定及《办理执行异议和复议案件若干问题的规定》第二十八条以案外人的身份向张某与李某贞借款合同纠纷一案的执行法院即受委托执行的江西省南昌市青山湖区人民法院提起案外人执行异议，对执行法院作出的裁定不服的，可以向执行法院提出案外人执行异议之诉。一审法院（2016）赣 01 执异 61 号执行裁定适用《民事诉讼法》（2017 年修正）第二百二十七条的规定裁定中止对诉争房屋的执行，将张某提出的执行行为异议作为案外人执行异议处理，并告知当事人自裁定送达之日起十五日内向人民法院提起诉讼，适用法律错误。由于一审法院执行裁定指引错误，进而导致其将本案作为申请执行人执行异议之诉予以受理，导致受理错误。

要旨解析

本案中争议的问题是本案是否符合申请执行人执行异议之诉的受理条件，主要涉及《民事诉讼法》第二百二十七条（2023 年修正《民事诉讼法》第二百三十八条）中的“案外人”和《民事诉讼法》第二百二十五条（2023 年修正《民事诉讼法》第二百三十九条）中的“利害关系人”如何理解。《民事诉讼法》第二百二十七条（2023 年修正《民事诉讼法》第二百三十八条）规定：“执行过程中，案外人对执行标的提出书面异议的，人民法院应当自收到书面异议之日起十五日内审查，理由成立的，裁定中止对该标的的执行；理由不成立的，裁定驳回。案外人、当事人对裁定不服，认为原判决、裁定错误的，依照审判监督程序办理；与原判决、裁定无关的，可以自裁定送达之日起十五日内向人民法院提起诉讼。”该条中的“案外人”是指执行当事人以外的对执行标的主张享有阻却执行的权利人。

《民事诉讼法》第二百二十五条（2023 年修正《民事诉讼法》第二百三十六条）规定：“当事人、利害关系人认为执行行为违反法律规定的，可以向负责执行的人民法院提出书面异议。当事人、利害关系人提出书面异议的，人民法院应当自收到书面异议之日起十五日内审查，理由成立的，裁定撤销或者改正；理由不成立的，裁定驳回。当事人、利害关系人对裁定不服的，可以自裁定送达之日起十日内向上一级人民法院申请复议。”该条中的“利害关系人”指执行当事人以外，因强制执行而侵害到其法律权益的公民、法人和其他组织。根据《民事诉讼法》第二百二十七条（2023 年修正《民事诉讼法》第二百三十八条），案外人以其对执行标的主张享有足以排除强制执行的权利而提出异议，当事人或案外人对法院作出的执行异议裁定不服，与原判决、裁定无关的，案外人才可以提起案外人异议之诉，申请执行人才可以提起申请执行人执行异议之诉。根据《民事诉讼法》第二百二十五条（2023 年修正《民事诉讼法》第二百三十六条），当事人、利害关系人对法院作出的执行异议裁定不服，不得提起异议之诉，而应通过执行复议程序救济。《民事诉讼法司法解释》（2022 年修正）第四百七十九条（2022 年修正《民事诉讼法司法解释》第四百七十七条）规定：“在执行中，被执行人通过仲裁程序将人民法院查封、扣押、冻结的财产确权或者分割给案外人的，不影响人民法院执行程序的进行。案外人不服的，可以根据民事诉讼法第二百二十七条（2023 年修正《民事诉讼法》第二百三十八条）规定提出异议。”因此，在法院已经对某一财产采取查封、扣押、冻结措施，案件已经进入执行程序时，被执行人又通过仲裁程序将法院查封、扣押、冻结的同一财产确权或者分割给案外人，在先查封同一财产的案件执行程序不受影响。仲裁裁决案件申请执行人可以在先查封同一财产的案件执行程序中提出案外人执行异议。而在仲裁裁决案件的执行过程中，在先查封同一财产的案件申请执行人以其查封在先，被执行人与案外人明知财产已被查封而进行仲裁并取得仲裁调解书，该仲裁调解书依法应认定无效，请求撤销仲裁案件执行过程中对同一财产作出的执行裁定，并主张其对同一财产享有处分权。此时，在先查封同一财产的案件的申请执行人主张的是其在强制执行过程中对执行标的所享有的处分权，并非主张对诉争执行标的享有排除强制执行的民事权益。因此，在先查封同一财产的案件的申请执行人是作为另案的申请执行人对仲裁裁决执行案件的执行行为提出异议而非作为“案外人”对执行标的提出案外人执行异议，其不是《民事诉讼法》第二百二十七条（2023 年修正《民事诉讼法》第二百三十八条）规定的“案外人”，而是《民事诉讼法》第二百二十五条（2023 年修正《民事诉讼法》第二百三十六条）规定的“利害关系人”。根据《民事诉讼法》第二百二十五条（2023 年修正《民事诉讼法》第二百三十六条），当事人、利害关系人对法院作出的执行异议裁定不服，不得提起异议之诉，而应通过执行复议程序救济。本案中张某提出的执行异议不属于案外人执行异议而是对执行行为的异议，方某春对执行法院针对张某提出的异议所作出的执行裁定不服，可通过执行复议程序救济，而非申请执行人执行异议之诉救济。

编写人：吴玉萍

二审合议庭成员：彭海鹏　吴玉萍　刘伟伟

12. 执行分配方案异议之诉只审查执行分配方案是否依照法律规定确定债权分配顺序及数额

——景德镇市某投资控股集团有限公司与景德镇市某旅游发展有限公司等执行分配方案异议之诉二审案

裁判要旨

1. 执行分配方案异议之诉的目的是基于已经生效法律文书确认的债权，通过对被执行人财产分配方案的审查，确保各债权人依照执行分配方案确定的债权顺序和数额公平受偿。

2. 执行分配方案异议之诉既不另行确认债权人的债权，也不重新拟定新的执行分配方案，只是审查已经制定的执行分配方案是否依照法律规定确定债权分配顺序及数额。

案例索引

一审：江西省景德镇市中级人民法院（2019）赣02民初61号

二审：江西省高级人民法院（2019）赣民终660号

基本案情

上诉人（原审原告）：景德镇市某投资控股集团有限公司（以下简称国资公司）。

被上诉人（原审被告）：景德镇市某旅游发展有限公司（以下简称旅游公司）。

被上诉人（原审被告）：景德镇华声物业有限公司（以下简称华声公司）。

被上诉人（原审被告）：江某民。

被上诉人（原审被告）：徐某莲。

被上诉人（原审被告）：夏某奇。

被上诉人（原审被告）：景德镇市某典当有限公司（以下简称典当公司）。

被上诉人（原审被告）：余某周。

被上诉人（原审被告）：谭某。

被上诉人（原审被告）：江西银行股份有限公司某分行（以下简称江西银行某分行）。

被上诉人（原审被告）：余某。

被上诉人（原审被告）：吴某发。

国资公司向一审法院起诉请求：撤销江西省景德镇市中级人民法院作出的（2011）景执字第 24 号执行财产分配方案，并确定华声公司所有的景德镇市珠山区马鞍山路 ×× 号临街一栋大楼一层 1-10 号八间店面拍卖所得款 8353700 元以及租金 100000 元（合计 8453700 元），国资公司应分配 366 万元本金、利息（包括利息、逾期利息、加倍的迟延履行利息）以及垫付的 1 万元拍卖挂网费用共计 8389900 元。一审法院在执行申请执行人国投公司与被执行人旅游公司、华声公司、江某民、徐某莲借款合同纠纷一案过程中，因被执行人华声公司可供执行的资产不足以清偿全部债务，债权人夏某奇、典当公司、谭某、余某周、江西银行景德镇分行、吴某发书面申请参与分配华声公司的财产。可供执行的被执行人变现款项数额为 8453700 元。

一审法院在执行过程中审查认为，第一，根据原《担保法》第三十三条、第四十六条及原《物权法》第一百七十三条相关法律规定，债权人国投公司的抵押贷款人民币本金 366 万元及利息是用被执行人华声公司房产进行抵押的，属于法定优先权，应予优先支付，但考虑此次仅处置变现被执行人华声公司一处抵押物，参与分配的债权人及债权金额众多，本分配方案仅优先受偿债权本金，利息及实现债权的相关费用此次不予考虑。第二，承租人彭某生的破除租赁费及经济损失 2389000 元，属于破除被拍卖标的租赁以便于处置变现而产生的共益债务，应从被拍卖标的成交款中优先支付，但上述费用仅考虑应退租金部分 1638000 元，利息损失 515900 元属于间接损失不予支持，装修费用 235100 元属于直接损失费用，支持一半即 117550 元，因为从起租装修到现在用了一半时间，装修价值减损理应减半考虑。被执行人华声公司提出的破租费用 2389000 元应该扣减 2018 年 1 月至 2018 年 12 月一年的租金 156000 元，根据其与承租人彭某生于 2017 年 11 月 30 日签订的双方协议书约定，双方同意租赁协议从 2008 年 6 月至 2017 年 12 月止，破租费用及经济损失 2389000 元是从 2008 年 1 月开始计算至 2028 年 6 月，按协议要求承租人彭某生在确定破租费用及经济损失之后，应该在 2017 年 12 月搬离，实际上承租人又使用了 2018 年 1 月至 12 月这一年，对此，根据双方协议，承租人彭某生应于 2018 年 1 月搬离，但由于华声公司提出破产诉讼，导致本案执行程序终止，彭某生推迟一年搬离，其责任应由华声公司承担，因此，2018 年一年的租金仍应退还承租人彭某生，另考虑彭某生的搬迁实际困难，同意支付其 1 万元搬迁费用。综上，承租人彭某生此次能够得到优先受偿的金额为 1765550 元。第三，根据《江西省高级人民法院关于委托评估、拍卖和变卖工作办法》第十五条规定，被执行人财产需评估的，不预交评估费，评估费由人民法院审判、执行部门从司法拍卖、变卖成交或抵偿的价款中优先扣付给评估机构。因此，评估公司江西中磊房地产评估事务所有限公司景德镇分公司接受委托对被执行人相关资产进行评估产生的评估费 63800 元理应从执行款中优先支付。第四，申请执行人夏某奇的该笔债权最早进入法院执行程序，也最早对被执行人华声公司上述资产采取强制执行措施，根据《民事诉讼法司法解释》第五百一十六条规定：当事人不同意移送破产或者被执行人住所地人民法院不受理破产案件的，执行法院就执行变价所得财产，在扣除执行费用及清偿优先受偿的债权后，对于普通债权，按照财产保全和执行中查封、扣押、冻结财产的先后顺序清偿;《执行工作若干问题的规定（试行）》第八十八条规定：多份生效法律文书确定金钱给付内容的多个债权人分别对同一被执行人申请执行，各债权人对执行标的物均无担保物权的，按照执行法院采取执行措施的先后顺序清偿。据此，申请执行人夏某奇的该笔债权 206059.65 元，也应该从被执行人华声公司的执行财产中予以先行支付。第五，债权人江西银行某分行提交参与分配执行财产的申请书中载明不按债权本金 330 万元参与分配，其明确表示在本次执行财产分配方案中仅申请领取 50 万元，且承诺待其本身抵押物变现后同意扣除本次已经领取的参与分配执行款 50 万元。一审法院经审查认为，申请执行人自愿放弃按债权金额及分配比例进行受偿的上述请求不损害其他债权人的利益，予以支持。第六，债权人吴某发与被执行人华声公司的 8 万元违约金已经受偿完毕，此次参与分配方案就不再考虑债权人吴某发的参与分配请求。最后，除上述优先受偿支付的债权金额 6818859.65 元之外的其他所有债权人的债权均按普通债权统一适用执行财产参与分配制度，因本案被执行人涉诉进入执行程序的债权人较多且涉执行债权数额巨大，被执行人华声公司已变现资产明显不足以清偿上述全部债务。因此，上述普通债权人可参与分配的数额仅考虑生效法律文书确定的债权本金，债权利息及为兑现债权而产生的案件受理费、保全费、执行费、评估费、拍卖费等费用均不纳入执行财产参与分配范围，上述普通债权均依法按照各个执行案件债权金额所占可分配债权的比例进行分配。被执行人华声公司上述被拍卖房产的拍卖成交变现款为人民币 8353700 元，另在执行过程中，依法提取了被执行人店面租金 10 万元，即可供执行的被执行人华声公司的执行款金额为人民币 8453700 元。扣除债权人国投公司的抵押贷款优先权人民币本金 366 万元、承租人彭某生的破租费及经济损失 1765550 元、江西中磊房地产评估事务所有限公司景德镇分公司评估费 63800 元、夏某奇商品房买卖合同纠纷购房款余款 206059.65 元、江西银行某分行承诺仅申请领取 50 万元外，被执行人华声公司剩余可供执行的财产金额为 2424290.35 元，一审法院决定这次纳入参与分配的金额为 1577815.35 元，剩余金额 680475 元待下次处理被执行人华声公司其他资产变现时再进行分配。上述所有参与分配的一般普通债权本金总额为 2246800 元，参与分配比例为 70.225%。

一审法院确定各债权人受偿顺序及数额如下：1. 国投公司，执行依据为（2010）景民二初字第 11 号及（2012）景民二初字第 6 号民事判决书。可分金额为 366 万元（优先受偿，须扣除执行费 39000 元）；2. 承租人彭某生破除租赁费 1765550 元（优先受偿）；3. 江西中磊房地产评估事务所有限公司景德镇分公司评估费用 63800 元（优先受偿）；4. 夏某奇商品房买卖合同纠纷购房款余款 206059.65 元，执行依据为

（2011）珠民二初字第9号民事判决书（优先受偿，须扣除执行费2990.89元）；5.江西银行景德镇分行借款合同纠纷本金 330 万元及 30 万元，执行依据分别为（2015）珠民二初字第 212 号及（2009）珠民一初字第 142 号民事调解书。自愿放弃按参与分配比例受偿，明确承诺仅领取 50 万元（须扣除执行费 7400 元）；6. 典当公司民间借贷纠纷债权本金 30 万元，执行依据为（2009）珠民二初字第 4 号民事判决书，按分配比例可得 210675 元（须扣除执行费 3060 元）；7. 谭某民间借贷纠纷债权本金 58 万元，执行依据为（2009）珠民一初字第 54 号民事判决书，按分配比例可得 407305 元（须扣除执行费 6009.5 元）；8. 余某的民间借贷纠纷债权余款 86800 元，执行依据为（2009）珠民一初字第 9 号民事判决书，按分配比例可得 60955.3 元（须扣除执行费 814.3 元）；9. 余某周民间借贷纠纷债权本金 128 万元，执行依据为（2009）珠民一初字第 6 号民事判决书，按分配比例可得 899725 元（须扣除执行费 11397.25 元）。

国投公司不服上述分配方案，提起执行分配方案异议之诉。

裁判结果

一审判决：驳回国资公司的诉讼请求。

国资公司提出上诉。二审判决：一、撤销江西省景德镇市中级人民法院（2019）赣 02 民初 61 号民事判决；二、撤销江西省景德镇市中级人民法院作出的（2011）景执字第 24 号执行财产分配方案；三、驳回国资公司的其他诉讼请求。

裁判理由

二审认为，本案的争议焦点为：一审法院对华声公司所应偿还的债务作出的执行分配方案能否作为华声公司所欠债务的执行分配的依据。其中包括：1. 执行分配方案仅将国资公司债权本金纳入分配而未将利息、实现债权的费用纳入优先受偿范围是否正确；2. 执行分配方案将彭某生的破租费用作为共益费用纳入优先受偿范围是否适当；3. 执行分配方案将首封人夏某奇的债权视为优先支付的债权是否适当。对此，二审评述如下：

1. 关于国资公司所享有的优先受偿权范围是否包括主债权、利息及实现债权的相关费用问题。首先，国资公司作为债权人参与华声公司财产分配是因国资公司受让农发行对旅游公司的债权，华声公司对旅游公司所欠农发行的债务以其房产（房产证号：景房产权证私字第 2433 号）提供抵押，并于 2007 年 7 月 4 日办理了抵押权登记。江西省景德镇市中级人民法院（2010）景民二初字第 11 号及（2012）景民二初字第 6 号民事判决书依法确认了农发行的债权，以及农发行有权对案涉抵押物拍卖、变卖后的价款优先偿还农发行的主债权及利息、实现债权的相关费用。作为执行依据的两份生效判决书将主债权、利息及实现债权的费用纳入了优先受偿的范围。执行分配方案应当依照上述两份生效判决书确定的债权受偿范围确定优先清偿的债权数额。其次，农发行将债权转让给国资公司，抵押权作为主债权的从权利应当一并转让，国资公司作为债权受让人有权向债务人及抵押人主张抵押权。《最高人民法院关于审理涉及金融不良债权转让案件工作座谈会纪要》（以下简称纪要）的主要目的是在审查金融不良债权转让条件，防止国有资产流失，所以才对国有企业债务人收取利息进行限制。纪要第十二条明确对国有企业债务人的外延作了规定，即国有企业债务人包括国有独资和国有控股的企业法人。而本案执行分配方案所涉的承担担保责任的保证人华声公司并非国有独资或国有控股的企业法人，其不能依据纪要的规定对债权人所主张的利息进行抗辩。第三，抵押权人有权按照抵押合同和抵押登记所担保的债权范围行使抵押权。案涉已拍卖房产抵押他项权证并没有记载抵押担保权利范围，抵押合同就成为判断抵押担保债权范围的主要依据。抵押合同第三条约定，“本合同项下的抵押担保范围包括：主合同项下的债权本金、利息、复利、罚息、违约金、损害赔偿金、实现债权的费用以及所有其他应付费用，包括但不限于诉讼费、仲裁费、财产保全费、评估费、拍卖费、执行费、过户费、代理费等”。而作为该抵押合同附件的房地产抵押清单，在“已设定抵押情况”栏中填写了366万元，与抵押合同第三条的约定不一致。本院认为，应当以抵押合同第三条约定的抵押担保范围为准。房地产抵押清单的作用是列明抵押物的具体名称，并不能限制担保主债权范围，且抵押清单是2007年5月31日制作，而抵押登记的时间为2007年7月4日，彼时抵押物还尚未进行登记，如何能够确定“已设定抵押情况”。因此应当以抵押合同约定来认定抵押担保物权的担保范围是符合实际的，也符合当事人签订抵押合同时的真实意思。第四，国资公司主张的迟延履行期间的利息不应计入抵押担保的范围。抵押担保所担保的主债权及利息具有同一性，在当事人并没有约定将事后发生的迟延履行期间的债务利息纳入抵押担保范围的情况下，不应将该笔利息纳入优先受偿范围。对国资公司的该项诉请，二审不予支持。

2. 2007年农发行与华声公司所签订的《抵押合同》在抵押清单中表明该抵押房产已经出租，说明在抵押合同签订时，案涉房产已经出租，债权人对抵押物上存在负担是清楚的。因案涉房产已经拍卖，承租人的破租费用应当纳入优先受偿的范围。因此，执行分配方案将破租费用作为优先受偿的债权是正确的。

3. 夏某奇是案涉财产的首封人，被执行人华声公司是企业法人。根据《民事诉讼法司法解释》第五百一十六条的规定，夏某奇的债权按照财产查封顺序依次受偿。该债权所享有的按查封顺位受偿只是相对于在其后查封的，对案涉财产无法定优先权的其他债权人，而不能将查封顺位受偿与享有法定优先受偿权的债权并列，同等列入优先受偿的债权范围。执行分配方案将夏某奇的债权定性为优先受偿的债权属适用法律不当。

4. 执行分配方案是确保各债权人依据债权性质公平受偿，而不是不同债权性质的债权平等受偿。执行分配方案在债权人没有对债权受偿作出处分的情况下，应当在确保具有法定优先受偿的债权清偿后，再根据债务人性质、债务人是否进入破产程序等以财产查封顺序或者债权比例分配不具有优先受偿权的债务。否则，执行分配方案看似平等保护了各债权人的利益，实则是以不正当的损害优先受偿权人债权清偿为代价，未能保证债权受偿的公平性。

要旨解析

执行分配方案异议之诉，是指在多个债权人对同一被执行人申请执行或者参与分配的案件中，执行法院作出分配方案后，如果债权人或者被执行人对分配方案提出书面异议，未提出异议的债权人、被执行人对异议人的意见提出反对意见，异议人有权以提出反对意见的债权人、被执行人为被告，向执行法院提出诉讼。参与分配是为实现对债务人的多个债权人的公平保护而设立的执行程序，债务人的财产不足以清偿各债权人的全部债权，申请执行人以外的其他债权人凭有效的执行依据也申请加入已开始的执行程序，各债权人从执行标的物的变价中获得公平清偿。在多个债权人对同一被执行人申请执行或者对被执行财产申请参与分配的案件中，执行法院作出分配方案后，债权人或者被执行人对分配方案中所确定的债权是否存在、数额多少、受偿顺序等问题有异议，这种异议不单纯属于一种程序上的异议，而涉及实体争议，因此应当通过诉讼程序解决，在当事人认为法院制作的分配方案不公平甚至有错误的情况下，可以采取诉讼的救济途径来强化对当事人、利害关系人的合法权益的保护。

《民事诉讼法》第二百二十七条（2023年修正，现《民事诉讼法》第二百三十八条）增加了执行异议制度，执行异议的适用范围较宽，实践中必然遇到的问题是，如果当事人对分配方案有异议，《民事诉讼法》对参与分配中的救济问题未予涉及。《最高人民法院关于适用〈中华人民共和国民事诉讼法〉执行程序若干问题的解释》第十七条规定："多个债权人对同一被执行人申请执行或者对执行财产申请参与分配的，执行法院应当制作财产分配方案，并送达各债权人和被执行人。债权人或者被执行人对分配方案有异议的，应当自收到分配方案之日起十五日内向执行法院提出书面异议。"第十八条规定："债权人或者被执行人对分配方案提出书面异议的，执行法院应当通知未提出异议的债权人或被执行人。未提出异议的债权人、被执行人收到通知之日起十五日内未提出反对意见的，执行法院依异议人的意见对分配方案审查修正后进行分配；提出反对意见的，应当通知异议人。异议人可以自收到通知之日起十五日内，以提出反对意见的债权人、被执行人为被告，向执行法院提起诉讼；异议人逾期未提起诉讼的，执行法院依原分配方案进行分配。诉讼期间进行分配的，执行法院应当将与争议债权数额相应的款项予以提存。"

执行分配方案异议之诉的目的是基于已经生效法律文书确认的债权，通过对被执行人财产分配方案的审查，以确保各债权人依照执行分配方案确定的债权顺序和数额公平受偿。因此，执行分配方案异议之诉既不另行确认债权人的债权，也不重新拟定新的执行分配方案，只是审查已经制定的执行分配方案是否依照法律规定确定债权分配顺序及数额。本案中，国资公司所提上诉请求是针对执行分配方案中的债权优先权数额及其他相关债权人的债权是否具有优先受偿权，既涉及异议人自我债权的优先受偿数额，又关系其他债权人债权受偿的优先性。

编写人：闵遂赓

二审合议庭成员：彭海鹏　吴玉萍　刘伟伟

13. 抵押建筑物所占用土地范围应理解为所占该宗地的应有份额

——某农村商业银行股份有限公司与韩某美、章某莉、林某等执行分配方案异议之诉二审案

裁判要旨

当宗地上有数栋建筑物，且各建筑物不属于区分所有，权利人以其中部分建筑物设定抵押的，该设押建筑物所占该宗地的应有份额一并抵押。

案例索引

一审：江西省景德镇市中级人民法院（2019）赣02民初62号

二审：江西省高级人民法院（2020）赣民终363号

基本案情

上诉人（一审原告）：某农村商业银行股份有限公司（以下简称农商行）。

被上诉人（一审被告）：韩某美、章某莉、林某等。

农商行向一审法院起诉请求：1. 撤销对（2018）赣02执45号之一执行财产分配方案中第六条韩某美的优先受偿权的认定；2. 确认农商行对抵押房产和整宗土地使用权的拍卖款项在抵押贷款本金、利息、逾期利息共计56302146.44元（截至2018年10月7日）范围内享受优先受偿权，但分配方案中仅认定优先受偿权为21371076.70元；3. 撤销（2018）赣02执45号之一执行财产分配方案，并在认可上述第一项、第二项诉请后，重新制作分配方案。

2013年1月8日，农商行与密胜公司签订借款合同，借款金额3400万元，密胜公司将其所有的位于景德镇梧桐大道北侧的3号厂房、1号宿舍楼作为抵押，并办理房屋抵押登记，抵押登记通知书记载收国有土地使用证一本，证号为景高新土国用（2011）第××2号，本次在建工程抵押范围为上述房屋及其所占土地。2013年1月10日，农商行发放贷款3400万元。密胜公司还款5928958.16元，其余款项未还。

2013年8月26日，农商行与密胜公司签订《银行承兑汇票最高额承兑合同》，承兑敞口800万元，密胜公司将其所有的位于景德镇市高新区梧桐大道北侧密胜公司厂区内4号厂房作为抵押物，并办理房屋抵押登记，抵押登记通知书载明本次在

建工程抵押范围为上述房屋及其所占用土地。该800万元承兑汇票于2015年8月26日形成不良资产。

因密胜公司逾期未归还上述贷款等，农商行于2016年6月17日将密胜公司及一系列贷款合同保证人诉至一审法院，一审法院作出（2016）赣02民初23号生效民事判决：一、密胜公司向农商行支付固定资产借款本金3300万元及利息、罚息；二、如密胜公司逾期未清偿上述固定资产借款债务，农商行有权以编号为景房抵通字09××181号房屋抵押登记通知书登记的抵押物折价或者拍卖、变卖所得的价款优先受偿；三、密胜公司向农商行支付承兑敞口800万元及利息；四、如密胜公司逾期未清偿上述承兑敞口债务，农商行有权以编号为景房抵通字09××201号房屋抵押登记通知书登记的抵押物折价或者拍卖、变卖所得的价款优先受偿；五……”。

另查明，密胜公司还有包括韩某美在内的其他一系列债权人，这些债权人也向一审法院执行局申请参与分配拍卖款。2018年11月8日，一审法院作出（2018）赣02执45号执行分配方案。后林某、章某莉分别向一审法院执行局提出分配请求，一审法院作出（2018）赣02执异27号、28号执行裁定书，裁定“撤销（2018）赣02执45号执行财产分配方案，将林某、章某莉列为债权人后再制作新的执行财产分配方案”。2019年4月18日，一审法院作出（2018）赣02执45号之一执行财产分配方案，载明依法评估拍卖密胜公司名下土地使用权及地上建筑物，成交价为41970000元，除去优先受偿金额27346457.70元，剩余可分配资产总额为15623542.30元，剩余参与分配被执行人资产的债权总额为57140707.64元，分配比例为27.34%。其中农商行参与分配总金额为42774300元，抵押贷款优先受偿金额为21371076.70元，剩余普通债权21403223.30元按27.34%的比例分配金额为5851641元，共计可分金额为27222717元（含执行费）。

农商行对（2018）赣02执45号之一执行财产分配方案不服，认为韩某美的职工工资债权没有优先受偿权，其应该对抵押的房产及整宗土地使用权的拍卖款项再抵押贷款本金、利息、逾期利息共计56302146.44元（截至2018年10月7日）范围内享有优先受偿权。

二审查明，2012年11月1日，密胜公司向农商行申请借款，申请借款3400万元，借款用途为项目建设。借款期限为36个月，抵押物为194.7亩土地及14965.63平方米房产。同日，密胜公司召开股东会，决议：1.同意向农商行申请3400万元项目资金贷款；2.同意以本公司坐落于景德镇梧桐大道北侧（高新区）土地使用权及3号厂房（土地使用证：景高新土国用（2011）第××2号，面积129839.58平方米，厂房面积9894.15平方米，宿舍楼5071.48平方米）为密胜公司在农商行2012年申请3400万元项目资金贷款本息提供抵押担保。2013年1月8日，密胜公司与农商行签订借款合同，该合同第九条约定，密胜公司提供在建工程抵押担保，并签订编号为（2013）景农商行高抵字31042201312002号的《最高额抵押合同》，该抵押物明细表填写抵押财产为3号厂房、1号宿舍楼，设定抵押值分别为2850万元、550

万元，备注栏：含土地129839.58平方米，土地证号景高新土国用（2011）第××2号。密胜公司与农商行共同提交的《景德镇市房产登记申请书》（抵押权登记）中的抵押房产情况一栏中，所有权证号：在建工程（3#厂房+1#宿舍楼）及土地景高新土国用（2011）第××2号，抵押面积：9894.15+5071.48＝14965.63m^2，抵押物总价值：69089300元，贷款金额：3400万元；在申请登记内容栏中注明申请人申请对以上房产设立在建工程抵押。房屋抵押登记通知书记载，权利价值3400万元，在附记一栏，载明收国有土地使用证一本，证号为景高新土国用（2011）第××2号，本次在建工程抵押范围为上述房屋及其所占用土地。

2013年8月26日，密胜公司与农商行签订《银行承兑汇票最高额承兑合同》及《银行承兑汇票最高额抵押合同》，抵押合同约定抵押人同意以下列财产位于高新区梧桐大道北侧密胜公司厂区内4#厂房（详见抵押明细表）作为抵押物。上述抵押物作价21993300元整，其最终价值以抵押权实现时实际处理抵押物的净收入为准。在抵押物明细表注明抵押价值800万元，在备注一栏注明景高新土国用（2011）第××2号。在共同提交的《景德镇市房产登记申请书》（抵押权登记）的抵押房产情况一栏载明：在建工程4#厂房，抵押面积9893.52m^2，抵押物总价值21993300元，贷款金额为800万元。房屋抵押登记通知书载明权利价值800万元。

裁判结果

一审判决：驳回农商行的诉讼请求。

农商行不服提出上诉。二审判决：一、撤销一审判决；二、撤销江西省景德镇市中级人民法院（2018）赣02执45号之一执行财产分配方案；三、确认农商行对密胜公司的抵押房产及其景高新土国用（2011）第××2号土地使用证项下的44.99%土地使用权拍卖所得价款在4200万元范围内优先受偿，并由江西省景德镇市中级人民法院在此基础上重新制作执行财产分配方案；四、驳回农商行其他诉讼请求。

裁判理由

二审认为，关于农商行抵押担保财产范围及担保范围如何认定的问题。根据生效判决，农商行有权在以编号为景房抵通字09××181号、09××201号房屋抵押登记通知书登记的抵押物折价或者拍卖、变卖所得的价款优先受偿。上述抵押登记通知书载明“本次在建工程抵押范围为上述房屋及其所占用土地”，本案双方对其中的“所占用土地”即对地上建筑物包括在建工程抵押后，其占用范围内的土地使用权如何认定存在不同的意见。本案中，农商行认为案涉整宗土地已设定抵押并对其享有优先受偿权，但其与密胜公司签订的有关借款合同及抵押合同仅约定抵押为在建工程抵押，未明确整宗土地抵押，抵押物明细表中的抵押物是厂房及宿舍，房屋抵押登记通知书也明确为在建工程抵押，抵押范围为抵押房屋及其所占用土地。

根据原《物权法》第十七条“不动产权属证书是权利人享有该不动产物权的证明。不动产权属证书记载的事项，应当与不动产登记簿一致；记载不一致的，除有证据证明不动产登记簿确有错误外，以不动产登记簿为准”的规定，在本案没有证据证明存在不动产权利证书与不动产登记簿内容不一致的情况下，房屋抵押登记通知书应当推定为农商行享有的他项权归属和内容的根据，故农商行主张案涉整宗土地已设定抵押并优先受偿的理由不成立。对案涉建筑物所占用土地范围的问题。二审法院认为，根据原《物权法》第一百八十二条“以建筑物抵押的，该建筑物占用范围内的建设用地使用权一并抵押。以建设用地使用权抵押的，该土地上的建筑物一并抵押。抵押人未依照前款规定一并抵押的，未抵押的财产视为一并抵押”的规定，因本案抵押物为在建工程抵押，故在建工程所占用的土地使用权应视为一并抵押，其设立时间应与案涉建筑物上设立抵押权的时间一致。

根据我国地籍管理规定，土地登记以宗地为基本单元，建设用地使用权人所持有的《国有土地使用权证》以宗地为单位进行核发，宗地可以进行分割、合并，但应依法办理土地变更登记。建设用地使用权人在其建设用地使用权之上设定抵押权，其抵押权的效力应及于全部建设用地使用权。而原《物权法》第一百八十二条第一款所称“占用范围内”主要用来界定建筑物与建设用地使用权之间的所属关系，即建设用地使用权仅指与设押建筑物相应的建设用地使用权，而非其他建设用地使用权。当宗地上有数栋建筑物，且该建筑物不属于区分所有，权利人以其中部分建筑物设定抵押的，该设押建筑物所占该宗地的应有份额一并抵押。本案中，密胜公司作为用地企业，以家用电力器具生产项目为由向相关行政管理部门申报土地利用需求，并经审核批准领取《建设用地规划许可证》，根据《建设用地规划许可证》记载，案涉工业项目总用地面积为129839.58平方米，规划建设规模55260.05平方米，而密胜公司提供抵押物的建筑面积为24859.15平方米，占规划总建筑面积的44.99%。案涉工业用地可以容纳的合法建筑物不仅仅只有已建成的建筑物，还应包含规划总建筑面积范围内尚未建设的建筑物。在案涉工业用地的规划条件未作变更，也未进行宗地分割处理的情况下，基于公平合理的原则并兼顾所有债权人的利益，本案应当以抵押建筑物面积占规划建设总面积的比例作为分摊案涉土地权益的基本依据较为妥当。据此，农商行就涉案全部土地使用权权益的44.99%优先受偿。一审法院以建筑物实际所占土地面积来认定占用范围不妥，二审法院予以纠正。

关于抵押担保范围的问题。二审法院认为，案涉两份抵押合同为最高额抵押合同，虽然抵押合同约定抵押担保范围包括借款本金、利息、罚息等，但抵押物明细表及抵押登记通知书载明权利价值为3400万元及800万元。《担保法解释》第六十一条规定：“抵押物登记记载的内容与抵押合同约定的内容不一致的，以登记记载的内容为准”。故案涉《最高额抵押合同》与案涉房屋抵押登记通知书记载的内容不一致时，应以后者的记载作为认定抵押担保范围的依据。案涉抵押登记通知书记载权利价值金额为3400万元及800万元，也就是担保范围的最高额为3400万元及800万元，农商行只在上述限额内对抵押财产优先受偿。

要旨解析

本案涉及抵押建筑物所占用土地范围的认定问题。原《物权法》第一百八十二条（现为《民法典》第三百九十七条）规定："以建筑物抵押的，该建筑物占用范围内的建设用地使用权一并抵押。以建设用地使用权抵押的，该土地上的建筑物一并抵押。抵押人未依照前款规定一并抵押的，未抵押的财产视为一并抵押"。对"所占用土地范围"本案存在以下三种观点。观点一认为建筑物"所占用土地范围"应理解为案涉整宗土地使用权。在建工程是在建工程抵押的标的物，具体是指处于开发建设阶段且尚未建成完工的建筑工程，包括建设工程中已经完毕的部分及在建工程占用范围内的建设用地使用权。在建工程抵押权作为一种单独的抵押权类型，除当事人在抵押合同中另有约定外，其抵押物范围不仅包括国有建设用地使用权，还包括规划许可范围内已经建造的和尚未建造的建筑物。土地以宗地为单位，而案涉土地只有一宗土地，只有一个土地使用权证。案涉《抵押合同》抵押物明细表中含案涉土地使用权证，因此本案在建工程抵押建筑物所占用土地范围应为案涉整宗土地使用权。观点二认为"所占用土地范围"应理解为建筑物实际所占土地面积，即垂直投影面积，超出部分不属于抵押物的范围。虽然案涉抵押物明细表及抵押申请书包含了案涉土地使用权证，但从借款合同及抵押合同的约定来看，只是约定在建工程抵押担保，未约定案涉整宗土地一并抵押。观点三认为当宗地上有数栋建筑物，且各建筑物不属于区分所有，权利人以其中部分建筑物设定抵押的，"所占用土地范围"应理解为该抵押建筑物所占该宗地的应有份额。

本案采纳了观点三，理由如下：一、根据我国地籍管理规定，土地登记以宗地为基本单元，建设用地使用权人所持有的《国有土地使用权证》以宗地为单位进行核发，宗地可以进行分割、合并，但应依法办理土地变更登记。建设用地使用权人在其建设用地使用权之上设定抵押权，其抵押权的效力应及于全部建设用地使用权。而原《物权法》第一百八十二条（现为《民法典》第三百九十七条）第一款所称"占用范围内"主要用来界定建筑物与建设用地使用权之间的所属关系，即建设用地使用权仅指与设押建筑物相应的建设用地使用权，而非其他建设用地使用权。二、如果宗地上只有一栋建筑物且为单独所有，如上所述，建设用地使用权应视为一并抵押。但当宗地上有数栋建筑物，且该建筑物不属于区分所有，权利人以其中部分建筑物设定抵押的，该设押建筑物所占该宗地的应有份额一并抵押。三、我国实行严格的土地利用和建设规划制度。规划条件作为国有土地使用权出让合同的组成部分，对出让人、受让人均具有法律约束力，非经法定程序不得擅自更改。规划建设土地上实际暂未建成其他建筑，不影响该地块本身作为规划建设用地的性质。即对于该宗地未开发部分（其余未建建筑地块）本应用于建设其他建筑，而不应作为原《物权法》第一百八十二条规定的建筑物占用范围内的建设用地。本案中，案涉工业用地可以容纳的合法建筑物不仅仅只有已经建成并领取房产证的建筑物，还应包含规划总建筑面积范围内尚未建设的建筑物。在案涉工业用地的规划条件未作变更，也未进行宗地分割处理的情况下，基于公平合理的原则并兼顾所有债权人的利益，本案应当以抵押建筑物面积占规划建设总面积的比例作为分摊案涉土地权益的基本依据。

《民法典》沿用了原《物权法》第一百八十二条（现为《民法典》第三百九十七条）房地一体原则的内容，并在《民法典担保制度解释》第五十一条规定："当事人仅以建设用地使用权抵押，债权人主张抵押权的效力及于土地上已有的建筑物以及正在建造的建筑物已完成部分的，人民法院应予支持。债权人主张抵押权的效力及于正在建造的建筑物的续建部分以及新增建筑物的，人民法院不予支持。当事人以正在建造的建筑物抵押，抵押权的效力范围限于已办理抵押登记的部分。当事人按照担保合同的约定，主张抵押权的效力及于续建部分、新增建筑物以及规划中尚未建造的建筑物的，人民法院不予支持。抵押人将建设用地使用权、土地上的建筑物或者正在建造的建筑物分别抵押给不同债权人的，人民法院应当根据抵押登记的时间先后确定清偿顺序"。

编写人：陈　慧

二审合议庭成员：彭海鹏　郭卫斌　肖童亮

14. 执行分配方案异议之诉的审理范围及税务机关请求执行法院代扣税款的性质

——某建设集团有限公司与南昌市某区税务局等执行分配方案异议之诉二审案

裁判要旨

1. 执行分配方案异议之诉适用于当事人提出的实体性异议。涉及税收债权应否适用参与分配程序、税务机关是否为申请参与分配的适格债权人的异议，为程序性异议而非实体性异议，不属执行分配方案异议之诉审理范围。

2. 税务机关请求执行法院代扣税款时，法院为协助执行机关而非民事强制执行机关，申请执行人以征税行为违法为由对税收债权提出异议，是对行政强制执行行为而非民事执行行为的异议，不属执行分配方案异议之诉审理范围。

案例索引

一审：江西省南昌市中级人民法院（2019）赣01民初674号

二审：江西省高级人民法院（2020）赣民终645号

基本案情

上诉人（原审原告）：某建设集团有限公司（以下简称建设公司）。

被上诉人（原审被告）：南昌市某区税务局（以下简称税务局）。

被上诉人（原审被告）：江西某集团有限公司（以下简称集团公司）。

原审第三人：江西某木业有限公司（以下简称木业公司）。

建设公司向一审法院起诉请求：立即停止将《关于江西某木业有限公司名下财产拍卖所得款项清偿情况的通知》所涉第三项“代扣江西某木业有限公司欠缴税款2606656.5元”支付给湾里区税务局；将《关于江西某木业有限公司名下财产拍卖所得款项清偿情况的通知》所涉第三项“代扣江西某木业有限公司欠缴税款2606656.5元”全部判给建设公司。

建设公司与中巽木业公司建设工程施工合同纠纷一案，一审法院作出（2015）洪民一初字第52号民事判决，木业公司支付建设公司工程款10315737.69元及利息。以上判决生效后，建设公司申请对木业公司强制执行，一审法院（2017）赣01执184号执行裁定冻结木业公司的财产。在申请执行人江西鸿海众衡科技有限公司与被执行人木业公司金融借款合同纠纷一案中，一审法院拍卖木业公司名下位于南昌市湾里区罗亭镇义坪村的地块土地使用权及地上建筑物的所有权，南缆公司以50302610元的最高价竞得。

2019年4月3日，税务局向一审法院送交《申请分配函》，请求从一审法院拍卖木业公司以上财产的款项中代扣历年欠税共2606656.50元及截至2019年4月3日滞纳金共计1642938.37元。2019年4月8日，一审法院作出《关于江西某木业有限公司名下财产拍卖所得款项清偿情况的通知》，其中第三项为“代扣江西某木业有限公司欠缴税款2606656.5元”。建设公司对此不服，提出执行异议，一审法院于2019年8月20日作出（2019）赣01执异61号通知，通知建设公司等可以提出反对意见的债权人为被告提起诉讼，建设公司于2019年8月22日收到该通知，2019年9月4日提起本案诉讼。湾里区地方税务局于2014年4月23日出具的《责令限期缴纳税款通知书》载明：限木业公司于2014年4月28日前缴纳2013年2季度至2014年1季度期间的应纳税款620632.5元，并加收滞纳金；2015年5月19日出具的《责令限期缴纳税款通知书》载明：限木业公司于2014年5月26日前缴纳2012年4季度至2015年1季度期间的应纳税款2867000元，并加收滞纳金；2017年4月3日出具的《责令限期缴纳税款通知书》载明：限木业公司于2017年4月17日前缴纳2013年1季度至2017年1季度期间的应纳税款82545.96元，并加收滞纳金；2018年4月2日出具的《责令限期缴纳税款通知书》载明：限木业公司于2018年4月15日前缴纳2013年1季度至2018年1季度期间的应纳税款2606656.50元，并加收滞纳金。在湾里区地方税务局向木业公司送达的2014年4月23日、2017年4月3日、2018年4月2日《责令限期缴纳税款通知书》的《税务文书送达回证》上均有木业公司盖章。税务局于2019年2月15日出具给木业公司的《税务事项通知书》载明欠2013年至2018年1季度城镇土地使用税合计2606656.50元，并告知若在纳税上有争议，可自缴清款项或提供相应担保被确认之日起六十日内申请行政复议，送达回证上注明“企业停产、被查封，门卫收发人员拒收，在门卫处张贴文书”。木业公司已停止生产经营，无其他财产。2018年6月15日，税务局向一审法院发出《关于请求代扣税款的函》，请求一审法院在木业公司洪土国用登湾（2011）第020号国有建设用地使用权及其地上附着物的拍卖款中代扣木业公司欠缴的税款及转让环节的地方各税。2019年3月28日，一审法院向税务局发出（2017）赣01执258号函，函告税务局在收到该函之日起3日内向该院提交：1.申请分配函（载明税收名称、税率、计算方法、产生时间、征收依据等）；2.税务处理决定书；3.送达回证；4.准予执行裁定书。

裁判结果

一审判决：驳回建设公司的诉讼请求。

宣判后，建设公司不服，提起上诉。二审裁定：撤销一审判决，驳回建设公司的起诉。

裁判理由

二审认为，执行分配方案异议之诉适用于当事人提出的实体性异议，而对于程序性异议则适用《民事诉讼法》（2017年修正）第二百二十五条关于异议、复议的规定予以处理。《民事诉讼法司法解释》第五百一十一条规定的执行分配方案异议仅适用于实体性异议，第五百一十二条规定的执行分配方案异议之诉制度也仅适用于实体性异议。本案中建设公司提出的异议属于程序性异议，不符合执行分配方案异议之诉的受理条件。理由如下：第一，2019年4月8日，一审法院作出《关于江西某木业有限公司名下财产拍卖所得款项清偿情况的通知》，其中第三项为“代扣江西某木业有限公司欠缴税款2606656.5元”。建设公司对此不服，提出执行异议，主张案涉税款在执行中不存在优先受偿的相关法律规定，且拍卖公告已明确所有税款由买受人南缆公司在拍卖款之外另行承担。税务局对其异议请求提出反对意见。一审法院于2019年8月20日作出（2019）赣01执异61号通知，通知建设公司以提出反对意见的债权人为被告向执行法院提起诉讼，建设公司据此提起了本案诉讼。建设公司的诉讼理由虽然涉及税务局的税收债权是否优先于建设公司的债权问题，但本案争议的主要问题是税务局的税收债权依法能否参与案涉拍卖款的执行分配，且这一问题是解决本案的前提，如果税务局不能参与民事执行分配，则不存在在民事执行分配方案中解决案涉税收债权与建设公司的债权何者优先的问题。而税务局的税收债权依法能否参与本案民事执行分配这一问题的实质是税务局请求一审法院在案涉拍卖款中扣划税款应否适用参与分配程序、申请参与分配的债权人是否适格地认定，此为程序性异议而非实体性异议，不属执行分配方案异议之诉审理范围。第二，本案中建设公司的诉讼请求如下：1.立即停止将《关于江西某木业有限公司名下财产拍卖所得款项清偿情况的通知》所涉第三项“代扣江西某木业有限公司欠缴税款2606656.5元”支付给税务局；将《关于江西某木业有限公司名下财产拍卖所得款项清偿情况的通知》所涉第三项“代扣江西某木业有限公司欠缴税款2606656.5元”全部判给建设公司；2.本案诉讼费、保全费等由税务局、南缆公司、木业公司共同承担。执行分配方案异议之诉的诉讼请求应是撤销或调整执行分配方案，而建设公司诉请停止执行实施行为，执行实施行为应否停止不属执行分配方案异议之诉审理范围。第三，建设公司将南缆公司作为本案被告，并主张木业公司欠缴税款依据拍卖公告及竞买须知应由买受人南缆公司承担，一审法院不应在案涉拍卖款项中扣划。二审认为，根据《民事诉讼法司法解释》第五百一十二条第二款规定，提起执行分配方案异议之诉应以提出反对意见的债权人、被执行人为被告，南缆公司并非参与执行分配的债权人或被执行人，不是执行分配方案异议之诉的适格被告。且建设公司主张一审法院未按竞买公告和竞买须知责令买受人承担而是从案涉拍卖款中扣划，该问题涉及一审法院执行行为是否正确而非执行分配方案是否正确的问题，应根据《民事诉讼法》第二百二十五条规定通过执行异议、复议程序救济，而非通过执行分配方案异议之诉程序救济。第四，建设公司主张税务局征收案涉税款的行为违反了《行政强制法》，税务局不具备可参与分配的债权。对此，二审认为，该问题涉及税务机关具体行政行为合法性的认定，在民事诉讼中无法对具体行政行为的合法性作出认定，故该问题也不属于执行分配方案异议之诉审查的范围。

要旨解析

本案涉及的焦点问题如下：1. 执行分配方案异议之诉审理范围；2. 税务机关请求执行法院代扣税款的性质。

一、关于执行分配方案异议之诉的审理范围

在参与分配程序中，当事人提出的执行异议既有程序性异议也有实体性异议。前者如是否应该适用参与分配程序、申请参与分配的债权人是否适格地认定、债权人申请参与分配是否逾期的认定、参与分配的通知瑕疵、数额计算是否准确、分配方案的送达等相对容易确定的程序性事项，后者如分配方案所列债权是否存在、分配数额、分配顺位、是否已经履行、是否超过申请执行时效、是否应优先受偿等涉及重大实体利益的事项所提出的异议。执行分配方案异议之诉适用于当事人提出的实体性异议，而对于程序性异议则适用《民事诉讼法》第二百二十五条（2023年修正《民事诉讼法》第二百三十六条）关于异议、复议的规定予以处理。《民事诉讼法司法解释》（2017年修正）第五百一十一条（2022年修订《民事诉讼法司法解释》（2017年修正）第五百零九条）规定："多个债权人对执行财产申请参与分配的，执行法院应当制作财产分配方案，并送达各债权人和被执行人。债权人或者被执行人对分配方案有异议的，应当自收到分配方案之日起十五日内向执行法院提出书面异议。"《民事诉讼法司法解释》第五百一十二条（2022年修正《民事诉讼法司法解释》第五百一十条）第二款规定："未提出异议的债权人、被执行人自收到通知之日起十五日内未提出反对意见的，执行法院依异议人的意见对分配方案审查修正后进行分配；提出反对意见的，应当通知异议人。异议人可以自收到通知之日起十五日内，以提出反对意见的债权人、被执行人为被告，向执行法院提起诉讼；异议人逾期未提起诉讼的，执行法院按照原分配方案进行分配。"

《民事诉讼法司法解释》（2017年修正）第五百一十一条（2022年修正《民事诉讼法司法解释》第五百零九条）规定的执行分配方案异议仅适用于实体性异议，第五百一十二条《民事诉讼法司法解释》（2022年修正）第五百一十条规定的执行分配方案异议之诉制度也仅适用于实体性异议。本案建设公司的诉讼理由虽然涉及税务局的税收债权是否优先于建设公司的债权问题，但本案争议的主要问题是税务局的税收债权依法能否参与案涉拍卖款的执行分配，且这一问题是解决本案的前提，如果税务局不能参与民事执行分配，则不存在在民事执行分配方案中解决案涉税收

债权与建设公司的债权何者优先的问题。而税务局的税收债权依法能否参与本案民事执行分配这一问题的实质是税务局请求一审法院在案涉拍卖款中扣划税款应否适用参与分配程序、申请参与分配的债权人是否适格地认定，此为程序性异议而非实体性异议，不属执行分配方案异议之诉审理范围。

二、关于税务机关请求执行法院代扣税款的性质

税务机关请求执行法院代扣税款，其性质并非参与民事执行分配。根据《执行工作若干问题的规定（试行）》第五十五条第一款规定，多份生效法律文书确定金钱给付内容的多个债权人分别对同一被执行人申请执行，各债权人对执行标的物均无担保物权的，按照执行法院采取执行措施的先后顺序受偿。税务机关并非该条规定的取得生效法律文书的申请执行人。根据《行政强制法》第三十四条规定，行政机关依法作出行政决定后，当事人在行政机关决定的期限内不履行义务的，具有行政强制执行权的行政机关有权强制执行。根据《税收征收管理法》第四十条规定，从事生产、经营的纳税人、扣缴义务人未按照规定的期限缴纳或者解缴税款，纳税担保人未按照规定的期限缴纳所担保的税款，由税务机关责令限期缴纳，逾期仍未缴纳的，经县以上税务局（分局）局长批准，税务机关可以采取下列强制执行措施：（一）书面通知其开户银行或者其他金融机构从其存款中扣缴税款；（二）扣押、查封、依法拍卖或者变卖其价值相当于应纳税款的商品、货物或者其他财产，以拍卖或者变卖所得抵缴税款。税务机关采取强制执行措施时，对前款所列纳税人、扣缴义务人、纳税担保人未缴纳的滞纳金同时强制执行。个人及其所扶养家属维持生活必需的住房和用品，不在强制执行措施的范围之内。由此可见，税务机关对欠缴税款具有强制执行的权力。税务机关请求执行法院代扣税款时，其在行使行政强制执行权，法院为协助执行机关，而非行使民事强制执行权力的机关，申请执行人以税务机关征税行为不合法为由对法院代为扣划税款的行为提出异议，涉及行政强制执行行为是否合法而非民事执行行为是否合法。对行政强制执行行为的异议属于对具体行政行为的异议，不属于执行分配方案异议之诉审理范围。因此，本案不符合执行分配方案异议之诉的受理条件。

编写人：吴玉萍

二审合议庭成员：彭海鹏　吴玉萍　李　平

15. 夫妻根据离婚协议分割共有房产，获得房屋的一方即使未将房屋过户至自己名下，亦属于法律上房屋物权的所有人

——刘某英、刘某、肖某与胡某新、张某德、钟某华、肖某啟案外人执行异议、所有权确认之诉再审案

裁判要旨

1. 物权的登记生效规则本身并未排斥事实物权和真实权利人的存在，并不意味着登记的权利人就是物权的真实权利人。物权归属的判断是一个事实判断，需要依赖证据证明。利害关系人如有证据，登记形成的法律物权可以被推翻。

2. 夫妻共有的房屋虽然登记在一方名下，但夫妻两人均系是该房屋真实权利人。离婚协议对该房屋归属的约定是对该房屋共有所有权归属的确定，并不是对房屋所有权的转让，不会在夫妻之间产生与房屋买卖类似的债权，未办理权属变更登记不影响根据离婚协议约定认定一方为房屋所有权人。

3. 房屋权属登记可能会对不动产登记簿记载的权利人偿债能力和商誉产生影响，有可能会影响第三人与之进行交易的判断，这是市场交易中正常的商业风险判断因素，不是物权法所保护的善意第三人基于对物权登记信赖以物权为交易对象而发生的交易行为。

案例索引

一审：江西省萍乡市安源区人民法院（2014）安民初字第48号

二审：江西省萍乡市中级人民法院（2014）萍民一终字第147号

再审：江西省高级人民法院（2016）赣民再27号

基本案情

抗诉机关：江西省人民检察院。

申诉人（一审原告、二审上诉人）：刘某英、刘某、肖某。

被申诉人（一审被告、二审被上诉人）：胡某新、张某德、钟某华。

被申诉人（一审第三人、二审被上诉人）：肖某啟。

刘某英、刘某、肖某起诉至萍乡市安源区人民法院，请求：1. 确认坐落在安源区江湾居委会自建砖混房屋一栋共三层及新增四、五层归其所有；2. 判令停止执行

上述标的；3. 判令第三人协助其办理该栋房屋的过户手续及其他相关手续。

刘某英与肖某敌原系夫妻，婚姻存续期间育有儿子肖某、女儿刘某。1994 年 5 月 28 日，刘某英与肖某敌达成离婚协议并到民政部门办理离婚登记。离婚协议约定：坐落在安源区江湾居委会自建三层砖混房屋一栋，肖某敌同意将自己对该房屋享有的份额归女方及子、女共同所有，并将房屋权证变更给刘某英、刘某、肖某；刘某英自行偿还房屋欠款 15000 元。该房 2005 年后新增四、五层。该房屋的现登记人为肖某敌，没有办理房屋的变更登记。2013 年 9 月 23 日，萍乡市安源区人民法院因执行肖某敌财产作出（2013）安执字第 244/319/382-1 号执行裁定书，拟对该房屋进行拍卖，刘某英、刘某、肖某向萍乡市安源区人民法院提出执行异议。2013 年 12 月 27 日，萍乡市安源区人民法院作出（2013）安执字第 244 号、第 319 号、第 382 号执行裁定书，驳回了三人对该房屋解除查封、停止拍卖的执行异议。刘某英、刘某、肖某对该裁定书不服，认为该裁定书适用法律错误，违反原《物权法》第十五条的规定，严重损害了三人的合法权益，故提起诉讼。另查明：萍乡市安源区人民法院（2012）安民初字第 652 号民事判决书判决：一、肖某敌返还胡某新借款 650000 元及利息 100000 元；二、肖某敌返还胡某新借款 650000 元，并从 2012 年 5 月 23 日至还清之日止按同期银行贷款利率支付利息；案件受理费 10300 元及诉讼保全费 2000 元由肖某敌承担。萍乡市安源区人民法院（2013）安民初字第 418 号民事判决书判决：限肖某敌、刘某英于判决生效后十日内偿还钟某华借款本金 199000 元，违约金 59700 元，共计 258700 元；案件受理费 4000 元、保全费 1600 元，由肖某敌、刘某英承担。萍乡市安源区人民法院（2013）安民初字第 231 号民事判决书判决：肖某敌在判决书生效之日起十天内偿还借款 300000 元给张某德；本案诉讼费 5800 元，由肖某敌承担。

江西省萍乡市中级人民法院（2013）萍民三终字第 09 号民事判决书确认以下事实：2012 年 8 月 30 日，肖某敌承诺如下："本人于 2011 年 12 月 17 日向胡某新借款 650000 元，按借款协议将本人在昭萍东路 ×× 号房产向胡某新抵押（房产证：萍府房权字第 ×××× 号，土地证：关国用字〔1993〕第 ×××× 号）。"

裁判结果

一审判决：驳回刘某英、肖某、刘某的诉讼请求。

刘某英、刘某、肖某不服提出上诉。二审判决：驳回上诉，维持原判。

刘某英、刘某、肖某向检察机关申请监督，检察机关提出抗诉。再审判决：一、撤销一、二审民事判决；二、确认坐落于江西省萍乡市安源区江湾居委会自建三层砖混房屋归刘某英、刘某、肖某所有，其不动产所有权以房屋所有权证和土地使用权证记载为准；三、萍乡市安源区人民法院在胡某新、张某德、钟某华与肖增敌民间借贷纠纷执行系列案中不得执行坐落于江西省萍乡市安源区江湾居委会自建三层砖混房屋；四、驳回刘某英、刘某、肖某的其他诉讼请求。

裁判理由

再审认为，本案刘某英、刘某、肖某提出了三个诉讼请求，其中第一个诉讼请求要求确认其对凤凰街昭萍东路 ×× 号自建房屋所有权以及第三个诉讼请求要求肖某敢协助其办理过户登记属于三申诉人与肖某敢之间对凤凰街昭萍东路 ×× 号房屋所有权争议，是所有权确认纠纷，第二个诉讼请求要求停止执行该房屋，系刘某英、刘某、肖某以案外人身份对胡某新、张某德、钟某华与肖某敢民间借贷纠纷执行案中所提异议，因而本案案由应当确定为案外人执行异议和所有权确认纠纷。

本案的争议焦点可以归纳为两个：一是凤凰街昭萍东路 ×× 号房屋是否属于刘某英、刘某、肖某所有；二是刘某英、刘某、肖某的权利主张是否可以阻却胡某新、张某德、钟某华申请对该栋房屋的强制执行。

一、关于凤凰街昭萍东路 ×× 号房屋是否归刘某英、刘某、肖某所有的问题

原《物权法》第九条规定，不动产物权的设立、变更、转让和消灭，经依法登记，发生效力，未经登记，不发生效力，但法律另有规定的除外。该条规定实际上确立了我国实行不动产物权强制登记的制度，赋予了不动产物权登记对于物权设立、变更、转让和消灭的效力。不动产物权具有对外性、排他性，不动产物权的登记效力在于登记的公示公信力，使得市场交易主体知晓并相信不动产权利证书上记载的主体为不动产物权的唯一权利人并与之进行交易，在一定条件下法律对基于此种登记信任发生的交易予以保护，而不论该登记的权利人是否为不动产真实权利人。物权的登记生效规则本身并未排斥事实物权和真实权利人的存在，并不意味着登记的权利人就是物权的真实权利人。物权归属的判断是一个事实判断，需要依赖证据证明。利害关系人如有证据，登记形成的法律物权可以被推翻。原《物权法》第三十三条规定，因物的归属、内容发生争议的，利害关系人可以请求确认权利。在真实权利人与登记的权利主体不一致时，真实权利人可以请求确认其物权。本案中刘某英与肖某敢原为夫妻关系，凤凰街昭萍东路 ×× 号房屋是在其夫妻关系存续期间通过自建房屋取得，虽然登记在肖某敢名下，刘某英未记名，但根据原《婚姻法》第十七条的规定，该房屋属于刘某英与肖某敢夫妻共同共有财产，刘某英本来就是法律规定的所有权人。在双方离婚对该财产分割前，该房屋的权利人为肖某敢和刘某英，并非肖某敢一人。1994 年 5 月 28 日刘某英与肖某敢离婚时达成离婚协议对该房屋的所有权进行了明确，明确了该房屋归刘某英及其子肖某、其女刘某共同所有，并约定将房屋权证变更给刘某英、刘某、刘某英，同时由刘某英自行偿还房屋欠款 15000 元。该约定在肖某敢与刘某英及其子女之间明确了凤凰街昭萍东路 ×× 号房屋所有权归属，虽然此后直到本案诉讼，该房屋一直未办理物权变更登记，但这并不影响对该房屋真实权利人的认定。肖某敢与刘某英的离婚协议约定并非对房屋转让的约定，而是对该房屋共有所有权归属的确定，刘某英及其子女根据离婚协议一直对该房屋有效支配行使事实上的所有权人权利，刘某英、刘某、肖某已经实际取得了该房屋的事实物权，办理该房屋物权登记变更不是将该房屋事实上的所有权转移于刘某英等人，不影响该房屋所有权归属于刘某英等人的事实，而是赋予该房屋所有权由肖某敞转移到刘某英等人的登记公信力的效果。一审法院认定因未办理房屋变更登记刘某英等人未实现物权的转化，二审法院将刘某英与肖某敞对该房屋所有权归属确认认定为债权债务关系并认为刘某英等人可以基于此债权行使物权请求权均系对房屋登记效力的错误认识。本案肖某敞与刘某英之间离婚以及离婚协议约定的事实清楚，证据确凿充分，刘某英等人提供了充分证据证明其是该房屋的真实权利人，应当确认凤凰街昭萍东路 ×× 号房屋归刘某英、刘某、肖某所有。

二、关于刘某英、刘某、肖某的权利主张是否可以阻却胡某新、张某德、钟某华申请对该栋房屋的强制执行的问题

对于不动产物权登记权利人与真实权利人不一致的，原《婚姻法》和原《物权法》均有相关规定保护第三人基于对不动产物权登记信赖而与登记权利人发生的交易。但是原《婚姻法》和原《物权法》对第三人的保护是有条件的，只有符合法律规定的条件才能得到保护。

胡某新、张某德、钟某华主张该房屋登记在肖某敞名下，其基于对此信赖向肖某敞提供借款，因而有权申请强制执行该房屋以清偿肖某敞的债务。胡某新、张某德、钟某华的主张能否成立应当依据法律规定条件进行分析。原《婚姻法司法解释（三）》第十一条规定，一方未经另一方同意出售夫妻共同共有的房屋，第三人善意购买，支付合理对价并办理产权登记手续，另一方主张追回该房屋的，人民法院不予支持。该解释适用的是夫妻一方出售房屋给第三人，本案并非房屋买卖合同纠纷，不能直接适用该条规定。且该解释规定了对于善意第三人权益获得保护的条件包括第三人支付合理对价并办理产权登记手续，本案肖某敞向胡某新借款虽然表达了以该房屋抵押的意思，但并未办理抵押登记，不符合应受保护的条件。原《物权法》第一百零六条规定，无处分权人将不动产或者动产转让给受让人的，所有权人有权追回；除法律另有规定外，符合下列情形的，受让人取得该不动产或者动产的所有权：（一）受让人受让该不动产或者动产时是善意的；（二）以合理的价格转让；（三）转让的不动产或者动产依照法律规定应当登记的已经登记，不需要登记的已经交付给受让人。根据该条规定，依法办理登记是善意第三人获得保护的必要条件，本案肖某敞同意将该房屋抵押给胡某新，但并未办理抵押登记，胡某新不符合适用善意取得该房屋抵押权的条件。张某德、钟某华亦不符合上述司法解释和法律规定的条件。胡某新、张某德、钟某华三人与肖某敞之间发生的是民间借贷债权债务关系，本案房屋既不是交易对象，也未办理抵押登记成为抵押担保财产，三人与肖某敞之间的民间借贷法律关系内容本身与本案房屋并不发生关联。该房屋是否为肖某敞所有可能会对肖某敞的偿债能力和商誉产生影响，有可能会影响第三人与之进行交易的判断，这是市场交易中正常的商业风险判断因素，不是物权法所保护的善意第三人基于对物权登记信赖以物权为交易对象而发生的交易行为。另外，胡某新、张某德、钟某华称肖某啟与刘某英并未离婚，二人一直一起共同生活，但并未提交充分证据，相反刘某英提交了婚姻登记机关存档的离婚证、离婚协议以及当地居委会和邻居的证明，胡某新等人的该事实主张明显不能成立。且即使肖某啟与刘某英离婚后偶尔在一起生活，并不能改变离婚协议中房屋所有权的约定。因此，胡某新、张某德、钟荣华在与肖某啟民间借贷执行案中申请执行凤凰街昭萍东路××号房屋将侵害刘某英、刘某、肖某的房屋所有权，该执行应当停止。

综上，刘某英、刘某、肖某主张凤凰街昭萍东路××号房屋归其共同所有证据充分，在胡某新、张某德、钟某华等人与肖某啟民间借贷纠纷执行案中，不得执行该房屋。二审法院适用法律错误，应予纠正。对于刘某英、刘某、肖某要求确认安源区凤凰街昭萍东路××号房屋新建的第四层、第五层所有权，该房屋第四层、第五层并未在肖某啟名下的房屋所有权证中记载，不属于本案物权争议审理的内容，且该房屋第四层、第五层是否属于合法建筑应由有关行政主管部门依职权审查，并非人民法院民事审判职责范围。另刘某英、刘某、肖某第三项诉讼请求，请求判令肖某啟配合办理产权证过户登记，因本案判项中已明确该房屋归其所有，刘某英等人可以通过申请执行解决产权证变更登记手续问题，故无须另行对此判决。另外，由于刘某英、刘某、肖某在通过离婚协议取得房屋所有权后，一直未办理变更登记，怠于行使权利，导致胡某新、张某德、钟某华将该房屋作为肖某啟所有的财产申请强制执行，人民法院依法对该房屋进行执行查封，引发本案执行异议之诉的过错和原因在于刘某英、刘某、肖某自身，因而本案诉讼费用应由刘某英、刘某、肖某和肖某啟承担。

要旨解析

该案系因执行引起的执行异议之诉和物权确认之诉，核心争点涉及两个法律问题。第一个问题是登记在一方名下的夫妻共有不动产在离婚协议上确定房屋由未在不动产登记证书上具名的一方所有，该协议约定有何种效力，能否在法律上认定离婚后房屋属于按离婚协议取得所有权的一方，也就是没有在不动产权证书上登记的一方是否对房屋享有所有权。第二个法律问题是此种对共有财产在离婚协议中确定归属的约定，在尚未办理产权变更的情况下，能否对抗在不动产登记证书上具明一方的债权人申请的强制执行。两个问题具有一定的联系性，第一个法律问题是第二个法律问题的基础。

关于第一个问题，离婚协议对登记在一方名下的夫妻共有不动产的约定有何种法律效力的问题，实际上是离婚协议约定是否具有确定物权归属效力的理解问题。该案再审裁判时民法典尚未公布，依据的是物权法、婚姻法及其司法解释有关规定。关于不动产物权的设立和归属，涉及的相关条文有原《物权法》第九条、第三十三条。其中第九条规定，不动产物权的设立、变更、转让和消灭，经依法登记，发生效力，未经登记，不发生效力，但法律另有规定的除外。原《物权法》第三十三条规定，因物的归属、内容发生争议的，利害关系人可以请求确认权利。上述内容已分别被《民法典》第二百零九条、二百三十四条采用。上述两条文明确了不动产物权的几个问题，一是不动产物权登记效力，不动产物权的设立、变更、转让、消灭都需要登记发生效力，这也是物权公示的需要。二是有法律规定的例外情形。法律规定无须登记也可确认物权的，即使未登记也可确认物权。三是利害关系人发生争议的，可以请求确认物权。在现实生活中，本身即存在不动产登记名实不符的情形，夫妻共有房产仅登记在一方的名下，即属于此种情形之一。原《婚姻法》第十七条规定了夫妻共有财产的制度，对于登记在一方名下的房产，只要是夫妻关系存续期间取得，双方又未采用约定财产制的，即属于夫妻共有财产，此属于法律明确规定的形式，可以理解为原《物权法》第九条（现为《民法典》第二百零九条）中有关法律另有规定的情形。因此，夫妻离婚协议中对共有财产分割的约定系共有权人对不动产的分割后权属的确认，获得不动产的一方由于其在分割前已经是共有权人，即使其未登记在不动产权属证书中，亦不影响其对房屋享有的物权。而在离婚后，根据离婚协议，此种物权仍然存在，并不需要通过变更登记来获得物权。这是与司法实践中常见的房屋买卖合同完全不同。房屋买卖合同中，出卖人未办理不动产权属转移登记的，出卖人仍然是其物权人，买受人并不享有物权，其只享有请求出卖人办理过户登记的请求权。原《物权法司法解释（一）》第二条[《民法典物权编解释（一）》第二条完全采用该条内容]规定，当事人有证据证明不动产登记簿的记载与真实权利状态不符、其为该不动产物权的真实权利人，请求确认其享有物权的，应予支持。该案也属于此种状态。因此，再审判决刘某英、刘某、肖某享有房屋的物权，法律和法理依据充分。

关于第二个问题，实际系对不动产权属登记名不副实的房屋，实际权利人与房屋登记权利人的债权人之间的权利对抗问题。司法实践中，房屋权属登记人的债权人要求强制执行房屋，案外人提出异议，主张房屋权利是较为常见的执行异议之诉。房屋权属登记人与实际权利人相分离是社会经济生活中难以避免的现象，引起这种情况的原因很复杂，表现形式也多样。常见的有以房抵债给特定债权人但未办理过户登记、借名买房、隐名合法建房或买房、二手房买卖后未办理过户登记等。这类纠纷在实践中争议较大，各地法院也出台了一些原则性的裁判指引，但法官在实践把握中，也没有一个明确的裁判标准。笔者认为，本案与上述情形中的房屋权属名不副实有明显不同，主要表现在该案房屋权属与实际权利人分离系夫妻离婚分割所致。在夫妻离婚分割财产前，作为共有人之一的妻子刘某英本身即是该房屋合法的权利人，分割后其仍然是该房屋的权利人，且其份额由共有扩展至整个房屋。这种权利并不以不动产权属登记为前提。因此，夫妻离婚分割共有房产所致的房屋权属登记名不符实与以房抵债、借名买房或房屋买卖后未过户等情形的基础不同，夫妻离婚分割共有房产后，虽然未办理过户登记，但根据离婚协议获得房屋的一方已经是法律上的房屋物权的所有者，而其他情形中，权利人实际仍然是一个债权享有者。因而，在本案情形中，除非根据《民法典》物权编有关善意取得的规定，第三人因信赖房屋权属登记而构成善意取得可以支持第三人的主张时，其他情形下，即像本案中房屋登记权利人的一般债权人胡某新等人要求强制执行该房屋，因其无法对抗刘某英的法律所保护的事实上的房屋物权。该案裁判可以为类似案件提供借鉴。另外值得指出的是，由于刘某英根据离婚协议获得房屋后长期未及时办理不动产过户登记，导致该案发生，再审判决由刘某英等承担案件一、二审诉讼费合情合理，值得肯定。

编写人：龚雪林

再审合议庭成员：龚雪林　邓名兴　吕淑瑾

16. 涉到期债权执行异议之诉的受理问题

——胡某与江西某新型材料有限公司、江西某精工材料有限公司
执行异议之诉二审案

裁判要旨

人民法院执行被执行人对次债务人的到期债权，次债务人对到期债权有异议，除非到期债权已经生效法律文书确定，人民法院对次债务人提出的异议不予审查，即应停止对次债务人的执行。申请执行人有异议的，可以另行提起代位权诉讼主张权利，其提出申请执行人执行异议之诉的，不予受理。

案例索引

一审：江西省南昌市中级人民法院（2017）赣 01 民初 491 号

二审：江西省高级人民法院（2018）赣民终 642 号

基本案情

上诉人（原审被告）：江西某新型材料有限公司（以下简称新型材料公司）。

被上诉人（原审原告）：胡某。

原审被告：江西某精工材料有限公司（以下简称精工材料公司）。

2015 年 9 月 21 日，江西省南昌市中级人民法院（以下简称南昌中院）作出（2015）洪民二初字第 125 号民事判决，判决：一、常某林、新中英陶瓷集团有限公司偿还胡某借款本金 500 万元并支付相应的利息及违约金（利息按年利率 24% 自 2014 年 10 月 21 日计算至 2014 年 11 月 20 日止，违约金按年利率 24% 自 2014 年 11 月 21 日计算至借款本金还清之日止）；二、精工材料公司对上述款项承担连带清偿责任。2015 年 11 月 13 日，南昌中院作出（2015）洪中执字第 457-1 号执行裁定：冻结被执行人常某林、新中英陶瓷集团有限公司、精工材料公司银行存款 600 万元或查封、扣押其相应价值的财产。2016 年 7 月 14 日，南昌中院发出（2015）洪中执字第 457-1 号《协助执行通知书》，要求新型材料公司停止向精工材料公司支付租金 600 万元。2017 年 3 月 3 日，南昌中院发出（2016）赣 01 执恢 20 号《协助执行通知书》，冻结精工材料公司在新型材料公司处的债权（每月租金 66.7 万元）共计 800 万元，冻结的上述债权向一审法院支付。2017 年 4 月 18 日，新型材料公司提出执行异议，要求停止强制执行，理由是根据新型材料公司与精工材料公司签订的租赁合同的约定，由新型材料公司垫资 1182.5 万元建设租赁物的环保设备设施，

以助精工材料公司通过环评及安监验收，在租赁物环评及安监两项均获得验收通过之前为免租期，新型材料公司垫资 1182.5 万元视为预付租金，在预付租金抵扣完毕后，以瓷砖支付租金，即不直接向精工材料公司支付现金形式的租金。目前，环评和安监验收尚未通过，精工材料公司对其不享有到期债权。南昌中院作出（2017）赣 01 执异 61 号执行裁定：中止对精工材料公司在新型材料公司处租金的执行，并告知当事人，不服该裁定可以依照《民事诉讼法》（2017 年修正）第二百二十七条的规定提起异议之诉。胡某不服该裁定，向南昌中院提起执行异议之诉，请求准许对精工材料公司在新型材料公司 800 万元到期债权的执行。

裁判结果

一审判决：准许执行精工材料公司在新型材料公司的租金。

新型材料公司不服，提出上诉。二审裁定：一、撤销一审判决；二、驳回胡某的起诉。

裁判理由

二审认为，《民事诉讼法》（2017 年修正）第二百二十五条规定："当事人、利害关系人认为执行行为违反法律规定的，可以向负责执行的人民法院提出书面异议。当事人、利害关系人提出书面异议的，人民法院应当自收到书面异议之日起十五日内审查，理由成立的，裁定撤销或者改正；理由不成立的，裁定驳回。当事人、利害关系人对裁定不服的，可以自裁定送达之日起十日内向上一级人民法院申请复议。"该条中的"利害关系人"指执行当事人以外，因强制执行而侵害到其法律权益的公民、法人和其他组织。《民事诉讼法》（2017 年修正）第二百二十七条规定："执行过程中，案外人对执行标的提出书面异议的，人民法院应当自收到书面异议之日起十五日内审查，理由成立的，裁定中止对该标的的执行；理由不成立的，裁定驳回。案外人、当事人对裁定不服，认为原判决、裁定错误的，依照审判监督程序办理；与原判决、裁定无关的，可以自裁定送达之日起十五日内向人民法院提起诉讼。"该条中的"案外人"是指执行当事人以外的对执行标的主张享有阻却执行的权利的人。根据《民事诉讼法》（2017 年修正）第二百二十五条，当事人、利害关系人对法院作出的执行异议裁定不服，不得提起异议之诉，而应通过执行复议程序救济。根据《民事诉讼法》（2017 年修正）第二百二十七条，案外人以其对执行标的主张享有足以排除强制执行的权利而提出异议，当事人或案外人对法院作出的执行异议裁定不服，与原判决、裁定无关的，案外人才可以提起案外人异议之诉，申请执行人才可以提起申请人执行异议之诉。《民事诉讼法司法解释》第五百零一条规定："人民法院执行被执行人对他人的到期债权，可以做出冻结债权的裁定，并通知该他人向申请执行人履行。该他人对到期债权有异议，申请执行人请求对异议部分强制执行的，人民法院不予支持。利害关系人对到期债权有异议的，人民法院应当按照民事诉讼法第二百二十七条规定处理。对生效法律文书确定的到期债权，该他人予以否认的，人民法院不予支持。”该条中的“该他人”为被执行人的债务人即次债务人，“利害关系人”不同于民事诉讼法第二百二十五条中的“利害关系人”，而是民事诉讼法第二百二十七条中的“案外人”，即对执行标的主张享有阻却执行的权利的人。本案中胡某申请执行精工材料公司对新型材料公司的到期债权，一审法院向新型材料公司发出协助执行通知，要求新型材料公司停止向精工材料公司支付租金600 万元，并冻结精工材料公司在新型材料公司的 800 万元债权，要求其向一审法院支付。新型材料公司对一审法院的执行行为提出异议。其提出异议的理由是基于其认为精工材料公司对其不享有到期债权、一审法院执行行为违法，而非基于其对执行标的享有足以排除强制执行的权益。新型材料公司不是执行案件的当事人，也不是《民事诉讼法》（2017 年修正）第二百二十七条中的“案外人”和《民事诉讼法司法解释》第五百零一条中的“利害关系人”，而属于《民事诉讼法》（2017 年修正）第二百二十五条中的“利害关系人”和《民事诉讼法司法解释》第五百零一条中的“该他人”。因此，本案应适用《民事诉讼法》（2017 年修正）第二百二十五条而非《民事诉讼法》第二百二十七条。另外，《最高人民法院关于认真贯彻实施民事诉讼法及相关司法解释有关规定的通知》第三条规定：“被执行人的债权作为其财产的重要组成部分，是其债务的一般担保，不能豁免执行。但是执行到期债权涉及次债务人的权利保护，法律关系较为复杂，在执行程序中适用《民事诉讼法司法解释》第五百零一条时，应当严格遵守法定条件与程序，兼顾相关各方主体的权利保护。在对到期债权的执行中，应当依法保护次债务人的利益，对于次债务人在法定期限内提出异议的，除到期债权系经生效法律文书确定的外，人民法院对提出的异议不予审查，即应停止对次债务人的执行，债权人可以另行提起代位权诉讼主张权利。”本案中争议的到期债权尚未经过生效法律文书确认。次债务人新型材料公司对一审法院执行到期债权的行为提出异议后，一审法院应裁定停止执行。胡某作为申请执行人对一审法院（2017）赣 01 执异 61 号执行裁定不服，就实体权利争议问题可依据原《合同法》第七十三条的规定提起代位权诉讼主张权利，就执行程序争议问题可依据《民事诉讼法》（2017 年修正）第二百二十五条规定提出执行复议，其提起执行异议之诉于法无据。一审法院（2017）赣 01 执异 61 号执行裁定适用《民事诉讼法》（2017 年修正）第二百二十七条的规定裁定中止执行，并告知当事人自裁定送达之日起十五日内向人民法院提起诉讼，一审判决适用《民事诉讼法司法解释》第三百一十一条、第三百一十三条，均系适用法律错误，应予纠正。综上，本案不符合执行异议之诉案件的受理条件，一审法院受理错误，故裁定撤销原判、驳回起诉。

要旨解析

本案中争议的问题是本案是否符合执行异议之诉案件的受理条件。针对当事人或利害关系人提出的执行异议，法院作出执行裁定后，当事人或利害关系人对裁定不服，究竟应通过执行复议程序还是执行异议之诉程序或者另行提起诉讼程序进行救济，目前，审判实践中比较混乱，很多法院执行部门在制作执行文书时错误指引当事人提起执行异议之诉，导致浪费司法资源，增加当事人的诉讼成本。本案属于典型的表现，对于到期债权的执行，当事人或案外人提出异议，异议被驳回后，究竟是否符合执行异议之诉的受理条件，需要认真甄别。

本案如何处理涉及对原《民事诉讼法》第二百二十五条、第二百二十七条、《民事诉讼法司法解释》第五百零一条的理解和适用。2021 年、2023 年《民事诉讼法》两次修改，前述规定第二百二十五条、第二百二十七条现分别变更为第二百三十六条、第二百三十八条，2022 年 4 月 10 日《民事诉讼法司法解释》经修改，前述解释第五百零一条变更为第四百九十九条，除条文序号变更外，内容未变更。《民事诉讼法》第二百三十六条规定："当事人、利害关系人认为执行行为违反法律规定的，可以向负责执行的人民法院提出书面异议。当事人、利害关系人提出书面异议的，人民法院应当自收到书面异议之日起十五日内审查，理由成立的，裁定撤销或者改正；理由不成立的，裁定驳回。当事人、利害关系人对裁定不服的，可以自裁定送达之日起十日内向上一级人民法院申请复议。"该条中的"利害关系人"指执行当事人以外，因强制执行而侵害到其法律权益的公民、法人和其他组织。《民事诉讼法》第二百三十八条规定："执行过程中，案外人对执行标的提出书面异议的，人民法院应当自收到书面异议之日起十五日内审查，理由成立的，裁定中止对该标的的执行；理由不成立的，裁定驳回。案外人、当事人对裁定不服，认为原判决、裁定错误的，依照审判监督程序办理；与原判决、裁定无关的，可以自裁定送达之日起十五日内向人民法院提起诉讼。"该条中的"案外人"是指执行当事人以外的对执行标的主张享有阻却执行的权利的人。根据《民事诉讼法》第二百三十六条，当事人、利害关系人对法院作出的执行异议裁定不服，不得提起异议之诉，而应通过执行复议程序救济。根据《民事诉讼法》第二百三十八条，案外人以其对执行标的主张享有足以排除强制执行的权利而提出异议，当事人或案外人对法院作出的执行异议裁定不服，与原判决、裁定无关的，案外人才可以提起案外人异议之诉，申请执行人才可以提起申请人执行异议之诉。《民事诉讼法司法解释》第五百零一条（2022 年修正《民事诉讼法司法解释》第四百九十九条）规定："人民法院执行被执行人对他人的到期债权，可以做出冻结债权的裁定，并通知该他人向申请执行人履行。该他人对到期债权有异议，申请执行人请求对异议部分强制执行的，人民法院不予支持。利害关系人对到期债权有异议的，人民法院应当按照民事诉讼法第二百二十七条（现为第二百三十八条）规定处理。对生效法律文书确定的到期债权，该他人予以否认的，人民法院不予支持。"该条中的"该他人"为被执行人的债务人即次债务人，"利害关系人"不同于《民事诉讼法》第二百三十六条中的"利害关系人"，而是《民事诉讼法》第二百三十八条中的"案外人"，包括对执行标的主张享有阻却执行的权利的人以及对被执行的到期债权主张其系真实权利人的人。本案中胡某申请执行精工材料公司对新型材料公司的到期债权，南昌中院向新型材料公司发出协助执行通知，要求新型材料公司停止向精工材料公司支付租金 600 万元，并冻结精工材料公司在新型材料公司的 800 万元债权，要求其向南昌中院支付。新型材料公司对南昌中院的执行行为提出异议。其提出异议的理由是基于其认为精工材料公司对其不享有到期债权、南昌中院的执行行为违法，而非基于其对执行标的享有足以排除强制执行的权益。新型材料公司不是执行案件的当事人，也不是《民事诉讼法》第二百三十八条中的“案外人”和《民事诉讼法司法解释》第五百零一条（2022 年修订《民事诉讼法司法解释》第四百九十九条）中的“利害关系人”，而属于《民事诉讼法》第二百三十六条中的“利害关系人”和《民事诉讼法司法解释》第五百零一条（2022 年修订《民事诉讼法司法解释》第四百九十九条）中的“该他人”。因此，本案应适用《民事诉讼法》第二百三十六条而非《民事诉讼法》第二百三十八条。另外，《最高人民法院关于认真贯彻实施民事诉讼法及相关司法解释有关规定的通知》第三条规定：“被执行人的债权作为其财产的重要组成部分，是其债务的一般担保，不能豁免执行。但是执行到期债权涉及次债务人的权利保护，法律关系较为复杂，在执行程序中适用《民事诉讼法司法解释》第五百零一条时，应当严格遵守法定条件与程序，兼顾相关各方主体的权利保护。在对到期债权的执行中，应当依法保护次债务人的利益，对于次债务人在法定期限内提出异议的，除到期债权系经生效法律文书确定的外，人民法院对提出的异议不予审查，即应停止对次债务人的执行，债权人可以另行提起代位权诉讼主张权利。”本案中争议的到期债权尚未经过生效法律文书确认。次债务人新型材料公司对南昌中院执行到期债权的行为提出异议后，南昌中院应裁定停止执行。胡某作为申请执行人对南昌中院（2017）赣 01 执异 61 号执行裁定不服，就实体权利争议问题可依据原《合同法》第七十三条（现为《民法典》第五百三十五条）的规定提起代位权诉讼主张权利，就执行程序争议问题可依据原《民事诉讼法》第二百二十五条（现为第二百三十六条）规定提出执行复议，其提起执行异议之诉于法无据。南昌中院（2017）赣 01 执异 61 号执行裁定适用原《民事诉讼法》第二百二十七条（现为第二百三十八条）的规定裁定中止执行，并告知当事人自裁定送达之日起十五日内向人民法院提起诉讼，适用法律错误，应予纠正。综上，本案不符合执行异议之诉案件的受理条件，南昌中院受理错误。

编写人：吴玉萍

二审合议庭成员：吴玉萍　廖志坚　郭卫斌

17. 被执行财产系夫妻共有财产不是排除强制执行理由，但执行中应当为非被执行人配偶一方保留相应份额

——罗某筠与万某平、张某全、张某康案外人执行异议纠纷二审案

裁判要旨

夫妻一方作为案外人对人民法院查封的登记在其配偶一方名下的房产主张权利，应当审查该房产是否属于夫妻共有财产。如属于夫妻共有财产，案外人对该房产享有一定的实体权利，虽不能排除案涉房产的强制执行，但应为其保留相应份额。

案例索引

一审：江西省南昌市中级人民法院（2018）赣01民初64号

二审：江西省高级人民法院（2019）赣民终224号

基本案情

上诉人（一审原告）：罗某筠。

上诉人（一审被告）：万某平。

原审第三人：张某全。

原审第三人：张某康。

罗某筠向一审法院起诉，请求：立即停止对位于上海市东方路 × 弄 × 号 × 室房屋的强制执行，并解除对该房产的查封。

2015年11月8日，一审法院作出（2014）洪民二初字879号民事判决，判决张某康向万某平归还借款本金1000万元及其利息，张某全对上述债务承担连带清偿责任。2017年1月12日，一审法院作出（2016）赣01执127-1号执行裁定，裁定查封被执行人张某康所有的位于上海市浦东新区东方路 × 弄 × 号 × 室房产。2017年8月7日，一审法院作出（2016）赣01执127-4号执行裁定，裁定拍卖被执行人张某康持有的坐落于上海市浦东新区东方路 × 弄 × 号 × 室房产。案外人罗某筠向一审法院提出异议后，一审法院于2018年1月10日作出（2017）赣01执异79号执行裁定，裁定驳回罗某筠的异议请求。

另查明，2009年张某康购买坐落于上海市浦东新区东方路 × 弄 × 号 × 室房

产，向中国民生银行申请贷款60万元，并于2009年在上海市浦东新区房管部门办理了登记。2011年6月17日，张某康与罗某筠登记结婚。

裁判结果

一审判决：驳回罗某筠的诉讼请求。

罗某筠、万某平均不服提出上诉。二审判决：驳回上诉，维持原判。

裁判理由

二审认为，根据《民事诉讼法司法解释》第三百零五条的规定，案外人提起执行异议之诉，必须有明确地排除对执行标的执行的诉讼请求。而案外人这一诉讼请求的依据是其对执行标的享有实体权益，且法院的强制执行措施会妨害其所享有的实体权益。本案系万某平申请执行张某康、张某全一案中，因案外人罗某筠对人民法院查封的登记在张某康名下的案涉房屋主张权利所引起的纠纷。就本案而言，二审争议焦点在于，罗某筠对于原审法院查封的案涉房屋是否享有足以排除执行的实体权益。

一、关于罗某筠对于案涉房屋是否享有实体权益的问题。2009年，张某康购买案涉房产，向中国民生银行股份有限公司上海徐汇支行申请贷款60万元，并于2009年在上海市浦东新区房管部门办理了登记。2011年6月17日，张某康与罗某筠登记结婚。原《婚姻法司法解释（三）》第十条规定是关于人民法院审理离婚案件时，对于一方当事人婚前出资支付首付款按揭贷款购置，登记在自己名下，婚后由夫妻双方共同还贷的不动产应当如何分割问题的规定。而本案中，罗某筠与张某康既未涉及离婚诉讼也未分割夫妻共有财产，不属于前述司法解释适用的情形，故罗某筠上诉提出依据该司法解释的规定，其对于案涉房产拥有产权，于法无据，不予支持。况且，本案中张某康通过订立商品房买卖合同购得案涉房屋，案涉房屋一直登记在张某康一人名下。根据原《物权法》相关规定，案涉房屋一直登记在买受人张某康一人名下，具有公示效力，在不动产登记没有变更的情况下，罗某筠并不能成为物权法所指的房屋所有权人。但是，从购置资金来源进行分析，张某康于婚前交纳的首付款、其个人于结婚前偿还的贷款以及两者之和所对应的财产增值部分属于张某康的婚前财产，而案涉房产婚后共同还贷支付的款项及其相对应财产增值部分属于罗某筠和张某康的夫妻共同财产。故案涉房产是张某康婚前个人财产与罗某筠和张某康婚后夫妻共同财产的混合体，罗某筠对该房产享有一定的实体权益，罗某筠与张某康对于案涉房产共同共有。一审法院依据上述第十条规定，认定涉案房屋权属归张某康一人所有，未明确罗某筠系共有人，且对案涉房产享有一定的实体权益，属适用法律错误，应予以纠正。

二、关于罗某筠对于一审法院查封的案涉房屋享有的实体权益是否足以排除强制执行的问题。根据本案现有的证据和已查明的事实，罗某筠对于一审法院查封的案涉房屋虽然享有一定的实体权益，但是该实体权益并不足以排除已生效判决的强制执行。万某平提出（2014）洪民二初字第879号民事判决确定的债务实际是张某康、罗某筠夫妻共同债务，并在执行程序中申请追加罗某筠作为该案的被执行人，该主张没有法律依据，不予支持。如前已述，案涉房产是张某康婚前个人财产与罗某筠和张某康婚后夫妻共同财产的混合体，罗某筠与张某康对于案涉房产共同共有。根据《最高人民法院关于人民法院民事执行中查封、扣押、冻结财产的规定》第十四条“对被执行人与其他人共有的财产，人民法院可以查封、扣押、冻结，并及时通知共有人。共有人协议分割共有财产，并经债权人认可的，人民法院可以认定有效。查封、扣押、冻结的效力及于协议分割后被执行人享有份额内的财产；对其他共有人享有份额内的财产的查封、扣押、冻结，人民法院应当裁定予以解除”的规定，一审法院对于被执行人张某康与其配偶罗某筠共同共有的案涉房产采取查封、扣押等执行措施并无不当。也就是说，罗某筠虽然对该案涉房产享有一定的实体权益，但该权益并不足以排除强制执行。况且，一审法院执行部门已经查明，登记在罗某筠名下有一套住房位于上海市浦东南路1399号2205室，故本案所涉的位于上海市浦东新区东方路 × 弄 × 号 × 室房产并非罗某筠的唯一住房，一审法院对案涉房产依法采取执行措施并不会对罗某筠的日常生活必要的住房需求造成严重不利影响。根据前述规定，对被执行人张某康与罗某筠共有的财产，人民法院虽然可以查封、扣押、冻结，但应该将执行措施及时通知共有人罗某筠，并注意保障共有人罗某筠的合法权益。

要旨解析

本案涉及夫妻一方作为案外人对人民法院查封的登记在其配偶一方名下的房产主张权利，案外人对案涉房产是否享有权益且足以排除强制执行的认定问题。这里涉及两个问题，一是应先判断案外人对涉案房产是否享有权利，二是如案外人享有权利，则应判断案外人享有的权利是否能够排除债权人申请的强制执行。

关于案外人对涉案房产是否享有权利的问题，本案例涉及登记在夫妻一方名下的婚前房产，夫妻另一方是否享有权利的问题。原《物权法》第九条（现为《民法典》第二百零九条）规定：“不动产物权的设立、变更、转让和消灭，经依法登记，发生效力；未经登记，不发生效力，但法律另有规定的除外”；第十四条（现为《民法典》第二百一十四条）规定：“不动产物权的设立、变更、转让和消灭，依照法律规定应当登记的，自记载于不动产登记簿时发生效力”。根据上述规定，不动产所有权的继受取得，除了法律另有规定的情形外，只有在不动产登记簿上记载之后，包括买受人在内的受让人方能取得包括所有权在内的不动产物权。案涉房屋登记在买受人张某康一人名下，具有公示效力，在不动产登记没有变更的情况下，罗某筠并不能成为物权法所指的房屋所有权人。但是，罗某筠虽不享有物权法中的房屋所有权，并不意味着不享有其他权利。原《婚姻法司法解释（三）》第十条规定，

“夫妻一方婚前签订不动产买卖合同，以个人财产支付首付款并在银行贷款，婚后用夫妻共同财产还贷，不动产登记于首付款支付方名下的，离婚时该不动产由双方协议处理。依前款规定不能达成协议的，人民法院可以判决该不动产归产权登记一方，尚未归还的贷款为产权登记一方的个人债务。双方婚后共同还贷支付的款项及其相对应财产增值部分，离婚时应根据婚姻法第三十九条第一款规定的原则，由产权登记一方对另一方进行补偿”。即对于一方婚前签订购房合同支付首付款并在银行按揭贷款、婚后夫妻共同还贷的房屋，不能简单地认定为夫妻共同财产或者一方个人婚前财产，可能存在婚前个人财产与婚后共同财产的混合体的情况。本案中，不能仅以案涉房产房屋买卖合同系张某康婚前签订，以个人财产支付首付款，并登记在张某康名下，进而认定房屋权属为张某康一人所有。张某康于婚前交纳的首付款、其个人于结婚前偿还的贷款以及两者之和所对应的财产增值部分属于张某康的婚前财产，婚后共同还贷支付的款项及其相对应财产增值部分属于罗某筠和张某康的夫妻共同财产。故案涉房产是婚前个人财产及婚后夫妻共同财产的混合体，罗某筠与张某康对于案涉房产共同共有，罗某筠对该房产享有一定的实体权益。

关于案外人享有的权利是否能够排除债权人申请的强制执行的问题。本案中，案涉房产系夫妻共同共有，共同共有是否能作为对抗债权人申请强制执行的理由是解决这个问题的关键。首先，《查封、扣押、冻结财产规定》第十二条规定：“对被执行人与其他人共有的财产，人民法院可以查封、扣押、冻结，并及时通知共有人。共有人协议分割共有财产，并经债权人认可的，人民法院可以认定有效。查封、扣押、冻结的效力及于协议分割后被执行人享有份额内的财产；对其他共有人享有份额内的财产的查封、扣押、冻结，人民法院应当裁定予以解除。共有人提起析产诉讼或者申请执行人代位提起析产诉讼的，人民法院应当准许。诉讼期间中止对该财产的执行。”从上述规定可知，对共同共有财产可以采取查封、扣押、冻结等控制性措施，即共同共有财产并不能成为排除债权人申请强制执行的理由。其次，在对财产采取控制性措施后，即涉及对该财产进一步采取拍卖等方式予以处分的问题，而对共同共有财产的处分，则涉及共有人权益的分割。原《物权法》第九十九条（现为《民法典》第三百零三条）规定：“共有人约定不得分割共有的不动产或者动产，以维持共有关系的，应当按照约定，但共有人有重大理由需要分割的，可以请求分割；没有约定或者约定不明确的，按份共有人可以随时请求分割，共同共有人在共有的基础丧失或者有重大理由需要分割时可以请求分割。因分割对其他共有人造成损害的，应当给予赔偿。”《民法典》第三百零四条第一百条第一款规定：“共有人可以协商确定分割方式。达不成协议，共有的不动产或者动产可以分割并且不会因分割减损价值的，应当对实物予以分割；难以分割或者因分割会减损价值的，应当对折价或者拍卖、变卖取得的价款予以分割。”即一般情况下，共同财产的分割，是共有人主动协商的结果。而夫妻共同共有的财产，只有夫妻关系终止，才会产生对夫妻共有财产的分割，夫妻关系存续期间，法律无法主动区分双方对共同财产的份额。但作为执行标的的案涉房产，在债权人申请强制执行时，未成为被执行人的夫妻另一方，可以以案外人的身份，以上述法律规定中的“有重大理由需要分割时”，要求对案涉房产进行分割时，应当在执行中预留其份额，保护案外人的合法利益。本案中，如前所述，案涉房产是张某康婚前个人财产与罗某筠和张某康婚后夫妻共同财产的混合体，罗某筠对于案涉房屋虽然享有一定的实体权益，但是该实体权益并不足以排除已生效判决的强制执行。且案涉房产并非罗某筠的唯一住房，对案涉房产采取执行措施并不会对罗某筠日常生活必要的住房需求造成严重不利影响，故人民法院可以查封、扣押、冻结或是处置该房产，但应注意保障罗某筠的合法权益。

编写人：陈　慧

二审合议庭成员：徐快华　徐清华　吕卫红

18. 以房抵债协议请求排除强制执行的，应着重审查其真实性

——谌某兰与辛某、谌某英案外人执行异议之诉二审案

裁判要旨

双方当事人签订以房抵债协议，但未办理产权变更登记手续，如以房抵债的权利人不能证明以房抵债协议真实有效，且签订于人民法院采取强制执行措施之前，并已经实际占有房屋，其主张停止对该房产的强制执行不能得到支持。

案例索引

一审：江西省南昌市中级人民法院（2019）赣01民初17号

二审：江西省高级人民法院（2019）赣民终373号

基本案情

上诉人（一审原告）：谌某兰。

被上诉人（一审被告）：辛某。

原审第三人：谌某英。

谌某兰向一审法院起诉，请求：1. 判令排除辛某对坐落于南昌市西湖区象山南路 × 号景田大厦商住楼 × 室房屋的执行请求；2. 确认坐落于南昌市西湖区象山南路 × 号景田大厦商住楼 × 室房屋归谌某兰所有。

2010年12月1日，谌某英向辛某出具借条一份，借条载明谌某英向辛某借款150万元，并以南昌市西湖区滨江大道一号房屋作为抵押，按年利率18%计算利息，于2012年12月1日偿还完毕本息，谌某兰作为担保人签字捺印。2011年7月11日谌某英又向辛某出具借条一份，借条载明谌某英向辛某借款260万元，并以南昌景田大厦房屋、江西鸿顺德房地产房屋作为抵押，按年利率18%计算利息，于2014年7月11日偿还完毕本息。从2013年7月11日起利息按年利率2%计算，谌某兰作为担保人签字捺印。2013年9月8日，辛某与谌某英签订一份《借款协议》，约定谌某英向辛某借款130万元用以经营，按月利率1.5%计算利息，借期一年。谌某英以其名下坐落于南昌市西湖区象山南路 × 号景田大厦商住楼 × 室为该借款协议项下本息提供抵押担保，谌某兰为该借款协议项下本息承担连带保证责任，保证担保期为本借款协议下本息清偿之日。

辛某为主张债权，于2016年11月7日起诉至一审法院，一审法院于2017年7月5日作出（2016）赣01民初562号民事判决，判决谌某英向辛某偿还借款本金899.79万元并支付利息，杨某义对借款本金中的290万元及其相应利息承担连带清偿责任。杨某义不服该判决，上诉至二审法院，二审法院于2017年12月24日作出（2017）赣民终524号民事判决，判决驳回上诉，维持原判。

另查明，一审法院在审理辛某与谌某英、杨某义民间借贷纠纷一案中，于2016年12月2日以（2016）赣01民初562号民事裁定及协助执行通知书查封了谌某英名下位于南昌市西湖区象山南路×号景田大厦商住楼×室房屋（合同备案时间为2005年10月31日），查封期限三年。该房屋系谌某英于2005年购买所得并实际占有，建筑面积为117.23平方米，但至今未办理房屋所有权证。该案立案执行后，一审法院于2018年5月15日作出（2018）赣01执53号公告，对查封备案登记在被执行人谌某英名下位于南昌市西湖区象山南路×号景田大厦商住楼×室房屋，拟进行评估拍卖，并将公告在该房屋等处予以张贴。谌某兰对此提出执行异议，认为案涉房屋系谌某兰的房屋，并非谌某英名下的财产。一审法院于2018年12月21日作出（2018）赣01执异153号执行裁定，裁定驳回谌某兰的异议请求。为此，谌某兰向一审法院提起案外人执行异议之诉，提出如上诉请。

再查明，谌某兰与谌某英系亲姐妹关系。2016年4月14日，谌某英与谌某兰签订了一份《还款协议》，协议约定谌某英以其名下坐落于南昌市西湖区象山南路×号景田大厦商住楼×室房屋作价59万元，折抵偿还所欠谌某兰借款本息59万元。谌某兰提供了一份谌某英于2014年4月14日出具的《借条》，该《借条》载明借到谌某兰人民币50万元，借期一年，每月付息7500元。谌某兰通过招商银行一账户于2014年4月14日向谌某英转账支付26万元，又通过辛某银行账户于2014年4月14日向谌某英转账支付24万元。2018年4月11日，谌某兰与案外人方某签订房屋租赁合同，将南昌市西湖区象山南路×号景田大厦商住楼×室房屋租赁给方某使用，租期一年，自2018年4月12日至2019年4月11日。

裁判结果

一审判决：驳回谌某兰的诉讼请求。

谌某兰不服提出上诉。二审判决：驳回上诉，维持原判。

裁判理由

二审认为，关于谌某兰对于案涉房屋是否享有所有权的问题。根据原《物权法》第九条、第十四条，不动产所有权的继受取得，除了法律另有规定的情形外，只有在不动产登记簿上记载之后，包括买受人在内的受让人方能取得包括所有权在内的不动产物权。本案中，在案涉房屋的不动产登记没有变更至谌某兰名下的情况下，案涉物权变动并未完成。谌某兰尚不能成为物权法所指的房屋所有权人，故谌某兰以其受让案涉房屋为由，主张确认对涉诉房屋享有所有权，无事实与法律依据。

关于谌某兰对案涉房屋是否享有足以排除强制执行的其他民事权益的问题。首先，判断案外人对执行标的有无权利以及该种权利与申请执行人据以申请执行的权利相比，哪一个应当得到优先保护，是案外人执行异议之诉案件在审理过程中的焦点核心问题。本案中，在谌某英以其名义购买的房屋作为执行标的的情况下，案外人谌某兰主张自己为该房屋的买受人。对于案外人谌某兰提交的用以证明双方之间存在以房抵债法律关系的《还款协议》，即使案外人谌某兰与被执行人谌某英均认可其真实性，因该份协议直接影响到申请执行人辛某的权益，为防范虚假诉讼，避免以房抵债协议存在规避执行或逃避债务之情形，人民法院仍应就《还款协议》的真实性、合法性进行严格审查，以达到排除合理怀疑的证明标准。就本案而言，因谌某兰、谌某英系亲生姐妹，对其二人主张双方之间存在真实债权债务关系，从而引致以房抵债的事实，应提供充分、确凿的证据予以证明，方能予以认定。但从本案现有的证据来看，就双方债权债务关系，尚存在疑点，在谌某兰不能提供进一步证据达到排除前述合理怀疑的情况下，对于谌某兰、谌某英之间的民间借贷关系以及以房抵债《还款协议》的行为，难以排除规避执行或逃避债务的情形，对其真实性、合法性，二审法院难以确认。

其次，本案所涉房屋是2013年9月8日辛某、谌某兰签订的《借款协议》中列明的抵押物。虽然双方未针对该房屋办理抵押登记手续，抵押权并未设立，但案涉房屋作为确保履行借款清偿义务的责任财产已向出借人辛某进行披露，使得出借人辛某在设立民间借贷法律关系时，基于此，对于借款人谌某英的还款能力产生了合理信赖。合法的信赖利益应当受到保护。在订立《借款协议》时，谌某兰作为保证人签字确认，故其当时就应当知晓案涉房屋是履行《借款协议》的责任财产。其后，谌某兰在明知谌某英尚欠辛某巨额借贷债务未能清偿的情形下，于2016年4月14日，与谌某英订立以房抵债《还款协议》，接受案涉房屋作为抵债物，用以清偿自身享有的且形成时间在后的债权，谌某兰的上述行为难言善意，且与诚信原则相悖。

再次，退一步而言，即使认定谌某兰、谌某英之间的民间借贷关系以及以房抵债的《还款协议》真实、合法、有效，在谌某兰主张其已依据《还款协议》办理房屋交接，并实际占有房屋的情况下，亦不能认定谌某兰对案涉房屋享有物权期待权。《最高人民法院关于人民法院办理执行异议和复议案件若干问题的规定》第二十八条和《最高人民法院关于人民法院民事执行中查封、扣押、冻结财产的规定》第十七条的相关规定，适用的主体是不动产买卖合同中的买受人，保护的是基于买卖不动产而产生的物权期待权。本案涉及的是以房抵债协议。以房抵债协议首先以消灭金钱债务为目的，而房产的交付仅系以房抵债的实际履行方式，基于以房抵债而受让不动产的受让人，在完成不动产法定登记之前，该以房抵债协议并不足以形成优于一般债权的利益，不能据此产生针对交易不动产的物权期待权，否则有违债权平等受偿的原则。况且，该以房抵债协议亦未在产权部门办理登记或备案手续，谌某兰对案涉房产的权利不具有公示效力，不能优于一般债权优先受偿。

最后，关于案外人的物权期待权的保护条件，《最高人民法院关于人民法院办理执行异议和复议案件若干问题的规定》第二十八条、《最高人民法院关于人民法院民事执行中查封、扣押、冻结财产的规定》第十七条均作出具体规定，案外人亦即不动产受让人，在被执行财产上的物权期待权如欲产生排除执行的效力，应当符合以下要件：(一) 在人民法院查封之前已签订合法有效的书面买卖合同；(二) 在人民法院查封之前已合法占有该不动产；(三) 已支付全部价款，或者已按照合同约定支付部分价款且将剩余价款按照人民法院的要求交付执行；(四) 非因买受人自身原因未办理过户登记。四个要件必须全部具备，缺一不可。虽然谌某兰在一审提供了其与案外人方某签订的《房屋租赁合同》，但该份合同约定的租赁期限是自 2018 年 4 月 12 日至 2019 年 4 月 11 日。本案中，二审询问时，谌某兰关于 2016 年 4 月 14 日签订以房抵债《还款协议》后，对案涉房屋占有情况的陈述，与一审庭审笔录记载内容存在一定出入，谌某兰、谌某英提供的证据尚不足以证明在案涉房产被查封（即 2016 年 12 月 2 日）之前已经被买受人谌某兰实际合法占有的相关事实。

要旨解析

实践中，双方当事人签订以房抵债协议，但未办理产权变更登记手续，这种情况下以房抵债的权利人主张停止执行能否获得支持，存在争议。一种意见认为，如以房抵债协议真实有效，且签订于人民法院采取强制执行措施之前，以房抵债的权利人已经实际占有房屋，就应保护实际权利人的利益，其关于停止执行涉案房产的主张可以得到支持。因为根据原《物权法司法解释（一）》第二条“当事人有证据证明不动产登记簿的记载与真实权利状态不符、其为该不动产物权的真实权利人，请求确认其享有物权的，应予支持”的规定，法律对真实物权人给予了保护。另一种意见认为，物权以登记为公示公信要件，非经登记，不能对抗第三人。以房抵债协议在完成不动产权属变更登记之前，属于债权请求权，一方仅可基于债权请求权向对方主张履行房屋产权变更登记的契约义务。根据债权平等原理，该债权并不具有优先于其他一般债权的排他利益，以房抵债权利人关于停止执行涉案房产的主张不能得到支持。

本案采用了观点一，一是认为以房抵债协议请求排除强制执行的应着重审查其真实性。首先，原审法院审查了基础法律关系即谌某兰与谌某英借贷关系的真实性。原审法院认为谌某兰、谌某英系亲生姐妹，对其二人主张双方之间存在真实债权债务关系，从而引致以房抵债的事实，应提供充分、确凿的证据予以证明，方能予以认定。虽然谌某兰提交了《借条》《还款协议》及相关付款凭证，用以证明其与谌某英之间存在借贷的法律关系，但从现有证据来看，《借条》《还款协议》、转账凭证存在相互矛盾的情形，尚存在疑点，在谌某兰不能提供进一步证据达到排除前述合理怀疑的情况下，对于谌某兰、谌某英之间的民间借贷关系的真实性、合法性，难以确认。其次，原审法院审查了以房抵债协议的真实性，虽然谌某兰、谌某英均主张该协议的真实性，但因该份协议直接影响到辛某的权益，且《商品房买卖合同》及房屋作价不具有价格合理性和正当性，为防范虚假诉讼，避免以房抵债协议存在规避执行或逃避债务的情形，原审法院认为经对该协议的真实性、合法性进行严格审查，不能排除合理怀疑。即谌某兰提供的证据即便能证明案外人对被执行人享有的债权清偿期已经届满且双方在涉案房屋被查封前已经签订书面以房抵债协议，也不足以证明案外人与被执行人在涉案房屋被查封前存在合法有效的到期债权债务关系，且案外人对被执行人享有的债权与执行标的的实际价值大致相当，以房抵债协议不存在规避执行或逃避债务的情形。二是分析了谌某兰在谌某英与辛某借还款过程中善意与否。案涉房屋是谌某英和辛某签订的《借款协议》中列明的抵押物，谌某兰作为保证人在该协议上签字，故其应当知晓案涉房屋是《借款协议》的责任财产，谌某兰在明知谌某英尚欠辛某巨额借贷债务未能清偿的情形下，与谌某英订立以房抵债《还款协议》，接受案涉房屋作为抵债物，用以清偿自身享有的且形成时间在后的债权，谌某兰的上述行为无法认定为善意。三是论证了以房抵债协议是否享有物权期待权及是否优先于一般债权。首先，确定在完成不动产法定登记之前，以房抵债协议不能据此产生针对交易不动产的物权期待权的原则。其次，分析了案涉以房抵债协议是否足以形成优于一般债权的利益。应当根据《最高人民法院关于人民法院办理执行异议和复议案件若干问题的规定》第二十八条、《最高人民法院关于人民法院民事执行中查封、扣押、冻结财产的规定》第十七条的相关规定以及司法实践掌握的标准，谌某兰即案外人亦即不动产受让人，在被执行财产上的物权期待权如欲产生排除执行的效力，应当符合以下要件：（一）在人民法院查封之前已签订合法有效的书面买卖合同；（二）在人民法院查封之前已合法占有该不动产；（三）已支付全部价款，或者已按照合同约定支付部分价款且将剩余价款按照人民法院的要求交付执行；（四）非因买受人自身原因未办理过户登记。四个要件缺一不可。本案中谌某兰、谌某英提供的证据尚不足以证明在涉案房产被查封之前，已经被买受人谌某兰实际合法占有的相关事实。

编写人：陈　慧

二审合议庭成员：彭海鹏　刘伟伟　肖童亮

十二、管辖异议纠纷

1. 合同约定发生争议时由“原告所在地人民法院裁决”，双方分别异地起诉时应根据先起诉一方所在地和级别管辖要求确定管辖法院

——某康复制药有限公司与江西某药业股份有限公司技术转让合同纠纷管辖权异议二审案

裁判要旨

双方在协议中约定发生纠纷时由原告所在地人民法院裁决，在双方分别向两个不同地区的法院起诉时，应根据先起诉一方所在地域确定管辖法院，并符合民事诉讼法关于级别管辖的要求。

案例索引

一审：江西省宜春市中级人民法院（2016）赣09民初218号

二审：江西省高级人民法院（2017）赣民辖终44号

基本案情

上诉人（原审被告）：某康复制药有限公司（以下简称制药公司）。

被上诉人（原审原告）：江西某药业股份有限公司（以下简称药业公司）。

制药公司与药业公司在《药品生产技术转让合同》中约定“合同执行期间发生争议，提请原告所在地人民法院裁决”。后双方发生争议，制药公司于2016年12月2日向辽宁省丹东市振兴区人民法院起诉，药业公司于2016年12月16日向江西省宜春市中级人民法院起诉，双方作为原告向各自所在地法院的起诉均被立案受理。制药公司向江西省宜春市中级人民法院提出管辖权异议。

裁判结果

一审裁定：驳回管辖权异议，制药公司不服，提起上诉。

二审裁定：撤销一审裁定；本案移送丹东中院处理。

裁判理由

二审认为，本案系技术转让合同纠纷，双方在《药品生产技术转让合同》中约

定，发生争议提请原告所在地人民法院裁决。该约定具体明确，符合《民事诉讼法》（2021 年修正）第三十五条关于“合同或者其他财产权益纠纷的当事人可以书面协议选择被告住所地、合同履行地、合同签订地、原告住所地、标的物所在地等与争议有实际联系的地点的人民法院管辖，但不得违反本法对级别管辖和专属管辖的规定。”的规定，合法有效。制药公司于 2016 年 12 月 2 日向辽宁省丹东市振兴区人民法院起诉，药业公司于 2016 年 12 月 16 日向江西省宜春市中级人民法院起诉，双方作为原告向各自所在地法院起诉均被立案受理。从时间上看，制药公司以原告身份起诉且被法院立案受理在先，虽辽宁省丹东市振兴区人民法院对本案没有级别管辖权，但不影响制药公司在本案中原告身份的先行确定。因本案为技术转让合同纠纷，根据《最高人民法院关于审理技术合同纠纷案件适用法律若干问题的解释》第四十三条第一款关于“技术合同纠纷案件一般由中级以上人民法院管辖”的规定，本案应由辽宁省丹东市中级人民法院管辖。

要旨解析

本案主要涉及约定管辖的适用问题。约定管辖是当事人意思自治的产物，一般情况下从约定。《民事诉讼法》（2023 年修正）第三十五条已明确，合同或者其他财产权益纠纷的当事人可以书面协议选择被告住所地、合同履行地、合同签订地、原告住所地、标的物所在地等与争议有实际联系的地点的人民法院管辖，但不得违反本法对级别管辖和专属管辖的规定。通常情况下约定管辖法院的确定不易产生争议，但是本案特殊在于双方约定了“原告所在地”管辖，为争夺原告资格，双方均向各自所在地提起了诉讼，并引发了管辖争议。二审法院关于先确定原告所在地，再适用级别管辖规定的观点，笔者表示认同。

一、关于原告所在地的确定问题

在合同等容易引发双向争议的纠纷中，谁是原告往往取决于谁先提起诉讼，被动应诉方还可以提起反诉，获得管辖法院的合并审理。目前民事诉讼法内虽无专门法条规定双方争当原告资格时，纠纷应当由哪个法院合并处理。但是为预防同一纠纷两个法院之间的受理之争，《民事诉讼法司法解释》（2022 年修正）第三十六条规定，两个以上人民法院都有管辖权的诉讼，先立案的人民法院不得将案件移送给另一个有管辖权的人民法院。人民法院在立案前发现其他有管辖权的人民法院已先立案的，不得重复立案；立案后发现其他有管辖权的人民法院已先立案的，裁定将案件移送给先立案的人民法院。本案严格意义上是两个独立的纠纷，合同双方各自诉请对方承担责任，双方争夺原告资格，与同一纠纷的两个管辖法院争夺管辖权虽有差别，但是在处理管辖争议的基本思路上，笔者认为可以借鉴。制药公司于 2016 年 12 月 2 日向辽宁省丹东市振兴区人民法院起诉，药业公司于 2016 年 12 月 16 日向江西省宜春市中级人民法院起诉，从时间上看，制药公司以原告身份起诉且被法院立案受理在先，制药公司的原告身份应当得到先行确定，因此其管辖权异议应得到支持。

二、在原告所在地确认基础上落实级别管辖

制药公司的原告身份得到确定，只是解决了双方争议的地域管辖问题。本案是技术合同纠纷案件，由于合同标的物所涉技术的特殊性，最高人民法院对技术合同纠纷管辖做出了特殊规定，即知识产权案件的受理必须遵守司法解释关于指定管辖和级别管辖的相关规定。《最高人民法院关于审理技术合同纠纷案件适用法律若干问题的解释》第四十三条规定："技术合同纠纷案件一般由中级以上人民法院管辖。各高级人民法院根据本辖区的实际情况并报经最高人民法院批准，可以指定若干基层人民法院管辖第一审技术合同纠纷案件。其他司法解释对技术合同纠纷案件管辖另有规定的，从其规定。合同中既有技术合同内容，又有其他合同内容，当事人就技术合同内容和其他合同内容均发生争议的，由具有技术合同纠纷案件管辖权的人民法院受理。"综上本案应由辽宁省丹东市中级人民法院管辖。

编写人：马　悦

二审合议庭成员：姚　姝　吴志华　彭彩玲

2. 约定管辖条款违反级别管辖规定，应当在约定区域内按级别管辖重新确定管辖法院

——江西某建设集团有限公司与福建省某建设工程集团有限公司、福建省某地质局建设工程合同纠纷管辖权异议二审案

裁判要旨

1. 按照管辖协议，起诉时能够确定管辖法院的，从其约定；不能确定的，依照《民事诉讼法》相关规定确定。

2. 既约定了地域管辖，又约定了具体管辖法院，但具体管辖法院无级别管辖权的，应在约定地域内，按级别管辖标准重新确定管辖法院。

案例索引

一审：江西省南昌市中级人民法院（2017）赣01民初第226号之一

二审：江西省高级人民法院（2017）赣民辖终96号

基本案情

上诉人（原审原告）：江西某建设集团有限公司（以下简称建设集团公司）。

被上诉人（原审被告）：福建省某建设工程集团有限公司（以下简称建设工程公司）。

原审被告：福建省煤田地质局。

建设集团公司与建设工程公司签订《合作协议》《退出管理协议》，约定发生纠纷由南昌市青云谱区人民法院管辖。现建设集团公司诉请建设工程公司赔偿B2合同段项目中的各项损失，建设工程公司提出管辖权异议，认为本案诉讼标的额2000余万元，已超过青云谱区人民法院级别管辖范围，双方约定因违反级别管辖约定而无效，案件应当移送厦门市中级人民法院管辖。

裁判结果

一审裁定：本案移送厦门中院管辖。

建设集团公司不服提出上诉。二审裁定：撤销一审裁定；本案由江西南昌中院管辖。

裁判理由

二审认为，关于本案能否根据双方的约定管辖来确定管辖的问题。在双方签订的《合作协议》《退出管理协议》中均约定了发生争议向南昌市青云谱区人民法院提起诉讼。本案的上诉人即原审原告住所地在南昌市青云谱区，故该约定符合《民事诉讼法》第三十五条对约定管辖的规定。本案诉讼标的额为2000余万元，超过了青云谱区人民法院的管辖范围，根据《民事诉讼法司法解释》第三十条第一款“根据管辖协议，起诉时能够确定管辖法院的，从其约定；不能确定的，依照民事诉讼法的相关规定确定管辖”的规定，对这种既约定了地域管辖，又约定了具体管辖法院，但具体管辖法院无级别管辖权的，应在约定的地域内，根据级别管辖标准确定级别管辖法院。因此，本案根据江西省级别管辖的标准可以确定管辖法院为中级法院，南昌市中级人民法院对本案具有管辖权。

要旨解析

本案主要涉及约定管辖的适用问题。级别管辖是对法院上下级之间关于受理第一审案件分工和权限的划分，主要目的是平衡各级法院工作量，使各级法院之间有合理的职能定位。随着社会发展、各地法院受案状况变化等，级别管辖的划分标准也会不断变化，签订协议的双方当事人往往难以准确约定管辖条款。我国的级别管辖制度尤为复杂，不仅在四级法院之间分配一审案件，还受到地域经济发展水平影响。本案较为典型，双方约定的管辖法院为区法院，实际起诉时纠纷标的额超越了区法院的级别管辖标准。二审法院的观点，笔者表示认同。

《民事诉讼法司法解释》（2022年修正）第三十条第一款“根据管辖协议，起诉时能够确定管辖法院的，从其约定；不能确定的，依照民事诉讼法的相关规定确定管辖”。从合同约定角度分析，虽然合同对级别管辖的约定无效，但是不影响对地域管辖约定的效力。对这种既约定了地域管辖，又约定了具体管辖法院，但具体管辖法院无级别管辖权的，应在约定地域范围内，根据级别管辖标准确定级别管辖法院。

编写人：马　悦

二审合议庭成员：刘晓玲　姚　姝　彭彩玲

3. 因诉中保全引发的损害责任纠纷由保全裁定法院管辖

——中国大地财产保险股份有限公司某中心支公司与景德镇某房地产开发有限公司等诉中财产保全损害责任纠纷管辖权异议二审案

裁判要旨

1. 因诉中保全引发的损害责任纠纷由作出保全裁定的法院管辖。

2. 同一被保全人对多个法院的诉中保全同时提起损害责任纠纷，并不当然适用合并管辖。

3. 不能以多个诉讼标的额的简单相加改变案件级别管辖。

案例索引

一审：江西省景德镇市中级人民法院（2017）赣02民初54号

二审：江西省高级人民法院（2018）赣民辖终1号

基本案情

上诉人（原审被告）：中国大地财产保险股份有限公司某中心支公司（以下简称财保公司支公司）。

被上诉人（原审原告）：景德镇某房地产开发有限公司（以下简称房产公司）。

被上诉人（原审被告）：蔡某明。

被上诉人（原审被告）：中国大地财产保险股份有限公司某中心支公司（以下简称财保公司支公司）。

房产公司2011年向蔡某明借款950万元，后双方就债务余额的处理达成“以房抵债”协议，约定房产公司以自己开发的11套商品房一次性抵销全部债务。2016年，蔡某明以双方存在借贷关系为由向福建省莆田市城厢区人民法院提起诉讼，同时提出保全申请，财保公司支公司为其提供担保，实际查封房产公司在售房产78套。2017年，蔡某明又依双方签订的以房抵债协议向江西省景德镇市昌江区人民法院起诉，并申请保全，财保公司景德镇支公司为其提供担保，实际查封房产公司42套在售房产。房产公司认为蔡某明的恶意保全行为导致其在售商品房无法销售、资金无法回笼、银行无法续贷和贷款，被迫向多人高息借款，遭受了巨额资金成本损失，遂诉至景德镇市中级人民法院，请求判令蔡某明一次性赔偿恶意保全查封造成的资金成本损失1598.58万元、罚息损失60.4868万元，财保公司支公司、财保公司支公司承担连带责任。该院受理后，财保公司支公司提出管辖权异议，认为本案应由福建省莆田市城厢区人民法院管辖。

裁判结果

一审裁定：驳回财保公司支公司的管辖异议。

财保公司支公司不服，提起上诉。二审裁定：撤销一审裁定；驳回房产公司的起诉。

裁判理由

二审认为，本案存在两个法律关系，分别是房产公司与蔡某明、财保公司支公司之间的因申请诉中财产保全损害责任纠纷。房产公司与蔡某明、财保公司支公司之间的因申请诉中财产保全损害责任纠纷。根据《最高人民法院关于因申请诉中财产保全损害责任纠纷管辖问题的批复》，申请诉中财产保全损害责任纠纷之诉，由作出诉中财产保全裁定的人民法院管辖。案涉纠纷应分别由福建省莆田市城厢区人民法院和江西省景德镇市昌江区人民法院管辖。景德镇市中级人民法院对本案没有管辖权，亦不能把两个纠纷合并为一个案件审理。

要旨解析

本案主要涉及申请诉中财产保全损害责任纠纷之诉的合并，地域管辖和级别管辖确定问题。《最高人民法院关于因申请诉中财产保全损害责任纠纷管辖问题的批复》明确，为便于当事人诉讼，诉讼中财产保全的被申请人、利害关系人依照《民事诉讼法》(2023年修正)第一百零四条规定提起的因申请诉中财产保全损害责任纠纷之诉，由作出诉中财产保全裁定的人民法院管辖。因而此类纠纷的管辖权确定相对较为简单，不易发生争议。但本案情况较为特殊，通常民事诉讼中，采取诉中财产保全的法院一般是案件的审理法院，且通常同一个纠纷不会向两个以上法院分别起诉。蔡某明依据同一借款事实，分别向两个省的基层法院提起诉讼并申请诉中财产保全，两个基层法院均对房产公司的在售房产采取了保全措施。房产公司认为自己受到的经济损失高达1600余万元，按起诉时的级别管辖规则，已达中级人民法院受理一审案件标准，遂向景德镇中级人民法院诉请蔡某明和两次保全的担保服务公司共同赔偿损失。因此，本案争议的实质是两个法院对同一当事人分别采取保全措施后，因诉中保全行为引发的两个损害责任纠纷之诉是由两个做出保全行为的法院分别管辖，还是可以由任意管辖法院合并处理，若能合并处理是否可依诉讼标的额改变级别管辖。笔者认同二审裁判观点。

一、不同诉中财产保全行为引发的是两个独立的诉

诉中财产保全损害责任纠纷的诉讼标的是保全行为。案涉保全行为分别由福建

省莆田市城厢区人民法院和江西省景德镇市昌江区人民法院作出。两家法院先后依据蔡某明的申请，分别查封房产公司在售房产 78 套、42 套。按照《最高人民法院关于因申请诉中财产保全损害责任纠纷管辖问题的批复》规定，上述保全行为构成两个独立的法律关系，应当各自成诉。

二、本案两个诉中保全损害责任纠纷不适用合并管辖

合并管辖的基础是诉的合并。主要是基于各个诉在主体或者内容上的联系，可以合并在一起同步审理解决。合并管辖的主要优势是通过一套审判程序解决多宗诉讼请求，可以提高司法效率、节省司法资源、降低诉讼成本、预防裁决冲突。《民事诉讼法》（2023 年修正）第五十五条规定，当事人一方或者双方为二人以上，其诉讼标的是共同的，或者诉讼标的是同一种类、人民法院认为可以合并审理并经当事人同意的，为共同诉讼。本案存在两个不同的保全法律关系，两组关系内的担保公司不同。原则上在征得当事人同意基础上，是可以合并审理的。《民事诉讼法》（2023 年修正）第一百三十条还进一步规定了应诉管辖，当事人未提出管辖异议，并应诉答辩的，视为受诉人民法院有管辖权。但是财保公司支公司在答辩期内提出了管辖权异议，在既无当事人同意，又无应诉管辖支撑下，两案的合并管辖没有法律依据。

三、不能通过诉的任意合并改变案件级别管辖

级别管辖是解决不同层级法院案件受理范围的依据，司法实践中通常以诉讼标的金额大小为依据划分中基层法院一审受案范围。为杜绝当事人不当追求级别管辖利益，通过合并虚增、拆解降低等举措人为控制诉讼标的额，在不少管辖规定中均明确附带了违反级别管辖和专属管辖规定除外的禁止性条件。例如《民事诉讼法》（2023 年修正）第一百三十条规定，当事人未提出管辖异议，并应诉答辩的，视为受诉人民法院有管辖权，但违反级别管辖和专属管辖规定的除外。本案亦存在违反级别管辖情形，两个独立之诉的合并，使案件诉讼标的额达到了中级法院受理民事案件标准。司法实践中虽难以判断何谓“故意规避”，但本案达到中级法院级别管辖标的额的方式是诉的合并，在确认两诉丧失合并基础时，任意纠纷均不符合中级法院级别管辖要求，因此在裁定确认财保公司支公司管辖权异议成立基础上，还应一并驳回原告的起诉。

编写人：张冰华

二审合议庭成员：刘晓玲　姚　姝　彭彩玲

4. 公司主要办事机构所在地应当从严审核，以有效维护注册地的法定公示效应

——江西某实业有限公司与谢某华、魏某峰公司解散纠纷管辖权异议二审案

裁判要旨

1. 公司住所地、注册地、办事机构所在地和主要办事机构所在地均为有效法律概念，对于确定涉公司纠纷的管辖意义重大。

2. 公司注册地具有法定公示效应，主要办事机构所在地的证据审查标准应当从严把握，以倡导公司诚信经营及时做好变更登记。

案例索引

一审：江西省宜春市中级人民法院（2017）赣09民初160号

二审：江西省高级人民法院（2018）赣民辖终12号

基本案情

上诉人（原审被告）：江西某实业有限公司（以下简称实业公司）。

被上诉人（原审原告）：谢某华。

原审第三人：魏某峰。

实业公司登记注册地为江西省南昌市西湖区洪城路×××号远东国际花园×幢×单元××层。谢某华认为公司主要办事机构所在地为江西省宜春市上高县，向江西省宜春市中级人民法院提起公司解散之诉。提供了南昌市西湖区桃园街道远东社区居民委员会出具的该住房一直居家自用未用于经营场所的《证明》、南昌汇景物业管理有限公司出具的该写字楼为该公司自用物业未出租给实业公司办公使用的《证明》、江西上高工业园区管理委员会出具的实业公司主要经营场所和主要办事机构在江西省宜春市上高县的《证明》、上高县地方税务局二分局出具的实业公司纳税地点及经营场所和主要办事机构在江西省宜春市上高县的《证明》，以及用以证明实业公司资产所在地和经营所在地在江西省宜春市上高县的《上高县人民政府（协调）会议记录摘要（1）》、江西省上高县人民法院（2017）赣0923民初1863号民事判决书、《国有土地使用权公开挂牌成交确认书》等证据。宜春市中级人民法院立案受理后，实业公司以其注册地及主要办事机构所在地均在江西省南昌市为由提出管辖异议，并提供了南昌市工商行政管理局颁发的营业执照。

裁判结果

一审裁定：驳回实业公司的管辖权异议。

实业公司不服，提起上诉。二审裁定：撤销一审裁定；本案由江西省南昌市中级人民法院管辖。

裁判理由

二审认为，《公司法司法解释（二）》第二十四条规定："解散公司诉讼案件和公司清算案件由公司住所地人民法院管辖。公司住所地是指公司主要办事机构所在地。公司办事机构所在地不明确的，由其注册地人民法院管辖。基层人民法院管辖县、县级市或者区的公司登记机关核准登记公司的解散诉讼案件和公司清算案件；中级人民法院管辖地区、地级市以上的公司登记机关核准登记公司的解散诉讼案件和公司清算案件。"一般而言，公司主要办事机构所在地是指公司董事会等公司经营管理决策、统帅法人业务且对外代表公司的机构所在地，应该涵盖公司的董事会、监事会、财务等主要部门。一个公司可以建立多处生产、经营场所，但主要办事机构所在地只能有一个。公司住所地是指公司主要办事机构所在地，注册登记证明是认定公司住所地的有效证件，当事人主张公司主要办事机构所在地与注册登记的住所地不一致的，应提供其在工商、税务等部门官方登记的证据材料予以证明。实业公司注册地在江西省南昌市，谢某华主张公司主要办事机构所在地在江西省宜春市上高县，并提供了系列证明。但上述证据均不足以证明公司主要办事机构所在地在江西省宜春市上高县。在实业公司主要办事机构所在地不明确的情况下，应认定注册地为其住所地。

要旨解析

本案主要涉及公司住所地、注册地、办事机构所在地和主要办事机构所在地的认定问题。通常情况下主要办事机构所在地即为住所。《民法典》第六十三条规定，法人以其主要办事机构所在地为住所。依法需要办理法人登记的，应当将主要办事机构所在地登记为住所。但因住所制度在诉讼法中具有极其重要的地位。民事主体债务履行地、诉讼管辖法院、法律文书送达地址和涉外民事关系准据法的确定等都与住所制度密切相关。即便现行法律规定预防性地用了较多篇幅确定民事主体的住所规则，但相关争议并未穷尽，实践中依然存在很多例外情形。以本案为例，《公司法司法解释（二）》第二十四条规定："解散公司诉讼案件和公司清算案件由公司住所地人民法院管辖。公司住所地是指公司主要办事机构所在地。公司办事机构所在地不明确的，由其注册地人民法院管辖。该条文同时出现了住所地、注册地、主要办事机构所在地和办事机构所在地四个概念。一般情况下，公司仅有一个办事机构，那该办事机构所在地就是公司的住所地。当公司有两个以上办事机构，且位于不同地域时，就存在主次之分，争议也由此产生。二审法院依据证据规则，以营业执照确定住所地的做法，笔者表示认同。

一、公司注册登记地具有法定公示效应

我国公司法明确，设立公司应当依法向公司登记机关申请设立登记。法律、行政法规规定设立公司必须报经批准的，还应当在公司登记前依法办理批准手续。依法设立的公司，由公司登记机关发给公司营业执照。公司营业执照应当载明公司的名称、住所、注册资本、经营范围、法定代表人姓名等事项。公众可以向公司登记机关申请查询公司登记事项，公司登记机关应当提供查询服务。因此明确的住所是公司设立的前提条件之一。《民法典》第六十四条规定法人存续期间登记事项发生变化的，应当依法向登记机关申请变更登记。第六十五条明确法人的实际情况与登记的事项不一致的，不得对抗善意相对人。在涉及公司所在地确定的相关法律条文中，以注册地为准是最常见的但书表达。例如《公司法司法解释（二）》第二十四条，公司办事机构所在地不明确的，由其注册地人民法院管辖。《最高人民法院关于审理企业破产案件若干问题的规定》第一条明确，债务人无办事机构的，由其注册地人民法院管辖。《最高人民法院印发〈关于审理公司强制清算案件工作座谈会纪要〉的通知》第2条，对于公司强制清算案件的管辖应当分别从地域管辖和级别管辖两个角度确定。地域管辖法院应为公司住所地的人民法院，即公司主要办事机构所在地法院；公司主要办事机构所在地不明确、存在争议的，由公司注册登记地人民法院管辖。《民事诉讼法司法解释》（2022年修正）第三条规定，公民的住所地是指公民的户籍所在地，法人或者其他组织的住所地是指法人或者其他组织的主要办事机构所在地。法人或者其他组织的主要办事机构所在地不能确定的，法人或者其他组织的注册地或者登记地为住所地。

二、主要办事机构所在地的法律地位及其认定

《公司法》第十条规定公司以其主要办事机构所在地为住所。通常情况下公司的主要办事机构所在地就是注册登记地及住所地。但在公司具备两个以上不同地域的办事机构时，就需要区分主次。实践中，对主要办事机构所在地的审查标准并不统一，现行法律法规亦无主要办事机构的明确界定标准。笔者认同二审法院观点，应将法人或者其他组织的决策机构认定为主要办事机构，可结合以下三方面进行综合判断：一是公司主要办事机构所在地是指公司董事会等公司经营管理决策、统帅法人业务且对外代表公司的机构所在地，应该涵盖公司的董事会、监事会、财务等主要部门。二是可结合公司对外公布信息和办公等情况综合判断。例如官网等公开场合使用的联系地址等信息。公司公章、财务章、营业执照等存放处，公司人事、财务、办公室等核心业务机构办公地址等。三是现行法律同步明确了公司登记信息的变更规定，诚信经营准确展示公司信息是公司依法经营的法定义务，本质上从公司法律关系的稳定性角度出发，并不鼓励住所信息的临时变更，在相关当事人存有争议的情形下，应当对认定主要办事机构所在地的证据做更严格的审查，尽量维护注册登记地的法定公示效应。本案中谢某华主张公司主要办事机构所在地为江西省宜春市上高县，其提供的物业证明、税务证明、政府会议记录等证明，无法达到证实实业公司决策机构等在宜春市上高县的目的，应当依营业执照载明的注册登记地认定实业公司住所地。

编写人：张冰华

二审合议庭成员：刘晓玲　姚　姝　彭彩玲

5. 两地公安机关出具内容互斥的证明，在无其他证据补正时，不宜作为证据采信

——卢某胜、易某琴与徐某旗、胡某红民间借贷纠纷管辖权异议二审案

裁判要旨

1. 公安机关证明的本质是国家行政机关在其职能范围内对特定事实的见证和重述，除有相反证据推翻外，均推定为真实。

2. 两地公安机关同时出具内容相互矛盾的证明，在无其他证据补正时，不宜作为证据采信。

案例索引

一审：江西省抚州市中级人民法院（2017）赣10民初140号之二

二审：江西省高级人民法院（2018）赣民辖终52号

基本案情

上诉人（原审被告）：卢某胜、易某琴。

被上诉人（原审原告）：徐某旗、胡某红。

徐某旗、胡某红诉卢某胜、易某琴民间借贷纠纷一案，卢某胜、易某琴以原被告双方实际居住地均在上海市普陀区为由，提出管辖权异议。提供了上海市公安局普陀分局石泉路派出所出具的调查证明材料，证明徐某旗、胡某红于2002年1月1日到上海，居住在胡某红名下的上海市普陀区铜川路×××弄××号×××室；从2014年6月30日起至今一直居住在徐某旗名下的位于上海市普陀区铜川路××弄××号××××室。徐某旗、胡某红提供了抚州市公安局临川分局荆公路派出所《证明》，自2013年起两人一直居住在江西省抚州市赣东大道×××号中央豪庭×栋××××室。卢某胜、易某琴认为徐某旗、胡某红二人来沪后依据购房和实际居住情况主动向上海市公安局普陀分局石泉路派出所申请并办理登记的居住信息，具有更大的真实性。本案的履行地、付款地和收款地均在上海市，双方对管辖没有书面约定，案件应移送上海市普陀区人民法院管辖。

裁判结果

一审裁定：驳回卢某胜、易某琴的管辖权异议。

卢某胜、易某琴不服，提起上诉。二审裁定：撤销一审裁定；驳回徐某旗、胡某红的起诉。

裁判理由

二审认为，徐某旗、胡某红与卢某胜、易某琴各自提供的证明均来源于公安派出所，两份证明内容互相矛盾，双方亦未提供其他佐证，故对该两份证明均无法认定。即本案没有证据证明徐某旗、胡某红的经常居住地，在徐某旗、胡某红的经常居住地不能确定的情形下，根据《民事诉讼法司法解释》第三条第一款关于“公民的住所地是指公民的户籍所在地”的规定，徐某旗、胡某红的住所地仍为其户籍所在地，即江苏省扬州市广陵区。因双方当事人对合同履行地点没有约定，《民事诉讼法司法解释》第十八条第二款规定：“合同对履行地点没有约定或者约定不明确，争议标的为给付货币的，接收货币一方所在地为合同履行地；交付不动产的，不动产所在地为合同履行地；其他标的，履行义务一方所在地为合同履行地。即时结清的合同，交易行为地为合同履行地。”本案系徐某旗、胡某红要求卢某胜、易某琴履行归还借款义务及相应利息引起的民间借贷纠纷，应以接收货币一方徐某旗、胡某红所在地江苏省扬州市广陵区为合同履行地。

要旨解析

住所制度对于确定案件管辖意义重大，通常情况下，案件由被告住所地管辖，被告住所地的确定亦不是法律适用难题，现行法律框架内已有较为完备的规定。例如《民法典》第二十五条规定，自然人以户籍登记或者其他有效身份登记记载的居所为住所；经常居所与住所不一致的，经常居所视为住所。对公民提起的民事诉讼，由被告住所地人民法院管辖；被告住所地与经常居住地不一致的，由经常居住地人民法院管辖。本案的特殊之处在于确定经常居住地时出现了两地公安机关内容相互矛盾的证明。证据必须查证属实，才能作为认定事实的根据。《民事诉讼法司法解释》（2022 年修正）第一百零五条规定，人民法院应当按照法定程序，全面、客观地审核证据，依照法律规定，运用逻辑推理和日常生活经验法则，对证据有无证明力和证明力大小进行判断，并公开判断的理由和结果。二审法院对两份公安证明不予采信，以公民户籍所在地确定住所的观点，笔者表示赞同。

一、公安机关证明的本质是对特定事实的见证和重述

公安机关是国家法定的负责居民个人信息管理的机关。公安机关出具经常居住地证明的基本功能是依申请表明某项既存事实状态的存在，本质是对经常居住事实的见证和重述。通常情况下，公安机关的证明真实可靠，可以单独作为待证事实的认定依据，但是现行法律制度设计并未遗漏但书情形。

二、内容互相矛盾的公安证明自动丧失推定真实基础

公民的经常居住地是公民离开住所地至起诉时已连续居住一年以上的地方。本

案两地公安证明，一份证明徐某旗、胡某红的经常居住地在上海市，一份证明两人经常居住地在抚州市。结合逻辑推理和日常生活经验法则判断，自然人徐某旗、胡某红在同一时间段内不可能同时符合上海市和抚州市的经常居住要求。两份公安机关的经常居住地证明，因内容互相矛盾，自动丧失推定为真实的基础。在没有证据证实经常居住地的情形下，应当认定公民的户籍所在地为住所地。

编写人：张冰华

二审合议庭成员：刘晓玲　姚　姝　彭彩玲

6. 提起诉讼属于债权转让通知的有效方式

——宋某与江西某置业投资有限公司、赣州市南康区某置业有限公司、赣州某房地产开发有限公司等股权转让纠纷二审案

裁判要旨

1. 债权让与通知属于观念通知，无需债务人承诺受领，只要通知到达债务人就发生法律效力。

2. 民事权利“法无明文禁止皆可为”，提起诉讼属于债权转让通知的有效方式。

案例索引

一审：江西省赣州市中级人民法院（2017）赣07民初206号

二审：江西省高级人民法院（2018）赣民终269号

基本案情

上诉人（原审原告）：宋某。

被上诉人（原审被告）：江西某置业投资有限公司（以下简称投资公司）、赣州市南康区某置业有限公司（以下简称置业公司）、赣州某房地产开发有限公司（以下简称房产公司）等。

投资公司因借款未还，被宋某诉至法院。审理期间，双方达成调解，确认截至2017年8月15日，投资公司欠宋某借款本息18145万元，投资公司将一宗土地注入房产公司，然后将公司股权作价6157.2万元抵偿所欠本息，其他款项于2018年12月31日前全部还清，法院作出（2017）赣07民初120、119号民事调解书。2017年9月，宋某与投资公司签订《债权转让协议》，约定投资公司未履行（2017）赣07民初120、119号民事调解书确定的义务，截至2017年9月9日，欠借款本金18145万元，利息145万元，投资公司于2017年9月10日前将其享有的置业公司18290万元股权转让款转让给宋某，以冲抵投资公司欠款本息等。宋某、投资公司未将债权转让事宜告知置业公司等主体。现宋某起诉请求：置业公司支付股权转让款1.5亿元；以5000万元为基数自2017年8月18日起按日千分之一计算违约金至付清之日；投资公司等对上述股权转让款及违约金承担连带清偿责任。

裁判结果

一审裁定：驳回宋某的起诉。

宋某不服提起上诉。二审裁定：撤销一审裁定；本案指令江西省赣州市中级人民法院审理。

裁判理由

二审认为，根据我国债权转让规定，债权人转让债权给第三人，并不需要征得债务人同意，且债权转让对债务人的主要影响在于其债务履行对象不同。原《合同法》第八十条第一款规定“债权人转让权利的，应当通知债务人。未经通知，该转让对债务人不发生效力。”上述关于债权转让应当通知债务人的法律规定，其目的在于保证债务人知晓债权转让事实，防止债务人错误履行或重复履行。因此，在法律未作明确限制规定情形下，不宜对通知主体和通知形式加以严格限定。本案中，宋某作为受让人提起诉讼要求置业公司等向其履行债务，通过法院送达起诉状等方式，能够确保债务人获知该债权转让事实。并且，宋某在起诉时提交了赣州市中级人民法院民事调解书和债权转让协议等相关凭证表明确已受让债权，置业公司等已完全知晓债权转让事实。因此，在置业公司等收到上述起诉材料时，即应视为债权转让已通知到债务人。

要旨解析

本案主要涉及诉讼能否构成有效债权转让通知的认定问题。二审法院关于置业公司等收到起诉材料时，即应视为债权转让已通知到债务人的观点，笔者表示认同。

一、民事权利“法无明文禁止皆可为”

《民法典》第五条规定，民事主体从事民事活动，应当遵循自愿原则，按照自己的意思设立、变更、终止民事法律关系。自愿原则要求自然人、法人、非法人组织等民事主体在民事活动中，应当基于自己内心的真实意愿，独立自主地选择、决定、进行民事法律行为，设立、变更或终止民事法律关系，自觉承受相应的法律后果。同时，尊重对方当事人的意愿，进行平等协商，恪守诚实信用，不将自己的意志强加给对方。自愿原则至少包含三方面内容，一是确立了民事主体在法律允许范围内具有最广泛的行为自由。二是确立了民事主体可自由实施法律行为，调整民事主体之间的相互关系。三是肯定了“法无明文禁止即可为”。在私法领域，民事主体实施民事法律行为，只要法律没有明文禁止，不违反法律的强制性规定，就可以自由为之。

二、现行法律未规定通知应当采取何种形式

学界普遍认为，债权让与通知属于观念通知，不需要相对方承诺只需要受领。不管是口头、书面还是其他形式，只要通知到达受通知人就发生法律效力。因此，多数国家和地区的民法对债权转让通知的形式都没有特别的规定。《民法典》第五百四十六条规定，债权人转让债权，未通知债务人的，该转让对债务人不发生效

力。第四百八十四条规定以通知方式作出的承诺，生效的时间适用本法第一百三十七条的规定。即以对话方式作出的意思表示，相对人知道其内容时生效。以非对话方式作出的意思表示，到达相对人时生效。以非对话方式作出的采用数据电文形式的意思表示，相对人指定特定系统接收数据电文的，该数据电文进入该特定系统时生效；未指定特定系统的，相对人知道或者应当知道该数据电文进入其系统时生效。当事人对采用数据电文形式的意思表示的生效时间另有约定的，按照其约定。从《民法典》上述条款规定看，亦未限定通知应当采取何种形式。

三、以诉讼形式完成债权转让通知具有可行性

《民法典》第五百四十六条不仅规定债权人转让债权，未通知债务人的，该转让对债务人不发生效力；同时明确债权转让的通知不得撤销，但是经受让人同意的除外。充分说明债权转让的通知义务责任主体是债权转让人。对于债权受让人来说，其既无明确的法定通知义务，亦无法知晓债权转让人与债务人之间的通知履行情况。债权受让人对债务人提起诉讼时，债务人可能仍然不知道债权转让的事实。但是在起诉书副本送达债务人时，债务人在法院作出最终判决前，已不具备向原债权人和可能的其他受让人善意履行义务的基础，为此起诉应当被视为具有债权转让通知的效力。

编写人：张冰华

二审合议庭成员：姚　姝　吴志华　彭彩玲

7. 民间借贷纠纷中债权人可以选择只起诉担保人

——胡某娥与涂某、喻某保证合同纠纷二审案

裁判要旨

1. 债权人只起诉担保人是对其民事权利的自主处分。

2. 在刑民交叉法律关系的处理上，刑民分离更有利于保护债权人权益，并确定担保人责任范围。

案例索引

一审：江西省南昌市中级人民法院（2015）洪民二初字第625号

二审：江西省高级人民法院（2019）赣民终55号

基本案情

上诉人（原审原告）：胡某娥。

被上诉人（原审被告）：涂某、喻某。

龚某勇向胡某娥借款人民币1000万元，由涂某、喻某提供担保。因龚某勇向胡某娥借款的1000万元与案外人涂某兰涉嫌非法集资犯罪有关，涂某兰涉嫌非法集资犯罪已被南昌市公安局立案侦查并处于刑事诉讼程序中。胡某娥诉请涂某、喻某承担保证责任。一审法院立案后，以民间借贷行为本身涉嫌非法集资犯罪为由裁定驳回起诉。

裁判结果

一审裁定：驳回胡某娥的起诉。

胡某娥不服提起上诉。二审裁定：撤销一审裁定；本案指令江西省南昌市中级人民法院审理。

裁判理由

二审认为，《民间借贷规定》第八条规定，借款人涉嫌犯罪或者生效判决认定其有罪，出借人起诉请求担保人承担民事责任的，人民法院应予受理。本案中，借款人为龚某勇，担保人为涂某、喻某，涉嫌犯罪的人为涂某兰，现上诉人仅起诉担

保人，是对其民事权利的处分，人民法院应予受理。胡某娥依据担保承诺书起诉担保人涂某、喻某，符合民事诉讼法规定的起诉条件。

要旨解析

本案主要涉及刑民交叉案件的司法处理原则问题。借款人与出借人缔结借款合同，由第三人提供担保，本属典型的民事法律关系，但因借款人涉嫌犯罪或者生效判决认定其有罪，案件的法律事实产生了刑事和民事的交叉，根据刑事和民事法律规范，分别产生了刑事和民事两种不同的法律责任，涉及完全相同或者部分相同的主体承担，需要通过刑事诉讼运用公权力进行制裁与通过民事诉讼对私权利进行救济。形成民间借贷纠纷中的刑民交叉问题。我国刑民交叉案件的司法处理程序大体可分为“先刑后民”“先民后刑”和“刑民分离”三种模式。在以往司法实务中，只要与犯罪行为有关，就不再将合同纠纷作为民事案件处理。近年来，随着民事权利保障力度的加大，有法官和学者主张从民事法律的视角来评判此类合同效力。相关法律法规也做出了积极回应。例如《民间借贷规定》（2020年第二次修正）第五条规定，人民法院立案后，发现民间借贷行为本身涉嫌非法集资犯罪的，应当裁定驳回起诉，并将涉嫌非法集资等犯罪的线索、材料移送公安或者检察机关。第八条规定借款人涉嫌犯罪或者生效判决认定其有罪，出借人起诉请求担保人承担民事责任的，人民法院应予受理。第十二条规定，担保人以借款人或者出借人的借贷行为涉嫌犯罪或者已经生效的裁判认定构成犯罪为由，主张不承担民事责任的，人民法院应当依据民间借贷合同与担保合同的效力、当事人的过错程度，依法确定担保人的民事责任。本案就是刑民交叉典型案例，笔者认同二审观点。

一、“刑民分离”更有利于保护债权人权益

民事责任产生的原因之一是合同，对合同效力的审查必须依据法律、法规和司法解释明文规定，不能以可能或确定存在的刑事责任作出驳回民事权利人民事权益请求的裁判。非法集资犯罪嫌疑人向他人借款时，往往由第三人提供担保，且多为连带责任保证。第三人为单个借款债务提供担保，是基于意思自治的合同行为，单个借款行为并不侵犯刑事法律规范，且担保关系发生在贷款人与第三人之间，单个借款行为叠加后构成刑事犯罪，不应牵连第三人为单个借款行为提供的担保，第三人与贷款人之间的担保法律关系还应认定为独立于刑事法律关系的单纯民事法律关系。

二、“刑民分离”更有利于确定担保责任范围

《民间借贷规定》（2020年第二次修正）第十二条规定，借款人或者出借人的借贷行为涉嫌犯罪，或者已经生效的裁判认定构成犯罪，当事人提起民事诉讼的，民间借贷合同并不当然无效。在民间借贷合同有效的情况下，担保合同的效力更多地取决于担保行为本身。如果民间借贷合同有效且担保合同有效，担保人应当承担担保责任；如果民间借贷合同有效而担保合同无效，担保人有过错的，担保人与借款

人对出借人的本金与利息损失，承担连带赔偿责任；出借人、担保人有过错的，担保人承担民事责任的部分，不应超过借款人不能清偿部分的1/2。如果作为主合同的民间借贷合同无效，根据主合同无效则从合同无效的原则，担保合同当然无效。担保人无过错不承担民事责任；担保人有过错的，其承担民事责任的部分，不应超过债务人不能清偿部分的1/3。

三、现行法律并未否认债权人对担保人诉讼地位的选择权

民法以个人与个人之间的平等和自决为基础，调整的是个人与个人之间的关系。在法不禁止的范围内，个人享有充分的行动自由，只不过不得妨碍他人同样的自由。通常情况下，债权人会将担保人与债务人一并作为被告进行诉讼。但债权人对自己债权的实现及确定债务人时有着自己的选择权，司法实践中存在原告选择性起诉债务人或者担保人情形。《民间借贷规定（2020年第二次修正）》第四条规定，保证人为借款人提供连带责任保证，出借人仅起诉借款人的，人民法院可以不追加保证人为共同被告；出借人仅起诉保证人的，人民法院可以追加借款人为共同被告。保证人为借款人提供一般保证，出借人仅起诉保证人的，人民法院应当追加借款人为共同被告；出借人仅起诉借款人的，人民法院可以不追加保证人为共同被告。从上述规定可知，在民间借贷纠纷中，无论保证人是一般保证还是连带保证，都不妨碍债权人只提起针对保证人的诉讼，只是在保证人为一般保证时，必须追加债务人为被告。

编写人：张冰华

二审合议庭成员：刘晓玲　姚　姝　高　治